胡适文集 6

欧阳哲生 编

先秦名学史
中国古代哲学史
中国中古思想史长编
中国中古思想小史

青年时代的胡适。

留美归国前夕的胡适。

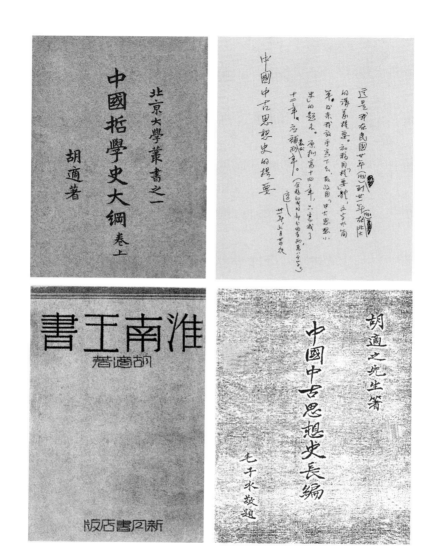

上左：1919年2月《中国哲学史大纲》（卷上）由上海商务印书馆出版。
上右：1931年《中国中古思想小史》由北京大学出版部出版，这是1942年6月24日胡适在书前留下的一段批语。
下左：1931年12月《淮南王书》由上海新月书店出版。
下右：1970年《中国中古思想史长编》由胡适纪念馆首次影印刊行。

上：胡适与日本学者铃木大拙合影。
下：1948年胡适（前排右四）与第一届中研院院士合影。

胡适将这帧"全家福"题赠给他的老师杜威博士。

第六册说明

本册收入《先秦名学史》、《中国古代哲学史》、《中国中古思想史长编》、《中国中古思想小史》。

《先秦名学史》是胡适1915年9月至1917年4月在美国哥伦比亚大学时期用英文写成的博士论文，题为"A Study of the Development of Logical Method in Ancient China"（胡适译作《中国古代哲学方法之进化史》），后改作"The Development of Logical Method in Ancient China"。1922年上海亚东图书馆出英文版，以后又印行两版。1982年中国逻辑史研究会组织专人将本书译成中文，李匡武教授负责校订，1983年12月上海学林出版社出版。此次收入本集时，编者对译文中的某些引文和专有名词据原作作了校订。

《中国古代哲学史》原名《中国哲学史大纲》卷上，本书最初是胡适1917年9月以后在北京大学讲授"中国哲学史大纲"一课的讲稿，在校内曾作为讲义油印。1919年2月商务印书馆出版，至1930年已出15版。1930年收入"万有文库"，书名改作《中国古代哲学史》（三册）。1958年台北商务印书馆改版重印，胡适新增《〈中国古代哲学史〉台北版自记》，并在书后做了一个"正误表"。现据1958年台北商务版收入。

《中国中古思想史长编》现存胡适手稿七章，它们完成于1930年，同年由中国公学油印。书中的部分章节曾分别印行，从第二章抽出的一部分，改题为《读〈吕氏春秋〉》，收入《胡适文存》第三集。从第三章抽出的一部分，改题为《述陆贾的思想》，收入《张菊生先生七十生日纪念论文集》（1937年1月上海商务印书馆出版）。第五章曾以《淮南王书》为名，1931年由上海新月书店、商务印书馆以单行本印行。从第七章抽出的《司马迁替商人辩护》,收入《胡适论学近著》第一集(后改为《胡适文存四集》。1971年台北胡适纪念馆将全书的手稿影印出版。1986年7月,台北远流出版公司出版《胡适作品集》,依手稿本排印,并收入第21、22册。

《中国中古思想小史》是胡适1931年在北京大学文学院担任"中国中古思想史"课程的讲义提要,原题《中国中古思想史提要》,由北京大学出版部印行。1942年6月24日夜,胡适在手稿的封面上写道:"这是我在民国廿年(1931)到廿一年(1932)在北大的讲义提要。初稿用'提要'体,文字太简单。后来我放手写下去,故改用《中古思想小史》的题名。原拟写十四章,只写了十二章,应补最后两章(全稿印成部分约有两万八千字)。"1969年4月,台北胡适纪念馆将本书手稿影印发行。1986年7月,台北远流出版公司出版《胡适作品集》,依手稿本排印,并收入第21册。

目录

先秦名学史
前　言/3
导　论　逻辑与哲学/5
第一编　历史背景/11
第二编　孔子的逻辑/24
传　略/24
第一章　孔子的问题/25
第二章　易经/28
第三章　象或者"意象"/33
第四章　辞或者判断/37
第五章　正名与正辞/41
第三编　墨翟及其学派的逻辑/46
第一卷　导言/46
第二卷　墨翟的逻辑/53
第三卷　别墨的逻辑/67
第四编　进化和逻辑/99
第一章　自然进化论/99
第二章　庄子的逻辑/104
第三章　荀子/109
第四章　荀子(续)/115
第五章　法治逻辑/123
结束语/135

中国古代哲学史

序　蔡元培/139

再版自序/141

《中国古代哲学史》台北版自记/142

第一篇　导言/147

第二篇　中国哲学发生的时代/166

第一章　中国哲学结胎的时代/166

第二章　那时代的思潮(诗人时代)/170

第三篇　老子/173

一、老子传略/173

二、《老子》考/175

三、革命家之老子/175

四、老子论天道/178

五、论无/179

六、名与无名/180

七、无为/183

八、人生哲学/184

第四篇　孔子/187

第一章　孔子略传/187

第二章　孔子的时代/188

第三章　易/191

第四章　正名主义/200

第五章　一以贯之/207

第五篇　孔门弟子/217

第六篇　墨子/229

第一章　墨子略传/229

第二章　墨子的哲学方法/234

第三章　三表法/238

第四章　墨子的宗教/241

第七篇　杨朱/247
第八篇　别墨/252
第一章　《墨辩》与别墨/252
第二章　《墨辩》论知识/256
第三章　论辩/261
第四章　惠施/277
第五章　公孙龙及其他辩者/281
第六章　墨学结论/290
第九篇　庄子/292
第一章　庄子时代的生物进化论/292
第二章　庄子的名学与人生哲学/298
第十篇　荀子以前的儒家/307
第一章　《大学》与《中庸》/307
第二章　孟子/312
第十一篇　荀子/320
第一章　荀子/320
第二章　天与性/323
第三章　心理学与名学/330
第十二篇　古代哲学的终局/341
第一章　前三世纪的思潮/341
第二章　所谓法家/352
第三章　古代哲学之中绝/366
附录　诸子不出于王官论（此处存目，已收入《胡适文集》第2册《胡适文存》卷二）

中国中古思想史长编
第一章　齐学/377
一、思想混合的趋势/377
二、齐学的正统/380
三、阴阳家的支流/389

四、齐学与神仙家 /390

五、齐学与黄老之学 /392

第二章　杂家 /398

一、杂家与道家 /398

二、《吕氏春秋》的贵生主义 /399

三、《吕氏春秋》的政治思想 /404

第三章　秦汉之间的思想状态 /419

一、统一的中国 /419

二、李斯 /424

三、陆贾 /429

四、叔孙通 /437

第四章　道家 /441

一、道家的来源与宗旨 /441

二、七十年的道家政治 /448

第五章　淮南王书 /454

一、淮南王和他的著书 /454

二、论"道" /458

三、无为与有为 /464

四、政治思想 /474

五、出世的思想 /481

六、阴阳感应的宗教 /490

第六章　统一帝国的宗教 /496

一、统一以前的民族宗教 /496

二、秦帝国的宗教 /499

三、汉帝国初期的宗教 /503

四、汉文帝与景帝 /505

五、汉武帝的宗教 /507

六、巫蛊之狱 /515

第七章　儒家的有为主义 /520

一、无为与有为 /520

二、汉初儒生提出的社会政治问题/525

三、《王制》/534

四、董仲舒与司马迁——干涉论与放任论/538

五、儒生的汉家制度/542

附录　台北商务印书馆影印本《淮南王书》序/550

《中古思想史长编》手稿本跋 559

中国中古思想小史

第 一 讲　中古时代/563

第 二 讲　齐学/564

第 三 讲　统一帝国之下的宗教/565

第 四 讲　道家/567

第 五 讲　儒教/570

第 六 讲　王充/575

第 七 讲　中古第一期的终局/577

第 八 讲　佛教/579

第 九 讲　佛教的输入时期/582

第 十 讲　佛教在中国的演变/584

第 十一 讲　印度佛教变为中国禅学/587

第 十二 讲　禅学的最后期/593

附录　中古思想史试题/598

先秦名学史

前言

本书研究的目的与范围,我已在导论中有所论述。这里要说明的是本书所用的论述方法及其与中国传统学问不同的主要之点。

既然本书要进行历史的研究,首先必须解决的问题就是原始资料的选择。我在写这本书时所认为必须抛弃的繁重的资料负担,是西方读者所不能想象的。我始终坚持这一原则:如无充分的理由,就不承认某一著作,也不引用某一已被认可的著作中的段落。对于儒家的"五经",我认为只有《诗经》可以全部接受。至于《尚书》和《礼记》(除其中第二篇我认为是真的之外),我都故意避免引用。《管子》、《晏子春秋》及其他许多真实性可疑的著作都不加采用。经后人窜改过的著作,在选用时也特别小心,例如《庄子》和《荀子》,就只分别用少数的几篇。

另外一个重要的问题,是关于原文的校勘和训释。在这方面,我充分利用了近二百年来我国学者们所积累的研究成果。对于他们,我深表谢意。因为通过训诂的研究,我们才能摆脱传统训释者的主观偏见,并对古籍的真实意义获得正确的理解。

在断定原始资料的确实性中,我们曾不得不借助于所谓"高等校勘"。而高等校勘的另一方面则是确定年代。本书所涉及的哲学家的年代曾被中国的史学家草率地确定下来,我只采用了没有疑问的一个年代——孔子的年代。对于所有其他的情况,凡未经审定的材料都加以否认,并只根据事物本身所具有的证据和当代的证明以确定日期。

在这种工作中,最重要而又最困难的任务,当然就是关于哲学体系的解释、建立或重建。在这一点上,我比过去的校勘者和训释者较为幸运,因为我从欧洲哲学史的研究中得到了许多有益的启示。只有那些在比较研究中(例如在比较语言学中)有类似经验的人,才能真正领会西方哲学在帮助我解释中国古代思想体系时的价值。

关于我解释这些哲学时与传统学问的不同之点,只能说一些:首先,我相信我把《易经》作为一部逻辑著作的论述所提出的新观点,似乎比以前任何其他论述都更能解决其中的困难问题;其次,讨论《墨子》的第三十二至三十七篇的几章,可能对于这方面的未来研究者有帮助。

1917年6月于日本皇后号轮上

附注

这本关于古代中国逻辑方法的发展的著作,是我于1915年9月至1917年4月住在纽约时写的。它是哥伦比亚大学哲学系接受我申请哲学博士学位的部分要求。1917年7月,我回国后,继续研究中国古代哲学史,并写成《中国哲学史》第一卷。① 它在两年中共印了七次,发行一万六千册。它所涉及的时期与这篇学位论文相同。而实际所使用的资料都包括在这本较早的英文著作中。但是,不断的研究,较成熟的判断,文字的简明以及专家的指教,使我的中文著作增加了许多新材料,这都是我在美国写这篇学位论文时所得不到的。最近四年,我很想有机会对这篇论文作彻底的修订,但由于工作的繁忙而搁置下来,这就是它长期未能出版的原因。在国内的英、美友人曾读到我这本书的手稿,屡次劝说我把这本四年前写的书出版,我现在勉强地把它发表了。可以高兴的是这篇学位论文的主要论点、资料的校勘,都曾得到国内学者的热情赞许。这表现在他们对于这本书的中文修订版《中国哲学史》第一卷的真诚接受,特别是关于我所认定的每一部哲学史的最主要部分——逻辑方法的发展。

1922年1月于国立北京大学

---

① 编者注:即指《中国哲学史大纲》(卷上),后改名为《中国古代哲学史》。

导论　逻辑与哲学

哲学是受它的方法制约的,也就是说,哲学的发展是决定于逻辑方法的发展的。这在东方和西方的哲学史中都可以找到大量的例证。欧洲大陆和英格兰的近代哲学就是以《方法论》和《新工具》开始的。而中国的近代哲学史则提供了更多有教益的事例。宋代(960—1279)的哲学家,特别是程颢(1032—1085)和他的弟弟程颐(1033—1108)要振兴孔子的哲学,曾发现一篇篇幅不多的名叫《大学》的小书(是上千年留下来的《礼记》这本集子里四十多篇中的一篇,约有一千七百五十字,作者不明)。他们把它从《礼记》中抽出来,后来便成为儒家经典《四书》中的一部。这桩有趣的事情的产生,在于这些哲学家是很着意于找寻方法论。他们在这小书中找到了那提供他们认为可行的逻辑方法的儒家唯一著作。这本书的主旨摘录如下:

　　物格而后知至,知至而后意诚,意诚而后心正,心正而后身修,身修而后家齐,家齐而后国治,国治而后天下平。

这段叙述由开头三句组成最重要部分。宋学以程氏兄弟及朱熹(1129—1200)①为主要代表,主张物必有理,格物在于寻求特殊事物中的理。(《大学》)"所谓致知在格物者,言欲致吾之知,在即物而穷其理也。盖人心之灵,莫不有知,而天下之物,莫不有理。惟于理有未穷,故其知有不尽也。是以大学始教,必使学者即凡天下之物,莫不因其已知之理而益穷之,以求至乎其极。至于用力之久,而一旦豁

---

① 编者按:朱熹生年应在 1130 年。

然贯通焉,则众物之表里精粗无不到,而吾心之全体大用无不明矣。"①

以积蓄学问开始引导至豁然贯通的最后阶段的方法,在明代(1368—1644)王阳明(1472—1529)加以反对之前,一直是新儒学的逻辑方法。王阳明说:"初年与钱友同论做圣贤要格天下之物,如今安得这等大的力量。因指亭前竹子令去格看。钱子早夜去穷格竹子的道理,竭其心思至于三日,便致劳神成疾。当初说他这是精力不足。某因自去穷格,早夜不得其理,到七日,亦以劳思致疾,遂相与叹:'圣贤是做不得的,无他大力量去格物了。'"②

因此,王阳明反对宋学的方法,创立他所认为是《大学》本义的新学。他的新学认为"天下之物本无可格者,其格物之功只在身心上做。"③离开心,即无所谓理,也无所谓物。"身之主宰便是心,心之所发便是意,意之本体便是知,意之所在便是物。如意在于事亲,即事亲便是一物。"④这样,王阳明认为"格物"中的"格"字,并不是宋儒所主张的"穷究",而是"正"的意思,有如孟子所说的"大人格君心"的格。所以,"格物"并不是指研究事物,而是"去心之不正,以全其本体之正"。简单地说,就是心之"良知","知是心之本体,心自然会知,……用致知格物之功胜私复理,即心之良知更无障碍,得以充塞流行便是致其知,知致则意诚"。⑤

总之,中国近代哲学的全部历史,从十一世纪到现在,都集中在这作者不明的一千七百五十字的小书的解释上。确实可以这样说,宋学与明学之间的全部争论,就是关于"格物"两字应作"穷究事物"或"正心致良知"的解释问题的争论。

我回顾九百年来的中国哲学史,不能不深感哲学的发展受到逻辑方法的制约影响。最重要的事实是在这长期的争论中,哲学家在找寻方法中已发现了提供某种方法或看来是某种方法(而没有论及其细致用法)的轮廓的一篇短文,这就使得哲学家们能对他们所能

---

① 朱熹:《四书集注·大学》第五章。
②③④⑤ 《传习录》下。

设想的任何程序作出解释。很明显,程氏兄弟及朱熹给"格物"一语的解释十分接近归纳方法:即从寻求事物的理开始,旨在借着综合而得最后的启迪。但这是没有对程序作出详细规定的归纳方法。上面说到的王阳明企图穷究竹子之理的故事,就是表明缺乏必要的归纳程序的归纳方法而终归无效的极好例证。这种空虚无效迫使王阳明凭借良知的理论,把心看作与天理同样广大,从而避免了吃力不讨好的探究天下事物之理。

但是宋、明哲学家也有一点是一致的。朱熹和王阳明都同意把"物"作"事"解释。① 这一个字的人文主义的解释,决定了近代中国哲学的全部性质与范围。它把哲学限制于人的"事务"和关系的领域。王阳明主张"格物"只能在身心上做。即使宋学探求事事物物之理,也只是研究"诚意"以"正心"。② 他们对自然客体的研究提不出科学的方法,也把自己局限于伦理与政治哲学的问题之中。因此,在近代中国哲学的这两个伟大时期中,都没有对科学的发展作出任何贡献。可能还有许多其他原因足以说明中国之所以缺乏科学研究,但可以毫不夸张地说,哲学方法的性质是其中最重要的原因之一。

对近代中国哲学方法论的发展的这种似乎不需要的冗长说明,就是目前我从事写作关于中国古代的逻辑方法的发展这篇论文的理由。我认为最不幸的是在十一、十二及十六世纪哲学思辩大复兴的障碍是那篇不明作者的,也许是公元前四、三世纪的某一儒家所写的著作,实际上是近代中国哲学的所有学派的《新工具》,它宣布了致

---

① 朱熹在他的《大学》首章注释中说:"物相当于事"。王阳明说:"物者事也。"(见王阳明的《大学问》)
② 见黄宗羲《宋元学案》第十卷,第18—46页。

知在格物,这或者是受当时科学倾向的不自觉的影响。① 但因为科学的影响最多只是不自觉地感到的,因为格物的科学方法为当时的非儒学派所发展却从未被清楚地说明过,又因为《大学》的整个精神以及其他儒家著作都是纯理性的和伦理的,所以,近代中国哲学②与科学的发展曾极大地受害于没有适当的逻辑方法。

现在,中国已与世界的其他思想体系有了接触,那么,近代中国哲学中缺乏的方法论,似乎可以用西方自亚里士多德直至今天已经发展了的哲学的和科学的方法来填补。假如中国满足于把方法论问题仅仅看作是学校里的"精神修养"的一个问题,或看作获致实验室的一种工作方法的问题,这就足够了。但就我看来,问题并不真正如此简单。我认为这只是新中国必须正视的,更大的、更根本的问题的一个方面。

这个较大的问题就是:我们中国人如何能在这个骤看起来同我们的固有文化大不相同的新世界里感到泰然自若? 一个具有光荣历史以及自己创造了灿烂文化的民族,在一个新的文化中决不会感到自在的。如果那新文化被看作是从外国输入的,并且因民族生存的外在需要而被强加于它的,那么这种不自在是完全自然的,也是合理的。如果对新文化的接受不是有组织的吸收的形式,而是采取突然替换的形式,因而引起旧文化的消亡,这确实是全人类的一个重大损失。因此,真正的问题可以这样说:我们应怎样才能以最有效的方式吸收现代文化,使它能同我们的固有文化相一致、协调和继续发展?

这个较大的问题本身是出现在新旧文化间冲突的各方面。一般说来,在艺术、文学、政治和社会生活方面,基本的问题是相同的。这个大问题的解决,就我所能看到的,唯有依靠新中国知识界领导人物

---

① 如果这个论断需要证明,请注意一个科学时代对儒家的不自觉的影响,例如:在《孟子》中,有如下的引用语"圣人既竭目力焉,继之以规矩准绳,以为方圆平直,不可胜用也;既竭耳力焉,继之以六律正五音,不可胜用也;既竭心思焉,继之以不忍人之政,而仁覆天下矣。"(《离娄上》)"天之高也,星辰之远也,苟求其故,千岁之日至可坐而致也"(《离娄下》)。还有许多相似的段落可以引证。

② "近代中国",就哲学和文学来说,要回溯到唐代(公元618—906)。

的远见和历史连续性的意识,依靠他们的机智和技巧,能够成功地把现代文化的精华与中国自己的文化精华联结起来。

我们当前较为特殊的问题是:我们在哪里能找到可以有机地联系现代欧美思想体系的合适的基础,使我们能在新旧文化内在调和的新的基础上建立我们自己的科学和哲学?这就不只是介绍几本学校用的逻辑教科书的事情。我对这个问题的揣测就是这样。儒学已长久失去它的生命力,宋明的新学派用两种不属于儒家的逻辑方法去解释死去很久的儒学,并想以此复兴儒学,这两种方法就是:宋学的格物致知;王阳明的致良知。我一方面充分地认识到王阳明学派的价值,同时也不得不认为他的逻辑理论是与科学的程序和精神不两立的。而宋代哲学家对"格物"的解释虽然是对的,但是他们的逻辑方法却是没有效果的,因为:(1)缺乏实验的程序,(2)忽视了心在格物中积极的、指导的作用,(3)最不幸的是把"物"的意义解释为"事"。

除了这两个学派,儒学久已消失,我确信中国哲学的将来,有赖于从儒学的道德伦理和理性的枷锁中得到解放。这种解放,不能只用大批西方哲学的输入来实现,而只能让儒学回到它本来的地位;也就是恢复它在其历史背景中的地位。儒学曾经只是盛行于古代中国的许多敌对的学派中的一派,因此,只要不把它看作精神的、道德的、哲学的权威的唯一源泉,而只是在灿烂的哲学群星中的一颗明星,那末,儒学的被废黜便不成问题了。

换句话说,中国哲学的未来,似乎大有赖于那些伟大的哲学学派的恢复,这些学派在中国古代一度与儒家学派同时盛行。这种需要已被我们有思考力的人朦胧地或半自觉地觉察到,这可以从这样的事实看出来:尽管反动的运动在宪法上确立儒学,或者把它作为国教,或者把它作为国家道德教育的制度,但都受到国会内外一切有思想的领导人物的有力反对,而对知识分子有影响的期刊在最近几年中几乎没有一种期刊未发表关于非儒学各派的哲学学说的论文。

就我自己来说,我认为非儒学派的恢复是绝对需要的,因为在这些学派中可望找到移植西方哲学和科学最佳成果的合适土壤。关于方法论问题,尤其是如此。如为反对独断主义和唯理主义而强调经验,在各方面的研究中充分地发展科学的方法,用历史的或者发展的观点看真理和道德,我认为这些都是西方现代哲学的最重要的贡献,都能在公元前五、四、三世纪中那些伟大的非儒学派中找到遥远而高度发展了的先驱。因此,新中国的责任是借鉴和借助于现代西方哲学去研究这些久已被忽略了的本国的学派。如果用现代哲学去重新解释中国古代哲学,又用中国固有的哲学去解释现代哲学,这样,也只有这样,才能使中国的哲学家和哲学研究在运用思考与研究的新方法与工具时感到心安理得。

我不想被误认为我之所以主张复兴中国古代哲学学派是由于我要求中国在发现那些方法和理论中的优先荣誉这一欲望所促成——那些方法和理论直至今天都被认为发源于西方。我最不赞成以此自傲。仅仅发明或发现在先,而没有后继的努力去改进或完善雏形的东西,那只能是一件憾事,而不能引以为荣。当我看到水手们的指南针,并想到欧洲人借以作出的神奇的发现,便不禁想起我亲眼看到的我国古代天才的这一伟大发明被用于迷信活动而感到羞愧。

我对中国古代逻辑理论与方法的重现的兴趣,就像上面所重复说过的,主要是教学方面的。我渴望我国人民能看到西方的方法对于中国的心灵并不完全是陌生的。相反,利用和借助于西方的方法,中国哲学中许多已经失去的财富就能重新获得。更重要的还是我希望因这种比较的研究可以使中国的哲学研究者能够按照更现代的和更完全的发展成果批判那些前导的理论和方法,并了解古代的中国人为什么没有因而获得现代人所获得的伟大成果。例如:为什么古代中国的自然的和社会的进化理论没有获致革命的效果,而达尔文的理论却产生了现代的思想。进一步说,我希望这样一种比较的研究,可以使中国避免因不经批判地输入欧洲哲学而带来的许多重大错误——诸如在中国学校里教授形式逻辑的古老教科书或者在信赖达尔文进化论的同时,信赖斯宾塞的政治哲学。

这些就是我写中国先秦名学史的理由。但愿它成为连中文也不例外的任何语言向西方介绍古代中国各伟大学派的第一本书!

第一编 历史背景

　　这篇文章是要研究中国哲学的最初期,特别是关于哲学方法的发展。因此,这一研究的主题构成了中国古代逻辑产生和发展的历史。哲学的其他方面,如道德、政治及教育等理论,只在它们用以说明逻辑理论的实际含义,从而有助于我们了解它们的历史意义和价值的范围内才加以讨论。

　　作为我们的研究主题的中国哲学的最初阶段(公元前600年—前210年),是人类思想史上一个最重要的和最灿烂的时代。这是老子、孔子、墨翟、孟子、惠施、公孙龙、庄子、荀子、韩非以及许多别的次要的哲学家的年代。它的气势、它的创造性、它的丰富性以及它的深远意义,使得它在哲学史上完全可以媲美于希腊哲学从诡辩派到斯多噶派这一时期所占有的地位。由于本文的主要部分是以孔子(生卒年月为公元前551年—前479年)的逻辑开始的,在这作为导言的一章,介绍一下流行于这个引人注目的哲学丰产时代初期的政治、社会、文化的情况是合适的;我认为,它们对于中国古代逻辑的产生也是同样重要的。

1 　周朝建立于公元前1122年,亡于公元前771年。当时,其版图受到犬戎的侵犯,周幽王且被入侵者杀死。继位者平王于公元前770年逃到了东都,是为东周的开始(延续至公元前256年)。在周朝最光辉的日子里,天子统治全国,以下则分封几百个诸侯国或封邑。"王"或"天子"不仅是王朝的世俗的首领,也是王朝精神上的首领,他以"天"的名义进行统治,独享祭祀的特权。诸侯及其附庸国只能享有低一级的祭祀权。封建的等级制度,包括作为君主的王,分为五种爵位的诸侯、大夫、士、庶人等,这些都由关于阶级之间的和阶级内部的关系和责任的极详尽的规定所支配。这一制度在好几个世纪里似乎运行得很好。后来,这个制度开始崩溃。周室在一些软弱而又荒唐的天子管理之下,威信和权力都逐渐下降,最后,在公元前771年为野蛮人的入侵所征服。与此同时,一些诸侯国通过征服为数众多的周围国家和野蛮部落而逐渐在领土和威望上都增加了。周室无法恢复失去的权力和效能。在东周的早期,例如公元前707年时,天子仍然可以派遣远征军讨伐违命的诸侯国。然而,这样的做法总是无效的。几个崛起的强国僭夺了诸侯国的领导权。它们中的楚国,在公元前704年自立为"王国"。

为了自卫或侵略的目的,一些诸侯国组成了联盟。在公元前六世纪至公元前五世纪,多数重要战争是在两个集团或联盟之间进行的。每个集团或联盟各自又在一个有力的"霸主"的领导之下。战争频繁发生。在国家间修好和非战的协议也曾订立过(例如公元前546年由当时的和平主义者所尝试的),但是没有成功。据估计,周朝初期起码分封了八百诸侯,但是许多国家被少数大国征服了,它们的领土被并吞了。约在公元前五世纪末,众多的国家减少至七个强国,还有几个缓冲国。在公元前三世纪的最后二三十年间,六个国家终于被秦国征服,"战国"时期因而过渡到秦朝。

由战乱频仍进入政治上的大一统,对于当时的社会和文化状况当然会有巨大的影响。这使得封建的等级制度逐渐崩溃。败国中贵族的地位自然下降了,与此同时,随着时代的要求——战争、外交才能的需要以及治理内政的人才的需要——从出身微贱的人中拔擢起许多很有才能的人。农民的儿子乃至奴隶时常当上了大臣。有些大臣的权力超过了他们的君主,后来甚至夺取了统治的地位。商人——一个长期被认为是自由人中最下等的阶级——在国家政治生活中也开始扮演重要的角色。总而言之,严格的、显示封建制度特征的阶级界线被政治和社会的根本变动和转变扫除了。

就对于当时社会状况的描述而言,我们再不能找得到比孔子所编辑和保存的《诗经》里的民歌更为生动的了。我将借助这本卓越的诗集作为当时社会和文化生活状况的见证。①

下面是一个大夫在其君主的统治权倾覆之后随着君主流放时的哀叹,它表达了许多亡国君臣所感到的痛苦:

式微式微,胡不归!微君之躬,胡为乎泥中!(《邶风·式微》)

琐兮尾兮,流离之子!叔兮伯兮,褎如充耳!(《邶风·旄丘》)

从下面的抱怨中可以看到卑下、无权的阶级占据了权位和财富的状况:

东人之子,职劳不来。西人之子,粲粲衣服。舟人之子,熊罴是裘。私人之子,百僚是试。(《小雅·大东》)

对于频繁的战争和征伐所带来的悲惨和痛苦,《诗经》提供了一幅色彩丰富的鲜明的图画。这是一个士兵的歌:

肃肃鸨羽,集于苞栩。王事靡盬,不能蓺稷黍。父母何怙?悠悠苍天!曷其有所!(《唐风·鸨羽》)

这儿是另外一首:

何草不黄!何日不行!何人不将!经营四方。

何草不玄!何人不矜!哀我征夫,独为匪民!(《小雅·何草不黄》)

这儿所说的则是不平等和不公正:

溥天之下,莫非王土。率土之滨,莫非王臣。大夫不均,我从事独贤。……或燕燕居息,或尽瘁事国。或偃息在床,或不已于行。或不知叫号,或惨惨劬劳。或栖迟偃仰,或王事鞅掌。或湛乐饮酒,或惨惨畏咎。或出入风议,或靡事不为。(《小雅·北山》)

下面的歌是当时经济生活的一瞥:

---

① 这本诗集作为那个时候的见证的可靠性是无庸置疑的。其中一个最有力的被经常运用的证据是有一首诗(《小雅·十月之交》)提到了一次日食的月份和日子,经天文学家查证,是发生在公元前776年的8月29日,检查结果证明月份和日子都是确实的。

> 纠纠葛屦,可以履霜。掺掺女手,可以缝裳。要之襋之,好人服之。(《魏风·葛屦》)

这歌是托玛斯·胡德的"衬衣歌"的压缩。妇女们为"好人"的利益效劳,但劳动报酬是如此微薄,以至于只适于夏天穿用的葛屦也要在寒冬里使用。在王朝的其他地方,这种状况也是普遍的:

> 小东大东,杼柚其空。纠纠葛屦,可以履霜。(《小雅·大东》)

这儿是另一幅图画:

> 有狐绥绥,在彼淇侧。心之忧矣,之子无服。(《卫风·有狐》)

另一首:

> 中谷有蓷,暵其湿矣。有女仳离,啜其泣矣。啜其泣矣,何嗟及矣。(《王风·中谷有蓷》)

这儿有一首精美的忧伤的抒情诗:

> 苕之华,芸其黄矣。心之忧矣。维其伤矣。
> 苕之华,其叶青青。知我如此,不如无生。
> 牂羊坟首,三星在罶。① 人可以食,鲜可以饱。(《小雅·苕之华》)

2

如此悲惨的生活条件并没有停止文化动荡的状况。在当时的诗歌当中,可以清楚地看出批评、反抗、甚至是绝望的精神。

首先,请听伐木者之歌:

> 坎坎伐檀兮,置之河之干兮,河水清且涟猗。不稼不穑,胡取禾三百廛兮? 不狩不猎,胡瞻尔庭有悬貆兮? 彼君子兮,不素餐兮!(《魏风·伐檀》)

其他自编自唱的诗人对现实的批评如果说讽刺性不是那么强的

---

① 比较下面的诗句:
维南有箕,不可以簸扬。
维北有斗,不可以挹酒浆。

话,却是更加直言无隐的。例如:

> 节彼南山,维石岩岩。赫赫师尹,民具尔瞻。忧心如惔(炎),不敢戏谈。国既卒斩,何用不监。
>
> 节彼南山,有实其猗。赫赫师尹,不平谓何?天方荐瘥,丧乱弘多。民言无嘉,憯莫惩嗟。(《小雅·节南山》)

下面的控诉更是直言不讳:

> 瞻卬昊天,则不我惠。孔填不宁,降此大厉。邦靡有定,士民其瘵。蟊贼蟊疾,靡有夷届。罪罟不收,靡有夷瘳。
>
> 人有土田,女反有之!人有民人,女覆夺之!此宜无罪,女反收之!彼宜有罪,女覆说之!
>
> 人之云亡,邦国殄瘁。(《大雅·瞻卬》)

一个因为厌恶贪污的政府和沉重的赋税而自编自唱的诗人在离开自己的国家时,写下了这样的诗句:

> 硕鼠硕鼠,无食我黍。三岁贯女,莫我肯顾。逝将去汝,适彼乐土。乐土乐土,爱得我所。(《魏风·硕鼠》)

还有一些这样的人,把自己的痛苦和失望归之于上帝给他们安排的命运,并以此自慰。例如:

> 出自北门,忧心殷殷,终窭且贫,莫知我艰。已焉哉!天实为之,谓之何哉!(《邶风·北门》)
>
> 瞻彼中林,候薪候蒸。民今方殆,视天梦梦。既克有定,靡人弗胜。有皇上帝,伊谁云憎?(《小雅·正月》)

最后两首诗表明,这种宿命论观点不可避免地导致形式多样的悲观主义。我们其实已经听到了这样的悲观主义的歌,如:

> 知我如此,不如无生。

另一首诗表达了同样的感情:

> 我生之初,尚无为;我生之后,逢此百罹。尚寐,无吡!(《王风·兔爰》)

其他的悲观主义者对生活采取了纵欲主义的见解,并提出这样的建议:

> 子有衣裳,弗曳弗娄。子有车马,弗驰弗驱。宛其死矣,他

人是愉。

> 子有酒食，何不日鼓瑟？且以喜乐，且以永日！宛其死矣，他人入室！（《唐风·山有枢》）

3 上面所引用的这些诗歌全部写于公元前八世纪和前七世纪，①我希望这些有助于提供当时社会剧变和文化动荡的一幅鲜明的图画。公元前六世纪刚开始，中国由诗人时代发展至辩者（Sophists）时代。诗人时代和辩者时代构成了古代中国的启蒙时代。诗人和辩者是那些更有系统的思想家们的先驱，而这些思想家们的哲学就是这篇论文研究的目标。如果没有启蒙时期的初步认识，后来的学说便似乎是从天上突然掉下来的了——这当然是不可能的事情。

我用"辩者"一词，仅仅是因为找不到更好的名词。中国的"辩者"集团，一方面继承了诗人的传统，另一方面，又或多或少具有系统的哲学思想，如老子。我们在前一节的末尾引用过他们的诗歌的那些近似于悲观主义者的诗人，就是愤世嫉俗者，即面对社会的极端腐败而消沉的人，以守门人、农夫、劳力或"狂人"等面目隐藏自己的"遁世者"。在孔子和庄子的著作中经常提到这种人。《论语》第十八章有两个例子：

其一：

> 楚狂接舆歌而过孔子曰："凤兮！凤兮！何德之衰？往者不可谏，来者犹可追。已而！已而！今之从政者殆而！"孔子下，欲与之言。趋而辟之，不得与之言。

其二是同样给人以深刻印象的小事情：

> 长沮、桀溺耦而耕，孔子过之，使子路问津焉。长沮曰："夫执舆者为谁？"子路曰："为孔丘。"曰："是鲁孔丘与？"曰："是也。"曰："是知津矣。"（因为他在这些年来到处奔走）问于桀溺。桀溺曰："子为谁？"曰："为仲由。"曰："是鲁孔丘之徒与？"对

---

① 《诗经》中最晚的诗写于公元前598年之前。

曰:"然。"曰:"滔滔者,天下皆是也,而谁以易之?且而与其从辟人之士也,岂若从辟世之士哉?"耰而不辍。

在我们看来,这些人是消极的和隐逸的,然而,他们表现了当时的时代精神——(对现实的)批评和反抗。他们通过逃避当时可悲的社会环境而表明了他们的反抗。以他们所过的如此简单、朴素和避免斗争的生活,他们缄默地示范地提出了对这罪恶的世界的治疗药方。

"辩者"这个名称,可以更加正确地用于那个时候的一批"愤世派"思想家。① 这批人更近似于希腊诡辩派——我们在柏拉图的《对话集》中已经熟识这批人。不幸的是,这些中国的辩者,如同他们的希腊同伙一样,留下来的作品极少,以至我们只能以第二手材料来描述和解释他们的品格和思想。

看来在公元前六世纪的时候,在许多国家有这样一种人,他们的任务是对当时的青年宣讲对于社会问题和政治问题的激进观点,以教授处理公私生活、行为以及在法庭上辩讼的方法。可能这些人是应当时对政治、外交和战争的实际才能的需要而产生的。在孔子出生的那个诸侯国,我们可以看到这种有广泛群众基础和巨大影响的民众教师。当孔子做了司寇的时候,他处死了一个名叫少正卯的人。孔子对他的指控是"其居处足以撮徒成党,其谈说足以饰褒荧众,其强御足以反是独立。"(《孔子家语》)这些大抵也是柏拉图很想用以反对当时的诡辩派的指控之词。

然而,最著名而且也许是最有趣的辩者是邓析。他是被郑国政治家子产处死了的。由于子产的死是公元前522年的事,邓析必定活跃于公元前六世纪中叶以后的二十五年内。② 根据《列子》一书,邓析教给人"两可之说,设无穷之辞"。(《列子》)他写了一部竹刑。

---

① 译者注:胡适英文原文为 a group of destructive thinkers or iconoclasts,似可译为"破坏的思想家"或"反对偶像崇拜者"。但胡氏《中国哲学史大纲》(卷上)把这些人称为"愤世派",取这种译法更为简明,故从之。

② 但据《左传》记载,邓析被处死是在子产死后二十年,即公元前502年。

这部法典后来被那个迫害他的政府所采用。他的被害是由于他固执地反对子产的政策而引起的。据《吕氏春秋》说,子产禁止在公众地方悬挂"揭帖",因为这种行为要是流行起来的话,会造成政局的不稳定。邓析用传递揭帖的办法来回避这一规定。随即,子产颁布了禁止传递揭帖的禁令,邓析便把揭帖夹在其他文章中传送,又一次违抗法令。"令无穷,则邓析应之亦无穷矣。"(《吕氏春秋·审应览》)

政府被邓析对人民的巨大影响进一步激怒了。他教给人们如何在法庭上为自己辩护;他按照讼狱的大小收费。《吕氏春秋》说他"以非为是,以是为非,是非无度,而可与不可日变。所欲胜固胜,所欲罪固罪。"(《吕氏春秋·审应览》)

《吕氏春秋》——一本对邓析取敌视态度的书——说了这个关于他的故事:

> 洧水甚大。郑之富人有溺者,人得其死者。富人请赎之,其人求金甚多。以告邓析。邓析曰,安之,人必莫之卖矣。得死者患之,以告邓析。邓析又答之曰,安之,此必无所更买矣。

所谓邓析的作品有少量留下来,但颇多含糊不清和前后矛盾的地方,因此,我们只能认为,那充其量只是在一两个真实残简的基础上的虚构。一个有理由归于他的残简是这样的:

"天于人无厚也,君于民无厚也,父于子无厚也,兄于弟无厚也。何以言之?天不能屏勃厉之气,令夭折之人更生,使为善之民必寿,此于民无厚也。"(《无厚》)看来,他以自我牺牲为代价去支持老百姓的目标并且反对政府,这是不足为奇的。

4 最大的辩者是约生于公元前590年的老子。他是古代中国的普罗塔哥拉。在他身上,我们可以找到启蒙年代精神的体现。他是他那个时代的最大的批评者,并且他的批评总是带破坏性的和反权威性的。他是一个哲学上的虚无主义者。他认为:"天下万物生于有,有生于无。"(《道德经》第四十章)①这个"无"等同于虚空,

---

① 参看老子《道德经》有关章目。

例如他说:"三十辐,共一毂,当其无,有车之用。埏埴以为器,当其无,有器之用(也就是说,它的中间是空的)。"(同上书,第十一章。以下同上书者仅列章数。)这个"无"被当作万物之始,"先天地生,寂兮寥兮,独立不改,周行而不殆,可以为天下母"。(第二十五章)

对无的强调是他的哲学的基础。出于一种玄学的类比,他设想的"自然状态"是极其纯朴的状态,是一种无为的状态。因此,他所设想的至治之国①是:

> 小国寡民。使有什伯之器而不用。使民重死而不远徙。虽有舟舆,无所乘之。虽有甲兵,无所陈之。使人复结绳而用之。甘其食,美其服,安其居,乐其俗。邻国相望,鸡犬之声相闻,民至老死不相往来。(第八十章)

持有这样的理想国的观点,老子猛烈地攻击现存的社会秩序和政治组织。他觉得它们是被愚蠢地教化和人为制造的。"五色令人目盲,五音令人耳聋,五味令人口爽,驰骋田猎令人心发狂,难得之货令人行妨。"(第十二章)"天下皆知美之为美,斯恶已。皆知善之为善,斯不善已。"(第二章)换句话说,像好和坏,对和错,美和丑等等的区别,如果说不是人类原始清白堕落的原因的话,也是这种堕落的症候。"大道废,有仁义;智慧出,有大伪;六亲不和,有孝慈;国家昏乱,有忠臣。"(第十八章)因此,"绝圣弃智,……绝仁弃义,……绝巧弃利,……"(第十九章)

总而言之,他要的是复归于自然。自然之道是无为。"天下多忌讳,而民弥贫。民多利器,国家滋昏。人多伎巧,奇物滋起。法令滋彰,盗贼多有。故圣人云,我无为而民自化,我好静而民自正。我无事而民自富。我无欲而民自朴。"(第五十七章)"其政闷闷,其民醇醇;其政察察,其民缺缺。"(第五十八章)"损之又损,以至于无为。无为而无不为。"(第四十八章)这就是自然之道,"道常无为而无不为。"(第三十七章)

---

① 译者注:英文为 utopia——乌托邦,《中国哲学史大纲》(上卷)称为"至治之国",从之。

这样，他宣讲的是政治上的不干涉主义或放任的无政府主义的哲学。"民之难治，以其上之有为，是以难治。"（第七十五章）"常有司杀者杀。夫代司杀者杀，是谓代大匠斫。夫代大匠斫者，希有不伤其手者矣。"（第七十四章）这个"司杀者"自然便是"天道"本身。

我们已知道邓析认为自然对人不仁。老子也驳斥了天道仁慈和目的论的观点。他的自然的概念相似于霍伯特·斯宾塞的观点。"天地不仁，以万物为刍狗。"他借着类比，加上一句："圣人不仁，以万物为刍狗。"（五章）①这种从严酷的自然律到政治上的放任自流学说的演变，正是斯宾塞所做过的。斯宾塞会很容易地同意老子的意见：刽子手在行刑的时候，就像木匠在砍木头一样，而木匠几乎不可避免地会弄伤自己的手。因此，"太上，下知有之。……"（最好的政府应该是这样的，老百姓仅仅知道它的存在，但对它并不注意。第十七章）

5　我们希望这些段落足够为中国古代逻辑诞生前夕的政治社会和文化状况提供一幅画图。我们看到政治忠诚的迅速改变引起了封建等级结构的崩溃。战争和产业的变化造成了巨大的痛苦和灾难，结果是产生了文化动荡的时代。与此同时，不顾旧的阶级区分，产生了实际才能的需要。这种需要自然带来了在军事及平民艺术等方面的公众教育的需要，由此产生了民众教师阶层——他们中有些人在教学中是非常激进的。这一时期到处充满了批评精神，以至现存的社会、政治制度以及真理和道德的传统标准都会受到无情的批评和攻击。这一时期的文化领袖或则被迫转向伊壁鸠鲁式的悲观主义和不负责任的隐退；或则对现存秩序产生强烈的反对，以及强烈主张偶像破坏、无政府主义和虚无主义。

但是，即使是在这文化混乱的沸腾急流中，仍然有宣告新时

---

① 公元三世纪时的王弼对老子著作的评注或许是最好的。他鲜明地提出了斯宾塞式的说法："地不为兽生刍而兽食刍，不为人生狗而人食狗，无为于万物而万物各适其所用，则莫不赡矣。"（五章）

代——一个建设性思考的时代——到来的标志。哲学已经加入行列,并且在为那一时代的状况和问题忙碌着。她找寻了"道"——一个被非专门的译者不必要地造成困惑的字眼,而实际上它的简单意义只是方式或方法:个人生活的方式、社会接触的方式、公共活动和治理的方式等等。总而言之,哲学是在探求整顿、理解和改善世界秩序的方式和方法当中产生的。对道进行像我所说的研究,构成了所有中国哲学家的中心问题,我相信,它也是所有西方大哲学家的中心问题。正是关于道的问题构成了老子哲学的中心问题。他设想的道是"无为"和"无"。因此,他主张废除一切由文明创设的人为约束和制度,返回到自然状态中去。

虽然老子的思想是破坏的和虚无主义的,但是在他的哲学中有某种东西超出了他的偶像破坏和虚无主义,而且可能为后来的哲学家,特别是孔子,建立他们的建设性体系提供了基础。在这些建设性的因素当中,首先可以发现的是他的时间和变化的概念。我们曾经引用了他的这一说法:天下万物生于有,而有生于无。在这一虚无主义的观点背后,可以看出他的作为连续过程的变化的观念。例如,看这一段话:"天下有始,以为天下母。既得其母,以知其子。既知其子,复守其母,没身不殆。"(第五十二章)下面一段更为清楚:"迎之不见其首,随之不见其后。执古之道,以御今之有。能知古始,是谓道纪。"(第十四章)理解过去的方式,以之掌握现在,用我们现在的术语可以称为最早的历史的或发生的定义。这一观念在别的许多段落中被详细地阐明了:"天下难事,必作于易,天下大事,必作于细。"(第六十三章)"合抱之木,生于毫末;九层之台,起于累土;千里之行,始于足下。"(第六十四章)

这样看来,变化的复杂性不再是在理智上不可理解的和不可控制的了。"图难于其易,为大于其细。"(第六十三章)"为之于未有,治之于未乱。"(第六十四章)"其安易持,其未兆易谋;其脆易泮,其微易散。"(第六十四章)

由于老子坚持废除现有的复杂文化并倒退回纯朴、无为的原始状态中去的可能性和可取性,可以确实的说,老子本人把变化和历史的观念弄糊涂了,甚至歪曲了。否则,这一概念是富有成果的。这样一个结论使他的关于变化的概念不大像是从"简单"和"细微"到"复杂"和"困难"的一个连续展开,却成为一个可以周期地倒退到最初的和原始的状况的循环过程。但是,我们稍后可以看到,这一概念可能影响了孔子,并且是形成他的建设性体系的一部分。

老子哲学的另一个建设性因素在于他的多少是残缺不全的知识理论。同他的虚无主义一致,有时他似乎主张:由累积的学习得来的知识和智慧,就真正的"道"来说,是没有什么用的。真的知识的获得仅在于一个人如此简化或减少他的愿望和欲望,以达到自然和无所断定的目标(见第四十八章)。当达到这样一种完美状态时,真正的知识自然就会产生。他说:

不出户,知天下;不窥牖,见天道。其出弥远,其知弥少。是以圣人不行而知,不见而名,不为而成。(第四十七章)

附带指出,这样一个知识观念正好说明那个时代鼓吹个人智力的趋势。如何发现这种先天的知识呢?在下面一段话中可以找到这一问题的含糊答案:

道之为物,惟恍惟惚。惚兮恍兮,其中有象。恍兮惚兮,其中有物。窈兮冥兮,其中有精。其精甚真,其中有信。

自古及今,其名不去,以阅众甫。吾何以知众甫之然哉?以此。(第二十一章)

这一段虽然说"惟恍惟惚",但不容置疑地包括了对于在认识中"名"的作用的认可。这一认可在别的段落中也可以看到:"道常无名……始制有名,名亦既有。夫亦将知止。知止所以不殆。"(第三十二章)在这里,老子似乎察觉了名的奇妙的可能性:不仅是借以知道"一切开端"的方法,也是管理社会生活的工具。

不幸的是,名的这一观念,如同"变化"的观念一样,由于老子强调"无名"的自然状态的优越性而变得不真实了。所有的名,所有的区别都是不自然的,因而是低级的。"唯之与阿,相去几何?善之与恶,相去若何?"(第二十章)"天下皆知美之为美,斯恶已。皆知善之为善,斯不善已。"(第二章)故此有他对传统观念的破坏。

但是"名"在各方面被讨论这事实是最好的证据,表明思想已经越过了散漫的阶段而进入使它本身受到审查和考虑的阶段。诡辩时代正演变为逻辑时代。启蒙时代人类思想的解放为更加建设性的思考的时代铺平了道路。而破坏性的批评的急流,正如邓析和老子的教导所列示的那样,使逻辑的加速产生成为必要。

第二编　孔子的逻辑

传略

孔子于公元前551年生在鲁国。据传他曾于公元前518年拜访过老子,并在其门下学习过一段时间。孔子于前504年做过鲁国的中都宰(国都的行政长官),前502年做司寇(司法部长),从前500年至前498年摄行相事。他的政策曾为强烈的反对所阻挠,便于前498年离开鲁国,周游列国十三年。前484年回国后,开始编纂周王朝的诗、书、礼、乐等重要著作。他还为《易经》写了各种注释,完成了著名的鲁国史《春秋》,他在前479年七十二岁时去世。

他基本上是一位政治家和改革家,只是因强烈的反对使他的积极改革受到挫折之后才决心委身于当时青年的教育。作为一位知名的教师,他在很多国家产生了极大的影响。据史籍记载,他接纳过三千弟子,这个估计可能有些夸张,但是他的长期的教育事业和他的周游列国,必然会使他的影响遍及全中国。

关于他自己,他留给我们一些质朴的特性描述:"饭疏食饮水,曲肱而枕之,乐亦在其中矣,不义而富且贵,于我如浮云。"(《论语·述而》十六)"不怨天,不尤人,下学而上达。"(《论语·宪问》三十五)他是一个"发愤忘食,乐以忘忧,不知老之将至"(《论语·述而》十九)的人。当时有人给他的赞语是:他是"知其不可而为之"(《论语·宪问》三十八)的人。

第一章 孔子的问题

孔子的年代,正如前章所说的,是一个政治崩溃、社会不安、思想混乱的年代,尤其是道德紊乱的年代。与孔子的同时代的一个人说:"滔滔者天下皆是也。""天下无道"就是这时期最普遍的特征描述。活跃在公元前四世纪后半期的孟子,曾这样描述孔子的年代:"世衰道微,邪说暴行有作,臣弑其君者有之,子弑其父者有之,孔子惧。"(《孟子·滕文公下》)的确,在二百三十四年(公元前719—前485)中《春秋》至少记载了三十六起弑君事件。

孔子的中心问题,自然应当是社会改革。哲学的任务被理解为社会的和政治的革新。他所寻求的是整治天下之道!孔子对于他那个时期的思想混乱状态有着深刻的印象,并不得不作出结论说:道德沦丧是思想界混乱的结果,这种结果已败坏社会数百年。自从周王不再成为王朝的精神与政治的领袖以来,王朝中的所有阶级的信仰、礼仪和职责标准化的中央权威已经丧失。孔子说过:"天下有道,则礼乐征伐自天子出;天下无道,则礼乐征伐自诸侯出。自诸侯出,盖十世希不失矣,自大夫出,五世希不失矣,陪臣执国命,三世希不失矣。天下有道,则政不在大夫,天下有道,则庶人不议。"(《论语·季氏》二)

这一段,很清楚地说明了他对当时精神的和思想的混乱所表示的态度,当时礼乐征伐已不出自天子,当时统治权落在陪臣手里,当时百姓私议流行。看来,孔子是把当时道德的沦丧诿诸王朝的思想状况之缺乏某种中央权威。

孔子说:"臣弑其君,子弑其父,非一朝一夕之故,其所由来者渐矣,由辩之不早辩也,《易》曰:'履霜,坚冰至',盖言顺也。"(《周易·坤卦释词》)换句话说,道德与政治紊乱的原因,比之弑君、弑父这些不义行为本身更为根本。这种精神涣散、信义丧亡与职分松弛是一个长期的、渐进的过程。

下面引述《论语》中最能说明孔子思想的一段话:

子路曰:"卫君待子而为政,子将奚先?"子曰:"必也正名乎!"子路曰:"有是哉? 子之迂也。奚其正?"子曰:"野哉,由也! 君子于其所不知,盖阙如也。名不正,则言不顺;言不顺,则事不成;事不成,则礼乐不兴;礼乐不兴,则刑罚不中;刑罚不中,则民无所措手足。故君子名之必可言也,言之必可行也。君子于其言,无所苟而已矣!"(《论语·子路》三)

就这样,孔子把"正名"看作是社会的和政治的改革问题的核心,因而也可以说,孔子把哲学问题主要看作是思想改革的核心。

这个有点简略的摘要,如没有附带的说明,是不能被充分地了解的。我现在要加以补充,孔子说:"名不正则言不顺,言不顺则事不成"。如果我们研究下面一段孔子讨论正名的重要性的话,那么这番话就会变得更为清楚。

孔子说:"觚不觚,觚哉! 觚哉!"(《论语·雍也》二十五)就是说,"没有角的酒器也是觚",这样的说法是不顺当的。或者举另一个例子:当一位本国有地位的大臣问为政之道时,孔子说:"政者,正也。子帅以正,孰敢不正?"(《论语·颜渊》十七)①"政"字来自"正"字,政就是使人民走正路。如果把现在的久已忽略了并且不复能履行其职责的政叫做"政",这就是言不顺的另一例子。

现在,我们的行为、义务、关系、习惯这些事态已不再符合它们的名之所指,则这种事态并不亚于思想混乱,在这种状态中,我们在日常谈论和判断真伪、正误中,还有什么确定性和妥当性呢? 如果一个圆形而没有角的酒器仍可叫做"觚",我们有什么权利去断定一个方形不是圆呢? 如果一群没有道德的、腐化的,如孔子所说的"斗筲之人"②那样的政可以称作使人走正路的"政",那么谁能驳斥那些"把

---

① 可以比较下面的几节:
"其身正,不令而行;其身不正,虽令不从。"(《论语·子路》六)
"苟正其身矣,于从政乎何有? 不能正其身,如正人何?"(《论语·子路》十三)
"为政以德,譬如北辰,居其所而众星共之。"(《论语·为政》一)
② 在讨论人的各种等级之后,孔子的学生问"今之从政者何如?"子曰:"噫! 斗筲之人,何足算也。"(《论语·子路》二十)

对的说成错的,把错的说成对的"的诡辩派呢?

我认为这就是孔子所说的"言不顺则事不成",以及他接着说的"事不成,则礼乐不兴"。也就是说,没有思想的确定性和规律性,就不会有道德及和谐的生活。且注意下面的一段话:

> 齐景公问政于孔子。孔子对曰:"君君、臣臣、父父、子子"。公曰:"善哉!信如君不君,臣不臣,父不父,子不子,虽有粟,吾得而食诸?"(《论语·颜渊》十一)

这段对话很好地说明孔子注意到思想混乱与道德乖谬之间,失于"正名"与树立道德法则及生活和谐的不可能性之间有不可分的联系。因为思想瓦解状态的必然结果是一切权利义务的崩溃,是社会及国家各阶层或阶级的一切正当关系与义务的完全消灭。有许多反常的犯罪如弑君、弑父的例子,正是因为国君没有君王的尊严而不被认为国君;因为臣子不只不忠实地履行其职责,也对国君不忠诚;因为父不再是家庭中道德与精神的长者;也因为儿子忘却了在家庭中应当孝顺的地位。当这些义务与关系被置诸脑后时,那规定社会等级的每一阶层所应遵守的行为的礼或法则,就会失去它有效地指导个人及社会行为的力量与权威。

那么,天下如何能从当前道德乖谬与政治混乱的情况中解救出来并恢复正义呢?孔子的答复是:要正名。从以上所说的看来,我们可以容易地看到"正名",并不就是文法学家或辞典编纂者的任务,而是我所说的思想重建的任务。它的目的,首先是让名代表它所应代表的,然后重建社会的和政治的关系与制度,使它们的名表示它们所应表示的东西。可见正名在于使真正的关系、义务和制度尽可能符合它们的理想中的涵义。这些涵义,无论现在已变得如何含糊不清,①仍然可以通过适当的研究和名的真正"明智的"用法予以重新发现和再次确立。当这种思想重建最后生效时,理想的社会秩序就必将到来——一个这样的社会秩序,其中正如圆就是圆,方就是方一样,每个国君有其尊威,每个臣子有其忠顺,每个父亲有其慈爱,每个

---

① 参看下面第五章。

儿子也有其孝顺。其中,法律就是法律,有禁必止,赏罚有当。总之,这样一种改正的必然结果,正如孔子所设想的,是一个理想的社会,其中每一个成员都将忠实地履行其应尽的职责。用孔子自己的话说,是:

> 父父,子子,兄兄,弟弟,夫夫,妇妇,而家道正,正家而天下定矣。(《周易·家卦释词》)

这就是关于孔子学说的问题。这个问题就是正名,不正名,则"事不成",而且"民无所措手足"。这就是我们在研究孔子的逻辑时所必须牢牢记住的。①

第二章 易经

> 子在川上曰:逝者如斯夫,不舍昼夜。(《论语·子罕》十七)

1 据说柏拉图的逻辑是开始于反对赫拉克里特的变化的学说,又据说,柏拉图深感变化的无所不在,于是力图发现不变的"理念"。由此,我认为那本包含着孔子逻辑的基本学说的书以《易》或《易经》的名字著称,是很有意义的。

《易经》是儒家的"五经"之一,现在的本子,是由不同时期的不同作者分别写成的。在孔子当时,它被用作占卜的书。传说孔子花

---

① 为了这样阐明孔子的问题,我十分感谢我的恩师 L. 列维·伯鲁尔教授(Prof. L. Levy-Bruhl),他对于与孔子哲学有许多共同之处的奥古斯特·孔德的实证哲学作了清楚的、有启发性的叙述。现在从伯鲁尔教授的《孔德哲学》(*The Philosophy of Auguste Comte*)一书中引录几句:"孔德说,制度依赖于道德,而道德则依赖于信仰。要是道德得不到重建,要是为了达到这目的,一切人都承认的、关于信念的通常制度尚未确立,则一切新制度的设计都将是无用的。例如中世纪欧洲的罗马天主教教条的体系就是如此。"(第四页)"那混乱不稳定的运动弥漫着当代的社会带来烦恼与激动,而且,除非合理的和谐终于确立,这些运动就会威胁着它的生存。它们并不完全是政治的原因。它们起自道德的混乱,而道德的混乱又起自思想的混乱。也就是说,起自所有的人欠缺共同的原则,起自普遍承认的概念与信仰。"(第25、26页)"要么是现代社会必定毁灭,要么人们必须服从共同原则而再次得到他们的稳定的平衡。"(第27页)"由此向孔德提出的问题是:用合理的方法建立关于人、社会和世界的得到普遍承认的真理的体系。"(第25页)

了很多时间去研究这本书,以致韦编三绝,最后才宣告理解这本书的内容。

这本书的核心是由一套六十四个图形叫做卦的东西组成。一个卦是由三或六条完整的或断裂的直线作成的,一个三条线的卦叫做三画形,一个六条线的卦叫做六画形,只有八个三画形,让它们重复或分别结合起来便得六十四个卦。(见图一、图二)

(一)八个原始的卦:

1. ☰   2. ☷   3. ☳   4. ☶
5. ☲   6. ☵   7. ☵   8. ☴

1. 天;   2. 地;   3. 雷;   4. 山;
5. 火;   6. 水;   7. 流动的水;   8. 风,木。

(二)出现在今本《易经》中的六十四卦:

1.   2.   3.   4.
5.   6.   7.   8.
9.   10.   11.   12.
13.   14.   15.   16.
17.   18.   19.   20.
21.   22.   23.   24.
25.   26.   27.   28.
29.   30.   31.   32.
33.   34.   35.   36.
37.   38.   39.   40.
41.   42.   43.   44.
45.   46.   47.   48.

49. ䷰　　50. ䷱　　51. ䷲　　52. ䷳
53. ䷴　　54. ䷵　　55. ䷶　　56. ䷷
57. ䷸　　58. ䷹　　59. ䷺　　60. ䷻
61. ䷼　　62. ䷽　　63. ䷾　　64. ䷿

有些学者认为：这些图形本来是现已消失的语言符号，它们是在古代中国发明会意字之前使用的，这是非常可能的。八个三画形可能是代表八个基本元素或形式的初步字母；六十四个六画形则是由复合的三画形派生的。用以支持这种理论的最可能成立的证明之一，是第六卦☵（水），实际上和它的会意字巛具有相同的形式。

无论如何，可以这样说，六十四卦最后被用作占卜的符号，孔子的发现《易经》也是把它作为一本占卜的书而发现的。按照传统的学说，当孔子发现这本书时，它是按六十四个六画形分为六十四章的。每章包含（1）一个卦的命题或"判断"，（2）论及每一卦的六条线画（爻）的六个不同的命题或"判断"。卦辞经常是对于卦的特性或性质的说明，它是由组成它的三画形的性质决定的。爻辞说明画线的性质，它是由线画的完整或断裂以及与其他卦的线画的位置的关系来决定的。

现存《易经》包括附加的一直被称为"十翼"或"十个附说"的东西，传说是孔子所作的，这些附说是：

1. 关于六十四卦辞的六十四个注释，第一部分。
2. 同上，第二部分。
3. 六十四卦的象或"意象"的解释。
4. 对三百八十四爻辞的三百八十四个解释。
5. 对全书的附加评论，第一部分。
6. 同上，第二部分。
7. 对头两卦的评论。
8. 关于某些卦的评论。
9. 关于六十四卦的顺序。

10. 各种各样的评论。①

现在的研究,《十翼》不可能全部归于孔子所作。但认定第一、二、三、四篇是孔子自己所写,则较为可靠。第五和第六篇,虽然常有添改,但就整体来说,搜集了很多有价值的无疑地属于孔子的真正观点的东西,有些可能也是他自己写的。其他一些,很可能是他的弟子的记录。第七篇,可能包含少数真正的孔子语录,也有一些拙劣的添改。② 第九篇是后来附加的,但显然出自精明者之手;第八和第十篇,则无疑是拙劣窜改者之作。③

本文关于孔子逻辑的研究,以这些附说为基础(特别是第二、五、六篇),并与孔子的语录如有名的《论语》,及其他的著作如《中庸》、《春秋》一道研究。《易经》虽然列入儒家的高级经典,长期受到虔敬,却不幸没有得到传统的注释者的正确理解,部分的原因是由于原文本身的难解,而更大的原因则是评论家多少世纪以来怀着占星术和道学的偏见,使它含义晦涩。本文要努力做到在解释《易经》的历史上,空前地几乎完全打破关于《易经》的传统的占卜与道学的观点,并对孔子的附说或者作为逻辑的理论,或者作为关于逻辑问题的讨论加以解释。不论这种解释是否正确,我愿负完全的责任。

2 在《易经》中,孔子发现了一套表明天地万物的错综复杂的变化的符号。我们已经知道孔子的老师老子早已发现变化是一个从简单到复杂,从小到大的不断进程,因而是在我们的理解与掌握之中的。老子说:"图难于其易,为大于其细","执古之道以御今之有"。孔子就是在《易经》的研究中确切地吸取了这些教益。

孔子说:在《易经》,"易有太极,是生两仪,两仪生四象,四象生八卦,八卦定吉凶,吉凶生大业。"(《易·系辞传上》)变化的错综复

---

① 译者注:这里的《十翼》原名是《彖传上、下》、《象传上、下》、《系辞传上、下》、《文言》、《说卦传》、《序卦传》、《杂卦传》,总称为《易传》。

② 例如它的第一段显然是从《左传》来的,是在孔子生前十五年的穆姜所提到过的。

③ 在这里,我接受宋代欧阳修的校勘观点。他的《易通指问》也许是关于《易经》的最好和最有见识的校勘,这种校勘为传统学派所未有。

杂能够用一套图形作为符号来表明,这些图形又能化为基本的线画(——),这一事实似乎给孔子以深刻的印象,正如数给予毕达哥拉斯和柏拉图的印象一样。在这当中,可以找到一个完整体系,凭借它,宇宙的一切变化都能受到我们的检验与理解。

孔子认为一切变化都生于运动,运动则生于积极的东西对消极的东西的推动(见《易·系辞传上》),积极的原理用全画线(——)代表,叫乾;消极的原理用断裂线(— —)代表,叫坤。前者也叫做"易",后者也叫做"简","乾以易知,坤以简能","易简而天下之理得矣"(《易·系辞传上》)。"乾坤其易之缊耶。"(《易·系辞传上》)这就是一切错综复杂的生活和变化所由生的"简"与"易",错综复杂能够通过"易"、"简"而得到了解,"德行恒易以知险……德行恒简以知阻"(《易·系辞传下》)。

如我们所已知,老子把这种思想发挥得过了头,他坚持"无"比"简"和"易"更要多,他坚持可能性和可欲性要回到真正无为的状态。孔子则是一个实证主义者,并满足于把简易作为出发点。在他的政治思想中,他没有摆脱他的老师的学说的影响,把"不言"作为理想之治,这种影响在他的很多颂扬"不言"政治中可以见到(《论语·为政》一、《泰伯》十八、十九,《卫灵公》四,参照《阳货》十九),但是,孔子似乎认为理想之能够实现,不是凭借偶像的破坏和不干预,而只是通过思想重建的有力过程。他不赞成关于自然状态的任何理想学说,也不主张回到自然。他认为人类历史是从粗野的生活方式到文明的复杂形式;从洞居、渔猎到农、商、政治、军事技术的进步时期,从结绳到文字记载的一个逐渐发展的连续进程(《易·系辞传下》)。又因为这种发展是连续的,从简易形式开始而终于复杂的形式,故要了解目前复杂混乱的制度和活动,就必需研究过去较早、较简单的形式。所以孔子强调历史研究的重要性,"彰往察来"(《易·系辞传下》),"温故而知新,可以为师矣"(《论语·为政》十一,并参照《中庸》)。①

这样,我们就朝思想重建走了第一步。它在于为了了解复杂与困难而回到简易,其特点是探求"幾"或者"胚"。"幾"或"胚"就是"幾者动之微,吉之先见者也"……"知幾其神乎"②(《易·系辞传下》),如此的"神",就是政治家与改革家的抱负。

如果把"易"的概念化为简易的形式,它是能被理解和掌握的。这个观念构成孔子全部哲学的基础。在第一章中,我们已知道他把"正名"看作社会的道德与政治改革的必要基础。"名"被认为如此重要,是因为只有在它们当中才能发现一切事物、活动和制度的"幾"或"胚"。按照孔子的逻辑,一切活动、器物和制度都来源于"象"或"意象",这些"意象",除非凭借现在据以知悉的我们的活动、器物和制度的名,是不能被发现,也不能被理解的。我们即将研究孔子的"意象"学说,是把它作为我们的器物和制度的"胚"的开始看待的。

第三章 象或者"意象"

《易经》里最重要的逻辑学说是象的学说。这"象"或"象"字有个很有趣的来历。它原来意指一只象。韩非(死于公元前233年)对这个字的引申义作了这样的说明:"人希见生象也(因它只生产在'南蛮'各国),而得死象之骨,案其图以想其生也。故诸人之所以意想者,皆谓之象也。"(《韩非子·解老》)因此,象就是人们对事物所构成的映像或者"意象"。在《易经》里,象字被用在两种稍有不同的意思上。第一个意思,象只是人们注意到或感知到的自然界的一种

---

① 这种历史哲学对中国历史科学的发展曾发生巨大影响,以致不少史学家称它为"龟鉴",即记录过去可以使我们了解现在。

② 我用"胚"来翻译这个"幾"字,是因为这个字来自"丝"(微),它是"8"的复数,后面这个字代表"胚"。正统的经文没有"凶"字,但是我据现存唐代孔颖达本补正。

现象,如我们谈到的"天象"(《周易·系辞上》,第十一章;和下,第二章。① 第二个意思,象是能用某种符号表示的、或者在某些活动、器物中所能认知的意象或者观念。

象字最广泛地用于《易经》里的正是第二个意思。六十四卦代表这许多或者更多的象。䷾是一个卦,但它代表用水(☵)克服火(☲)以示"胜利"或"成功"这个意象(象)。颠倒过来,就用䷿代表"挫折"或"失败"这个意象。同样地,所有其他的卦都象征这样的意象,如"谦"(䷎表示山在地下);"豫"(䷏表示雷出自地下,以示突然急变的意象);"随"(䷐表示雷在泽中);"蒙"(䷃表示山下出泉,以示水源的意象);等等。大多数的象都有其引申的或者"借用"的意象:例如,☰代表上天;它的六画形式䷀象征活动,同时也有诸如君、父等引申义。

这些"意象"是从哪里来的呢? 它们起于古代圣人的心思:"天垂象(象的第一个意思),……圣人象(意象)之。"(《周易·系辞上》,第十一章)"古者庖牺氏之王天下也,仰则观象于天,俯则观法于地,观鸟兽之文与地之宜,近取诸身,远取诸物,于是始作八卦,以通神明之德,以类万物之情。"(《周易·系辞下》,第二章)"圣人有以见天下之赜,而拟诸其形容,象其物宜,是故谓之象。"(《周易·系辞上》,第六章和第十二章)"圣人立象以尽意。"(《周易·系辞上》,第十二章)

可见,孔子的种种"意象"来源于自然界的种种现象。古代的圣人,受这些现象的暗示,在他们的心里构想出种种"意象",并可说是为它们制定了象卦或用以代表繁多的天下之赜的名这样的符号形式。②

但是,"意象"在孔子的逻辑中被认为最重要,不只是作为象卦或字这样的符号的"意义"。"意象"是古代圣人设想并且试图用各种活动、

---

① 译者按:这里的章次据《十三经注疏》本《周易正义》,与作者原注章次有的不一致;下同。

② 这种解释不仅可由上面引自《易经》的几段引文证明,而且可由汉代继承早期儒家的逻辑传统的唯一学派"春秋学派"的代表董仲舒的说明得到确证,我从他的著作中引用几句:"古之圣人,谪而效天地谓之号,鸣而施命谓之名。名之为言鸣与命也,号之为言谪而效也,……皆鸣号而达天意者也。"(《春秋繁露·深察名号》)

器物和制度来表现的理想的形式。这样看来,可以说意象产生了人类所有的事业、发明和制度。用亚里士多德的术语来说,意象是它们的"形相因"。所以我们读到:"见乃谓之象,形乃谓之器,制而用之谓之法,利用出入、民咸用之谓之神。"(《周易·系辞上》,第十章)这种观点在别的章节中也提到:"形而上者谓之(自然的)道,形而下者谓之器,……举而措之天下之民谓之事业。"(同上,第十二章)

由此可见,意象为我们的器物、制度的创造、发明所依赖。文明的历史,按照孔子的看法,就是把"意象"或完美的上天理想变为人类器物、习俗和制度的一系列连续不断的尝试。孔子关于人类制度的起源的一些解释是很有意思的,即使这些解释并不完全符合人类学的观点。例如,犁头的发明,标志着农业的开始,据说曾受用☴(木)在☳(雷;因此,动)上表示增加或成长的意象的暗示。人民中为了交易商品和货物而日中为市的制度,据说起源于用☲(火;因此,闪电)和☳(雷)表示摩擦的意象。用驯畜负重运输,被认为是受到以☳(雷)在☱(泽)中代表休息的意象的启示。舟楫的发明据说起源于用☴(风或木)在☵(水)上象征的浮动的意象。用棺木、坟墓埋葬死者的习俗大概来自以☴(木)在☱(泽)下代表淹没或者泛滥的意象。更为巧妙的,是对杵臼和书契发明的解释,尽管它有点过于错综复杂和牵强附会。杵臼的发明据说起源于用☳(雷)在☶(山)上表示的一个观念("小过"),即,转动在某种不能自动的事物之上。发明书契以代替"结绳"也许取自用☱(泽)在☰(天)上代表的大雨的意象,它暗示从上普及博施这个观念。(《周易·系辞下》,第二章)①

同样的观点遍及孔子附言的全部。分别附在六十四卦的所有的"象传"(附录三),是对我们的机械发明、宗教仪式、道德规范、传统习俗等等都有它们的意象上的"形相因"这一学说的具体说明。于是我们读到:"天行健:乾☰。君子以自强不息。""山下出泉:蒙(幼小)☶。君子以果行育德。""地中有水:师(众)☷。君子以容民畜众。""地上有水:比(联结或归依)☷。先王以建万国,亲诸侯。""地

---

① 见莱格对这全章的翻译,载《东方的圣书》第十六卷,第382—385页。

中有山:谦(卑下和谦逊)☷☷。君子以裒多益寡,称物平施。""山上有水:蹇(障碍,困难)☷☷。君子以反身修德。""泽上有水:节(节制或控制)☷☷。君子以制数度,议德行。"

还有更多这样的章节可以引用。但我想以上引文已足以说明所有的人类活动、我们所有的制度和发明都起源于象或"意象"这一学说。在所有这些奇异的想象后面,在它的近乎神秘的外衣后面,我们不能不看到这种使得整个孔子哲学具有生气的实用的和人文主义的理想。这种理想同为了人类的进步和完善而去了解自然秘密的培根的理想是相同的。正如培根哲学在"形式"学说方面达到了顶点一样,我相信,儒家是以象或"意象"的学说为中心的。对"象"或"意象"的探索也就是对培根所说的"自然生自然"(natura naturans)的探索,即使不是对一般事物,至少也是对人自己创造的那些事物——即人类活动、器物和制度的"象"或"意象"的探索。但是两者的比较到此结束,因为孔子关于"意象"的概念更加近似于亚里士多德的而不是培根的"形式"的概念。"意象"是事物和制度的"形相因"。人看到木头浮在水上就发明了船;看到大雨从天上落下,就想到普及博施这个意象,于是发明书契去代替结绳。"他望着旷野,但当他去看的时候,看成了花园。"①正是花园这个"意象"确定了旷野要变成什么。在这个意义上,形相因不仅是动力因,而且也是目的因。

孔子也许最接近于培根,所以对于自然科学,他以为所有的变化都起自积极因素(阳、刚)对消极因素(阴、柔)的推动所引起的运动。但他因对人类制度和关系很感兴趣而没有充分发展他的体系的这一科学方面,但他设想,正是从变化的种种自然现象生出了种种"意象",那种种"意象"又成为人类种种发明和制度的形相因。在这里,孔子似乎是同当时的普遍倾向一致的,这种倾向是非难人为的东西而赞扬自然的东西的。老子主张废弃天下的一切文明制度,因为它们是人为的、非自然的。孔子,也是一个"自然之道"和"无为而治"的赞美者,但他又是一个实际的改革家和政治家。因此,他企图调和同时代的人们

---

① 伍德布里奇:《历史的目的》,第89页。

的"自然主义"与他对于种种制度的历史观点。他把所有人类器物、制度归因于自然的起源,并把现时一切道德上、政治上的混乱归咎于它们与自然的、原来的意义和目的逐渐偏离,来达到上述目的。自然的就是理想。改革家、政治家的任务就是要再发现这种理想作为标准以纠正现时已经衰败了的种种形式。

象的学说,如前面几页中第一次说到的,是很重要的;因为它为我们已在第一章论述的孔子的名的学说,提供了基础。在《易经》里,"意象"是用三画形和六画形的符号或卦表示的,正如我们已指出的,这些符号或卦也许是一种现在已经消亡的语言的文字记号。现在与卦相当的是名或字。① 名被看成是极端重要的,而且认为名正对社会和政治改革是一个必要的准备,因为它们是意象的最好的符号,因为迄今能追溯、能恢复的意象只存在于它们之中。因此正名意味着使名的意义按照它们所体现的原有意象而意指它们应该意指的东西。当名的意义和它们的原来的意象一致时,名才是"正"的;名正,则"言顺";否则,"事不成"。②

第四章　辞或者判断

除"意象"的学说之外,《易经》还包括另一个重要的逻辑理论,这就是辞的理论。我们研究辞,必须记住首先需要考究的两个问题。第一,一个中文的命题或者辞和西方的与之相当的东西的不同在于系词。系词在西方的逻辑中具有十分重要的地位,而在中文的命题里却被省略,它的位置仅用短暂的停顿来表示。于是,"苏格拉底是

---

① 见许慎的大字典(《说文》)的自序。几乎不需指出,所有的"字",不仅名词和代词,而且所有的"词类",都是"名"。郑康成,汉代最伟大的孔学注释家,说:"古曰'名',今曰'字'。"

② 关于"意象"的学说对名的关系,可读附录一,第二章第六节——由于原文的许多困难,那章我没翻译。译者按:作者在这里说的他没翻译的那章,是《周易·系辞下》;他指的第六节,按现在通行的版本(如《十三经注疏》本)的编排,应为第五章。

一个人"成了"苏格拉底,人也"。在结构上,用荀子(他的逻辑体系,我们将在后面提到)的话来说,一个命题或者辞是,"兼异实之名以论一意也"(《荀子·正名》)。"火烧","柏拉图写《宴后篇》","明天可能下雪",等等,都同样是适当的辞的形式:它们同样是"兼名去论一事"。在西方逻辑中围绕系词发生出来的一切神秘的晕就这样被消除了。①

第二个需要考究的问题更为重要,因为它涉及到辞的性质。中文的"辭"字是由"𤔔"(整顿,整理)和"辛"(罪行)合成的,本来意指法官宣判的"判辞"或"判决"。有些辞在《易经》里甚至叫做"象",②所以,在字义上辞是对某事物的判断和断定。因此,我在下面,宁用"辞"这个词而不用"命题"。

《易经》里有两种辞:(1)象或"卦辞";(2)爻辞或"爻判断"。前者是对卦"言乎象者也",后者"言乎变者也"(《周易·系辞上》,第三章)。(A) 在古本原文里,正如我已经提到的,六十四卦有同样多的卦辞。例如,谦卦(䷎)的辞说:"谦,亨;君子有终。"豫卦(䷏)的辞是:"豫,利建侯行师。"咸卦(䷞,表示山上有泽)的辞是:"咸,亨利贞;取女吉。"

(B) 爻辞有三百八十四条,这是爻或者线条、或者契机的数目。下面是几个例子。恒卦(䷟)的第五条线是一条被动条(译者按:即从下往上数,第五条代表"柔性"的"阴"或"坤"的"--",也叫"阴爻")占据首要位置,就有这个辞:"恒其德贞,妇人吉,夫子凶。"既济卦䷾)的最后一条线表示成功的顶点,其辞是:"濡其首,厉。"谦卦(䷎)的第五条线,象征"谦恭"的德性而居于王者之位,其辞是:"不

---

① 参看霍布斯:"但是有些民族,或者说肯定有些民族没有和我们的动词'is'相当的字。但他们只用一个名字放在另一个名字后面来构成命题,比如不说'人是一种有生命的动物',而说'人,一种有生命的动物';因为这些名字的这种次序可以充分显示它们的关系;它们在哲学中是这样恰当、有用,就好像它们是用动词'is'联结了一样。"(《哲学原理》第一篇,第三章,第二节)。也参看穆勒的《逻辑》,第一卷,第四章,第一节。

② "象"是由"彑"(猪头)加"豕"(猪)合成的,本义是"猪的步行"。在《易经》里,"象"被解释为"才",它本来是、而且至今仍是与"𢦏"(切)和"裁"(切开)同义,正好是英语里"decide"(源出拉丁文"decidere")("断定")这个字的语源。刘瓛说:象者,断也。

富以其邻,利用侵伐,无不利。"

孔子说:"《易》有象(意象)。① 所以示也;系辞焉,所以告也。"(《周易·系辞上》,第十一章)卦是代替那把自己"显示"给适当的观察者的意象的一种符号,但要对它有所"告诉",有所说明,辞是必不可少的。"圣人立象以尽意,……系辞焉以尽其言。"(《周易·系辞上》,第十二章)那么,辞告诉什么呢?"齐小大者②存乎卦,辩吉凶者存乎辞。……是故卦有(辨别)小大,辞有(陈述)险易。辞也者,各指其(卦或爻)所之。"(《周易·系辞上》,第三章)

在这些话里,我们找到辞的一个定义(功能定义)。"辞指出事物趋向何处":它"分辨吉凶"。我们先举卦辞的例子:"谦,亨;君子有终。"这儿这个辞"谦意味成功"(或者直译:"谦,亨"),指出关于"谦"的一些事情:它表示它将引导什么,即它指示它与别的事物的关系。它指出谦趋向何处。再让我们举一个爻辞作为进一步的例证。谦卦(☷)第一爻有这个辞:"初六(即,最底下的不连贯的线),谦谦君子,用涉大川,吉。"这条线是一条最底下的被动性质的线(--),因而表示谦之又谦。但是,既不是这条线本身,也不是它的名字("初六")告诉我们关于它的关系和趋向的任何情况,需要一个辞来告诉我们它显示什么以及它有什么功能。

这样,卦表示"意象"是静的,爻表示它那一层的意象也是静的,而辞则可说是通过表示它们的趋向和关系来指出象和爻的"动"或者活动。正是在这个意思上,辞被孔子认为是可以断吉凶的(《周易·系辞上》,第三、六和十二章)。孔子说:"吉凶悔吝者,生乎动者也。"(《周易·系辞下》,第一章)"吉凶者,言乎其失得也。"(《周易·系辞上》,第三章)正因为一切吉凶都依赖于活动进行的好坏,所以,指示人类活动关系和趋向的辞才成了保证他们的行为正确和成功的有用工具。它们使我们能够作出推断,并且指导我们的行动过程。所以孔子说:"极天下之赜者存乎卦,鼓天下之动者存乎辞。"

---

① 今本作"四象"。我认为是个错误,"四象"在上下文中是没有意义的。
② 指普遍性和特殊性。

(《周易·系辞上》,第十二章;参看第六章)

因此,辞的真谛基本上是注重实用的。它们告知事物的趋向,指明吉凶,从而"鼓天下之动"。总之,这就是《易经》中所包含的辞的典范的意义。孔子说:"是以君子将有为也,将有行也,问焉(即《易经》中的辞)而以言,其受命也如响,无有远近幽深,遂知来物。"(《周易·系辞上》,第九章)

这就是《易经》里的辞的典范的意义。它们要成为行为的准则。它们非常类似所谓"实用判断":①断定要做什么。我们可以想到孔子当时考虑的辞的典范正是属于一本占卜的书:一本占卜的书的目的就是要告诉人们要做什么。但我们也应记住,除了丝毫也不迷信的人以外,对于任何一个古人,一本《易经》性质的占卜书就好像我们这个时代的科学著作一样,有着完全相同的作用。一本现代著作,比如说,医学,正好就含有《易经》所包含的辞的典范。它告诉读者如何观察各种不同疾病的症状,如何预防或治疗它们,等等。同样,《易经》按照它自己的见地,告诉读者关于他的行动的方向和可能出现的结果,使他采取正确的途径,避免错误的途径。孔子的时代与威廉·奥斯瓦特和卡尔·皮尔逊的时代的不同,并不在于后者不需要行为准则的帮助就能活下去,而在于其行为准则是基于精确的知识和为科学实验所已证明的原则,而古人的那些原则只是民间智慧和先验思想的明确表达。因此,孔子在《易经》里给辞的起源作了这样的说明:"圣人以此洗心,退藏于密,吉凶与民同患,神以知来,知以藏往,……是以明于天之道而察于民之故,是兴神物(指《易经》),以前民用。(《周易·系辞上》,第十章)所以,正是关于辞的起源的这一理性主义的和先验的概念,而不是辞的典范本身,使《易经》区别于现代科学的书籍。②

---

① "例如,这里有这种形式的命题:M. N. 应当这样做;而这样做更好,更明智,更慎重、正确、适当、及时、有利,等等;这就是我称之为实用的判断的典范。"杜威:《实验逻辑》,第335页。

② 孔子的辞的概念不限于只适用于一本占卜书的辞的典范,这一点,当我们在第六章讲到正辞的问题时还会看到。

第五章　正名与正辞

我们对孔子的逻辑的研究是从正名的学说这一儒家的中心问题开始的。在《易经》里我们也读到:"理财正辞,禁民为非,曰义。"(《周易·系辞下》,第一章)我们也曾指出正名的最后宗旨是要在天下重建理想的社会关系,做到君君、臣臣、父父、子子。现在我们要研究一下孔子打算如何实行正名和正辞的任务的方法。

1　一个现代的读者也许会觉得"理财正辞,禁民为非"这个断言含有法治哲学要素,那种学说要实现的目标实际上就是我们现在叫做"立法"的目标。孔子的逻辑在以后为法家的逻辑①确实提供了一个长远的基础,这种解释并非不正确;但这里也需要指出,孔子的时代在社会结构上的某些特色,妨碍了他去提出一个法律哲学,使他转而朝着不同的方向去寻求他的学说的应用。

孔子的时代仍然受到封建制度所特有的某些原则的影响。一般地说,社会分裂成了两个阶级:"君子"或"上等人"和"小人",即"特权"阶级和无特权的阶级。"特权"在这里用的是其语源意义。只有平民、商人、佃户、农奴等等才受法律统治:他们构成了无特权的阶级。贵族、官吏和士②组成特权阶级,即可免于法的阶级。这后一个阶级不受法典的统治而受所谓"礼"的节制。"礼"是一套明确的礼仪法则——一种"礼法","君子"用礼来调节他们自己的行为,而备有五刑及其"三千"等级的法典则仅适用于庶民。③ 这种两重道德,

---

①　见第四编,第五章。

②　在孔子之前,"士"已不再只是一个军事阶级。那时已经兴起一个由市民上升为士的阶级,他们虽然在数量上占优势,但与大不列颠的包括罗宾德拉纳特·泰戈尔爵士和约翰·法郎士爵士那样的士并无不同。

③　在《礼记》(第一卷)我们读到:"礼不下庶人,刑不上大夫。"也可参看《荀子·富国》,说到:"由士以上则必以礼乐节之,众庶百姓则必以法数制之。"

这种把社会划分为只受礼法节制的"君子"和用刑罚的恐怖去统治的"小人"或庶民的作法,使得"法治"的观念非常不受欢迎,因为它极不高尚。孔子从未想到法是一种改革的有效工具。他说:"道之以政,齐之以刑,民免而无耻;道之以德,齐之以礼,有耻且格。"(《论语·为政》,第三章)但是孔子知道,一个像他自己那样的"无冕圣人"在天下已分裂成几百个国家而中央帝国已衰落到无能为力的时候,要建立一个礼法的普遍准则是不可能的事。他坦率地认为像用以统治天下的礼仪法则这样的事情应当出自"天子",即出自皇帝。(《论语·季氏》,第二章)

那么,孔子用什么方法去实行"正名"——他所认为对道德和政治改革如此必要的一项任务呢?回答是:要慎审地、而且严正地使用书面上的字和辞,以便寄寓伦理上的判断,像一个国家的法规应给的褒贬一样去作褒贬。这个观点对于一个西方的读者一定显得有点富于幻想和站不住脚。但这种思想对中国人的思想,特别是对历史科学在中国的发展,有过巨大的影响。这正是孔子谋求在名为《春秋》的一部著作中去体现的思想。

2 《春秋》是鲁国的一部编年史,包括历时二百四十二年(公元前722—前480年)的记载。初看起来,它好像是有史以来最枯燥的编年史。例如,我们读到:

> (庄公)十年春,王正月,公败齐师于长勺。
> 二月,公侵宋。

但从早期的、可靠的材料我们知道,《春秋》有着比它的表面上的枯燥更为深远的意旨。所以孟子说:

> 世衰道微,邪说暴行有作,臣弑其君者有之,子弑其父者有之。孔子惧,作《春秋》。(《孟子·滕文公下》)

又说:

> 孔子成《春秋》,而乱臣贼子惧。(同上)

《公羊传·序》也说:

夫子何为而作《春秋》哉？拨乱世，反之正，莫近于《春秋》。①

现在让我们考察一下被认为使《春秋》成为"使乱臣贼子惧"和意在"拨乱世，反之正"这样一部著作的几个特点。

Ⅰ.《春秋》远非一个只是日期和事件的年表，它有着深远的逻辑意义。这一点在一个最著名的条目以及早期孔学三个最大的注释家对这一条目的解释中可以看出。这个原来的条目是：

(僖公)十有六年春，王正月，戊申朔，陨石(即流星)于宋，五。是月，六鹢退飞，过宋都。

《左传》说"石"是"星"(流星)，六鹢退飞则是由于异乎寻常的强风。下面是公羊的解释："曷为先言'陨'而后言'石'？'陨石'记闻，闻其磌然，视之则'石'，察之则'五'。……曷为先言'六'而后言'鹢'？'六鹢退飞'，记见也。视之则'六'，察之则'鹢'，徐而察之则'退飞'。"《穀梁传》同样有趣："(陨石于宋，五。)先'陨'而后'石'，何也？'陨'而后'石'也。于宋四境之内，曰'宋'。后数，散辞也。耳治也。……'六鹢退飞，过宋都'，先数，聚辞也。目治也。……君子之于物，无所苟而已矣。石鹢且犹尽其辞，而况于人乎？故五石、六鹢之辞不设，则王道不亢矣。"

书面文字的精细、严谨、有见识的使用，成为《春秋》的第一个特点。它在语言学方面的重要性是很明显的：它从正反两方面影响语言，因为当它强调慎重、严谨的用法时，它倾向于一种机械的、迂腐的文献观点。它的逻辑意义是双重的：首先，使语言的严谨的意义成为改进逻辑的工具；其次，正如上面引用的《穀梁》的最后几句话所清楚表明的，这种语言的严谨性正是孔子的逻辑哲学的一个主要部分。

Ⅱ.《春秋》中的大事不但记载得语言严谨，同时也对它们作了伦理上的判断。这种判断隐含在措辞之中。比如，书中有三十六起国君被太子、大臣或者国民谋杀的事件。请注意它记载某些弑君者的不同方法：

---

① 又见司马迁的《史记·太史公自序》及董仲舒的《春秋繁露》。

(A)"(鲁隐公)四年三月,卫州吁弑其君完。"

(B)"九月,卫人杀州吁(他通过上述的弑君而成了卫国的统治者)于濮(与卫国邻近的陈国的一个城镇)。"

(C)"(文公)元年,冬十月丁未,楚世子商臣弑其君頵。"

(D)"(文公)十八年冬,莒(国)弑其君庶其。"

(E)"(成公)十八年春,王正月,庚申,晋(国)弑其君州蒲。"

(F)"(宣公)二年,秋九月乙丑,晋赵盾弑其君夷皋。"

这六个事件中,(B)用动词"杀",因为被杀的统治者本人也是个杀人者和篡位者。其余的五条用动词"弑",指"杀一个身份较高的人"。在例(A)、(C)和(F)中,杀人者被依次指名以明其罪责。例(C)提到"世子"的称号是为了强调弑亲和弑君同样是非常不合人情的犯罪。在例(F)中,详细的记叙告诉我们,真正的杀人者不是赵盾,而是他的侄子赵穿;这里推罪于前者是表示对他的谴责,因为作为这个国家的正卿他没有使他的侄子受到审判。例(B)中,"卫人"是个代号,因为杀死的君主应该死;州吁不是称作"他们的君",因为他不是一个合法的君主;而且提到了死的地方——"于濮",因为卫人已没有能力讨伐这个杀人的篡位者而需要一个邻国的帮助。例(D)和(E)中,谋杀虽然是由某些大臣们干的,却分别推给莒国和晋国,以便说明处以死刑实在是这些国民之所望加于这两个应受谴责的统治者的。

寓伦理判断于似仅系历史事件的"评介"之中的这种企图,也许是《春秋》原著最大的特色。可惜,当我们今天得到这部著作时,它很可能不完全是原文了。在现在的版本里,它包含有许许多多与其伦理判断极不相容之处。这些矛盾之处大抵是由于后来受到鲁国那些有权势的"豪门"的对抗而不得不作了修改(是谁,我们不知道)。支持这个说法的一个最有力的论据是矛盾之处多数涉及发生于孔子本国的事件这一事实。

Ⅲ. 和上述两个原则相一致,《春秋》力求体现作者关于曾经集中在周天子最高权力之下的完美的封建等级制度的政治理想。因此,在《春秋》中,每年开头都用上术语"春,王正月",这个王历是要提醒人们注意那曾为全天下所普遍承认的权威。此外,虽然许多国家所开拓的土地已远远超过皇帝的领地,虽然它们之中如楚国和吴国等早已僭号称"王",《春秋》却始终用皇帝在封建制度初期赐给它们的原有称号去称呼它们。因而楚王总是"楚子",吴王总是"吴子",而像宋国这样一个弱小的国家的国君却总称以"宋公"。而且正如孔子所信奉的"天下有道,则礼乐征伐自天子出"(《论语·季氏》,第二章),所以,他对当时一国反对别国的战争表示出不满和谴责,在《春秋》中记以"侵"和"攻";只有那些至少已得到天子名义上的批准的国君所领导的战争,才记以"征伐"。

这样,通过其特有的方法——(1)严格地使用语言;(2)寓以伦理上的判断;(3)区分社会地位——《春秋》据信已被孔子有意用以体现他的"正名、正辞"和"拨乱世,反之正"的学说。历史告诉我们,他没有成功地实现这个初衷。但这是不属本文专论的话题。我论及《春秋》,目的是为了说明成为《易经》所包含的逻辑学说的基础的动机。那是一个注重实践的动机:"拨乱世,反之正"。解决这个问题的关键,孔子认为是在用"名"和"辞"进行社会的思想重建。语词应该表达现实的事物和制度已经可悲地背离,而它们总该力求接近"意象"或"理想"(事物理应如何)。命题要成为理应十分审慎和公正以便"鼓天下之动"和"禁民为非"的真实的"判断"。

第三编　墨翟及其学派的逻辑

第一卷　导言

1 从孔子死（公元前478年）①至公元前四世纪最后二十五年期间，在哲学文献方面给我们留存下来的可靠原始资料是很少的。固然，按传统的看法，大量的文献出于孔子的几个大弟子及其徒众之手。但是，恐怕没有一个受过严格校勘和"较高"考证训练的研究者敢于承认这种材料确属一般人所认定的那个时期。这个问题和我们在这里所要讨论的问题关系不大，因为不管这种资料是否确实，它对于理解这一时代的哲学方法的发展是帮助很少或者没有。如有例外的话，那就是子夏的弟子公羊和穀梁所治的《春秋》，以及孔子的弟子曾子的《大学》与《中庸》的评论。但连这些著作也是对中国古代逻辑史的贡献很少的。公羊和穀梁的评注只能用以阐明本书第二编已讨论过的孔子正名学说。《大学》与《中庸》是重要的，这并非因为它们本身有价值，而是因为它们于许多世纪后在为宋明理学提供一种或多种方法方面所起的作用。

这一时期的非孔学派给我们留传下来的资料也很少。《晏子春秋》和《列子》等著作肯定不能属于这个时期。《列子》第七篇大概包含有相当多可靠的杨朱学派的"伊壁鸠鲁"的伦理学。但这些著作对我们现在的目的都没有任何价值。

真正有价值的唯一著作是名为《墨子》的五十三篇论文集，即墨翟所讲授的学说，虽然它也免不了有后人的窜改。然而在我看来，这五十三篇中没有一篇是墨翟本人写的。这部书的大部分，第八——

---

① 编者按：孔子死年应在公元前479年。

二十六篇和第二十八——三十篇,由许多记录组成,大概是前期墨家写下的关于墨翟的基本学说。第三十八、三十九和四十篇包括墨翟的日常言谈和轶事,这些篇章如果不是全部也至少大部分能被认为是前期墨家对墨翟言行的记录。第四十三——五十三篇论述加强防备和守城之法,大致上也可以如此看待。第三、四、五、六、七、二十七、三十一、四十一和四十二篇是后来根据墨翟的某些不完整的言论和轶事编纂而成的。在本书后面几章将作详细研究的第三十二——三十七篇,被看作后期或新墨家的著作。在第一、二篇中,除更似儒家(而非墨家)的陈腐道德说教外,便没有什么了。

对这本著名的文集,我们在这里不能作详细的校勘和严格的考证。在此,我们也不可能把下面各篇中有关类似《新约圣经》"对观音书"的问题作很多的考虑,即第八——十、十一——十三、十四——十六、十七——十九、二十三——二十五、二十八——三十各篇,这些篇章只是用词语变化、许多重叠和复述的三部曲形式写成。这个文集由于长期被与之敌对的儒家们所忽视,结果造成原文许多错误,在这里只说明这一点就够了。但是,近一百四十年来,振兴古代学说的广泛运动使这一著作又引起了学者们的注意,而且,自从1784年出版了有毕沅注的版本后,《墨子》这本书就得到许多训诂学家如张惠言、王念孙、王引之、俞樾和孙诒让等的有益的校勘和考证。孙诒让先生的1907年版著作,收集了所有前人以及自己的注解,至今仍然是最好的版本。

2 墨翟也许是在中国出现过的最伟大人物,但一直到二十世纪还没有人为他写过传。伟大的历史学家司马迁在他的《史记》①中,对墨子只有二十四个字的模糊记载。孙诒让在他的《墨子》的1907年版本中,根据当代证言、文献记载及在《墨子》中找到的内在证据,写了墨子传略。② 孙先生认为,墨子大概生于定王统治时期

---

① 普通译作"Historical Records"。
② 见孙诒让:《墨子间诂》中《墨子后语上》。

（或者贞定王时，公元前468—前441年），死于安王末年（公元前401—前376年）。孙先生认为墨翟很可能是死于公元前381年以后，因为在《墨子》第一篇中提到著名的吴起将军死于那一年。

这些日期看来是有问题的。首先，孙先生据以建立其理论的第一、二十七和四十一篇很可能是后来编辑的或者包含了明显的窜改。此外，在《吕氏春秋》（第十九篇第三章）也提到吴起将军之死，其中有一件事与孙先生的理论直接相矛盾。在那里我们得知吴起死的那一年，墨家首领或"巨子"①孟胜和他的弟子共185人死于他受任防守的城中。孟胜死前派遣两个弟子到另一墨者田襄子那里，并任命田襄子为墨家"巨子"。由此推论，在公元前381年以前，墨家学派已经成为一个有组织的、公认的团体，而且"传授承宗"（"apostolic succesion"）的制度已在流行。所有这些，在这个学派的缔造者的生存期间是完成不了的。因此，合乎逻辑的结论是墨翟在公元前381年之前很久就已经死了。

此外，我们从《檀弓》②知道著名的匠师公输般曾参加季康子母亲的葬礼，公输般曾与墨翟相会就是足够的证明。我们知道，季康子是死在公元前468年，他的父亲是死于公元前492年。③ 而他母亲很可能是死在这两个时期之间，大概是在公元前480年。这就意味着：公输般是具有相当的年龄才能应用他的新技巧于季康子母亲的墓地，因而他最少是在二十年前出世了，也就是公元前500年左右。他的同代人墨翟很可能也出生在这个时候。

因此，我们可以得出结论说，墨翟大概是活在公元前500—前420年这段时期里。他是鲁国人，也就是孔子的同国人，因而他与孔子学派是有接触的。孔子死后，孔子学派散布于七国。据一些资料记载，他确曾受业于孔子学派。

后来，墨翟不满于儒家热衷于把传统的习俗、礼仪和道德规范编

---

① 见下文，本章三。
② 见孙希旦：《礼记集解》第二册，《礼记·檀弓篇》。
③ 《春秋左氏传》哀公三年和二十七年。

制成一套规定各种人与人之间关系和人的行为举动的各方面的繁文缛节。他具有高度宗教气质,厌恶早期儒家崇敬祖先的古旧制度,并且对殡仪、葬礼追求奢侈浪费,但他们多半是无神论者和至多是不可知论者。① 他也不能接受儒家的宿命论,这种理论宣扬"死生有命,富贵在天"。② 他尤其反对孔派的装腔作势,不考虑信念、理论和制度的实际后果。③

因此,他建立一个新学派,这是中国古代唯一的以创始人命名的学派,即"墨家"。因为在中国语言里,即使孔子学派也没有被称为"孔子学派",而称为"儒"。作为一个思想体系,墨家与功利主义和实用主义又有很多共同之处(这些我们在下面几章将要讨论)。

然而,墨翟不仅是一个哲学家,也是宗教的创始人。的确,可以说他是唯一真正创立了一个宗教的中国人。因为道教决不是由老子创立的,儒家,作为一种宗教,也不是孔子建立的,但是墨家曾经是一个活跃的、信徒多的宗教。作为一个宗教,墨家教义否定宿命论,并认为个人的得救有赖于自己尽力行善。它相信灵魂和鬼的存在,它们对于人有赏贤而罚暴的智慧和力量。它以天志为基本信条,这就是"兼爱"。这种利人主义教义是对孔子厚亲而薄疏的爱的原则的否定。

墨家的最显著特色是禁欲主义,它的信徒过着简朴的生活,服粗衣,勤劳动,自制,非乐,节葬,偃哀。

作为以"兼爱"学说为基础的一种宗教,墨家谴责战争(非攻)。在许多资料中提到的下列故事充分地刻划了墨家的精神和墨家创始人的性格。楚国的国匠公输般刚刚发明了一种攻城用的云梯,楚王准备进攻宋国。墨翟听到后,他从本国徒步走了十日十夜,赶到楚国的都城,脸晒黑了,光着脚。他设法见到那位国匠并说服了他,使他

---

① 孔子自己就是个不可知论者。见《论语·先进》第十一章。
② 《论语·颜渊》第五章。
③ 墨翟对儒家的批评,见《墨子》第四十、三、四、六、七、九、十、十四、十五篇。叫做《非儒》(儒,即儒家)的第三十一篇是伪造的(此系胡适原注。其次序按《墨子》篇次排列)。

认识到他的事业是不义的。之后,他又见到楚王,指出为了试验发明新的攻城器械而进行的侵略战争既不义,又不利,因而说服了楚王。那国匠对他说:"吾未得见之时,我欲得宋。自我得见之后,予我宋而不义,我不为。"墨翟回答说:"翟之未得见之时也,子欲得宋。自翟得见子之后,予子宋而不义,子弗为,是我予子宋也。子务为义,翟又将予子天下。"①

也许对墨翟的赞誉最可靠的是来自批评他的人的评论。孟子曾经指责墨翟的说教是要使人过着禽兽的生活,他说:"墨子兼爱,摩顶放踵,利天下,为之。"②另一个批评者庄子说:"其生也勤,其死也薄。其道大觳。使人忧,使人悲,其行难为也。……反天下之心,天下不堪,墨子虽能独任,奈天下何?……虽然,墨子真天下之好也!将求之不得也,虽枯槁不舍也。才士也夫!"③

3 在几乎两个世纪中(公元前430—前230年),墨家似乎有大量的信徒。韩非(?—公元前233年)告诉我们:世之显学,儒(即孔子学派)、墨也。④ 由吕不韦(?—公元前235年)赞助而写成的《吕氏春秋》说,孔子和墨子从属弥众,弟子弥丰,充满天下。⑤ 孙诒让在他撰写的《墨子间诂》中列出了那时各种书籍中所出现的墨者的名字。在这个名单中有墨翟的十五个弟子,第三代有墨家三派,第四代是一派,其他十三个墨家的系谱已无从查考了。⑥

韩非认为,自墨子之死也,有相里氏之墨,有相夫氏之墨,有邓陵氏之墨。⑦ 墨家的发展似有两个不同方向,一方面,它建立了以"巨

---

① 《墨子·鲁问》篇。
② 《孟子·尽心章句上》。
③ 《庄子·天下》篇。
④ 《韩非子·显学》篇。
⑤ 《吕氏春秋·当染》篇。
⑥ 《墨子附录》(胡适原注:"第八册")中的附录三和附录六,后者是收集他们遗留下来的不完整的教义。
⑦ 《韩非子·显学》篇;《庄子·天下》篇。

子"为首领的宗教组织。① 巨子的遴选似乎是由其将死的前任指定。在墨家的宗教方面包括墨家的主要伦理学说,诸如兼相爱,交相利的思想,非命思想,相信鬼魂,节用节葬的禁欲主义,反对优秀艺术的非乐思想,反对黩武的非攻思想,等等。

在另一方面,出现了与它不同的科学的和逻辑的墨家,它被称为别墨。② "别墨,以坚白同异之辩相訾,以觭偶不忤之辞相应。"庄子这段话始终未能得到正确的理解。我研究了《墨子》第三十二——三十七篇,使我了解到那就是别墨关于心理的和逻辑的学说。他们分析了人的认识过程,发现了人们对白和坚或硬的认识过程是不同的,我们对"坚白石"的认识与这两个过程都不相同。他们喜欢研究数和形。最重要的,他们是以同异原则为基础的一种高度发展的和科学的方法的创始人。他们发现了"合同异"法,而且对演绎和归纳具有相当时髦的概念。

如我们将要看到的,别墨是伟大的科学家、逻辑学家和哲学家。这个新学派的发展不可能发生在公元前四世纪中叶以前。我对墨家著作的研究使我得出这样的结论,即第三十二——三十七篇是属于这个新学派的。我这个意见有多种理由作依据。首先,这六篇的风格与《墨子》的主要部分不同。其次,在第三十七篇中出现过两次"墨者"这个词,而在这几篇中却没有提到墨翟。第三,它们完全没有超自然的、甚至迷信的色彩,而这些在其创始人的伦理宗教的教义中是时常出现的。毫无疑问,这些作品是一个科学时代的产物。关于这几篇的情况,除了假定它们在墨翟死后还过了一段很长时间才写出来之外——大约一百年之久(公元前400—[前]300年)——对于这部著作所出现的内容和论述的不一致就无法作解释了。

第四,这几篇所讨论的问题以及它们提出问题、阐述问题的方式,是与公元前四世纪最后二十五年的名辩思潮完全一致的。的确,在《庄子》末篇提到惠施和跟随他的辩者的芝诺反论(Zenoian para-

---

① 《庄子·天下》篇和《吕氏春秋·上德》篇。
② 《庄子·天下》篇。

doxes)以及在《公孙龙子》的残简中所保存的公孙龙理论,除了借助于这六篇就不能得到正确理解。认为公孙龙或他当时的前辈是这几篇的作者不是不可能的,因为《公孙龙子》现在包含于一、二、四、五及六篇中的理论,都可以在这几篇中找到,有时在实质上相同,而且更为常见的是连措辞也完全相同。① 无论如何,把这六篇归属于惠施(他在梁惠王死时即公元前319年还活着)和公孙龙时代(公元前三世纪上半叶是他们活跃的时代)是不会错的。②

别墨作为科学研究和逻辑探讨的学派,大约活跃于公元前325—前250年期间。这是发展归纳和演绎方法的科学逻辑的唯一的中国思想学派。它还以心理学分析为根据提出了认识论。它继承了墨翟重实效的传统,发展了实验的方法。因为在我们上面提到的六篇中曾发现有用凹凸镜作实验的证据以及许多力学、光学公式。

可是,在公元前三世纪下半叶,这个学派的发展似乎已处于停滞状态。到了这个世纪末期,墨家各派都消失了,其消失得如此彻底,以致在公元前二世纪末期司马迁写他的伟大历史著作时无法确定墨翟究竟是与孔子同时,还是在孔子之后。③

墨家完全消失可能有几种原因。第一,它的兼爱和非攻的学说与时代的需要不适应。公元前三世纪是大战的世纪,而这种大战终于使所有"战国"为秦国所征服。因此,在《管子》④中,我们找到这样一个论述:"寝兵之说胜,则险阻不守。兼爱之说胜,则士卒不战。"⑤和尼采(Nietzsche)一样诚实和坦率的韩非说过同样的话:"故不相容之事,不两立也。斩敌者受赏,而高慈惠之行;拔城者受爵禄,而信廉爱之说;……举行如此,治强不可得也。"⑥

---

① 见下面第六章。
② 1790年汪中在他的《墨子序》中持这个观点,此《序》没有发表。
③ 《史记》第七十四卷:《孟子荀卿列传》。
④ 以公元前七世纪的大政治家管子命名而产生的这一著作,完全可能是三世纪的著作,其中还有更晚一些的增补。
⑤ 译者注:见《诸子集成》本,《管子》二十一:《立政九败解》。
⑥ 《韩非子·五蠹》篇。

这个战争年代对于科学研究和哲学思考也是不利的。国家所重视的是经验丰富的政治家和军事天才。让我们再引用韩非的话："所利非所用,所用非所利。是故服事者简其业,而游学者日众,是世之所以乱也。……所谓智者,微妙之言也。微妙之言,上智之所难知也。……故糟糠不饱者不务粱肉,短褐不完者不待文绣。……今所治之政,民间之事,夫妇所明知者不用,而慕上知之论,则其于治反矣。故微妙之言,非民务也。"①

因此,墨家据以建立的功利主义基础却身受其害,并因而衰落。在秦朝,墨家和儒家一起遭受迫害。它的书与儒家的著作都一起被焚毁。汉朝(公元前206—公元220年)建立之后不久,儒家很快复兴了。但墨家却受到儒家和法家一起的攻击,因而无法复兴。

第二卷 墨翟的逻辑

第一章 应用主义的方法②

叶公子高有次问政于仲尼(曰:善为政者若之何?),③仲尼对曰:善为政者,远者近之,而旧者新之。④ 墨翟在评论这次对话时说:"叶公子高,未得其问也,仲尼亦未得其所以对也。叶公子高,岂不知善为政者之远者近之,而旧者新之哉? 问所以为之若何也。不以人之所不智告人,而以所智告之?"⑤

这个似乎随便的评论却很好地说明了儒家和墨家在方法论上的

---

① 《韩非子·五蠹》篇。
② 译者注:胡适在《中国哲学史大纲》中把墨子的哲学方法称为应用主义,我们在本卷中都将Pragmatic译为"应用主义的"。
③ 译者注:这一段的内容都引自《墨子·耕柱》篇,为保持前后思想连贯,我们将删去的一句用括号补上。开头几句虽未用引号,但为使前后文相通,我们也都引用原文。
④ 对照《论语·子路》第十六章,那里的回答是:近者说(悦),远者来。
⑤ 《墨子·耕柱》第十段。

本质区别。一般地说,这就是"什么"和"怎样"之间的区别,是强调终极理想和第一原理与强调中间步骤和结果之间的区别。让这一点成为我们研究墨子及其学派的逻辑的途径吧。

正像我们看到的那样,孔子认为正名,即名字的使用要按照它们正常的和理想的含义,对于重新建成社会和国家的道德是必不可少的。所以,儒家的问题就在于建立一个理想的世界,即一个具有普遍性和理想关系的世界,以便现实世界模仿和接近。因此,早期儒家致力于两个任务:第一,像《春秋》所示范的,教人慎审地使用书面文字;第二,编辑、整理和阐释这些风习、道德规范、典礼、仪礼等,使之成为"礼"的体系。这个"礼"最好是用黑格尔观念中的德文字"Sittlichkeit"("伦常"即伦理的常规)来翻译。"礼"的目的就是给人们提供一套理想关系的规范,作为个人行为和社会交往的准则。但这个被夸大了的"礼"却变成了无法忍受的繁文缛节,它严格地、极其详尽地规定了人们行为的每个方面,包括吃、喝、穿、坐、立、行、烹调、谈话、睡觉、射击、婚姻、死亡、哀悼、葬礼、埋葬、鞠躬、叩头、祭祀,等等,等等。①

《淮南子》说:"墨子学儒者之业,受孔子之术,以为其礼烦扰而不说,厚葬靡财而贫民,(久)服伤生而害事。"②实际上,墨翟非常反对儒家的全部方法,反对那种建立一个具有普遍性和第一原则的世界,而对它们的实际后果考虑甚少或根本不考虑的方法。

墨翟不满儒家的方法,要寻求一个借以检验信念、理论、制度和政策的真伪和对错的标准。他发现这个标准就存在于信念、理论等所要产生的实际效果之中。儒家关于"象"的理论③认为,产生于象的事物和制度后来体现为器具、制度和原理。按照这种逻辑,为了掌握眼前真实事物的意义,就必须追溯现在借以认知这些事物的名的

---

① 了解这一描述真相的最好办法是读莱格翻译的《礼经》和斯狄尔翻译的《仪礼》,后者更好,因为更详细。
② 《淮南子》是在西汉淮南王刘安的赞助下编辑的一部著作,廿一卷(《要略》)。
③ 请看本书第二编第三章。

原始的象，追溯它们的理想的涵义。墨翟反对这种见解，他认为我们的制度、器具和概念并非来自先验的象，而是来自实际的需要。人类制度（这种制度是孔子和墨翟最关心的问题）的起源是由于某些实际的目标或目的，为了实现这些目标或目的，人类制度才被创造出来。因此，为了理解这些事物的意义，就必须问它们要产生什么样的实际效果，它们的实际效果构成了它们的价值，同时也构成了它们的意义。

举一个具体的例子。墨翟说："（我）问于儒者曰：'何故为乐？'曰：'乐以为乐也。'（乐，现在发音是乐 loh）①子墨子曰，'子未我应也。今我问：'何故为室？'曰：'冬避寒焉，夏避暑焉。室以男女之别也。'则子告我为室之故矣。今我问曰：'何故为乐？'曰：'乐以为乐也。'是犹曰：'何故为室？'曰：'室以为室也。'"②

简单地说，墨翟的主要见解是：每一个制度的意义，就在于它有利于什么；每一个概念或信念或政策的意义，就在于它适合于产生什么样的行为或品格。下面的引语可以作为他的应用主义方法的简明论述："言足以迁行者，常之；不足以迁行者，勿常。不足以迁行而常之，是荡口也。"③

这里必须补充说明一点，墨翟一方面坚持以实际效果作为评价原则和制度的唯一标准，同时常常认定行为动机的重要性，动机在这里不只是希望，而是需要为之作出努力的预见目的。下面的谈话将说明这点："巫马子谓子墨子曰：'子兼爱天下未云利也，我不爱天下未云贼也，功皆未至，子何独自是而非我哉？'子墨子曰：'今有燎者于此，一人奉水，将灌之；一人掺火，将益之。功皆未至，子何贵于二人？'巫马子曰：'我是彼奉水者之意，而非掺火者之意。'子墨子曰：

---

① 这是《礼经》中的一个定义，孔子很喜欢作词源学的定义，见孔子《论语·颜渊》第十七章关于政治的定义。
② 《墨子·公孟》。
③ 《墨子·贵义》五段，同样的论述也出现在《耕柱》篇，用"举"代替"迁"，"迁"的现在意义是"变"。但是它从前的意思是"向更好的变"。例如《周易》中的"君子见善则迁"。

'吾亦是吾意,而非子之意也。'"①

墨翟发现了应用主义的方法之后,便把它贯串于自己的全部学说中,使它成为自己的学说的基础,并使许多流行的学说受到它的检验。在说到他自己的兼爱理论时,他说,"用而不可,虽我亦将非之。且焉有善而不可用者。"②

下面这段著名章节清楚而有力地说明了墨翟方法的性质。

> 今瞽曰,钜者白也,黔者黑也,虽明目者无以易之。兼白黑使瞽取焉,不能知也。故我曰瞽不能知白黑者,非以其名也,以其取也。
>
> 今天下之君子之名仁也,虽禹汤无以易之。兼仁与不仁,而使天下之君子取焉,不能知也。故我曰,天下之君子不知仁者,非以其名也,亦以其取也。③

在把选择和行为同命名和定义进行这样的对比时,墨翟可能考虑到儒家的逻辑,即首先试图通过对名的研究以发觉事物应当是什么,然后试图通过提供一个精心制造和严格的理想关系的制度,以便改革现实的社会和政治秩序。孔子把判断看作是关于做什么和不做什么的陈述,这是正确的。但是由于把判断归因于一个绝对的和先验的起源,他和他的弟子实际上已经作出了一个普遍的命题:事物应当如何如何,而不考虑其后果。正如后来一个儒者所说:"正其谊不谋其利,明其道不计其功。"④结果是,这普遍命题本身就被当作目的,完全没检验其正确性的任何办法和愿望,也没有指导它们应用于具体情况的任何标准。因为,脱离了实际结果的普遍性命题,不过是空洞的词和抽象,依照怪想和偏见的盲目指引而浮现或幻灭。实际上,它们就像盲人关于黑和白的定义一样变得毫无意义和不负责任。

---

① 《墨子·耕柱》四段,参阅《墨子·贵义》二段。
② 《墨子·兼爱下》。
③ 《贵义》九段。
④ 董仲舒语。

这个问题可以用一种不同的方法表述。孔子逻辑的最大贡献就在于发现了名的意义,即"所以谓"。但孔子学派没看到,"所以谓"脱离了"所谓"的实际关系就是空洞的和毫无意义的。把"主词"或"所谓"(实)①这一语词引入中国逻辑是墨翟的功劳。墨者把这两个语词定义为:"所以谓,名也;所谓,实也。"②因此,墨翟在描述当时王公大人们是怎样完全称颂义同时又进行残酷和破坏性的战争之后说:"则是有誉义之名,而不察其实也。此譬犹盲者之与人同命白黑之名,而不能分其物也。"③

我们很难夸大这种迟迟才发现这主词或所谓的重要性。儒家逻辑的问题是用名以正名的问题,即通过重建名的原始的和理想的意义,以改正现已陈旧和退化的名的意义。任何一个现代语言学家都能容易地看到这个企图是无效的。因为非常明显,即便不考虑这样一个无穷倒退的困难,这些名词在最后被发现时的原始意义不过是比词源学意义略胜一筹。当我们终于追溯到"象"这个词作为一只"象"的原始意义时,会获得什么样的逻辑的和道德的好处呢?如果我们抛弃了这种严格的词源学探讨,我们就不得不求助于任意专断的意义,求助于哲学家们自己认为理想的意义。这种确定理想意义的武断和主观的方法,实际上已经被儒家所采用了,尤其在《春秋》中,为了表达历史学家的武断,甚至历史的事实也被歪曲了。

为了克服对空洞的所以谓的不负责任态度,墨翟对"主词"的发现在中国逻辑史上具有划时代的意义。使用一个宾词必须考虑到其所谓,使用一个判断必须考虑它的实际后果。知识不在于知道所以谓和普遍性的东西,而在于能够在现实生活中使用它们——"提高品行"。如果说,一个人"认识"某事物,"非以其名也,以其取也。"

墨翟毫不厌倦地谴责那种把普遍原则从其生活和行为的实际关系中分离开来的传统态度。我们发现,在他的著作中自始至终告诫

---

① "实"意指"实体"、"实在"、"真实事物"等。
② 《墨子·经说上》。
③ 《墨子·非攻下》,参阅《墨子·贵义》第九段的有关引文。

人们,这种传统态度将使个人丧失把这些原则应用到现实情况中去的能力,它将使人们形成墨翟名为"知小而不知大"的习惯。这就是说,由于人们的思想经常地限于反复解释普遍的原理,而不通过检查它们宜于产生的那种行为和品格以测定其正确性,人们就会逐渐丧失均衡和评价的意识,并且变得"小事拘谨大事糊涂"。

"知小而不知大"这一习惯成了墨翟著作中最熟悉的论题之一。他至少在六个不同场合说到了它,①而每一次都有充分而有说服力的例证。但是,没有其他段落比他在当时以及目前流行的对待战争的三部曲的第一曲中能更雄辩有力地说明这一点。下面,我引用这一节的全文作为讨论他的应用主义方法的一个恰当的结论:

> 今有一人,入人园圃,窃其桃李,众闻则非之,上为政者得则罚之。此何也? 以亏人自利也。
>
> 至攘人犬豕鸡豚者,其不义又甚入人园圃窃桃李。是何故也? 以亏人愈多,其不仁兹甚,罪益厚。
>
> 至入人栏厩,取人马牛者,其不仁义又甚攘人犬豕鸡豚。此何故也? 以其亏人愈多,苟亏人愈多,其不仁兹甚,罪益厚。
>
> 至杀不辜人,拖其衣裘、取戈剑者,其不义又甚入人栏厩取人马牛。此何故也? 以其亏人愈多。苟亏人愈多,其不仁兹甚矣! 罪益厚。
>
> 当此天下之君子,皆知而非之。谓之不义。
>
> 今至大为不义攻国,则弗知非,从而誉之,谓之义。
>
> 此可谓知义与不义之别乎?
>
> 杀一人谓之不义,必有一死罪矣。若以此说,杀十人,十重不义,必有十死罪矣。杀百人,百重不义,必有百死罪矣。
>
> 当此天下之君子,皆知而非之,谓之不义。
>
> 今至大为不义攻国,则弗知非,从而誉之,谓之义。情不知其不义也,故书其言以遗后世也。若知其不义也,夫奚说书其不义以遗后世哉?

---

① 《墨子》一书中的《尚贤中》《尚贤下》《非攻上》《天志上》《天志下》和《鲁问》第六段。

> 今有人于此，少见黑曰黑，多见黑曰白，则必以此人为不知白黑之辩矣。
>
> 少尝苦曰苦，多尝苦曰甘，则必以此人为不知甘苦之辩矣。
>
> 今小为非，则知而非之，大为非攻国，则不知非，从而誉之谓之义。此可谓知义与不义之辩乎？"①

第二章 三表法（论证的三表）

我们已经讲清楚墨翟方法的基本特征，现在要接着讲他的论辩理论，即是他关于推理和论证方法的思想，这可以称为"三表法"。墨翟说：

> 言必立仪。言而毋仪，譬犹运钧之上，而立朝夕者也。是非利害之辩，不可得而明知也。故言必有三表。何谓三表？子墨子言曰：有本之者，有原之者，有用之者。
>
> 于何本之？上本之于古圣王之事。
>
> 于何原之？下原察百姓耳目之实。
>
> 于何用之？废以为刑政，观其中国家百姓人民之利。
>
> 此所谓言有三表也。②

第一表和第二表的次序有时是颠倒的，但这第三表即关于实际应用的一表常常是最后的检验。上面所引关于全部方法的叙述不需要我加以详述了，所以我将自限于阐明墨翟关于方法的应用——通过充分引证他所用过的论证，首先用以反驳宿命论；其次是借以证明死者的鬼魂的存在。

1 墨翟在他反对宿命论的论证中说：

> 然而今天下之士君子，或以命为有，盖尝观于圣王之事。古者桀之所乱，汤受而治之。纣之所乱，武王受而治之。此世未

---

① 《墨子·非攻上》。

② 《墨子·非命上》。同样的三表也出现在《非命中》和《非命下》。《非命中》中的三表被后来者讹误，其他两章是确切的，参阅《法仪》《尚贤下》。

易,民未渝,在于桀纣则天下乱,在于汤武则天下治。岂可谓有命哉?

盖尝尚观于先王之书。……先王之宪亦尝有曰……先王之刑亦尝有曰……先王之誓亦尝有曰,福不可请,祸不可讳。敬无益暴无伤者乎?①

用来审察任何理论与经验事实相一致的第二表,是不大能应用于如宿命论这样的抽象对象的。只有当天命被说成是人格化的神的时候,墨翟才涉及宿命论。他说:"我所以知命有与亡者,以众人耳目之情,知有与亡。有闻之,有见之,谓之有。莫之闻,莫之见,谓之亡。"②在这个基础上,他否认了天命存在的理论。下面我们还将有机会重新提到"经验的事实"是认识的决定因素这一观点。

但这三表法中最重要的还是最后关于实际效果这一表。它告诉我们说,宿命论必须受到谴责,因为它主张:"上之所赏,命固且赏,非贤故赏也。……上之所罚,命固且罚,不暴故罚也。"这些主张在关于下述事态中自然会产生,"是以治官府则盗窃,守城则崩叛,君有难则不死",③还有,宿命论挫沮勤奋、怂恿粗心大意,这对世界上的贫困和悲惨是负有责任的。那些因懒惰和任性而处于极度贫困地位的人,还要拒绝把他们的苦难归咎于自己的错误,而是归因于天命。同样地,那些过着放荡生活的统治者已经给他们自己带来了王国的覆灭,但也不谴责他们自己,而是埋怨命运。④最后,宿命论是和教育的全部努力不相容的。"教人学而执有命,是犹命人葆,而去亦冠也。"⑤

2 关于一个否定论证的典型事例就谈这些。他用以支持死者灵魂的理论更有启发性,因为它们更清楚地显示出三表法的力

---

① 《非命上》。
② 《非命中》。
③④ 《非命上》。
⑤ 《公孟》。

量和弱点。在这里,墨翟开始从第二表出发,即"经验事实"。他认为,为了查清任何事物的存在或不存在,我们必须首先查明是否有"众人耳目之情"以支持关于它的存在或不存在的信念。"有闻之,有见之,谓之有。莫之闻,莫之见,谓之亡。"他用这个普遍的判断,要求他的对手询问看见过鬼魂的许多人,并去阅读那些看见过这种情况的历史人物的记录。

在从各种历史记录中作了很长引文以后,他转到第一表说:"若以众人耳目之请(情)以为不足信也,不以断疑。不识若昔者三代圣王尧舜禹汤文武者,足以为法乎?"因此,他从古代的政令、条例、规律、会社、颂歌等引用了许多段落去证明它们全都明白地或含蓄地假定鬼魂的存在。

最后,其力量的源泉是产生于第三表,并且其感染力是产生于"这将达到信念"这一句话。墨翟说:"若使鬼神请(同"诚")有。是得其父母姒兄而饮食之也,岂非厚利哉。若使鬼神请(诚)亡?是乃费其所为酒醴粢盛之财耳。自夫费之,非直注之汙壑而弃之也。内者宗族,外者乡里,皆得如具饮食之。虽使鬼神请(诚)亡,此犹可以合欢聚众,取亲于乡里。"①

在相隔二千多年以后,对许多人来说,这些话听来极为繁琐。我在这里引用它们的目的,是要表明一个思想家的宗教气质如何影响他去采用他的应用主义方法以证明像有鬼这样一种理论,并且是在他使用这完全相同的方法去摧毁宿命论的理论之后!这种要证明其正确性未经应用主义方法严格检验的思想的企图,成为后来的唯物主义和无神论共谋反对墨家的原因之一,难道这不是可能的吗?②

---

① 《明鬼下》第九段。参阅《公孟》第七段,墨子在那里说:"古圣王皆以鬼神为神明,而为祸福、执有祥不祥,是以政治而国安也。"

② 参阅杜威教授对詹姆斯的批评:"詹姆斯先生使用这种应用主义的方法,发现有些生活中推断出来的公式的价值,就是它具有永远固定的逻辑内容;或者利用它去批评、纠正并最终地构成这些公式的意义。如果它是第一的,就存在应用主义方法将被生动地使用的危险。如果不正确,其学说本身就是理性主义玄学的一部分,而不是固有的应用主义。"(《经验逻辑》中的杂文,P.313)

还是返回到我们的主题。墨翟的三表法可以概括为检验任何已知思想的真实性的要求:(1)跟已经确立的思想中最好的一种相一致;(2)跟众人的经验事实相一致;以及(3)付诸实际运用时导致良好的目的。我们将在这一章的其余部分根据它们在上述论证的两个事例中所显示的运用对三表进行批判性的审验。

我们将从第三表即实际效果这一表开始。我们已经指出,用应用主义方法去证明其逻辑正确性可疑的思想的危险性。除此之外,还有把"实际有用"作过于狭隘的解释的危险,即解释为直接有用。墨翟并不是没有觉察到效果在量上的差别。检验应建立在对"最大多数人"有实际效用的基础上。比如,墨翟在讲到战争的罪恶结果时说:"虽四五国得利焉,犹谓之非行道也。譬若医之药人之有病者然。今有医于此,和合其祝药,于天下之有病者而药之。万人食此,若医四五人得利焉,犹谓之非行药也。故孝子不以食其亲,忠臣不以食其君。"①

可是,墨翟似乎在若干场合已经忽视了效果间质的区别,所谓质的区别,在这里意味着直接有效的东西和不能被立刻看到的实践价值的东西之间的区别。有一个传说:墨翟用了三年时间制作了一个木鸢,成而飞之,竟日,然后坠毁。墨翟在因此新发明而受到祝贺时说:"不如为车輗之巧也,用咫尺之木,不弗一朝之事,而引三十石之任。"②如果这个故事是真实的,墨翟当然应被认为对阻止人类征服空间负有二千多年的责任!关于过分狭窄的实践概念的另一个更有教育意义的例子,是在他关于废除音乐的主张中找到的。他断言音乐是一种不必要的金钱耗费,并不能解除人们的贫困和痛苦,也不能

---

① 《非攻中》。
② 这个故事在许多书中都说到,《韩非子》第三十二、十一、一、三篇中被重复提到,参阅《列子》第五篇和《淮南子》第十一篇,在《墨子》书中见《鲁问》《节葬下》。然而这创造当归功于当时的大技师公输子。

有助于保卫国家,却造成了人们的懒散和奢侈。① 儒者程繁问他:"圣王为不乐,此譬之犹马驾而不税,弓张而不弛。无乃有血气者之所不能至邪?"对于这个应用主义的问题,墨翟不能给予令人满意的回答。② 但是,他对音乐的非难以及对其他学派的禁欲方面的影响,总的来说很可能对古代中国文化的美学方面造成相当大的损害。尽管儒家极力强调音乐的道德化和社会化的力量,然而在以后的许多世纪中,中国古代艺术的发展受到阻挠,直至它从印度的宗教艺术中得到了新的动力。可能有许多的原因要对这种不合理的阻挠负责,包括经济的、宗教的及其他原因,但墨家是其中原因之一,这不是不可能的。③

对附于应用主义方法的不加批判的运用的危害性,我的评语就说这么多。至于这种方法本身的无可争辩的优点,我认为在前章中已作了十分公正的论述。

现在我们进而讨论第二表,即通过"众人耳目之情"去检验某种思想。从上面关于鬼和命的两个例子来看,墨翟关于用感官来考察的思想并不完全正确,这是显然的。因为他承认鬼的存在并对天命的否认都是假定了听到和看到的为真实,而听不到、看不到的为不真实。④ 这样一种关于观察的看法,忽视了谬误、幻觉和其他感官观察限制的可能性。有人会说,墨翟可能认为谬误、幻觉对于经历过它们的人来说是真实的。但这似乎是一个时代的错误,不过我们不能从原文中找到证据去证实它。

但是,我们对于墨翟关于亲身观察的价值的认识之历史意义决

---

① 《非乐上》,必须记住,墨翟也是一个宗教的创立者,这个宗教教导和实践着自我克制和禁欲主义。他的厌恶音乐,与其说是可能出于任何实效的考虑,宁可说是由于宗教的气质。

② 《三辩》。

③ 对墨翟这一理论的批评,见《荀子》第十和二十两章。

④ 对照约·斯·穆勒的《功利主义》第四章。"关于某物是可见的唯一证明是人们实际看到了它,关于声音是听得见的唯一证明,是人们听到了它,经验的其他来源也是如此。"

不能视而不见。我们已经看到儒家曾把普遍性看作是起于合格的观察者(圣人)的心中的,用《周易》中的话说:"圣人以此洗心,退藏于密,吉凶与民同患,……是以明于天之道而察于民之故,是兴神物以前民用。"这个方法是纯粹理性主义的。我们也已经看到,孔子关于知识的理论不是从经验开始的,而是从学习开始的,就是从获得现成的知识开始的。作为对这些理性主义和"经典派"的抗议,墨翟之依赖直接观察是有其重要的历史意义的。它离开了古旧的、最突出地于《老子》中的程序:

  不出户,
  知天下;
  不阙牖,
  见天道。
  其出弥远,
  其知弥少。

简言之,墨翟关于直接观察的理论虽然是粗糙的,却标志着中国经验主义的开端,这种经验主义的发展构成了以下许多章的实质。

回到第一表,我们可以问:为什么像墨翟这样一个激进的思想家如此信赖"古代圣贤的经验"? 他之确认古代圣王的原理作为真理的一种检验不是同自己的应用主义方法相矛盾吗? 为了回答这些问题,必须首先了解墨翟关于使用一般真理作为预言方法的思想,也就是作为将来行动的指导原则。

对于过去可知将来不可知这种说法,墨翟说:"藉设而亲在百里之外,则遇难焉,期以一日也。及之则生,不及则死。今有固车良马于此,又有奴马四隅之轮于此,使之择焉。子将何乘?"对曰:"乘良马固车,可以速至。"子墨子曰:"焉在不知来?"[①]这个预言的看法在基本上是正确的。每当涉及将来行动的一切因素的行为方式被知道而且能被计及时,预言是可能的。良马比病马行走得快;砒霜是有毒的;火发光,等等——所有这些都有助于预言和指导行动。这里就包

---

① 《鲁问》。

含着所有的一般真理、科学规律等等的效用。

且说这些古代圣王的、已被收录在历史记载中的经验,是属于同一种类的。历史已经证明,某些行动方式、某些国家政策、某些信念已经带来了有益的效果,而其他一些却遭到毁败。那末,为什么我们不该从历史的教训获益,并学会去进行有益的实践活动而避免招致灾难的活动呢？我相信这就是墨翟的第一表的正确含义。——它在别处的阐述如下:"凡言凡动,合于三代圣王尧舜禹汤文武者为之。凡言凡动,合于三代暴王桀纣幽厉者舍之。"①对于墨翟,如同对于现在的任何一个中国人一样,这些名都代表十分明确的事物。第一组代表了十分明确的美德和政策,它们已产生若干明确的结果;第二组代表若干十分明确的罪恶和行径,它们已使王国覆灭并使它们的执行者永远受到谴责。正是在这个意义上,墨翟之坚持以过去的经验、坚持要同古代圣贤的看法相一致,作为一种真理的检验,就跟他的应用主义方法一点也不矛盾了。通过跟古代圣者经验相一致来检验一个思想,和通过与其实际的效果已为历史所证明的其他思想的对照来检验一个思想,是一样的。

可以注意到:在这当中存在着墨翟的哲学方法的积极用处。墨翟一方面着重实际效果并经常批评儒家喜用抽象的名和原理而不顾它们在生活中的效果。同时,墨翟本人也在设法建立一个普遍原则的体系,一个用应用主义方法检验、权威地建立的真理体系,以指导个人行为,管理社会和国家。把前章中引用过的他自己的话重复一下:"言足以迁行者常之。"使一个普遍原则变为"常",就是使它成为我们的习惯,把它尽量推广,把它建立为一个普遍规律:"天下从事者,不可以无法仪。无法仪,而其事能成者无有也。……虽至百工从事者,亦皆有法。百工为方以矩,为圆以规,……无巧工不巧工,皆以五者为法。巧者能中之;不巧者虽不能中,放依以从事。"②

由此可见,墨翟的方法,一方面强调实际效果,同时致力于与特

---

① 《贵义》第四段。
② 《法仪》。

殊效果完全不同的某种东西,旨在形成一个关于行为的普遍规律的体系。这种思想曾大大地影响着墨翟的政治和宗教观念。在政治上,他想看到一个统一的最高权力和一个普遍的法制;在宗教上,他认为天志是对与错的最普遍的标准。对于他的政治宗教学说(即称为"尚同"的学说,也就是与最普遍的东西的一致)的检查,将能更好地表明墨翟对普遍标准的态度的实际涵义。

这个学说开始于一种自然状态,一种先于政治的状态,其中"盖其语人异义,是以一人则一义,二人则二义,十人则十义,其人兹众,其所谓义者亦兹众。是以人是其义,以非人之义,故交相非也。"结果是霍布斯(Hobbes)所说的"一场所有人反对所有人的斗争"。"天下之乱,若禽兽然"。(《尚同上》)然而人们开始懂得了"是以天下乱焉,明乎民之无正长,以一同天下之义"。因此,他们就从他们中间选择最聪明能干的人,并推选他为"天子",他们还推选其他聪明能干的人以大臣、陪臣、领主(三公)等资格作为他的助手进行活动。这就是政府的起源,①政府起源于正长的需要。

正长既已建立,然后天子向人民发布诰命,说:"闻善而不善,皆以告其上。上之所是必皆是之,上之所非必皆非之。"基本的法律就是"上同而不下比"。所以,一个地区之为善治,即是当这个地区的正长能"一同地之义"的时候。一个国家之为善治,即是当国君能"一同国之义"的时候。天下之为治也,即当天子"唯能一同天下之义"的时候。②

但墨翟并没有就此停止。如果"天下之百姓,皆上同于天子,而不上同于天,则天菑(灾)犹未去也。"③

这就导致了他的天志是义的最高标准的理论。天志被设想为存

---

① 这就抛弃了孔子在《书经》中表述的神圣正确的理论:"天降下民,作之君,作之师。"这也记录了墨翟关于由众人选择第一正长的设想。后期墨家发展了一种关于国家起源的契约理论,认为"一个统治者是通过国民间一致赞同的义进行统治。"(《经下》《经说上》)

② 《尚同上》。

③ 《尚同上》,参阅《尚同中》、《尚同下》。

在于爱的愿望并且有益于所有的人,下列事实可以证明这一点:天本身保佑所有互爱的人并惩罚所有互相伤害的人。墨学的创立者说:

> 我有天志,譬若轮人之有规,匠人之有矩,轮匠执其规矩以度天下之方圆。曰'中者是也,不中者非也。'今天下之士君子之书不可胜载,言语不可尽计,上说诸侯,下说列士,其于仁义,则大相远也。何以知之,曰我得天下之明法度之。①

第三卷　别墨的逻辑

第一章　《墨辩》

我在说明墨翟的三表学说时,曾明白地对这个学说的朴素和不成熟一起作了介绍。例如,对神、鬼的信仰,以及对耳目经验的不加批判的信任。因为我要通过对比来说明:虽然墨翟确曾提出一个极为重要的逻辑方法,可是他不能同时是逻辑体系的创始人。这个体系构成了本章及后面许多章的实质。现在《墨子》书中这六篇,绝非墨子所作。

下面简述一下这六篇卓越著作的性质和文体。《墨辩》的第一篇,即《墨子·经上》,是由九十二条界说组成的。举几个例子。第一条说:"故,所得而后成也。"第五条说:"知(或直接的知识),接也。"第六条说:"恕(或心智的认识),明也。"第八条说:"义,利也。"第二十二条说:"生,刑与知处也。"第四十条和第四十一条说:"久,弥异时也。宇,弥异所也。"第五十八条说:"圆,一中同长也。"

第二篇,即《墨子·经下》,包含八十一条不同种类的一般定理,每条都附有理由。例如,第八条说:"物之所以然,与所以知之,与所以使人知之,不必同,说在病。"第十六条说:"景不徙,说在改为。"第

---

① 《天志上》,参阅《法仪》、《天志上》、《天志下》。

十七条说:"临鉴而立,景到,①多而若少,说在寡区。"②第四十五条说:"知而不以五路。说在久(即记忆力)。"第四十七条说:"知其所以不知。说在以名取。"

第三篇,即《墨子·经说上》,是由九十二段注释组成的。每段注释说明了《墨子·经上》九十二条界说中的一条。第一段说明第一条界说,并把此条界说的首字引入说明中:"故。小故,有之不必然,无之必不然。体也,若有端。大故,有之必然,无之必不然,若见之成见也。"第五段说明第五条界说:"知也者,以其知过物而能貌之,若见。"第六段说明第六条界说"恕也者,以其知论物而其知之也著,若明。"一些说明很简短,可是另一些说明很长。

第四篇,即《墨子·经说下》,包含八十一段。每一段说明《墨子·经下》八十一条定理中的一条,并且是这条定理的"理由"。对《墨子·经下》第八条是这样说明的:"物或伤之,然也(病害的原因)。见之,智也。告之,使智也。"关于"影倒"一条的说明太长了,不宜在这里引述。对谈到记忆力③的《墨子·经下》第四十五条,是这样说明的:"智以目见(火),而目以火见。而火不见,惟以五路知。久,不当以目见,若以火见。"《墨子·经下》第四十七条讲到以所取检验所知,其说明如下:"我有若视曰知。杂所知与所不知而问之,则必曰:是所知也;是所不知也。取去俱能之,是两知之也。"

这四篇著作成为一组,里面有逻辑学、心理学、伦理学、经济学以及政治学和语法规则、数学、力学、光学等方面的理论。除少数遗留至今的几何学专门著作(如《周髀算经》)和医学专门著作(如《黄帝内经》)外,这四篇著作是现在仅存的古代中国科学成就的证据。

第五篇,即《墨子·大取》,就其原文说,可能是《墨辩》六篇中最难读的了。很明显,这是一篇不连贯的文章,有许多内容脱落了。

---

① 译者注:毕秋帆:"即令影倒字正文"。胡适据此将"景到"译为"an object gives an inverted image"。

② 译者注:孙诒让:"寡区","疑当作空区,……谓镜中注如空穴,……即洼镜也"。胡适以此意译"寡区"为"concavity",即"洼面"。

③ 译者注:即"久"。

《大取》没有被窜改,可是原文一直存在许多无法弥补的讹误。其中一些可读的部分仍然对我们认识墨家有重大价值。取关于乐利主义①的论述为例:

> 于所体之中而权轻重之谓权。权非为是也,亦非为非也。……于事为之中而权轻重之谓求。求为是非也。……(规律是)利之中取大;害之中取小也……利之中取大,非不得已也。害之中取小,不得已也。所未有而取焉,是利之中取大也;于所既有而弃焉,是害之中取小也。……害之中取小也,非取害也:取利也。……遇盗人,而断指以免身,利也。

或者以关于逻辑的论述为例:

> ……苟是石也白,尽与白同。是石也虽大,不与大同。有一点不同:②以形貌命者,必知是之某也;不可以形貌命者,唯不知是之某也,知某可也。诸以居运命者,苟入于其中者皆是也。去之,因非也。诸以居运命者,若乡里齐荆者皆是也。

第六篇,即《墨子·小取》,是整个《墨辩》中最好读的,或许也是最有趣味的。《小取》是一篇关于逻辑的完整的论文,全篇分九节。第一节讲了逻辑的一般性质及作用。第二节为推论的五种方法下定义。这五种方法是效、譬、侔、援、推。第三节讨论了后四种方法运用中的危险和谬误。第四节讲到形式逻辑(formal logic)的五③种困难。其中多数的困难是汉语的特点造成的。汉语既不为复数名词提供符号,也不区分名词总称和分称的用法。其余五节分别详细地说明了这种困难。

第二章 知识

别墨是区别"知"字多种用法的第一个学派。他们开始于认定知识预先假定认知的能力或智慧。因此,"知"的第一个界说是"材

---

① 译者注:"utilitarianism",参见《中国哲学史大纲》卷上第199页。
② 译者注:此五字为胡适所加,原文无。
③ 原文中只有四种,第五种大约被抄写者删去了。

也。"(《墨子·经上》第三条)①进一步加以说明:"知也者,所以知也,而不必知,若明。"(《墨子·经说上》第三条)这种说法不是"白纸论"。"白纸论"把心看作是印象的消极容器。与之相反,"知"是作好认识准备的一种积极的智慧,是潜在的认识。但仅仅智慧本身是不能认识事物的;知识预先假定了被认识的对象。

"知"的第二种意义是:它是直接的知识,即知觉。(《墨子·经上》第五条)知觉就是关于事物的知识。"知也者,以其知过物而能貌之。若见。"(《墨子·经说上》第五条)这里知是指认识的能力。认识能力如果没有它的对象就不能构成知识。眼睛有观察的能力,但只有在接触到被观察的对象时,才形成观察。

但是,还有另一种知识是"知"字所不能包括的。所以就创造出一个新字"恕"来了。它是"知"字(直接的知识)加上"心"字(心灵)。这个词无论什么中文字典都找不到的。它现在可以解为:"心知"。"恕,明也。"(《墨子·经上》第六条)"恕也者,以其知论物,而其知之也著,若明。"(《墨子·经说上》第六条)知识是关于事物的知识。"闻,耳之聪也。……循所闻而得其意,心之察也。……言,口之利也。……执所言而意得见心之辩也。"(《墨子·经上》第九十、九十一条)

这样,知识以三个要素的统一为前提。它们是:理智、知觉与理解。这一统一是建立在时间与空间这两个要素之上的。

"不坚白,说在无久('久'是墨辩创造出的一个词,用以区别'时间'和'各种不同时间之总称')与宇。坚白,说在因"。②(《墨子·经下》第十三条,第十四条)某些性质之所以被认为是"存在"一起,是由于空间和时间。不然的话,某人可以用眼睛看见白,他可以用触觉知道坚,但他不能看见"坚白物"。(《墨子·经下》第四条,第三十五条;《经说下》第三十五条)

---

① 原文条目或段落的编号,是以我的《墨辩》版本为根据的。这个版本不久就要以《墨经新诂》为题出版。

② 译者注:《中国哲学史大纲》卷上第193页,胡适:"因疑作盈。"

此外，为了真正认识某一事物，就应有足够的时间让人们对该事物得到分明而清晰的知觉。如果某一事物好似箭掠过窗子一样在我们眼前飞过，那就不会有任何痕迹留在我们的心上，因而我们不会知道飞过的是什么东西。"既无马，也无牛。"如果某一事物在我们眼前经过得很慢，可是距离很远，我们也不知道那是什么东西。例如被看见的某物在过桥。在这些情形下，甚至在我们看到了这些东西以后，也说不准这是马，那是牛。（《墨子·经说下》第五十条）

记忆是印象的保持，充分的时间可以使这些印象在心中显得分明而生动。"知而不以五路，说在久。"（《墨子·经下》第四十五条）"智以目见（火——胡适注）而目以火见。而火不见，惟以五路知。久，不当以目见若以火见。"（《墨子·经说下》第四十五条）所以，"止（记忆），以久也。"（《墨子·经上》第五十条）

我们靠名的帮助，记忆各种事物。名是记号（指、志），记号表示这样命名的某个事物或某类事物的属性。"马"这个名，代表所有属于马这一类的事物。"火"这个名，代表火的一切性质。所以，"见火谓火热，非以火之热。"（《墨子·经说下》第四十六条）因为，火"必热：说在顿"。（《墨子·经下》第四十六条）

如我们所知，孔子主张名源于先验的"象"，古代圣王依这些"象"制名。相反，别墨则主张名是人们用来表示实物的便利手段。名不过是被断言主词的所以谓。（《墨子·经说上》第三十一条，第八十一条。《墨子·经上》第八十一条。《墨子·小取》第一段）"名"可分为"达"、"类"、"私"三种。（《墨子·经上》第七十八条）"'物'达也：有实必待之名也。'马'类也：若实也者，必以是名也。命之'臧'私也：是名也，止于是实也。"（《墨子·经说上》第七十八条）如果一个人的名字确指这个人，这个私名就是正确的。（《墨子·经说下》第七十一条）如果一个类名包含了一类事物的所有特性，就是正确的。（《墨子·经说上》第九十二条；《墨子·经下》第一条；《小取》第九段）只要得到人们的共同承认，一切的"名"就都是正确的。（《墨子·经说上》第九十二条）

别墨根据知识所由获得的方法把知识分为三种。"知，闻、说、亲。"(《墨子·经上》第八十条)"传授之,闻也。方不㢓,说也。身观焉,亲也。"(《墨子·经说上》第八十条)这种分类不是绝对的,因为不同种类之间有所重叠。例如,闻知就包括"或告之"和"身观焉"。(《墨子·经说上》第八十二条)

说知的界说"方不㢓",可借下面的一段加以说明。"闻所不知若所知,则两知之。"(《墨子·经下》第六十九条)这条的意思是:假如我们站在屋外,有人告诉我们说,屋里的颜色同屋外的颜色一样。如果屋外是白的,我便知道屋里也是白的。"外,亲知也。室中,说知也。"(《墨子·经说下》第六十九条)所以,说知是以已知知未知,是把亲知扩展到亲自观察的领域以外。尽管隔着一段距离,我们却能在认识一个事物时"若视"。(《墨子·经说下》第四十七条)

别墨忠于墨翟的应用主义和经验主义的传统,也认为选择和行为是检验知识的标准。"知其所以不知,说在以名取。"(《墨子·经下》第四十七条)这条的说明如下:"我有若视曰知。杂所知与所不知而问之,则必曰,是所知之,是所不知也。取去俱能之是两知也。"(《墨子·经说下》第四十七条)

学说也要由它们将要产生的实际成果来检验的。"唱和同患,说在功。"(《墨子·经上》第六十八条)"唱无过,无所害,若稗……使人夺人衣,罪或轻或重(即依据该指令是否被执行而定)。使人予人酒,或厚或薄(即取决于酒的用途)"。(《墨子·经说下》第六十八条)

别墨虽然同样主张知识应见于行为,但是也承认人类行为并非总是由知识来指引。我们读到"为,穷知而㦬(悬)于欲也。"(《墨子·经上》第七十五条)这条值得注意的行为界说是这样说明的:"欲斵①其指,智不知其害,是智之罪也。若智之慎之也,而犹欲斵之,则离之。"②若是这样的话,欲望是如此强烈,是绝不会受未经讨论的智的节制的。"墙外之利害未可知也。趋之而得之,则弗趋也。

---

① 译者注:《中国哲学史大纲》卷上,第 198 页,胡适:"孙说,斵是斮之讹。"
② 译者注:《中国哲学史大纲》卷上,第 198 页,胡适:"孙说,离即㒋。"

是以所疑止所欲也。"这里的欲不是很强烈的,因而,即使没有关于深思熟虑的行为的潜在危险的可靠知识,也不难节制。(《墨子·经说上》第七十五条)

因此,教育的问题就是使人获得正当的欲和恶的问题。墨家把义解释作善,或更照字义译为"利"。①(《墨子·经上》第二十八条)"利,所得而喜也。害,所得而恶也。"(《墨子·经上》第二十六条、二十七条)"欲正权利,恶正权害。"(《墨子·经上》第八十五条)可是什么是正当的欲和恶呢?墨家对这个问题根本没有给以解答。在一个特定的场合,一个人必须确定对他自己来说什么是正当的欲或恶。在被强盗拦劫而且生命处于危险之中时,他就要取利,即失财甚或断指以免身。当他不是被迫这样做,而是可以自由选择时,正确的行动就在于做他的最好的知识认为是善的东西。尽管没有严格的法则能在一切情况下都真实,某些普遍原则还是可以制定以指导个人的。这个原则是:"害之中取小,利之中取大。"而确定小害或大利的标准还需依个人本身所有的知识和训练。不过,有一件事是肯定的,墨家从不主张以自私自利为标准。一件事是"小害"还是"大利",这要依它的社会价值来定;也就是说,或者依它直接地对于社会,或者依个人对社会的价值来定。"断指与断腕,利于天下相若,无择也。"(《墨子·大取》)

总之,伦理体系是一门人文学科。这个学科是"于事为之中而权轻重",目的是"为是非也"。它就是选择公认的善,就是评价。因此,道德教育的目的在于发展个人的能力,十分鲜明地认识或预见他的行动的效果,从而引起他对它的欲或恶。一句话,道德教育的目的就是正确的评价,也就是正确的欲或正确的恶。既然"为穷于智而懅于欲也",正欲就会产生正确的行为,而正欲又要依靠鲜明地预知行为的效果的能力。因此,行为的问题说到底是一个正确认识的问题。所以,"知知之,否之,足用也,诤。"(《墨子·经下》第三十二条)因为"智论之非智无以也(无以推论事物)。"(《墨子·经说下》

---

① 孔子曾为"义"立界为"宜"。

第三十二条)

第三章 故、法和演绎法

我们已讨论了别墨的知识论。在本章和以下几章中要研究别墨有关说知的理论。我们先研究一下有关推理的性质以及一般方法的界说和阐述。"将以明是非之分,审治乱之纪,明同异之处,察名实之理,处利害,决嫌疑,——焉摹略万物之然,论求群言之比;以名举实,以辞抒意,以说出故;以类取,以类予。"(《墨子·小取》第一段)

这段主要的话清楚地说明了别墨的逻辑概念。逻辑有六个方面的用处:(1)明是非之分(中文的说法就是"明辨真伪");(2)审治乱之纪;(3)明同异之处;(4)察名实之理;(5)处利害;(6)决嫌疑。逻辑推论的整个过程就是"摹略万物之然"和"论求群言之比"的总括。推理的法式(formal)方面也列举了出来:名(terms)、辞(proposition)和前提中的"故"("because" in premises)。最后,逻辑推理被认为完全以类同的原理为基础,这就是"同则同之"的原理。

别墨对于推论所用的"说"这个词,原意指"说明"。这个词也用作"前提",或包含结论的说明,或理由,或根据的辞。"说,所以明也。"(《墨子·经上》第七十二条)因此,可以把"说"理解为:依靠一个或若干前提的认识过程。根据上述引文,"说"是说明结论的"故"的。"故"与结论的关系是因果关系:故与结论的关系正如原因与结果的关系。别墨逻辑的"故",可以用"原因"(cause)和"因为"(because)表示。所以,要从因果关系概念着手研究别墨逻辑。

"故,所得而后成也。"(《墨子·经上》第一条)这条界说的说明告诉我们,故可以是完全的或不完全的。"小故,有之不必然,无之必不然。体也,若有端。大故,有之必然,无之必不然。若见之成见也。"(《墨子·经说上》第一条)大故是完全的故,即"各种小故的总和"。小故是部分的或不完全的故。顺便指出,因果关系这个概念是同科学时代的精神相一致的。像墨翟那样的教主,不可能准确地表达这一概念,因为他把决定一切的力量归因于鬼神。

因此,智(insight)被认为在于见到事物间的因果关系。我们在另一条读到:"物之所以然,与所以知之,与所以使人知之,不必同。"(《墨子·经下》第八条)对这段话的说明,以疾病为例:"物或伤之,然也(病害的原因)。见之,智也。告之,使智也。"(《墨子·经说下》第八条)这就是说,真正的知识在于见到事物间的因果关系。而教育的目的,就是把知识传授给人们,使他们能更好地处理各种生活问题。

"法"的学说同因果关系的学说一样重要,并且紧密相联。"法,所若而然也。"(《墨子·经上》第七十条)在这里要指出:别墨的"法"字,本来是指一种模子,因而与儒家的"象"有联系,意思是"效法或仿制"①。所以在上条界说的说明中我们读到:"意、规、圆,三也,俱可以为法(作圆形的法)。"(《墨子·经说上》第七十条)法在这里被看作是原始的模型,依照这个模型可以造成一个或一类同样的事物。法可有三种:一种是事物的概念或思想;一种是制作事物的工具;一种是一类事物中的典型事物。

我们已经知道,故是"物之所以然"。根据这条界说和前引"法"的界说,可看出故和法是一致的,是一回事,只不过观察的角度不同罢了。一事物的法就是一事物已知的,为了推论而明确表达的故。用圆规按一定方法画图,就是制作圆形的故。若对"成圆之故"进行明确论述,这个故就成了法或"法则",依此法,可作成许多的圆。如果依此法不能作出许多的圆,那么法也就不能是"作圆之故"。

找出"物之所以然"是归纳法的任务。根据法或已知的,被明确论述的故进行推论,是演绎法的任务。要依照这种法去继续研究别墨关于演绎法的理论。

别墨用以代表演绎法的名辞就是"效"。"效"的意思是"效法",因而也就是"一种模范"。② 演绎推理是根据效或模范进行推论的。《墨子·小取》有如下的界说:"效者,为之法也。所效者,所以

---

① 若干世纪后,"法"被用来翻译佛教中的"达摩"。
② 译者注:《中国哲学史大纲》卷上第209页,胡适:"效是'效法'的效。""'中效'即是可作模范,可以被仿效"。

为之法也。故中效,则是也;不中效,则非也。此效也。"(《墨子·小取》第二段)

这段话可以用引述过的其他两段来说明:"法,所若而然也。""意、规、圆,三也,俱可以为法。"我们以"这是圆形"为例,这个结论的故,可以是下列三种方式之一:"一中同长也。"或,"规写交也"。或,"同长以正相尽也"。在每种情形下,故都提供了据以形成结论的法或模范。所以,每种情形都是演绎法的一例。

我们还可以举个熟悉的例子。

  苏格拉底必死,
  因为他是人。

在这里,故提供了结论据以形成的模范。"法"在这里,就在于主词所属的种或类。因为,如我们所知,法就是一个或一类同样的事物据以形成的原型。而这正是类名所代表的东西。

作为一切推论基础的类同的原理,只是表明法的学说的另一种方式。"一法之相与也尽类,若方之相合也。"(《墨子·经下》第六十四条)"一方尽类,俱有法而异,或木或石,不害其方之相合也。尽类,犹方也,物俱然。"(《墨子·经说下》第六十四条)所以,找到了主词该属的,并且与其分子相似的类,也就是找到了法。

章炳麟先生在他1910年出版的《国故论衡》中,认为墨家也有三段论法的学说。他的论点的基础似乎是对我前引有关因果关系的一段话的错误解释。他把"大故"和"小故"解释为三段论法的大前提和小前提。章先生认为墨家的三段论法采取如下形式:

  M——P(大前提)
  S——M(小前提)
  S——P(结 论)(第178,179页)

我不同意这种说法。理由是:做为立论根据的那段话,无疑是有关因果关系的讨论,而不是有关演绎法的讨论。其次,在上述我所引用的有关演绎法的论述之后,紧接着就是关于类推和归纳法的论述,所以,那段话被当作别墨演绎法理论的正确表述。正如前边已经指出的,这种演绎法的理论不需要三段论的形式,只需要故必须与法一

致。再次,别墨的演绎法并不采取三段论的形式,可以从《墨子》书中如下的一些推理看出来:

狗,犬也,

杀狗,非杀犬也。(《墨子·经说上》第五十三条)

再如:

盗,人也,

爱盗,非爱人也……

杀盗,非杀人也。(《墨子·小取》第六条)

要是别墨坚决主张演绎的三段论形式,他们就不能根据一个全称肯定大前提推出一个否定结论。

所以,我的结论是,别墨演绎法的理论不是三段论的理论,基本上是一种正确地作出论断的理论。因为"法"或"模范"只不过是主辞所属的类名。"苏格拉底必死,因为他是人"或"苏格拉底必死,因为凡人必死"。这两种形式都是正确的演绎法,因为二者都指出了苏格拉底所属的类:"人"。不必同时具有大前提和小前提,因为在推论中我们总是使用类的原理:当只提到小前提时,类就作为大前提;当只提到大前提时,类就作为小前提。

要找到"法",就是要找到主辞的类,就是进行分类或命名。演绎法不过是借那些遵循命名的适当程序的辞进行的推论。"夫辞以类行者也,立辞而不明于其类,则必困矣。"(《墨子·大取》)这是演绎推理过程的准则。演绎法的问题,就是用"其本身性质更加清楚"的事物去说明某一事物。找寻主词所属的类,就是通过更加清楚的性质去表明主词的性质。"是所不知若所知也,……若以尺度所不知长。"(《墨子·经说下》第六十九条)

所以,正确的演绎法必须依靠正确的分类。可是,演绎法本身是不能使我们懂得"以类行"的。居维叶说:"为了好好地命名,你就必须好好地认识。"[1]而这是属于归纳法的范围了。

---

[1] 引自 Ritter, W. E., "哲学生物学描述定义和分类的地位"(《科学月刊》第三卷第455页及其后)。

第四章　归纳法

《小取》列举了五种推理的方法,第一是"效",我们认为这是演绎法,其余四种是:

> 辟也者,举他物而以明之也。侔也者,比辞而俱行也。援也者,曰:'子然,我奚独不可以然也?'推也者,以其所不取之同于其所取者予之也。是犹谓也者,同也;吾岂谓也者,异也。(《小取》第二段)

首先,比喻或说明方法的目的并不在于求得新知识,它仅仅用与之类似的另一事物去说明某一事物。所有隐喻,直喻,比拟都属于这一类。它们是说明,描写,但不是发现。

墨家的下述故事最能说明这种方法的性质:

> 梁王谓惠子(墨家)曰:"愿先生言事直言无譬也。"惠子曰:"今有不知弹①者曰:弹之状为何?曰:弹之状为弹,喻乎?曰:未喻也。曰:弹之状如弓而以竹为弦,则知乎?王曰:知矣。惠子曰:夫说者固以所知喻所不知而使人知之,今王曰无譬,则不可矣。"②

其次,"侔"或比辞的方法,尽管它的定义不大清楚,看来仍然是一种比较法,它和"辟"的区别是,辟是指一个事物和另一个事物的比较,而"侔"是指命题之间的比较。一个寓言,如一个败家子或建筑在沙滩上的房子的故事,这是比较③。把亚历山大第一和拿破仑一世的经历进行比较,或者把俾斯麦和堪瓦的生平进行对照,这些都是比较。它们的用处也在于说明而不是发现。

第三法"援",是类推。它说到:"子然,我奚独不然也?"它和前两种方法有一点本质区别。即上面两种方法,推理者(或说话的人)已知道那相比的两件事物,而只是用听者所更加明了的其中一件去说明另一件。

---

① 一种用以发射石子或铁丸的弹射器。
② 刘向:《说苑·善说》。
③ 许多动人而美丽的寓言产生于公元前四世纪、三世纪和二世纪。

类推则是推理者假定两件事物的某些方面相同,并知道某一事物曾发生什么情况,以推定另一事物也会发生同样情况。

第四个方法是归纳法。"推也者,以其所不取之同于其所取者予之也。"这个定义在措词方面如此新鲜,使得我们可以恰当地引述一段现代定义加以解释。穆勒说:"归纳法是从观察到发生了某种现象的个别事例,以推定与之类似的某类事物的所有事例也将发生该种现象。"①

类比和归纳法的区别,在于前者是由个别事实推定另一事实,而后者推出的则是对于整类事物都适用的一个普遍性规律。在没有发现反面事例以前,其结论总是有效的。我想,这正是"推"的下半段的含义,"是犹谓也者同也,吾岂谓也者异也?"

无论如何,上述类比和归纳法的区别只是程度上的区别。归纳不过是建立在更广泛的事例观察上的类比。类比推理的结论,尽管看来是个别的,但它假定有关的两个个别事物都是某一普遍种类的分子,因而实际上是一种概括。否则,推论就没有基础。在一些情况下,一个类比推理所产生的结论和根据广泛事例考察所得到的概括是同样可靠的。比如有这样一些类比推理,它们所选择的个别事例就是该类事物的典型,因而无需考察更多的事例。

这样一种推论,即从一个个别推出另一具有和概括同样可靠性质的个别的推论,叫做"擢"("擢"的含义是引出)也可译作类比归纳法。"擢虑无疑"(《经下》四十九条)"擢:疑无谓也。臧也今死,而春也得之,必死也可。"(《经说下》四十九条)从这个例子看来,别墨似已考虑到,一般所相信的"凡人皆有死",与其说是一个归纳推论,无宁说是类比的推论。

如前所述,演绎推理是依已知或已阐明的故,而发现故的则是归纳法的任务。同时,前面也谈到,别墨认为法既是已阐明的故,也是主词该属的类。这种法的概念,对于弄清楚别墨的归纳法理论是十分必要的。这种归纳理论,如果我理解不错,是把归纳法(包括类比

---

① 《逻辑体系》Ⅲ,第三章一段。

和类比的归纳法)看作既是估计故的方法也是分类的方法。因为这种理论看来是假定在种属关系中蕴涵着因果关系。因此,正确分类,就不失为说明事物间因果关系的一种方法。① 这种假定似乎就是下段的含义:"使(和"故"不同):谓,故。"(《经上》七十七条)《说》曰:"使:令,谓也,不必成。湿(例如),故也。必待所为之成也。"(《经说下》七十七条)我引用这话意思是,在种属关系中,"故"可以得到说明。当然,这并不是说,每个"谓"都是说明"使"的。就是说,只有基于本质相同或相似的分类才能包含着"故"。假如我们说"甲是一个贼",而事实上也确证明了甲犯了盗窃罪,那么,把他摆在盗贼一类,这就等于说,盗窃行为就是使甲之所以成为盗贼之故。但假如他没有盗窃行为,即令摆在盗贼一类,也不会成为盗贼。(《经说上》十条)

在现代自然科学中举例,我们可以说,物理学一般是用"B 是 A 的原因"这一形式来说明因果关系。而生物学是用"A 是 B 的种"这一形式来说明因果关系。前者即所谓"故",后者即所谓"谓"。前者通常叫做解释,后者通常叫做记述或归类。两者都有赖于归纳法。通常区别是:解释大半为假话所引导,而记述和归类却很少被如此引导——当然,这仅仅是粗浅的区别。

别墨既把归纳法看作归类的方法,也看作估计原因的方法。他们的归纳法理论包含"同"法、"异"法和"同异交得"法。其中同异交得是科学归纳的真正方法。

1. 同法。"同"的界说是"异而俱之于一也"(《经上》三十九条)。事物的同被分为四类:(a)重同,(b)体同,(c)合同,(d)类同(《经上》八十七条)。(a)二名一实,重同也。(b)不外于兼,体同也。(c)俱处于室,合同也。(d)有以同,类同也(《经说上》八十七条)。比如,中国人叫做波萝蜜的就是英语中叫做 pine-apple 的,人和橘子饮料是一般地关联的,白和坚共在于石,氧和氢共存于水,白

---

① 亚里士多德:《分析后篇》87,b28:"普遍,一般之所以有价值,就是因为它揭示原因。"

雪之白犹白羽之白。

2. 异法。异分四种：(a)二,(b)不体,(c)不合,(d)不类(《经上》八十八条)。(a)二必异,二也。① (b)不连属,不体也。(c)不同所,不合也。(d)不有同,不类也(《经说上》八十八条)。这里所谓"二"和现代概念"个别性"极其接近。任何两个事物,不论怎样彼此相似,必然存在某种个体的差异,正是这种差异使其成为"二"。其余三种差异无需进一步解释。

3. 同异交得法。这个方法被定义为："同异交得放有无"。② 在《经上》八十九条,说文有一段九十一字的解释,但我们深感失望,因为它是如此错乱,完全使人无法理解。而从一些零碎的易于理解的文字中,我们集中了这段所讨论的各种不同事物,如数量,硬软,生死,老少,颜色,地位,好坏,成熟与否等。《大取》也有一长段关于同异交得方法的讨论,可惜的是同样难于理解。我从其他地方收集到下列段落,用以说明交得方法的用法。

> 法取同,观巧传。法取此择彼,问故观宜。以人之有黑者有不黑者也,止黑人,与以有爱于人有不爱于人,止爱人。是孰宜？彼举然者,以为此其然也,则举不然者而问之。(《经说上》九十二条)

在讨论归类中的"同"法时(《经下》第一条),《说》指出："彼以此其然也,说是其然也,我以此其不然也,疑是其然也。"(《经说下》第一条)另一段是交得法的运用,引述如下："狂举不可以知异"(《经下》六十五条),"牛与马虽异,以牛有齿,马有尾,说牛之非马也,不可。是俱有,不偏有偏无有。曰：牛与马不类,用牛有角,马无角,是类不同也。"(《经说下》六十五条)

从上述可以清楚地看到,对于别墨,同异交得法是真正的归纳

---

① 原文作"二必异,二也"。第二个字"必"(必然)孙诒让解为"毕"(全部,整个)。据孙诒让,这句应读为："两个事物在每一方面都不相同。"这就和(d)重复。因此我保留原来含义"必"。并把"二"理解为"个体的差异"。

② 译者注：《经上》八十九条。按此经文胡适英文翻译意思是：同异法的联合使用,我们就可以知道什么是有,什么是没有。

法。同法和异法只有当同点或异点如此明显而似乎不可能有相反事例存在的时候,它们才能彼此单独运用。这一点可以从下面一段引文看到,它讨论从个别事例推论的四种方法的谬误,这四种方法就是譬,侔,援,推。

> 夫物,有以同而不率遂同。辞之侔也,其所至而止。其然也,有所以然也。其然也同,其所以然也不必同。其取之也,有所以取之。其取之也同,其所以取之不必同。是故辟,侔,援,推之辞……不可常用也。(《小取》第三段)

这些谬误可以归结为四点:(1)可能其明显的相同是表面的或不相干的,被忽略了的不同却是更基本的或更为重要的。(2)尽管通过许多步骤可以看出侔的推演的证据,它们的类似仍然可能是巧合,而不是原因相同的证明。(3)众所周知的"多种原因"的困难,所谓"其然也同,其所以然也不必同"。热的产生可能由于燃烧,也可能由于摩擦,也可能由于通电等等。死可以是因为斫头,或溺水,或肺病,或癌症等。(4)最后,存在这样的危险,即由于一个人的偏见或偏爱,因而影响他对事例的采纳和拒绝。"其取之也同,其所以取之不必同。"最普遍的结果是置相反事例于不顾。比如拥护独身者就举牛顿,笛卡儿,斯宾诺莎,霍布斯,洛克,康德,边沁,斯宾塞等等,以证明所有大思想家都是独身的。因而就忽视了那些结了婚的哲学家。这四种谬误,总的说来,可以运用同异交得法加以检查。同异交得法旨在发现肯定事例中出现的条件或属性和否定事例中没有出现的条件或属性。

我们对别墨归纳学说的研究,还有两点应予讨论。第一点是基于历史类比推论的概念为一个新的历史概念所左右。我们已看到前期墨家十分重视古代圣王的经验,把它作为检验真理的三表(三个标准)之一。而后期墨家,看来并不相信过去的教条或经验也能适合于今天而作为检验现在概念的方法。从下面一节,我们可以看到,关于要适应于改变了的条件的那种进步观念,已经在那个时代的思想中开始呈现。比如在讨论从"已是"到"是什么"或"将是什么"时,《经说下》十五条说:"尧(中国纪元前二十三世纪的一个圣君)善治,自今在(察)诸古也,自古在(察)之今,则尧不能治也。"正因如此,别墨并不相信历史的类比:"尧之义也,生于今而处于古,而异时,说在所义二"(《经下》五十二条)。《经说下》说得更有意思:"或以名视人,或以实视人。举友富商也,是以名视人也,指是臛也,是以实视人也。(但对于一个现代人来说)①尧之义也,是声也于今而所义之实处于古,若殆于城门与于藏也。"(《经说下》五十二条)这就是说,知识必须是能证明的。而一个历史类比,由于它时间太远,缺乏可靠信念的根据。"夫名以所明正所不知,不以所不知疑所明。"(《经说下》六十九条)

另外一点要考虑的是或然率问题,从特殊事例推论所得到的知识的价值问题。我们在前面讨论的故和法的关系时,已经表明:法不是别的,而是已知的和阐明了的故。归纳法发现的"故"变成演绎法的"故"。我们已看到:"故必须和法相一致"被解释为"根据它就产生某些事物"。没有故才是在归纳法里不可能形成"故"的一个真正原因。②"有了它就得出某种结果"必然也是"根据它就得出某种结果"。也就是说,归纳概括的可靠性恰恰就在它适于成为演绎的前提;在于它具有使人们能解释特殊和多方面事实的实用价值。

对于真理是绝对的或永恒的问题,别墨并没有兴趣。对于他们,真理就是"正"。就是人们被迫相信,或者用观念论者的解释:"迫思"、"正无非"(《经上》九十二条)。"正,五诺。皆人于知有说。过五诺,若'员无直',无说。用五诺,若自然矣。"(《经说上》九十二条)③

---

① 译者注:这句是胡适所加,不是原文。
② 印度因明(推理)常常采取这种形式:
　　1. 那边的山有火。
　　2. 因为它有烟。
　　3. 凡有烟必有火,若炉。
　　4. 那边的山有烟。
　　5. 所以那边的山有火(Brajondranath Seal:《印度实证科学》第251页)。
③ 原文和我的句读如下:
原文:正五诺皆人于知有说过五诺若员无直无说用五诺若自然矣。
我的句读:正,五诺。皆人于知有说。过五诺,若"员无直",无说。用五诺,若自然矣。

这种对真理的看法丝毫也没有减少学问的价值。因为"且然不可正,而不害用工"(《经下》五十九条)。《说》文说:"且,犹然也。且然必然。且已必已。且用功而后已者,必用功而后已。"(《经说下》五十九条)这是我们研究别墨逻辑最合适的结论。

第五章 惠施和公孙龙

I 传略

惠施曾为梁惠王相,公元前 370 年到 319 年梁惠王在位,①《吕氏春秋》(第二十一篇)和《战国策》(第二十篇)都说,梁惠王死于公元前 319 年,彼时惠施还在。又据《吕氏春秋》(第二十一篇)梁(魏)和齐在公元前 334 年会谈,相推为王,就是惠施的政策。据此可以推论,惠施大约生活在公元前 380 和 300 年之间。

《庄子·天下》篇说:"惠施多方,其书五车"。他是一个伟大的辩者,有一大群门徒。他喜欢用明显的反论来表达他的思想,只是给我们留存下来的很少。《庄子》中谈到,有人问他天地所以不坠不陷和风雨雷霆之故,惠施"不辞而应,不虑而对,遍为万物说。"可惜,他那五车书和那万物说,没有留存下来。

从《庄子》书中(《徐无鬼》),我们可以看到这段绝妙的描写:

> 庄子送葬,过惠子之墓。顾谓从者曰:郢人垩漫其鼻端若蝇翼,使匠石斫之,匠石运斤成风,听而斫之,尽垩而鼻不伤,郢人立不失容。宋元君闻之,召匠石曰:"尝试为寡人为之"。匠石曰:"臣则尝能斫之,虽然,臣之质死久矣,自夫子之死也,吾无以为质矣,吾无与言之矣。"

公孙龙是一个伟大的辩者,他忠于墨家传统,非战,主张和平和偃兵。《吕氏春秋》说,他在燕昭王(公元前 311—前 279 年)破齐(公元前 284—前 279 年)之前,说燕昭王以偃兵。又说赵惠王(公元前 298—前 266 年)以偃兵。据《战国策》(第二十篇),我们知道邯

---

① 梁惠王死年是根据《竹书纪年》。司马迁撰《史记》,错误地把它说成公元前 335 年。

郸之战（公元前257年）后，公孙龙在平原君门下。如果后一记载是可靠的，那么，公孙龙活动于公元前三世纪前半叶，其生年大概是在公元前325—前315年之间。这就驳斥了对《庄子·天下篇》的通常解释：惠施和公孙龙相与辩论。我个人认为，这个关于时间的看法可能是正确的。《庄子·天下》篇说：

> 惠施以此为大，观于天下而晓辩者，天下之辩者，相与乐之（此下记辩者二十一条反论）……辩者以此与惠施相应，终身无穷，桓团、公孙龙辩者之徒，饰人之心，易人之意，能胜人之口，不能服人之心，①惠施以其知与人之辩，特与天下之辩者为怪，此其柢也。

这段文字并没有说明公孙龙就是和惠施相应的辩者中的一个。此文所指很可能是用更加微妙的反论与惠施"相应"的后来的辩者。而且，公孙龙在平原君（死于公元前251年）那里，这有许多证据，无可置疑。所以，《战国策》所说他和平原君相处直到公元前257年，看来是历史事实。

公孙龙最著名的学说是"白马非马"。《汉书·艺文志》载公孙龙书十四篇，但现存六篇，其中第一篇是后人所加的说明，第三第四篇有很多讹误和窜改，读起来很困难。

Ⅱ　惠施历物十事

《庄子·天下》篇载惠施历物十事以及公孙龙和其辩者二十一事，惠施十事是：

1. 至大无外，谓之大一；至小无内，谓之小一。
2. 无厚不可积也，其大千里。
3. 天与地卑，②山与泽平。
4. 日方中方睨，物方生方死。
5. 大同而与小同异，此之谓小同异；万物毕同毕异，此之谓大同异。

---

① 译者注：此下《天下》篇原文有"辩者之囿也"一语。
② 或许据孙诒让读为"天与地比"更确切些，章炳麟在其《庄子注》中采孙说。

6. 南方无穷而有穷。

7. 今日适越(南方一个国家)而昔来。

8. 连环可解也。

9. 我知天下之中央,燕(北方最远的国家)之北,越(南方最远的国家)之南是也。

10. 泛爱万物,天地一体也。

以前许多学者曾试图对这十事作解释,其中作了最系统阐释的是章炳麟。章氏或许是研究古代中国哲学还健在的最重要的一位学者。他把这十事分为三组:

(A)包括六事(1)(2)(3)(6)(8)和(9),在论证关于一切数量的测度和一切空间的区别都非实有的理论。他认为(1)和(2)是在极力说明"要以算术析之,无至小之倪,故尺度无所起。于无度立有度,是度为幻。度为幻,即至大与至小无择,而千里与无厚亦无择。"①他认为(3)是对于高和低的区别的真实性的否定,关于高和低的幻觉性质,可以从图画的景色中看得出来,(6)是对于有穷和无穷的区别的否认,(8)是否认可分和不可分之间的区别,(9)是否认方向的区别。

(B)(4)和(7)二者是论时间的区别都非实有。章炳麟说:"过去已灭,未来未生,其无易知;而见在亦不可驻。时之短者,莫如楬沙那。而楬沙那非不可析。虽析之,势无留止。方念是时,则已为彼时也。……故虽方中、方睨、方生、方死,可诸有割制一期。……禹中适越,铺时而至,从人定言之,命以一期,则为今日造越矣。分为数期,则为昔至越矣。以是欠时者唯人所命,非有实也。"②

(C)剩下的(5)和(10),指出事物间的一切同异都非实有。"物固无毕同者,亦未有毕异者。……无毕同,故有自相;无毕异,故有共相。……皆大同也,故天地一体;一体故泛爱万物也。"③

---

① 章炳麟:《国故论衡》第 192、193 页。
② 见《国故论衡》。
③ 见《国故论衡》第 194 页。

虽然我承认章的大部分解释基本上是正确的,但我倾向于认为,这些反论,像伊里亚特的芝诺的一样,是导向证明宇宙的一元论的。因此,第十个反论,可以被认为是全部论证的寓意,其余九条要表明"天地一体",因而要"泛爱万物"。换言之,历物十事是企图建立墨家兼爱主义的哲学基础。

我以为,惠施的历物十事,以及后面我们即将论及的公孙龙的有关理论,都可以从我认为是别墨的原著中得到解释。别墨关于时间和空间的理论,对"久"和"时","宇"和"所"作了区分。"久,弥异时也;宇,弥异所也。"(《经上》四十,四十一条)"久,古今旦暮;宇,蒙东西南北。"(《经说上》四十,四十一条)那就是说,只有一个空间和一个时间,为了对它们的各部分作出区别,我们人为地设计出时间、空间的单位。必须注意,"宇"并不仅仅意味着《老子》所谓"无"的那种空虚的空间,其确切含义是整个的"宇宙",即上面所指的"蒙东西南北"。这个含义一直保存到现在。(见《淮南子》第十一篇)

从常识看,时间是不停地,从一个时刻到另一时刻地流逝着。但别墨认为,宇宙空间也是不断改变的。"宇或徙"①(《经下》十二条),"宇,南北在旦,又在莫。宇徙。"②(《经说下》十二条)这不像是指出别墨发现了地是动的吗?在另一段中所说明的也大抵如此:"或,过名也"。(《经下》三十一条)"知是之非此也,又知是之不在此也,然而谓此南北,过而以已为然。始也谓之南方,故今也谓此南方"。③(《经说下》三十一条)

因此,看来这就是惠施历物十事的思想基础:只有一个连续不断的,无限可分的,经常变化的时间和空间。所以第一事可以看作是空间的特质的说明。从整体看,空间是"大一",它"无外"。从分到极小的单位看,它是"小一",可以看作"无内"。(2)实际上说明同样

---

① 译者注:这句胡适英译意为:空间的区域(空间宇宙)是经常改变的。
② 译者注:这段胡适英译意为:南北在早晨,又在晚上。空间,长久改变它的位置。
③ 译者注:这段胡适英译意为:"知道这儿不是这儿,这儿不再在这儿,我们还一直把它叫做'南北'。已经是过去的,还一直把它看成是现在。我们把它叫做南方,现在一直把它叫做南方。"

的道理:空间可以小到"无厚",或者大到"其大千里"。因为空间是不停地运动的,所以天与地卑,山与泽平(3)。同样,在一个国家是"今天"而在另一个国家可以是"昨天"(7)。而"天下之中央"很可以是地图上的任一地方,可以是"燕之北"或"越之南"(9)。在一个承认地球是圆的,同时由于它的转动而产生白天和黑夜的时代里,所有这一切都是老生常谈。别墨,包括惠施,看来是发现了一个巨大真理,这个真理牵涉面太广,而且具有革命性,只因占有的资料不够,不能轻易地解释清楚,所以用种种反论加以说明。

我认为这种解释并不完全过时,与惠施同时代的驺衍,就提出当时称为中国的仅仅是世界八十一分之一。他说中国是九个同样大小的九州之一。九个差不多同样大小的州组成这一世界。每州有附海环绕,九州之外有大海环绕。① 与惠施同时而年纪较轻的庄子,也有一则寓言。其中写道:"计四海之在天地之间也,不似礨空之在大泽乎?计中国之在海内,不似稊米之在太仓乎?"② 这种关于地球已知部分和广漠的未知区域的比较所作的空想的推测的存在,可以表明:把别墨的空间学说解释为近于相信地球(不是太阳)在转动的大胆假设,并不是完全没有保证的。

第四事以别墨的或许略带悲观主义的时间单位理论为基础。太阳只在一个极短暂的时间照着月球,而且由于空间是不断移动的,连那短暂的中午也似乎只是幻觉。同时,和那"合古今旦暮"的无限时间相比,人生的短暂与"方中方睨"的中午也就没有什么区别。

但墨家既不是怀疑主义,也不是悲观主义。尽管时间和空间是无限的,它们对于我们的一切实际目的却是有限的。第六事说,"南方无穷而有穷",就是说,它既是无穷的,又是有穷的。这个和《墨辩》是一致的。"无穷不害兼"(《经下》七十二条)这个命题可以用一个出色的二难推论加以证明:"有穷则可尽,无穷则不可尽。有穷无穷未可智,则可尽不可尽未可智,人之盈之否未可智,而必人之可

---

① 司马迁:《史记》卷七十四,《孟子荀卿列传》。
② 《庄子·秋水》。

尽不可尽亦未可智,而必人之可尽爱也,诤。"(《经说下》七十二条)再看:"不知其数而知其尽也,说在明者。"(《经下》七十三条)这就是说,对于所有实际的目的,可以从不完全事例的列举中作出推论,因此,无限并不是归纳法的障碍。"且然则必然",无限的东西可以被看作是有限的。

第五事也同样可以引用《墨辩》加以说明,讨论归纳法的一章,我们已经知道别墨认识到构成"二"或事物个性的个别差异。但在一切分类中,个性关系不大。而且,正如我们即将看到的,现在的时代是生物学获得发展的时代,生物进化论已经没有多少人过问。在一切表面的分歧、复杂之下有某种本质的、基本的单位存在,这种见解大抵已在"万物毕同毕异"这一反论中有所假定。所以,章太炎对这个反论的上述解释,基本上是正确的。这又导致了"天地一体"的结论。"天地一体"就是墨家兼爱主义理论的基础。

关于连环的(8)可能是最没有意义的。但这种解连环的办法,寓意颇深,有启发性。齐国的王后(死于公元前249年)受命解开一套玉连环,她用铁锤一敲,环即碎了。① 这种解法可能不合惠施原意,但基本原则似乎是一样的。对于计算这连环的圆周和半径的数学家来说,每一环都可看作是与他环分离的。它们之彼此扣接完全没有给他带来任何困难。原则上,这和用铁锤打碎是相同的。两者都是"应用主义"的解决办法。

第六章　惠施和公孙龙(结论)

Ⅲ　公孙龙及其他辩者的反论

这项研究的资料,由《庄子·天下》篇所载的二十一事组成。有七事载在《列子·仲尼》以及现在题名为《公孙龙子》的六篇中。由于先提到的那篇原始资料比其他两篇多些,我们在这里就把它作为讨论的基础,其余资料则仅供辅助的说明。

《庄子·天下》篇对二十一事的作者,说得不十分清楚。这本书

---

① 《战国策》第十三篇。

把它们归于"辩者",在这些辩者中只提到公孙龙和桓团两人的名字,《列子·天瑞》称桓团为"韩檀"。第十一、十五、十七、二十和二十一这五事,在《列子》中,已明确地归属公孙龙。而第二事实际上与《吕氏春秋》和《孔丛子》两书归属于他的反论相同。为便利起见,我暂且把这些反论看成是公孙龙的。

二十一事是:

1 卵有毛。
2 鸡三足。①
3 郢(楚国的国都)有天下。
4 犬可以为羊。
5 马有卵。
6 蛙有尾。②
7 火不热。
8 山有口。③
9 轮不蹍地。
10 目不见。
11 指不至,④至不绝。
12 龟长于蛇。⑤
13 矩不方,规不可以为圆。
14 凿不围枘。
15 飞鸟之影,未尝动也。⑥
16 镞矢之疾,而有不行不止之时。⑦

---

① 我认为这条与"臧三耳"同。
② 原版本是"丁子",这有多种译法,我采取陈玄英的解释,他说:"楚人把蛙叫做'丁子'。"
③ 译者注:作者作"山出口",校译为"山有口"
④ 这条与《列子》所载同。
⑤ 我倾向于认为,这条大概是类似芝诺的阿基里斯与乌龟这一反论的讹用。
⑥ 这条在《列子》中为"影不移"。与《墨子·经下》所载同。
⑦ 这条与芝诺反对运动的第三个论证相同。

17　狗非犬。①
18　黄马骊牛三。
19　白狗黑。②
20　孤驹未尝有母。③　21　一尺之棰,日取其半,万世不竭。④

现在,我打算把这些反论从以下四个方面加以讨论。
1　关于时间和空间无限性的学说。
2　关于潜在性和现实性的学说。
3　个性原理。
4　知识论。

(1)

在这些反论中,我们发现了甚至比惠施提出的更为奥妙的关于时间和空间无限可分性的论证。研究希腊哲学的人会很容易认出,(16)、(21)两条与芝诺的第三和第二个反对运动的论证相一致。第二十一事说:"一尺之棰,日取其半,万世不竭"。这在《墨经》中是如此陈述的:"非半,弗斲则不动,说在端。"(《墨子·经下》)《经说下》云:"斲半,进前取也。前则中无为半,犹端也。前后取,则端中也。斲必半,毋与非半,不可斲也。"(《经说下》)用早期注释者司马彪的话说:"若其可析,则常有两;若其不可析,其一常在。"⑤包含在这一事中的问题,在《列子·仲尼》中清楚地说成是"有物不尽"。公孙龙的信徒魏牟解释如下:"尽物者常有"。

第十六事是:"镞矢之疾,而有不行不止之时。"即飞箭既止又行,司马彪说:"行分止,势分行。形分明者行迟,势分明者行速。"这是很有启发性的一段话。箭是个需要时间(或持续时间)去越过距

---

① 参见"白马非马",虽然这条没有包括在这些反论中,但它是公孙龙最著名的反论。
② 参见"坚白石二",它是公孙龙的另一个很著名的学说。
③ 除将"犊"改为"驹"外,与《列子》所载同。
④ 这条与芝诺反对运动的第二个论证相同,实际上,它与《墨子·经下》所载的反论相同。
⑤ 引自陆德明的《庄子注释》。

离的一种物体(《墨子·经下》和《墨子·经说下》)。如其飞行需要时间,则必须在越过的每一点"止"。因为当物体在一定空间停留若干时间时,我们就应该说它在止("止,以久也",参见《墨子·经上》)。当我们说箭在运行时,我们仅从其"势"上看它,如果眼睛能看到不可见的东西,甚至可以说,当它表面上在"止"时,仍然在行。结论是:行与止是主观的区分,而不是实在的区分。

第十五事更有启发性。"飞鸟之影,未尝动也",在《墨经》和《列子》中,都表述为"影不移"(《墨子·经下》)。这两本书的解释都说"说在改"。《墨经》作了更充分的解释:"光至,景亡。若在,万古息"(《墨子·经说下》)。在下面看到的影已是新的或"更新"的影,而不再是同一个影了。它虽然看不见,却依然在原处。第九事只是对上条的补充。它说:"轮不蹍地。"从其"势"上来看,飞鸟的许多影只是一个,轮也可以说从未蹍地。从逻辑上看,轮在每时每刻都停止,而且鸟影从未移动其位置。

(2)

包含在这些反论中的第二个问题,似乎是关于潜在性和现实性的问题。正如我已反复指出的,这一时代是生物科学发展的时代。是先有鸡还是先有蛋这个难题,自然地吸引着学者们的注意力。正如后面即将看到的,在公元前三世纪的上半叶,生物进化论[①]已经存在了。其大意认为,所有生物产生于一切种类所共同的某些基本胚胎。按照这种学说,许多反论不再是不可思议的了。如果所有进化形式产生于某些有机的、简单而且"无形的"某物,那么某物就必然以微型方式潜在地包含后继的一切形式。因此,我们可以说"卵有毛"(1)。因为那时的思想家已认识到贯串于生物界演变阶段的有机连续性。即从胚胎开端,以人告终,因此说"犬可以为羊"(4);"蛙有尾"(6);"马有卵"(5);"白狗黑"(19);或"龟长于蛇"(12)都是十分有理由的。由于掌握的材料不充分,我们不能说这些反论究竟是预见,还是仅为对上述生物进化论的仿效。有一点可以确定:他们

---

① 见第四编,第一章。

论述着这一时代对生物学探究的兴趣不可避免地提出的潜在性和现实性的问题。由此可得出的一般结论是：有机生命的一切复杂形式潜在包含于原始的简单开端之中。

（3）

我认为，包含在这些反论中并使公孙龙很感兴趣的另一个问题，是关于个性的问题。正如我们已看到的，别墨已系统地论述了实质为科学分类理论的逻辑学。在分类中，个体在种中得到解释，种在属中得到解释。正如《墨经》到处可见的，个性问题自然很快地吸引了逻辑学家的注意力。他们认为，一切属于同一形式的事物彼此类似。比如所有立方形，不管是用木构成的，还是用石构成的，它们都彼此类似。（《墨子·经下》、《墨子·经说下》）如把这个观点贯彻下去，就会导致使个体淹没于共相之中。① 但个体不是那么容易除去的。"获之亲，人也；获事其亲，非事人也。其弟，美人也；爱弟，非爱美人也……盗，人也；'多盗'，非'多人'也，'无盗'，非'无人'也。恶多盗，非恶多人也；欲无盗，非欲无人也……若若是，则虽'盗，人也；爱盗，非爱人也；不爱盗，非不爱人也；杀盗，非杀人也'"。（《墨子·小取》）

但是，这个见解并非反驳对立论证的证明。② 只要盗被归类于人，就不可能得出杀盗非杀人的否定结论。公孙龙用其"白马非马"的学说来解救，这等于说盗非人。在《墨经》中，我们发现这一命题，即："狗，犬也，杀狗，非杀犬也"（《墨子·经说上》）。与此相反，公孙龙提出第十七事，即"狗非犬"。

这样，公孙龙就脱离了别墨的形式理论，以并非从形式与内容的区别，而是从形（与"形式"同，和孔子的"象"具有相同的来源）与色的区别出发的学说取而代之。"白马"不是"马"，因为"马"指形体，而"白"指颜色。而指形体的东西与指颜色的是不同的。马者，无去取于色，故'黄'、'黑'皆所以应。'白马'者，有去取于色，黄、黑马

---

① 荀子说："墨子有见于齐，无见于畸"。（《荀子·天论》）
② 见《荀子·正名》。

皆以所色去,故唯白马独可以应耳。"(《公孙龙子·白马论》)

同样的原理包含在第十八事中:"黄马骊牛三"。我认为这与其"坚白石二"的学说相同。第十三事中的"牛"一词,可能是"马"的讹误。由于形容词"骊"有个"马"字偏旁,大概原本仅用于马。如果是这样,正如"白"与"坚"成为二一样,这个反论就意味着"马"加"黄"、加"黑"成为三。在这几种情况下,色就这样构成个性的原理。然而,如果认为公孙龙主张色是个性的唯一原理,则是错误的。第十七事已表明并非如此,在我看来第十三事讨论同样的原理。"矩不方;规不可以为圆"。别墨已提出:"意,规,圆,三也,俱可以为法"(《墨子·经说上》)。公孙龙现又提出,规不可以为圆,木工的角尺不能充当方形。也就是说,木工的角尺以及圆规只能提供一般的"形",但不能造成个别的方和圆。每一个别的方或圆有其"两重性",或个性。这种个性只包含在个别事物本身。

这种把个体本身看作是个性原因的认识,在很多方面具有重大意义。从伦理学上讲,它意味着墨家为了与逐渐成长的法治哲学相协调而对"兼爱"说的改变。"盗非人",所以杀盗不是杀人。从逻辑上讲,它意味着从全称到特称的重点变换。大概,结果导致于,他们比早期别墨更强调归纳法。

(4)

最后,在这些反论中含有自然以及认识方法的学说,这在《墨经》和《公孙龙子》中都已得到确证。在对别墨知识论的研究中,我们已指出,他们认为知识只有在智力、感觉、理解力的合作下才可能获得。[①] 举例来说,我们读到"闻,耳之聪也,循所闻而得其意,心之察也"(《墨子·经上》)。这个看法似乎成了第四组反论的基础。"鸡三足"(2),(在别处则说成"臧三耳")似乎意味着身体的器官,如没有某个指挥中心,即心,就不能起作用。司马彪说:"鸡虽两足,备神方可移,故曰鸡三足。"同样,臧的第三只耳朵就是心神。没有心神,则"目不见"(10)。如果没有具备领悟力的心神,则"火不热"

[①] 第三编,第二章。

(7)。没有心创造性的能动性,分离的感官知觉本身,不能使我们获得有关事物的真知。在《公孙龙子》的《坚白论》中,我们读到"视不得其所坚而得其所白者,无坚也。拊不得其所白,而得其所坚者……得其白,得其坚,见与不见离。不见离一,二不相盈。① 故离。离也者,藏也。"②这个构造的行为就是心神的工作。白因眼睛借助于光线而得见,坚由手触到物体而被感知。然而,当目不在看,或没有光线,或手没有实际触及时,心神却能见。被看到的事物和通过接触而感知的事物,在心神中构成互相离(同上)。③

第十一事,曾使很多评注家感到困惑。它就是:"指不至,至不绝"。前一半出现在《列子》中,公孙龙的信徒魏牟释作:"无指,则至。"似乎这并不能给评注家们以多少帮助。麻烦在于"指"这个字,它通常的意思是"手指"。④ 我认为,我们只要能正确理解这个字的意义,就能懂得这个反论。这个字用在《公孙龙子》的《指物篇》中。在学习以及研究哲学几年之后,我得出这样的结论:"指"这个字,在这里意即"标志"或"标记",即"所指的东西"。让我们在这本长期被误解的书中,看看这个字的用法。这本书的主要论题就包含在其开头的段落中:"物莫非指,而指非指。天下无指,无可以谓物。非指者,天下无物,可谓指乎?"⑤看来,这里所说的"标志"或"标记"是借以知悉某物的属性或性质。"物莫非指"意即事物就是其属性所

---

① 原文是:"不见离一,二不相盈。"俞樾校改为:"见不见离一,一不相盈。"我以《墨子·经说下》为辅助证据,校改为:见不见离一,二不相盈。

② 译者注:作者把此句译为:因此,它们必定彼此离,离就是互相包含——直译为"隐藏"。

③ 这是对《公孙龙子·坚白论》结尾段落的解释,而不是翻译。原版本讹误太多。日本的 N. 海托利(Hattori)教授在其论文《孔子学说及其对立派》中解释了这一段。(发表于《世界主义的学者》1916 年 4、5 月号,138 页)他对原文的某些校改,我不能接受。

④ A. 福克(Forke)教授在其《中国的辩者》(《中国杂志》,罗亚尔亚洲分会,34 册 1—100 页)一文中,把第十一事翻译为"手指不触,触则永无终止。"他又把《列子》中与此相同的反论译为"定义未能抓住要点",因而前后不一致。莱格(Legge)和鲍尔弗(Balfour)都以手指的意思用这个字。

⑤ 福克把"指"译为"定义"是我不能接受的。

指明的那种样子,也就是它们被感知的样子。这种主观主义随即受到实在论命题的限制,"而指非指",即指本身不是实体,而是事物的记号。"天下无指,可谓指乎?"

把"指"理解为"标志"或"事物的属性",第十一事就意味着,我们对于事物的通常认识,只是对其指的认识,而"不至"实在的事物,并且要达到"事物本身"的任何企图,都是无限倒退的徒劳。我们凭借马的性质认识马,凭借白马的性质认识白马,凭借白石的白和坚的性质认识白石。对一切实用的目的来说,这种认识是十分适当和十分充分的。公孙龙的信徒解释这个反论说:"无指,则至",这似乎并非意味着达到事物本身,总是可能的;而是意味着,没有这些标志,人们可能要在认识的任何场合达到实在的事物。但由于"至不绝",人们也许会满足于已被感知的事物属性的认识。正如别墨已说过的那样,当我们看见火,并且说它是热的,我们不必实际上感受到火的热:"火"必热。这就是说,对于一切实用的目的来说,甚至不必要达到指本身,而只要达到作为指的记号的名。

必须进一步指出,"指"不只是不顾个体差异的共相。"指固自为非指"(《公孙龙子·指物论》),就是说,每个指,因为是个体事物的指,就有标志着它与其他事物区别的"此性"。用以指示标志的名也是如此。每个名有其个别的意义。一个达名确定一个属的范围;一个类名确定一个种的范围;一个私名确定一个个体的范围。《公孙龙子·名实论》说:"夫名,实谓也。知此之非此也,知此之不在此也,则不谓也。知彼之非彼也,知彼之不在彼也,则不谓也。"第二十事是关于名的个体性质的范例。它说:"孤驹未尝有母"。魏牟解释道:"有母非孤犊也"。

我们在此得到一种不同于两个多世纪以前孔子所创的"正名"论的新学说。正名不是回到其理想的意义,也不是像孔子和儒家所教导的那样"贤明地"使用名,使它经常含有伦理的判断。而是按照事物的实际个体特性命名。为了以这种意义正名,所以有必要首先了解这些个体特性,它们的相似和相异——这是一个只能借归纳法和科学分类去完成的任务。为了很好地正名,我们必须熟悉事物。

正名的定律,像在《墨子·经说下》以及《公孙龙子·名实论》所说的"彼彼止于彼,此此止于此。""其名正,则唯乎其彼此焉。谓彼而彼,不唯乎彼,则彼谓不行。谓此而此,不唯乎此,则此谓不行"(《公孙龙子·名实论》;参见《墨子·经说下》)。这就是别墨逻辑方法的哲学学说。它本质上是科学分类的方法:一方面,它是使特殊事物与类发生关系的方法;另一方面,是按照其"两重性"或个体的差异,把类分为种再分为个体的方法。

(5) 结语

对惠施、公孙龙的反论,我似乎花费了太多的篇幅。我的辩解可以从两方面来说。我认为把它们看作《墨经》的六篇著作,不是墨子的,而是同从惠施(公元前380—前300)到公孙龙(公元前320—前250)这段时期大体一致的产物。它们大约属于公元前325—前250年这段时期。事实上,惠施、公孙龙的所有反论都能在这六篇中找到辅助说明。而且,只有在这些辅助说明的启迪下,我们才能理解这些反论。这是中国逻辑史不能置之不理的事实。更加显著的是,公孙龙的几个反论以及《公孙龙子》中的许多段落,在《墨经》中能逐字地找到。《列子》一书认为属于公孙龙的七个反论,其中有三个可在《墨经》中找到。难道这些事实不足以证明我的观点吗?这就是:这六篇《墨经》是我以上特别指出的时期的别墨著作。而且,惠施与公孙龙不是形成"名家"的孤立的"辩者",而是别墨学派合法的代表人物。这一学派继承了墨翟伦理的和逻辑的传统,并在整个中国思想史上,为中国贡献了逻辑方法的最系统的发达学说。

其次,在惠施和公孙龙的反论继承和发展别墨逻辑理论的同时,又对别墨(特别是其逻辑学)的不名誉以及随之而来的没落,在某种程度上负有不小的责任。思想史上这种事实已不乏其例,即一个伟大的真理往往因创始者所表达的方式而被歪曲。而且许多有生命的问题之所以被搞得糊糊涂涂,也是由于提出问题所用的晦涩主义。芝诺的反论,毕达哥拉斯的"人为万物尺度",柏拉图的"理念",笛卡尔的"我思,故我在",贝克莱的"存在即被知",都是最好的例释。同样,别墨的逻辑理论,当以引人注目的反论形式表述时,也就成为晦涩难懂的了。正如《庄子》中所说"天下辩者,相与乐之"。反论就成了这个学派的反对者攻击和嘲弄的对象,它们自然受到愚昧地曲解。例如"白马非马"这个反论,很快就变成"马非马"(《孔丛子·公孙龙》)了。"臧三耳"有时讹误为"臧三牙"(《吕氏春秋·淫辞》)。此外,反论如此不必要地变得不可捉摸,以致于墨家应用主义的验证,被其论敌用以诽谤它本身的代表人物的理论[①]。汉朝编撰的《公孙龙子》讲了这个故事:

"公孙龙言臧三耳甚辩。平原君谓孔穿(孔子的后裔)曰:'先生实以为何如?'答曰:'然,几能令臧三耳矣。虽然,难。谓臧三耳,甚难,其实非也;谓臧两耳,甚易,而实是也。不知将从易而是者乎?将从难而非者乎?'"(《孔丛子·公孙龙篇》)因此,这个反论就被儒家以及重实用的政治家弄得不可信了。一个世纪后,当逻辑学变成衰落的科学时,"名家"的名字就完全被用于那些像邓析、惠施、公孙龙这样的思辩家或"辩者"。"合乎逻辑的"完全被用作"奇谈怪论的","思辩的"则与"不可理解的"同日而语了。

---

① 参见《韩非子·主道》的结尾所引。

第四编　进化和逻辑

第一章　自然进化论

如同我们已经看到的,变化的问题始终是中国古代哲学家感兴趣的。我们知道,邓析和老子都认为天地是"不仁的"。老子认为万物都来自虚或无,而变化的进程总是表现为从无到有,从一到多,从简单到复杂,从易到难。可是,那种观念却因他认为无高于有而受到损害,结果形成他的哲学上的虚无主义。此外,在他坚持天地不仁的同时,又深深地感到自然历程的无所不足,以致又往往对自然采取一种接近目的论的观点,譬如把她说成"伟大的司杀者",或者换一种说法:"天网恢恢,疏而不失。"

孔子可能受到了老子自然和演化理论的影响。在《易传》中他似乎也认为变化是由简单、容易或"几"到繁复多样的连续过程。这里我们也看到一种关于宇宙的明显的唯物主义观念——宇宙一切复杂事物的发生都是通过运动,通过阳对阴的推动。

但是老子和孔子都不曾给我们留下充分发挥了的自然进化论,又都没有注意到生物演变的问题。可是在孔子死后(公元前479年)的两个世纪中,思想家们的注意力似乎已逐渐转向生物学的研究。譬如在《墨经》中我们看到"为"的六种方式之一是"化"(《经上》第八十五条)。"化"被解作"隐蔽的改变"(征易,《经上》第四条)。另外,好几条经文在解说"化"时都举出蛙化为鹑的例子(《经说上》第四十五条和第八十六条)。遗憾的是关于这一时代对生物学研究的发展,我们只能找到一些片断的证据。但是甚至在《列子》、《庄子》和其他一些著作中找到的零碎段落,也还足以使我们看到那个值得注意的时代的生物学探索的一些情况。

我们将从《列子》谈起。《列子》一书最后编定的年代可能很晚，但其中有许多片断是属于公元前三至四世纪的。《列子》中有两处有明显的进化论观点。其中一处(《天瑞》篇第二页)①也见于不知名作者写的名叫《乾凿度》的书中，《乾凿度》可能是汉朝人写的。为此我们在这里只讲到书中另一处——《天瑞》篇第一页和第三页。现我们引述如下：

> 有生不生，有化不化。不生者能生生，不化者能化化。……不生者疑独。② 不化者往复。往复，其际不可终。疑独，其道不可穷。

这里我们看到一种"单子"学说，单子是永久地单独和永远不变的，它不生却又是各种生的原因，它不变但又构成一切变化的基础。我们再看下文：

> 故有生者，有生生者。有形者，有形形者。有声者，有声声者。有色者，有色色者。有味者，有味味者。生之所生者死矣，而生生者未尝终。形之所形者实矣，而形形者未尝有。声之所声者闻矣，而声声者未尝发。色之所色者彰矣，而色色者未尝显。味之所味者尝矣，而味味者未尝呈。(《天瑞》篇)

再往下是对这个基本的原始之物的一段韵文的赞词：

> 能阴能阳，能柔能刚；能短能长，能圆能方。能生能死，能暑能凉；能浮能沉，能宫能商。能出能没，能玄能黄；能甘能苦，能膻能香。无知也，无能也，而无不知也而无不能也。(《天瑞》篇)

人们不禁要问，这个原始之物如何演化出宇宙万象呢？这个演化过程又怎样呢？回答是：一切都是自生自发。"自生，自化，自形，

---

① 见许书奇译的《中国早期哲学简史》1914年版第三十页。
② 这个词组长期被误解，例如许书奇把它译作"单独的不定"。"疑"不是"不定"或"疑惑"的意思，而是"稳定"或"永久"的意思，它的字面意义是"一直站着"，如《诗经》的"靡所止疑，云徂何往"(《诗经·大雅·荡之什·桑柔》——译者注)，以及《仪礼》的"宾升西阶上，疑立"。古代"疑"与"𥏙"(疑问)写法不同，但长期以来，这两个字都混同于前一形式。

自色,自智,自力,自消,自息。谓之生、化、形、色、智、力、消、息者,非也。"(《天瑞》篇)

《列子》中有一个小故事,它和自生自发的进化论是协调一致的,而且很合于近代进化论所说的生存竞争和适者生存。

> 齐田氏祖于庭,食客千人。中坐有献鱼雁者。田氏视之,乃叹曰:"天之于民厚矣! 殖五谷,生鱼鸟,以为之用。"众客和之如响。
>
> 鲍氏之子年十二,预于次,进曰:"不如君言。天地万物与我并生类也。类无贵贱。徒以大小智力而相制,迭相食。非相为而生之。人取可食者而食之,岂天本为人生之? 且蚊蚋噆肤,虎狼食肉。岂天本为蚊蚋生人,虎狼生肉者哉?"(《说符》篇)

《列子》中的进化论就讲这么多。下面我们谈《庄子》书中的进化论。和《列子》一样,《庄子》也有许多不是出自庄子之手,而是后人掺插进去的。为此,我将如在其他一些地方一样,有许多章节我只是把它当作《庄子》而不是把它当作庄子本人的加以引用。唯有当我有足够理由相信系出自庄子之手时才把有关章节作为庄子本人的著作加以引用。

这一进化论否认在因果关系的系列中有所谓最后的原因。《齐物论》借影子作比喻,影说:"吾有待而然者邪? 吾所待又有待而然者邪?"在另一处又假托孔子之口说:"有先天地生者,物邪? 物物者非物。物出不得先物也。犹其有物也。犹其有物也无已。"(《知北游》)由此可知,关于最后原因的论证,必然导致无限倒退,所以是站不住的。

在驳回了最后原因的论证后,这种理论坚持进化历程乃是一种"自化"的历程。"物之生也,若骤若驰,无动而不变,无时而不移。何为乎? 何不为乎? 夫固将自化。"(《秋水》)说得更明确些,这种理论就是:"万物皆种也,以不同形相禅,始卒若环,莫得其伦,是谓天均。"(《寓言》)

这"万物皆种也,以不同形相禅"的理论在另一处被具体陈述如下:

种有几,得水则为䘙(一种短瞬的生物体,小的好似丝的横切面,所以有此名称)。得水土之际,则为鼃蠙之衣。生于陵屯,则为陵舄。陵舄得郁栖,则为乌足,乌足之根为蛴螬,其叶为胡蝶,胡蝶胥也。化而为虫,生于灶下,其状若脱,其名为鸲掇。鸲掇千日为鸟,其名为乾余骨,乾余骨之沫为斯弥。斯弥为食醯,颐辂生乎食醯。黄軦生乎九猷。瞀芮生乎腐蠸。羊奚比乎不笋久竹,生青宁,青宁生程,程生马,马生人。人又反入于机。万物皆出于机,皆入于机(《至乐》)。①

这一段文字自古至今,无人能解,我也不敢说我懂得。但其中有几个要点,不可轻易放过。第一,开头那个句子中的"几"字,注释家们说它是第二声即上声,因而便解作几何的几,实际上应当是第一声即平声,意指"精微的原子"或"胚芽"。正是这个"几"字,孔子在《易传》中解作事物的先兆。从词源学上来说,几字从丝,丝字从 ,本象生物胞胎之形。第二,这一段的末三句所用三个"机"字,当作"几",作"胚芽"解。因为假如它不是承着开首句子的"几"字来的,何必说"又返入于机"呢？第三,这里所举的植物动物的名字,由于原文的错讹和我们对那个时期生物名称不熟悉,如今已不可细考了,但整个这一段文字则当是毫无疑义地包含着这样一个理论:一切种类动植物由低到高,一层一层地进化,一直到最高等的人类。在原文中还明白地说到人是由其他的脊椎动物马进化来的。奇怪的是,在那样一个时代的科学数据上怎么能建立起这样一种大胆的假设。但是,无论如何,这一段文字是"万物皆种也,以不同形相禅"理论的一个旁证。

生物形态演变即进化的原因是什么呢？这个问题并没有得到明白的回答。不过《庄子》中有些段落说到:万物不同,却各适得其境遇。"民湿寝则腰疾偏死。鳅然乎哉？木处则惴栗恂惧。猨猴然乎哉？三者孰知正处？民食刍豢,麋鹿食荐,蝍蛆甘带,鸱鸦嗜鼠。四

---

① 这一段也见于《列子·天瑞》篇,《列子》一书不大可信,其中有很多明显地是由一些不知名的注释家掺合进去的。根据这一理由,我们宁肯把这一段归之于庄子。

者孰知正味?"(《齐物论》)另外,"骐骥骅骝一日而驰千里,捕鼠不如狸狌:言殊技也。鸱鸺夜撮蚤,察毫末;昼出瞋目不见丘山:言殊性也。"(《秋水》)这两节以及其他段落暗示出各种物类都需要各自适得其境遇。但是却未曾明白说出这种适应环境果否就是万物变迁进化的缘故。

但是有一点是很清楚的。庄子认为一切的变迁、进化和适应都完全是一种"天然的历程"。"夫鹄不日浴而白,乌不日黔而黑。"(《天运》)"何为乎?何不为乎?夫固将自化。"(《秋水》)和老子一样,庄子把天道看得太神妙和不可思议了。因此,他虽然否定了"最后原因",但他的天道观是倾向于宿命论和决定论的。"化其万物而不知其禅之者,焉知其所终?焉知其所始,正而待之而已耳。"(《山木》)《庄子》书的前面七篇大致都可信是出于庄子之手。其中第六篇名《大宗师》,它一味消极地颂扬天数。在这篇中讲到这样一个故事。有一个叫子舆的人,生了一种不寻常的病,他的朋友问他是否心里觉得嫌恶。子舆回答说:"予何恶?浸假而化予之左臂以为鸡,予因以求时夜。浸假而化予之右臂以为弹,予因以求鸮炙。浸假而化予之尻以为轮,以神为马,予因而乘之。……且夫物不胜天久矣!吾又何恶焉?"(《大宗师》)在同篇中另一个人宣称:"父母于子,东西南北,唯命之从。阴阳于人,不翅于父母。彼近吾死而我不听,我则悍矣。彼何罪焉。夫大块载我以形,劳我以生,佚我以老,息我以死。……今之大冶铸金,金踊跃曰:'我且必为镆铘!'大冶必以为不祥之金。今一犯人之形而曰:'人耳!人耳!'夫造化者必以为不祥之人。今一以天地为大炉,以造化为大冶,恶乎往而不可哉?"(《大宗师》)因为天道被看得这样无所不在,人力便没有发挥作用的余地了。"庸讵知吾所谓天之非人乎,所谓人之非天乎?"(《大宗师》)

当我们一想到近代思想家如黑格尔、斯宾塞和柏格森的进化论也是以自然进程的决定论和自动论为基础时,那么对于我国古代这种进化论和极端宿命论的结合、混合便不会觉得惊奇。这就是我们大家都熟知的道家哲学学说的精髓,它给中国的思想特别是公元前一世纪二世纪和公元后三世纪四世纪的中国思想以极大的影响。它赋予中华民族的政治和伦理思想以某种特色。但这一点对我们目前的论述关系不大。在下一章中,我们还要探究这种进化哲学对那个时期的逻辑学说的影响。

第二章　庄子的逻辑

Ⅰ　庄子传略

庄子一生的事迹,我们知道得很少。据《史记》,他出生于蒙,名叫庄周,一度作过蒙的小吏。《史记》又说他和梁惠王(公元前370—前319)与齐宣王(公元前332—前315)同时。① 我们知道他曾和惠施往来,又知他死在惠施之后(见《庄子·徐无鬼》)。他可能一直活到了公元前三世纪的头二十五年。

《庄子》的最后一篇《天下》篇不可能像传统的评注者所误认的:为庄子自著。《天下》篇用如下的言词总结了庄子的哲学思想:

> 寂漠无形。变化无常。死欤生欤?天地并欤?神明往欤?芒乎何之?忽乎何适?万物毕罗,莫足以归。古之道术有在于是者。庄周闻其风而悦之。
>
> 以谬悠之说,荒唐之言,无端崖之辞,时恣纵而不傥,不以觭见之也。以天下为沉浊,不可与庄语。以卮言为曼衍,以重言为真,以寓言为广。② 独与天地精神往来,而不敖倪于万物。不谴是非,以与世俗处。……上与造物者游。而下与外死生无终始者为友。

这一段评论庄子的哲学最为简切精当。在本文的第一部分,我们曾指出,在中国的古代曾经有一批"避世之士",隐居于偏僻之处。但在公元前五世纪到四世纪各派思潮中,"出世思想"极少(如果有的话)占有重要地位。连那被后来的道家尊为奠基人的老子也热切地关注着现世的问题,并力求在政治上的放任和自我完善中寻求解决。老子和孔子所寻求的"道"不是别的,而只是谋求整顿世界秩序

---

① 这两个年代皆据《竹书纪年》。
② 这一段常常被误解,应当把它和《秋水》篇关联起来读。

之"道"。但老子和孔子都在直率地赞扬自然和指斥现实的邪恶和污浊时,却都无意地播下了出世哲学的种子。这种哲学在庄子手里得到了最充分的阐述,并且给汉以后的中国思想界以极大影响。

Ⅱ 庄子的逻辑

庄子是惠施的朋友和知己,这一事实对于中国哲学的史学家有重要意义。我们已经说过,惠施坚持认为天地是一体的,万物是毕同毕异的。他把这个叫做"大同异"。但是惠施是别墨的一个伟大的辩者,最爱和当时的其他辩者相应,而且终身无穷。别墨决不是怀疑论者。在他们看来,矛盾原理乃是辩论的准则:"辩,或谓之牛,或谓之非牛,是不俱当。不俱当,必或不当"(《经上》)。"谓辩无胜必不当"(《经下》)。"俱无胜,是不辩也。辩也者,或谓之是,或谓之非,当者胜也"(《经说下》)。由于深信辩论最后可以定是非,这就激励着当时的辩者去尽力把思想和论证的工具弄得完善些,而且继续辩论,"终身无穷"。

但是庄子未能看到坚持大同异的原则和企图通过辩论来明是非的一致性。他对各种学派一视同仁的态度使他觉得当时的儒墨之争多属人为的、无谓的举动。所以他在《天下》篇里说:"不谴是非"。这是对庄子逻辑的一个总结。简言之,这种逻辑认为真理与谬误、对与错全是相对的。所有这些逻辑的和道德的区别都意味着知识的不全。而真知则是从总体上看事物,因而超越所有这些区别。"辩也者,有不见也"(《齐物论》)。这种逻辑思想主要见于《齐物论》中,① 它构成了本章的主旨。

庄子说:"大知闲闲,小知间间。大言炎炎,小言詹詹。""道(它不再是指一种方法而是指宇宙之理)恶乎隐而有真伪?言恶乎隐而有是非?道恶乎往而不存,言恶乎存而不可?道隐于小成。言隐于荣华。故有儒墨之是非,以是其所非而非其所是。欲是其所非,而非其所是,则莫若以明。物无非彼,物无非是。自彼则不见,自是则知之。故曰,彼出于是,是亦因彼。彼是方生之说也。……""是亦彼

---

① 本章的引文,除那些已指明者外,都引自《齐物论》。

也。彼亦是也。彼亦一是非。此亦一是非。果且有彼是乎哉？果且无彼是乎哉？彼是莫得其偶，谓之道枢。枢始得其环中，以应无穷。是亦一无穷，非亦一无穷。故曰，莫若以明。"

历史地看，上述引文意味着庄子的逻辑理论乃是对当时的辩者热衷于论辩的一种反动。要找出一些堂皇的理由来支持那令人生厌的辩论是很容易做到的。儒家的孟子初见梁惠王时，梁惠王问他："叟，不远千里而来，亦将有以利吾国乎？"对此，孟子回答说："王何必曰利，亦有仁义而已矣！"再者，当有一个和平主义者（可能是一个墨者）告诉孟子说他正准备以不利于任何一方为理由去劝说秦楚的君主结束两国之间的战争时，孟子说："你的目的是高尚的，但你的议论却是错误的。"孟子提醒他不要以利为立论基础，而要以仁义为基础。① 这种姿态是孔子学派的特点。但当人们仔细读一读孟子的著作时，却深感他的许多经济政策，诸如国家土地分配政策，改革税收政策，鼓励养鱼养蚕政策，资源保护政策等，都是谋划国民的"利益"或"收益"的。这样孟子的辩论很自然会被认为只不过是空言虚词而已。这样的辩论自然要被庄子看作是论者囿于一己之偏见而表现出来的知识不全。

据此，庄子告诫人们要把是和彼（非是——译者注）关联起来，使两种对立的东西在更高的统一上协调起来。"彼出于是，是亦因彼。"仅仅是由于观点不同，才使实际上是相互关联的东西显现为真理和谬误。要是把它们不看作对立而看作互相补充的相关，我们便将达到道枢，有关的一切差别和对立便都被协调起来。

这种逻辑的基本原理是他的自然、道或宇宙之理的观念：它就是自然进化历程的一种无意识的概念，宇宙间的一切都有它存在的理由，都是"适合"于它的特殊地域和环境的。"道行之而成。物谓之而然。恶乎然？然于然。恶乎不然？不然于不然。物固有所然，物固有所可。无物不然。无物不可。"这种说法很像黑格尔的名言：

---

① 译者注：这里说的是孟子与宋牼的对话。详见《孟子·告子章句下》，引号中的话不是原文，《孟子》中的原文是："先生之志则大矣，先生之号则不可。"

"合理的就是现实的,现实的就是合理的。"

庄子接上说:"故为是举莛与楹,厉与西施,恢恑憰怪,道通为一。其分也,成也。其成也,毁也。凡物无成与毁,复通为一。唯达者知通为一。"在这种齐物的观点支配下,庄子嘲笑那些徒作努力的人是"劳神明为一而不知其同也"。他讲了一个猴子的故事来作比喻。有一个养猴的老翁戏弄猴子说,我给你们橡子果吃,早上三个晚上四个;猴子听了大怒;于是老翁又说,那么早上四个晚上三个好吗?猴子们听了都很高兴。橡子的实际数量并没有变,但却平息了猴子的怒火。

所以,真知是超越一切逻辑差别的。"天下莫大于秋毫之末,而太山为小。莫寿乎殇子,而彭祖(寓言中的人物,据说他活了七百多年)为夭。天地与我并生,而万物与我为一。""故分也者有不分也。""庸讵知吾所谓知之非不知邪?庸讵知吾所谓不知之非知邪?"

庄子在他的进化论、在他的万物以不同形相禅并各适于自己所处境遇的理论基础上,引出了怀疑论。一个庄子的代言人在《齐物论》中说,①"民湿寝则腰疾偏死。鳅然乎哉?木处则惴栗恂惧。猨猴然乎哉?三者孰知正处?民食刍豢,麋鹿食荐,蝍蛆甘带,鸱鸦耆鼠。四者孰知正味?猨猵狙以为雌,麋与鹿交,鳅与鱼游。毛嫱丽姬(中国古代有名的美人),人之所美也,鱼见之深入,鸟见之高飞,麋鹿见之决骤。② 四者孰知天下之正色哉?自我观之,仁义之端,是非之涂,樊然淆乱,吾恶能知其辩"。

这种观点在另一真正出于庄子之手的《秋水》篇中作了更雄辩的阐述。"以道观之,物无贵贱。以物观之,自贵而相贱。以俗观之,贵贱不在己。以差观之,因其所大而大之,则万物莫不大,因其所小而小之,则万物莫不小。知天地之为稊米也,知毫末之为丘山也,则差数睹

---

① 庄子的许多话是通过对话形式来表述,有时是诸如老子和孔子一类的历史人物之间的对话,有时是虚构人物之间的对话,世人喜欢有风趣的论证。

② Giles(见其书二十七页)在此处加了一条非常笨的注释:"为自己的卑劣而觉得丢脸。"

矣。以功观之,因其所有而有之,则万物莫不有,因其所无而无之,则万物莫不无。知东西之相反而不可以相无,则功分定矣。以趣观之,因其所然而然之,则万物莫不然,因其所非而非之,则万物莫不非。知尧(圣明君主的代表)桀(暴君之代表)之自然而相非,则趣操睹矣。昔者尧舜让而帝,之哙(燕王,公元前320—前316)让而绝。汤(公元前1783—前1754)武(公元前1122—前1116)争而王,白公(死于公元前479年)争而灭。由此观之,争让之礼,尧桀之行,贵贱有时,未可以为常也。……故曰'盖师是而无非,师治而无乱乎?'是未明天地之理、万物之情者也。"

以上这一段话,认为是非善恶都不是绝对的。遗憾的是这种本可以引出良好结论的理论却被庄子的天道观弄坏了。庄子把自然的进化、人类的历史都看作纯粹是道或宇宙之理的自动发展,或者用黑格尔的话说,是"绝对精神"的发展和实现的过程。庄子是如此地崇奉自然历程的无限和无所不足,以致把一切人为的努力都看作徒劳,并且把人的认知都看作是必定不完全和不适当的。为此他劝告人们放弃关于认知世界和促进事物变化一类的毫无希望的追求。"庸讵知吾所谓知之非不知耶?庸讵知吾所谓不知之非知耶?""吾生也有涯,而知也无涯,以有涯随无涯,殆已。"(《养生主》)"计人之所知,不若其所不知;其生之时,不若未生之时。以其至小求穷其至大之域,是故迷乱而不能自得也。"(《秋水》)

这使我们回到他的逻辑理论来。按照这种理论,一切逻辑的区别都是不真实的和虚幻的。"自其异者视之,肝胆楚越也。自其同者视之,万物皆一也。"(《德充符》)所以,一切关于是非真伪的辩论都是不必要的和无效的。"既使我与若辩矣;若胜我,我不若胜;若果是也,我果非也邪?我胜若,若不吾胜;我果是也,若果非也邪?其或是也,其或非也邪?其俱是也,其俱非也邪?我与若不能相知也,则人固受其黮暗,吾谁使正之?使同乎若者正之,既与若同矣,恶能正之?使同乎我者正之,既同乎我矣,恶能正之?使异乎我与若者正之,既异乎我与若矣,恶能正之?使同乎我与若者正之,既同乎我与若矣,恶能正之?然则我与若与人俱不能相知也。而待彼也邪?"对于这样一个难题,庄子提出的解决办法是:"和之以天倪。""忘年忘义。振于无竟,故寓诸无竟。"

第三章　荀子
Ⅰ　传略

关于荀子生卒年代的确定,是中国历史评论中非常有趣的一个问题。刘向(卒于公元前 8 年)在御用文库为荀子的书所撰写的序中提到,荀子在五十岁那年到齐国,那是齐威王(卒于公元前 333 年)或是齐宣王在位时期(公元前 332—前 314 年)。另外有些人则试图证明,当荀子的弟子李斯在公元前 213 年做秦国宰相的时候,荀子还活着。① 这些说法差异如此之大以致许多评论家感到很难把这些分歧的意见调和起来。依我个人的看法,所有这些争论,都是由于司马迁的《史记》第十四篇《荀卿(或荀子)列传》中的一个标点的错误引起的。《史记》原文说:"荀卿,赵人。年五十始来游学于齐。"这里接着是不相干的、包括四十一个字的一段。② 这一段文字或者是应属前一传记的段落被错置于此,或是后人的添插(因为这样的添插在《史记》中是常见的)。原文紧接着说:"田骈之属(由于他从事哲学理论的探讨,使齐国的都城成为著名的文化中心)皆已死齐襄王(公元前 283—前 265 年)时。而荀卿最为老师(按字义解释,是最年长的老师)。"早先的一些评论家犯了一个完全不能原谅的错误,因为他们把"齐襄王时"一语理解作下一个句子的一部分,这样构成原文的含义是:荀子(或荀卿)五十岁时来到齐国,那是在齐襄王在位之前的相当长的一个时期,而在齐襄王在位的最后时期,他被看作最年长的老师。这种错误是不能原谅的,因为不能用联结词"而"把一个副词短语和它的主句分开。

所以,依照我对司马迁的原文的理解是,荀子五十岁时第一次来

---

① 参看王先谦版本(1891 年)《荀子》第一卷,附语 Ⅰ 和 Ⅱ。
② 译者注:这四十一个字的原文是"驺衍之术,迂大而闳辩。奭也文具难施。淳于髡久与处,时有得善言。故齐人颂曰:'谈天衍雕龙奭,炙毂过髡。'"

到齐国,那是在齐襄王在位以后的一个时期,大约在公元前260—前255年。这个说法与上述传记其余部分的记载是一致的,据传记所述,荀子在齐国逗留以后,到了楚国,在楚国,春申君任命他为兰陵县令,而在春申君死后(公元前238年),荀子引退,定居于兰陵,死在兰陵。荀子可能卒于公元前235年,大约活了七十岁。

荀子在历史上具有极为重要的地位。因为,虽然他一向被看作是儒家,但他却反对其他儒家学派,比如孟子学派。孟子性本善说受到荀子的无情的抨击,而且他的人性本恶的概念,和一切人的善良完全是后天教育的结果的概念,无论对于当时以及汉代的政治和教育理论都有着巨大影响。此外,他的两位弟子韩非和李斯,成为法家的两位重要代表,他们的哲学和政治主张在秦始皇时期被付诸实践,并使所有其他学派普遍受到迫害。

Ⅱ 自然和进步

荀子说:"庄子蔽于天而不知人。"(《荀子·解蔽》)①

这句话不仅是对庄子哲学的最尖锐而扼要的批判,而且也提供了我所认为的是荀子自己全部哲学的关键。我们知道,庄子进化哲学,形成了一种宿命论的进化概念和否认一切逻辑特性因而否认一切知识的真实性的逻辑理论。荀子的攻击看来是针对这种哲学而发的;他力图把哲学从怀疑论中挽救出来,把人类从宿命论和超世俗论中挽救出来。

上面引文表明,荀子对庄子的主要批评是,庄子过分地夸大自然的历程而忽视了人。自然(天)被他极力加以人格化,这样,进化实际上就和天道等同了。和这种无所不足、无所不能的天道相比,一切人的意志和努力都等于零。儒家一向是人本主义者,对这种哲学是决不会同意的。荀子是忠于孔子的。孔子曾经说过:"未能事人,焉能事鬼?"荀子则更进一步;他说:"唯圣人为不求知天(或自然)。"(《荀子·天论》"故君子敬其在己者,而不慕其在天者。小人错其在己者,而不慕其在天者。君子敬其在己者,而不慕其在天者,是以日进

---

① 译者注:这一节中有关荀子的引文,均根据王先谦《荀子集解》。

也。小人错其在己者,而慕其在天者,是以日退也。"(《荀子·天论》)

我们已经知道,原来主要意指治理天下之道的"道",后来怎样变成"道家"所说的、成为一切变化基础的宇宙之理。因为一切变化都被看作是宇宙之理自动发生的作用,所以"道"这个词,后来就变成和"天命"同义了。于是,荀子力求使道这个词恢复它的人道主义的涵义,他宣称:"道者,非天之道,非地之道,人之所以道也。"(《荀子·儒效》)在另一处,他说:"道者何也?曰:君道也。君者何也?曰:能群也。"(《荀子·君道》)"天有其时,地有其财,人有其治,夫是之谓能参。舍其所以参,而愿其所参,则惑矣。"(《荀子·天论》)"天行有常,不为尧存,不为桀亡。应之以治则吉,应之以乱则凶。强本而节用,则天不能贫;养备而动时,则天不能病;修道而不贰,则天不能祸。"(《荀子·天论》)所以,荀子歌唱道(他也是一位诗人):

大天而思之:孰与物畜而制之?

从天而颂之:孰与制天命而用之?

望时而待之:孰与应时而使之?

因物而多之:孰与骋能而化之?

思物而物之:孰与理物而勿失之也?

愿于物之所以生:孰与有物之所以成?

故错人而思天,则失万物之情。(《荀子·天论》)

荀子除了强烈地反对对自然(天)的消极的和决定论的看法外,还对物种起源的进化观点,即对那种认为物种的发展经历了形状变异过程的观点进行抨击。荀子似乎认为物种是不变的,那种看来像是可变的东西只是表面的变化。他说:"物有同状而异所者,有异状而同所者,可别也。状同而为异所者,虽可合,谓之二实;状变而实无别而为异者,谓之'化',有化而无别,谓之一实。"(《荀子·正名》)这个简短的论述似乎包含着关于物种进化的很重要学说。这个论述和《荀子·非相》篇中一条更简短的论述似乎有直接关系,即:"古今一度也,类不悖,虽久同理。"这似乎是说,一切物种在太古某一时期,以某种不明的方式发生之后(对这个问题的探索,应用主义的儒家是不感兴趣的),便是不可改变的。一切外观变化的现象属外观而非实在。它们或许就像幼虫生长成昆虫,胎儿生长成婴儿,婴儿成长成老年人一样。每一种这样的变化都仅限于它所由发生的那一物种。这种变化并不产生新种,正如上面所说的,一个事物以两种形态出现而没有改变它的实质,这就应看成是"一实"。这种变化仅仅是形式上的变化。

那么,荀子是不是否定进步的观念呢?当他说古今一样的时候,他肯定是否认了进步的观念。"欲观千岁则数今日,欲知亿万则审一二,欲知上世则审周道。"① 而且他用下面这几句话来批评进步论的拥护者:"夫妄人曰,古今异情,其以治乱者异道,而众人惑焉。彼众人者……其所见焉,犹可欺也,而况于千世之传也。妄人者,门庭之间犹可诬欺也,而况于千世之上乎?圣人何以不欺?曰,圣人者,以己度者也,故以人度人,以情度情,以类度类……古今一度也。"(《荀子·非相》)

他虽然否认古与今的区别,但他又不得不按照进步的理论——也许是不自觉的——去修改传统的儒家观点,即把古代社会永远看成是现代社会的典范。荀子提出"法后王"的主张,而不是劝导现代的人去"法先王"。他说:"欲观圣王之迹,则于其粲然者矣,后王是也。……舍后王而道上古,譬之是犹舍己之君而事人之君也。"(《荀子·非相》)我们已经知道,别墨学派曾经批评那些赞颂远古时代是黄金时代的人,其理由是那是没有办法证实的。也许是这样的批评,促使荀子修改儒家的传统观点,那是连墨翟这样的激进派也没有完全摆脱的。荀子为他的"法后王"的理论辩护所根据的理由是:远古时代遗留下来的记载过于贫乏。"五帝(大约公元前2600—前2200年)之外无传人,非无贤人也,久故也;五帝之中无传政,非无善政也,久故也;禹(公元前2205—前2198年)汤(公元前1783年—前1754年)有传政而不若周(始于公元前1122年)之察也,非无善政

---

① 译者注:此段引语出自《荀子·非相》。

也,①久故也。传者久则论略,近则论详……是以文久而灭,节族久而绝。"(《荀子·非相》)

这种重视后代的圣贤胜过古代的圣贤的看法,未必包含现在比过去更丰富的看法,而不过认为过去和现在是一样的,考察了当代的事迹也就可以知道古代的事。从这个意义上说,荀子的哲学是否认进化和进步的理论的。我们可以在他的全部著作中发现关于自然齐一的明确信念。就是这种自然齐一概念的应用,导致他否认进步的现实性。杨倞(他的《荀子》序写于公元818年)在评注关于物种不变这句话时说:"今之牛马与古不殊,何至人而独异哉?"这条评注是富有启发性的,因为它可以使我们了解到,为什么关于有机体进化论这样富有成果的理论会那样轻易地被像荀子这样的思想家所否认,并且也被大多数中国思想家所否认,直到我们的时代它才得到恢复。照我的推测,古代中国进化论的主要缺点,在于它缺乏现代地质学和考古学为达尔文学说提供的那种根据。那些现代科学使人们能从亿万年的观点去思考,而荀子那个时代的人们考虑问题则不超出五帝时代。因此,《庄子》书中所载类似物种起源论这样不平凡的理论,充其量也不过是一种非常大胆的假设而已,而并非建立在充分的科学证据上。正因为如此,所以它是很容易被那种认为古代的牛马和我们现代的牛马没有明显区别的一般常识看法所否定,于是物种不变的理论被重新建立起来了。

虽然荀子自称"法后王"的理论是建立在"古今一度也"这个信念的基础上的,但是他没有认识到,由于主张这一革新的学说,他已经离开正统的儒家有多么远了。这种学说无意识地(如果不是有意识地)包含着这样的思想,即根据历史事实来看,现在是比过去丰富。这种观念更明显地包含在他的教育哲学中。他的教育理论和他把人看成比自然重要的思想是一致的,它首先提出的概念是,人的天性是无关紧要的,而后天教养却是非常重要的,其作用也是非常之大的。"人之性恶,其善者,伪也。"(《荀子·性恶》)"不可学,不可事,

---

① 译者注:引文漏"非无善政也"一句,据原文补上。

而在人者,谓之性;可学而能,可事而成之在人者,谓之伪。"(同上)他把各种本能——饥、渴、怒等等,和各种天生官能——视觉、听觉、味觉、嗅觉等等都归入人性一类。"故枸木必将待檃栝烝矫然后直,钝金必将待砻厉然后利,今人之性恶,必将待师法然后正,得礼义然后治。……古者圣王以人之性恶,……是以制法度以矫饰人之情而正之,以扰化人之情性而导之也。""故圣人化性而起伪,伪起而生礼义。"(《荀子·性恶》)

这个基本概念是,虽然人类和其他一切物种一样,从它的原始时期开始一直到现在基本上没有什么改变,但是,用后天训练或教育的手段可以使人类的原始天性得到极大的改造和教化。就潜在能力来说,古今的人都是一样的。但是实际上人比原始的自身有极大的改进。这就是进步。进步的现实不是通过人性的根本改变,而是通过"积"成的后天性格。"故积土而为山,积水而为海,旦暮积谓之岁,……积善而全尽,谓之圣人,彼求之而后得,为之而后成,积之而后高,尽之而后圣。故圣人也者,人之所积也。人积耨耕而为农夫,积斫削而为工匠,积反货而为商贾,积礼义而为君子。……居楚而楚,居越而越,居夏而夏,是非天性也,积靡使然也。"(《荀子·儒效》)

可见,进步就意味着后天训练的积累胜过了天性。但是,人类已经获得的这种进步不是以盲目的、无意识的、无目的探索中得来的,它是人的自觉的努力和明智的指引的结果,而且总是依靠领导和计划。荀子叙述了一切人就本能、冲动、欲望和天生官能来说,基本上是一样的,然后,他便问道:"为尧禹则常安荣,为桀跖则常危辱,为尧禹则常愉佚,为工匠农贾则常烦劳,然而人力为此而寡为彼。何也?"他的回答是:因为"陋"的缘故。"陋也者,天下之公患也,人之大殃大害也。"

> 尧禹者,非生而具者也。夫起于变故,成乎修,修之为待尽而后备者也。

> 人之生,固小人。无师无法,则唯利之见耳。……今使人生而未尝睹刍豢稻梁也,惟菽藿糟糠之为睹,则以至足为在此也。

俄而粲然有秉刍豢稻粱而至者,则瞚然视之曰,此何怪也。彼臭之而无嗛于鼻,尝之而甘于口,食之而安于体,则莫不弃此而取彼矣。……仁者好告示人,告之示之,靡之儇之,铃之重之,则夫塞者俄且通也,陋者俄且侗也,愚者俄且知也。(《荀子·荣辱》)

这段引文表明,荀子认为传统的儒家方法是正确的,即强调普遍准则和假托以古代圣王为榜样而建立乌托邦。① 只有在师法的指导下,进步才是可能的。教育是人类进步的主要因素,决不能无目的。根据荀子的说法,一切学习的目的就是要认识完美无缺的典范。而这种完美无缺的典范要在贤者和圣王身上去寻找。另一个儒家孟子曾经说:"规矩,方圆之至也;圣人,人伦之至也。"就这样,荀子也和其他儒家一样,企图在所谓"礼"这个含糊不清的名称下给世人提出一套精心制定的义务、关系和规章的典范。这个"礼",包含着在孔子认为是古代圣王给人类遗留下来的、最好的行为和关系标准。荀子则把礼看成是圣王为了开导和教化人们的天生固有的劣性,而且旨在使人们变成正直、善良而制定的最好手段。② 他说:

人生而有欲,欲而不得,则不能无求,求而无度量分界,则不能不争,争则乱,乱则穷。先王恶其乱也,政制礼义以分之,以养人之欲,给人之求,使欲必不穷乎物,物必不屈于欲,两者相持而长。(《荀子·礼论》)

第四章 荀子(续)

Ⅲ 荀子的名学

前面叙述荀子哲学的概要,是为了便于了解他的名学理论。他

---

① 中国人并不是喜欢从古代权威中寻找根据来支持他们当今主张的唯一民族。人们不难回忆起,欧洲思想家为了支持他们自己的各种政治理想而编造的关于"原始状态"的许多理论。

② 孟子生活在荀子之前不久。关于他的哲学,本文未作论述。孟子用他的性善说大大地改变了儒家学说的严峻性。因为人生性善良而有理性,所以,孟子的教育理论是反对后天训练,而强调学习中自获的重要性。荀子对随后时期的影响是非常之大的,他用他的性恶说重新确定后天训练在教育中的重要性。

重视人胜过自然,重视后天教养胜过人性,他否认物种进化的理论,他把社会进步看成是经验积累的结果的概念,他主张法后王而不法先王,他的制度化的主张,把古代圣人的礼仪、风俗和箴言看作典范,看作治理社会和国家的有效手段——这一切乃是我们研究荀子的名学理论所必需的初步认识。据我了解,他的名学理论是在后来非儒家学派的影响下,对孔子的名学思想的很大修改。

我们在研究孔子的名学中了解到,名被看作是起源于先验的象,古代圣王用一种立法的权力把这种先验的象制成名;而"正名"的原则是使事物的制度符合其名字所指的应有含义;而且名的明智使用总是包含着道德上的赞成和不赞成。荀子是一个极端的人道主义者,并且总是追究历史的证据的,荀子否认名的神秘起源,代之以感觉经验和理智活动产生名这种理论。然而,他保留了这样的观点,即名首先是运用政权的法令"制定"的,虽然他并不否认以后的政府有同样的权力来制定新名,批准和改正那些未经政府批准而时常出现的名。荀子提出的观点与那种维护名的起始的标准含义的旧观点不同,他认为凡经过社会约定,或者政府批准而变成流行的名就是正确的。政府应当批准的名,是那些因某种默契的习俗而已经流行的名。一切名词术语的创新都要由法律禁止。而"正名"的意义不过是维护已经规定的用法,防止因时久而讹用,防止狡猾的辩者的捏造。

荀子说:"名闻而实喻,名之用也。"(《荀子·正名》)①荀子之所以为正名如此操心,是因为荀子和所有的儒家一样,认识到名是知识和社会交际不可缺少的工具。名是唯一的交际手段、表达手段、文化媒介、教育工具和通常治理社会、国家的工具。因此,荀子说:"王者之制名,名定而实辩,道行而志通,则慎率民而一焉。故析辞擅作名以乱正名,使民疑惑,人多辩讼,则谓之大奸;其罪犹为符节度量之罪也。……故其民悫,悫则易使。……今圣王没,名守慢,奇辞起,名实乱,是非之形不明,则虽守法之吏,诵数之儒,亦皆乱也。若有王者起,必将有循于旧名,有作于新名。""后王之成名:刑名从商(公元前

---

① 本章引文除另注明出处者外,均摘自《荀子·正名》篇。

1783年—前1123年),爵名从周(始于公元前1122年),文名从礼。散名之加于万物者,则从诸夏之成俗曲期。"然后,荀子进而考虑正名的三个基本问题:(一)为什么需要名;(二)为什么名有异同;(三)什么是制名的基本原则。这些问题构成了荀子名学的精髓。

首先,为什么要有名呢?"异形离心交喻,异物名实玄纽。"也就是说,在名未通行之前,尽可以把"大"的叫做"小"的,或者把黑的叫做白的。在这种情况下,"贵贱不明,同异不别;如是,则志必有不喻之患,而事必有困废之祸。故知者为之分别制名以指实;上以明贵贱,下以辩同异。贵贱明,同异别;如是,则志无不喻之患,事无困废之祸。此所为有名也。"

在这段说明中,应当注意两个重要观点。首先,"实"一词的用法值得注意。别墨曾把"实"下定义为"所谓,实也。"这仅仅是一个命题中的"主词",而任何事物,或任何名称,或任何可断定的事物都可以成为主词。这不一定是说,被断定的东西就必须是一个"物",并且是真实的存在。对于荀子,也许对于所有儒家来说,"实"在某种意义上说是某物,在它的名未制定之前就已经存在了。其次,儒家认为名的使用应当包括道德上的判断作用,这个观点,被荀子保留在自己的理论中,即名的最重要的用处在于判明贵贱。这就是说,有些名是表示高贵的,因而鼓励上进和努力,而另一些名则总是和罪恶、耻辱联系在一起,因而引起非难、恐怖和回避。名应当使人们避开罪恶和耻辱,如同人们迅速地避开火和毒物一样。名的另一种用处是区别同异,别墨学派的名学家是非常强调名的这种用处的,而荀子则把它仅仅看作是次要的。

第二,为什么名会有同异呢?荀子说:

> 缘天官。凡同类同情者,其天官之意物也同;故比方之疑似而通,是所以共其约名以相期也。形、体、色、理,以目异。声音清浊,调竽奇声,以耳异。甘、苦、咸、淡、辛、酸、奇味,以口异。香、臭、芬、郁、腥、臊、洒、酸、奇臭,以鼻异。疾、养、沧、热、滑、铍、轻、重,以形体异。说、故、喜、怒、哀、乐、爱、恶、欲,以心异。心有征知。征知,则缘耳而知声可也,缘目而知形可也,然而征

知必将待天官之当簿其类然后可也;五官簿之而不知,心征之而无说,则人莫不然谓之不知,此所缘而以同异也。①

这一段文字不十分明白。但其中的要点似乎是把所有谬误和不正确的命名都看作是主观的。这一段引文的含义也许是这样,这可以从《荀子·解蔽》的几段旁引中看出,在那几段里提到心是"形之君也,而神明之主也;出令而无所受令。"但是,如果心不能被训练成始终保持"虚心、专一和静心"的状态,那么心仍然被认为是有可能因外界毁损而遭受蒙蔽。

> 中心不定则外物不清,吾虑不清则未可定然否也。冥冥而行者,见寝石以为伏虎也,见植林以为后人也;冥冥蔽其明矣。醉者越百步之沟,以为跬步之浍也;俯而出城门,以为小闺也,酒乱其神也。……故从山上望牛者若羊,……远蔽其大也。……水动而景摇,人不以定美恶,水势玄也。瞽者仰视而不见星,人不以定有无,用精惑也。有人焉以此时定物,则世之愚者也。彼愚者之定物,以疑决疑,决必不当。夫苟不当,安能无过乎。(《荀子·解蔽》)

> 故人心譬如槃水,正错而勿动,则湛浊在下而清明在上,则足以见须眉而察理矣。微风过之,湛浊动乎下,清明乱于上,则不可以得大形之正也。心亦如是矣。故导之以理,养之以清,物莫之倾,则足以定是非决嫌疑矣。小物引之,则其正外易,其心内倾,则不足以决粗理也。(《同上》)

附带提一提,最后引文所包含的理论,对后来的中国思想有极大的影响。这种理论体现在像《大学》这样的儒家著作中,认为正心是一切人的完美无瑕的开端②,而关于正心的方法,则认为是要使心摆脱愤怒、畏惧、欢乐和忧伤。在汉朝时期(公元前206—公元219年),当儒学或伪儒学被抬到绝对权威地位的时候,当时的大儒董仲

---

① 译者注:引文对原文有删节,据原文补。
② 参看本文序言。《大学》系从格物致知开始,但因没有提出格物的步骤方法,故宋朝和明朝的哲学家认为从正心开始较为适宜。

舒在劝告他的皇帝时，也只不过是重复着儒家的同样教义，认为君主首先应当正心，才能整顿他的朝臣，整顿了朝臣，才能整顿全国官吏，整顿了全国官吏，才能整顿全体人民。几个世纪过后，宋朝的儒家重新发现了《大学》，朱熹（公元1129—1200年）生活的时代，正当半个中国落在鞑靼王手中，国家处于外部入侵的经常威胁下，他严肃地告诫他的君王说，一切灾难的根源乃是他的君王没有做到正心！

谬误的纠正——正心的方法，据荀子看来，就在于遵照内行的意见。

> 凡以知，人之性也；可以知，物之理也。以可以知人之性，求可以知物之理，而无所疑止之，则没世穷年不能遍也。其所以贯理焉虽亿万，已不足以浃万物之变，与愚者若一，学老身长子，而与愚者若一，犹不知错，夫是之谓妄人。故学也者，固学止之也。恶乎止？曰：止诸至足。曷谓至足？曰：圣也。圣也者，尽伦者也；王也者，尽制者也；两尽者，足以为天下极矣。故学者以圣王为师，案以圣王之制为法。（《荀子·解蔽》）

制名的第三个问题是，制名的基本原则是什么？第一个原则自然是相同原则："同则同之，异则异之。"这里接着讨论名的不同种类，比如单称的名，集合的名和种类的名。"万物虽众，有时而欲遍举之，故谓之物。物也者，大共名也。推而共之，共则有共，至于无共然后止。有时而欲遍举之，故谓之鸟兽。鸟兽也者，大别名也。推而别之，别则有别，至于无别然后止。"

但是，最重要的是这些原则："名无固宜，约之以命，约定俗成谓之宜，异于约则谓之不宜。名无固实，约之以命实，约定俗成谓之实名。"这些原则赋予儒家的正名学说以新的意义。他们认识到名的社会来源，因而摒弃了儒的"象"的理论，也摒弃了那种认为名总是要根据它的原始的标准的含义来理解的理论。依照新的见解，约定的、公认的名是正确的名。所谓"正当者"乃根据圣王批准的那些约定的名所凭借的法令。在这种法令批准之后，凡是企图创造新名的，就和私造官印、官称及官尺同样是犯罪的。这里需要注意，在这个原则中含有两个危险因素。第一，它含有保守主义的思想，把社会约定和风俗习惯造成的都确认为是道德上正确的。第二,是偏狭的思想,它谴责所有的革新者在破坏现有秩序的和谐与安宁。我们将要看到,这后一种偏狭的思想,在荀子的门徒李斯的政纲中表现得尤为显著,在他对反对政府的各学派的迫害中达到了顶点。

关于正名需要考虑的这三个问题,也就是名的用处、名的异同的起因和制名的原则,曾被荀子用以检验当时思想家所提出的各种学说。他把这些学说划分为三种主要谬论。

(一)是"用名以乱名"的谬论。他提到的例子是:"见侮不辱";"圣人不爱己";"杀盗非杀人"。第一句是宋子的主张,他是提出不抵抗主张的和平主义者;第二句现在《墨子》一书第三十六篇上查到;而最后一句也是别墨学派的学说,这一点我们已经在前一章讨论过,对于这些观点,荀子应用前述三个问题的第一个问题,也就是为什么要有名?如我们已经知道的,名的用处首先在于明贵贱,其次是别同异。然而荀子没有告诉我们,应如何应用这种检验。看来,他也许会否定"杀盗非杀人"这个说法,理由是它和应用名作为别同异的手段有抵触。关于"见侮不辱"的主张在另一处(《荀子·正论》)有较详尽的论述。反对这一主张的主要论据是它违反了常识。荀子说:"夫今子宋子不能解人之恶侮,而务说人以勿辱也,岂不过甚矣哉!"再者,他断言:这种荣誉和耻辱的观念,是圣王用来统治人民的手段。如果这些观念被取消了,那么,政府就不能用奖惩的办法来统治人民了。

(二)是"用实以乱名"的谬论。他举的例子是:"山渊平""情欲寡"等等。我们知道,第一句是惠施提出的似是而非的论题。第二句也是宋钘的论点。对于这些论点,荀子提出他的三个问题中的第二个问题,即"所缘以同异"来进行检验。我们已经知道,这是从感官来的。如果常识认为山是高的而渊是低的,那么论证山渊一样高低也是无用的。另一个关于尽量减少情欲的说法,也是在《荀子·正论》篇中讨论的。"应之曰:然则亦以人之情为欲,目不欲綦色,耳不欲綦声,口不欲綦味,鼻不欲綦臭,形不欲綦佚;此五綦者,亦以人之情为不欲乎?……若是则说不必行矣。以人之情为欲此五綦者而不欲多,譬之是犹以人之情为欲富贵而不欲货也,好美而恶西施也。古之人为之不然:以人之情为欲多而不欲寡,故赏以富厚,而罚以杀损也,……今子宋子以是之情为欲寡而不欲多也。然则先王以人之所不欲者赏,而以人之所欲者罚邪!"

(三)最后是"用名以乱实"的谬论。所举的例子,文字出入很大,以致使我们无法确定原来的词句。从这句话的最后四个字来判断,也可能是公孙龙的白马非马的邪说①。对这个说法,荀子根据他的三个问题中的第三个问题,即制名的原则,加以检验。我们已经知道,这些原则是同异的原则和根据社会约定命名的原则。荀子认为,这种邪说应当予以否定,理由是它违反社会约定所认可的东西。也就是说如果根据社会约定,承认白马是马,那么一切与其相反的说法都是无效的。

荀子概括地说:"凡邪说辟言之离正道而擅作者,无不类于三惑者矣。故明君知其分而不与辩也。夫民易一以道而不可与共故;故明君临之以势,道之以道,申之以命,章之以论,禁之以刑;故其民之化道也如神,辩势恶用矣哉?"

人们不难从这些引语中,看出中国思想最灿烂时代衰落的征兆。我在本文前面几章中曾试图说明,中国哲学的兴起乃是由于一个思想解放、思想活跃、自由争论、激烈评论和大胆假设的时代的产物。孔子深深感到他那个时代的思想的混乱状态,力图在正名中寻求整顿思想的手段。但是,孔子和他的继承者的努力,是不能阻止使公元前第五、四、三世纪的古代中国呈现绚丽多彩的思想体系的蓬勃发展的。尽管孔子和墨翟所关心的仅限于人本主义方面,然而古代中国思想家们仍然能创造出一个极其令人瞩目的科学和哲学时代,在这方面别墨的著作给了我们虽然只是零碎的、却是很丰富的证据。但是,这种哲学和科学思想的活力,一方面被怀疑论的思想家如庄子所破坏;而另一方面,这个时期各种各样学派互相竞争所产生的真正无政府主义的思想状态,使儒家再次感到进行思想整顿和统一的重要

---

① 原文是"非而谒楹有牛马非马也"。其中第六个"牛"字可能是"白"字之讹。

性。因此,像荀子这样的儒家就重新恢复了正名的学说,他嫌恶那个时代的各种异端邪说,便树立明君作治理社会秩序的典范,明君"临之以势,道之以道,申之以命,章之以论,禁之以刑"。他希望用这些手段使人民改信"王道","故其民之化道如神"。在这样情况下,他问道:"辩势恶用矣哉?"

荀子哲学的另一个因素,给科学的发展造成了极大的损害,它包含在他的哲学理论的狭窄的人本主义概念中。我们已经指出,他的人本主义对挽救哲学曾经作出很大贡献,使它不至于陷于以列子和庄子这样的思想家为代表的道家学派的宿命论和出世哲学。但是,由于他过分夸大人定胜天,这样他实际上就把自然科学从哲学领域中排挤出去了。他这样的说法固然很对:

> 大天而思之:
> 孰与物畜而制之?
> 从天而颂之:
> 孰与制天命而用之?

但是,他这样的说法却是非常有害的:

> 愿于物之所以生:
> 孰与有物之所以成?
> 故错人而思天,
> 则失万物之情。

这意思是说,人类需要研究的是人,而那种要了解"物之所以存在"和"思物而物之"的企图——这些问题似乎对于人没有直接关系——是要加以劝阻的。比如,我们发觉荀子宣称:"若夫非分是非,非治曲直,非辩治乱,非治人道;虽能之无益于人,不能无损于人……此乱世奸人之说也。"(《荀子·解蔽》)又如

> 若夫充虚之相施易也,"坚白""同异"之分隔也,是聪耳之所不能听也,明目之所不能见也,辩士之所不能言也;虽有圣人之知,未能偻指也。不知无害为君子,知之无损为小人,工匠不知,无害为巧,君子不知,无害为治。(《荀子·儒效》)

第五章　法治逻辑
Ⅰ　导言

在前面一章中①已经指出：古代中国社会大致分为这样两个阶级："特权"阶级与"非特权"阶级。特权阶级包括士以上所有的阶级。他们被免除刑罚而受一种不明确的、通称为"礼"的礼法所控制。这个上层阶级的成员所犯的任何罪行不用按刑法规定的刑罚去惩治，而是让罪犯本身的廉耻心去责罚。它（历史上有很多这样的例子）在大多数场合下，逼迫他们用自杀的办法来恢复他们玷污了的荣誉。只有大众才受到从罚款到极刑的不同程度的处罚。以上情况，至少在封建制度鼎盛的那些世纪而且阶级差别还没有被起于各国兼并、征战频繁的政治信仰和家族财产的急剧变化所消灭时，大抵是真实的。但是，社会两分的传统比封建制度保持得更长久——确实，我们可以说直到今天，它还存在着。任何一个研究儒家文献的人不难记起"君子"与"小人"或照字面上讲的"高贵的人"和"微贱的人"之间的严格区别。随着封建制度渐渐从人的记忆中消失，社会出身的区别后来被性质上的区别所代替，比如我们在孟子著作中所看到的：他把劳心者划为"君子"，劳力者划为"小人"。但是，免除从前的特权阶级的刑罚的理论，一直或多或少地被儒家坚持了若干世代。李悝的书中说②，刑不上大夫。这被以后的一些朝代在一定程度上实行了。例如，在汉朝（公元前206年—公元219年）实际上所有死于法律宣判的大臣（四百年间有数百名）都是用自杀来代替法律的刑罚。

这种对于受法律制裁的不体面感觉大概不自觉地成了传统的儒家反对一切法治主张的基础。孔子主张德治；孟子主张仁治；荀子主张礼治。他们都主张贤明君主如柏拉图说的"哲学家国王"的统治。但是所有这些反对都未能阻止中国发展法的哲学和法律制度，这种

---

① 参见本书第二编第五章第一节。
② 参见本书第二编第五章中的注。

法律制度是世界上最重要的制度之一。各国的情况需要某种形式的成文法,因之,尽管有保守派和老子式的极端个人主义者的不利的批评和反对,法律在先秦产生了。

先秦最初公布的、有可信的历史记载的法典是公元前六世纪的那些法典。① 在《左氏春秋》中,我们看到,公元前536年,郑国伟大的政治家子产公布了一部刑书。这部刑书铸在鼎上。这个行动受到了当时的保守派的激烈批评,说它助长狱讼和人民好争吵的趋势。子产为他的政策辩护说,"吾以救世也"。② 公元前513年,晋国也铸刑鼎。这种事情发生在孔子在世时。他批评铸刑鼎是愚蠢的,会使国家毁灭。在这两个例子中,公布的法律限于刑法。它们被称为"刑书"或刑罚法典。然而,这些刑罚法典都没有传下来。

从那时起,各国都必曾做过许多努力去制定和公布法律。然而,直到公元前四世纪后半叶才对法治的好处有自觉认识的迹象。大约在公元前四世纪中期,出现了两个政治家:秦国的卫鞅(死于公元前338年)和韩国的申不害(死于公元前337年)。所有后来的法哲学的阐述者都把这两个人作为他们的出发点。这两个人中,卫鞅更重要。使秦国强盛起来的,就是他。一百年后,秦国灭掉了所有"争雄的国家",建立了中国的第一个帝国。他们两个都依靠新法实现了许多改革,从而第一次证明了作为有效统治工具的法律的效力。据说,卫鞅和申不害都有法律与政治制度方面的著作。现在通称《商君(即卫鞅)书》二十六篇,好像是后人依据残简或卫鞅的名言编纂而成的。申不害的著作《申子》已佚失,现在只是通过早年作者所引的一些话才知道有此书。

急进的政治思想发展的时机成熟了。公元前四世纪后半叶和公元前三世纪前七十五年涌现了非常热衷于法术问题的众多的思想家。在齐国集合了一批称为"稷下先生"的思想家。他们之中仅尹

---

① 有西周法律意义的《周礼》确实是一个乌托邦式的计划。它是非常晚的时代或许迟至公元前一世纪才写成的。

② 译者注:见《左传·昭公六年》。

文子一人给我们留下了两篇著作,这两篇著作也并非未经后人窜改过。这一批人中的另一个叫慎到。《汉书·艺文志》载《慎子》四十二篇,都已亡佚。从这些著作片断和《庄子》中记载的尹文子、慎到、田骈、彭蒙的言论概述中,我们仍然可以瞥见他们关于法治问题的设想。

　　西北方的国家产生了另一个政治思想学派。他们继续卫鞅和申不害的传统,在当时的实际政治上有很大影响。这个学派的最杰出的代表人物是韩非和李斯。依据传说,他们两个都曾经是儒家荀子的学生。但是,他们实行和传授的哲学多半会被荀子所否认,假如荀子活着看到这种哲学在秦朝初年的极大成功的话。韩非断然否认儒家效法古代(不管是远古还是较近的)贤王的学说。他公然宣称:"世异则事异,事异则备变。"①他批评儒家的礼治理论,理由是:礼治已不再能满足时代的需要,并且由于没有实施礼法的方法,以致礼法只适用于少数即使没有法律也总是好人的人。他赞扬法的功用是,既可作为阻止个人统治的反复无常的有效准则,又可作为实现适时改革的进步工具。韩非死于李斯的妒忌:于公元前233年自杀。现在收集在韩非名下的五十五篇著作实是后人编纂的,其中有许多篇不可能是他自己写的。但是,他和李斯所可能共有的理论,被政治家李斯有效地实行了。在灭掉六国之后,李斯成为秦始皇的第一个丞相。

　　在下面的法治逻辑研究中,我将取材于以上段落中提到的著作,它们是:《商君书》、《申子》、《尹文子》和《韩非子》。除这些之外,我还用到一本著作,叫做《管子》。这本书被认为是死于公元前643年的管仲写的。其实《管子》这本书大约是公元前三世纪编纂的。里面甚至有大量后来增添窜改的东西。但是,书中似乎包括许多片断可以用来说明并非公元前七世纪的政治家管仲,而是公元前三世纪的某个或某些不知名的著作家的法律与政治理论。我利用的另一本书是尸佼的片断言论集。相传尸佼是卫鞅的朋友和顾问。据说他的著作有二十卷,已亡佚。现存由汪继培从各种早期著作引用的众多

---

① 译者注:《韩非子·五蠹》,均见《诸子集成》卷五第三四一页。

的片断辑成的《尸子》一书(此书的编辑前言署明的年代是1811年)。

Ⅱ 法治逻辑

"法"与我在讨论别墨那几章中提到的"法"是同一个词。它的本义是"模型"或"模范"。作动词用时,则是"模仿"或"仿造"的意思。因此,在词源上它与儒家的"象"有关。"象"有"意象"与"模仿"的意思。正如我们已经看到的,别墨曾经把"法"定义为"所若而然也"。① 在他们的演绎学说里,"法"相当于所阐述的故或结论所从出的"故"。按科学分类,"法"代表某类事物的全部本质属性,因之与某类事物据以构成的原型相同。我们不能确定什么时候法这个词开始被用作"法律"的意思,从而代替了较为古旧的刑("刑罚"),刑本来也是意指"模范"。有一点是清楚的:"法"字最初是用以指度量衡的法仪。墨子把真理的三种检验标准说成是推理的"法仪",就是用在这个意思上。《管子》中说,法包括"尺寸也,绳墨也,规矩也,衡石也,斗斛也,角量也"。② 在《尹文子》中,我们发现法被扩大为包括四种法仪:"一曰不变之法,君臣上下是也;二曰齐俗之法,能鄙同异是也;三曰治众之法,庆赏刑罚是也;四曰平准之法,律度权衡是也"。③ 在《管子》的另一篇中,法被定义为"夫法者,所以兴功惧暴也"。④ 那是法律的目的。形式上,法仅涉及国家公布的法律。比如,我们在《韩非子》中发现这样的定义:"法者,编著之图籍,设之于官府,而布之于百姓者也。"⑤在另外一个地方,我们看到一个稍微不同的定义:"法者,宪令著于官府,刑罚必于民心,赏存乎慎法,而罚加乎奸令者也。"⑥

---

① 译者注:《经上》。
② 译者注:《管子·七法》,见《诸子集成》卷五第二十八页。
③ 译注者:见王启湘《周秦名家三子校诠》第二十二——二十三页。又胡适《中国哲学史大纲》卷上第368页。
④ 译者注:《管子·七臣七主》,见《诸子集成》卷五第二八八页。
⑤ 译者注:《韩非子·难三》,见《诸子集成》卷五第二九〇页。
⑥ 译者注:《韩非子·定法》,见《诸子集成》卷五第三〇四页。

在法治时代,要我们全面评价前引段落所指出的法的哲学发展的意义是困难的。但是,对于思想史的研究者来说,从孔子时代到韩非时代是一个大的进展。孔子的政治哲学可概括为"为政以德,譬如北辰,居其所而众星共之。"①韩非则主张:"夫圣人之治国,不恃人之为吾善也,而用其不得为非也。……夫必恃自直之箭,百世无矢,恃自圆之木,千世无轮矣。……而有自直之箭、自圆之木,良工弗贵也。何则?乘者非一人,射者非一发也。不恃赏罚而恃自善之民,明主弗贵也。何则?国法不可失,而所治非一人也。"②据我看,这两种极端的政治思想之间的不同,多半是由于两个哲学学派的逻辑方法的变化。这并不是否认所在时代的现实环境对政治思想的影响。但是,没有从孔子时代以来发生的逻辑上的逐渐的变化,像韩非那样对法术哲学的明白、确切的阐述是不可能的,这看来是事实。正因为如此,对构成各种法的理论基础的逻辑方法的研究,似乎可以被认为是这篇先秦名学史论文的恰当的结论。

正如我在别处已经指出的,孔子的"正名"学说含有某些因素,它们可以作为法哲学的开端,如果不算它的基础的话。正如我们已经看到的,正名主义的内容是:名不正,则事不成,刑罚不中,而民无所措手足。看来这种正名学说影响了法哲学的某些早期代表。最接近儒家的尸子说:"天下之可治,分成也。是非之可辩,名定也。"③"明王之治民也,……④言寡而令行,正名也。君人者苟能正名……执一以静,令名自正,令事自定。赏罚随名,民莫不敬。"⑤尸子说:"言者,百事之机也。圣王正言于朝,而四方治矣。是故曰:'正名去

---

① 译者注:参见本书第二编第一章第一节(《论语·为政》,见《诸子集成》卷一第二十页)。

② 译者注:《韩非子·显学》,见《诸子集成》卷五第三五五页。

③ 译者注:汪继培辑《尸子》,见汪奠基《中国逻辑思想史料分析》第一辑第一一九页。又胡适《中国哲学史大纲》卷上第三七四页。

④ 译者注:此处英文本没有删节号,查原文有。见汪奠基《中国逻辑思想史料分析》第一辑第一一六——一一七页。

⑤ 译者注:汪继培辑《尸子》,见汪奠基《中国逻辑思想史料分析》第一辑第一一六——一一七页。又胡适《中国哲学史大纲》卷上第三七四页。

伪,事成若化。以实核名,百事皆成'。"①

从这里,我们能看出孔子及孔门弟子名实关系学说的清楚线索。理想的统治是能够以这样的方式使名规范化的统治,这种方式用尸子的话说是,"是非随名实,赏罚随是非。"②这个表面上难理解的理论事实上是非常简单的。它意味着,是非以名实是否相合为转移。儿子忽视了孝顺父母的义务,就是一个不孝的儿子。凡不孝的儿子都自然而然地要受到处罚。"不孝"这个名本身就暗示一种"非",伴随着"非"而来的必定是谴责或处罚。作为儿子而"不孝"之为非,恰如方之不方或一尺仅及其法定长度的一半一样之为非。

在《尹文子》中,我们发现了更成熟、说得更清楚的关于名实关系的理论。《尹文子》说,"名者,名形者也。形者,应名者也"。③"故亦有名以检形,形以定名;名以定事,事以检名。"④这是关于名与形及事三者关系的扼要说明。这个根本原则可以表述为:要求使名成为是非、贵贱的客观标准,它将在人们中引起人们或赏或罚、或趋或避的适当反应。

> 名宜属彼,分宜属我。我爱白而憎黑,韵商而舍徵,(好膻而恶焦,)嗜甘而逆苦。白、黑、商、徵,(膻、焦)甘、苦,彼之名也。爱、憎、(韵、舍、好、恶)嗜、逆,我之分也。定此名分,则万事不乱也。⑤

至此,我们仍然在讨论孔子的正名主义与儒家的背离开始于"定此名分"的方法问题。儒家坚持用他们的"礼"的学说作为限定

---

① 译者注:汪继培辑《尸子》,见汪奠基《中国逻辑思想史料分析》第一辑第一一八页。又胡适《中国哲学史大纲》卷上第三七四页。
② 译者注:汪继培辑《尸子》,见汪奠基《中国逻辑思想史料分析》第一辑第一一九页。又胡适《中国哲学史大纲》卷上第三七四页。
③ 译者注:见王启湘《周秦名家三子校诠》第二十三页,又胡适《中国哲学史大纲》卷上第三五一页。
④ 译者注:见王启湘《周秦名家三子校诠》第二十二页,又胡适《中国哲学史大纲》卷上第三五一页。
⑤ 译者注:见王启湘《周秦名家三子校诠》第二十四页,又胡适《中国哲学史大纲》卷上第三五一页。括号中的内容,英文无。

名分的有效手段,并且相信个人道德和制度约束的逐渐教化影响的最终效力。法治的拥护者则与此不同。尹文子说,

> 故人以度审长短,以量受多少,以衡平轻重,以律均清浊,以名稽虚实,以法定治乱,以简治烦惑,以易御险难,以万事皆归于一,百度皆准于法。归一者,简之至;准法者,易之极。如此,顽、嚚、聋,瞽,可与察、慧、聪、明同其治也。①

因此,法治逻辑的首要因素是普遍性原则。法不再是"象",甚至不再是为供世人向往而提出的理想关系,而是特殊事物的同一种类必然由之产生的标准的"法"或"模范"。正如慎到所说,"有权衡者,不可欺以轻重;有尺寸者,不可差以长短;有法度者,不可巧以诈伪。"②法要没有差别地应用于一切阶级:贫富一样,有德无德一样。"故设柙非所以备鼠也,所以使怯弱能服虎也;立法非所以备曾、史也,所以使庸主能止盗跖也。"③

与普遍性原则紧密相联的是客观性原则。如同上面最后一句话所指明的,法要使贤、庸之主都能用以进行统治。此外,法治使统治者从个人统治的重大责任中解脱出来。慎到说:"君人者,舍法而以身治,则诛赏予夺从君心出矣。然则,受赏者虽当,望多无穷;受罚者虽当,望轻无已。君舍法,而以心裁轻重,则同功殊赏,同罪殊罚矣。怨之所由生也。是以分马者之用策,分田者之用钩,非以钩策为过于人智也,所以去私塞怨也。故曰,大君任法而弗躬,则事断于法矣。法之所加,各以其分。蒙其赏罚,而无望于君也。是以怨不生而上下和矣。"④无需多说,这是一种法治理论。它是想保卫国家免遭人君个人的反复无常之害,同时通过使君主摆脱个人裁决的责任而免遭

---

① 译者注:见王启湘《周秦名家三子校诠》第二十四——二十五页,又胡适《中国哲学史大纲》卷上第三五三页。

② 译者注:《慎子》,见《诸子集成》卷五第七页,又胡适《中国哲学史大纲》卷上第三四三页。

③ 译者注:《韩非子·守道》,见《诸子集成》卷五第一五一页,又胡适《中国哲学史大纲》卷上第三七七页。

④ 译者注:《慎子·君人》,见《诸子集成》卷五第六页。

人民的不满与怨恨。

但是,在我看来,法治逻辑的最重要之处在于强调法治实施观念中所蕴涵的结果。孔子的正名主义由于传统地不顾后果而遭到了重大损害。礼治的理论是无用的。因为作为一套松弛而笼统的仪式和规定的礼,并没有实行的办法。另一方面,法家代表总是强调结果的。他们有意无意地受着墨家及别墨逻辑的影响。正如我已经指出的,"法"与别墨思想中的"法"是同一个词。我们已经看到,"法"就是已知的、已阐明的、若干结论必然由之产生的故。在别墨的归纳法与演绎法理论里,归纳的概括须借它们是否适于成为演绎法的前提或"故"来检验。它是与基于法家代表的著名公式"循名责实"的逻辑相同的。名和其他普遍概念之所以有用,仅仅因为它们是制约种种特殊事项的工具。法是对预见结果的明确表述。假如这种预见的结果不能实现,正如不能实施一样,它们就不再成为法。因此之故,中国古代的法政的代表们由于竭力鼓吹严格实施法治,以致大失人心,招致反对。历史告诉我们,当卫鞅已完成他的新法时,他首先想向人们表明他打算实施它们。于是他在国都南门立了一根木杆,然后命令:谁把木杆移到北门,谁就得到"十金"①黄金的赏赐。这个命令显得如此不合情理,以致人们不予理睬。政府继续增加赏金,终于有一个鲁莽的人移动了木杆并且得到了赏赐。这个表明政府决心实行新法的耸人听闻的公告达到了预期的效果:新法一旦公布,便得到遵奉。由于新法严厉而积怨甚多,卫鞅惩罚了那个偶尔违犯新法的太子,以此平息了骚乱。从此以后,卫鞅顺利地推行新法。

但是强调实际效果学说的更雄辩的思想家是韩非。他的理论比实行法治的主张走的更远。看来,自老子时代以来,中国古代的政治思想家就或多或少地受老子热心鼓吹的"无为而治"理论的影响。孔子在《论语》中不只一次地提到这个理想。他自己的理想的统治

---

① 译者注:"金",古代重量单位。《孟子·公孙丑下》:"于宋,馈七十镒而受"。赵歧注:"古者以一镒为一金,一金是为二十四两也。"又一说,一金为二十两。《国语·晋语二》:"黄金四十镒"。韦昭注:"二十两为镒"。

者是"譬如北辰,居其所而众星共之",①这恰恰是无为而治的理想的统治者。甚至法治的拥护者也没有舍弃"无为"的理想。他们了解从无为开始并不能带来无为而治。所以,他们首先设法完成一个法治制度,法治制度一旦完成就可期望它为国家的长治久安而自动地继续运行。他们好像是想用这种方法来实现无为而治的理想,这可以在这样一些熟知的说法中看出来:"令名自正,令事自定"②或"正名去伪,事成若化"③或"名正法备,则圣人无事"④。法治拥护者们的共同理想是以法治作手段达到"法立而不用,刑设而不行"⑤的局面。

显而易见,这样静止的法治概念将引导到保守主义。这与孔子的制度化的观念是同样危险的。韩非的理论之特别有价值就在于反对这种静止观念。从公元前四世纪后半叶以来,曾经长时间影响时代思想的进化观念给韩非以巨大鼓舞。在非常有趣的《五蠹》篇中,韩非讲述人类进化的历史,经过这样一些阶段:"上古之世",人类始终要对付野兽和恶劣的自然条件;"中古之世",夏朝的创建者不得不为对付特大洪水而战斗;"近古之世",武装革命使王朝兴废。他指出,已往的每一发展阶段都完成了那个时期的生活所最需要的工作,后世之人如果重复较早时期的粗野言行是愚蠢的,假如我们的祖先活着亲眼看到这种情景,无疑会嘲笑我们。韩非说:"是以圣人不期修古,不法常可。论世之事,因为之备。"⑥他说,"世异则事异,事

---

① 《论语·为政》,见《诸子集成》卷一第二十页。
② 译者注:《尸子》,见汪奠基《中国逻辑思想史料分析》第一辑第一一七页。
③ 译者注:《尸子》,见汪奠基《中国逻辑思想史料分析》第一辑第一一九页,又胡适《中国哲学史大纲》卷上第三七三页。
④ 译者注:《管子·白心》,见《诸子集成》卷五第二二四页,又胡适《中国哲学史大纲》卷上第三七三页。
⑤ 译者注:《管子·禁藏》,见《诸子集成》卷五第二九〇页,又胡适《中国哲学史大纲》卷上第三七三页。
⑥ 韩非也有一种非常有趣的用经济学解释历史的理论。他认为社会的最大祸害是人口过剩和粮食供应的限制。像马尔萨斯说的,人口增长的比例是几何级数。(《韩非子·五蠹》,见《诸子集成》卷五第三三九页。——译者)

异则备变。"①正是因为他相信进化的观念,他不能接受静止的法治主义。② 他说,"治民无常,唯治为法。法与时转,则治。治与世宜,则有功。……时移而治不易者乱。"③

所以,对法的检验是看它能否适合时代的实际需要。这是韩非的实验方法。这不限于法的范围。

> 夫言行者,以功用为之的彀者也。夫砥砺杀矢,而以妄发,其端未尝不中秋毫也。然而不可谓善射者,无常仪的也。设五寸之的,引十步之远,非羿、逢蒙不能必中者,有常也。……今听言观行,不以功用为之的彀,言虽至察,行虽至坚,则妄发之说也。④

韩非通过那些确系他自己所写的篇章毫不疲倦地说明和强调这种方法。他说,

> 人皆寐,则盲者不知。皆嘿,则喑者不知。觉而使之视,问而使之对,则喑盲者穷矣。……明主听其言,必责其用。观其行,必求其功。⑤

韩非的这一学说产生了深远的影响。正如我们已经指出的,首先,韩非的学说已经使法治成为较好地调整社会与政治环境的现行的、进步的工具。其次,韩非的学说拒绝保守、反动的"法先王"的主张,不仅仅由于这些"先王"生活时代与我们的生活时代根本不同⑥,而且也由于他们受到保守派拥护的政策得不到历史的证据以证明它们的真实性。"无参验而必之者,愚也。弗能必而据之者,诬也。故明据先王必定尧舜者,非愚则诬也。"⑦像我们已经看到的,这个观点

---

① 译者注:《韩非子·五蠹》,见《诸子集成》卷五第三四一页。
② 《韩非子》几章中都可看到这个观点。但我以为它们极可能是后人添加的。因为它们不仅与书中最好的几章风格不同,而且和它们的内容观点相抵触。
③ 译者注:《韩非子·心度》,见《诸子集成》卷五第三六六页。
④ 另参见《韩非子·外储说左上》,见《诸子集成》卷五第二〇一页。(《韩非子·问辩》,见《诸子集成》卷五第三〇一——三〇二页。——译者)
⑤ 译者注:《韩非子·六反》,见《诸子集成》卷五第三二四页。
⑥ 译者注:参见《韩非子·五蠹》,见《诸子集成》卷五第三三九页。
⑦ 译者注:《韩非子·显学》,见《诸子集成》卷五第三五一页。

回到了荀子倡导的用"法后王"代替"法先王"的理论,理由是遥远的过去留下的能供我们研究那些时代的著作和政策详情的证据太少。

但是,溯源到荀子特有的人性论和墨子的应用主义的韩非的重实效的方法,包含了中国哲学最光辉的时代衰落的原因。正像我以前反复指出的,这个原因是对实用或实际的功用作了太狭义的解释。韩非,如同荀子甚至墨子一样,具有不能容忍和忍受并非直接实用的东西的精神。韩非的这种精神体现在他的下述最直率的言辞里,他宣称,

> 故不相容之事,不两立也。斩敌者受赏,而高慈惠之行;拔城者受爵禄,而信兼爱之说;坚甲厉兵以备难,而美荐绅之饰;富国以农,距敌恃卒,而贵文学之士;废敬上畏法之民,而养游侠私剑之属。举行如此,治强不可得也。国平养儒侠,难至用介士:所利非所用,所用非所利。是故服事者简其业,而游学者日众,是世之所以乱也。……所谓智者,微妙之言也。微妙之言,上智之所难知也。……故糟糠不饱者不务粱肉,短褐不完者不待文绣。夫治世之事,急者不得,则缓者非所务也。今所治之政,民间之事,夫妇所明知者不用,而慕上知之论,则其于治反矣。故微妙之言,非民务也。①

韩非提出这样一种理论不是没有道理的。韩非的议论是对他的祖国——韩国说的。此时韩国已落入虚弱的境地,在秦国的武力支配下,几乎每年都丧失土地,蒙受战败的耻辱。他的国家迫切需要军事天才和经验丰富的政治家。学术还未能表现出是军队效能和社会幸福不可或缺的因素。可见他的言论确实是一个爱国的政治家为了使他的国家免于屈辱和毁灭而发出的言论。不幸,他的祖国没有理睬他的关于协调一致和提高效能的忠告。但是,好像是命运的讽刺,他的祖国的敌人——后来成为秦朝第一个皇帝的秦国的国王,却以极大的热诚阅读了他的著作。韩非为已经削弱和日趋衰败的国家设想的治国之策,实际上却被由第一个皇帝和他的酷相李斯建立的新王朝彻底

---

① 译者注:《韩非子·五蠹》,见《诸子集成》卷五第三四五——三四六页。

实行了。李斯是韩非的同学,是荀子的同一时期的学生。李斯和秦始皇陶醉于他们的空前的成功,并且不能容忍在一个思想活跃时代的最自然的批评精神,他们把韩非的学说即"今所治之政,民间之事,夫妇所明知者不用,而慕上知之论,则其于治反矣",①及他的"故微妙之言,非民务也",②严格地付诸实施。这就导致公元前213年的"焚书坑儒"。

---

①② 译者注:均见《韩非子·五蠹》,见《诸子集成》卷五第三四五——三四六页。

结束语

我从司马迁《史记》卷六《秦始皇本纪》中引用以下的一些话作为我的《先秦名学史》的简短结语。

始皇三十四年(公元前213年),始皇置酒咸阳宫,博士七十人前为寿。……博士齐人淳于越进曰:"臣闻殷、周之王千余岁,封子弟功臣,自为枝辅。今陛下有海内,而子弟为匹夫①,卒有田常、六卿之臣,无辅拂,何以相救哉?事不师古而能长久者,非所闻也。……"

始皇下其议。

丞相李斯曰:"五帝不相复,三代不相袭,各以治,非其相反,时变异也。……越言乃三代之事,何足法也?异时诸侯并争,厚招游学。今天下已定,法令出一,百姓当家则力农工,士则学习法令辟禁。今诸生不师今而学古,以非当世,惑乱黔首。

"丞相臣斯昧死言:古者天下散乱,莫之能一,是以诸侯并作,语皆道古以害今,饰虚言以乱实,人善其所私学,以非上之所建立。今皇帝并有天下,别黑白而定一尊。私学而相与非法教,人闻令下,则各以其学议之,入则心非,出则巷议,夸主以为名,异取以为高,率群下以造谤。如此弗禁,则主势降乎上,党与成乎下。禁之便。

"臣请史官非秦记皆烧之。非博士官所职,天下敢有藏诗、书、百家语者,悉诣守、尉杂烧之。有敢偶语诗、书者弃市。以古

---

① 新的皇朝把天下分为三十六郡,并废止拥有田产的贵族,从而终止了封建制度。

非今者族。吏见知不举者与同罪。令下三十日不烧,黥为城旦。所不去者,医药卜筮种树之书。欲有学法令,以吏为师。"

制曰:"可。"

中国古代哲学史

序

我们今日要编中国古代哲学史,有两层难处。第一是材料问题:周秦的书,真的同伪的混在一处。就是真的,其中错简错字又是很多。若没有做过清朝人叫做"汉学"的一步工夫,所搜的材料必多错误。第二是形式问题:中国古代学术从没有编成系统的记载。《庄子》的《天下》篇,《汉书·艺文志》的《六艺略》、《诸子略》,均是平行的纪述。我们要编成系统,古人的著作没有可依傍的,不能不依傍西洋人的哲学史。所以非研究过西洋哲学史的人,不能构成适当的形式。

现在治过"汉学"的人虽还不少,但总是没有治过西洋哲学史的。留学西洋的学生,治哲学的,本没有几人。这几人中,能兼治"汉学"的,更少了。适之先生生于世传"汉学"的绩溪胡氏,禀有"汉学"的遗传性;虽自幼进新式的学校,还能自修"汉学",至今不辍;又在美国留学的时候兼治文学哲学,于西洋哲学史是很有心得的。所以编中国古代哲学史的难处,一到先生手里,就比较的容易多了。

先生到北京大学教授中国哲学史,才满一年。此一年的短时期中,成了这一编《中国古代哲学史大纲》,可算是心灵手敏了。我曾细细读了一遍,看出其中几处的特长:

第一是证明的方法。我们对于一个哲学家,若是不能考实他生存的时代,便不能知道他思想的来源;若不能辨别他遗著的真伪,便不能揭出他实在的主义;若不能知道他所用辩证的方法,便不能发现他有无矛盾的议论。适之先生这《大纲》中此三部分的研究,差不多占了全书三分之一,不但可以表示个人的苦心,并且为后来的学者开无数法门。

第二是扼要的手段。中国民族的哲学思想远在老子、孔子之前，是无可疑的。但要从此等一半神话、一半政史的记载中，抽出纯粹的哲学思想，编成系统，不是穷年累月不能成功的。适之先生认定所讲的是中国古代哲学家的思想发达史，不是中国民族的哲学思想发达史，所以截断众流，从老子孔子讲起。这是何等手段！

第三是平等的眼光。古代评判哲学的，不是墨非儒。就是儒非墨。且同是儒家，荀子非孟子，崇拜孟子的人，又非荀子。汉宋儒者，崇拜孔子，排斥诸子；近人替诸子抱不平，又有意嘲弄孔子。这都是闹意气罢了！适之先生此编，对于老子以后的诸子，各有各的长处，各有各的短处，都还他一个本来面目，是很平等的。

第四是系统的研究。古人记学术的，都用平行法，我已说过了。适之先生此编，不但孔墨两家有师承可考的，一一显出变迁的痕迹。便是从老子到韩非，古人画分做道家和儒墨名法等家的，一经排比时代，比较论旨，都有递次演进的脉络可以表示。此真是古人所见不到的。

以上四种特长，是较大的，其他较小的长处，读的人自能领会，我不必赘说了。我只盼望适之先生努力进行，由上古而中古，而近世，编成一部完全的《中国哲学史大纲》，把我们三千年来一半断烂、一半庞杂的哲学界，理出一个头绪来，给我们一种研究本国哲学史的门径，那真是我们的幸福了！

中华民国七年八月三日　蔡元培

再版自序

一部哲学的书,在这个时代,居然能于两个月之内再版,这是我自己不曾梦想到的事。这种出于意料外的欢迎,使我心里欢喜感谢,自不消说得。

这部书的稿本是去年九月寄出付印的,到今年二月出版时,我自己的见解已有几处和这书不同了。近来承各地的朋友同我讨论这部书的内容,有几点我很佩服。我本想把这几处修正了然后再版。但是这时候各处需要这书的人很多,我又一时分不出工夫来做修正的事,所以只好暂时先把原版重印。这是我很抱歉的事。(有一两处已在正误表中改正。又关于《墨辩》的一部分,我很希望读者能参看《北京大学月刊》第三期里我的《〈墨子·小取〉篇新诂》一篇。)

我做这部书,对于过去的学者我最感谢的是:王怀祖,王伯申,俞荫甫,孙仲容四个人。对于近人,我最感谢章太炎先生。北京大学的同事里面,钱玄同,朱遏先两位先生对于这书都曾给我许多帮助。这书排印校稿的时候,我正奔丧回家去了,多亏得高一涵和张申府两位先生替我校对,我很感谢他们。

民国八年五月三日　胡适

《中国古代哲学史》台北版自记

这本《中国古代哲学史》就是我的《中国哲学史大纲卷上》,民国七年九月写成付印,民国八年二月第一版出版。今年是民国四十七年,这部书出版以来,整整三十九年了。台北商务印书馆现在用"万有文库"的五号字本《中国古代哲学史》重印,仍用《中国古代哲学史》的名称。我做了一个正误表,附在卷尾。①

"万有文库"本是民国十八年用五号字重排的(原书是用四号字排的)。那时候,我在上海正着手写《中国中古思想史》的"长编",已决定不用《中国哲学史大纲卷中》的名称了。所以当时"万有文库"的编辑人要把我的哲学史上卷收在那部丛书里,我就提议,把这个五号字重排本改称《中国古代哲学史》。我的意思是要让这本《中国古代哲学史》单独流行,将来我写完了《中古思想史》和《近世思想史》之后,我可以用我中年以后的见解来重写一部《中国古代思想史》,我不预备修改这本《中国古代哲学史》了。

我现在翻开我四十年前写成的这本书,当然可以看出许多缺点。我可以举出几组例子:(一)我当时还相信孔子做出"删诗书,订礼乐"的工作,这大概是错的。我在正误表里,已把这一类的话都删去了。(二)我当时用《列子》里的《杨朱》篇来代表杨朱的思想,这也是错的。《列子》是一部东晋时人伪造的书,其中如《说符篇》好像摘抄了一些先秦的语句,但《杨朱》篇似乎很不可信。请读者看看我的《读吕氏春秋》(收在《胡适文存》三集)。我觉得《吕氏春秋》的《本生》、《重己》、《贵生》、《情欲》诸篇很可以表现中国古代产生的一种

---

① 编者注:现已将"正误表"的订正文字插入有关部分。

很健全的个人主义,大可以不必用《列子》的《杨朱》篇了。《吕氏春秋·不二》篇说"杨生贵己",李善注《文选》引作"杨朱贵己"。我现在相信《吕氏春秋》的"贵生""重己"的理论很可能就是杨朱一派的"贵己"主义。(三)此书第九篇第一章论《庄子时代的生物进化论》,是全书里最脆弱的一章,其中有一节述"《列子》书中的生物进化论",也曾引用《列子》伪书,更是违背了我自己在第一篇里提倡的"史料若不可靠,历史便无信史的价值"的原则。我在那一章里述"《庄子》书中的生物进化论",用的材料,下的结论,现在看来,都大有问题。例如《庄子·寓言》篇说:

> 万物皆种也,以不同形相禅。始卒若环,莫知其伦。是谓天均。

这一段本不好懂。但看"始卒若环,莫知其伦"八个字,这里说的不过是一种循环的变化论罢了。我在当时竟说:

> "万物皆种也,以不同形相禅",此十一个字竟是一篇"物种由来"。

这真是一个年轻人的谬妄议论,真是辱没了《物种由来》那部不朽的大著作了!

我现在让台北商务印书馆把我这本四十年前的旧书重印出来,这是因为这本书虽然有不少缺点,究竟还有他自身的特别立场,特别方法,也许还可以补充这四十年中出来的几部中国哲学史的看法。

我这本书的特别立场是要抓住每一位哲人或每一个学派的"名学方法"(逻辑方法,即是知识思考的方法),认为这是哲学史的中心问题。我在第八篇里曾说:

> 古代本没有什么"名家"。无论哪一家的哲学,都有一种为学的方法。这个方法便是这一家的名学。所以老子要无名,孔子要正名,墨子说"言有三表",……这都是各家的"名学"。因为家家都有"名学",所以没有什么"名家"。

这个看法,我认为根本不错。试看近世思想史上,程、朱、陆、王的争论,岂不是一个名学方法的争论?朱晦庵把"格物"解作"即物而穷其理",王阳明把"格物"解作"致吾心之良知于事事物物",这岂不是两种根本不同的名学方法的争论吗？南宋的朱陆之争,当时已认作"尊德性"与"道问学"两条路子的不同,——那也是一个方法上的争执。两宋以来,"格物"两个字就有几十种不同的解释,其实多数也还是方法上的不同。

所以我这本哲学史在这个基本立场上,在当时颇有开山的作用。可惜后来写中国哲学史的人,很少能够充分了解这个看法。

这个看法根本就不承认司马谈把古代思想分作"六家"的办法。我不承认古代有什么"道家"、"名家"、"法家"的名称。我这本书里从没有用"道家"二字,因为"道家"之名是先秦古书里从没有见过的。我也不信古代有"法家"的名称,所以我在第十二篇第二章用了"所谓法家"的标题,在那一章里我明说："古代本没有什么'法家'。……我以为中国古代只有法理学,只有法治的学说,并无所谓'法家'。"至于刘向、刘歆父子分的"九流",我当然更不承认了。

这样推翻"六家"、"九流"的旧说,而直接回到可靠的史料,依据史料重新寻出古代思想的渊源流变：这是我四十年前的一个目标。我的成绩也许没有做到我的期望,但这个治思想史的方法是在今天还值得学人的考虑的。

在民国六年我在北京大学开讲中国哲学史之前,中国哲学是要从伏羲,神农,黄帝,尧,舜讲起的。据顾颉刚先生的记载,我第一天讲中国哲学史从老子、孔子讲起,几乎引起了班上学生的抗议风潮！后来蔡元培先生给这本书写序,他还特别提出"从老子、孔子讲起"这一点,说是"截断众流"的手段。其实他老人家是感觉到他应该说几句话替我辩护这一点。

四十年来,有些学者们好像跑在我的前面去了。他们要进一步,把老子那个人和《老子》那部书都推翻,都移后两三百年。他们讲中国哲学思想,要从孔子讲起。冯友兰先生的《中国哲学史》就是这样办的。冯先生的书里,先讲了孔子、墨子、孟子、杨朱、陈仲子、许行、告子、尹文、宋钘、彭蒙、田骈、慎到、驺衍及其他阴阳五行家言,——到了第八章才提出"《老子》及道家中之老学"。

冯先生说：

> 《老子》一书，……系战国时人所作。关于此说之证据，前人已详举（原注：参看崔东壁《洙泗考信录》，汪中《老子考异》，梁启超《评胡适之中国哲学史大纲》），兹不赘述。就本书中所述关于上古时代学术界之大概情形观之，亦可见《老子》为战国时人之作品。盖一则孔子以前，无私人著述之事，故《老子》不能早于《论语》；二则《老子》之文体，非问答体，故应在《论语》、《孟子》后；三则《老子》之文为简明之"经"体，可见其为战国时之作品。此三端及前人所已举之证据，若任举其一，则不免有为逻辑上所谓"丐词"（Begging the question）之嫌。但合而观之，则《老子》之文体、学说，及各方面之旁证，皆指明其为战国时之作品，此则必非偶然矣。（冯友兰《中国哲学史》民国三十六年增订八版，页二一〇）

冯先生举出的证据实在都不合逻辑，都不成证据。我曾对他说：

> ……积聚了许多"逻辑上所谓'丐词'"，居然可以成为定案的证据！这种考据方法，我不能不替老子和《老子》书喊一声"青天大老爷，小的有冤枉上诉！"聚蚊可以成雷，但究竟是蚊不是雷。证人自己承认的"丐词"，究竟是"丐词"，不是证据。

这是我在二十五年前说的话。我到今天，还没有看到这班怀疑的学人提出什么可以叫我心服的证据。所以我到今天还不感觉我应该把老子这个人或《老子》这部书挪移到战国后期去（留心这个问题的人，可以看看我的《评近人考据〈老子〉年代的方法》及附录。这些文字收在《胡适论学近著》，页一〇三以下；即台北版《胡适文存四集》，页一〇四以下）。

二三十年过去了，我多吃了几担米，长了一点经验。有一天，我忽然大觉大悟了！我忽然明白：这个老子年代的问题原来不是一个考据方法的问题，原来只是一个宗教信仰的问题！像冯友兰先生一类的学者，他们诚心相信，中国哲学史当然要认孔子是开山老祖，当然要认孔子是"万世师表"。在这个诚心的宗教信仰里，孔子之前当然不应该有个老子。在这个诚心的信仰里，当然不能承认有一个跟着老聃学礼助葬的孔子。

试看冯友兰先生如何说法:

> ……在中国哲学史中,孔子实占开山之地位。后世尊为惟一师表,虽不对而亦非无由也。由此之故,此哲学史自孔子讲起。(冯友兰《中国哲学史》,页二九)

懂得了"虽不对而亦非无由也"的心理,我才恍然大悟:我在二十五年前写几万字的长文讨论"近人考据老子年代的方法"真是白费心思,白费精力了。

1958 年 1 月 10 日　在纽约寓楼

第一篇　导言

哲学的定义

　　哲学的定义从来没有一定的。我如今也暂下一个定义："凡研究人生切要的问题,从根本上着想,要寻一个根本的解决:这种学问叫做哲学。"例如行为的善恶,乃是人生一个切要问题。平常人对着这问题,或劝人行善去恶,或实行赏善罚恶,这都算不得根本的解决。哲学家遇着这问题,便去研究什么叫做善,什么叫做恶;人的善恶还是天生的呢,还是学得来的呢;我们何以能知道善恶的分别,还是生来有这种观念,还是从阅历经验上学得来的呢;善何以当为,恶何以不当为;还是因为善事有利所以当为,恶事有害所以不当为呢;还是只论善恶,不论利害:这些都是善恶问题的根本方面。必须从这些方面着想,方可希望有一个根本的解决。

　　因为人生切要的问题不止一个,所以哲学的门类也有许多种。例如:

　　一、天地万物怎样来的。(宇宙论)

　　二、知识思想的范围、作用及方法。(名学及知识论)

　　三、人生在世应该如何行为。(人生哲学旧称"伦理学")

　　四、怎样才可使人有知识、能思想、行善去恶呢。(教育哲学)

　　五、社会国家应该如何组织、如何管理。(政治哲学)

　　六、人生究竟有何归宿。(宗教哲学)

哲学史

这种种人生切要问题,自古以来,经过了许多哲学家的研究。往往有一个问题发生以后,各人有各人的见解,各人有各人的解决方法,遂致互相辩论。有时一种问题过了几千百年,还没有一定的解决法。例如孟子说人性是善的,告子说性无善无不善,荀子说性是恶的。到了后世,又有人说性有上中下三品,又有人说性是无善无恶可善可恶的。若有人把种种哲学问题的种种研究法,和种种解决方法,都依着年代的先后,和学派的系统,一一记叙下来,便成了哲学史。

哲学史的种类也有许多:

一、通史。例如《中国哲学史》,《西洋哲学史》之类。

二、专史。(一)专治一个时代的,例如《希腊哲学史》,《明儒学案》。(二)专治一个学派的,例如《禅学史》,《斯多亚派哲学史》。(三)专讲一人的学说的,例如《王阳明的哲学》,《康德的哲学》。(四)专讲哲学的一部分的历史,例如《名学史》,《人生哲学史》,《心理学史》。

哲学史有三个目的:

(一)明变 哲学史第一要务,在于使学者知道古今思想沿革变迁的线索。例如:孟子、荀子同是儒家,但是孟子、荀子的学说和孔子不同,孟子又和荀子不同。又如宋儒、明儒也都自称孔氏,但是宋明的儒学,并不是孔子的儒学,也不是孟子、荀子的儒学。但是这个不同之中,却也有个相同的所在,又有个一线相承的所在。这种同异沿革的线索,非有哲学史,不能明白写出来。

(二)求因 哲学史目的,不但要指出哲学思想沿革变迁的线索,还须要寻出这些沿革变迁的原因。例如程子、朱子的哲学,何以不同于孔子、孟子的哲学?陆象山、王阳明的哲学,又何以不同于程子、朱子呢?这些原因,约有三种:

(甲)个人才性不同。

(乙)所处的时势不同。

(丙)所受的思想学术不同。

（三）评判　既知思想的变迁和所以变迁的原因了,哲学史的责任还没有完,还须要使学者知道各家学说的价值:这便叫做评判。但是我说的评判,并不是把做哲学史的人自己的眼光,来批评古人的是非得失。那种"主观的"评判,没有什么大用处。如今所说,乃是"客观的"评判。这种评判法,要把每一家学说所发生的效果表示出来。这些效果的价值,便是那种学说的价值。这些效果大概可分为三种:

（甲）要看一家学说在同时的思想,和后来的思想上,发生何种影响。

（乙）要看一家学说在风俗政治上,发生何种影响。

（丙）要看一家学说的结果,可造出什么样的人格来。

例如:古代的"命定主义",说得最痛切的,莫如庄子。庄子把天道看作无所不在无所不包,故说"庸讵知吾所谓天之非人乎？所谓人之非天乎？"因此他有"乘化以待尽"的学说。这种学说,在当时遇着荀子,便发生一种反动力。荀子说"庄子蔽于天而不知人",所以荀子的《天论》极力主张征服天行,以利人事。但是后来庄子这种学说的影响,养成一种乐天安命的思想,牢不可破。在社会上,好的效果,便是一种达观主义;不好的效果,便是懒惰不肯进取的心理。造成的人才,好的便是陶渊明、苏东坡;不好的便是刘伶一类达观的废物了。

中国哲学在世界哲学史上的位置

世界上的哲学大概可分为东西两支。东支又分印度、中国两系。西支也分希腊、犹太两系。初起的时候,这四系都可算作独立发生的。到了汉以后,犹太系加入希腊系,成了欧洲中古的哲学。印度系加入中国系,成了中国中古的哲学。到了近代,印度系的势力渐衰,儒家复起,遂产生了中国近世的哲学,历宋元明清直到于今。欧洲的思想,渐渐脱离了犹太系的势力,遂产生欧洲的近世哲学。到了今日,这两大支的哲学互相接触、互相影响。五十年后,一百年后,或竟能发生一种世界的哲学,也未可知。

附世界哲学统系图

中国哲学史的区分

中国哲学史可分三个时代：

（一）古代哲学　自老子至韩非，为古代哲学。这个时代，又名"诸子哲学"。

（二）中世哲学　自汉至北宋，为中世哲学。这个时代，大略又可分作两个时期：

（甲）中世第一时期　自汉至晋，为中世第一时期。这一时期的学派，无论如何不同，都还是以古代诸子的哲学作起点的。例如《淮南子》是折衷古代各家的；董仲舒是儒家的一支；王充的《天论》得力于道家，《性论》折衷于各家；魏晋的老庄之学，更不用说了。

（乙）中世第二时期　自东晋以后，直到北宋，这几百年中间，是印度哲学在中国最盛的时代。印度的经典，次第输入中国。印度的宇宙论、人生观、知识论、名学、宗教哲学，都能于诸子哲学之外，别开生面，别放光彩。此时凡是第一流的中国思想家，如智𫖮、玄奘、宗密、窥基，多用全副精力，发挥印度哲学。那时的中国系的学者，如王通、韩愈、李翱诸人，全是第二流以下的人物。他们所有的学说，浮泛浅陋，全无精辟独到的见解。故这个时期的哲学，完全以印度系为主体。

（三）近世哲学　唐以后，印度哲学已渐渐成为中国思想文明的一部分。譬如吃美味，中古第二时期是仔细咀嚼的时候，唐以后便是胃里消化的时候了。吃的东西消化时，与人身本有的种种质料结合，别成一些新质料。印度哲学在中国，到了消化的时代，与中国固有的思想结合，所发生的新质料，便是中国近世的哲学。我这话初听了好像近于武断。平心而论，宋明的哲学，或是程朱，或是陆王，表面上虽都不承认和佛家禅宗有何关系,其实没有一派不曾受印度学说的影响的。这种影响,约有两方面:一面是直接的。如由佛家的观心,回到孔子的"操心",到孟子的"尽心"、"养心",到《大学》的"正心":是直接的影响。一面是反动的。佛家见解尽管玄妙,终究是出世的,是"非伦理的"。宋明的儒家,攻击佛家的出世主义,故极力提倡"伦理的"入世主义。明心见性,以成佛果,终是自私自利;正心诚意,以至于齐家、治国、平天下,便是伦理的人生哲学了。这是反动的影响。

明代以后,中国近世哲学完全成立。佛家已衰,儒家成为一尊。于是又生反动力,遂有汉学、宋学之分。清初的汉学家,嫌宋儒用主观的见解,来解古代经典,有"望文生义"、"增字解经"种种流弊。故汉学的方法,只是用古训、古音、古本等等客观的根据,来求经典的原意。故嘉庆以前的汉学、宋学之争,还只是儒家的内哄。但是汉学家既重古训古义,不得不研究与古代儒家同时的子书,用来作参考互证的材料。故清初的诸子学,不过是经学的一种附属品,一种参考书。不料后来的学者,越研究子书,越觉得子书有价值。故孙星衍、王念孙、王引之、顾广圻、俞樾诸人,对于经书与子书,简直没有上下轻重和正道异端的分别了。到了最近世,如孙诒让、章炳麟诸君,竟都用全副精力发明诸子学。于是从前作经学附属品的诸子学,到此时代,竟成专门学。一般普通学者崇拜子书,也往往过于儒书。岂但是"附庸蔚为大国",简直是"婢作夫人"了。

综观清代学术变迁的大势,可称为古学昌明的时代。自从有了那些汉学家考据、校勘、训诂的工夫,那些经书子书,方才勉强可以读得。这个时代,有点像欧洲的"再生时代"(再生时代西名Renaissance,旧译文艺复兴时代)。欧洲到了"再生时代"昌明古希腊的文学哲学,故能推翻中古"经院哲学"(旧译烦琐哲学,极不通。原文为Scholasticism,今译原义)的势力,产出近世的欧洲文化。我们中国到了这个古学昌明的时代,不但有古书可读,又恰当西洋学术思想输入的时代,有西洋的新旧学说可供我们的参考研究。我们今日的学术思想,有这两个大源头:一方面是汉学家传给我们的古书;一方面是西洋的新旧学说。这两大潮流汇合以后,中国若不能产生一种中国的新哲学,那就真是辜负了这个好机会了。

哲学史的史料

上文说哲学史有三个目的:一是明变,二是求因,三是评判。但是哲学史先须做了一番根本工夫,方才可望达到这三个目的。这个根本工夫,叫做述学。述学是用正确的手段,科学的方法,精密的心思,从所有的史料里面,求出各位哲学家的一生行事,思想渊源沿革和学说的真面目。为什么说"学说的真面目"呢?因为古人读书编书最不细心,往往把不相干的人的学说并入某人的学说(例如《韩非子》的第一篇是张仪说秦王的书。又如《墨子·经上、下》、《经说上、下》、《大取》、《小取》诸篇,决不是墨翟的书);或把假书作为真书(如《管子》、《关尹子》、《晏子春秋》之类);或把后人加入的篇章,作为原有的篇章(此弊诸子书皆不能免。试举《庄子》为例,《庄子》书中伪篇最多,世人竟有认《说剑》、《渔父》诸篇为真者。其他诸篇,更无论矣);或不懂得古人的学说,遂致埋没了(如《墨子·经上》诸篇);或把古书解错了,遂失原意(如汉人用分野、爻辰、卦气说《易经》,宋人用太极图,先天卦位图说《易经》。又如汉人附会《春秋》,来说灾异。宋人颠倒《大学》,任意补增,皆是其例);或各用己意解古书,闹得后来众说纷纷,糊涂混乱(如《大学》中"格物"两字,解者多至七十余家。又如老庄之书,说者纷纷,无两家相同者)。有此种种障碍,遂把各家学说的真面目大半失掉了。至于哲学家的一生行事和所居的时代,古人也最不留意。老子可见杨朱;庄周可见鲁哀公;管子能说毛嫱、西施;墨子能见吴起之死和中山之灭;商鞅能知长平之战;韩非能说荆、齐、燕、魏之亡。此类笑柄,不可胜数。《史记》说老子活了一百六十多岁,或言二百余岁,又说孔子死后一百二十九年,老子还不曾死。那种神话,更不足论了。哲学家的时代,既不分明,如何能知道他们思想的传授沿革?最荒谬的是汉朝的刘歆、班固说诸子的学说都出于王官;又说"合其要归,亦六经之支与流裔"(《汉书·艺文志》。看胡适《诸子不出于王官论》,《太平洋》杂志第一卷第七号)。诸子既都出于王官与六经,还有什么别的渊源传授可说？

以上所说，可见"述学"之难。述学的所以难，正为史料或不完备，或不可靠。哲学史的史料，大概可分为两种：一为原料，一为副料。今分说于下：

一、原料 哲学史的原料，即是各哲学家的著作。近世哲学史对于这一层，大概没有什么大困难。因为近世哲学发生在印书术通行以后，重要的哲学家的著作，都有刻板流传；偶有散失埋没的书，终究不多。但近世哲学史的史料，也不能完全没有疑窦。如谢良佐的《上蔡语录》里，是否有江民表的书？如朱熹的《家礼》是否可信为他自己的主张？这都是可疑的问题。又宋儒以来，各家都有语录，都是门弟子笔记的。这些语录，是否无误记误解之处，也是一个疑问。但是大致看来，近世哲学史料还不至有大困难。到了中世哲学史，便有大困难了。汉代的书，如贾谊的《新书》，董仲舒的《春秋繁露》，都有后人增加的痕迹。又如王充的《论衡》，是汉代一部奇书，但其中如《乱龙》篇极力为董仲舒作土龙求雨一事辩护，与全书的宗旨恰相反。篇末又有"《论衡》终之，故曰《乱龙》。乱者，终也"的话，全无道理。明是后人假造的。此外重复的话极多。伪造的书定不止这一篇。又如仲长统的《昌言》，乃是中国政治哲学史上有数的书，如今已失，仅存三篇。魏晋人的书，散失更多。《三国志》、《晋书》、《世说新语》所称各书，今所存的，不过几部书。如《世说新语》说魏晋注《庄子》的有几十家，今但有郭象注完全存在。《晋书》说鲁胜有《墨辩注》，今看其序，可见那注定极有价值，可惜现在不传了。后人所编的汉魏六朝人的集子，大抵多系东抄西摘而成的，那原本的集子大半都散失了。故中古哲学史料最不完全。我们不能完全恢复魏晋人的哲学著作，是中国哲学史最不幸的事。到了古代哲学史，这个史料问题更困难了。表面上看来，古代哲学史的重要材料，如孔、老、墨、庄、孟、荀、韩非的书，都还存在。仔细研究起来，这些书差不多没有一部是完全可靠的。大概《老子》里假的最少。《孟子》或是全真，或是全假（宋人疑《孟子》者甚多）。依我看来，大约是真的。称"子曰"或"孔子曰"的书极多，但是真可靠的实在不多。《墨子》、《荀子》两部书里,很多后人杂凑伪造的文字。《庄子》一书,大概十分之八九是假造的。《韩非子》也只有十分之一二可靠。此外如《管子》、《列子》、《晏子春秋》诸书,是后人杂凑成的。《关尹子》、《鹖冠子》、《商君书》,是后人伪造的。《邓析子》也是假书。《尹文子》似乎是真书,但不无后人加入的材料。《公孙龙子》有真有假,又多错误。这是我们所有的原料。更想到《庄子·天下》篇和《荀子·非十二子》篇、《天论》篇、《解蔽》篇所举它嚣、魏牟、陈仲(即《孟子》之陈仲子)、宋钘(即《孟子》之宋轻)、彭蒙、田骈、慎到(今所传《慎子》五篇是佚文)、惠施、申不害;和王充《论衡》所举的世硕、漆雕开、宓子贱、公孙龙子,都没有著作遗传下来。更想到孔门一脉的儒家,所著书籍,何止大小戴《礼记》里所采的几篇?如此一想,可知中国古代哲学的史料于今所存不过十分之一二。其余的十分之八九,都不曾保存下来。古人称"惠施多方,其书五车"。于今惠施的学说,只剩得一百多个字。若依此比例,恐怕现存的古代史料,还没有十分之一二呢!原著的书既散失了这许多,于今又无发现古书的希望,于是有一班学者,把古书所记各人的残章断句,一一搜集成书。如汪继培或孙星衍的《尸子》,如马国翰的《玉函山房辑佚书》。这种书可名为"史料钩沉",在哲学史上也极为重要。如惠施的五车书都失掉了,幸亏有《庄子·天下》篇所记的十事,还可以考见他的学说的性质。又如告子与宋钘的书,都不传了,今幸亏有《孟子》的《告子》篇和《荀子》的《正论》篇,还可以考见他们的学说的大概。又如各代历史的列传里,也往往保存了许多中古和近世的学说。例如《后汉书》的《仲长统传》保存了三篇《昌言》;《梁书》的《范缜传》保存了他的《神灭论》。这都是哲学史的原料的一部分。

二、副料 原料之外,还有一些副料,也极重要。凡古人所作关于哲学家的传记、轶事、评论、学案、书目都是哲学史的副料。例如《礼记》中的《檀弓》,《论语》中的十八、十九两篇,《庄子》中的《天下》篇,《荀子》中的《正论》篇,《吕氏春秋》,《韩非子》的《显学》篇,《史记》中各哲学家的列传,皆属于此类。近世文集里有许多传状序跋,也往往可供参考。至于黄宗羲的《明儒学案》及黄宗羲、黄百家、全祖望的《宋元学案》，更为重要的哲学史副料。若古代中世的哲学都有这一类的学案，我们今日编哲学史便不至如此困难了。副料的重要，约有三端。第一，各哲学家的年代、家世、事迹，未必在各家著作之中，往往须靠这种副料，方才可以考见。第二，各家哲学的学派系统，传授源流几乎全靠这种副料作根据。例如《庄子·天下》篇与《韩非子·显学》篇论墨家派别，为他书所无。《天下》篇说墨家的后人，"以坚白同异之辩相訾，以觭偶不仵之辞相应"，可考证后世俗儒所分别的"名家"，原不过是墨家的一派。不但"名家出于礼官之说"不能成立，还可证明古代本无所谓"名家"（说详见本书第八篇）。第三，有许多学派的原著已失，全靠这种副料里面，论及这种散佚的学派，借此可以考见他们的学说大旨。如《庄子·天下》篇所论宋钘、彭蒙、田骈、慎到、惠施、公孙龙、桓团及其他辩者的学说；如《荀子·正论》篇所称宋钘的学说，都是此例。上节所说的"史料钩沉"，也都全靠这些副料里所引的各家学说。

以上论哲学史料是什么。

史料的审定

中国人作史，最不讲究史料。神话官书，都可作史料，全不问这些材料是否可靠。却不知道史料若不可靠，所作的历史便无信史的价值。孟子说，"尽信书则不如无书"。何况我们生在今日，去古已远，岂可一味迷信古书，甘心受古代作伪之人的欺骗？哲学史最重学说的真相，先后的次序和沿革的线索，若把那些不可靠的材料信为真书，必致（一）失了各家学说的真相；（二）乱了学说先后的次序；（三）乱了学派相承的系统。我且举《管子》一部书为例。《管子》这书，定非管仲所作，乃是后人把战国末年一些法家的议论和一些儒家的议论（如《内业》篇，如《弟子职》篇）和一些道家的议论（如《白心》、《心术》等篇），还有许多夹七夹八的话，并作一书；又伪造了一些桓公与管仲问答诸篇，又杂凑了一些纪管仲功业的几篇，遂附会为管仲所作。今定此书为假造的，证据甚多，单举三条：

（一）《小称》篇记管仲将死之言，又记桓公之死。管仲死于西历前643年。《小称》篇又称毛嫱、西施,西施当吴亡时还在。吴亡在西历前472年,管仲已死百七十年了。此外如《形势解》说"五伯",《七臣七主》说"吴王好剑,楚王好细腰",皆可见此书为后人伪作。

(二)《立政》篇说:"寝兵之说胜,则险阻不守;兼爱之说胜,则士卒不战。"《立政九败解》说"兼爱"道:"视天下之民如其民,视人国如吾国,如是则无并兼攘夺之心。"这明指墨子的学说,远在管仲以后了(《法法》篇亦有求废兵之语)。

(三)《左传》纪子产铸刑书(西历前536),叔向极力反对。过了二十几年,晋国也作刑鼎、铸刑书,孔子也极不赞成(西历前513)。这都在管仲死后一百多年。若管仲生时已有了那样完备的法治学说,何以百余年后,贤如叔向、孔子,竟无一毫法治观念?(或言孔子论晋铸刑鼎一段,不很可靠。但叔向《谏子产书》,决不是后人能假造的)何以子产答叔向书,也只能说"吾以救世而已"?为什么不能利用百余年前已发挥尽致的法治学说?这可见《管子》书中的法治学说,乃是战国末年的出产物,决不是管仲时代所能突然发生的。全书的文法笔势也都不是老子、孔子以前能产生的。即以论法治诸篇看来,如《法法》篇两次说"《春秋》之记,臣有弑其君,子有弑其父者矣"。可见是后人伪作的了。

《管子》一书既不是真书,若用作管仲时代的哲学史料,便生出上文所说的三弊:(一)管仲本无这些学说,今说他有,便是张冠李戴,便是无中生有。(二)老子之前,忽然有《心术》、《白心》诸篇那样详细的道家学说;孟子、荀子之前数百年,忽然有《内业》那样深密的儒家心理学;法家之前数百年,忽然有《法法》、《明法》、《禁藏》诸篇那样发达的法治主义。若果然如此,哲学史便无学说先后演进的次序,竟变成了灵异记,神秘记了!(三)管仲生当老子、孔子之前一百多年,已有那样规模广大的哲学。这与老子以后一步一步、循序渐进的思想发达史,完全不合。故认《管子》为真书,便把诸子学直接间接的渊源系统一齐推翻。

以上用《管子》作例,表示史料的不可不审定。读古书的人,须知古书有种种作伪的理由。第一,有一种人实有一种主张,却恐怕自己的人微言轻,不见信用,故往往借用古人的名字。《庄子》所说的"重言",即是这一种借重古人的主张。康有为称这一种为"托古改制",极有道理。古人言必称尧舜,只因为尧舜年代久远,可以由我们任意把我们理想中的制度一概推到尧舜的时代。即如《黄帝内经》假托黄帝,《周髀算经》假托周公,都是这个道理。韩非说得好:

> 孔子、墨子俱道尧舜,而取舍不同,皆自谓真尧舜。尧舜不复生,将谁使定儒墨之诚乎?(《显学》篇)

正为古人死无对证,故人多可随意托古改制。这是作伪书的第一类。第二,有一种人为了钱财,有意伪作古书。试看汉代求遗书的令和诸王贵族求遗书的竞争心,便知作假书在当时定可发财。这一类造假书的,与造假古董的同一样心理。他们为的是钱,故东拉西扯,篇幅越多,越可多卖钱。故《管子》、《晏子春秋》诸书,篇幅都极长。有时得了真本古书,因为篇幅太短,不能多得钱,故又东拉西扯,增加许多卷数。如《庄子》、《韩非子》都属于此类。但他们的买主,大半是一些假充内行的收藏家,没有真正的赏鉴本领。故这一类的假书,于书中年代事实,往往不曾考校正确。因此庄子可以见鲁哀公,管子可以说西施。这是第二类的伪书。大概这两类之中,第一类"托古改制"的书,往往有第一流的思想家在内。第二类"托古发财"的书,全是下流人才,思想既不高尚,心思又不精密,故最容易露出马脚来。如《周礼》一书,是一种托古改制的国家组织法。我们虽可断定他不是"周公致太平"之书,却不容易定他是什么时代的人假造的。至于《管子》一类的书,说了作者死后的许多史事,便容易断定了。

审定史料之法

　　审定史料乃是史学家第一步根本工夫。西洋近百年来史学大进步,大半都由于审定史料的方法更严密了。凡审定史料的真伪,须要有证据,方能使人心服。这种证据,大概可分五种(此专指哲学史料):

　　(一)史事　　书中的史事,是否与作书的人的年代相符。如不相符,即可证那一书或那一篇是假的。如庄子见鲁哀公,便太前了;如管仲说西施,便太后了。这都是作伪之证。

　　(二)文字　　一时代有一时代的文字,不致乱用,作伪书的人,多不懂这个道理,故往往露出作伪的形迹来。如《关尹子》中所用字:"术咒","诵咒","役神","豆中摄鬼,杯中钓鱼,画门可开,土鬼可语","婴儿蕊女,金楼绛宫,青蛟白虎,宝鼎红炉",是道士的话。"石火","想","识","五识并驰","尚自不见我,将何为我所",是佛家的话。这都是作伪之证。

(三)文体 不但文字可作证,文体也可作证。如《管子》那种长篇大论的文体,决不是孔子前一百多年所能作的。后人尽管仿古,古人决不仿今。如《关尹子》中"譬犀望月,月影入角,特因识生,始有月形,而彼真月,初不在角";又譬如"水中之影,有去有来,所谓水者,实无去来":这决不是佛经输入以前的文体。不但一个时代有一个时代的文体,一个人也有一个人的文体。如《庄子》中《说剑》,《让王》,《渔父》,《盗跖》等篇,决不是庄周的文体。《韩非子》中《主道》,《扬攉》(今作《扬权》)等篇和《五蠹》,《显学》等篇,明是两个人的文体。

(四)思想 凡能著书立说成一家言的人,他的思想学说,总有一个系统可寻,决不致有大相矛盾冲突之处。故看一部书里的学说是否能连络贯串,也可帮助证明那书是否真的。最浅近的例,如《韩非子》的第一篇,劝秦王攻韩,第二篇,劝秦王存韩,这是绝对不相容的。司马光不仔细考察,便骂韩非请人灭他自己的祖国,死有余辜,岂不是冤煞韩非了!大凡思想进化有一定的次序,一个时代有一个时代的问题,即有那个时代的思想。如《墨子》里《经上、下》,《经说上、下》,《大取》,《小取》等篇,所讨论的问题,乃是墨翟死后百余年才发生的,决非墨翟时代所能提出。因此可知这六篇书决不是墨子自己做的。不但如此,大凡一种重要的新学说发生以后决不会完全没有影响。若管仲时代已有《管子》书中的法治学说,决不会二三百年中没有法治观念的影响。又如《关尹子》说"即吾心中,可作万物";又说"风雨雷电,皆缘气而生。而气缘心生,犹如内想大火,久之觉热;内想大水,久之觉寒"。这是极端的万物唯心论。若老子、关尹子时代已有这种唯心论,决无毫不发生影响之理。周秦诸子竟无人受这种学说的影响,可见《关尹子》完全是佛学输入以后的书,决不是周秦的书。这都是用思想来考证古书的方法。

（五）旁证　以上所说四种证据，史事、文字、文体、思想，皆可叫做内证。因这四种都是从本书里寻出来的。还有一些证据，是从别书里寻出的，故名为旁证。旁证的重要，有时竟与内证等。如西洋哲学史家，考定柏拉图（Plato）的著作，凡是他的弟子亚里士多德（Aristotle）书中所曾称引的书，都定为真是柏拉图的书。又如清代惠栋、阎若璩诸人考证梅氏《古文尚书》之伪，所用方法，几乎全是旁证（看阎若璩《古文尚书疏证》及惠栋《古文尚书考》）。又如《荀子·正论》篇引宋子曰："明见侮之不辱、使人不斗。"又曰："人之情欲寡（欲是动词），而皆以己之情为欲多，是过也。"《尹文子》说："见侮不辱，见推不矜、禁暴息兵，救世之斗。"《庄子·天下》篇合论宋钘、尹文的学说道："见侮不辱、救民之斗；禁攻寝兵，救世之战。"又说："以禁攻寝兵为外，以情欲寡小为内。"又孟子记宋牼听见秦楚交战，便要去劝他们息兵。以上四条，互相印证，即互为旁证，证明宋钘、尹文实有这种学说。

以上说审定史料方法的大概。今人谈古代哲学，不但根据《管子》、《列子》、《鹖子》、《晏子春秋》、《鹖冠子》等书，认为史料。甚至于高谈"邃古哲学"、"唐虞哲学"，全不问用何史料。最可怪的是竟有人引《列子·天瑞》篇"有太易，有太初，有太始"一段，及《淮南子》"有始者，有未始有有始者"一段，用作"邃古哲学"的材料，说这都是"古说而诸子述之。吾国哲学思想初萌之时，大抵其说即如此！"（谢无量《中国哲学史》第一编第一章，页六。）这种办法，似乎不合作史的方法。韩非说得好：

　　无参验而必之者，愚也。弗能必而据之者，诬也。故明据先王必定尧舜者，非愚即诬也。（《显学》篇）

参验即是我所说的证据。以现在中国考古学的程度看来，我们对于东周以前的中国古史，只可存一个怀疑的态度。至于"邃古"的哲学，更难凭信了。唐、虞、夏、商的事实，今所根据，止有一部《尚书》。但《尚书》是否可作史料，正难决定。梅赜伪古文，固不用说。即二十八篇之"真古文"，依我看来，也没有信史的价值。如《皋陶谟》的

"凤皇来仪","百兽率舞",如《金縢》的"天大雷电以风,禾尽偃,大木斯拔。……王出郊,天乃雨,反风。禾则尽起。二公命邦人,凡大木所偃,尽起而筑之,岁则大孰"。这岂可用作史料?我以为《尚书》或是儒家造出的"托古改制"的书,或是古代歌功颂德的官书。无论如何,没有史料的价值。古代的书,只有一部《诗经》可算得是中国最古的史料。《诗经·小雅》说:

> 十月之交,朔日辛卯,日有食之。

后来的历学家,如梁虞㐲,隋张胄元,唐傅仁均,僧一行,元郭守敬,都推定此次日食在周幽王六年,十月,辛卯朔,日入食限。清朝阎若璩、阮元推算此日食,也在幽王六年。近来西洋学者,也说《诗经》所记月日(西历纪元前776年8月29日),中国北部可见日蚀。这不是偶然相合的事,乃是科学上的铁证。《诗经》有此一种铁证,便使《诗经》中所说的国政、民情、风俗、思想,一一都有史料的价值了。至于《易经》更不能用作上古哲学史料。《易经》除去《十翼》,只剩得六十四个卦,六十四条卦辞,三百八十四条爻辞,乃是一部卜筮之书,全无哲学史料可说。故我以为我们现在作哲学史,只可从老子、孔子说起。用《诗经》作当日时势的参考资料。其余一切"无征则不信"的材料,一概阙疑。这个办法,虽比不上别的史家的淹博,或可免"非愚即诬"的讥评了。

整理史料之法

哲学史料既经审定,还须整理。无论古今哲学史料,都有须整理之处。但古代哲学书籍,更不能不加整理的工夫。今说整理史料的方法,约有三端:

(一)校勘 古书经了多少次传写,遭了多少兵火虫鱼之劫,往往有脱误、损坏种种缺点。校勘之学,便是补救这些缺点的方法。这种学问,从古以来,多有人研究,但总不如清朝王念孙、王引之、卢文弨、孙星衍、顾广圻、俞樾、孙诒让诸人的完密谨严,合科学的方法。孙诒让论诸家校书的方法道,

> 综论厥善,大氏以旧刊精校为据依,而究其微恉,通其大

例，精研博考，不参成见。其谠正文字讹舛，或求之于本书，或旁证之他籍，及援引之类书，而以声类通转为之锢键。（《札迻》序）

大抵校书有三种根据：（一）是旧刊精校的古本。例如《荀子·解蔽》篇，"不以己所臧害所将受。"宋钱佃本，元刻本，明世德堂本，皆作"所已臧"，可据以改正。（二）是他书或类书所援引。例如《荀子·天论》篇，"修道而不贰。"王念孙校曰："修当为循。贰当为贰。字之误也。贰与忒同。……《群书治要》作循道而不忒。"（三）是本书通用的义例。例如《墨子·小取》篇，"辟也者，举也物而以明之也。"毕沅删第二"也"字，便无意思。王念孙说："也与他同。举他物以明此物，谓之譬。……《墨子》书通以也为他。说见《备城门》篇。"这是以本书的通例作根据。又如《小取》篇说："此与彼同类，世有彼而不自非也。墨者有此而非之，无故也焉。"王引之曰："无故也焉，当作无也故焉。也故即他故。下文云，此与彼同类，世有彼而不自非也。墨者有此而罪非之，无也故焉。文正与此同。"这是先用本篇构造相同的文句，来证"故也"当作"也故"；又用全书以也为他的通例，来证"也故"即"他故"。

（二）训诂 古书年代久远，书中的字义，古今不同。宋儒解书，往往妄用己意，故常失古义。清代的训诂学，所以超过前代，正因为戴震以下的汉学家，注释古书，都有法度，都用客观的佐证，不用主观的猜测。三百年来，周秦两汉的古书所以可读，不单靠校勘的精细，还靠训诂的谨严。今述训诂学的大要，约有三端：（一）根据古义或用古代的字典（如《尔雅》、《说文》、《广雅》之类），或用古代笺注（如《诗》的毛、郑，如《淮南子》的许、高）作根据，或用古书中相同的字句作印证。今引王念孙《读书杂志·余编》上一条为例：

《老子》五十三章，"行于大道，唯施是畏。"王弼曰："唯施为之是畏也。"河上公注略同。念孙按二家以"施为"释施字，非也。施读为迤。迤，邪也。言行于大道之中，唯惧其入于邪道也。……《说文》，"迆，衺行也。"引《禹贡》"东迆北会于汇"。《孟子·离娄》篇，"施从良人之所之"。赵注，"施者，邪施而行。"丁公著音迆。《淮南·齐俗》篇，"去非者，非批邪施也。"高注曰："施，微曲也。"《要略》篇，"接径直施。"高注曰："施，邪也。"是施与迆通。《史记·贾生传》，"庚子日施兮。"《汉书》施作斜。斜亦邪也。《韩子·解老》篇释此章之义曰："所谓大道也者，端道也。所谓貌施也者，邪道也。"此尤其明证矣。

这一则中引古字典一条，古书类似之例五条，古注四条。这都是根据古义的注书法。（二）根据文字假借、声类通转的道理。古字通用，全由声音。但古今声韵有异，若不懂音韵变迁的道理，便不能领会古字的意义。自顾炎武、江永、钱大昕、孔广森诸人以来，音韵学大兴。应用于训诂学，收效更大。今举二例。《易·系辞传》"旁行而不流。"又《乾·文言》"旁通情也。"旧注多解旁为边旁。王引之说："旁之言溥也，遍也。《说文》'旁，溥也'。旁、溥、遍一声之转。《周官》男巫曰：'旁招以茅'，谓遍招于四方也。《月令》曰：'命有司大难、旁磔'，亦谓遍磔于四方也。……《楚语》曰：武丁使以梦象'旁求四方之贤'，谓遍求四方之贤也。"又《书·尧典》"汤汤洪水方割"；《微子》"小民方兴，相为敌仇"；《立政》"方行天下，至于海表"；《吕刑》"方告无辜于上"。旧说方字都作四方解。王念孙说："方皆读为旁。旁之言溥也，遍也。《说文》曰：'旁，溥也。'旁与方古字通（《尧典》"共工方鸠僝功"，《史记》引作旁。《皋陶谟》，"方施象刑惟明"，新序引作旁）。《商颂》'方命厥后'，郑笺曰：'谓遍告诸侯。'是方为遍也。……'方告无辜于上'，《论衡·变动篇》引此，方作旁，旁亦遍也。"以上两例，说方旁两字皆作溥、遍解。今音读方为轻唇音，旁为重唇音。不知古无轻唇音，故两字同音，相通。与溥字、遍字，皆为同纽之字。这是音韵学帮助训诂学的例。（三）根据文法的研究。古人讲书最不讲究文法上的构造，往往把助字，介字，连字，状字等，都解作名字代字等等的实字。清朝训诂学家最讲究文法的,是王念孙、王引之父子两人。他们的《经传释词》用归纳的方法,比较同类的例句,寻出各字的文法上的作用,可算得《马氏文通》之前的一部文法学要书。这种研究法,在训诂学上别开一新天地。今举一条例如下:

> 《老子》三十一章,"夫佳兵者不祥之器"。《释文》"佳,善也。"河上云:"饰也。"念孙案,善饰二训,皆于义未安。……今案佳字当作佳,字之误也。佳,古唯字也。唯兵为不祥之器,故有道者不处。上言"夫唯",下言"故",文义正相承也。八章云:"夫唯不争,故无尤。"十五章云:"夫唯不可识,故强为之容。"又云:"夫唯不盈。故能蔽不新成。"二十二章云:"夫唯不争,故天下莫能与之争。"皆其证也。古钟鼎文,唯字作佳。石鼓文亦然。又夏𪫧《古文四声韵》载《道德经》唯字作𡧱。据此则今本唯者,皆后人所改。此佳字若不误为佳,则后人亦必改为唯矣。(王念孙《读书杂志余篇》上)

以上所述三种根据,乃是训诂学的根本方法。

(三) 贯通　上文说整理哲学史料之法,已说两种。校勘是书的本子上的整理,训诂是书的字义上的整理。没有校勘,我们定读误书;没有训诂,我们便不能懂得书的真意义。这两层虽极重要,但是作哲学史还须有第三层整理的方法。这第三层,可叫做"贯通"。贯通便是把每一部书的内容要旨融会贯串,寻出一个脉络条理,演成一家有头绪有条理的学说。宋儒注重贯通,汉学家注重校勘训诂。但是宋儒不明校勘训诂之学(朱子稍知之,而不甚精),故流于空疏,流于臆说。清代的汉学家,最精校勘训诂,但多不肯做贯通的工夫,故流于支离碎琐。校勘训诂的工夫,到了孙诒让的《墨子闲诂》,可谓最完备了(此书尚多缺点,此所云最完备,乃比较之辞耳)。但终不能贯通全书,述墨学的大恉。到章太炎方才于校勘训诂的诸子学之外,别出一种有条理系统的诸子学。太炎的《原道》、《原名》、《明见》、《原墨》、《订孔》、《原法》、《齐物论释》都属于贯通的一类。《原名》、《明见》、《齐物论释》三篇,更为空前的著作。今细看这三篇,所以能如此精到,正因太炎精于佛学,先有佛家的因明学、心理学、纯粹哲学,作为比较印证的材料,故能融会贯通,于墨翟、庄周、惠施、荀卿的学说里面,寻出一个条理系统。于此可见整理哲学史料的第三步,必须于校勘训诂之外,还要有比较参考的哲学资料。为什么呢？因为古代哲学去今太远,久成了绝学。当时发生那些学说的特别时势,特别原因,现在都没有了。当时讨论最激烈的问题,现在都不成问题了。当时通行的学术名词,现在也都失了原意了。但是别国的哲学史上,有时也会发生那些问题,也曾用过那些名词,也曾产出大同小异或小同大异的学说。我们有了这种比较参考的材料,往往能互相印证,互相发明。今举一个极显明的例。《墨子》的《经上、下》、《经说上、下》、《大取》、《小取》六篇,从鲁胜以后,几乎无人研究。到了近几十年之中,有些人懂得几何算学了,方才知道那几篇里有几何算学的道理。后来有些人懂得光学力学了,方才知道那几篇里又有光学力学的道理。后来有些人懂得印度的名学心理学了,方才知道这几篇里又有不少知识论的道理。到了今日,这几篇二千年没人过问的书,竟成中国古代的第一部奇书了！我做这部哲学史的最大奢望,在于把各家的哲学融会贯通,要使他们各成有头绪条理的学说。我所用的比较参证的材料,便是西洋的哲学。但是我虽用西洋哲学作参考资料,并不以为中国古代也有某种学说,便可以自夸自喜。做历史的人,千万不可存一毫主观的成见。须知东西的学术思想的互相印证,互相发明,至多不过可以见得人类的官能心理大概相同,故遇着大同小异的境地时势,便会产出大同小异的思想学派。东家所有,西家所无,只因为时势境地不同。西家未必不如东家,东家也不配夸炫于西家。何况东西所同有,谁也不配夸张自豪。故本书的主张,但以为我们若想贯通整理中国哲学史的史料,不可不借用别系的哲学,作一种解释演述的工具。此外别无他种穿凿附会,发扬国光,自己夸耀的心。

史料结论

以上论哲学史料：先论史料为何，次论史料所以必须审定，次论审定的方法，次论整理史料的方法。前后差不多说了一万字。我的理想中，以为要做一部可靠的中国哲学史，必须要用这几条方法。第一步须搜集史料，第二步须审定史料的真假，第三步须把一切不可信的史料全行除去不用，第四步须把可靠的史料仔细整理一番：先把本子校勘完好，次把字句解释明白，最后又把各家的书贯串领会，使一家一家的学说，都成有条理有统系的哲学。做到这个地位，方才做到"述学"两个字。然后还须把各家的学说，笼统研究一番，依时代的先后，看他们传授的渊源，交互的影响，变迁的次序：这便叫做"明变"。然后研究各家学派兴废沿革变迁的原故：这便叫做"求因"。然后用完全中立的眼光，历史的观念，一一寻求各家学说的效果影响，再用这种种影响效果来批评各家学说的价值：这便叫做"评判"。

这是我理想中的《中国哲学史》，我自己深知道当此初次尝试的时代，我这部书定有许多未能做到这个目的和未能谨守这些方法之处。所以，我特地把这些做哲学史的方法详细写出。一来呢，我希望国中学者用这些方法来评判我的书；二来呢，我更希望将来的学者用这些方法来做一部更完备更精确的《中国哲学史》。

参考书举要：

论哲学史，看 Windelband's *A History of Philosophy*（页八至十八）。

论哲学史料，参看同书（页十五至十七注语）。

论史料审定及整理之法，看 C. V. Langlois and Seignobos's *Introduction to the Study of History*.

论校勘学，看王念孙《读淮南子杂志叙》(《读书杂志》九之二十二)及俞樾《古书疑义举例》。

论西洋校勘学，看 *Encyclopaedia Britannica* 中论 Textual Criticism 一篇。

论训诂学，看王引之《经义述闻》卷三十一及三十二。

第二篇　中国哲学发生的时代

第一章　中国哲学结胎的时代

大凡一种学说,决不是劈空从天上掉下来的。我们如果能仔细研究,定可寻出那种学说有许多前因,有许多后果。譬如一篇文章,那种学说不过是中间的一段。这一段定不是来无踪影,去无痕迹的。定然有个承上启下,承前接后的关系。要不懂他的前因,便不能懂得他的真意义。要不懂他的后果,便不能明白他在历史上的位置。这个前因,所含不止一事。第一是那时代政治社会的状态。第二是那时代的思想潮流。这两种前因、时势和思潮,很难分别。因为这两事又是互相为因果的,有时是先有那时势,才生出那思潮来;有了那种思潮,时势受了思潮的影响,一定有大变动。所以时势生思潮,思潮又生时势,时势又生新思潮。所以这学术史上寻求因果的研究,是很不容易的。我们现在要讲哲学史,不可不先研究哲学发生时代的时势,和那时势所发生的种种思潮。

中国古代哲学大家,独有孔子一人的生年死年,是我们所晓得的。孔子生于周灵王二十一年,当西历纪元前551年,死于周敬王四十一年,当西历前479年。孔子曾见过老子,老子比孔子至多不过大二十岁,大约生于周灵王的初年,当西历前570年左右。中国哲学到了老子、孔子的时候,才可当得"哲学"两个字,我们可把老子、孔子以前的二三百年,当作中国哲学的怀胎时代。为便利起见,我们可用西历来计算如下:

前八世纪(周宣王二十八年到东周桓王二十年,西历纪元前800年到[前]700年)

前七世纪(周桓王二十年到周定王七年,西历前700年到[前]

600年）

前六世纪（周定王七年到周敬王二十年，西历前600年到［前］500年）

这三百年可算得一个三百年的长期战争。一方面是北方戎狄的扰乱（宣王时，常与猃狁开战。幽王时，戎祸最烈。犬戎杀幽王，在西历前771年。后来周室竟东迁以避戎祸。狄灭卫，杀懿公，在前660年），一方面是南方楚吴诸国的勃兴（楚称王在前704年，吴称王在前585年）。中原的一方面，这三百年之中，哪一年没有战争侵伐的事。周初许多诸侯，早已渐渐的被十几个强国吞并去了。东迁的时候，晋、郑、鲁最强。后来鲁郑衰了，便到了"五霸"时代。到了春秋的下半段，便成了晋楚争霸的时代了。

这三个世纪中间，也不知灭了多少国，破了多少家，杀了多少人，流了多少血。只可惜那时代的政治和社会的情形，已无从详细考查了。我们如今参考《诗经》、《国语》、《左传》几部书，仔细研究起来，觉得那时代的时势，大概有这几种情形：

第一，这长期的战争，闹得国中的百姓死亡丧乱，流离失所，痛苦不堪。如《诗经》所说：

> 肃肃鸨羽，集于苞栩。王事靡盬，不能蓺稷黍。父母何怙？悠悠苍天，曷其所有！（《唐风·鸨羽》）

> 陟彼屺兮，瞻望母兮。母曰："嗟予季行役，夙夜无寐！上慎旃哉！犹来无弃！"（《陟岵》）

> 昔我往矣，杨柳依依。今我来思，雨雪霏霏。行道迟迟，载渴载饥。我心伤悲，莫知我哀！（《小雅·采薇》，参看《出车》、《杕杜》）

> 何草不黄！何日不行！何人不将，经营四方！何草不玄！何人不矜！哀我征夫，独为匪民！（《小雅·何草不黄》）

> 中谷有蓷，暵其湿矣！有女仳离，啜其泣矣！啜其泣矣！何嗟及矣！（《王风·中谷有蓷》）

> 有兔爰爰，雉离于罗。我生之初，尚无为。我生之后，逢此百罹。尚寐无吡！（《兔爰》）

苕之华,其叶青青。知我如此,不如无生!(二)牂羊坟首,三星在罶。人可以食,鲜可以饱。(三)(《苕之华》)

读了这几篇诗,可以想见那时的百姓受的痛苦了。

第二,那时候诸侯互相侵略,灭国破家不计其数。古代封建制度的种种社会阶级,都渐渐的消灭了,就是那些不曾消灭的阶级,也渐渐的可以互相交通了。

古代封建制度的社会,最重阶级。《左传》昭十年,芊尹无宇曰:"天子经略,诸侯正封,古之制也。封略之内,何非君土?食土之毛,谁非君臣?……天有十日,人有十等,下所以事上,上所以共神也。故王臣公,公臣大夫,大夫臣士,士臣皂,皂臣舆,舆臣隶,隶臣僚,僚臣仆,仆臣台,马有圉,牛有牧,以待百事。"古代社会的阶级,约有五等:

一、王(天子)
二、诸侯(公、侯、伯、子、男)
三、大夫
四、士
五、庶人(皂、舆、隶、僚、仆、台)

到了这时代,诸侯也可称王了。大夫有时比诸侯还有权势了(如鲁之三家,晋之六卿。到了后来,三家分晋,田氏代齐,更不用说了),亡国的诸侯卿大夫,有时连奴隶都比不上。《国风》上说的:

式微,式微,胡不归!微君之躬,胡为乎泥中!(《邶风·式微》)

琐兮,尾兮,流离之子!叔兮伯兮,褎如充耳!(《邶风·旄丘》)

可以想见当时亡国君臣的苦处了。《国风》又说:

东人之子,职劳不来。西人之子,粲粲衣服。舟人之子,熊罴是裘。私人之子,百僚是试。(《小雅·大东》)

可以想见当时下等社会的人,也往往有些"暴发户",往往会爬到社会的上层去。再看《论语》上说的公叔文子和他的家臣大夫僎同升诸公。又看春秋时,饭牛的宁戚,卖作奴隶的百里奚,郑国商人弦高,都能跳上政治舞台,建功立业。可见当时的社会阶级,早已不如从前的严紧了。

第三,封建时代的阶级虽然渐渐消灭了,却新添了一种生计上的阶级。那时社会渐渐成了一个贫富很不平均的社会。富贵的太富贵了,贫苦的太贫苦了。

《国风》上所写贫苦人家的情形,不止一处(参观上文第一条)。内中写那贫富太不平均的,也不止一处。如:

> 小东大东,杼柚其空。纠纠葛屦,可以履霜。佻佻公子,行彼周行。既往既来,使我心疚。(《小雅·大东》)

> 纠纠葛屦,可以履霜。掺掺女手,可以缝裳。要之襋之,"好人"服之!"好人"提提,宛然左辟,佩其象揥。维是褊心,是以为刺。(《魏风·葛屦》)

这两篇竟像英国虎德(Thomas Hood)的《缝衣歌》的节本。写的是那时代的资本家雇用女工,把拿"掺掺女子"的血汗工夫,来做他们发财的门径。葛屦本是夏天穿的,如今这些穷工人到了下霜下雪的时候,也还穿着葛屦。怪不得那些慈悲的诗人忍不过要痛骂了。又如:

> 彼有旨酒,又有嘉肴。洽比其邻,昏姻孔云。念我独兮,忧心慇慇!佌佌彼有屋,蔌蔌方有穀。民今之无禄,天夭是椓。哿矣富人,哀此惸独!(《小雅·正月》)

这也是说贫富不平均的。更动人的,是下面的一篇:

> 坎坎伐檀兮,置之河之干兮。河水清且涟猗。——不稼不穑,胡取禾三百廛兮!不狩不猎,胡瞻尔庭有悬貆兮!彼君子兮,不素餐兮!(《魏风·伐檀》)

这竟是近时社会党攻击资本家不该安享别人辛苦得来的利益的话了!

第四,那时的政治,除了几国之外,大概都是很黑暗、很腐败的王朝政治。我们读《小雅》的《节南山》、《正月》、《十月之交》、《雨无正》几篇诗,也可以想见了。其他各国的政治内幕,我们也可想见一二。例如:

《邶风·北门》　　《齐风·南山》、《敝笱》、《载驱》

《桧风·匪风》　《鄘风·鹑之奔奔》
《秦风·黄鸟》　《曹风·候人》
《王风·兔爰》　《陈风·株林》

写得最明白的,莫如:

> 人有土田,女反有之。人有民人,女覆夺之。此宜无罪,女反收之。彼宜有罪,女覆说之。(《大雅·瞻卬》)

最痛快的,莫如:

> 硕鼠硕鼠,无食我黍。三岁贯女,莫我肯顾。逝将去汝,适彼乐土!乐土乐土!爰得我所!(《硕鼠》)

又如:

> 匪鹑匪鸢,翰飞戾天。匪鳣匪鲔,潜逃于渊。(《小雅·四月》)

这首诗写虐政不可逃,更可怜了。还不如:

> 鱼在于沼,亦匪克乐。潜虽伏矣,亦孔之炤。忧心惨惨,念国之为虐。(《正月》)

这诗说即使人都变做鱼,也没有乐趣的。这时的政治,也就可想而知了。

这四种现象,(一)战祸连年,百姓痛苦;(二)社会阶级渐渐消灭;(三)生计现象贫富不均;(四)政治黑暗,百姓愁怨。这四种现状,大约可以算得那时代的大概情形了。

第二章　那时代的思潮(诗人时代)

上章所讲三个世纪的时势,政治那样黑暗,社会那样纷乱,贫富那样不均,民生那样痛苦。有了这种时势,自然会生出种种思想的反动。从前第八世纪,到前第七世纪,这两百年的思潮,除了一部《诗经》别无可考。我们可叫他做诗人时代(《三百篇》中以《株林》一篇为最后。《株林》大概作于陈灵公末年)。

这时代的思潮,大概可分几派:

第一,忧时派。

> (例)节彼南山,维石岩岩。赫赫师尹,民具尔瞻!忧心如

悄,不敢戏谈。国既卒斩,何用不监?(《节南山》)

忧心茕茕,念我无禄。民之无辜,并其臣仆。哀我人斯,于何从禄! 瞻乌爰止,于谁之屋? 瞻彼中林,侯薪侯蒸。民今方殆,视天梦梦。既克有定,靡人弗胜。有皇上帝,伊谁云憎!(《正月》)

彼黍离离,彼稷之苗。行迈靡靡,中心摇摇! 知我者谓我心忧,不知我者谓我何求。悠悠苍天,此何人哉!(《黍离》)

园有桃,其实之殽。心之忧矣,我歌且谣。不知我者,谓我士也骄。彼人是哉! 子曰何其! 心之忧矣,其谁知之! 其谁知之! 盖亦勿思。(《园有桃》)

第二,厌世派。忧时爱国,却又无可如何,便有些人变成了厌世派。

(例)我生之初,尚无为。我生之后,逢此百罹。尚寐无吪!(《兔爰》)

隰有苌楚,猗傩其枝。夭之沃沃,乐子之无知!(《隰有苌楚》)

苕之华,其叶青青。知我如此,不如无生!(《苕之华》)

第三,乐天安命派。有些人到了没法想的时候,只好自推自解,以为天命如此,无可如何,只好知足安命罢。

(例)出自北门,忧心殷殷。终窭且贫,莫知我艰。已矣哉! 天实为之,谓之何哉!(《北门》)

衡门之下,可以栖迟。泌之洋洋,可以乐饥。岂其食鱼,必河之鲂? 岂其娶妻,必齐之姜? 岂其食鱼,必河之鲤? 岂其娶妻,必宋之子?(《衡门》)

第四,纵欲自恣派。有些人抱了厌世主义,看看时事不可为了,不如"遇饮酒时须饮酒,得高歌处且高歌"罢。

(例)蘀兮蘀兮,风其吹女。叔兮伯兮,倡,予和女。(《蘀兮》,倡字一顿。)

蟋蟀在堂,岁聿其莫。今我不乐,日月其除。……(《蟋蟀》)

山有枢,隰有榆,子有衣裳,弗曳弗娄。子有车马,弗驰弗驱。宛其死矣,他人是愉。

山有漆,隰有栗,子有酒食。何不日鼓瑟?且以喜乐,且以永日!宛其死矣,他人入室!(《山有枢》)

第五,愤世派(激烈派)。有些人对着黑暗的时局,腐败的社会,却不肯低头下心的忍受。他们受了冤屈,定要作不平之鸣的。

(例)溥天之下,莫非王土。率土之滨,莫非王臣。大夫不均,我从事独贤。……或燕燕居息,或尽瘁事国。或偃息在床,或不已于行。或不知叫号,或惨惨劬劳。或栖迟偃仰,或王事鞅掌。或湛乐饮酒,或惨惨畏咎,或出入风议,或靡事不为。(《北山》)

坎坎伐檀兮,置之河之干兮。河水清且涟猗。不稼不穑,胡取禾三百廛兮!不狩不猎,胡瞻尔庭有悬貆兮!彼君子兮,不素餐兮!(《伐檀》)

硕鼠硕鼠,无食我黍。三岁贯女,莫我肯顾。逝将去汝,适彼乐土!乐土乐土!爰得我所!(《硕鼠》)

这几派大约可以代表前七八世纪的思潮了。请看这些思潮,没有一派不是消极的。到了《伐檀》和《硕鼠》的诗人,已渐渐的有了一点勃勃的独立精神。你看那《伐檀》的诗人,对于那时的"君子",何等冷嘲热骂!又看那《硕鼠》的诗人,气愤极了,把国也不要了,去寻他自己的乐土乐国。到了这时代,思想界中已下了革命的种子了。这些革命种子发生出来,便成了老子、孔子的时代。

第三篇 老子

一、老子传略

老子的事迹,已不可考。据《史记》所说,老子是楚国人(《礼记·曾子问》正义引《史记》作陈国人),名耳,字聃,姓李氏(今本《史记》作"姓李氏,名耳,字伯阳,谥曰聃",乃是后人据《列仙传》妄改的。《索隐》云,"许慎云,聃,耳曼也。故名耳,字聃。有本字伯阳,非正也。老子号伯阳父,此传不称也"。王念孙《读书杂志》三之四,引《索隐》此节,又《经典释文·序录》、《文选注》、《后汉书·桓帝纪》注,并引《史记》云老子字聃。可证今本《史记》所说是后人伪造的。后人所以要说老子字伯阳父者,因为周幽王时有个太史伯阳,后人要合两人为一人,说老子曾做幽王的官,当孔子生时,他已活了二百五十岁了)。他曾做周室"守藏室之史"。《史记·孔子世家》和《老子列传》,孔子曾见过老子。这事不知在于何年,但据《史记》,孔子与南宫敬叔同适周。又据《左传》孟僖子将死,命孟懿子与南宫敬叔从孔子学礼(昭七年)。孟僖子死于昭公二十四年二月。清人阎若璩因《礼记·曾子问》孔子曰:"昔吾从老聃助葬于巷党,及埳,日有食之",遂推算昭公二十四年,夏五月,乙未朔,巳时,日食,恰入食限。阎氏因断定孔子适周见老子在昭公二十四年,当孔子三十四岁(《四书释地续》)。这话很像可信,但还有可疑之处:一则《曾子问》是否可信;二则南宫敬叔死了父亲,不到三个月,是否可同孔子适周;三则《曾子问》所说日食,即便可信,难保不是昭公三十一年的日食。但无论如何,孔子适周,终在他三十四岁以后,当西历纪元前518年以后。大概孔子见老子在三十四岁(西历前518年,日食)与四十一岁(定五年,西历前511年,日食)之间。老子比孔子至多不过大二十岁,老子当生于周灵王初年,当西历前570年左右。

老子死时,不知在于何时。《庄子·养生主》篇明记老聃之死。《庄子》这一段文字决非后人所能假造的,可见古人并无老子"入关仙去","莫知所终"的神话。《史记》中老子活了"百有六十余岁"、"二百余岁"的话,大概也是后人加入的。老子即享高寿,至多不过活了九十多岁罢了。

上文说老子"名耳,字聃,姓李氏",何以又称老子呢?依我看来,那些"生而皓首,故称老子"的话,固不足信(此出《神仙传》,谢无量《中国哲学史》用之);"以其年老,故号其书为《老子》"(《高士传》)也不足信。我以为"老子"之称,大概不出两种解说:(一)"老"或是字。《春秋》时人往往把"字"用在"名"的前面。例如:叔梁(字)纥(名),孔父(字)嘉(名),正(字)考父(名),孟明(字)视(名),孟施(字)舍(名),皆是。《左传》文十一年、襄十年,《正义》都说:"古人连言名字者,皆先字后名。"或者老子本名聃,字耳,一字老(老训寿考,古多用为名字者,如《檀弓》晋有张老,《楚语》楚有史老)。古人名字同举,先说字而后说名,故战国时的书皆称老聃(王念孙《春秋名字解诂》及《读书杂志》俱依《索隐》说,据《说文》"聃,耳曼也"。《释名》耳字聃之意。今按朱骏声《说文通训定声》聃字下引汉《老子铭》云"聃然,老旄之貌也"。又《礼记·曾子问》注,"老聃古寿考者之号也"。是聃亦有寿考之意,故名聃,字老。非必因其寿考而后称之也)。此与人称叔梁纥,正考父,都不举其姓氏,正同一例。又古人的"字"下可加"子"字、"父"字等字,例如:孔子弟子冉求字有,可称"有子"(哀十一年《左传》),故后人又称"老子"。这是一种说法。(二)"老"或是姓。古代有氏姓的区别。寻常的小百姓,各依所从来为姓,故称"百姓"、"万姓"。贵族于姓之外,还有氏,如以国为氏,以官为氏之类。老子虽不曾做大官,或者源出于大族,故姓老而氏李,后人不懂古代氏族制度,把氏姓两事混作一事,故说"姓某氏",其实这三字是错的。老子姓老,故人称老聃,也称老子。这也可备一说。这两种解说,都可通,但我们现在没有凭据,不能必定那一说是的。

二、《老子》考

今所传老子的书,分上下两篇,共八十一章。这书原来是一种杂记体的书,没有结构组织。今本所分篇章,决非原本所有。其中有许多极无道理的分断(如二十章首句"绝学无忧"当属十九章之末,与"见素抱朴,少私寡欲"两句为同等的排句)。读者当删去某章某章等字,合成不分章的书,然后自己去寻一个段落分断出来(元人吴澄作《道德真经注》,合八十一章为六十八章。中如合十七、十八、十九为一章,三十、三十一为一章,六十三、六十四为一章,六十七、六十八、六十九为一章,皆极有理,远胜河上公本)。又此书中有许多重复的话和许多无理插入的话,大概不免有后人妄加妄改的所在。今日最通行的刻本,有世德堂的河上公章句本,华亭张氏的王弼注本,读者须参看王念孙、俞樾、孙诒让诸家校语。(章太炎极推崇《韩非子·解老》、《喻老》两篇。其实这两篇所说,虽偶有好的,大半多浅陋之言。如解"攘臂而仍之","生之徒十有三","带利剑"等句,皆极无道理。但这两篇所据《老子》像是古本,可供我们校勘参考。)

三、革命家之老子

上篇说老子以前的时势,和那种时势所发生的思潮。老子亲见那种时势,又受了那些思潮的影响,故他的思想,完全是那个时代的产儿,完全是那个时代的反动。看他对于当时政治的评判道:

> 民之饥,以其上食税之多,是以饥。民之难治,以其上之有为,是以难治。民之轻死,以其求生之厚,是以轻死。

> 民不畏死,奈何以死惧之?若使民常畏死,而为奇者吾得执而杀之,孰敢?

> 天下多忌讳,而民弥贫;民多利器,国家滋昏;人多伎巧,奇物滋起;法令滋彰,盗贼多有。

> 天之道损有余而补不足。人之道则不然:损不足以奉有余。

这四段都是很激烈的议论。读者试把《伐檀》、《硕鼠》两篇诗记在心里,便知老子所说"人之道损不足以奉有余",和"民之饥以其上食税之多,是以饥"的话,乃是当时社会的实在情形。更回想《苕之华》诗"知我如此,不如无生"的话,便知老子所说"民不畏死","民之轻死,以其求生之厚,是以轻死"的话,也是当时的实在情形。人谁不求生?到了"知我如此,不如无生"的时候,束手安分也是死,造反作乱也是死,自然轻死,自然不畏死了。

还有老子反对有为的政治,主张无为无事的政治,也是当时政治的反动。凡是主张无为的政治哲学,都是干涉政策的反动。因为政府用干涉政策,却又没干涉的本领,越干涉越弄糟了,故挑起一种反动,主张放任无为。欧洲十八世纪的经济学者政治学者,多主张放任主义,正为当时的政府实在太腐败无能,不配干涉人民的活动。老子的无为主义,依我看来,也是因为当时的政府不配有为,偏要有为;不配干涉,偏要干涉,所以弄得"天下多忌讳而民弥贫;民多利器,国家滋昏;法令滋彰,盗贼多有"。上篇所引《瞻卬》诗说的,"人有土田,女反有之;人有民人,女覆夺之;此宜无罪,女反收之;彼宜有罪,女覆说之,"那种虐政的效果,可使百姓人人有"匪鹑匪鸢,翰飞戾天;匪鳣匪鲔,潜逃于渊"的感想(老子尤恨当时的兵祸连年,故书中屡攻击武力政策。如"师之所处荆棘生焉,大军之后必有凶年","兵者不祥之器","天下无道,戎马生于郊"皆是)。故老子说:"民之难治,以其上之有为,是以难治。"

老子对于那种时势,发生激烈的反响,创为一种革命的政治哲学。他说:

> 大道废,有仁义;智慧出,有大伪;六亲不和,有孝慈;国家昏乱,有忠臣。

所以他主张

> 绝圣弃智,民利百倍;绝仁弃义,民复孝慈;绝巧弃利,盗贼无有!

这是极端的破坏主义。他对于国家政治,便主张极端的放任。他说:

> 治大国若烹小鲜。(河上公注,烹小鱼不去肠,不去鳞,不敢挠,恐其糜也)

又说：
> 我无为而民自化，我好静而民自正，我无事而民自富，我无欲而民自朴。其政闷闷，其民醇醇；其政察察，其民缺缺。

又说：
> 太上，下知有之。其次，亲而誉之。其次，畏之。其次，侮之。信不足，焉有不信（焉，乃也）。犹兮其贵言（贵言，不轻易其言也。所谓"行不言之教"是也）。功成事遂，百姓皆谓我自然。

老子理想中的政治，是极端的放任无为，要使功成事遂，百姓还以为全是自然应该如此，不说是君主之功。故"太上，下知有之"，是说政府完全放任无为，百姓的心里只觉得有个政府的存在罢了；实际上是"天高皇帝远"，有政府和无政府一样。"下知有之"，《永乐大典》本及吴澄本，皆作"不知有之"；日本本作"下不知有之"，说此意更进一层，更明显了。

我述老子的哲学，先说他的政治学说。我的意思要人知道哲学思想不是悬空发生的。有些人说，哲学起于人类惊疑之念，以为人类目睹宇宙间万物的变化生灭，惊叹疑怪，要想寻出一个满意的解释，故产生哲学。这话未必尽然。人类的惊疑心可以产生迷信与宗教，但未必能产生哲学。人类见日月运行，雷电风雨，自然生惊疑心。但他一转念，便说日有日神，月有月神；雷有雷公，电有电母；天有天帝，病有病魔；于是他的惊疑心，便有了满意的解释，用不着哲学思想了。即如希腊古代的宇宙论，又何尝是惊疑的结果？那时代欧亚非三洲古国，如埃及、巴比伦、犹太等国的宗教观念和科学思想，与希腊古代的神话宗教相接触，自然起一番冲突，故发生"宇宙万物的本源究竟是什么"的问题，并不是泰尔史（Thales）的惊奇心忽然劈空提出这个哲学问题的。在中国的一方面，最初的哲学思想，全是当时社会政治的现状所唤起的反动。社会的阶级秩序已破坏混乱了，政治的组织不但不能救补维持，并且呈现同样的腐败纷乱。当时的有心人，目睹这种现状，要想寻一个补救的方法，于是有老子的政治思想。但是老子若单有一种革命的政治学说，也还算不得根本上的解决，也还算不得哲学。老子观察政治社会的状态，从根本上着想，要求一个根本的解决,遂为中国哲学的始祖。他的政治上的主张,也只是他的根本观念的应用。如今说他的根本观念是什么。

四、老子论天道

老子哲学的根本观念是他的天道观念。老子以前的天道观念,都把天看作一个有意志,有知识,能喜能怒,能作威作福的主宰。试看《诗经》中说"有命自天,命此文王"(《大明》);又屡说"帝谓文王"(《皇矣》),是天有意志。"天监在下","上帝临汝"(《大明》);"皇矣上帝,监下有赫,监观四方,求民之莫"(《皇矣》),是天有知识。"有皇上帝,伊谁云憎?"(《正月》)"敬天之怒,无敢戏豫;敬天之渝,无敢驰驱"(《板》),是天能喜怒。"昊天不傭,降此鞠凶;昊天不惠,降此大戾"(《节南山》);"天降丧乱,降此蟊贼"(《桑柔》);"天降丧乱,饥馑荐臻"(《云汉》),是天能作威作福。老子生在那种纷争大乱的时代,眼见杀人、破家、灭国等等惨祸,以为若有一个有意志知觉的天帝,决不致有这种惨祸。万物相争相杀,人类相争相杀,便是天道无知的证据。故老子说:

> 天地不仁,以万物为刍狗。

这仁字有两种说法:第一,仁是慈爱的意思。这是最明白的解说。王弼说:"地不为兽生刍而兽食刍,不为人生狗而人食狗。无为于万物,而万物各适其所用。"这是把不仁作无有恩意解。第二,仁即是"人"的意思。《中庸》说:"仁者,人也。"《孟子》说:"仁也者,人也。"刘熙《释名》说:"人,仁也;仁,生物也。"不仁便是说不是人,不和人同类。古代把天看作有意志,有知识,能喜怒的主宰,是把天看作人同类,这叫做天人同类说(Anthropomorphism)。老子的"天地不仁"说,似乎也含有天地不与人同性的意思。人性之中,以慈爱为最普遍,故说天地不与人同类,即是说天地无有恩意。老子这一个观念,打破古代天人同类的谬说,立下后来自然哲学的基础。

打破古代的天人同类说,是老子的天道观念的消极一方面。再看他的积极的天道论:

> 有物混成,先天地生,寂兮寥兮,独立而不改,周行而不殆,

> 可以为天下母。吾不知其名,字之曰道,强为之名曰大。

老子的最大功劳,在于超出天地万物之外,别假设一个"道"。这个道的性质,是无声、无形;有单独不变的存在,又周行天地万物之中;生于天地万物之先,又却是天地万物的本源。这个道的作用,是:

> 大道氾兮,其可左右。万物恃之而生而不辞,功成不名有,衣养万物而不为主。

道的作用,并不是有意志的作用,只是一个"自然"。自是自己,然是如此,"自然"只是自己如此(谢著《中国哲学史》云,"自然者,究极之谓也"不成话)。老子说:

> 道常无为而无不为。

道的作用,只是万物自己的作用,故说"道常无为"。但万物所以能成万物,又只是一个道,故说"而无不为"。

五、论无

老子是最先发现"道"的人。这个"道"本是一个抽象的观念,太微妙了,不容易说得明白。老子又从具体的方面着想,于是想到一个"无"字,觉得这个"无"的性质、作用,处处和这个"道"最相像。老子说:

> 三十辐,共一毂,当其无,有车之用。埏埴以为器,当其无,有器之用。凿户牖以为室,当其无,有室之用。故有之以为利,无之以为用。

无即是虚空。上文所举的三个例,一是那车轮中央的空洞,二是器皿的空处,三是窗洞门洞和房屋里的空处。车轮若无中间的圆洞,便不能转动;器皿若无空处,便不能装物事;门户若没有空洞,便不能出入;房屋里若没有空处,便不能容人。这个大虚空,无形、无声;整个的不可分断,却又无所不在;一切万有若没有他,便没有用处。这几项性质,正合上文所说"寂兮寥兮,独立而不改,周行而不殆,可以为天下母"的形容。所以老子所说的"无"与"道"简直是一样的。所以他既说:

> 道生一,一生二,二生三,三生万物。

一方面又说,
> 天地万物生于有,有生于无。

道与无同是万物的母,可见道即是无,无即是道。大概哲学观念初起的时代,名词不完备,故说理不能周密。试看老子说"吾无以名之","强名之",可见他用名词的困难。他提出了一个"道"的观念,当此名词不完备的时代,形容不出这个"道"究竟是怎样一个物事,故用那空空洞洞的虚空,来说那无为而无不为的道。却不知道"无"是对于有的名词,所指的是那无形体的空间。如何可以代表那无为而无不为的"道"? 只因为老子把道与无看作一物,故他的哲学都受这个观念的影响(庄子便不如此。老庄的根本区别在此)。

老子说:"天地万物生于有,有生于无。"且看他怎样说这无中生有的道理。老子说:
> 视之不见名曰夷,听之不闻名曰希,搏之不得名曰微。此三者不可致诘,故混而为一。其上不皦,其下不昧。绳绳不可名,复归于无物。是谓无状之状,无物之象,是谓惚恍。

又说,
> 道之为物,惟恍惟惚。惚兮恍兮,其中有象。恍兮惚兮,其中有物。

这也可见老子寻相当名词的困难。老子既说道是"无",这里又说道不是"无"。乃是"有"与"无"之间的一种情境,虽然看不见,听不着,摸不到,但不是完全没有形状的。不过我们不能形容他,又叫不出他的名称,只得说他是"无物";只好称他做"无状之状,无物之象";只好称他做"恍惚"。这个"恍惚",先是"无状之状,无物之象",故说"惚兮恍兮,其中有象"。后来忽然从无物之象变为有物,故说"恍兮惚兮,其中有物"。这便是"天地万物生于有,有生于无"的历史(论象字参看下文第四篇第三章)。

六、名与无名

中国古代哲学的一个重要问题,就是名实之争。老子是最初提出这个问题的人。他说:

惚兮恍兮,其中有象。恍兮惚兮,其中有物。窈兮冥兮,其中有精。其精甚真,其中有信。自古及今,其名不去,以阅(王弼本原作说。今刊本作阅,乃后人所改)众甫。吾何以知众甫之然(王本今作状,原本似作然)哉?以此。

这一段论名的原起与名的功用。既有了法象,然后有物。有物之后,于是发生知识的问题。人所以能知物,只为每物有一些精纯的物德,最足代表那物的本性(《说文》"精,择也。"择其特异之物德,故谓之精。真字古训诚,训天,训身,能代表此物的特性,故谓之真),即所谓"其中有精,其精甚真,其中有信"。这些物德,如雪的寒与白,如人的形体官能,都是极可靠的知识上的信物。故说"其中有信"(《说文》"信,诚也。"又古谓符节为信)。这些信物都包括在那物的"名"里面。如说"人",便可代表人的一切表德;说"雪",便可代表雪的一切德性。个体的事物尽管生死存灭,那事物的类名,却永远存在。人生人死,而"人"名常在;雪落雪消,而"雪"名永存。故说"自古及今,其名不去,以阅众甫"。众甫即是万物。又说,"吾何以知众甫之然哉?以此"。此字指"名"。我们所以能知万物,多靠名的作用。

老子虽深知名的用处,但他又极力崇拜"无名"。名是知识的利器,老子是主张绝圣弃智的,故主张废名。他说:

道可道,非常道(俞樾说常通尚;尚,上也)。名可名,非常名。无名,天地之始。有名,万物之母。故常无,欲以观其妙;常有,欲以观其徼。(常无常有,作一顿。旧读两欲字为顿,乃是错的)

老子以为万有生于无,故把无看得比有重。上文所说万物未生时,是一种"绳绳不可名"的混沌状态。故说:"无名,天地之始。"后来有象有信,然后可立名字,故说:"有名,万物之母。"因为无名先于有名,故说可道的道,不是上道;可名的名,不是上名。老子又常说"无名之朴"的好处。无名之朴,即是那个绳绳不可名的混沌状态。老子说:

道常(常,尚也)无名朴(五字为句,朴字旧连下读,似乎错了)。虽小,天下不敢臣。侯王若能守之,万物将自宾。天地相

> 合以降甘露(此八字既失韵,又不合老子哲学。疑系后人加入的话)。民莫之令而自均。始制有名,名亦既有,夫亦将知之(王弼今本之作止。下句同。今依河上公本改正。之、止古文相似,易误)。知之所以不治。(王弼本所作可,治字各本皆作殆。适按,王弼注云"始制官长,不可不立名分以定尊卑,故始制有名也。过此以往,将争锥刀之末,故曰名亦既有,夫亦将知止也。遂任名以号物,则失治之母也。故知止所以不殆也。"细看此注,可见王弼原本作"夫亦将知之,知之所以不治";若作知止,则注中所引叔向谏子产的话,全无意思。注中又说"任名则失治之母",可证殆本作治。注末殆字同。后世妄人因下文四十四章有"知止不殆"的话,遂把此章也改成"知止可以不殆"。又乱改王注知之为知止,所以不治为所以不殆,却忘了"失治之母"的治字,可以作证。不但注语全文可作铁证也。)

这是说最高的道是那无名朴。后来制有名字(王弼训始制为"朴散始为官长之时",似乎太深了一层),知识遂渐渐发达,民智日多,作伪作恶的本领也更大了。大乱的根源,即在于此。老子说:

> 古之为治者,非以明民,将以愚之。民之难治,以其智多。故以智治国,国之贼。不以智治国,国之福。

"民之难治,以其智多",即是上文"夫亦将知之,知之所以不治"的注脚。

老子何以如此反对智识呢?大概他推想当时社会国家种种罪恶的根源,都由于多欲。文明程度越高,知识越复杂,情欲也越发展。他说:

> 五色令人目盲,五音令人耳聋,五味令人口爽,驰骋田猎令人心发狂,难得之货令人行妨。

这是攻击我们现在所谓文明文化。他又说:

> 天下皆知美之为美,斯恶已。皆知善之为善,斯不善已。故有无相生,难易相成;长短相较,高下相倾;音声相和,前后相随。是以圣人处无为之事,行不言之教。……不尚贤,使民不争。不贵难得之货,使民不为盗。不见(读现)可欲,使民心不乱。是

以圣人之治,虚其心,实其腹;弱其志,强其骨:常使民无知无欲。

这一段是老子政治哲学的根据。老子以为一切善恶、美丑、贤不肖,都是对待的名词,正如长短、高下、前后等等。无长便无短,无前便无后,无美便无丑,无善便无恶,无贤便无不肖。故人知美是美的,便有丑的了;知善是善的,便有恶的了;知贤是贤的,便有不肖的了。平常那些赏善罚恶,尊贤去不肖,都不是根本的解决。根本的救济方法须把善恶美丑贤不肖一切对待的名词都消灭了,复归于无名之朴的混沌时代,须要常使民无知无欲。无知,自然无欲了。无欲,自然没有一切罪恶了。前面所引的"大道废,有仁义;智慧出,有大伪;六亲不和,有孝慈;国家昏乱,有忠臣",和"绝圣弃智,绝仁弃义,绝巧弃利",也都是这个道理。他又说:

> 道常无为而无不为。侯王若能守之,万物将自化。化而作(欲是名词,谓情欲也),吾将镇之以无名之朴。无名之朴,夫亦将无欲。不欲以静,天下将自定。

老子所处的时势,正是"化而欲作"之时。故他要用无名之朴来镇压。所以他理想中的至治之国,是一种

> 小国寡民,使有什伯人之器而不用(什是十倍,伯是百倍。文明进步,用机械之力代人工。一车可载千斤,一船可装几千人。这多是什伯人之器。下文所说"虽有舟舆,无所乘之;虽有甲兵,无所陈之"正释这一句)。使民重死而不远徙。虽有舟舆,无所乘之。虽有甲兵,无所陈之。使民复结绳而用之。甘其食,美其服,安其居,乐其俗。邻国相望,鸡狗之声相闻,民至老死不相往来。

这是"无名"一个观念的实际应用。这种学说,要想把一切交通的利器,守卫的甲兵,代人工的机械,行远传久的文字,……等等制度文物,全行毁除,要使人类依旧回到那无知无欲老死不相往来的乌托邦。

七、无为

本篇第三节说老子对于社会政治有两种学说:一是毁坏一切文物制度,一是主张极端放任无为的政策。第一说的根据,上节已说

过。如今且说他的无为主义。他把天道看作"无为而无不为",以为天地万物,都有一个独立而不变,周行而不殆的道理,用不着有什么神道作主宰,更用不着人力去造作安排。老子的"天道",就是西洋哲学的自然法(Law of Nature,或译"性法",非)。日月星的运行,动植物的生老死,都有自然法的支配适合。凡深信自然法绝对有效的人,往往容易走到极端的放任主义。如十八世纪的英法经济学者,又如斯宾塞(Herbert Spencer)的政治学说,都以为既有了"无为而无不为"的天道,何必要政府来干涉人民的举动?老子也是如此。他说:

> 天之道,不争而善胜,不言而善应,不召而自来,繟然而善谋。天网恢恢,疏而不失。

这是说"自然法"的森严。又说:

> 常有司杀者杀。夫代司杀者杀,是谓代大匠斫。夫代大匠斫者,希有不伤其手者矣。

这个"司杀者"便是天,便是天道。违背了天道,扰乱了自然的秩序,自有"天然法"来处置他,不用社会和政府的干涉。若用人力去赏善罚恶,便是替天行道,便是"代司杀者杀"。这种代刽子手杀人的事,正如替大匠斫木头,不但无益于事,并且往往闹出乱子来。所以说:"民之难治,以其上之有为,是以难治。"所以又说:"天下多忌讳而民弥贫,……法令滋彰,盗贼多有。"所以他主张一切放任,一切无为。"损之又损,以至于无为,无为而无不为。"

八、人生哲学

老子的人生哲学(旧称伦理学,殊未当),和他的政治哲学相同,也只是要人无知无欲。详细的节目是"见素抱朴,少私寡欲,绝学无忧"。他说:

> 众人熙熙,如享太牢,如登春台。我独泊兮其未兆,如婴儿之未孩。儽儽兮若无所归。众人皆有余,而我独若遗。我愚人之心也哉!沌沌兮,俗人昭昭,我独昏昏;俗人察察,我独闷闷。澹兮其若海,飂兮若无止。众人皆有以,而我独顽似鄙。我独异于人而贵食母。

别人都想要昭昭察察的知识，他却要那昏昏闷闷的愚人之心。此段所说的"贵食母"，即是前所引的"虚其心，实其腹"。老子别处又说"圣人为腹不为目"，也是此意。老子只要人肚子吃得饱饱的，做一个无思无虑的愚人；不愿人做有学问知识的文明人。这种观念，也是时势的反动。《隰有苌楚》的诗人说：

　　隰有苌楚，猗傩其枝。夭之沃沃，乐子之无知！

老子的意思，正与此相同。知识愈高，欲望愈难满足，又眼见许多不合意的事，心生无限烦恼，倒不如无知的草木，无思虑的初民，反可以混混沌沌，自寻乐趣。老子常劝人知足。他说：

　　知足不辱，知止不殆，可以长久。……罪莫大于可欲（孙诒让按，《韩诗外传》引可欲作多欲），祸莫大于不知足，咎莫大于欲得。故知足之足常足矣。

但是知足不是容易做到的。知识越开，越不能知足。故若要知足，除非毁除一切知识。

　　老子的人生哲学，还有一个重要观念，叫做"不争主义"。他说：

　　江海所以能为百谷王者，以善下之，故能为百谷王。……以其不争，故天下莫能与之争。

　　曲则全，枉则直，洼则盈。……夫唯不争，故天下莫与之争。

　　上善若水，水利万物而不争。处众人之所恶，故几于道。

　　天下柔弱莫过于水，而攻坚强者莫之能胜。其无以易之。

　　弱之胜强，柔之胜刚，天下莫不知，莫能行。

这种学说，也是时势的反动。那个时代是一个兵祸连年的时代，小国不能自保，大国又争霸权不肯相下。老子生于这个时代，深知武力的竞争，以暴御暴，只有更烈，决没有止境。只有消极的软工夫，可以抵抗强暴。狂风吹不断柳丝，齿落而舌长存，又如最柔弱的水可以冲开山石，凿成江河。人类交际，也是如此。汤之于葛，太王之于狄人，都是用柔道取胜。楚庄王不能奈何那肉袒出迎的郑伯，也是这个道理。老子时的小国，如宋，如郑，处列强之间，全靠柔道取胜。故老子提出这个不争主义，要人知道柔弱能胜刚强；要人知道"夫唯不争，故天下莫与之争"。他教人莫要"为天下先"，又教人"报怨以德"。他要小国下大国，大国下小国。他说暂时吃亏忍辱，并不害事。要知"物或损之而益，或益之而损。……强梁者不得其死"。这句话含有他的天道观念。他深信"自然法"的"天网恢恢，疏而不失"，故一切得其自然。物或损之而益，或益之而损，都是天道之自然。宇宙之间，自有"司杀者杀"，故强梁的总不得好死。我们尽可逆来顺受，且看天道的自然因果罢。

第四篇　孔子

第一章　孔子略传

孔子,字仲尼,鲁国人。生于周灵王二十一年(西历纪元前551)。死于周敬王四十一年(西历纪元前479)。他一生的行事,大概中国人也都知道,不消一一的叙述了。他曾见过老子。大概此事在孔子三十四岁之后(说详上章)。

孔子本是一个实行的政治家。他曾做过鲁国的司空,又做过司寇。鲁定公十年,孔子以司寇的资格,做定公的傧相,和齐侯会于夹谷,很替鲁国争了些面子。后来因为他的政策不行,所以把官丢了,去周游列国。他在国外游了十三年,也不曾遇有行道的机会。到了六十八岁回到鲁国,专做著述的事业。孔子晚年最喜《周易》,那时的《周易》不过是六十四条卦辞,和三百八十四条爻辞。孔子把他的心得,做成了六十四条卦象传,三百八十四条爻象传,六十四条彖辞。后人又把他的杂说纂辑成书,便是《系辞传》、《文言》。这两种之中,已有许多话是后人胡乱加入的,如《文言》中论四德的一段。此外还有《杂卦》,《序卦》,《说卦》,更靠不住了。孔子还作了一部《春秋》。孔子自己说他是"述而不作"的。就是《易经》的诸传,也是根据原有的《周易》作的,就是《春秋》也是根据鲁国的史记作的。

此外还有许多书,名为是孔子作的,其实都是后人依托的。例如:一部《孝经》,称孔子为"仲尼",称曾参为"曾子",又夹许多"诗云"、"子曰",可见决不是孔子做的。《孝经·钩命诀》说的"吾志在《春秋》,行在《孝经》"的话,也是汉人假造的诳语,决不可信。

一部《论语》虽不是孔子做的,却极可靠,极有用。这书大概是孔门弟子的弟子们所记孔子及孔门诸子的谈话议论。研究孔子学说的人,须用这书和《易传》、《春秋》两书参考互证,此外便不可全信了。

孔子本有志于政治改良,所以他说:

> 苟有用我者,期月而已可也。三年有成。

又说:

> 如有用我者,吾其为东周乎。

后来他见时势不合,没有政治改良的机会,所以专心教育,要想从教育上收效。他深信教育功效最大,所以说"有教无类",又说"性相近也,习相远也"。《史记》说他的弟子有三千之多。这话虽不知真假,但是他教学几十年,周游几十国,他的弟子必定不少。

孔子的性情德行,是不用细述的了。我且引他自己说自己的话:

> 饭疏食,饮水,曲肱而枕之,乐亦在其中矣。不义而富且贵,于我如浮云。

这话虽不大像"食不厌精脍不厌细"、"席不正不坐"、"割不正不食"的人的口气,却很可因以想见孔子的为人。他又说他自己道:

> 其为人也,发愤忘食,乐以忘忧,不知老之将至云尔。

这是何等精神!《论语》说:

> 子路宿于石门,晨门曰:"奚自?"子路曰:"自孔氏。"曰:"是知其不可而为之者欤?"

"知其不可而为之"七个字写出一个孳孳恳恳终身不倦的志士。

第二章 孔子的时代

孟子说孔子的时代,是

> 邪说暴行有作:臣弑其君者有之,子弑其父者有之。

这个时代既叫做邪说暴行的时代,且看是些什么样的邪说暴行。

第一,"暴行"就是孟子所说的"臣弑其君,子弑其父"了。《春秋》二百四十年中,共有弑君三十六次。内中有许多是子弑父的,如楚太子商臣之类。此外还有贵族世卿专权窃国,如齐之田氏,晋之六卿,鲁之三家。还有种种丑行,如鲁之文姜,陈之夏姬,卫之南子、弥子瑕。怪不得那时的隐君子要说:

> 滔滔者,天下皆是也,而谁与易之?

第二，"邪说"一层，孟子却不曾细述。我如今且把那时代的"邪说"略举几条。

（一）老子　老子的学说，在当时真可以算得"大逆不道"的"邪说"了。你看他说"民之饥以其上食税之多"，又说"圣人不仁"，又说"民不畏死，奈何以死畏之？"又说"绝仁弃义，民复孝慈；绝圣去知，民利百倍。"这都是最激烈的破坏派的理想。（详见上篇）

（二）少正卯　孔子作司寇，七日便杀了一个"乱政大夫少正卯"。有人问他为什么把少正卯杀了。孔子数了他的三大罪：

一、其居处足以撮徒成党。

二、其谈说足以饰邪荧众。

三、其强御足以反是独立。

这三件罪名，译成今文，便是"聚众结社，鼓吹邪说，淆乱是非"。

（三）邓析　孔子同时思想界的革命家，除了老子，便该算邓析。邓析是郑国人，和子产、孔子同时。《左传》鲁定公九年（西历前501），"郑驷歂杀邓析而用其竹刑"。那时子产已死了二十一年（子产死于昭公二十年，西历前522），《吕氏春秋》和《列子》都说邓析是子产杀的，这话恐怕不确。第一，因为子产是极不愿意压制言论自由的。《左传》说：

> 郑人游于乡校以论执政。然明谓子产曰："毁乡校，何如？"子产曰："何为？夫人朝夕退而游焉，以议执政之善否。其所善者，吾则行之。其所恶者，吾则改之。是吾师也。若之何毁之？"

可见子产决不是杀邓析的人。第二，子产铸刑书，在西历前536年。驷歂用竹刑，在西历前501年。两件事相差三十余年。可见子产铸的是"金刑"，驷歂用的是"竹刑"，决不是一件事（金刑还是极笨的刑鼎，竹刑是可以传写流通的刑书）。

邓析的书都散失了。如今所传的《邓析子》，乃是后人假造的。我看一部《邓析子》，只有开端几句或是邓析的话。那几句是：

> 天于人无厚也。君于民无厚也。……何以言之？天不能屏悖厉之气，全夭折之人，使为善之民必寿，此于民无厚也。凡民

> 有穿窬为盗者,有诈伪相迷者,此皆生于不足,起于贫穷。而君必欲执法诛之,此于民无厚也。

这话和老子"天地不仁"的话相同,也含有激烈的政治思想。

《列子》书说:"邓析操两可之说,设无穷之辞。"《吕氏春秋》说:

> 邓析……与民之有狱者约,大狱一衣,小狱襦袴。民之献衣襦袴而学讼者,不可胜数。以非为是,以是为非,是非无度,而可与不可日变。所欲胜因胜,所欲罪因罪。

又说:

> 郑国多相悬以书者(这就是出报纸的起点)。子产令无悬书,邓析致之。子产令无致书,邓析倚之(悬书是把议论张挂在一处叫人观看,致书是送上门去看,倚书是混在他物里夹带去看)。令无穷而邓析应之亦无穷矣。

又说:

> 洧水甚大,郑之富人有溺者。人得其死者,富人请赎之。其人求金甚多,以告邓析。邓析曰:"安之。人必莫之卖矣。"得死者患之,以告邓析。邓析又答之曰:"安之。此必无所更买矣。"

这种人物,简直同希腊古代的"哲人"(Sophists)一般。希腊的"哲人"所说的都有老子那样激烈,所行的也往往有少正卯、邓析那种遭忌的行为。希腊的守旧派,如梭格拉底、柏拉图之流,对于那些"哲人"非常痛恨。中国古代的守旧派,如孔子之流,对于这种"邪说"自然也非常痛恨。所以孔子做司寇便杀少正卯。孔子说:

> 放郑声,远佞人。郑声淫,佞人殆。

又说:

> 恶紫之夺朱也,恶郑声之乱雅乐也,恶利口之覆邦家者。

他又说:

> 天下有道,则庶人不议。

要懂得孔子的学说,必须先懂得孔子的时代,是一个"邪说横行,处士横议"的时代。这个时代的情形既是如此"无道",自然总有许多"有心人"对于这种时势生出种种的反动。如今看来,那时代的反动大约有三种:

第一，极端的破坏派。老子的学说，便是这一派，邓析的反对政府，也属于这一派。

第二，极端的厌世派。还有些人看见时势那样腐败，便灰心绝望，隐世埋名，宁愿做极下等的生活，不肯干预世事。这一派人，在孔子的时代，也就不少。所以孔子说：

> 贤者辟世，其次辟地，其次辟色，其次辟言。……作者七人矣。

那《论语》上所记"晨门"、"荷蒉"、"丈人"、"长沮、桀溺"都是这一派。接舆说：

> 凤兮！凤兮！何德之衰！已而！已而！今之从政者殆而！

桀溺对子路说：

> 滔滔者，天下皆是也，而谁以易之？且而与其从辟人之士也，岂若从辟世之士哉？

第三，积极的救世派。孔子对于以上两派，都不赞成。他对于那几个辟世的隐者，虽很原谅他们的志趣，终不赞成他们的行为。所以他批评伯夷、叔齐……柳下惠、少连诸人的行为，道：

> 我则异于是，无可无不可。

又他听了长沮、桀溺的话，便觉得大失所望，因说道：

> 鸟兽不可与同群。吾非斯人之徒与，而谁与？天下有道，丘不与易也。

正为"天下无道"，所以他才去栖栖皇皇的奔走，要想把无道变成有道。懂得这一层，方才可懂得孔子的学说。

第三章　易

孔子生在这个"邪说暴行"的时代，要想变无道为有道，却从何处下手呢？他说：

> 臣弑其君，子弑其父，非一朝一夕之故。其所由来者渐矣，由辨之不早辨也。《易》曰："履霜坚冰至"，盖言顺也。（《易·文言》）

社会国家的变化，都不是"一朝一夕之故"，都是渐渐变成的。如今要改良社会国家,不是"头痛医头脚痛医脚"的工夫所能办到的,必须从根本上下手。孔子学说的一切根本,依我看来,都在一部《易经》。我且先讲《易经》的哲学。

《易经》这一部书,古今来多少学者做了几屋子的书,也还讲不明白。我讲《易经》和前人不同。我以为从前一切河图、洛书、谶纬术数、先天太极,……种种议论,都是谬说。如今若要懂得《易》的真意,须先把这些谬说扫除干净。

我讲《易》,以为一部《易经》只有三个基本观念:(一)易,(二)象,(三)辞。

第一,易 易便是变易的易。天地万物都不是一成不变的,都是时时刻刻在那里变化的。孔子有一天在一条小河上,看那滚滚不绝的河水,不觉叹了一口气说道:

逝者如斯夫!不舍昼夜!

"逝者"便是"过去种种"。(程子说,"此道体也。天运而不已,日往则月来,寒往则暑来,水流而不息,物生而无穷,皆与道为体,运乎昼夜,未尝已也"。朱子说,"天地之化,往者过,来者续,无一息之停。"此两说大旨都不错。)天地万物,都像这滔滔河水,才到了现在,便早又成了过去,这便是"易"字的意义。

一部《易》讲"易"的状态,以为天地万物的变化,都起于一个动字。何以会有"动"呢?这都因为天地之间,本有两种原力:一种是刚性的,叫做"阳";一种是柔性的,叫做"阴"。这刚柔两种原力,互相冲突,互相推挤,于是生出种种运动,种种变化。所以说:"刚柔相推而生变化。"又说:"一阴一阳之谓道。"孔子大概受了老子的影响,故他说万物变化完全是自然的,唯物的,不是唯神的(孔子受老子的影响,最明显的证据,如《论语》极推崇"无为而治",又如"或曰,以德报怨"亦是老子的学说)。

在《易经》里,阳与阴两种原力,用"— —"两种符号作代表。《易·系辞传》说:

是故易有太极,是生两仪,两仪生四象,四象生八卦。

这是代表万物由极简易的变为极繁杂的公式。此处所说"太极"并不是宋儒说的"太极图"。《说文》说:"极,栋也。"极便是屋顶上的横梁,在《易经》上便是一画的"—","仪,匹也。"两仪便是那一对"—"、"--"。四象便是"⚌⚍⚎⚏"。由八卦变为六十四卦,便可代表种种的"天下之至赜"和"天下之至动",却又都从一条小小的横画上生出来。这便是"变化由简而繁"的明例了。

《易经》常把乾坤("—","--")代表"易"、"简"。有了极易极简的,才有极繁赜的。所以说:"乾坤其易之门耶,"又说:"易简而天下之理得矣。"

万物变化,既然都从极简易的原起渐渐变出来,若能知道那简易的远因,便可以推知后来那些复杂的后果,所以《易·系辞传》说:

> 德行恒易以知险,……德行恒简以知阻。

因为如此,所以能"彰往而察来",所以能"温故而知新"。《论语》上子张问十世以后的事可能前知吗?孔子说:不但十世,百世亦可推知。这都因孔子深信万物变化都是由简而繁,成一条前后不断的直线,所以能由前段推知后段,由前因推到后果。

这便是《易经》的第一个基本观念。

第二,象 《系辞传》说:"易也者,象也。"这五个字是一部《易经》的关键。这是说一切变迁进化,都只是一个"象"的作用。要知此话怎讲,须先问这象字作何解。《系辞传》说:"象也者,像也。"(像字是后人所改。古无像字。孟京虞、董姚皆作象,可证。)《韩非子》说:"人希见生象也,而案其图以想其生。故诸人之所以意想者,皆谓之象。"(《解老》篇)我以为《韩非子》这种说法似乎太牵强了。象字古代大概用"相"字。《说文》:"相,省视也。从目从木。"目视物,得物的形象,故相训省视。从此引申,遂把所省视的"对象"也叫做"相"(如《诗·棫朴》"金玉其相"之相)。后来相人术的相字,还是此义。相字既成专门名词,故普通的形相遂借用同音的"象"字(如僖十五年《左传》,"物生而后有象")。引申为象效之意。凡象效之事,与所仿效的原本,都叫做"象"。这一个湾可转得深了。本来是"物生而后有象",象是仿本,物是原本。到了后来把所仿效的原本叫做象,如画工画虎,所用作模型的虎也是"象"(亦称法象),便是把

原本叫作"象"了。例如《老子》说:

> 道之为物,惟恍惟惚。惚兮恍兮,其中有象。恍兮惚兮,其中有物。

有人根据王弼注,以为原本当是"恍兮惚兮,其中有物"二句在先,"惚兮恍兮,其中有象"二句应在后。这是"物生而后有象"的说法。却不知道老子偏要说"象生而后有物"。他前文曾说"无物之象"可以作证。老子的意思大概以为先有一种"无物之象",后来在这些法象上渐渐生出万物来。故先说"其中有象",后说"其中有物"。但这个学说,老子的书里不曾有详细的发挥。孔子接着这个意思,也主张"象生而后有物"。象是原本的模型,物是仿效这模型而成的。《系辞传》说:

> 在天成象,在地成形,变化见矣。

这和老子先说"有象",后说"有物"同一意思。"易也者,象也;象也者,像也。"正是说易(变化)的道理只是一个象效的作用。先有一种法象,然后有仿效这法象而成的物类。

以上说《易经》的象字是法象之意(法象即是模范)。孔子以为人类历史上种种文物制度的起源都由于象,都起于仿效种种法象。这些法象,大约可分两种:一种是天然界的种种"现象"(如云"天垂象,见吉凶,圣人则之");一种是物象所引起的"意象",又名"观念"。《系辞传》说:

> 古者庖牺氏之王天下也,仰则观象于天,俯则观法于地,观鸟兽之文与地之宜,近取诸身,远取诸物,于是始作八卦,以通神明之德,以类万物之情。
>
> 作结绳而为网罟,以佃以渔,盖取诸离。(☲)
>
> 庖牺氏没,神农氏作,斫木为耜,揉木为耒,……盖取诸益。(☶)
>
> 日中为市,致天下之民,聚天下之货,交易而退,各得其所,盖取诸噬嗑。(☲)
>
> 神农氏没,黄帝尧舜氏作,……垂衣裳而天下之治,盖取诸乾坤。

刳木为舟,剡木为楫,……盖取诸涣。(䷻)
服牛乘马,引重致远,……盖取诸随。(䷐)
重门击柝,以待暴客,……盖取诸豫。(䷏)
断木为杵,掘地为臼,……盖取诸小过。(䷽)
弦木为弧,剡木为矢,……盖取诸睽。(䷥)

上古穴居而野处。后世圣人易之以宫室,上栋下宇,以待风雨,盖取诸大壮。(䷡)

古之葬者,厚衣之以薪,葬之中野,不封不树,丧期无数。后世圣人易之以棺椁,盖取诸大过。(䷛)

上古结绳而治。后世圣人易之以书契,百官以治,万民以察,盖取诸夬。(䷪)

这一大段说的有两种象,第一是先有天然界的种种"现象",然后有庖牺氏观察这些"现象",起了种种"意象",都用卦来表出。这些符号,每个或代表一种"现象",或代表一种"意象",例如☲是火,☵是水,是两种物象。䷿是未济(失败),䷾是既济(成功),是两种意象。

后来的圣人从这些物象意思上,又生出别的新意象来,例如䷻(涣)代表一个"风行水上"(或"木在水上")的意象。后人从这意象上忽然想到一个"船"的意象,因此便造出船来。所以说:

刳木为舟,剡木为楫,……盖取诸涣。

又如䷽(小过)代表一个"上动下静"的意象。后人见了这个观念,忽然想到一种上动下静的物事的意象。因此便造出杵臼来。所以说:

断木为杵,掘地为臼,……盖取诸小过。

又如䷛(大过)代表一个"泽灭木"的意象。后人见了这个意象,忽然发生两个意象:一是怕大水浸没了他的父母的葬地,若不封不树,便认不出来了;一是怕大水把那柴裹的死尸要浸烂了。因此便生出"棺椁"的意象来,造作棺椁,以免"泽灭木"的危险。所以说:

古之葬者,厚衣之以薪,葬之中野,不封不树,丧期无数。后世圣人易之以棺椁,盖取诸大过。

又如☰☱(夬)代表"泽上于天",是一个大雨的意象。后人见了,忽然生出一个普及博施的意象。因此又想起古代结绳的法子,既不能行远,又不能传后,于是便又生出一个普及博施的"书契"的意象。从这个观念上,才有书契文字的制度。所以说:

> 上古结绳而治。后世圣人易之以书契,……盖取诸夬。

以上所说古代器物制度的原起,未必件件都合着历史的事实。但是孔子对于"象"的根本学说,依我看来,是极明白无可疑的了。这个根本学说是人类种种的器物制度都起于种种的"意象"。

六十四章《象传》全是这个道理,例如☶☵(蒙)是一个"山下出泉"的意象。山下出泉,是水的源头,后人见了,便生出一个"儿童教育"的意象。所以说:"蒙,君子以果行育德。"又如☱☳(随)和☷☳(复),一个代表"雷在泽中",一个代表"雷在地下",都是收声蛰伏的雷。后人见了,因生出一个"休息"的意象。所以由"随"象上,生出夜晚休息的习惯;又造出用牛马引重致远以节省人力的制度。由"复"象上,也生出"七日来复","至日闭关,商旅不行,后不省方"的假期制度。又如☴☰(姤)代表"天下有风"的意象,后人因此便想到"天下大行"的意象,于是造出"施命诰四方"的制度。又如☴☷(观)代表"风行地上",和上文的"姤"象差不多。后人从这个意象上,便造出"省方观民设教"的制度。又如☶☷(谦)代表"地中有山",山在地下,是极卑下的意象。后人见了这个意象,便想到人事高下多寡的不均平。于是便发生一种"捊多益寡,称物平施"的观念。又如☶☰(大畜)代表"天在山中",山中看天,有如井底观天,是一个"识见鄙陋"的意象。后人因此便想到补救陋识的方法,所以说:"天在山中,大畜,君子以多识前言往行,以畜其德。"

以上所说,不过是随便乱举几卦作例。但是据这些例看来,已可见孔子的意思,不但说一切器物制度,都是起于种种意象,并且说一切人生道德礼俗也都是从种种意象上发生出来的。

因为"象"有如此重要,所以说:

> 易有圣人之道四焉,……以制器者尚其象。
>
> 形而上者谓之道,形而下者谓之器,化而裁之谓之变,推而

行之谓之通,举而措之天下之民谓之事业。

又说:

> 是故阖户谓之坤,辟户谓之乾。一阖一辟谓之变,往来不穷谓之通。见乃谓之象,形乃谓之器。制而用之谓之法,利用出入民咸用之谓之神。

那种种开阖往来变化的"现象",到了人的心目中,便成"意象"。这种种"意象",有了有形体的仿本,便成种种"器"。制而用之,便成种种"法"(法是模范标准)。举而措之天下之民,便成种种"事业"。到了"利用出入民咸用之"的地位,便成神功妙用了。

"象"的重要既如上文所说,可见"易也者,象也"一句,真是一部《易经》的关键。一部《易经》只是一个"象"字。古今说易的人,不懂此理,却去讲那些"分野"、"爻辰"、"消息"、"太一"、"太极",……种种极不相干的谬说,所以越讲越不通了。(清代汉学家过崇汉学,欲重兴汉诸家易学。惠栋、张惠言,尤多钩沉继绝之功。然汉人易学实无价值,焦赣、京房、翼奉之徒,皆"方士"也。郑玄、虞翻皆不能脱去汉代"方士"的臭味。王弼注《易》,扫空汉人陋说,实为易学一大革命。其注虽不无可议,然高出汉学百倍矣。惠、张诸君之不满意于宋之"道士易"是也。其欲复兴汉之"方士易"则非也。)

这是《易》的第二个基本观念。

第三,辞 《易经》六十四卦,三百八十四爻,每卦每爻都有一个"象",但是单靠"象"也还不够。因为

> 易有四象,(适按:此处象与辞对称,不当有"四"字。此涉上文而误也。因此一字,遂使诸儒聚讼"四象"是何物,终不能定。若衍此字,则毫不废解矣。)所以示也。系辞焉,所以告也。圣人立象以尽意,设卦以尽情伪,系辞焉以尽其言。

"象"但可以表示各种"意象"。若要表示"象"的吉凶动静,须要用"辞"。例如:䷎(谦)但可表示"地中有山"的意象,却不能告人这"象"的吉凶善恶。于是作为卦辞道:

> ䷎谦亨,君子有终。

这便可指出这一卦的吉凶悔吝了。又如谦卦的第一爻,是一个阴爻,

在谦卦的最下层,真可谓谦之又谦,损之又损了。但单靠这一画,也不能知道他的吉凶,所以须有爻辞道:

> 初六,谦谦君子,用涉大川,吉。

这便指出这一爻的吉凶了。

"辞"的作用在于指出卦象或爻象的吉凶。所以说:

> 系辞焉以断其吉凶。

又说:

> 辨吉凶者存乎辞。

辭字从𠭰辛,《说文》云:"辞,讼也(段依《广韵》作'说也')。从𠭰辛,犹理辜也。"朱骏声说:"分争辩讼谓之辞。《后汉·周纡传》'善为辞案条教'注,辞案,犹今案牍也。"辞的本义是争讼的"断语"、"判辞"。《易经》的"辞",都含"断"字"辨"字之意。在名学上,象只是"词"(Term),是"概念"(Concept),辞即是"辞",亦称"判断"(Judgment)。例如"谦亨"一句,谦是"所谓",亨是"所以谓",合起来成为一辞。用"所以谓"来断定"所谓",故叫做辞。(西文 Judgment 本义是讼狱的判辞。)

《系辞传》有辞的界说道:

> 是故卦有小大,辞有险易。辞也者各指其所之。

"之"是趋向。卦辞爻辞都是表示一卦或一爻的趋向如何,或吉或凶,或亨或否,叫人见了便知趋吉避凶。所以说"辞也者,各指其所之"。又说,

> 圣人有以见天下之赜,而拟诸形容,象其物宜,是故谓之象。圣人有以见天下之动,而观其会通,以行其典礼,系辞焉以断其吉凶,是故谓之爻(爻字似当作辞。下文作辞,可证)。极天下之赜者存乎卦,鼓天下之动者存乎辞。

象所表示的,是"天下之赜"的形容物宜。辞所表示的,是"天下之动"的会通吉凶。象是静的,辞是动的;象表所"像",辞表何之。

"天下之动"的动,便是"活动",便是"动作"。万物变化,都由于"动",故说:

> 吉凶悔吝者,生乎动者也。

又说：
> 吉凶者,失得之象也。悔吝者,忧虑之象也。
> 吉凶者,言乎其失得也。悔吝者,言乎其小疵也。

动而"得",便是吉；动而"失",便是凶；动而有"小疵",便是悔吝。"动"有这样重要,所以须有那些"辞"来表示各种"意象"动作时的种种趋向,使人可以趋吉避凶,趋善去恶。能这样指导,便可鼓舞人生的行为。所以说："鼓天下之动者存乎辞"。又说：

> 天地之大德曰生,圣人之大宝曰位。何以守位曰人,何以聚人曰财。理财正辞禁民为非曰义。

辞的作用,积极一方面,可以"鼓天下之动"；消极一方面,可以"禁民为非"。

这是《易经》的第三个基本观念。

这三个观念,(一)易,(二)象,(三)辞,便是《易经》的精华。孔子研究那时的卜筮之《易》,竟能找出这三个重要的观念,第一,万物的变动不穷,都是由简易的变作繁赜的。第二,人类社会的种种器物制度礼俗,都有一个极简易的原起,这个原起,便是"象"。人类的文明史,只是这些"法象"实现为制度文物的历史。第三,这种种"意象"变动作用时,有种种吉凶悔吝的趋向,都可用"辞"表示出来,使人动作都有仪法标准,使人明知利害,不敢为非。——这就是我的《易论》。我且引一段《系辞传》作这篇的结束：

> 圣人有以见天下之赜,而拟诸形容,象其物宜,是故谓之"象"。圣人有以见天下之动,而观其会通,以行其典礼,系辞焉以断其吉凶,是故谓之爻(爻似当作辞。说见上)。言天下之至赜而不可亚也(亚字从荀本)。言天下之至动而不可乱也。拟之而后言,仪之而后动(仪旧作议。《释文》云,"陆姚桓元荀柔之作仪。"适按：作仪是也。仪,法也。与上文拟字对文)。拟仪以成其变化。

"象"与"辞"都是给我们摹拟仪法的模范。

第四章　正名主义

孔子哲学的根本观念,依我看来,只是上篇所说的三个观念:

第一,一切变迁都是由微变显,由简易变繁赜。所以说:

> 臣弑其君,子弑其父,非一朝一夕之故,其所由来者渐矣,由辨之不早辨也。《易》曰,"履霜坚冰至",盖言顺也。

知道一切变迁都起于极微极细极简易的,故我们研究变迁,应该从这里下手。所以说:

> 夫易,圣人之所以极深而研几也(韩注,"极未形之理曰深,适动微之会曰几")。唯深也,故能通天下之志;唯几也,故能成天下之务。

"深"是隐藏未现的。"几"字《易·系辞》说得最好。

> 几者动之微吉凶之先见者也(旧无凶字,义不可通。今按孔颖达《正义》云:"诸本或有凶字者,其定本则无也。"是唐时尚有凶字之本。今据增)。

孔子哲学的根本观念,只是要"知几",要"见几",要"防微杜渐"。大凡人生哲学(即伦理学),论人生行为的善恶,约分两大派:一派注重"居心",注重"动机";一派注重行为的效果影响。孔子的人生哲学,属于"动机"一派。

第二,人类的一切器物制度礼法,都起于种种"象"。换言之,"象"便是一切制度文物的"几"。这个观念,极为重要。因为"象"的应用,在心理和人生哲学一方面就是"意",就是"居心"(孟子所谓"以仁存心,以礼存心"之存心)。就是俗话说的"念头"。在实际一方面,就是"名",就是一切"名字"(郑玄说,古曰名,今曰字)。"象"的学说,于孔子的哲学上,有三层效果:(一)因为象是事物的"动机",故孔子的人生哲学,极注重行为的"居心"和"动机"。(二)因为"象"在实际上,即是名号名字,故孔子的政治哲学主张一种"正名"主义。(三)因为象有仿效模范的意思,故孔子的教育哲学和政治哲学,又注重标准的榜样行为,注重正己以正人,注重以德化人。

第三,积名成"辞",可以表示意象动作的趋向,可以指出动作行

为的吉凶利害,因此可以作为人生动作的向导。故说:

> 理财正辞,禁民为非,曰义。

"正辞"与"正名"只是一事。孔子主张"正名""正辞",只是一方面要鼓天下之动,一方面要禁民为非。

以上所说,是孔子哲学的重要大旨。如今且先说"正名主义"。

正名主义,乃是孔子学说的中心问题。这个问题的重要,见于《论语·子路》篇:

> 子路曰:"卫君待子而为政,子将奚先?"
>
> 子曰:"必也正名乎!"(马融注,正百事之名)
>
> 子路曰:"有是哉,子之迂也!奚其正?"
>
> 子曰:"野哉由也!君子于其所不知,盖阙如也。名不正,则言不顺。言不顺,则事不成。事不成,则礼乐不兴。礼乐不兴,则刑罚不中。刑罚不中,则民无所措手足。故君子名之必可言也,言之必可行也。君子于其言,无所苟而已矣。"

请看名不正的害处,竟可致礼乐不兴,刑罚不中,百姓无所措手足。这是何等重大的问题!如今且把这一段仔细研究一番:

怎么说"名不正则言不顺"呢?"言"是"名"组合成的。名字的意义若没有正当的标准,便连话都说不通了。孔子说:

> 觚不觚,觚哉?觚哉?

"觚"是有角之形(《汉书·律历志》,"成六觚"。苏林曰:"六觚,六角也。"又《郊祀志》,"八觚宣通,象八方"。师古曰:"觚,角也。"班固《西都赋》,"上觚棱而栖金爵",注云,"觚,八觚,有隅者也。"可证),故有角的酒器,叫做"觚"。后来把觚字用泛了,凡酒器可盛三升的,都叫做"觚",不问他有角无角。所以孔子说:"现在觚没有角了。这也是觚吗?这也是觚吗?"不是觚的都叫做"觚",这就是言不顺。且再举一例。孔子说:

> 政者,正也。子率以正,孰敢不正?

政字从正,本有正意。现今那些昏君贪官的政府,也居然叫做"政",这也是"言不顺"了。

这种现象,是一种学识思想界昏乱"无政府"的怪现象。语言文字(名)是代表思想的符号。语言文字没有正确的意义,还用什么来做是非真假的标准呢?没有角的东西可叫做"觚",一班暴君污吏可叫做"政",怪不得少正卯、邓析一般人,要"以非为是,以是为非,是非无度,而可与不可日变"(用《吕氏春秋》语)了。

孔子当日眼见那些"邪说暴行"(说见本篇第二章),以为天下的病根在于思想界没有公认的是非真伪的标准。所以他说:

> 天下有道,则庶人不议。

他的中心问题,只是要建设一种公认的是非真伪的标准,建设下手的方法便是"正名"。这是儒家公有的中心问题。试引荀卿的话为证:

> 今圣王没,名守慢,奇辞起,名实乱,是非之形不明,则虽守法之吏,诵数之儒,亦皆乱也。……异形离心交喻,异物名实互纽;贵贱不明,同异不别,如是,则志必有不喻之患,而事必有困废之祸。(《荀子·正名》篇,详解见第十一篇第三章)

不正名则"志必有不喻之患,而事必有困废之祸",这两句可作孔子"名不正则言不顺,言不顺则事不成"两句的正确注脚。

怎么说"事不成则礼乐不兴,礼乐不兴则刑罚不中"呢?这是说是非真伪善恶,若没有公认的标准,则一切别的种种标准如礼乐刑罚之类,都不能成立。正如荀卿说的:"名守慢,奇辞起,名实乱,是非之形不明,则虽守法之吏,诵数之儒,亦皆乱也。"

"正名"的宗旨,只要建设是非善恶的标准,已如上文所说。这是孔门政治哲学的根本理想。《论语》说:

> 齐景公问政于孔子,孔子对曰:"君君臣臣,父父子子。"公曰:"善哉!信如君不君,臣不臣,父不父,子不子,虽有粟,吾得而食诸?"

"君君臣臣父父子子",也只是正名主义。正名的宗旨,不但要使觚的是"觚",方的是"方",还须要使君真是君,臣真是臣,父真是父,子真是子。不君的君,不臣的臣,不子的子和不觚的觚,有角的圆,是同样的错谬。

如今且看孔子的正名主义如何实行。孟子说:

> 世衰道微,邪说暴行有作。臣弑其君者有之,子弑其父者有

之。孔子惧,作《春秋》。《春秋》,天子之事也。是故孔子曰:
"知我者,其惟《春秋》乎!罪我者,其惟《春秋》乎!"
又说:

> 昔者禹抑洪水而天下平。周公兼夷狄,驱猛兽,而百姓宁。孔子成《春秋》,而乱臣贼子惧。

一部《春秋》便是孔子实行正名的方法。《春秋》这部书,一定是有深意"大义"的,所以孟子如此说法。孟子又说:

> 王者之迹熄而诗亡,诗亡,然后《春秋》作。晋之《乘》,楚之《梼杌》,鲁之《春秋》,一也。其事则齐桓、晋文,其文则史。孔子曰:"其义则丘窃取之矣。"

《庄子·天下》篇也说:"《春秋》以道名分。"这都是论《春秋》最早的话,该可相信。若《春秋》没有什么"微言大义",单是一部史书,那真不如"断烂朝报"了。孔子不是一个全无意识的人,似乎不至于做出这样极不可读的史书。

论《春秋》的真意,应该研究《公羊传》和《穀梁传》,晚出的《左传》最没有用。我不主张"今文",也不主张"古文",单就《春秋》而论,似乎应该如此主张。

《春秋》正名的方法,可分三层说:

第一,正名字。《春秋》的第一个方法,是要订正一切名字的意义。这是言语学、文法学的事业。今举一例,《春秋》说:

> 僖公十有六年,春王正月,戊申朔,陨石于宋,五。是月,六鹢退飞,过宋都。

(《公羊传》)曷为先言"霣"而后言"石"?霣石记闻。闻其磌然,视之则"石",察之则"五"。是月者何?仅逮是月也。……曷为先言"六"而后言"鹢"?六鹢退飞,记见也。视之则"六",察之则"鹢",徐而察之,则退飞。……

(《穀梁传》)"陨石于宋,五。"先"陨"而后"石",何也?"陨"而后"石"也。于宋四境之内曰"宋"。后数,散辞也,耳治也。"是月也,六鹢退飞,过宋都。""是月也",决不日而月也。"六鹢退飞过宋都",先数,聚辞也,目治也。……君子之于物,

> 无所苟而已。石鹢且犹尽其辞,而况于人乎？故五石六鹢之辞不设,则王道不亢矣。
>
> （董仲舒《春秋繁露·深察名号》篇）《春秋》辨物之理以正其名,名物如其真,不失秋毫之末,故名霣石则后其"五",言退鹢则先其"六"。圣人之谨于正名如此。"君子于其言,无所苟而已矣"。五石六鹢之辞是也。

"《春秋》辨物之理以正其名,名物如其真",这是正名的第一义。古书辨文法上词性之区别,莫如《公羊》《穀梁》两传。《公羊传》讲词性更精,不但名词（如车马曰赗,货财曰赙,衣服曰襚之类）、动词（如春曰苗,秋曰蒐,冬曰狩,春曰祠,夏曰礿,秋曰尝,冬曰烝,直来曰来,大归曰来归等）分别得详细,并且把状词（如既者何,尽也）、介词（如及者何,累也）、连词（如遂者何,生事也,乃者何,难之也,之类）之类,都仔细研究文法上的作用。所以我说《春秋》的第一义,是文法学言语学的事业。

第二,定名分。上一条是"别同异",这一条是"辨上下"。那时的周天子久已不算什么东西。楚吴都已称王,此外各国,也多拓地灭国,各自称雄。孔子眼见那纷争无主的现象,回想那封建制度最盛时代,井井有条的阶级社会,真有去古日远的感慨。所以《论语》说：

> 孔子谓季氏八佾舞于庭,是可忍也,孰不可忍也！

读这两句,可见他老人家气得胡子发抖的神气！《论语》又说：

> 三家者,以《雍》彻。子曰："相维辟公,天子穆穆",奚取于三家之堂？

孔子虽明知一时做不到那"天下有道,礼乐征伐自天子出"的制度,他却处处要保存那纸上的封建阶级,所以《春秋》于吴楚之君,只称"子",齐晋只称"侯",宋虽弱小,却称"公"。践土之会,明是晋文公把周天子叫来,《春秋》却说是"天王狩于河阳"。周天子的号令,久不行了,《春秋》每年仍旧大书"春王正月"。这都是"正名分"的微旨。《论语》说：

> 子贡欲去告朔之饩羊,子曰："赐也,尔爱其羊,我爱其礼。"

这便是《春秋》大书"春王正月"一类的用意。

第三，寓褒贬。《春秋》的方法，最重要的，在于把褒贬的判断寄托在记事之中。司马迁《史记·自序》引董仲舒的话道：

夫《春秋》上明三王之道，下辨人事之纪，别嫌疑，明是非，定犹豫，善善恶恶，贤贤贱不肖，……王道之大者也。

善善恶恶，贤贤贱不肖，便是褒贬之意。上章说"辞"字本有判断之意，故"正辞"可以"禁民为非"。《春秋》的"书法"，只是要人看见了生畏惧之心，因此趋善去恶。即如《春秋》书弑君三十六次，中间很有个分别，都寓有"记者"褒贬的判断。如下举的例：

（例一）（隐四年三月戊申）卫州吁弑其君完。

（例二）（隐四年九月）卫人杀州吁于濮。

（例三）（桓二年春王正月戊申）宋督弑其君与夷及其大夫孔父。

（例四）（文元年冬十月丁未）楚世子商臣弑其君頵（《公》、《榖》皆作髡）。

（例五）（文十六年）宋人弑其君杵臼。

（例六）（文十八年冬）莒弑其君庶其。

（例七）（宣二年秋九月乙丑）晋赵盾弑其君夷皋。

（例八）（成十八年春王正月庚申）晋弑其君州蒲。

即举此八例，可以代表《春秋》书弑君的义例。（例一）与（例三、四、七）同是书明弑者之名，却有个分别。（例一）是指州吁有罪。（例三）带着褒奖与君同死的大夫。（例四）写"世子商臣"以见不但是弑君，又是弑父，又是世子弑父。（例七）虽与（例一）同式，但弑君的人，并不是赵盾，乃是赵穿。因为赵盾不讨贼，故把弑君之罪责他。这四条是称臣弑君之例。（例二、五、六、八）都是称君不称弑者之例，却也有个分别。（例二）称"卫人"，又不称州吁为君，是讨贼的意思，故不称弑，只称杀。又明说"于濮"。濮是陈地，不是卫地，这是说卫人力不能讨贼，却要借助于外国人。（例五）也称"宋人"，是责备被弑的君有该死之罪，但他究竟是正式的君主，故称"其君"。（例六）与（例八）都是称"国"弑君之例，称"人"还只说"有些人"，称"国"便含有"全国"的意思。故称国弑君，那被弑之君，一定是罪大恶极的了。(例六)是太子仆弑君,又是弑父(据《左传》)。因为死者罪该死,故不著太子仆弑君弑父之罪。(例八)是栾书、中行偃使程滑去弑君的,因为君罪恶太甚,故不罪弑君的人,却说这是国民的公意。

这种褒贬的评判,如果真能始终一致,本也很有价值。为什么呢?因为这种书法,不单是要使"乱臣贼子"知所畏惧,并且教人知道君罪该死,弑君不为罪;父罪该死,弑父不为罪(如上所举的例六是)。这是何等精神!只可惜《春秋》一书,有许多自相矛盾的书法。如鲁国几次弑君,却不敢直书。于是后人便生出许多"为尊者讳,为亲者讳,为贤者讳"等等文过的话,便把《春秋》的书法弄得没有价值了。这种矛盾之处,或者不是孔子的原文,后来被"权门"干涉,方才改了的。我想当日孔子那样称赞晋国的董狐(宣二年《左传》),岂有破坏自己的书法?但我这话,也没有旁的证据,只可算一种假设的猜想罢了。

总论 《春秋》的三种方法,——正名字,定名分,寓褒贬——都是孔子实行"正名"、"正辞"的方法。这种学说,初看去觉得是很幼稚的。但是我们要知道这种学说,在中国学术思想上,有绝大的影响。我且把这些效果,略说一二,作为孔子正名主义的评判。

(1)语言文字上的影响 孔子的"君子于其言,无所苟而已矣"一句话,实是一切训诂书的根本观念。故《公羊》《穀梁》,都含有字典气味。董仲舒的书更多声音通假的训诂(如名训"鸣以出命",号训诮、训效,民训暝,性训生之类)。也有从字形上着想的训诂(如说王字为三画而连其中。《说文解字》引之)。大概孔子的正名说,无形之中,含有提倡训诂书的影响。

(2)名学上的影响 自从孔子提出"正名"的问题之后,古代哲学家都受了这种学说的影响。以后如荀子的"正名论"(看第十一篇第三章),法家的"正名论"(看第十二篇)不用说了。即如墨子的名学(看第六篇第三四章),便是正名论的反响。杨朱的"名无实,实无名"(看第七篇),也是这种学说的反动。我们简直可以说孔子的正名主义,实是中国名学的始祖。正如希腊梭格拉底的"概念说",是希腊名学的始祖(参观上篇老子论名一节)。

(3)历史上的影响　中国的历史学几千年来,很受了《春秋》的影响。试读司马迁《史记·自序》,及司马光《资治通鉴》论"初命三晋为诸侯"一段,及朱熹《通鉴纲目》的正统书法各段,便可知《春秋》的势力了。《春秋》那部书,只可当作孔门正名主义的参考书看,却不可当作一部模范的史书看。后来的史家把《春秋》当作作史的模范,便大错了。为什么呢?因为历史的宗旨在于"说真话,记实事"。《春秋》的宗旨,不在记实事,只在写个人心中对于实事的评判。明是赵穿弑君,却说是赵盾弑君。明是晋文公召周天子,却说是"天子狩于河阳"。这都是个人的私见,不是历史的实事。后来的史家,崇拜《春秋》太过了,所以他们作史,不去讨论史料的真伪,只顾讲那"书法"和"正统"种种谬说。《春秋》的余毒就使中国只有主观的历史,没有物观的历史。

第五章　一以贯之

《论语》说孔子对子贡道:

> 赐也,汝以予为多学,而识之者与?
>
> 对曰:然,非与?
>
> 曰:非也,予一以贯之。(十五)

何晏注这一章最好。他说:

> 善有元,事有会。天下殊途而同归,百虑而一致。知其元,则众善举矣。故不待学而一知之。

何晏所引,乃《易·系辞传》之文。原文是:

> 子曰:天下何思何虑?天下同归而殊途,一致而百虑。天下何思何虑?

韩康伯注这一条,也说:

> 苟识其要,不在博求。一以贯之,不虑而尽矣。

《论语》又说:

> 子曰:参乎!吾道一以贯之。
>
> 曾子曰:唯。

> 子出，门人问曰：何谓也？
>
> 曾子曰：夫子之道，忠恕而已矣。（四）

"一以贯之"四个字，当以何晏所说为是。孔子认定宇宙间天地万物，虽然头绪纷繁，却有系统条理可寻。所以"天下之至赜"和"天下之至动"，都有一个"会通"的条理，可用"象"与"辞"表示出来。"同归而殊途，一致而百虑"，也只是说这个条理系统。寻得出这个条理系统，便可用来综贯那纷烦复杂的事物。正名主义的目的，在于"正名以正百物"，也只是这个道理。一个"人"字，可包一切人；一个"父"字，可包一切做父的。这便是繁中的至简，难中的至易。所以孔门论知识，不要人多学而识之。孔子明说"多闻，择其善者而从之，多见而识之"，不过是"知之次也"（七）。可见真知识，在于能寻出事物的条理系统，即在于能"一以贯之"。贯字本义为穿，为通，为统。"一以贯之"即是后来荀子所说的"以一知万"，"以一持万"。这是孔子的哲学方法。一切"知几"说，"正名"主义，都是这个道理。

自从曾子把"一以贯之"解作"忠恕"，后人误解曾子的意义，以为忠恕乃是关于人生哲学的问题，所以把"一以贯之"也解作"尽己之心，推己及人"，这就错了。"忠恕"两字，本有更广的意义，《大戴礼·三朝记》说：

> 知忠必知中，知中必知恕，知恕必知外。……内思毕心（一作必）曰知中。中以应实曰知恕，内恕外度曰知外。

章太炎作《订孔》下，论忠恕为孔子的根本方法，说：

> 心能推度曰恕，周以察物曰忠。故夫闻一以知十，举一隅而以三隅反者，恕之事也。……周以察物，举其征符，而辨其骨理者，忠之事也。……"身观焉"，忠也。"方不障"，恕也。（《章氏丛书·检论三》。"身观焉，方不障"见《墨子·经说下》。说详本书第八篇第二章。）

太炎这话发前人所未发。他所据的《三朝记》虽不是周末的书，但总可算得一部古书。恕字本训"如"（《苍颉》篇）。《声类》说："以心度物曰恕。"恕即是推论（Inference），推论总以类似为根据。如《中庸》说：

> 伐柯伐柯,其则不远。执柯以伐柯,睨而视之,犹以为远。

这是因手里的斧柄与要砍的斧柄同类,故可由这个推到那个。闻一知十,举一反三,都是用类似之点,作推论的根据。恕字训"如",即含此意。忠字太炎解作亲身观察的知识(《墨子·经说下》,"身观焉,亲也。"),《周语》说:"考中度衷为忠。"又说:"中能应外,忠也。"中能应外为忠,与《三朝记》的"中以应实,曰知恕"同意。可见忠恕两字意义本相近,不易分别。《中庸》有一章上文说"忠恕违道不远",是忠恕两字并举。下文紧接"施诸己而不愿,亦勿施于人";下文又说"所求乎子以事父"一大段,说的都只是一个"恕"字。此可见"忠恕"两字,与"恕"字同意。分知识为"亲知"(即经验)与"说知"(即推论)乃是后来墨家的学说。太炎用来解释忠恕两字,恐怕有点不妥。我的意思,以为孔子说的"一以贯之",和曾子说的"忠恕",只是要寻出事物的条理统系,用来推论,要使人闻一知十举一反三。这是孔子的方法论,不单是推己及人的人生哲学。

孔子的知识论,因为注重推论,故注意思虑。《论语》说:

> 学而不思则罔,思而不学则殆。(二)

学与思两者缺一不可。有学无思,只可记得许多没有头绪条理的物事,算不得知识。有思无学,便没有思的材料,只可胡思乱想,也算不得知识。但两者之中,学是思的预备,故更为重要。有学无思,虽然不好,但比有思无学害还少些。所以孔子说,多闻多见,还可算得是"知之次也"。又说:

> 吾尝终日不食,终夜不寝,以思。无益,不如学也。(十五)

孔子把学与思两事看得一样重,初看去似乎无弊,所以竟有人把"学而不思则罔,思而不学则殆"两句来比康德的"感觉无思想是瞎的,思想无感觉是空的"。但是孔子的"学"与康德所说的"感觉"略有不同。孔子的"学"并不是耳目的经验。看他说:"多闻,多见而识之"(识通志),"好古敏以求之","信而好古","博学于文",哪一句说的是实地的观察经验?墨家分知识为三种:一是亲身的经验,二是推论的知识,三是传受的知识(说详第八篇第二章)。孔子的"学"只是读书,只是文字上传受来的学问。所以他的弟子中,那几个有豪气的,

都不满意于这种学说。那最爽快的子路驳孔子道:

> 有民人焉,有社稷焉,何必读书,然后为学?(十一)

这句话孔子不能驳回,只得骂他一声"佞者"罢了。还有那"堂堂乎"的子张也说:

> 士见危授命,见得思义,祭思敬,丧思哀,其可已矣。(十九)

这就是后来陆九渊一派重"尊德性"而轻"道问学"的议论了。

所以我说孔子论知识注重"一以贯之",注重推论,本来很好。只可惜他把"学"字看作读书的学问,后来中国几千年的教育,都受这种学说的影响,造成一国的"书生"废物,这便是他的流弊了。

以上说孔子的知识方法。

"忠恕"虽不完全属于人生哲学,却也可算得是孔门人生哲学的根本方法。《论语》上子贡问可有一句话可以终身行得的吗?孔子答道:

> 其恕乎,己所不欲,勿施于人。(十五)

这就是《大学》的絜矩之道:

> 所恶于上,毋以使下;所恶于下,毋以事上;所恶于前,毋以先后;所恶于后,毋以从前;所恶于右,毋以交于左;所恶于左,毋以交于右。此之谓絜矩之道。

这就是《中庸》的忠恕:

> 忠恕违道不远。施诸己而不愿,亦勿施于人。君子之道四,丘未能一焉:所求乎子以事父,未能也;所求乎臣以事君,未能也;所求乎弟以事兄,未能也;所求乎朋友,先施之,未能也。

这就是孟子说的"善推其所为":

> 老吾老,以及人之老;幼吾幼,以及人之幼。……古之人所以大过人者,无他焉,善推其所为而已矣。(一)

这几条都只说了一个"恕"字。恕字在名学上是推论,在人生哲学一方面,也只是一个"推"字。我与人同是人,故"己所不欲,勿施于人",故"所恶于上,毋以使下",故"所求乎子以事父",故"老吾老,以及人之老"。只要认定我与人同属的类,——只要认得我与人的共相,——便自然会推己及人,这是人生哲学上的"一以贯之"。

上文所说"恕"字只是要认得我与人的"共相",这个"共相"即是"名"所表示。孔子的人生哲学,是和他的正名主义有密切关系的。古书上说,楚王失了一把宝弓,左右的人请去寻他。楚王说:"楚人失了,楚人得了,何必去寻呢?"孔子听人说这话,叹息道:"何不说'人失了,人得了?'何必说'楚人'呢?"这个故事很有道理。凡注重"名"的名学,每每先求那最大的名。"楚人"不如"人"的大,故孔子要楚王爱"人"。故"恕"字《说文》训仁(训仁之字,古文作忞。后乃与训如之恕字混耳)。《论语》记仲弓问仁,孔子答语有"己所不欲,勿施于人"一句,可见仁与恕的关系。孔门说仁虽是爱人(《论语》十三。《说文》,仁,亲也),却和后来墨家说的"兼爱"不相同。墨家的爱,是"无差等"的爱,孔门的爱,是"有差等"的爱。故说"亲亲之杀"。看儒家丧服的制度,从三年之丧,一级一级的降到亲尽无服,这便是"亲亲之杀"。这都由于两家的根本观念不同。墨家重在"兼而爱之"的兼字,儒家重在"推恩足以保四海"的推字,故同说爱人,而性质截然不同。

仁字不但是爱人,还有一个更广的义。今试举《论语》论仁的几条为例。

> 颜渊问仁,子曰:"克己复礼为仁。"……颜渊曰:"请问其目。"子曰:"非礼勿视,非礼勿听,非礼勿言,非礼勿动。"
>
> 仲弓问仁,子曰:"出门如见大宾,使民如承大祭。己所不欲,勿施于人。在邦无怨,在家无怨。"
>
> 司马牛问仁,子曰:"仁者其言也讱。"(以上十二)
>
> 樊迟问仁,子曰:"居处恭,执事敬,与人忠。"(十三)

以上四条,都不止于爱人,细看这几条,可知仁即是做人的道理。克己复礼;出门如见大宾,使民如承大祭;居处恭,执事敬,与人忠:都只是如何做人的道理。故都可说是仁。《中庸》说:"仁者,人也。"《孟子》说:"仁也者,人也。"(七下)孔子的名学注重名的本义,要把理想中标准的本义来改正现在失了原意的事物。例如"政者正也"之类。"仁者人也",只是说仁是理想的人道,做一个人,须要能尽人道。能尽人道，即是仁。后人如朱熹之流，说："仁者，无私心而合天理之谓，"乃是宋儒的臆说，不是孔子的本意。蔡子民《中国伦理学史》说孔子所说的"仁"，乃是"统摄诸德，完成人格之名"。这话甚是。《论语》记子路问成人，孔子答道：

> 若臧武仲之知，公绰之不欲，卞庄子之勇，冉求之艺，文之以礼乐，亦可以为成人矣。（十四）

成人即是尽人道，即是"完成人格"，即是仁。

孔子又提出"君子"一个名词，作为人生的模范。"君子"本义为"君之子"，乃是阶级社会中贵族一部分的通称。古代"君子"与"小人"对称，君子指士以上的上等社会，小人指士以下的小百姓。试看《国风》《小雅》所用"君子"，与后世小说书中所称"公子"、"相公"有何分别？后来封建制度渐渐破坏，"君子"、"小人"的区别，也渐渐由社会阶级的区别，变为个人品格的区别。孔子所说君子，乃是人格高尚的人，乃是有道德，至少能尽一部分人道的人。故说：

> 君子而不仁者有矣夫，未有小人而仁者也。（十四）

这是说君子虽未必能完全尽人道，但是小人决不是尽人道的人。又说：

> 君子道者三，我无能焉：仁者不忧，知者不惑，勇者不惧。（十四）

> 司马牛问君子，子曰：君子不忧不惧。……内省不疚，夫何忧何惧？（十二）

> 子路问君子，子曰：修己以敬，……修己以安人，……修己以安百姓。（十四）

凡此皆可见君子是一种模范的人格。孔子的根本方法，上章已说过，在于指出一种理想的模范，作为个人及社会的标准。使人"拟之而后言，仪之而后动"。他平日所说"君子"便是人生品行的标准。

上文所说人须尽人道。由此理推去，可说做父须要尽父道，做儿子须要尽子道，做君须要尽君道，做臣须要尽臣道。故《论语》说：

> 齐景公问政于孔子。孔子对曰："君君臣臣，父父子子。"公曰："善哉！信如君不君，臣不臣，父不父，子不子，虽有粟，吾得

而食诸?"(十二)

又《易经·家人卦》说:

> 家人有严君焉,父母之谓也。父父子子,兄兄弟弟,夫夫妇妇,而家道正。正家而天下定矣。

这是孔子正名主义的应用。君君臣臣,父父子子,便是使家庭社会国家的种种阶级,种种关系,都能"顾名思义",做到理想的标准地步。这个标准地步,就是《大学》上说的"止于至善"。《大学》说:

> 为人君,止于仁;为人臣,止于敬;为人子,止于孝;为人父,止于慈;与国人交,止于信。

这是伦常的人生哲学。"伦"字,《说文》云:"辈也,一曰道也。"《曲礼》注,"伦,犹类也。"《论语》"言中伦",包注,"道也,理也。"孟子注,"伦,序也。"人与人之间,有种种天然的或人为的交互关系。如父子,如兄弟,是天然的关系。如夫妻,如朋友,是人造的关系。每种关系便是一"伦",每一伦有一种标准的情谊行为。如父子之恩,如朋友之信,这便是那一伦的"伦理"。儒家的人生哲学,认定个人不能单独存在,一切行为都是人与人交互关系的行为,都是伦理的行为,故《中庸》说:

> 天下之达道五,曰:君臣也,父子也,夫妇也,昆弟也,朋友之交也。五者,天下之达道也。

"达道"是人所共由的路(参看《论语》十八,子路从而后一章)。因为儒家认定人生总离不了这五条达道,总逃不出这五个大伦,故儒家的人生哲学,只要讲明如何处置这些伦常的道理,只要提出种种伦常的标准伦理。如《左传》所举的六顺:君义,臣行,父慈,子孝,兄爱,弟敬;如《礼运》所举的十义:父慈,子孝,兄良,弟悌,夫义,妇听,长惠,幼顺,君仁,臣忠;如《孟子》所举的五伦:父子有亲,君臣有义,夫妇有别,长幼有序,朋友有信。故儒家的人生哲学,是伦理的人生哲学。后来孟子说墨子兼爱,是无父;杨子为我,是无君。无父无君,即是禽兽。孟子的意思,其实只是说墨家和杨氏(老庄各家近于杨氏)的人生哲学,或是极端大同主义,或是极端个人主义,都是非伦理的人生哲学。我讲哲学,不用"伦理学"三个字,却称"人生哲学",也只是因为"伦理学"只可用于儒家的人生哲学,而不可用于别家。

孔子的人生哲学,不但注重模范的伦理,又还注重行为的动机。《论语》说:

> 视其所以,观其所由,察其所安,人焉廋哉?人焉廋哉?（二）

这一章乃是孔子人生哲学很重要的学说,可惜旧注家多不曾懂得这一章的真义。"以"字,何晏解作"用",说"言视其所行用",极无道理。朱熹解作"为",说"为善者为君子,为恶者为小人",也无道理。"以"字当作"因"字解。《邶风》:"何其久也,必有以也。"《左传》昭十三年:"我之不共,鲁故之以",又《老子》"众人皆有以"。此诸"以"字,皆作因为解。凡"所以"二字连用,"以"字总作因为解。孔子说观察人的行为,须从三方面下手:第一,看他因为什么要如此做;第二,看他怎么样做,用的什么方法;第三,看这种行为,在做的人身心上发生何种习惯,何种品行（朱熹说第二步为"意之所从来"是把第二步看作第一步了。说第三步道:"安,所乐也。所由虽善,而心之所乐者,不在于是,则亦伪耳,岂能久而不变哉"却很不错）。第一步是行为的动机,第二步是行为的方法,第三步是行为所发生的品行。这种三方面都到的行为论,是极妥善无弊的。只可惜孔子有时把第一步的动机看得很重,所以后来的儒家,便偏向动机一方面,把第二步第三步都抛弃不顾了。孔子论动机的话,如下举诸例:

> 今之孝者,是谓能养。至于犬马,皆能有养。不敬,何以别乎?（二）
>
> 人而不仁,如礼何?人而不仁,如乐何?（二）
>
> 苟志于仁矣,无恶也。（四）

动机不善,一切孝悌礼乐都只是虚文,没有道德的价值。这话本来不错（即墨子也不能不认"意"的重要。看《耕柱篇》第四节）,但孔子生平,痛恨那班聚敛之臣,斗筲之人的谋利政策,故把义利两桩分得太分明了。他说:

> 放于利而行,多怨。（四）
>
> 君子喻于义,小人喻于利。（四）

但他却并不是主张"正其谊不谋其利"的人。《论语》说：

> 子适卫，冉有仆。子曰："庶矣哉！"冉有曰："既庶矣，又何加焉？"子曰："富之。"曰："既富矣，又何加焉？"曰："教之。"（十四）

这岂不是"仓廪实而后知礼节，衣食足而后知荣辱"的政策吗？可见他所反对的利，乃是个人自营的私利。不过他不曾把利字说得明白，《论语》又有"子罕言利"的话，又把义利分作两个绝对相反的物事，故容易被后人误解了。

但我以为与其说孔子的人生哲学注重动机，不如说他注重养成道德的品行。后来的儒家只为不能明白这个区别，所以有极端动机的道德论。孔子论行为，分动机、方法、品行三层，已如上文所说。动机与品行都是行为的"内容"。我们论道德，大概分内容和外表两部。譬如我做了一件好事，若单是为了这事结果的利益，或是为了名誉，或是怕惧刑罚笑骂，方才做去，那都是"外表"的道德。若是因为我觉得理该去做，不得不去做，那便是属于"内容"的道德。内容的道德论，又可分两种。一种偏重动机，认定"天理"（如宋儒中之主张天理人欲论者），或认定"道德的律令"（如康德），有绝对无限的尊严，善的理该去做，恶的理该不去做。一种注重道德的习惯品行，习惯已成，即是品行（习惯，Habit，品行，Character）。有了道德习惯的人，见了善自然去做，见了恶自然不去做。例如：良善人家的子弟，受了良善的家庭教育，养成了道德的习惯，自然会行善去恶，不用勉强。

孔子的人生哲学，依我看来，可算得是注重道德习惯一方面的。他论人性道：

> 性相近也，习相远也，惟上智与下愚不移。（十七）

"习"即是上文所说的习惯。孔子说：

> 吾未见好德如好色者也。（九）

> 已矣乎！吾未见好德如好色者也！（十五）

这两章意同而辞小异，可见这是孔子常说的话。他说不曾见好德如好色的人，可见他不信好德之心是天然有的。好德之心虽不是天然生就的，却可以培养得成。培养得纯熟了，自然流露，便如好色之心

一般,毫无勉强。《大学》上说的"如恶恶臭,如好好色"便是道德习惯已成时的状态。孔子说:

> 知之者,不如好之者。好之者,不如乐之者。(六)

人能好德恶不善,如好好色,如恶恶臭,便是到了"好之"的地位。道德习惯变成了个人的品行,动容周旋,无不合理,如孔子自己说的"从心所欲,不逾矩",那便是已到"乐之"的地位了。

这种道德的习惯,不是用强迫手段可以造成的。须是用种种教育涵养的功夫方能造得成。孔子的正名主义,只是要寓褒贬,别善恶,使人见了善名,自然生爱;见了恶名,自然生恶。人生无论何时何地,都离不了名。故正名是极大的德育利器(参看《荀子·正名》篇及《尹文子·大道》篇)。此外孔子又极注重礼乐。他说:

> 兴于诗,立于礼,成于乐。(八)
>
> 不学诗,无以言,……不学礼,无以立。(十六)
>
> 诗,可以兴,可以观,可以群,可以怨,……人而不为《周南》《召南》,其犹正墙面而立也欤。(十七)
>
> 恭而无礼则劳(有子曰,恭近于礼,远耻辱也)。慎而无礼则葸。勇而无礼则乱。直而无礼则绞。(八)

诗与礼乐都是陶融身心,养成道德习惯的利器。故孔子论政治,也主张用"礼让为国"。又主张使弦歌之声,遍于国中。此外孔子又极注重模范人格的感化。《论语》说:

> 季康子问政于孔子曰:"如杀无道,以就有道,何如?"孔子对曰:"子为政,焉用杀;子欲善,而民善矣。君子之德风,小人之德草,草上之风必偃。"(十三)
>
> 为政以德,譬如北辰,居其所而众星共之。(二)

因此他最反对用刑治国。他说:

> 道之以政,齐之以刑,民免而无耻。道之以德,齐之以礼,有耻且格。(二)

第五篇　孔门弟子

《史记》有《仲尼弟子列传》一卷,记孔子弟子七十七人的姓名年岁甚详。我以为这一篇多不可靠。篇中说:"弟子籍出孔氏古文近是",这话含混可疑。且篇中把澹台灭明、公伯寮都算作孔子的弟子,更可见是后人杂凑成的。况且篇中但详于各人的姓字年岁,却不记各人所传的学说,即使这七十七人都是真的,也毫无价值,算不得哲学史的材料。《孔子家语》所记七十六人,不消说得,是更不可靠了(参看马骕《绎史》卷九十五)。所以我们今日若想作一篇《孔门弟子学说考》,是极困难的事。我这一篇所记①,并不求完备,不过略示孔子死后他一门学派的趋势罢了。

韩非《显学篇》说:

> 自孔子之死也,有子张之儒,有子思之儒,有颜氏之儒,有孟氏之儒,有漆雕氏之儒,有仲良氏(道藏本良作梁)之儒,有孙氏(即荀卿)之儒,有乐正氏之儒。

自从孔子之死到韩非,中间二百多年,先后共有过这八大派的儒家。这八大派并不是同时发生的,如乐正氏,如子思,都是第三代的;孟氏、孙氏都是第四或第五代的。颜氏、仲良氏今不可考。只有子张和漆雕氏两家是孔子直传的弟子。今试作一表如下(见下页)。

最可怪的是曾子、子夏、子游诸人都不在这八家之内。或者当初曾子、子夏、子游、有子诸人都是孔门的正传,"言必称师"(《论语》

---

① 编者注:原作"我这一章所记",依本篇格式现改为"我这一篇所记"。

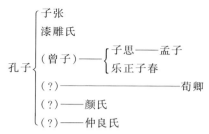

十九曾子两言"吾闻诸夫子",《礼记·祭义》乐正子春曰"吾闻诸曾子,曾子闻诸夫子"),故不别立宗派。只有子张和漆雕开与曾子一班人不合,故别成学派。子张与同门不合,《论语》中证据甚多,如:

> 子游曰:"吾友张也,为难能也,然而未仁。"(十九)
> 曾子曰:"堂堂乎张也,难与并为仁矣。"(十九)

子张是陈同甫、陆象山一流的人,瞧不上曾子一般人"战战兢兢"的萎缩气象,故他说:

> 执德不弘,信道不笃,焉能为有?焉能为无?(十九)
> 士见危致命,见得思义,祭思敬,丧思哀,其可已矣。(同)

又子夏论交道:"可者与之,其不可者拒之。"子张驳他道:

> 君子尊贤而容众,嘉善而矜不能。我之大贤欤,于人何所不容?我之不贤欤,人将拒我,如之何其拒人也?(同)

看他这种阔大的气象,可见他不能不和子夏、曾子等人分手,别立宗派。雕漆开一派,"不色挠,不目逃;行曲则违于臧获,行直则怒于诸侯。"(《韩非子·显学》篇)乃是儒家的武侠派,也不配做儒家的正宗(王充《论衡》说漆雕开论性有善有恶,是非性善论)。只可惜子张和漆雕两派的学说如今都不传了,我们如今只能略述孔门正传一派的学说罢。

孔门正传的一派,大概可用子夏、子游、曾子一班人做代表。我不能细说各人的学说,且提出两个大观念:一个是"孝",一个是"礼"。这两个问题,孔子生时都不曾说得周密,到了曾子一般人手里,方才说得面面都到。从此以后,这两个字便渐渐成了中国社会的两大势力。

孝 孔子何尝不说孝道，但总不如曾子说得透切圆满。曾子说：

> 孝有三：大孝尊亲，其次弗辱，其次能养。(《礼记·祭义》)

什么叫做尊亲呢？第一，是增高自己的人格，如《孝经》说的"立身行道，扬名于后世，以显父母"。第二，是增高父母的人格，所谓"先意承志，谕父母于道。"尊亲即是《孝经》的"严父"。《孝经》说：

> 人之行莫大于孝，孝莫大于严父（严父谓尊严其父），严父莫大于配天。

什么叫做弗辱呢？第一即是《孝经》所说"身体发肤，受之父母，不敢毁伤"的意思。《祭义》所说"父母全而生之，子全而归之"，也是此意。第二，是不敢玷辱父母传与我的人格。这一层曾子说得最好。他说：

> 身也者，父母之遗体也。行父母之遗体，敢不敬乎？居处不庄，非孝也。事君不忠，非孝也。莅官不敬，非孝也。朋友不信，非孝也。战陈无勇，非孝也。五者不遂，灾及其亲，敢不敬乎？(《祭义》)

什么叫做能养呢？孔子说的：

> 今之孝者，是谓能养。至于犬马，皆能有养。不敬，何以别乎？(《论语》二)

> 事父母几谏。见志不从，又敬不违，劳而无怨。(《论语》四)

这都是精神的养亲之道。不料后来的人只从这个养字上用力，因此造出许多繁文缛礼来，例如《礼记》上说的：

> 子事父母，鸡初鸣，咸盥漱，栉縰，笄总，拂髦，冠缕缨，端韠绅，搢笏。左右佩用：左佩纷帨，刀，砺，小觿，金燧；右佩玦，捍，管，遰，大觿，木燧。偪屦著綦。……以适父母之所。及所，下气怡声，问衣燠寒，疾痛苛痒，而敬抑搔之。出入，则或先或后而敬扶持之。进盥，少者捧盘，长者捧水，请沃盥。盥卒，授巾。问所欲而敬进之。(《内则》)

这竟是现今戏台上的台步，脸谱，武场套数，成了刻板文字，便失了孝的真意了。曾子说的三种孝，后人只记得那最下等的一项，只在一个"养"字上做工夫。甚至于一个母亲发了痴心冬天要吃鲜鱼，他儿子便去睡在冰上,冰里面便跳出活鲤鱼来了(《晋书·王祥传》)。这种鬼话,竟有人信以为真,以为孝子应该如此!可见孝的真义久已埋没了。

孔子的人生哲学,虽是伦理的,虽注意"君君,臣臣,父父,子子,夫夫,妇妇",却并不曾用"孝"字去包括一切伦理。到了他的门弟子,以为人伦之中独有父子一伦最为亲切,所以便把这一伦提出来格外注意,格外用功。如《孝经》所说:

> 父子之道,天性也。……故不爱其亲而爱他人者,谓之悖德,不敬其亲而敬他人者,谓之悖礼。

又如有子说的:

> 君子务本,本立而道生。孝弟也者,其为仁之本欤?(《论语》一)

孔门论仁,最重"亲亲之杀",最重"推恩",故说孝弟是为仁之本。后来更进一步,便把一切伦理都包括在"孝"字之内。不说你要做人,便该怎样,便不该怎样;却说你要做孝子,便该怎样,便不该怎样。例如:上文所引曾子说的"战陈无勇","朋友不信",他不说你要做人,要尽人道,故战阵不可无勇,故交友不可不信;只说你要做一个孝子,故不可如此如此。这个区别,在人生哲学史上,非常重要。孔子虽注重个人的伦理关系,但他同时又提出一个"仁"字,要人尽人道,做一个"成人"。故"居处恭,执事敬,与人忠",只是仁,只是尽做人的道理。这是"仁"的人生哲学。那"孝"的人生哲学便不同了。细看《祭义》和《孝经》的学说,简直可算得不承认个人的存在。我并不是我,不过是我的父母的儿子。故说:"身也者,父母之遗体也。"又说:"身体发肤,受之父母。"我的身并不是我,只是父母的遗体,故居处不庄,事君不忠,战阵无勇,都只是对不住父母,都只是不孝。《孝经》说天子应该如何,诸侯应该如何,卿大夫应该如何,士庶人应该如何。他并不说你做了天子诸侯或是做了卿大夫士庶人,若不如此做,便不能尽你做人之道。他只说你若要做孝子,非得如此做去,不能尽孝道,不能对得住你的父母。总而言之,你无论在什么地位,无论做什么事,你须要记得这并不是"你"做了天子诸侯等等,乃是"你父母的儿子"做了天子诸侯等等。

这是孔门人生哲学的一大变化。孔子的"仁的人生哲学",要人尽"仁"道,要人做一个"人"。孔子以后的"孝的人生哲学",要人尽"孝"道,要人做一个"儿子"(参观第十篇第一章)。这种人生哲学,固然也有道理,但未免太把个人埋没在家庭伦理里面了。如《孝经》说:

> 事亲者,居上不骄,为下不乱,在丑不争。

难道不事亲的便不能如此吗?又如:

> 爱亲者不敢严于人,敬亲者不敢慢于人。

为什么不说为人之道不当恶人、慢人呢?

以上说孝的哲学。现在且说"孝的宗教"。宗教家要人行善,又怕人不肯行善,故造出一种人生行为的监督,或是上帝,或是鬼神,多可用来做人生道德的裁制力。孔子是不很信鬼神的,他的门弟子也多不深信鬼神(墨子常说儒家不信鬼神)。所以孔门不用鬼神来做人生的裁制力。但是这种道德的监督似乎总不可少,于是想到父子天性上去。他们以为五伦之中父子的亲谊最厚,人人若能时时刻刻想着父母,时时刻刻惟恐对不住父母,便决不致做出玷辱父母的行为了。所以儒家的父母便和别种宗教的上帝鬼神一般,也有裁制鼓励人生行为的效能。如曾子的弟子乐正子春说:

> 吾闻诸曾子,曾子闻诸夫子曰:"天之所生,地之所养,无人为大。父母全而生之,子全而归之,可谓孝矣。不亏其体,不辱其亲,可谓全矣。"故君子顷步而不敢忘孝也。……壹举足而不敢忘父母,壹出言而不敢忘父母。壹举足而不敢忘父母,是故道而不径,舟而不游,不敢以先父母之遗体行殆。壹出言而不敢忘父母,是故恶言不出于口,忿言不反于身,不辱其身,不羞其亲:可谓孝矣。(《祭义》)

人若能一举足,一出言,都不敢忘父母,他的父母便是他的上帝鬼神;他的孝道便成了他的宗教。曾子便真有这个样子,看他临死时对他的弟子说:

> 启予足,启予手。《诗》云:"战战兢兢,如临深渊,如履薄

冰。"而今而后,吾知免夫,小子!(《论语》八)
这是完全一个宗教家的口气。这种"全受全归"的宗教的大弊病,在于养成一种畏缩的气象,使人销磨一切勇往冒险的胆气。《汉书·王尊传》说:

> 王阳为益州刺史,行部至邛郲九折阪,叹曰:"奉先人遗体,奈何数乘此险!"后以病去。

这就是"不敢以先父母之遗体行殆"的宗教的流毒了。

儒家又恐怕人死了父母,便把父母忘了,所以想出种种丧葬祭祀的仪节出来,使人永久纪念着父母。曾子说:

> 吾闻诸夫子:人未有自致者也,必也亲丧乎!(《论语》十九。《孟子》也说"亲丧固所自尽也")

因为儒家把亲丧的时节看得如此重要,故要利用这个时节的心理,使人永久纪念着父母。儒家的丧礼,孝子死了父母,"居于倚庐,寝苦枕块,哭泣无数,服勤三年,身病体羸,扶而后能起,杖而后能行。"还有种种怪现状,种种极琐细的仪文,试读《礼记》中《丧大记》、《丧服大记》、《奔丧》、《问丧》诸篇,便可略知大概,今不详说。三年之丧,也是儒家所创,并非古礼,其证有三。《墨子·非儒》篇说:

> 儒者曰:亲亲有术,尊贤有等。……其礼曰:丧父母三年。

此明说三年之丧是儒者之礼,是一证。《论语》十七记宰我说三年之丧太久了,一年已够了。孔子弟子中尚有人不认此制合礼,可见此非当时通行之俗,是二证。《孟子·滕文公》篇记孟子劝滕世子行三年之丧,滕国的父兄百官皆不愿意,说道:"吾宗国鲁先君莫之行,吾先君亦莫之行也。"鲁为周公之国,尚不曾行过三年之丧,是三证。至于儒家说尧死时三载如丧考妣,商高宗三年不言,和孟子所说"三年之丧,三代共之",都是儒家托古改制的惯技,不足凭信。

祭礼乃是补助丧礼的方法。三年之丧虽久,究竟有完了的时候。于是又创为以时祭祀之法,使人时时纪念着父母祖宗。祭祀的精义,《祭义》说得最妙:

> 斋之日,思其居处,思其笑语,思其志意,思其所乐,思其所嗜。斋三日乃见其所为斋者。祭之日,入室,僾然必有见乎其

位。周还出户,肃然必有闻乎其容声。出户而听,忾然必有闻乎其叹息之声。(《祭义》)

这一段文字,写祭祀的心理,可谓妙绝。近来有人说儒教不是宗教,我且请他细读《祭义》篇。

但我不说儒家是不深信鬼神的吗?何以又如此深信祭祀呢?原来儒家虽不深信鬼神,却情愿自己造出鬼神来崇拜。例如孔子明说"未知生,焉知死",他却又说:"祭如在,祭神如神在。"一个"如"字,写尽宗教的心理学。上文所引《祭义》一段,写那祭神的人,斋了三日,每日凝神思念所祭的人,后来自然会"见其所为斋者"。后文写祭之日一段,真是见神见鬼,其实只是《中庸》所说"洋洋乎如在其上,如在其左右。"依旧是一个"如"字。

有人问,儒家为什么情愿自己造出鬼神来崇拜呢?我想这里面定有一层苦心。曾子说:

慎终追远,民德归厚矣。(《论语》一)

孔子说:

君子笃于亲,则民兴于仁。(《论语》八)

一切丧葬祭祀的礼节,千头万绪,只是"慎终追远"四个字,只是要"民德归厚",只是要"民兴于仁"。

这是"孝的宗教"。

礼 我讲孔门弟子的学说,单提出"孝"和"礼"两个观念。孝字狠容易讲,礼字却极难讲。今试问人"什么叫做礼?"几乎没有一人能下一个完全满意的界说。有许多西洋的"中国学家"也都承认中文的礼字在西洋文字竟没有相当的译名。我现在且先从字义上下手。《说文》:"禮,履也,所以事神致福也。从示从豊,豊亦声。"又,"豊,行礼之器也,从豆,象形。"按礼字从示从豊,最初本义完全是宗教的仪节,正译当为"宗教"。《说文》所谓"所以事神致福",即是此意。《虞书》:"有能典朕三礼,"马注:"天神地祇人鬼之礼也。"这是礼的本义。后来礼字范围渐大,有"五礼"(吉、凶、军、宾、嘉)、"六礼"(冠、昏、丧、祭、乡、相见)"九礼"(冠、昏、朝、聘、丧、祭、宾主、乡饮酒、军旅)的名目。这都是处世接人慎终追远的仪文,范围已广,不限于宗教一部分,竟包括一切社会习惯风俗所承认的行为的规矩。如今所传《仪礼》十七篇,及《礼记》中专记礼文仪节的一部分,都是这一类。礼字的广义,还不止于此。《礼运》篇说:

> 礼者,君之大柄也,所以别嫌、明微、傧鬼神、考制度、别仁义,所以治政安君也。

《坊记》篇说:

> 礼者,因人之情而为之节文,以为民坊者也。

这种"礼"的范围更大了。礼是"君之大柄","所以治政安君","所以为民坊",这都含有政治法律的性质。大概古代社会把习惯风俗看作有神圣不可侵犯的尊严,故"礼"字广义颇含有法律的性质。儒家的"礼"和后来法家的"法"同是社会国家的一种裁制力,其中却有一些分别。第一,礼偏重积极的规矩,法偏重消极的禁制;礼教人应该做什么,应该不做什么;法教人什么事是不许做的,做了是要受罚的。第二,违法的有刑罚的处分,违礼的至多不过受"君子"的讥评,社会的笑骂,却不受刑罚的处分。第三,礼与法施行的区域不同。《礼记》说:"礼不下庶人,刑不上大夫。"礼是为上级社会设的,法是为下等社会设的。礼与法虽有这三种区别,但根本上同为个人社会一切行为的裁制力。因此我们可说礼是人民的一种"坊"(亦作防)。《大戴礼记·礼察》篇说(《小戴记·经解》篇与此几全同):

> 孔子曰(凡大小《戴记》所称"孔子曰""子曰"都不大可靠):君子之道,譬犹防欤。夫礼之塞乱之所从生也,犹防之塞水之所从来也。……故昏姻之礼废,则夫妇之道苦,而淫僻之罪多矣。乡饮酒之礼废,则长幼之序失,而争斗之狱繁矣。聘射之礼废,则诸侯之行恶,而盈溢之败起矣。丧祭之礼废,则臣子之恩薄,而倍死忘生之礼众矣。凡人之知,能见已然,不见将然。礼者禁于将然之前,而法者禁于已然之后。……礼云,礼云,贵绝恶于未萌,而起敬于微眇,使民日徙善远罪而不自知也。

这一段说礼字最好。礼只教人依礼而行,养成道德的习惯,使人不知不觉的"徙善远罪"。故礼只是防恶于未然的裁制力。譬如人天天讲究运动卫生,使疾病不生,是防病于未然的方法。等到病已上身,再对症吃药,便是医病于已然之后了。礼是卫生书,法是医药书。儒家深信这个意思,故把一切合于道理可以做行为标准,可以养成道德习惯,可以增进社会治安的规矩,都称为礼。这是最广义的"礼",不但不限于宗教一部分,并且不限于习惯风俗。《乐记》说:

> 礼也者,理之不可易者也。

《礼运》说:

> 礼也者,义之实也。协诸义而协,则礼虽先王未之有,可以义起也。

这是把礼和理和义看作一事,凡合于道理之正,事理之宜的,都可建立为礼的一部分。这是"礼"字进化的最后一级。"礼"的观念凡经过三个时期。第一,最初的本义是宗教的仪节。第二,礼是一切习惯风俗所承认的规矩。第三,礼是合于义理可以做行为模范的规矩,可以随时改良变换,不限于旧俗古礼。

以上说礼字的意义。以下说礼的作用,也分三层说:

第一,礼是规定伦理名分的　上篇说过,孔门的人生哲学是伦理的人生哲学,他的根本观念只是要"君君,臣臣,父父,子子,夫夫,妇妇"。这种种伦常关系的名分区别,都规定在"礼"里面。礼的第一个作用,只是家庭社会国家的组织法(组织法旧译宪法)。《坊记》说:

> 夫礼者,所以章疑别微,以为民坊者也。故贵贱有等,衣服有别,朝廷有位,则民有所让。

《哀公问》说:

> 民之所由生,礼为大。非礼无以节事天地之神也,非礼无以辨君臣上下长幼之位也,非礼无以别男女父子兄弟之亲,昏姻疏数之交也。

这是礼的重要作用。朝聘的拜跪上下,乡饮酒和士相见的揖让进退,丧服制度的等差,祭礼的昭穆祧迁,都只是要分辨家庭社会一切伦理的等差次第。

第二,礼是节制人情的　《礼运》说此意最好:

> 圣人耐(通能字)以天下为一家,以中国为一人者,非意之

> 也。必知其情,辟于其义(辟,晓喻也),明于其利,达于其患,然后能为之。何谓人情? 喜,怒,哀,惧,爱,恶,欲,七者弗学而能。何谓人义? 父慈,子孝,兄良,弟悌,夫义,妇听,长惠,幼顺,君仁,臣忠:十者谓之人义。讲信修睦,谓之人利。争夺相杀,谓之人患。故圣人之所以治人七情,修十义,讲信修睦,尚慈让,去争夺,舍礼何以治之?
>
> 饮食男女,人之大欲存焉。死亡贫苦,人之大恶存焉。故欲恶者,心之大端也。人藏其心,不可测度也。美恶皆在其心,不见其色也。欲一以穷之,舍礼何以哉?

人的情欲本是可善可恶的,但情欲须要有个节制;若没有节制,便要生出许多流弊。七情之中,欲恶更为重要,欲恶无节,一切争夺相杀都起于此。儒家向来不主张无欲(宋儒始有去人欲之说),但主"因人之情而为之节文以为民坊"。子游说:

> 有直道而径行者,戎狄之道也。礼道则不然。人喜则斯陶,陶斯咏,咏斯犹(郑注,犹当为摇,声之误也),犹斯舞(今本此下有"舞斯愠"三字,今依陆德明《释文》删去)。愠斯戚,戚斯叹,叹斯辟(郑注,辟,拊心也),辟斯踊矣。品节斯,斯之谓礼。(《檀弓》)

《乐记》也说:

> 夫豢豕为酒,非以为祸也,而狱讼益繁,则酒之流生祸也。是故先生因为酒礼:一献之礼宾主百拜,终日饮酒,而不得醉焉。此先王之所以备酒祸也。

这两节说"因人之情而为之节文",说得最透切。《檀弓》又说:

> 弁人有其母死而孺子泣者。孔子曰:"哀则哀矣,而难为继也。夫礼为可传也,为可继也,故哭踊有节。"

这话虽然不错,但儒家把这种思想推于极端,把许多性情上的事都要依刻板的礼节去做。《檀弓》有一条绝好的例:

> 曾子袭裘而吊,子游裼裘而吊。曾子指子游而示人曰:"夫夫也,为习于礼者。如之何其裼裘而吊也。"主人既小敛,袒,括发,子游趋而出,袭裘带绖而入。曾子曰:"我过矣! 我过矣!

夫夫是也。"

这两个"习于礼"的圣门弟子,争论这一点小节,好像是什么极大关系的事,圣门书上居然记下来,以为美谈!怪不得那"堂堂乎"的子张要说"祭思敬,丧思哀,其可已矣!"(子路是子张一流人,故也说"丧礼与其哀不足而礼有余也,不若礼不足而哀有余也。祭礼与其敬不足而礼有余也,不若礼不足而敬有余也。")

第三,礼是涵养性情,养成道德习惯的 以上所说两种作用——规定伦理名分,节制情欲——只是要造成一种礼义的空气,使人生日用,从孩童到老大,无一事不受礼义的裁制,使人"绝恶于未萌,而起敬于微眇,使民日徙善远罪而不自知"。这便是养成的道德习惯。平常的人,非有特别意外的原因,不至于杀人放火,奸淫偷盗,都只为社会中已有了这种平常道德的空气,所以不知不觉的也会不犯这种罪恶。这便是道德习惯的好处。儒家知道要增进人类道德的习惯,必须先造成一种更浓厚的礼义空气,故他们极推重礼乐的节文。《檀弓》中有个周丰说道:

> 墟墓之间,未施哀于民而民哀。社稷宗庙之中,未施敬于民而民敬。

墟墓之间,有哀的空气;宗庙之中,有敬的空气。儒家重礼乐,本是极合于宗教心理学与教育心理学的。只可惜儒家把这一种观念也推行到极端,故后来竟致注意服饰拜跪种种小节,便把礼的真义反失掉了。《孔子家语》说:

> 哀公问曰:"绅委章甫有益于仁乎?"
>
> 孔子作色而对曰:"君胡然焉!衰麻苴杖者,志不存乎乐,非耳弗闻,服使然也。黼黻衮冕者,容不亵慢,非性矜庄,服使然也。介胄执戈者,无退懦之气,非体纯猛,服使然也。"

这话未尝无理,但他可不知道后世那些披麻带孝,拿着哭丧杖的人何尝一定有哀痛之心?他又哪里知道如今那些听着枪声就跑的将军兵大爷何尝不穿着军衣带着文虎章?还是《论语》里面的孔子说得好:

> 礼云礼云,玉帛云乎哉?乐云乐云,钟鼓云乎哉?
>
> 林放问礼之本。子曰:"大哉问?礼,与其奢也,宁俭。丧,

与其易也,宁戚。"

人而不仁,如礼何?人而不仁,如乐何?

结论 以上说孔门弟子的学说完了。我这一篇所用的材料,颇不用我平日的严格主义,故于大小戴《礼记》及《孝经》里采取最多(所用《孔子家语》一段,不过借作陪衬,并非信此书有史料价值)。这也有两种不得已的理由:第一,孔门弟子的著作已荡然无存,故不得不从《戴记》及《孝经》等书里面采取一些勉强可用的材料。第二,这几种书虽然不很可靠,但里面所记的材料,大概可以代表"孔门正传"一派学说的大旨。这是我对于本章材料问题的声明。

总观我们现在所有的材料,不能不有一种感慨。孔子那样的精神魄力,富于历史的观念,又富于文学美术的观念,真是一个气象阔大的人物。不料他的及门弟子那么多人里面,竟不曾有什么人真正能发挥光大他的哲学,极其所成就,不过在一个"孝"字一个"礼"字上,做了一些补绽的工夫。这也可算得孔子的大不幸了。孔子死后两三代里竟不曾出一个出类拔萃的人物。直到孟轲、荀卿,儒家方才有两派有价值的新哲学出现。这是后话,另有专篇。

第六篇 墨子

第一章 墨子略传

墨子名翟姓墨。有人说他是宋人,有人说他是鲁人。今依孙诒让说,定他为鲁国人。

欲知一家学说传授沿革的次序,不可不先考定这一家学说产生和发达的时代。如今讲墨子的学说,当先知墨子生于何时。这个问题,古今人多未能确定。有人说墨子"并孔子时"(《史记·孟荀列传》),有人说他是"六国时人,至周末犹存"(毕沅《墨子序》),这两说相差二百多年,若不详细考定,易于使人误会。毕沅的话已被孙诒让驳倒了(《墨子间诂·非攻中》),不用再辨。孙诒让又说:

> 窃以今五十三篇之书推校之,墨子前及与公输般、鲁阳文子相问答,而后及见齐太公和(见《鲁问篇》,田和为诸侯,在周安王十六年),与齐康公兴乐(见《非乐·上》。康公卒于安王二十年),与楚吴起之死(见《亲士》篇。在安王二十一年)。上距孔子之卒(敬王四十一年)几及百年。则墨子之后孔子益信。审核前后,约略计之,墨子当与子思同时,而生年尚在其后(子思生于鲁哀公二年,周敬王二十七年也)。盖生于周定王之初年,而卒于安王之季,盖八九十岁(《墨子年表序》)。

我以为孙诒让所考不如汪中考的精确。汪中说:

> 墨子实与楚惠王同时(《耕柱》篇、《鲁问》篇、《贵义》篇),……其年于孔子差后,或犹及见孔子矣。……《非攻》中篇言知伯以好战亡,事在《春秋》后二十七年。又言蔡亡,则为楚惠王四十二年。墨子并当时,及见其事。《非攻》下篇言:"今天下好战之国,齐、晋、楚、越。"又言:"唐叔、吕尚邦齐晋,今与楚

> 越四分天下。"《节葬》下篇言:"诸侯力征,南有楚越之王,北有齐晋之君。"明在勾践称霸之后(《鲁问》篇越王请裂故吴地方五百里以封墨子,亦一证),秦献公未得志之前,全晋之时,三家未分,齐未为陈氏也。
>
> 《檀弓·下》,"季康子之母死,公输般请以机封。"此事不得其年。季康子之卒在哀公二十七年。楚惠王以哀公七年即位。般固逮事惠王。《公输》篇:"楚人与越人舟战于江。公输子自鲁南游楚,作钩强以备越。"亦吴亡后楚与越为邻国事。惠王在位五十七年,本书既载其以老辞墨子,则墨子亦寿考人欤?(《墨子序》)

注中所考都很可靠。如今且先说孙诒让所考的错处。

第一,孙氏所据的三篇书,《亲士》,《鲁问》,《非乐·上》,都是靠不住的书。《鲁问》篇乃是后人所辑,其中说的"齐大王",未必便是田和。即便是田和,也未必可信。例如《庄子》中说庄周见鲁哀公,难道我们便说庄周和孔丘同时么?《非乐》篇乃是后人补做的,其中屡用"是故子墨子曰,为乐非也"一句,可见其中的历史事实,未必都是墨子亲见的。《亲士》篇和《修身》篇同是假书,内中说的全是儒家的常谈,哪有一句墨家的话。

第二,墨子决不曾见吴起之死。《吕氏春秋·上德》篇说吴起死时,阳城君得罪逃走了,楚国派兵来收他的国。那时"墨者巨子孟胜"替阳城君守城,遂和他的弟子一百八十三人都死在城内。孟胜将死之前,还先派两个弟子把"巨子"的职位传给宋国的田襄子,免得把墨家的学派断绝了。

照这条看来,吴起死时,墨学久已成了一种宗教。那时"墨者巨子"传授的法子,也已经成为定制了。那时的"墨者",已有了新立的领袖。孟胜的弟子劝他不要死,说:"绝墨者于世,不可。"要是墨子还没有死,谁能说这话呢?可见吴起死时,墨子已死了许多年了。

依以上所举各种证据,我们可定墨子大概生在周敬王二十年与三十年之间(西历纪元前500至[前]490年),死在周威烈王元年与十年之间(西历纪元前425至[前]416年)。墨子生时约当孔子五十岁六十岁之间(孔子生西历纪元前551年)。到吴起死时,墨子已死了差不多四十年了。

　　以上所说墨子的生地和生时,很可注意。他生当鲁国,又当孔门正盛之时。所以他的学说,处处和儒家有关系。《淮南·要略》说:

　　　　墨子学儒者之业,受孔子之术,以为其礼烦扰而不悦,厚葬靡财而贫民,[久]服伤生而害事。

墨子究竟曾否"学儒者之业,受孔子之术",我们虽不能决定,但是墨子所受的儒家的影响,一定不少(《吕氏春秋·当染》篇说史角之后在于鲁,墨子学焉。可见墨子在鲁国受过教育)。我想儒家自孔子死后,那一班孔门弟子不能传孔子学说的大端,都去讲究那丧葬小节。请看《礼记·檀弓》篇所记孔门大弟子子游、曾子的种种故事,那一桩不是争一个极小极琐碎的礼节?(如"曾子吊于负夏"及"曾子袭裘而吊,子游裼裘而吊"诸条。)再看一部《仪礼》那种繁琐的礼仪,真可令今人骇怪。墨子生在鲁国,眼见这种种怪现状,怪不得他要反对儒家,自创一种新学派。墨子攻击儒家的坏处,约有四端:

　　　　儒之道足以丧天下者四政焉:儒以天为不明,以鬼为不神,天鬼不说。此足以丧天下。又厚葬久丧,重为棺椁,多为衣衾,送死若徙,三年哭泣,扶然后起,杖然后行,耳无闻,目无见。此足以丧天下。又弦歌鼓舞,习为声乐。此足以丧天下。又以命为有,贫富,寿夭,治乱,安危,有极矣,不可损益也。为上者行之,必不听治矣;为下者行之,必不从事矣。此足以丧天下。

(《墨子·公孟》篇)

这个儒墨的关系,是极重要不可忽略的。因为儒家不信鬼(孔子言"未知生,焉知死","未能事神,焉能事鬼"。又说"敬鬼神而远之"。《说苑》十八记子贡问死人有知无知,孔子曰:"吾欲言死者有知耶,恐孝子顺孙妨生以送死也。欲言死者无知,恐不孝子孙弃亲不葬也。赐欲知死人有知无知也,死徐自知之,犹未晚也。"此犹是怀疑主义〔Agnosticism〕。后来的儒家直说无鬼神,故《墨子·公孟》篇的公孟子曰"无鬼神",此直是无神主义〔Atheism〕),所以墨子倡"明鬼"论。因为儒家厚葬久丧,所以墨子倡"节葬"论。因为儒家重礼乐,所以墨子倡"非乐"论。因为儒家信天命(《论语》子夏说:"死生有命,富贵在天。"孔子自己也说:"不知命,无以为君子也。"又说:"道之将行也欤,命也。道之将废也欤,命也。"),所以墨子倡"非命"论。

墨子是一个极热心救世的人,他看见当时各国征战的惨祸,心中不忍,所以倡为"非攻"论。他以为从前那种"弭兵"政策(如向戌的弭兵会),都不是根本之计。根本的"弭兵",要使人人"视人之国,若视其国;视人之家,若视其家;视人之身,若视其身"。这就是墨子的"兼爱"论。

但是墨子并不是一个空谈弭兵的人,他是一个实行非攻主义的救世家。那时公输般替楚国造了一种云梯,将要攻宋。墨子听见这消息,从鲁国起程,走了十日十夜,赶到郢都去见公输般。公输般被他一一说服了,便送他去见楚王,楚王也被他说服了,就不攻宋了(参看《墨子·公输》篇)。公输般对墨子说:"我不曾见你的时候,我想得宋国。自从我见了你之后,就是有人把宋国送给我,要是有一毫不义,我都不要了。"墨子说:"……那样说来,仿佛是我已经把宋国给了你了。你若能努力行义,我还要把天下送给你咧。"(《鲁问》篇)

看他这一件事,可以想见他一生的慷慨好义,有一个朋友劝他道:"如今天下的人都不肯做义气的事,你何苦这样尽力去做呢?我劝你不如罢了。"墨子说:"譬如一个人有十个儿子,九个儿子好吃懒做,只有一个儿子尽力耕田。吃饭的人那么多,耕田的人那么少,那一个耕田的儿子便应该格外努力耕田才好。如今天下的人都不肯做义气的事,你正该劝我多做些才好。为什么反来劝我莫做呢?"(《贵义》篇)这是何等精神!何等人格!那反对墨家最利害的孟轲道:"墨子兼爱,摩顶放踵利天下为之。"这话本有责备墨子之意,其实是极恭维他的话。试问中国历史上,可曾有第二个"摩顶放踵利天下为之"的人么?

墨子是一个宗教家。他最恨那些儒家一面不信鬼神,一面却讲究祭礼丧礼。他说:"不信鬼神,却要学祭礼,这不是没有客却行客礼么?这不是没有鱼却下网么?"(《公孟》篇)所以墨子虽不重丧葬祭祀,却极信鬼神,还更信天。他的"天"却不是老子的"自然",也不是孔子的"天何言哉？四时行焉，百物生焉"的天。墨子的天，是有意志的。天的"志"就是要人兼爱。凡事都应该以"天志"为标准。

墨子是一个实行的宗教家。他主张节用，又主张废乐，所以他教人要吃苦修行。要使后世的墨者，都要"以裘褐为衣，以跂蹻为服，日夜不休，以自苦为极"。这是"墨教"的特色。《庄子·天下》篇批评墨家的行为，说：

> 墨翟、禽滑厘之意则是，其行则非也。将使后世之墨者，必自苦，以腓无胈胫无毛相进，而已矣。乱之上也，治之下也。

又却不得不称赞墨子道：

> 虽然，墨子真天下之好也。将求之不可得也，虽枯槁不舍也。才士也夫！

认得这个墨子，才可讲墨子的哲学。

《墨子》书今本有五十三篇，依我看来，可分作五组：

第一组，自《亲士》到《三辩》，凡七篇，皆后人假造的（黄震、宋濂所见别本，此七篇题曰经）。前三篇全无墨家口气，后四篇乃根据墨家的余论所作的。

第二组，《尚贤》三篇，《尚同》三篇，《兼爱》三篇，《非攻》三篇，《节用》两篇，《节葬》一篇，《天志》三篇，《明鬼》一篇，《非乐》一篇，《非命》三篇，《非儒》一篇，凡二十四篇。大抵皆墨者演墨子的学说所作的，其中也有许多后人加入的材料。《非乐》、《非儒》两篇更可疑。

第三组，《经·上、下》、《经说·上、下》、《大取》、《小取》六篇。不是墨子的书，也不是墨者记墨子学说的书。我以为这六篇就是《庄子·天下》篇所说的"别墨"做的。这六篇中的学问，决不是墨子时代所能发生的。况且其中所说和惠施、公孙龙的话最为接近。惠施、公孙龙的学说差不多全在这六篇里面。所以我以为这六篇是惠施、公孙龙时代的"别墨"做的。我从来讲墨学，把这六篇提出，等到后来讲"别墨"的时候才讲他们。

第四组，《耕柱》、《贵义》、《公孟》、《鲁问》、《公输》这五篇，乃是墨家后人把墨子一生的言行辑聚来做的，就同儒家的《论语》一般。

其中有许多材料比第二组还更为重要。

第五组,自《备城门》以下到《杂守》凡十一篇。所记都是墨家守城备敌的方法,于哲学没什么关系。

研究墨学的,可先读第二组和第四组。后读第三组。其余二组,可以不必细读。

第二章　墨子的哲学方法

儒墨两家根本上不同之处,在于两家哲学的方法不同,在于两家的"逻辑"不同。《墨子·耕柱》篇有一条最形容得出这种不同之处。

> 叶公子高问政于仲尼,曰:"善为政者若之何?"仲尼对曰:"善为政者,远者近之,而旧者新之。"(《论语》作"近者悦,远者来")
>
> 子墨子闻之曰:"叶公子高未得其问也,仲尼亦未得其所以对也。叶公子高岂不知善为政者之远者近之而旧者新之哉?问所以为之若之何也。……"

这就是儒墨的大区别,孔子所说是一种理想的目的,墨子所要的是一个"所以为之若之何"的进行方法。孔子说的是一个"什么",墨子说的是一个"怎样",这是一个大分别。《公孟》篇又说:

> 子墨子问于儒者,曰:"何故为乐?"曰:"乐以为乐也。"子墨子曰:"子未我应也。今我问曰:'何故为室?'曰:'冬避寒焉,夏避暑焉,室以为男女之别也。'则子告我为室之故矣。今我问曰:'何故为乐?'曰:'乐以为乐也。'是犹曰:'何故为室?'曰:'室以为室也。'"

儒者说的还是一个"什么",墨子说的是一个"为什么"。这又是一个大分别。

这两种区别,皆极重要。儒家最爱提出一个极高的理想的标准,作为人生的目的,如论政治,定说"君君,臣臣,父父,子子";或说"近者悦,远者来";这都是理想的目的,却不是进行的方法。如人生哲学则高悬一个"止于至善"的目的,却不讲怎样能使人止于至善。所说细目,如"为人君,止于仁;为人臣,止于敬;为人父,止于慈;为人子,止于孝;与国人交,止于信。"全不问为什么为人子的要孝,为什么为人臣的要敬;只说理想中的父子君臣朋友是该如此如此的。所以儒家的议论,总要偏向"动机"一方面。"动机"如俗话的"居心"。

孟子说的"君子之所以异于人者,以其存心也,君子以仁存心,以礼存心。"存心是行为的动机。《大学》说的诚意,也是动机。儒家只注意行为的动机,不注意行为的效果。推到了极端,便成董仲舒说的"正其谊不谋其利,明其道不计其功"。只说这事应该如此做,不问为什么应该如此做。

墨子的方法,恰与此相反。墨子处处要问一个"为什么"。例如造一所房子,先要问为什么要造房子。知道了"为什么",方才可知道"怎样做"。知道房子的用处是"冬避寒焉,夏避暑焉,室以为男女之别",方才可以知道怎样布置构造始能避风雨寒暑,始能分别男女内外。人生的一切行为,都是如此。如今人讲教育,上官下属都说应该兴教育,于是大家都去开学堂,招学生。大家都以为兴教育就是办学堂,办学堂就是兴教育,从不去问为什么该兴教育。因为不研究教育是为什么的,所以办学和视学的人也无从考究教育的优劣,更无从考究改良教育的方法。我去年回到内地,有人来说,我们村里,该开一个学堂。我问他为什么我们村里该办学堂呢?他说:某村某村都有学堂了,所以我们这里也该开一个。这就是墨子说的"是犹曰:何故为室?曰:室以为室也"的理论。

墨子以为无论何种事物、制度、学说、观念,都有一个"为什么"。换言之,事事物物都有一个用处。知道那事物的用处,方才可以知道他的是非善恶。为什么呢?因为事事物物既是为应用的,若不解应用,便失了那事那物的原意了,便应该改良了。例如墨子讲"兼爱",便说:

> 用而不可,虽我亦将非之。且焉有善而不可用者?(《兼爱·下》)

这是说能应"用"的便是"善"的;"善"的便是能应"用"的。譬如我说这笔"好",为什么"好"呢?因为能中写,所以"好"。又如我说这会场"好",为什么"好"呢?因为他能最合开会讲演的用,所以

"好"。这便是墨子的"应用主义"。

应用主义又可叫做"实利主义"。儒家说:"义也者,宜也。"宜即是"应该"。凡是应该如此做的,便是"义"。墨家说:"义,利也。"(《经·上》篇。参看《非攻·下》首段)便进一层说,说凡事如此做去便可有利的即是"义"的。因为如此做才有利,所以"应该"如此做。义所以为"宜",正因其为"利"。

墨子的应用主义,所以容易被人误会,都因为人把这"利"字、"用"字解错了。这"利"字并不是"财利"的利,这"用"也不是"财用"的用。墨子的"用"和"利"都是指人生行为而言。如今且让他自己下应用主义的界说:

> 子墨子曰:"言足以迁行者常之,不足以迁行者勿常。不足以迁行而常之,是荡口也。"(《贵义》篇)

> 子墨子曰:"言足以复行者常之,不足以举行者勿常。不足以举行而常之,是荡口也。"(《耕柱》篇)

这两条同一意思。《说文》说"迁,登也。"《诗经》有"迁于乔木",《易》有"君子以见善则迁",皆是"升高"、"进步"之意,两"举"字当是"迁"字之讹。"迁"字古写作𦗢。易讹作举(后人不解"举"字之义,故把"举行"两字连读,作一个动词解。于是又误改上一"举"字为"复"字)。六个"行"字,都该读去声,是名词,不是动词。六个"常"字,都与"尚"字通用(俞樾解《老子》"道可道非常道"一章说如此),"常"是"尊尚"的意思。这两章的意思,是说无论什么理论,什么学说,须要能改良人生的行为,始可推尚。若不能增进人生的行为,便不值得推尚了。

墨子又说:

> 今瞽者曰:"巨者,白也(俞云,巨当作旹。旹者,皑之叚字)。黔者,黑也。"虽明目者无以易之。兼白黑,使瞽取焉,不能知也。故我曰:"瞽不知白黑"者,非以其名也,以其取也。

> 今天下之君子之名仁也,虽禹汤无以易之。兼仁与不仁,而使天下之君子取焉,不能知也。故我曰:"天下之君子不知仁"者,非以其名也,亦以其取也。(《贵义》篇)

这话说得何等痛快？大凡天下人没有不会说几句仁义道德的话的，正如瞎子虽不曾见过白黑，也会说白黑的界说。须是到了实际上应用的时候，才知道口头的界说是没有用的。高谈仁义道德的人，也是如此。甚至有许多道学先生一味高谈王霸义利之辨，却实在不能认得韭菜和麦的区别。有时分别义利，辨入毫芒，及事到临头，不是随波逐流，便是手足无措。所以墨子说单知道几个好听的名词，或几句虚空的界说，算不得真"知识"。真"知识"在于能把这些观念来应用。

这就是墨子哲学的根本方法。后来王阳明的"知行合一"说，与此说多相似之点。阳明说："未有知而不行者。知而不行，只是未知。"很像上文所说"故我曰：天下之君子不知仁者，非以其名也，亦以其取也"之意。但阳明与墨子有绝不同之处。阳明偏向"良知"一方面，故说："尔那一点良知，是尔自家的准则。尔意念著处，他是便知是，非便知非。"墨子却不然，他的是非的"准则"，不是心内的良知，乃是心外的实用。简单说来，墨子是主张"义外"说的，阳明是主张"义内"说的（义外义内说见《孟子·告子》篇）。阳明的"知行合一"说，只是要人实行良知所命令。墨子的"知行合一"说，只是要把所知的能否实行，来定所知的真假，把所知的能否应用，来定所知的价值。这是两人的根本区别。

墨子的根本方法，应用之处甚多，说得最畅快的，莫如《非攻·上》篇。我且把这一篇妙文，抄来做我的"墨子哲学方法论"的结论罢：

今有一人，入人园圃，窃其桃李，众闻则非之，上为政者得则罚之。此何也？以亏人自利也。至攘人犬豕鸡豚者，其不义又甚入人园圃窃桃李。是何故也？以亏人愈多，其不仁兹甚，罪益厚。至入人栏厩，取人牛马者，其不仁又甚攘人犬豕鸡豚。此何故也？以其亏人愈多。苟亏人愈多，其不仁兹甚，罪益厚。至杀不辜人也，扡其衣裘，取戈剑者，其不义又甚入人栏厩取人马牛。此何故也？以其亏人愈多。苟亏人愈多，其不仁兹甚矣，罪益厚。当此天下之君子皆知而非之，谓之"不义"。今至大为

"不义"攻国,则弗知非,从而誉之,谓之"义"。此可谓知义与不义之别乎?杀一人,谓之不义,必有一人死罪矣;若以此说往,杀十人,十重不义,必有十死罪矣;杀百人,百重不义,必有百死罪矣。当此,天下之君子皆知而非,谓之"不义"。今至大为不义攻国,则弗知非,从而誉之,谓之"义"。情不知其不义也,故书其言以遗后世。若知其不义也,夫奚说书其不义以遗后世哉?今有人于此,少见黑曰黑,多见黑曰白,则以此人不知白黑之辨矣。少尝苦曰苦,多尝苦曰甘,则必以此人为不知甘苦之辨矣。今小为非则知而非之,大为非攻国,则不知非,从而誉之,谓之义。此可谓知义与不义之辨乎?是以知天下之君子,辨义与不义之乱也。

第三章　三表法

上章讲的,是墨子的哲学方法。本章讲的,是墨子的论证法。上章是广义的"逻辑",本章是那"逻辑"的应用。

墨子说:

> 言必立仪。言而毋仪,譬犹运钧之上而言朝夕者也,是非利害之辨不可得而明知也。故言必有三表。何谓三表?……有本之者,有原之者,有用之者。
>
> 于何本之?上本之于古者圣王之事。
>
> 于何原之?下原察百姓耳目之实。
>
> 于何用之?发以为刑政,观其中国家百姓人民之利。
>
> 此所谓言有三表也。(《非命·上》。参观《非命·中、下》。《非命·中》述三表有误,此盖后人所妄加。)

这三表之中,第一和第二有时倒置。但是第三表(实地应用)才是最后一表。于此可见墨子的注重"实际应用"了。

这个论证法的用法,可举《非命》篇作例:

第一表　本之于古者圣王之事。墨子说:

> 然而今天下之士君子,或以命为有。盖(同盍)尝尚观于圣王之事?古者桀之所乱,汤受而治之。纣之所乱,武王受而治

之。此世未易,民未渝,在于桀纣则天下乱,在于汤武则天下治,岂可谓有命哉?……先王之宪,亦尝有曰"福不可请而祸不可讳,敬无益,暴无伤"者乎?……先王之刑,亦尝有曰"福不可请而祸不可讳,敬无益,暴无伤"者乎?……先王之誓,亦尝有曰"福不可请而祸不可讳,敬无益,暴无伤"者乎?(《非命·上》)

第二表 原察百姓耳目之实。墨子说:

> 我所以知命之有与亡者,以众人耳目之情知有与亡。有闻之,有见之,谓之有。莫之闻,莫之见,谓之亡。……自古以及今,……亦尝有见命之物闻命之声者乎?则未尝有也。……(《非命·中》)

第三表 发以为刑政,观其中国家百姓人民之利。最重要的还是这第三表。

墨子说:

> 执有命者之言曰:"上之所赏,命固且赏,非贤故赏也。上之所罚,命固且罚,非暴故罚也。"……是故治官府则盗窃,守城则崩叛;君有难则不死,出亡则不送。……昔上世之穷民,贪于饮食,惰于从事,是以衣食之财不足,而饥寒冻馁之忧至。不知曰:"我罢不肖,从事不疾";必曰:"吾命固且贫。"昔上世暴王……亡失国家,倾覆社稷,不知曰:"我罢不肖,为政不善";必曰:"吾命固失之。"……今用执有命者之言,则上不听治,下不从事。上不听治,则政乱;下不从事,则财用不足。……此特凶言之所自生而暴人之道也。(《非命·上》)

学者可参看《明鬼》下篇这三表的用法。

如今且仔细讨论这三表的价值。我们且先论第三表。第三表是"实际上的应用",这一条的好处,上章已讲过了,如今且说他的流弊。这一条的最大的流弊在于把"用"字、"利"字解得太狭了,往往有许多事的用处或在几百年后,始可看出;或者虽用在现在,他的真用处不在表面上,却在骨子里。譬如墨子非乐,说音乐无用。为什么呢?因为(一)费钱财,(二)不能救百姓的贫苦,(三)不能保护国家,(四)使人变成奢侈的习惯。后来有一个程繁驳墨子道:

> 昔者诸侯倦于听治,息于钟鼓之乐;……农夫春耕夏耘秋收冬藏,息于瓴缶之乐。今夫子曰:"圣王不为乐",此譬之犹马驾而不税,弓张而不弛,无乃非有血气者之所不能至邪?(《三辩》)

这一问也从实用上作根据。墨子生来是一个苦行救世的宗教家,性有所偏,想不到音乐的功用上去,这便是他的非乐论的流弊了。

次论第二表。这一表(百姓耳目之实)也有流弊:(一)耳目所见所闻,是有限的。有许多东西,例如《非命》篇的"命"是看不见听不到的。(二)平常人的耳目最易错误迷乱。例如鬼神一事,古人小说上说得何等凿凿有据。我自己的朋友也往往说曾亲眼看见鬼,难道我们就可断定有鬼吗?(看《明鬼》篇)但是这一表虽然有弊,却极有大功用。因为中国古来哲学不讲耳目的经验,单讲心中的理想。例如老子说的:

> 不出户,知天下。不窥牖,知天道。其出弥远,其知弥少。

孔子虽说"学而不思则罔,思而不学则殆",但是他们说的"学",大都是读书一类,并不是"百姓耳目之实"。直到墨子始大书特书的说道:

> 天下之所以察知有与无之道者,必以众之耳目之实知有与亡为仪也。诚或闻之见之,则必以为有。莫闻莫见,则必以为无。(《明鬼》)

这种注重耳目的经验,便是科学的根本。

次说第一表。第一表是"本之于古者圣王之事"。墨子最恨儒者"复古"的议论,所以《非儒》篇说:

> 儒者曰:"君子必古言服,然后仁。"
>
> 应之曰:"所谓古之言服者,皆尝新矣。而古人言之服之,则非君子也。"

墨子既然反对"复古",为什么还要用"古者圣王之事"来作论证的标准呢?

原来墨子的第一表和第三表是同样的意思,第三表说的是现在和将来的实际应用,第一表说的是过去的实际应用。过去的经验阅

历,都可为我们做一面镜子。古人行了有效,今人也未尝不可仿效;古人行了有害,我们又何必再去上当呢?所以说:

> 凡言凡动,合于三代圣王尧舜禹汤文武者,为之。
>
> 凡言凡动,合于三代暴王桀纣幽厉者,舍之。(《贵义》)

这并不是复古守旧,这是"温故而知新","彰往而察来"。《鲁问》篇说:

> 彭轻生子曰:"往者可知,来者不可知。"子墨子曰:"藉设而亲在百里之外,则遇难焉。期以一日也,及之则生,不及则死。今有固车良马于此,又有驽马四隅之轮于此,使子择焉,子将何乘?"对曰:"乘良马固车,可以速至。"子墨子曰:"焉在不知来?"(从卢校本)

这一条写过去的经验的效用。例如"良马固车可以日行百里","驽马四隅之轮不能行路",都是过去的经验。有了这种经验,便可知道我如今驾了"良马固车",今天定可赶一百里路。这是"彰往以察来"的方法。一切科学的律令,都与此同理。

第四章 墨子的宗教

上两章所讲,乃是墨子学说的根本观念。其余的兼爱、非攻、尚贤、尚同、非乐、非命、节用、节葬,都是这根本观念的应用。墨子的根本观念,在于人生行为上的应用。既讲应用,须知道人生的应用千头万绪,决不能预先定下一条"施诸四海而皆准,行诸百世而不悖"的公式。所以墨子说:

> 凡入国,必择务而从事焉。国家昏乱,则语之尚贤尚同。国家贫,则语之节用节葬。国家憙音湛湎,则语之非乐非命。国家淫僻无礼,则语之尊天事鬼。国家务夺侵凌,则语之兼爱非攻。故曰择务而从事焉。(《鲁问》)

墨子是一个创教的教主。上文所举的几项,都可称为"墨教"的信条。如今且把这几条分别陈说如下:

第一,天志 墨子的宗教,以"天志"为本。他说:

> 我有天志,譬若轮人之有规,匠人之有矩。轮匠执其规矩以

> 度天下之方圆,曰:中者是也,不中者非也。今天下之士君子之书不可胜载,言语不可胜计;上说诸侯,下说列士。其于仁义,则大相远也。何以知之? 曰:我得天下之明法度以度之。(《天·志·上》。参考《天志·中、下》及《法仪》篇)

这个"天下之明法度"便是天志。但是天的志是什么呢? 墨子答道:

> 天欲人之相爱相利而不欲人之相恶相贼也。(《法仪》篇。《天志·下》说:"顺天之意何若? 曰:兼爱天下之人。"与此同意)

何以知天志便是兼爱呢? 墨子答道:

> 以其兼而爱之兼而利之也。奚以知天之兼而爱之兼而利之也? 以其兼而有之兼而食之也。(《法仪》篇。《天志·下》意与此同而语繁,故不引)

第二,兼爱　天的志要人兼爱,这是宗教家的墨子的话。其实兼爱是件实际上的要务。墨子说:

> 圣人以治天下为事者也,不可不察乱之所自起。当(通尝)察乱何自起? 起不相爱。……盗爱其室,不爱其异室,故窃异室以利其室。贼爱其身,不爱人,故贼人以利其身。……大夫各爱其家,不爱异家,故乱异家以利其家。诸侯各爱其国,不爱异国,故攻异国以利其国。……察此何自起,皆起不相爱。若使天下……视人之室若其室,谁窃? 视人身若其身,谁贼? ……视人家若其家,谁乱? 视人之国若其国,谁攻? ……故天下兼相爱则治,交相恶则乱。(《兼爱·上》)

《兼爱·中、下》两篇都说因为要"兴天下之利,除天下之害",所以要兼爱。

第三,非攻　不兼爱是天下一切罪恶的根本,而天下罪恶最大的,莫如"攻国"。天下人无论怎样高谈仁义道德,若不肯"非攻",便是"明小物而不明大物"(读《非攻·上》)。墨子说:

> 今天下之所〔以〕誉义(旧作善,今据下文改)者,……为其上中天之利,而中中鬼之利,而下中人之利,故誉之欤? 虽使下愚之人必曰:将为其上中天之利,而中中鬼之利,而下中人之利,

故誉之。……今天下之诸侯将,犹多皆〔不〕免攻伐并兼,则是〔有〕(此字衍文)誉义之名而不察其实也。此譬犹盲者之与人同命黑白之名而不能分其物也。则岂谓有别哉?(《非攻·下》)

墨子说"义便是利"(《墨经》上也说"义,利也",此乃墨家遗说),义是名,利是实。义是利的美名,利是义的实用。兼爱是"义的",攻国是"不义的",因为兼爱是有利于天鬼国家百姓的,攻国是有害于天鬼国家百姓的。所以《非攻·上》只说得攻国的"不义",《非攻·中、下》只说得攻国的"不利"。因为不利,所以不义。你看他说:

> 计其所自胜,无所可用也。计其所得,反不如所丧者之多。

又说:

> 虽四五国则得利焉,犹谓之非行道也。譬之医之药人之有病者然。今有医于此,和合其祝药之于天下之有病者而药之。万人食此,若医四五人得利焉,犹谓之非行药也。(《非攻·中、下》)

可见墨子说的"利"不是自私自利的"利",是"最大多数的最大幸福"。这是"兼爱"的真义,也便是"非攻"的本意。

第四,明鬼　儒家讲丧礼祭礼,并非深信鬼神,不过是要用"慎终追远"的手段来做到"民德归厚"的目的。所以儒家说:"有义不义,无祥不祥"(《公孟》篇)。这竟和"作善,降之百祥;作不善,降之百殃"的话相反对了(《易·文言》:"积善之家必有余庆,积不善之家必有余殃。"乃是指人事的常理,未必指着一个主宰祸福的鬼神天帝)。墨子是一个教主,深恐怕人类若没有一种行为上的裁制力,便要为非作恶。所以他极力要说明鬼神不但是有的,并且还能作威作福,"能赏贤而罚暴"。他的目的要人知道:

> 吏治官府之不洁廉,男女之为无别者,有鬼神见之;民之为淫暴寇乱盗贼,以兵刃毒药水火退(孙诒让云:退是迓之讹,迓通御)无罪人乎道路,夺人车马衣裘以自利者,有鬼神见之。(《明鬼》)

墨子明鬼的宗旨,也是为实际上的应用,也是要"民德归厚"。但是他却不肯学儒家"无鱼而下网"的手段,他是真信有鬼神的。

第五,非命　墨子既信天,又信鬼,何以不信命呢?原来墨子不信命定之说,正因为他深信天志,正因为他深信鬼神能赏善而罚暴。老子和孔子都把"天"看作自然而然的"天行",所以以为凡事都由天定,不可挽回。所以老子说"天地不仁",孔子说"获罪于天,无所祷也"。墨子以为天志欲人兼爱,不欲人相害,又以为鬼神能赏善罚暴,所以他说能顺天之志,能中鬼之利,便可得福;不能如此,便可得祸。祸福全靠个人自己的行为,全是各人的自由意志招来的,并不由命定。若祸福都由命定,那便不做好事也可得福;不作恶事,也可得祸了。若人人都信命定之说,便没有人努力去做好事了。("非命"说之论证,已见上章)

第六,节葬短丧　墨子深恨儒家一面不信鬼神,一面却又在死人身上做出许多虚文仪节。所以他对于鬼神,只注重精神上的信仰,不注重形式上的虚文。他说儒家厚葬久丧有三大害:(一)国家必贫,(二)人民必寡,(三)刑政必乱(看《节葬》篇)。所以他定为丧葬之法如下:

> 桐棺三寸,足以朽体。衣衾三领,足以覆恶(《节葬》)。及其葬也,下毋及泉,上毋通臭(《节葬》)。无椁(《庄子·天下》篇),死无服(《庄子·天下》篇),为三日之丧(《公孟》篇。《韩非子·显学》篇作"冬日冬服,夏日夏服,服丧三月。"疑墨家各派不同,或为三日,或为三月)。而疾而服事,人为其所能以交相利也。(《节葬》)

第七,非乐　墨子的非乐论,上文已约略说过。墨子所谓"乐",是广义的"乐"。如《非乐·上》所说:"乐"字包括"钟鼓琴瑟竽笙之声","刻镂文章之色","刍豢煎炙之味","高台厚榭邃野之居"。可见墨子对于一切"美术",如音乐、雕刻、建筑、烹调等等,都说是"奢侈品",都是该废除的。这种观念固是一种狭义功用主义的流弊,但我们须要知道墨子的宗教"以自苦为极",因要"自苦",故不得不反对一切美术。

第八,尚贤　那时的贵族政治还不曾完全消灭,虽然有些奇才杰士,从下等社会中跳上政治舞台,但是大多数的权势终在一般贵族世卿手里,就是儒家论政,也脱不了"贵贵"、"亲亲"的话头。墨子主张兼爱,所以反对种种家族制度和贵族政治。他说:

> 今王公大人有一裳不能制也,必藉良工;有一牛羊,不能杀也,必藉良宰。……逮至其国家之乱,社稷之危,则不知使能以治之。亲戚,则使之。无故富贵,面目姣好,则使之。(《尚贤·中》)

所以他讲政治,要"尊尚贤而任使能。不党父兄,不偏贵富,不嬖颜色。贤者举而上之,富而贵之,以为官长。不肖者抑而废之,贫而贱之,以为徒役。"(《尚贤·中》)

第九,尚同 墨子的宗教,以"天志"为起点,以"尚同"为终局。天志就是尚同,尚同就是天志。

尚同的"尚"字,不是"尚贤"的尚字。尚同的尚字,和"上下"的上字相通,是一个状词,不是动词。"尚同"并不是推尚大同,乃是"取法乎上"的意思。墨子生在春秋时代之后,眼看诸国相征伐,不能统一。那王朝的周天子,是没有统一天下的希望的了。那时"齐晋楚越四分中国",墨子是主张非攻的人,更不愿四国之中那一国用兵力统一中国,所以他想要用"天"来统一天下。他说:

> 古者民始生未有刑政之时,盖其语,人异义。是以一人则一义,二人则二义,十人则十义。其人兹众,其所谓"义"者亦兹众。是以人是其义,以非人之义,故交相非也,是以……天下之乱,若禽兽然。

> 夫明虖天下之所以乱者,生于无政长,是故选天下之贤可者,立以为天子。……又选择天下之贤可者,置立之,以为三公。天子三公既已立,以天下为博大,远国异土之民,是非利害之辨,不可一二而明知,故画分万国,立诸侯国君。……又选择其国之贤可者,立之以为正长。

> 正长既已具,天子发政于天下之百姓,言曰:闻善而不善,皆以告其上。上之所是,必皆是之;所非,必皆非之。上有过,则规谏之;下有善,则傍荐之(孙说傍与访通,是也。古音访与傍同

声)。上同而不下比者,此上之所赏而下之所誉也。(《尚同·上》)

"上之所是,必皆是之;所非,必皆非之","上同而不下比",这叫做"尚同"。要使乡长"壹同乡之义";国君"壹同国主义";天子"壹同天下之义"。但是这还不够。为什么呢?因为天子若成了至高无上的标准,又没有限制,岂不成了专制政体。所以墨子说:

> 夫既上同乎天子而未上同乎天者,则天灾将犹未止也。……故古者圣王明天鬼之所欲,而避天鬼之所憎,以求兴天下之利,除天下之害。(《尚同·中》)

所以我说"天志就是尚同,尚同就是天志"。天志尚同的宗旨,要使各种政治的组织之上,还有一个统一天下的"天"。所以我常说,墨教如果曾经做到欧洲中古的教会的地位,一定也会变成一种教会政体;墨家的"巨子"也会变成欧洲中古的"教王"(Pope)。

以上所说九项,乃是"墨教"的教条,在哲学史上,本来没有什么重要。依哲学史的眼光看来,这九项都是墨学的枝叶。墨学的哲学的根本观念,只是前两章所讲的方法。墨子在哲学史上的重要,只在于他的"应用主义"。他处处把人生行为上的应用,作为一切是非善恶的标准。兼爱、非攻、节用、非乐、节葬、非命,都不过是几种特别的应用。他又知道天下能真知道"最大多数的最大幸福"的,不过是少数人,其余的人,都只顾眼前的小利,都只"明小物而不明大物"。所以他主张一种"贤人政治",要使人"上同而不下比"。他又恐怕这还不够,他又是一个很有宗教根性的人,所以主张把"天的意志"作为"天下之明法",要使天下的人都"上同于天"。因此,哲学家的墨子便变成墨教的教主了。

第七篇　杨朱

一、《杨朱》篇　《列子》的第七篇名为《杨朱》篇,所记的都是杨朱的言语行事。《列子》这部书是最不可信的。但是我看这一篇似乎还可信,其中虽有一些不可靠的话,大概是后人加入的(如杨朱见梁王谈天下事一段,年代未免太迟了。杨朱大概不及见梁称王),但这一篇的大体似乎可靠。第一,杨朱的"为我主义"是有旁证的(如孟子所说),此书说他的为我主义颇好。第二,书中论"名实"的几处,不是后世所讨论的问题,确是战国时的问题。第三,《列子》八篇之中只有这一篇专记一个人的言行。或者当时本有这样一种记杨朱言行的书,后来被编造《列子》的人糊涂拉入《列子》里面,凑成八篇之数。此如张仪说秦王的书(见《战国策》),如今竟成了《韩非子》的第一篇。——以上三种理由,虽不甚充足,但当时实有这一种极端的为我主义,这是我们所公认的。当时实有杨朱这个人,这也是我们所公认的。所以我们不妨暂且把《杨朱》篇来代表这一派学说。

二、杨朱　杨朱的年代,颇多异说。有的说他上可以见老聃,有的说他下可以见梁王。据《孟子》所说,那时杨朱一派的学说已能和儒家、墨家三分中国,大概那时杨朱已死了。《杨朱》篇记墨子弟子禽子与杨朱问答,此节以哲学史的先后次序看来,似乎不甚错。大概杨朱的年代当在西历纪元前440年与[前]360年之间。

杨朱的哲学,也是那个时势的产儿。当时的社会政治都是很纷乱的,战事连年不休,人民痛苦不堪。这种时代发生一种极端消极的哲学,是很自然的事。况且自老子以后,"自然主义"逐渐发达。老子一方面主张打破一切文物制度,归于无知无欲的自然状态;但老子一方面又说要"虚其心,实其腹","为腹不为目","甘其食,美其服"。可见老子所攻击的是高等的欲望,他并不反对初等的嗜欲。后来杨朱的学说便是这一种自然主义的天然趋势了。

三、无名主义　杨朱哲学的根本方法在于他的无名主义。他说:

> 实无名,名无实。名者,伪而已矣。

又说:

> 实者,固非名之所与也。

中国古代哲学史上,"名实"两字乃是一个极重要的问题。如今先解释这两个字的意义,再略说这个问题的历史。按《说文》:"實,富也。从宀貫,貫为货物。"又"寔,止也(段玉裁改作"正也",非也)。从宀,是声。"止字古通"此"字。《说文》"此,止也。"《诗经·召南》毛传与《韩奕》郑笺皆说:"寔,是也。"又《春秋》桓六年,"寔来"。《公羊传》曰:"寔来者何? 犹云是人来也。"《穀梁传》曰:"寔来者,是来也。"寔字训止,训此,训是,训是人,即是白话的"这个"。古文实寔两字通用。《公孙龙子》说:"天地与其所产焉,物也。物以物其所物而不过焉,实也。"名学上的"实"字,含有"寔"字"这个"的意思,和"实"字"充实"的意思。两义合起来说,"实"即是"这个物事"。天地万物每个都是一个"实"。每一个"实"的称谓便是那"实"的"名"。《公孙龙子》说:"夫名,实谓也。"同类的实,可有同样的名。你是一个实,他是一个实,却同有"人"的名。如此看来,可以说实是个体的,特别的;名是代表实的共相的(虽私名〔本名〕也是代表共相的。例如"梅兰芳"代表今日的梅兰芳,和今年去年前年的梅兰芳。类名更不用说了)。有了代表共相的名,可以包举一切同名的事物。所以在人的知识上,名的用处极大。老子最先讨论名的用处(看本书第三篇),但老子主张"无知无欲",故要人复归于"无名之朴"。孔子深知名的用处,故主张正名,以为若能正名,便可用全称的名,来整治个体的事物。儒家所注重的名器、礼仪、名分等等,都是正名的手续。墨子注重实用,故提出一个"实"字,攻击当时的君子"誉义之名而不察其实"。杨朱更趋于极端,他只承认个体的事物(实),不认全称的名。所以说:"实无名,名无实。名者,伪而已矣。"

伪是"人为的"。一切名都是人造的,没有实际的存在,故说"实无名,名无实"。这种学说,最近西洋的"唯名主义"(Nominalism)。唯名主义以为"名"不过是人造的空名,没有实体,故唯名论其实即是无名论。无名论的应用有两种趋势,一是把一切名器礼文都看作人造的虚文,一是只认个人的重要,轻视人伦的关系,故趋于个人主义。

四、为我　杨朱的人生哲学只是一种极端的"为我主义"。杨朱在哲学史上占一个重要的位置,正因为他敢提出这个"为我"的观念,又能使这个观念有哲学的根据。他说:

> 有生之最灵者,人也。人者,爪牙不足以供守卫,肌肤不足以自捍御,趋走不足以逃利害,无毛羽以御寒暑,必将资物以为养,性任智而不恃力。故智之所贵,存我为贵;力之所贱,侵物为贱。

这是为我主义的根本观念。一切有生命之物,都有一个"存我的天性"。植物动物都同具此性,不单是人所独有。一切生物的进化:形体的变化,机能的发达,都由于生物要自己保存自己,故不得不变化,以求适合于所居的境地。人类知识发达,群众的观念也更发达,故能于"存我"观念之外,另有"存群"的观念;不但要保存自己,还要保存家族,社会,国家;能保存得家族,社会,国家,方才可使自己的生存格外稳固。后来成了习惯,社会往往极力提倡爱群主义,使个人崇拜团体的尊严,终身替团体尽力,从此遂把"存我"的观念看作不道德的观念。试看社会提倡"殉夫","殉君","殉社稷"等等风俗,推尊为道德的行为,便可见存我主义所以不见容的原因了。其实存我观念本是生物天然的趋向,本身并无什么不道德。杨朱即用这个观念作为他的"为我主义"的根据。他又恐怕人把存我观念看作损人利己的意思,故刚说:"智之所贵,存我为贵。"忙接着说:"力之所贱,侵物为贱。"他又说:

> 古之人损一毫利天下,不与也。悉天下奉一身,不取也。人人不损一毫,人人不利天下,天下治矣。

杨朱的为我主义,并不是损人利己。他一面贵"存我",一面又贱"侵物";一面说"损一毫利天下不与也",一面又说"悉天下奉一身不取也"。他只要"人人不损一毫,人人不利天下"。这是杨朱的根本学说。

五、悲观　杨朱主张为我。凡是极端为我的人,没有一个不抱悲观的。你看杨朱说:

> 百年寿之大齐。得百年者,千无一焉。设有一者,孩提以逮昏老,几居其半矣。夜眠之所弭,昼觉之所遗,又几居其半矣。痛疾、哀苦、亡失、忧惧,又几居其半矣。量十数年之中,迥然而自得,亡介焉之虑者,亦亡一时之中尔。则人之生也奚为哉?奚乐哉?为美厚尔,为声色尔。而美厚复不可常厌足,声色不可常玩闻,乃复为刑赏之所禁劝,名法之所进退。遑遑尔,竞一时虚誉,规死后之余荣;偊偊尔,慎耳目之观听,惜身意之是非;徒失当年之至乐,不能自肆于一时:重囚纍梏,何以异哉?

> 太古之人,知生之暂来,知死之暂往。故从心而动,不违自然所好;当身之娱,非所去也,故不为名所劝。从性而游,不逆万物所好;死后之名,非所取也,故不为刑所及。名誉先后,年命多少,非所量也。

又说:

> 万物所异者,生也。所同者,死也。生则贤愚贵贱,是所异也。死则臭腐消灭,是所同也。……十年亦死,百年亦死;仁圣亦死,凶愚亦死。生则尧舜,死则腐骨;生则桀纣,死则腐骨。腐骨一也,孰知其异?且趣当生,奚遑死后?

大概这种厌世的悲观,也都是时势的反动。痛苦的时势,生命财产朝不保夕,自然会生出两种反动:一种是极端苦心孤行的救世家,像墨子、耶稣一流人;一种就是极端悲观的厌世家,像杨朱一流人了。

六、养生　上文所引"从心而动,不违自然所好;……从性而游,不逆万物所好",已是杨朱养生论的大要。杨朱论养生,不要太贫,也不要太富。太贫了"损生",太富了"累身"。

> 然则……其可焉在?曰可在乐生,可在逸身。善乐生者不窭,善逸身者不殖。

又托为管夷吾说养生之道:

肆之而已，勿壅勿阏。……恣耳之所欲听，恣目之所欲视，
　　　恣鼻之所欲向，恣口之所欲言，恣体之所欲安，恣意之所欲行。
又托为晏平仲说送死之道：

　　　既死岂在我哉？焚之亦可，沉之亦可，瘗之亦可，露之亦可，
　　　衣薪而弃诸沟壑亦可，衮衣绣裳而纳诸石椁亦可：唯所遇焉。

杨朱所主张的只是"乐生"、"逸身"两件，他并不求长寿，也不求不死。

　　　孟孙阳问杨子曰："有人于此，贵身爱身以蕲不死，可乎？"
　　　曰："理无不死。"
　　　"以蕲久生，可乎？"曰："理无久生。……且久生奚为？五
　　　情所好恶，古犹今也；四体安危，古犹今也；世事苦乐，古犹今也；
　　　变易治乱，古犹今也。既见之矣，既闻之矣，既更之矣，百年犹厌
　　　其多，况久生之苦也乎？"
　　　孟孙阳曰："若然，速亡愈于久生，则践锋刃，入汤火，得所
　　　志矣。"杨子曰："不然。既生则废而任之，究其所欲以俟于死。
　　　将死则废而任之，究其所之以放于尽。无不废，无不任，何遽迟
　　　速于其间乎？"

不求久生不死，也不求速死，只是"从心而动，任性而游"。这是杨朱的"自然主义"。

第八篇 别墨

第一章 《墨辩》与别墨

墨学的传授,如今已不能详细考究(参看孙诒让《墨子间诂》附录《墨学传授考》)。《韩非子·显学》篇说:

> 自墨子之死也,有相里氏之墨,有相夫氏之墨,有邓陵氏之墨。

《庄子·天下篇》说:

> 相里勤之弟子,五侯之徒;南方之墨者,苦获、己齿、邓陵子之属,俱诵《墨经》而倍谲不同,相谓"别墨";以坚白同异之辩相訾,以觭偶不仵之辞相应(谲,崔云,决也。訾,通呰,《说文》,"呰,苛也。"苛与诃同。觭即奇。《说文》,"奇,不耦也。"《释文》,"仵,同也。"应,《说文》云,"当也。"又"雠,应也。"相应即相争辩)。以"巨子"为圣人,皆愿为之尸,冀得为其后世,至今不决。

古书说墨家传授派别的,只是这两段。两处所说,互相印证。今列表如下:

据《韩非子》　　据《天下》篇

最重要的是《天下》篇所说:墨家的两派"俱诵《墨经》而倍谲不同,相谓别墨,以坚白同异之辩相訾,以觭偶不仵之辞相应"。细看这几句话,可见今本《墨子》里的《经·上、下》、《经说·上、下》、《大取》、

《小取》六篇是这些"别墨"作的。有人说这六篇即是《天下》篇所说的《墨经》；别墨既俱诵《墨经》，可见《墨经》作于别墨之前，大概是墨子自著的了。我以为这一段文字不当如此解说。《墨经》不是上文所举的六篇，乃是墨教的经典如《兼爱》、《非攻》之类。后来有些墨者虽都诵《墨经》，虽都奉墨教，却大有"倍谲不同"之处。这些"倍谲不同"之处，都由于墨家的后人，于"宗教的墨学"之外，另分出一派"科学的墨学"。这一派科学的墨家所研究讨论的，有"坚白同异"、"觭偶不仵"等等问题。这一派的墨学与宗教的墨学自然"倍谲不同"了，于是他们自己相称为"别墨"（别墨犹言"新墨"。柏拉图之后有"新柏拉图学派"，近世有"新康德派"，有"新海智尔派"）。"别墨"即是那一派科学的墨学。他们所讨论的"坚白之辩"（坚属于形，白属于色。两种同为物德，但一属视官，一属触官，当时辩这种分别甚明），"同异之辩"（名学一切推论，全靠同异两事。故当时讨论这问题甚详），和"觭偶不仵之辞"（《释文》说，"仵，同也。"《集韵》，"仵，偶也。"《玉篇》，"仵，偶敌也。"《汉书·律历志》注，"伍，耦也。"是伍仵两字古相通用。中国文字没有单数和众数的区别，故说话推论都有不便之处。墨家很注意这个问题，《小取》篇说，"一马，马也；二马，马也。马四足者，一马而四足也，非两马而四足也。马或白者，二马而或白也，非一马而或白也。此乃一是而一非也。"这是说"觭偶不仵"最明白的例），如今的《经·上、下》、《经说·上、下》、《大取》、《小取》六篇，很有许多关于这些问题的学说。所以我以为，这六篇是这些"别墨"的书（《天下篇》仅举两派，不及相夫氏，或者相夫氏之墨仍是宗教的墨学。"别墨"之名，只限于相里氏及南方的墨者如邓陵氏之流）。晋人有个鲁胜，曾替《经·上、下》、《经说·上、下》四篇作注，名为《墨辩注》。我如今用他的名词，统称这六篇为《墨辩》，以别于墨教的《墨经》（我对于"别墨"、"墨经"、"墨辩"三个问题的主张，一年以来，已变了几次。此为最近研究所得，颇可更正此书油印本及墨家哲学讲演录所说的错误）。

至于这六篇决非墨子所作的理由，约有四端：

（一）文体不同。这六篇的文体、句法、字法，没有一项和《墨子》书的《兼爱》、《非攻》、《天志》……诸篇相像的。

（二）理想不同。墨子的议论,往往有极鄙浅可笑的。例如《明鬼》一篇,虽用"三表"法,其实全无论理。这六篇便大不同了。六篇之中,全没有一句浅陋迷信的话,全是科学家和名学家的议论。这可见这六篇书决不是墨子时代所能做得出的。

（三）"墨者"之称。《小取》篇两称"墨者"。

（四）此六篇与惠施、公孙龙的关系。这六篇中讨论的问题全是惠施、公孙龙时代的哲学家争论最烈的问题,如坚白之辩、同异之论之类。还有《庄子·天下篇》所举惠施和公孙龙等人的议论,几乎没有一条不在这六篇之中讨论过的（例如"南方无穷而有穷","火不热","目不见","飞鸟之影,未尝动也","一尺之棰,日取其半,万世不竭"之类,皆是也）。又如今世所传《公孙龙子》一书的《坚白》、《通变》、《名实》之篇,不但材料都在《经·上、下》《经说·上、下》四篇之中,并且许多字句文章都和这四篇相同。于此可见《墨辩》诸篇若不是惠施、公孙龙作的,一定是他们同时的人作的。所以孙诒让说这几篇的"坚白同异之辩,则与公孙龙书及《庄子·天下篇》所述惠施之言相出入"。又说:"据《庄子》所言,则似战国时墨家别传之学,不尽墨子之本指。"

这六篇《墨辩》乃是中国古代名学最重要的书。古代本没有什么"名家",无论那一家的哲学,都有一种为学的方法。这个方法,便是这一家的名学（逻辑）。所以老子要无名,孔子要正名,墨子说"言有三表",杨子说:"实无名,名无实,"公孙龙有《名实论》,荀子有《正名》篇,庄子有《齐物论》,尹文子有《刑名》之论:这都是各家的"名学"。因为家家都有"名学",所以没有什么"名家"。不过墨家的后进和公孙龙之流,在这一方面,研究的比别家稍为高深一些罢了。不料到了汉代,学者如司马谈、刘向、刘歆、班固之流,只晓得周秦诸子的一点皮毛糟粕,却不明诸子的哲学方法。于是凡有他们不能懂的学说,都称为"名家"。却不知道他们叫做"名家"的人,在当日都是墨家的别派。正如亚里士多德是希腊时代最注重名学的人,但是我们难道可以叫他做"名家"吗？（《汉书·艺文志》九流之别是

极不通的。说详吾所作《诸子不出于王官论》,《太平洋》第一卷七号)

如今且说这六篇《墨辩》的性质。

第一,《经·上》、《经说·上》 《经·上》篇全是界说,文体和近世几何学书里的界说相像。原文排作两行,都要"旁行"读去。例如:"故,所得而后成也。止,以久也。体,分于兼也。必,不已也。"须如下读法:

(1) 故,所得而后成也。　　　(50) 止,以久也。
(2) 体,分于兼也。　　　　　(51) 必,不已也。

《经说·上》篇乃是《经·上》的详细解释。《经·上》全是很短的界说,不容易明白,所以必须有详细的说明,或举例设譬使人易晓,《经说·上》却不是两行的,也不是旁行的。自篇首到篇中"户枢免瑟"一句(《间诂》十,页十七至二十二下),都是《经·上》篇上行的解释。自"止,无久之不止"(页二十二下)到篇末,是《经·上》篇下行的解说。所以上文举例"故,所得而后成也"的解说在十七页,"止,以久也"的解说却在二十二页上。若以两行写之,可得下式。

《经》文上行	《经说》	《经》文下行	《经说》
故,所得而后成也。	故。小故有之不必然,无之必不然,体也,若有端。大故,有之必无然,若见之成见也。	止,以久也。	止。无久之不止,当牛非马,若矢过楹。有久之不止,当马非马,若人过梁。

第二,《经·下》、《经说·下》 《经·下》篇全是许多"定理",文体极像几何学书里的"定理"。也分作两行,旁行读。《经说·下》是《经·下》的详细说明,读法如《经说·上》。自篇首(页三十一下)到"应有深浅大常中"(适校,当作"大小不中"。页四十六止),说明《经·下》上行的各条。此以下,说明下行各条。

第三,《大取》 《大取》篇最难读,里面有许多错简,又有许多脱误。但是其中却也有许多极重要的学说。学者可选读那些可读的,其余的不可读的,只好暂阙疑了。

第四,《小取》《小取》篇最为完全可读。这一篇和前五篇不同,并不是一句一条的界说,乃是一篇有条理有格局的文章。全篇分九节。

一、至"不求诸人"总论"辩"。

二、至"吾岂谓也者,异也"论"辩"之七法。

三、至第一个,"则不可偏观也"。论辟,侔,援,推四法之谬误。

四、至"非也"共四十八字,衍二十二字。总论立辞之难,总起下文。

五、论"物或是而然"。

六、论"或是而不然"。

七、论"或不是而然"。原文作"此乃是而然"。似有误。

八、论"一周而一不周"。

九、论"一是而一非"。

第二章 《墨辩》论知识

知识论起于老子、孔子,到"别墨"始有精密的知识论。

《墨辩》论"知",分为三层:

(一)"知,材也。"(《经·上》)《说》曰:"知材。知也者,所以知也。而〔不〕必知(旧脱不字,今据下文'而不必得'语法增)。若明。"这个"知"是人"所以知"的才能(材才通)。有了这官能,却不必便有知识。譬如眼睛能看物,这是眼睛的"明",但是有了这"明",却不必有所见。为什么呢?因为眼须见物,才是见;知有所知,才是知(此所谓知,如佛家所谓"根")。

(二)"知,接也。"(《经·上》)《说》曰:"知,知也者,以其知过物而能貌之。若见。"这个"知"是"感觉"(Sensation)。人本有"所以知"的官能,遇着外面的物事,便可以知道这物事的态貌,才可发生一种"感觉"。譬如有了眼睛,见着物事,才有"见"的感觉(此所谓知,如佛家所谓"尘"。此所谓接,如佛家所谓"受")。

(三)"恕,明也。"(《经·上》。旧作恕,今依顾千里校改)《说》

曰:"恕,恕(旧皆作恕)也者,以其知论物,而其知之也著。若明。"这个"恕"是"心知",是"识"。有了"感觉",还不算知识。譬如眼前有一物瞥然飞过,虽有一种"感觉",究竟不是知识。须要能理会得这飞过的是什么东西(论,译"理会"最切。王念孙校《荀子·正名》篇,"辞也者,兼异实之名以论一意也。"谓论当作谕。谕,明也。其说亦可通,但不改亦可通),须要明白这是何物(著,明也),才可说有了知觉(此所谓恕,如佛家所谓"识")。如《经·上》说:

闻,耳之聪也。循所闻而得其意,心之察也。言,口之利也。执所言而意得见,心之辩也。

所以"知觉"含有三个分子:一是"所以知"的官能,二是由外物发生的感觉,三是"心"的作用。要这三物同力合作,才有"知觉"。

但是这三物如何能同力合作呢?这中间须靠两种作用:一个是"久",一个是"宇"。《墨辩》说:

久,弥异时也(《经·上》)。《说》曰:久,合古今旦莫。(校改)

宇,弥异所也(《经·上》)。《说》曰:宇,冡东西南北。(校改,冡即蒙字)

久即是"宙",即是"时间"。宇即是"空间"(Time and Space)。须有这两种的作用,方才可有知觉。《经·下》说:

不坚白,说在无久与宇。坚白,说在因(原文有误读处。今正。因疑作盈)。《说》曰:无坚得白,必相盈也。

《经·上》说:

坚白不相外也。《说》曰:坚〔白〕异处不相盈,相非(通排),是相外也。

我们看见一个白的物事,用手去摸,才知道他又是坚硬的。但是眼可以见白,而不可得坚;手可以得坚,而不可见白。何以我们能知道这是一块"坚白石"呢?这都是心知的作用。知道刚才的坚物,就是此刻的白物,是时间的组合。知道坚白两性相盈,成为一物,是空间的组合。这都是心知的作用,有这贯串组合的心知,方才有知识。

有了久与宇的作用,才有"记忆"。《墨辩》叫做"止",止即是

"志"。古代没有去声,所以止志通用(《论语》:"多见而识之","贤者识其大者"。古本皆作志)。久的作用,于"记忆"更为重要。所以《经·下》说:

> 知而不以五路,说在久。《说》曰:智以目见,而目以火见,而火不见。惟以五路知。久,不当以火见,若以火(参看章炳麟《原名》篇说此条)。

"五路"即是"五官"。先由五路知物,后来长久了,虽不由五路,也可见物。譬如昨天看梅兰芳的戏,今天虽不在吉祥园,还可以想起昨天的戏来。这就是记忆的作用了。

知识又须靠"名"的帮助。《小取》篇说:"名以举寔。"《经·上》说:

> 举,拟寔也。《说》曰:举,告。以文名举彼寔也。

"拟"是《易·系辞传》"圣人有以见天下之赜而拟诸形容,像其物宜"的拟。例如:我们用一个"人"字代表人的一切表德,所以见了一个人,便有"人"的概念,便知道他是一个"人"。记得一个"人"的概念,便可认得一切人,正不须记人人的形貌状态等等。又如:"梅兰芳"一个概念,也代表梅兰芳的一切表德。所以我对你说"梅兰芳",你便知道了,正不用细细描摹他的一切形容状态。如《经·下》说:

> 〔火〕必热,说在顿。《说》曰:见火谓火热也,非以火之热。

一个"火"字便包含火的热性。所以远远见火,便可说那火是热的,正不必等到亲自去感觉那火的热焰。"火必热,说在顿。"顿字也是记忆的意思。这是名字的大用处。

《墨辩》分"名"为三种:

> 名:达、类、私(《经·上》)。《说》曰:名。"物",达也。有寔必待文名(旧误作多)也。命之"马",类也。若寔也者,必以是名也。命之"臧",私也。是名也,止于是寔也。

"达名"是最普及的名字,例如"物"字。"类名"是一类物事的名称。例如:"牛"、"马"、"人"。凡是属这一类的,都可用这一类的"类名"。所以说:"若实也者,必以是名也。""私名"是"本名"。例如"臧"、"梅兰芳"皆是这一个个人的名字,不可移用于别人(臧、获皆当日的人名,本是私名,后人误以为仆役之类名,非也。此如"梅香"本是私名,后以名此者多,遂成女婢之类名矣。又如"丫头"亦是私名,今亦成类名矣)。所以说:"是名也,止于是实也。"

知识的种类 《墨辩》论"知识"的分别,凡有三种:

> 知:闻、说、亲(《经·上》)。《说》曰:知,传受之,闻也。方不㢒,说也。身观焉,亲也。

第一种是别人传授给我的,故叫做"闻"。第二种是由推论得来的,故叫做"说"。(《经·上》:"说,所以明也。")第三种是自己亲身经历来的,故叫做"亲"。如今且分别解说如下:

闻 这个"闻"字,有两种意思。《经·上》说:

> 闻:传、亲。《说》曰:或告之,传也。身观焉,亲也。

一种是"传闻",例如:人说有鬼,我也说有鬼,这是"把耳朵当眼睛"的知识。一种是"亲闻",例如:听见一种声音,知道他是钟声,或是锣声,这是亲自经历来的知识,属于上文的第三种,不属于第一种。

说、亲 科学家最重经验(墨子说的"百姓耳目之实"),但是耳目五官所能亲自经历的,实在不多。若全靠"亲知",知识便有限了。所以须有"推论"的知识。《经·下》说:

> 闻所不知若所知,则两知之。《说》曰:闻,在外者,所不知也。或曰:"在室者之色,若是其色。"是所不知若所知也。犹白若黑也,谁胜是?若其色也若白者,必白。今也知其色之若白也,故知其白也。夫名,以所明正所不知,不以所不知疑(同拟。拟,举实也。说见上文)所明,若以尺度所不知长。
>
> 外,亲知也。室中,说知也。

此说一个人立屋子外,不知屋子里人是什么颜色。有人说:"屋里的人的颜色,同这个人一样。"若这个人是白的,我便知道屋里人也是白的了。屋外的白色,是亲自看见的;屋里的白色,是由"推论"得知的。有了推论,便可坐在屋里,推知屋外的事;坐在北京,推知世界的事;坐在天文台上,推知太阳系种种星球的事。所以说:"方不㢒,说也。"这是《墨辩》的一大发明(亲即佛家所谓"现量",说即"比量",传近似"圣教量",而略有不同也)。

实验主义（应用主义） 墨子的"应用主义"，要人把知识来应用。所以知与不知的分别，"非以其名也，以其取也"。这是墨子学说的精采。到了"别墨"，也还保存这个根本观念。《经·下》说：

> 知其所以不知说在以名取。说曰：我有若视曰知。杂所知与所不知而问之，则必曰，是所知也，是所不知也。取去俱能之，是两知之也。

这和第六篇所引《墨子·贵义》篇瞽者论黑白一段相同。怎样能知道一个人究竟有知无知呢？这须要请他自己去实地试验，须请他用他已知的"名"去选择。若他真能选择得当，"取去俱能之"，那才是真知识。

但是《墨辩》的人生哲学，虽也主张"知行合一"，却有两层特别的见解。这些"别墨"知道人生的行为，不是完全受"知识"的节制的。"知识"之外，还有"欲望"，不可轻视。所以《经·上》说：

> 为，穷知而悬于欲也。

"为"便是行为。他说行为是知识的止境，却又是倚赖着"欲"的。《经说·上》说这一条道：

> 为，欲蘄其指（孙说，蘄是薪之讹），智不知其害，是智之罪也。若智之慎之也，无遗于害也，而犹欲蘄之，则离之（孙说，离即罹）。……是不以所疑止所欲也。

懂得这个道理，然后可懂得"别墨"的新"乐利主义"。墨子已有"义即是利"的意思，但是他却没有明白细说。到了"别墨"，才有完满的"乐利主义"。《经·上》说：

> 义，利也。利，所得而喜也。害，所得而恶也。

这比说"义即是利"又进一层，直指利害的来源，在于人情的喜恶。就是说善恶的来源，在于人情的欲恶。所以一切教育的宗旨，在于要使人有正当的欲恶。欲恶一正，是非善恶都正了。所以《经·上》说：

> 欲正，权利；恶正，权害。（《大取》篇云，"于所体之中而权轻重之谓权"）

乐利主义之公式 但是如何才是正当的欲恶呢？《大取》篇有

一条公式道：

> 利之中取大，害之中取小。……利之中取大，非不得已也。害之中取小，不得已也。所未有而取焉，是利之中取大也。于所既有而弃焉，是害之中取小也。……害之中取小也，非取害也，取利也。其所取者，人之所执也。遇盗人而断指以免身，利也。其遇盗人，害也。断指与断腕，利于天下相若，无择也。死生利若一，无择也。……于事为之中而权轻重之谓求。求，为之（之通是）非也。害之中取小，求为义为非义也。

细看这个公式的解说，便知"别墨"的乐利主义并不是自私自利，乃是一种为天下的乐利主义。所以说："断指与断腕，利于天下相若，无择也。"可以见"利之中取大，害之中取小"，原只是把天下"最大多数的最大幸福"作一个前提。

第三章 论辩

辩的界说 墨家的"辩"，是分别是非真伪的方法。《经·上》说：

> 辩，争彼也。辩胜，当也。《说》曰：辩，或谓之牛，或谓之非牛，是争彼也。是不俱当。不俱当，必或不当。不当若犬。

《经说·下》说：

> 辩也者，或谓之是，或谓之非，当者胜也。

"争彼"的"彼"字，当是"佊"字之误（其上有"攸，不可两不可也"，攸字亦佊字之误，𢓈佊形近而误）。佊字，《广雅·释诂》二云："衺也。"王念孙《疏证》云："《广韵》引《埤苍》云：'佊，邪也'；又引《论语》'子西佊哉'。今《论语》作彼。"据此可见佊误为彼的例。佊字与"诐"通。《说文》："诐，辩论也。古文以为颇字。从言，皮声。"诐、颇、佊，皆同声相假借。后人不知佊字，故又写作"驳"字。现在的"辩驳"，就是古文的"争佊"。先有一个是非意见不同，一个说是，一个说非，便"争佊"起来了。怎样分别是非的方法，便叫作"辩"。

辩的用处及辩的根本方法 《小取》篇说：

> 夫辩者——将以明是非之分，审治乱之纪，明同异之处，察

>名实之理,处利害,决嫌疑——焉(焉,乃也)摹略万物之然,论求群言之比;以名举实,以辞抒意,以说出故;以类取,以类予;有诸己,不非诸人;无诸己,不求诸人。

这一段先说辩的目的,共有六项:(一)明是非,(二)审治乱,(三)明同异,(四)察名实,(五)处利害,(六)决嫌疑。"摹略万物之然,论求群言之比"两句,总论"辩"的方法,"摹略"有探讨搜求的意义(《太玄》注:"摹者,索而得之。"又,"摹,索取也。"《广雅·释诂》三:"略,求也。"又《方言》二:"略,求也。就室曰搜,于道曰略。"孙引俞正燮语未当)。论辩的人须要搜求观察万物的现象,比较各种现象交互的关系,然后把这些现象和这种种关系,都用语言文字表示出来。所以说:"以名举实,以辞抒意,以说出故。"种种事物,都叫做"实"。实的称谓,便是"名"(说见第七篇)。所以(《经说·下》)说:"所以谓,名也。所谓,实也。"例如说"这是一匹马","这"便是实,"一匹马"便是名。在文法上和法式的论理上,实便是主词(Subject),名便是表词(Predicate),合名与实,乃称为"辞"(Proposition or Judgment)(辞或译"命题",殊无道理)。单有名,或单有实,都不能达意。有了"辞",才可达意。但是在辩论上,单有了辞,还不够用。例如我说:"《管子》一部书不是管仲做的。"人必问我:"何以见得呢?"我必须说明我所以发这议论的理由。这个理由,便叫做"故"(说详下)。明"故"的辞,便叫做"说"(今人译为"前提"Premise)。《经·上》说:"说,所以明也。"例如:

>"《管子》"(实)是"假的"(名)。……(所立之辞)。

>因为《管子》书里有许多管仲死后的事。……(说)。

怎么叫做"以类取以类予"呢?这六个字又是"以名举实,以辞抒意,以说出故"的根本方法。取是"举例",予是"断定"。凡一切推论的举例和断语,都把一个"类"字作根本。"类"便是"相似"(《孟子》:"故凡同类者,举相似也")。例如:我认得你是一个"人",他和你相似,故也是"人"。那株树不和你相似,便不是"人"了。即如名学书中最普通的例:

孔子亦有死。为什么呢？
因为孔子是一个"人"。
因为凡是"人"都有死。

这三个"辞"和三个"辞"的交互关系，全靠一个"类"字（参看附图）。印度因明学的例，更为明显，

声是无常的（无常谓不能永远存在），························（宗）

因为声是做成的，···（因）

凡是做成的都是无常的，例如瓶·······················（喻{喻体 / 喻依}）

如下图：

"声"与"瓶"同属于"做成的"一类，"做成的"属于"无常的"一类，这叫做"以类予"。在万物之中，单举"瓶"和"声"相比，这是"以类取"。一切推论，无论是归纳，是演绎，都把一个"类"字做根本。所以《大取》篇说：

> 夫辞以类行者也。立辞而不明于其类，则必困矣。

一切论证的谬误，都只是一个"立辞而不明于其类"。

故 上文说的"以说出故"的"故"乃是《墨辩》中一个极重要的观念，不可不提出细说一番。《经·上》说：

> 故，所得而后成也。说曰：故，小故，有之不必然，无之必不然。体也，若有端。大故，有之必〔然〕，无〔之必不〕然。若见之成见也。（孙诒让补然字及之必不三字，是也。今从之。惟孙移体也五字，则非）

《说文》："故，使为之也。"用棍敲桌，可使桌响；用棍打头，可使头破。故的本义是"物之所以然"，是成事之因。无此因，必无此果，所以说："故，所得而后成也。"如《庄子·天下》篇："黄缭问天地所以不坠不陷，风雨雷霆之故。"引申出来，凡立论的根据，也叫做"故"。如上文引的"以说出故"的故，是立论所根据的理由。《墨辩》的"故"，总括这两种意义。《经说》解此条，说："故"有大小的分别。小故是一

部分的因。例如:人病死的原因很复杂,有甲、乙、丙、丁等,单举其一,便是小故。有这小故,未必便死;但是若缺这一个小故,也决不致死。故说:"小故,有之不必然,无之必不然。"因为他是一部分的因,故又说:"体也,若有端。"(体字古义为一部分。《经·上》说:"体,分于兼也。"兼是全部,体是一部分。《经说》曰:"体,若二之一,尺之端也。"尺是线,端是点。二分之一,线上之点,皆一部分。)大故乃各种小故的总数,如上文所举甲、乙、丙、丁之和,便是大故。各种原因都完了,自然发生结果。所以说:"大故,有之必然,无之必不然。"譬如人见物须有种种原因,如眼光所见的物,那物的距离,光线,传达光线的媒介物,能领会的心知等等(印度哲学所谓"九缘"是也)。此诸"小故",合成"大故",乃可见物。故说"若见之成见也"。

以上说"故"字的意义。《墨辩》的名学,只是要人研究"物之所以然"(《小取》篇所谓"摹略万物之然"),然后用来做立说的根据。凡立论的根据,所以不能正确,都只是因为立论的人见理不明,把不相干的事物牵合在一处,强说他们有因果的关系;或是因为见理不完全,把一部分的小故,看作了全部的大故。科学的推论,只是要求这种大故;谨严的辩论,只是能用这种大故作根据。再看《经·下》说:

　　物之所以然,与所以知之,与所以使人知之,不必同。说在病。《说》曰:物或伤之,然也。见之,智也。告之,使知也。

"物之所以然",是"故"。能见得这个故的全部,便是"智"。用所知的"故",作立说的"故",方是"使人知之"。但是那"物之所以然"是一件事,人所寻出的"故"又是一件事。两件事可以相同,但不见得一定相同。如"物之所以然"是甲、乙、丙三因,见者以为是丁、戊,便错了,以为单是甲,也错了。故立说之故,未必真是"有之必然,无之必不然"的故。不能如此,所举的故便不正确,所辩论的也就没有价值了。

法 《墨辩》还有一个"法"的观念很重要。《经·上》说:

　　法,所若而然也。《说》曰:意、规、员,三也,俱可以为法。

法字古文作佱,从亼(即集合之集)从正,本是一种模子。《说文》:"法,刑也。模者,法也。范者,法也。型者,铸器之法也。"法如同铸钱的模子,把铜汁倒进去,铸成的钱,个个都是一样的。这是法的本义(参看下文第十二篇)。所以此处说:"法,所若而然也。"若,如也。同法的物事,如一个模子里铸出的钱,都和这模子一样。"所若而然"便是"仿照这样去做,就能这样"。譬如画圆形,可有三种模范。第一是圆的概念,如"一中同长为圆",可叫做圆的"意"。第二是作圆的"规"。第三是已成的圆形,依着摹仿,也可成圆形。这三种都可叫做"法"。法即是模范,即是法象(参看上文第四篇第三章论象)。依"法"做去,自生同样效果。故《经·下》说:

　　一法者之相与也尽类,若方之相合也。说在方。《说》曰:
　　一方尽类,俱有法而异,或木或石,不害其方之相合也。尽类,犹方也,物俱然。

这是说同法的必定同类。这是墨家名学的一个重要观念。上文说"故"是"物之所以然",是"有之必然"。今说"法"是"所若而然"。把两条界说合起来看,可见故与法的关系。一类的法即是一类所以然的故。例如:用规写圆,即是成圆之故,即是作圆之法。依此法做,可作无数同类的圆。故凡正确的故,都可作为法;依他做去,都可发生同样的效果。若不能发生同类的效果,即不是正确之故。科学的目的只是要寻出种种正确之故,要把这些"故"列为"法则"(如科学的律令及许多根据于经验的常识),使人依了做去可得期望的效果。名学的归纳法是根据于"有之必然"的道理,去求"所以然"之故的方法。名学的演绎法是根据于"同法的必定同类"的道理,去把已知之故作为立论之故(前提),看他是否能生出同类的效果。懂得这两个大观念——故与法——方才可讲《墨辩》的名学。

　　辩的七法　以上说一切论辩的根本观念。如今且说辩的各种方法。《小取》篇说:

　　　　或也者,不尽也。
　　　　假也者,今不然也。
　　　　效也者,为之法也。所效者,所以为之法也。故中效,则是也;不中效,则非也。此效也。
　　　　辟也者,举也物而以明之也。

> 侔也者,比辞而俱行也。
>
> 援也者,曰:子然,我奚独不可以然也。
>
> 推也者,以其所不取之同于其所取者予之也。是犹谓"也者同也",吾岂谓"也者异也"。

这七种今分说于下:

（一）或也者,不尽也。 《经·上》说:"尽,莫不然也。"或字即古域字,有限于一部分之意。例如说"马或黄或白",黄白都不能包举一切马的颜色,故说"不尽"。《易·文言》说:"或之者,疑之也。"不能包举一切,故有疑而不决之意。如说"明天或雨或晴","他或来或不来",都属此类。

（二）假也者,今不然也。 假是假设,如说"今夜若起风,明天定无雨"。这是假设的话,现在还没有实现,故说"今不然也"。

这两条是两种立辞的方法,都是"有待之辞"。因为不能斩截断定,故未必即引起辩论。

（三）效也者,为之法也。所效者,所以为之法也。故（故即"以说出故"之故,即前提）中效,则是也;不中效,则非也。 效是"效法"的效,法即是上文"法,所若而然也"的法。此处所谓"效",乃是"演绎法"的论证（又译外籀）。这种论证,每立一辞,须设这辞的"法",作为立辞的"故"。凡依了做去,自然生出与辞同样的效果的,便是这辞的"法"。这法便是辞所仿效。所设立辞之"故",须是"中效"（"中效"即是可作模范,可以被仿效。中字如"中看不中吃"之中）的"法";若不可效法,效法了不能生出与所立的辞同类的效果,那个"故"便不是正确的故了。例如说:

> 这是圆形。何以故？因这是"规写交的"。（用《经说·上》语）

"这是圆形",是所立的辞（因明学所谓宗）。"规写交的",是辞所根据的"故"。依这"故"做,皆成圆形,故是"中效"的法,即是正确的故。因明学论"因"须有"遍是宗法性"也是这个道理。窥基作《因明论疏》,说此处所谓"宗法",乃是宗的"前陈"之法,不是"后陈"之法（前陈即实,后陈即名）。这话虽不错,但仔细说来,须说因是宗的前陈之法,宗的后陈又是这因的法。如上例,"规写交的"是这个圆之法;"圆形"又是"规写交的"之法(因规写交的皆是圆形,但圆形未必全是用规写交的)。

上文说过,凡同法的必定同类。依此理看来,可以说求立辞的法即是求辞的类。三支式的"因",三段论法的"中词"(Middle Term),其实只是辞的"实"(因明学所谓宗之前陈)所属的类,如说"声是无常,所作性故"。所作性是声所属的类。如说:"孔子必有死,因他是人。"人是孔子的类名。但这样指出的类,不是胡乱信手拈来的,须恰恰介于辞的"名"与"实"之间,包含着"实",又正包含在"名"里。故西洋逻辑称他为"中词"。

因为同法必定同类,故演绎法的论证不必一定用三支式(三支式,又名三段论法)。因明学有三支,西洋逻辑自亚里士多德以来,也有三段论法。其式如下:

印度三支　　孔子必有死,
　　　　　　因孔子是一个人。
　　　　　　凡"人"皆有死,例如舜。

西洋三段　　凡"人"皆有死,
　　　　　　孔子是一个"人",
　　　　　　故孔子必有死。

这种论式固是极明显完密,但《墨辩》所说的"效",实在没有规定"三支"的式子。章太炎的《原名》篇说墨家也有三支。其说如下:

《墨经》以因为故。其立量次第:初因,次喻体,次宗,悉异印度、大秦。《经》曰:"故,所得而后成也。"《说》曰:"故。小故,有之不必然,无之必不然。体也,若有端。大故,有之必无然([原注]案无是羡文)。若见之成见也。"夫分于兼之谓体;无序而最前之谓端;特举为体,分二为节,之谓见([原注]皆见《经·上》及《经说·上》。本云,"见:体、尽"。《说》曰:"见。时者,体也。二者,尽也。"按时读为特,尽读为节。《管子·弟子职》曰:"圣之高下,乃承厥火。"以圣为烬,与此以尽为节同例。特举之则为一体,分二之则为数节)。今设为量曰:"声是所作(因),凡所作者皆无常(喻体),故声无常(宗)。"初以因,因局,故谓之小故(〔原注〕犹今人译为小前提者)。无序而最前,故拟之以端。次之喻体,喻体通,故谓之大故(〔原注〕犹今人译为大前提者)。此"凡所作",体也;彼"声所作",节也。故拟以见之成见(〔原注〕上见谓体,下见为节)。

太炎这一段话,未免太牵强了。《经说·上》论大故小故的一节,不过是说"故"有完全与不完全的分别(说详上文),并不是说大前提与小前提。太炎错解了"体也,若有端"一句,故以为是说小前提在先之意。其实"端"即是一点,并无先后之意(看《墨子间诂》解"无序而最前"一句)。太炎解"见"字更错了(看上文解"若见之成见也"一句)。《经·上》说:

见:体,尽。《说》曰:时者,体也。二者,尽也。

此说见有两种:一是体见,一是尽见。孙诒让说时字当读为特,极是。《墨辩》说:"体,分于兼也。"又"尽,莫不然也。"(皆见《经·上》)体见是一部分的见,尽见是统举的见。凡人的知识,若单知一物,但有个体的知识,没有全称的知识。如莎士比亚(Shakespeare)的《暴风》一本戏里的女子,生长在荒岛上,所见的男子只有他父亲一个人,他决不能有"凡人皆是……"的统举的观念。至少须见了两个以上的同类的物事,方才可有统举的观念,方才可有全称的辞。因明学的"喻依"(如说:"凡所作者,皆是无常,犹如瓶等。"瓶等即是喻依。以瓶喻声也),与古因明学的"喻",都是此理。今举古因明的例如下(此例名五分作法):

宗　声是无常。
因　所作性故。
喻　犹如瓶等。
合　瓶所作性,瓶是无常;声所作性,声亦无常。
结　是故得知,声是无常。

单说一个"所作"之物,如"声",只可有一部分的知识,即是上文所谓"特者,体也"。若有了"瓶"等"所作"之物为推论的根据,说"瓶是所作,瓶是无常;声是所作,声亦无常"。这虽是"类推"(Analogy)的式子,已含有"归纳"(Induction)的性质,故可作全称的辞道:"凡所作者,皆是无常。"这才是统举的知识,即是上文所说的"二者,尽也"。太炎强把"尽"字读为节字(此类推法之谬误),以为墨家有三支式的证据,其实是大错的。《墨辩》的"效",只要能举出"中效的故",——因明所谓因,西洋逻辑所谓小前提,——已够了,正不必有三支式。何以不必说出"大前提"呢?因为大前提的意思,已包含在小前提之中。如说"孔子必有死,因孔子是人"。我所以能提出"人"字作小前提,只为我心中已含有"凡人皆有死"的大前提。换言之,大前提的作用,不过是要说明小前提所提出的"人",乃是介于"孔子"与"有死的"两个名词之间的"中词"。但是我若不先承认"人"是"孔子"与"有死的"两者之间的"中词",我决不说"因孔子是人"的小前提了。故大前提尽可省去(古因明之五分作法也没有大前提)。以上说"效"为演绎法的论证。

(四)辟也者,举也物而以明之也。　也物即他物。把他物来说明此物,叫做譬。《说苑》有一段惠施的故事,可引来说明这一节:

梁王谓惠子曰:"愿先生言事则直言耳,无譬也。"惠子曰:"今有人于此,而不知弹者,曰:弹之状何若?应曰:弹之状如弹,则谕乎?"王曰:"未谕也。""于是更应曰:弹之状如弓,而以竹为弦,则知乎?"王曰:"可知矣。"惠子曰:"夫说者固以其所知谕其所不知而使人知之。今王曰无譬,则不可矣。"

(五)侔也者,比辞而俱行也。　侔与辟都是"以其所知谕其所不知而使人知之"的方法,其间却有个区别。辟是用那物说明这物;侔是用那一种辞比较这一种辞。例如公孙龙对孔穿说:

龙闻楚王……丧其弓,左右请求之。王曰:"止。楚王遗弓,楚人得之,又何求乎?"仲尼闻之曰:"……亦曰'人亡之,人得之'而已。何必楚?"若此,仲尼异"楚人"于所谓"人"。夫是仲尼异"楚人"于所谓"人",而非龙异"白马"于所谓"马",悖。(《公孙龙子》一)

这便是"比辞而俱行"。

辟与侔皆是"使人知之"的方法。说话的人,已知道那相比的两件,那听的人却知道一件。所以那说话的人须要用那已知的来比喻那不知道的。因此这两种法子,但可说是教人的方法,或是谈说的方法,却不能作为科学上发明新知识的方法。

（六）援也者,曰:子然,我奚独不可以然也。《说文》"援,引也。"现今人说"援例",正是此意。近人译为类推(Analogy),其实"类推"不如"援例"的明白切当。援例乃是由这一件推知那一件,由这一个推知那一个。例如说:

> 《广韵》引《论语》"子西佊哉"。今《论语》作"彼哉"。因此可见《墨辩》"辩争彼也"的"彼"字或者也是"佊"字之误。

又如说：

> 《庄子》《列子》"人又反入于機。万物皆出于機,皆入于機"。这三个"機"字皆当作"幾"。《易·系辞传》:"圣人之所以极深而研几也。"《释文》云:"幾本或作機。"这是幾误为機的例。

"援例"的推论的结果,大都是一个"个体"事物的是非,不能常得一条"通则"。但是"援例"的推论,有时也会有与"归纳"法同等的效能,也会由个体推知通则。例如:见张三吃砒霜死了,便可知李大若吃砒霜也会死。这种推论,含有一个"凡吃砒霜的必死"的通则。这种由一个个体推知通则的"援例",在《墨辩》另有一个名目,叫做"擢"。《经·下》说:

> 擢虑不疑,说在有无。《说》曰:擢,疑无谓也。臧也今死,而春也得之又死也,可(之又两字旧作"文文"今以意改)。

《说文》:"擢,引也。"与"援"同义。此类的推论,有无易见,故不用疑。例如:由臧之死可推知春的死。与上文吃砒霜的例相同(孙诒让读擢为榷非也)。

（七）推也者,以其所不取之同于其所取者,予之也。是犹谓"也者,同也",吾岂谓"也者,异也"。"也者,同也","也者,异也",上两也字,都是"他"字。这个"推"便是"归纳法",亦名"内籀法"。上文说过,"取"是举例,"予"是断定。归纳法的通则,是"观察了一些个体的事物,知道他们是如此,遂以为凡和这些已观察了的例同样的事物,也必是如此"。那些已观察了的例,便是"其所取者"。那些没有观察了的物事,便是"其所未取"。说那些"所未取"和这些"所取者"相同。因此便下一个断语,这便是"推"。我们且把钱大昕发明"古无轻唇音只有重唇音"一条通则的方法引来作例(轻唇音如 f、v 等音,重唇音如 b、p 等音)。

一、举例(以类取)——"其所取者":

（1）《诗》"凡民有丧,匍匐救之",《檀弓》引作"扶服",《家语》引作"扶伏"。又"诞实匍匐",《释文》本亦作"扶服"。《左传》昭十二年,"奉壶觞以蒲伏焉",《释文》"本又作匍匐,蒲本又作扶"。昭二十一年,"扶伏而击之",《释文》"本或作匍匐"。……

（2）古读扶如醨,转为蟠(证略,下同)。

（3）服又转为犕。……

（4）服又转为暑(音暴)……

（5）伏匏互相训,而声亦相转,此伏羲所以为庖牺……

（6）伏又与逼通。……

（7）古音负如背,亦如倍。……《书·禹贡》"至于陪尾",《史记》作"负尾",《汉书》作"倍尾"。……

（8）古读附如部。……

（9）苻即蒲字。……

（10）古读佛如弼。……

（11）古读文如门。……

（12）古读弗如不。……

（13）古读拂如弼。……

（14）古读繁如鞶。……

（15）古读蕃如卞。……藩如播。……

（16）古读偾如奔。……读纷如豳。……

（17）古读甫如圃。……

（18）古读方如旁。……

（19）古读逢如蓬。……

（20）古读封如邦。……
（21）古读勿如没。……
（22）古读非如颁。……
（23）古读匪如彼。……
（24）古文妃与配同。……
（25）腓与膍同。……
（26）古音微如眉。……
（27）古读无如模。……又转如毛。……又转为末。……
（28）古读反如变。……
（29）古读馥如苾。……（以下诸例略）

二、断语（以类予）——"以其所未取之同于其所取者，予之"：

凡轻唇之音（非敷奉微），古读皆为重唇音（帮滂并明）。

我把这一条长例，几乎全抄下来，因为我要读者知道中国"汉学家"的方法，很有科学的精神，很合归纳的论理。

"推"的界说的下半段"是犹谓他者同也，吾岂谓他者异也"，又是什么意思呢？人说"那些不曾观察的，都和这些已观察了的相同"（他者同也），我若没有正确的"例外"，便不能驳倒这通则，便不能说"那些并不和这些相同"（他者异也）。例如：上文"古无轻唇音"一条，我若不能证明古有轻唇音，便不能说"这二三十个例之外的轻唇音字古时并不读重唇"。

以上为七种"辩"的方法。"或"与"假"系"有待的"辞，不很重要。"效"是演绎法，由通则推到个体，由"类"推到"私"。"辟"与"侔"都用个体说明别的个体，"援"由个体推知别的个体，"推"由个体推知通则。这四种——辟、侔、援、推——都把个体的事物作推论的起点，所以都可以叫做"归纳的论辩"。

这七种之中，"推"最为重要。所以现在且把"推"的细则详说于下。

"推"（归纳）的细则　自密尔（Mill）以来，归纳的研究法大概分为五种：

（一）求同　（二）求异　（三）同异交得　（四）求余　（五）共变

这五术,其实只有同异两件。"求余"便是"求异","共变"也就是"同异交得"的一种。《墨辩》论归纳法,只有(一)同、(二)异、(三)同异交得三法。

(甲)同 《经·上》说:"同,异而俱于之一也"(之同"是")。此言观察的诸例,虽是异体,却都有相同的一点。寻得这一点,便是求同。

(乙)异 《墨辩》没有异的界说。我们可依上文"同"的界说,替他补上一条道:

> 异,同而俱于是二也。

所观察的诸例,虽属相同,但有一点或几点却不相同。求得这些不同之点,便是求异法。

(丙)同异交得 《经·上》云:"同异交得知有无。"这是参用同异两术以求知有无的方法。物的"同异有无"很不易知道,须要参用同异两种才可不致走入迷途。《经·上》说:

> 法同则观其同,法异则观其宜止,因以别道。《说》曰:法取同,观巧转。法取彼择此,问故观宜。以人之有黑者有不黑者也,止黑人;与以人之有爱于人,有不爱于人,止爱〔于〕人:是孰宜止?彼举然者,以为此其然也,则举不然者而问之。

《经说·下》云:

> 彼以此其然也,说"是其然也"。我以此其不然也,疑"是其然也"。

这两段都说该用"否定的例"(不然者)来纠正推论的错误。例如人说"共和政体但适用于小国,不适用于大国",又举瑞士、法兰西……为证。我们该问:"你老先生为什么不举美国呢?"这里面便含有"同异交得"的法子。《经·下》又说:

> 狂举不可以知异,说在有不可。《说》曰:狂举。牛马虽异(旧作"牛狂与马惟异",此盖由举字初误作与牛两字。后之写者,误删一牛字,以其不成文,又误移牛字于句首耳。惟通虽字),以"牛有齿,马有尾",说牛之非马也,不可。是俱有,不偏有偏无有。曰牛之与马不类,用"牛有角,马无角",是类不同

也。

"偏有偏无有"的偏字,当作遍字(吾友张君崧年说)。《易经·益卦·上九·象》曰:"莫益之,偏辞也。"孟喜本作"遍辞也",可见遍偏两字古相通用。这一段说的"遍有遍无有",即是因明学说的"同品定有性,异品遍无性"。如齿,如尾,是牛马同有,故不能用作牛马的"差德"。今说"牛有角,马无角",是举出"牛遍有,马遍无有"的差德了。这种差德,在界说和科学的分类上,都极重要。其实只是一个"同异交得"的法子。

以上说《墨辩》论"辩"的方法。《小取》篇还有论各种论辩的许多谬误,现今不能细讲了。

《墨辩》概论　《墨辩》六篇乃是中国古代第一奇书,里面除了论"知"论"辩"的许多材料之外,还有无数有价值的材料。今把这些材料分类约举如下:

(一)论算学。　如"一少于二而多于五"诸条。

(二)论形学(几何)。　如"平,同高也";"中,同长也";"圆,一中同长也";"方,柱隅四灌也"诸条。

(三)论光学。　如"二,临鉴而立,景到,多而若少,说在寡区";"景之大小,说在地缶远近"诸条。

(四)论力学。　如"力,形之所以奋也";"力,重之谓,下与重奋也"诸条(以上四项,吾友张君准现著《墨经诠损》专论之)。

(五)论心理学。　如"生,形与知处也";"卧,知无知也";"梦,卧而以为然也"诸条。

(六)论人生哲学。　如"仁,体爱也";"义,利也";"礼,敬也";"孝,利亲也";"利,所得而喜也;害,所得而恶也"诸条。

(七)论政治学。　如"君,臣萌(同氓)通约也";"功,利民也";"罪,犯禁也"诸条。

(八)论经济学。　如"买无贵,说在仮其贾。"《说》曰:"买。刀籴相为贾。刀轻则籴不贵,刀重则籴不易。王刀无变。籴有变。岁变籴则岁变刀。"又如"贾宜则雠,说在尽。"《说》曰:"贾,尽也者,尽去其〔所〕以不雠也。其所以不雠去,则雠,正贾也。"这都是中国古经济学最精采的学说。

以上八类,不过略举大概,以表示《墨辩》内容的丰富。我这部哲学史,因限于篇幅,只好从略了(吾另有《墨辩新诂》一书)。

如今且说墨家名学的价值。依我看来,墨家的名学在世界的名学史上,应该占上一个重要的位置。法式的(Formal)一方面,自然远不如印度的因明和欧洲的逻辑,但这是因为印度和欧洲的"法式的逻辑"都经过千余年的补绽工夫,故有完密繁复的法式。墨家的名学前后的历史大概至多不出二百年,二千年来久成绝学,怪不得他不会有发达的法式了。平心而论,墨家名学所有法式上的缺陷,未必就是他的弱点,未必不是他的长处。印度的因明学,自陈那以后,改古代的五分作法为三支,法式上似更完密了;其实古代的五分作法还带有归纳的方法,三支便差不多全是演绎法,把归纳的精神都失了。古代的"九句因",很有道理;后来法式更繁,于是宗有九千二百余过,因有百十七过,喻有八十四过,名为精密,其实是大退步了。欧洲中古的学者,没有创造的本领,只能把古希腊的法式的论理演为种种详式。法式越繁,离亚里士多德的本意越远了。墨家的名学虽然不重法式,却能把推论的一切根本观念,如"故"的观念,"法"的观念,"类"的观念,"辩"的方法,都说得很明白透切。有学理的基本,却没有法式的累赘,这是第一长处。印度、希腊的名学多偏重演绎,墨家的名学却能把演绎归纳一样看重。《小取》篇说"推"一段及论归纳的四种谬误一段,近世名学书也不过如此说法。墨家因深知归纳法的用处,故有"同异之辩",故能成一科学的学派。这是第二长处。

再说墨家名学在中国古代哲学史上的重要。儒家极重名,以为正名便可以正百物了。当时的个人主义一派,如杨朱之流,以为只有个体的事物,没有公共的名称:"名无实,实无名,名者伪而已矣。"这两派绝对相反:儒家的正名论,老子、杨朱的无名论,都是极端派。"别墨"于两种极端派之间,别寻出一种执中的名学。他们不问名是否有实,实是否有名。他们单提出名与实在名学上的作用。故说:"所谓,实也;所以谓,名也。"实只是"主词"(Subject),名只是"表词"(Predicable),都只有名学上的作用,不成为"本体学"(本体学原名 Ontology，论万物本体的性质与存在诸问题）的问题了（别墨以前的实，乃是西洋哲学所谓 Substance，名即所谓 Universals，皆为本体学的问题，故有"有名""无名"之争）。这是墨家名学的第一种贡献。中国的学派只有"别墨"这一派研究物的所以然之故。根据同异有无的道理，设为效，辟，侔，援，推各种方法。墨家名学的方法，不但可为论辩之用，实有科学的精神，可算得"科学的方法"。试看《墨辩》所记各种科学的议论，可以想见这种科学的方法应用。这是墨家名学的第二种贡献。墨家论知识，注重经验，注重推论。看《墨辩》中论光学和力学的诸条，可见墨家学者真能作许多实地试验。这是真正科学的精神，是墨学的第三种贡献。墨家名学论"法"的观念，上承儒家"象"的观念，下开法家"法"的观念（看下文第十二篇）。这是墨家名学的第四种贡献。——总而言之，古代哲学的方法论，莫如墨家的完密，墨子的实用主义和三表法，已是极重要的方法论（详见第六篇）。后来的墨者论"辩"的各法，比墨子更为精密，更为完全。从此以后，无论那一派的哲学，都受这种方法论的影响。荀子的《正名》篇虽攻击当时的辩者，其实全是墨学的影响。孟子虽诋骂墨家，但他书中论方法的各条（如《离娄》篇首章及"博学而详说之"，"天下之言性也，则故而已矣"诸章），无一不显出墨学的影响。庄子的名学，也是墨家辩者的反动（详见第九篇）。至于惠施、公孙龙一般人，都是直接的墨者，更不用说了（详见下章）。

参考书举要：

张惠言《墨子经说解》（上海神州国光社本）。
孙诒让《墨子闲诂》卷十及十一。
章炳麟《国故论衡》下，《原名》篇。
此外读者须先读一两种名学书。

第四章 惠施

一、惠施传略　惠施曾相梁惠王,梁惠王死时,惠施还在(《战国策》),惠王死在西历纪元前319年。又据《吕氏春秋》(二十一)齐梁会于徐州,相推为王,乃是惠施的政策。徐州之会在纪元前334年。据此看来,惠施的时代大约在前380年与前300年之间。《庄子·天下》篇说:"惠施多方,其书五车。"又说有一个人叫作黄缭的,问天地所以不坠不陷和风雨雷霆之故,惠施"不辞而应,不虑而对,遍为万物说"。只可惜那五车的书和那"万物说",都失掉了,我们所知道的,不过是他的几条残缺不完的学说。

二、惠施"厤物之意"　惠施的学说,如今所传,尽在《庄子·天下》篇中。原文是:

惠施……厤物之意(《释文》曰,厤,古歴字,……分别历说之)。曰:

(一) 至大无外,谓之大一;至小无内,谓之小一。

(二) 无厚不可积也,其大千里。

(三) 天与地卑,山与泽平。(孙诒让曰:卑与比通,《广雅·释诂》曰:比,近也)

(四) 日方中方睨,物方生方死。

(五) "大同"而与"小同"异,此之谓"小同异"。万物毕同毕异,此之谓"大同异"。

(六) 南方无穷而有穷。

(七) 今日适越而昔来。

(八) 连环可解也。

(九) 我知天下之中央:燕之北,越之南,是也。

(十) 泛爱万物,天地一体也。

三、十事的解说　这十事的解说,自古以来,也不知共有多少种。依我个人的意思看来,这十事只是"泛爱万物,天地一体也"一个大主义。前九条是九种辩证,后一条是全篇的断案。前九条可略依章太炎《明见》篇,分为三组:

第一组,论一切"空间"的分割区别,都非实有。(1)(2)(3)(6)

(7)(8)(9)

第二组,论一切"时间"的分割区别,都非实有。(1)(4)(7)

第三组,论一切同异都非绝对的。(5)

三组的断案:"泛爱万物,天地一体也。"

第一,论"空间"一切分割区别都非实有。"空间"(Space)古人都叫做"宇",《尸子》及《淮南子》注都说:"上下四方"是宇。《经·上》说:

> 宇,弥异所也。《经说》曰:宇,冡东西南北。(旧作"宇东西家南北"。王引之校删家字,非也。家是冡字之误。冡即蒙字。写者不识,误改为家,又以其不可通,乃移下两字,以成三字句耳)

"宇"与"所"有别。"东方"、"西南角"、"这里"、"那里",都是"所"。"所"只是"宇"的一部分。弥满上下四方,总名为"宇",故"宇,蒙东西南北"。宇是无穷无极,没有间断,不可分析的。所以惠施说:"至大无外,谓之大一。"此是"宇"的总体。但是平常人都把"宇"分成种种单位,如东方、西方、一分、一厘、一毫、一忽之类,故惠施又说:"至小无内,谓之小一。"这是"所",都是"宇"的一部分。其实分到极小的单位(小一),还只是这个"宇"。所以惠施又说:"无厚不可积也,其大千里。"分割"空间"到了一线,线又割成点,是"无厚不可积"了,却还是这"其大无外"的"宇"的一部分。所以那"无厚不可积"的,和那"其大千里"的,只是一物,只是那无穷无极,不可割断的"空间"。

《墨辩》又说:

> 宇或徙(或即域字)。《经说》曰:宇,南北在旦,有(同又)在莫。宇徙久。

> 或,过名也。说在实。《经说》曰:或,知是之非此也,有(同又)知是之不在此也,然而谓此"南北"。过而以已为然。始也谓此"南方",故今也谓此"南方"。

这两段说"宇"是动移不歇的。《经·上》说:"动,或徙也。"域徙为动,故"宇或徙"是说地动。我们依着指南针定南北东西,却不知道

"空间"是时刻移动的,早晨的南北,已不是晚间的南北了,我们却只叫他做"南北",这实是"过而以已为然",不过是为实际上的便利,其实都不是客观的实在区别。

当时的学者,不但知道地是动的,并且知道地是圆的。如《周髀算经》(此是晚周的书,不是周初的书)说:"日运行处极北,北方日中,南方夜半。日在极东,东方日中,西方夜半。日在极南,南方日中,北方夜半。日在极西,西方日中,东方夜半。"这虽是说日动而地不动,但似含有地圆的道理。又如《大戴礼记·天员》篇(此篇不是曾子的书,当是秦汉人造出来的)辩"天圆地方"之说,说:"如诚天圆而地方,则是四角之不掩也。"这分明是说地是圆的。

惠施论空间,似乎含有地圆和地动的道理。如说:"天下之中央,燕之北,越之南,是也。"燕在北,越在南。因为地是圆的,所以无论那一点,无论是北国之北,南国之南,都可说是中央。又说:"南方无穷而有穷。"因为地圆,所以南方可以说有穷,可以说无穷。南方无穷,是地的真形;南方有穷,是实际上的假定。又如"天与地卑,山与泽平",更明显了。地圆旋转,故上面有天,下面还有天;上面有泽,下面还有山。又如"今日适越而昔来",即是《周髀算经》所说"东方日中,西方夜半;西方日中,东方夜半"的道理。我今天晚上到越,在四川西部的人便要说我"昨天"到越了。

如此看来,可见一切空间的区别,都不过是我们为实际上的便利起的种种区别,其实都不是实有的区别,认真说来,只有一个无穷无极不可分断的"宇"。那"连环可解也"一条,也是此理。《战国策》记秦王把一套玉连环送与齐国的君王后请他解开,君王后用铁锤一敲,连环都碎了,叫人答复秦王说连环已解了。这种解连环的方法,很有哲学意义。所以连环解与不解,与"南方无穷而有穷"同一意思。

以上说"空间"一切区别完了。

第二,论"时间"一切分割区别都非实有。"时间"(Time)古人或叫做"宙",或叫做"久"。《尸子》与《淮南子》注都说:"古往今来"是"宙"。《经·上》说:

久,弥异时也。《经说》曰:久合古今旦莫。(旧作"今久古今且莫",王引之改且为旦,又删上今字。适按,今字是合字或亼字之误,写者误以为今字,又移于上,成三字句耳。今校正)

"久"是"时"的总名。一时、一刻、千年、一刹那,是时。弥满"古今旦莫","古往今来",总名为"久"。久也是无穷无极不可割断的,故也可说"至大无外,谓之大一;至小无内,谓之小一"。大一是古往今来的"久",小一是极小单位的"时"。无论把时间分割成怎样小的"小一",还只是那无穷无极不可分割的时间。所以一切时间的分割,只是实际上应用的区别,并非实有。惠施说:"日方中方睨,物方生方死,"才见日中,已是日斜;刚是现在,已成过去。即有上寿的人,千年的树,比起那无穷的"久",与"方中方睨"的日光有何分别?竟可说"方生方死"了。"今日适越而昔来",虽关于"空间",也关于"时间"。东方夜半,西方日中;今日适越,在西方人说来,便是昨日。凡此都可见一切时分,都由人定,并非实有。

第三,论一切同异都非绝对的。科学方法最重有无同异。一切科学的分类(如植物学与动物学的分类),都以同异为标准。例如:植物的分类:

$$植物\begin{cases}显花的\begin{cases}被子的\begin{cases}双子叶的\\单子叶的\end{cases}\\裸子的\end{cases}\\隐花的\end{cases}$$

但是这种区别,都不过是为实际上的便利起见,其实都不是绝对的区别。惠施说:"大同而与小同异,此之谓小同异。"例如:松与柏是"大同",松与蔷薇花是"小同",这都是"小同异"。一切科学的分类,只是这种"小同异"。从哲学一方面看来,便是惠施所说"万物毕同毕异"。怎么说"万物毕异"呢?原来万物各有一个"自相"。例如:一个胎里生不出两个完全同样的弟兄;一根树上生不出两朵完全一样的花;一朵花上找不出两个完全同样的花瓣;一个模子里铸不出两个完全同样的铜钱。这便是万物的"自相"。《墨辩》说:"二必异,二也。"这个"二性"便是"自相"。有自相所以"万物毕异"。但是万物虽各有"自相",却又都有一些"共相"。例如男女虽有别,却同是人；人与禽兽虽有别,却同是动物；动物与植物虽有别,却同是生物；……这便是万物的"共相"。有共相,故万物可说"毕同"。毕同毕异,"此之谓大同异"。可见一切同异都不是绝对的区别。

结论　惠施说一切空间时间的分割区别,都非实有；一切同异,都非绝对。故下一断语道："天下一体也。"天地一体即后来庄子所说：

> 天下莫大于秋毫之末,而太山为小；莫寿于殇子,而彭祖为夭。天地与我并生,而万物与我为一。(《齐物论》)

因为"天地一体",故"泛爱万物"。

"泛爱万物",即是极端的兼爱主义。墨子的兼爱主义,我已说过,是根据于"天志"的。墨家的"宗教的兼爱主义",到了后代,思想发达了,宗教的迷信便衰弱了,所以兼爱主义的根据也不能不随着改变。惠施是一个科学的哲学家,他曾做"万物说",说明"天地所以不坠不陷,风雨雷霆之故",所以他的兼爱主义别有科学—哲学的根据。

第五章　公孙龙及其他辩者

一、公孙龙传略　《吕氏春秋》说公孙龙劝燕昭王偃兵(《审应览》七),又与赵惠王论偃兵(《审应览》一),说燕昭王在破齐之前。燕昭王破齐在西历纪元前284至[前]279年。《战国策》又说信陵君破秦救赵时(前257年)公孙龙还在,曾劝平原君勿受封。公孙龙在平原君门下,这是诸书所共纪,万无可疑的。所以《战国策》所说,似乎可靠。依此看来,公孙龙大概生于西历前325年和[前]315年之间。那时惠施已老了。公孙龙死时,当在前250年左右。

此说和古来说公孙龙年岁的,大不相同。我以为公孙龙决不能和惠施辩论,又不在庄子之前,《庄子》书中所记公孙龙的话都是后人乱造的。《庄子·天下》篇定是战国末年人造的。《天下》篇并不曾明说公孙龙和惠施辩论,原文但说：

> 惠施以此为大观于天下而晓辩者。天下之辩者,相与乐之

> （此下纪辩者二十一事），……辩者以此与惠施相应，终身无穷。桓团、公孙龙，辩者之徒，饰人之心，易人之意，能胜人之口，不能服人之心。

此段明说"与惠施相应"的乃是一班"辩者"，又明说"桓团、公孙龙"，乃是"辩者之徒"，可见公孙龙不曾和惠施辩论。此文的"辩者"乃是公孙龙的前辈，大概也是别墨一派。公孙龙最出名的学说是"白马非马"、"臧三耳"两条。如今这两条都不在这二十一事之中。可见与惠施相应的"辩者"，不是公孙龙自己，是他的前辈。后来公孙龙便从这些学说上生出他自己的学说来。后来这些"辩者"一派，公孙龙最享盛名，后人把这些学说笼统都算是他的学说了（如《列子·仲尼》篇）。我们既不知那些"辩者"的姓名（桓团即《列子·仲尼》篇之韩檀，一音之转也），如今只好把《天下》篇的二十一事，和《列子·仲尼》篇的七事，一齐都归作"公孙龙及其他辩者"的学说。

二、《公孙龙子》 今所传《公孙龙子》有六篇。其中第一篇乃是后人所加的《传略》。第三篇也有许多的脱误。第二篇最易读。第四篇错误更多，须与《墨子·经·下》《经说·下》参看。第五第六篇亦须与《经·下》、《经说·下》参看，才可懂得。

三、《庄子·天下》篇的二十一事　（《列子·仲尼篇》的七事附见）

（1）卵有毛。

（2）鸡三足。（《孔丛子》有"臧三耳"）

（3）郢有天下。

（4）犬可以为羊。

（5）马有卵。

（6）丁子有尾。

（7）火不热。

（8）山出口。

（9）轮不蹍地。

（10）目不见。

（11）指不至，至不绝。（《列子》亦有"指不至"一条）

(12) 龟长于蛇。
(13) 矩不方,规不可以为圆。
(14) 凿不围枘。
(15) 飞鸟之影,未尝动也。(《列子》亦有"影不移"一条)
(16) 镞矢之疾,而有不行不止之时。
(17) 狗非犬。(《列子》有"白马非马",与此同意。说详下)
(18) 黄马,骊牛,三。
(19) 白狗黑。
(20) 孤驹未尝有母。(《列子》作"孤犊未尝有母")
(21) 一尺之棰,日取其半,万世不竭。(《列子》作"物不尽")

此外《列子》尚有"意不心","发引千钧"两条。

四、总论　这些学说,前人往往用"诡辩"两字一笔抹煞。近人如章太炎极推崇惠施,却不重这二十一事。太炎说:

> 辩者之言独有"飞鸟"、"镞矢"、"尺棰"之辩,察明当人意。"目不见"、"指不至"、"轮不蹍地",亦几矣。其他多失伦。夫辩说者,务以求真,不以乱俗也。故曰"狗无色"可,云"白狗黑"则不可。名者所以召实,非以名为实也。故曰"析狗至于极微则无狗"可,云"狗非犬"则不可。(《明见》篇)

太炎此说似乎有点冤枉这些辩者了。我且把这二十一事分为四组((8)条未详,故不列入),每组论一个大问题。

第一,论空间时间一切区别都非实有。(3)(9)(15)(16)(21)
第二,论一切同异都非绝对的。这一组又分为两层:
(甲)从"自相"上看来,万物毕异。(13)(14)(17)
(乙)从"共相"上看来,万物毕同。(1)(5)(6)(12)
第三,论知识。(2)(7)(10)(11)(18)
第四,论名。(4)(19)(20)

五、第一,论空间时间一切区别都非实有　惠施也曾有此说,但公孙龙一般人的说法更为奥妙。(21)条说"一尺之棰,日取其半,万

世不竭",这一条可引《墨子·经·下》来参证。《经·下》说:

> 非半弗斱则不动,说在端。《经说》曰:斱半,进前取也。前则中无为半,犹端也。前后取,则端中也。斱必半,毋与非半,不可斱也。

这都是说中分一线,又中分剩下的一半,又中分一半的一半,……如此做去,终不能分完。分到"中无为半"的时候,还有一"点"在,故说"前则中无为半,犹端也"。若前后可取,则是"点"在中间,还可分析。故说"前后取,则端中也"。司马彪注《天下》篇云:"若其可析,则常有两;若其不可析,其一常在。"与《经说·下》所说正合。《列子·仲尼》篇直说是"物不尽"。魏牟解说道:"尽物者常有。"这是说,若要割断一物(例如一线),先须经过这线的一半,又须过一半的一半,以此递进,虽到极小的一点,终有余剩,不到绝对的零点。因此可见一切空间的分割区别,都非实有,实有的空间是无穷无尽,不可分析的。

(16)条说:"镞矢之疾,而有不行不止之时。"说飞箭"不止",是容易懂得的。如何可说他"不行"呢?今假定箭射过百步需时三秒钟,可见他每过一点,需时三秒之几分之几。既然每过一点必需时若干,可见他每过一点必停止若干时。司马彪说:"形分止,势分行。形分明者行迟,势分明者行速。"从箭的"势"看去,箭是"不止"的;从"形"看去,箭是"不行"的。譬如我们看电影戏,见人马飞动,其实只是一张一张不动的影片,看影戏时只见"势"不见"形",故觉得人马飞动,男女跳舞。影戏完了,再看那取下的影片,只见"形"不见"势",始知全都是节节分断,不连络、不活动的片段。

(15)条说:"飞鸟之影未尝动也。"《列子·仲尼》篇作"影不移"。魏牟解说道:"影不移,说在改也。"《经·下》也说:

> 景不徙,说在改为。《经说》曰:景,光至景亡。若在,万古息。

这是说,影处处改换,后影已非前影。前影虽看不见,其实只在原处。若用照相快镜一步一步的照下来,便知前影与后影都不曾动。

(9)条"轮不蹍地",与上两条同意,不过(9)条是从反面着想。

从"势"一方面看来,车轮转时,并不躇地;鸟飞时,只成一影;箭行时,并不停止。从"形"一方面看来,车轮转处,处处躇地;鸟飞时,鸟也处处停止,影也处处停止;箭行时,只不曾动。

(3)条"郢有天下",即是庄子所说"天下莫大于秋毫之末,而太山为小"之意。郢虽小,天下虽大,比起那些无穷无极的空间来,两者都无甚分别,故可说"郢有天下"。

这几条所说只要证明空间时间一切区别都是主观的区别,并非实有。

六、第二,论一切同异都非绝对的 （甲）从自相上看来,万物毕异 《经·下》说:"一法者之相与也,尽类,若方之相合也。"这是从"共相"上着想,故可说同法的必定相类,方与方相类,圆与圆相类。但是若从"自相"上着想,一个模子铸不出两个完全相同的钱;一副规做不出两个完全相同的圆;一个矩做不出两个完全相同的方。故(13)条说:"矩不方,规不可以为圆。"(14)条"凿不围枘",也是此理。我们平常说矩可为方,规可为圆,凿恰围枘;这都不过是为实际上的便利,姑且假定如此,其实是不如此的。(17)条"狗非犬",也是这个道理。《尔雅》说:"犬未成豪曰狗。"《经·下》说:

狗,犬也。而"杀狗非杀犬也"可。

《小取》篇说:

盗人,人也。多盗,非多人也。无盗,非无人也。……爱盗,非爱人也。杀盗,非杀人也。

这几条说的只是一个道理。从"共相"上着想,狗是犬的一部,盗是人的一部,故可说:"狗,犬也","盗人,人也"。但是若从"自相"的区别看来,"未成豪"的犬(邵晋涵云,"犬子生,而长毛未成者为狗"),始可叫做"狗"(《曲礼》疏云,通而言之,狗犬通名。若分而言之,则大者为犬,小者为狗)。偷东西的人,始可叫做"盗"。故可说:"杀狗非杀犬也","杀盗非杀人也"。

公孙龙的"白马非马"说,也是这个道理。《公孙龙子·白马》篇说:

"马"者,所以命形也。"白"者,所以命色也。……求

"马",黄黑马皆可致。求"白马",黄黑马不可致。……黄黑马一也,而可以应"有马",不可以应"有白马"。是白马之非马,审矣。……"马"者,无取于色,故黄黑马皆可以应。"白马"者,有去取于色,黄黑马皆以所色去,故唯白马独可以应耳。

这一段说单从物体"自相"的区别上着想,便和泛指那物体的"类名"不同。这种议论,本极容易懂,今更用图表示上文所说:

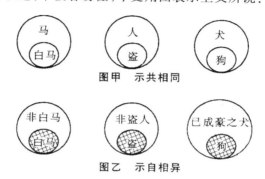

七、(乙)从共相上看来,万物毕同 (1)条说:"卵有毛。"这条含有一个生物学的重要问题。当时很有人研究生物学,有一派生物进化论说:

  万物皆种也,以不同形相禅。(《庄子·寓言》)

  种有幾(幾即是极细微的种子。幾字 88,8 字本象胎胚之形),……万物皆出于幾(今作机,误。下幾字同),皆入于幾。(《庄子·至乐》)

这学说的大意是说生物进化都起于一种极微细的种子,后来渐渐进化,"以不同形相禅",从极下等的微生物,一步一步的进到最高等的人(说详《庄子·至乐》篇及《列子·天瑞》篇)。因为生物如此进化,可见那些种子里面,都含有万物的"可能性"(亦名潜性),所以能渐渐的由这种"可能性"变为种种物类的"现形性"(亦名显性)。又可见生物进化的前一级,便含有后一级的"可能性"。故可说:"卵有毛。"例如:鸡卵中已含有鸡形;若卵无毛,何以能变成有毛的鸡呢?反过来说,如(5)条的"马有卵",马虽不是"卵生"的,却未必不曾经过"卵生"的一种阶级。又如(6)条的"丁子有尾"。成玄英说楚人叫虾蟆作丁子。虾蟆虽无尾,却曾经有尾的。第(12)条"龟长于蛇",似乎也指龟有"长于蛇"的"可能性"。

以上(甲)(乙)两组,一说从自性上看去,万物毕异;一说从根本的共性上看去,从生物进化的阶级上看去,万物又可说毕同。观点注重自性,则"狗非犬","白马非马"。观点注重共性,则"卵有毛","马有卵"。于此可见一切同异的区别都不是绝对的。

八、第三,论知识　以上所说,论空间时间一切区别都非实有,论万物毕同毕异,与惠施大旨相同。但公孙龙一班人从这些理论上,便造出一种很有价值的知识论。他们以为这种种区别同异,都由于心神的作用。所以(7)条说"火不热",(10)条说"目不见"。若没有能知觉的心神,虽有火也不觉热,虽有眼也不能见物了。(2)条说"鸡三足"。司马彪说鸡的两脚需"神"方才可动,故说"三足"。公孙龙又说"臧三耳",依司马彪说,臧的第三只耳朵也必是他的心神了。《经·上》篇说:"闻,耳之聪也。循所闻而意得见,心之察也。"正是此意。

《公孙龙子》的《坚白论》,也可与上文所说三条互相印证。《坚白论》的大旨是说,若没有心官做一个知觉的总机关,则一切感觉都是散漫不相统属的;但可有这种感觉和那种感觉,决不能有连络贯串的知识。所以说"坚白石二"。若没有心官的作用,我们但可有一种"坚"的感觉和一种"白"的感觉,决不能有"一个坚白石"的知识。所以说:

> 无坚得白,其举也二。无白得坚,其举也二。
>
> 视不得其所坚而得其所白者,无坚也。拊不得其所白而得其所坚者,无白也。……得其白,得其坚,见与不见离。[见]不见离,一。二不相盈。故离。离也者,藏也。(见不见离一,二不相盈故离。旧本有脱误。今据《墨子·经说·下》考正)

古来解这段的人都把"离"字说错了。本书明说:"离也者,藏也。"离字本有"连属"的意思,如《易·象传》说:"离,丽也。日月丽乎天,百谷草木丽乎土。"又如《礼记》说:"离坐离立,毋往参焉。"眼但见白,而不见坚;手可得坚,而不见白。所见与所不见相藏相附丽,始成的"一"个坚白石。这都是心神的作用,始能使人同时"得其坚,得其白"。

(18)条"黄马骊牛三",与"坚白石二"同意。若没有心神的作用,我们但有一种"黄"的感觉,一种"骊"的感觉和一种高大兽形的感觉,却不能有"一匹黄马"和"一只骊牛"的感觉,故可说"黄马骊牛三"。

最难解的是(11)条"指不至,至不绝"。我们先须考定"指"字的意义。《公孙龙子》的《指物》篇用了许多"指"字,仔细看来,似乎"指"都是说明物体的种种表德,如形色等等。《指物》篇说:

  物莫非指,而指非指。天下无指,物无可以谓物。非指者,天下无物,可谓指乎?(无物之无,旧作而。今依俞樾校改)

我们所以能知物,全靠形色、大小等等"物指"。譬如白马,除了白色和马形,便无"白马"可知,故说"物莫非指",又说"天下无指,物无可以谓物",这几乎成了极端的唯心论了。故又转了一句说"而指非指",又说"天下无物,可谓指乎?"这些"指"究竟是物的指。没有指固不可谓物,但是若没有"物",也就没有"指"了。有这一转,方才免了极端的唯心论。

(11)条的"指"字,也作物的表德解。我们知物,只须知物的形色等等表德。并不到物的本体,也并不用到物的本体。即使要想知物的本体,也是枉然,至多不过从这一层物指进到那一层物指罢了。例如我们知水,只是知水的性质。化学家更进一层,说水是氢氧二气做的,其实还只是知道氢气氧气的重量作用等等物指。即使更进一层,到了氢气氧气的元子或电子,还只是知道元子电子的性质作用,终竟不知元子电子的本体。这就是(11)条的"指不至,至不绝"。正如算学上的无穷级数,再也不会完的。

以上所说,为公孙龙一班人的知识论。知识须有三个主要部分:一方面是物,一方面是感觉认识的心神,两方面的关系,发生物指与感觉,在物为"指",在心为"知"(此知是《经·上》"知,接也"之知),其实是一事。这三部分之中,最重要的,还只是知物的心神。一切物指,一切区别同异,若没有心神,便都不能知道了。

九、第四,论名　有了"物指",然后有"名"。一物的名乃是代表这物一切物指的符号。如"火"代表火的一切性质,"梅兰芳"代表梅兰芳的一切状态性质,有了正确的"名",便可由名知物,不须时时处处直接见物了。如我说"平行线",听者便知是何物。故"正名"一件事,于知识思想上极为重要。古代哲学家,自孔子到荀子,都极注重"正名",都因此故。《公孙龙子》有《名实论》,中说道:

　　……正其所实者,正其名也。其名正,则唯乎其彼此焉(唯,应也)。谓彼而不唯乎彼,则"彼"谓不行。谓此而不唯乎此,则"此"谓不行。……故彼彼止于彼,此此止于此,可彼此而彼且此,此彼而此且彼,不可。夫名,实谓也。知此之非此也,知此之不在此也,则不谓也。

这段说"正名"极明白。《荀子·正名》篇说名未制定之时,有"异形离心交喻,异物名实互纽"的大害,上文(4)条说"犬可以为羊",又(19)条说"白狗黑",是说犬羊黑白,都系人定的名字。当名约未定之时,呼犬为羊,称白为黑,都无不可。这就是"异形离心交喻,异物名实互纽";就是《公孙龙子》所说"彼此而彼且此,此彼而此且彼"了。

若有了公认正确的名,自然没有这种困难。(20)条说"孤驹未尝有母",《列子》作"孤犊未尝有母"。魏牟解说道:"有母非孤犊也。"这是说"孤犊"一名,专指无母之犊。犊有母时,不得称孤;犊称孤时,决不会有母了。这便是"彼彼止于彼,此此止于此"。一切正确之名,都要如此,不可移易。

十、结论　以上说公孙龙及"辩者"二十一事完了。这班人的学说,以为一切区别同异,都起于主观的分别,都非绝对的。但在知识思想上,这种区别同异却不可无有。若没有这些分别同异的"物指",便不能有知识了。故这些区别同异,虽非实有,虽非绝对的,却不可不细为辨别,要使"彼彼止于彼,此此止于此"。有了正确之"名",知识学术才可有进步。

公孙龙一般人的学说,大旨虽然与惠施相同,但惠施的学说归到一种"泛爱万物"的人生哲学,这班人的学说归到一种"正名"的名学。这是他们的区别。但公孙龙到处劝人"偃兵",大概也是信兼爱非攻的人,可知他终是墨家一派。(参看第十二篇第一章论宋牼、尹文)

参考书举要:

参考《东方杂志》第十五卷第五、六期,胡适《惠施、公孙龙之哲学》。

第六章 墨学结论

我们已讲了墨学的两派:一是宗教的墨学,一是科学—哲学的墨学。如今且讲墨学的灭亡和所以灭亡的原因。

当韩非之时,墨学还很盛。所以《韩非子·显学》篇说:"世之显学,儒墨也。"韩非死于秦始皇十四年,当西历前233年。到司马迁做《史记》时,不过一百五十年,那时墨学早已销灭,所以《史记》中竟没有墨子的列传。《孟子荀卿列传》中说到墨子的一生,只有二十四个字。那轰轰烈烈,与儒家中分天下的墨家,何以销灭得这样神速呢?这其中的原因,定然很复杂,但我们可以悬揣下列几个原因:

第一,由于儒家的反对。墨家极力攻击儒家,儒家也极力攻击墨家。孟子竟骂墨子兼爱为"无父",为"禽兽"。汉兴以后,儒家当道,到汉武帝初年竟罢黜百家,独尊孔氏。儒家这样盛行,墨家自然没有兴盛的希望了。(参看《荀子》攻击墨家之语,及《孔丛子·诘墨篇》)

第二,由于墨家学说之遭政客猜忌。其实墨学在战国末年,已有衰亡之象。那时战争最烈,各国政府多不很欢迎兼爱非攻的墨家。《管子》(是战国末年的伪书)《立政》篇说:

> 寝兵之说胜,则险阻不守。兼爱之说胜,则士卒不战。

又《立政九败解》说:

> 人君唯毋(唯毋二字合成一语辞,有唯字义。说详《读书杂志》)听寝兵,则群臣宾客莫敢言兵。……人君唯毋听兼爱之

说,则视天下之民如其民,视国如吾国(语略同《兼爱·上》)。如是,则……射御勇力之士不厚禄,覆军杀将之臣不贵爵。

又《韩非子·五蠹》篇说:

> 故不相容之事,不两立也。斩敌者受赏,而高慈惠之行;拔城者受爵禄,而信兼爱之说,……举行如此,治强不可得也。

这些都是指墨家说的。可见那时墨家不但不见容于儒家,并且遭法家政客的疾忌。这也是墨学灭亡的一个大原因。

第三,由于墨家后进的"诡辩"太微妙了。别墨惠施、公孙龙一般人,有极妙的学说。不用明白晓畅的文字来讲解,却用许多极怪僻的"诡辞",互相争胜,"终身无穷"。那时代是一个危急存亡的时代,各国所需要的乃是军人政客两种人才,不但不欢迎这种诡辩,并且有人极力反对。如《韩非子·五蠹》篇说:

> 且世之所谓智者,微妙之言也。微妙之言,上智之所难知也。……夫治世之事,急者不得,则缓者非所务也。今所治之政,民间夫妇所明知者不用,而慕上知之论,则其于治反矣。故微妙之言,非民务也。

又《吕氏春秋》说,公孙龙与孔穿论"臧三耳"(本作藏三牙。今据《孔丛子》校正),明日,孔穿对平原君说:

> 谓臧三耳甚难而实非也。谓臧两耳甚易而实是也。不知君将从易而是者乎?将从难而非者乎?

又《韩非子·问辩》篇说:

> 夫言行者,以功用为之的彀者也。……乱世之听言也,以难知为察,以博文为辩。……是以……坚白无厚之辞章,而宪令之法息。

这都是说别墨与公孙龙一般人的论辩太"微妙"了,不能应用。墨学的始祖墨翟立说的根本在于实际的应用,如今别家也用"功用"为标准,来攻击墨学的后辈,可谓"以其人之道,还治其人之身"了。这不但可见墨学灭亡的一大原因,又可见狭义的功用主义的流弊了。

第九篇　庄子

第一章　庄子时代的生物进化论

一、庄子略传　庄子一生的事迹，我们不甚知道。据《史记》，庄子名周，是蒙人。曾作蒙漆园吏。《史记》又说他和梁惠王，齐宣王同时。我们知道他曾和惠施往来，又知他死在惠施之后。大概他死时当在西历纪元前275年左右，正当惠施、公孙龙两人之间。

《庄子》书，《汉书·艺文志》说有五十二篇，如今所存，只有三十三篇。共分内篇七，外篇十五，杂篇十一。其中内篇七篇，大致都可信。但也有后人加入的话。外篇和杂篇便更靠不住了。即如《胠箧》篇说田成子十二世有齐国。自田成子到齐亡时，仅得十二世（此依《竹书纪年》。若依《史记》，则但有十世耳）。可见此篇决不是庄子自己做的。至于《让王》，《说剑》，《盗跖》，《渔父》诸篇，文笔极劣，全是假托。这二十六篇之中，至少有十分之九是假造的。大抵《秋水》，《庚桑楚》，《寓言》三篇最多可靠的材料。《天下》篇是一篇绝妙的后序，却决不是庄子自作的。其余的许多篇，大概都是后人杂凑和假造的了。

《庄子·天下》篇说：

　　寂漠无形，变化无常；死与生欤？天地并欤？神明往欤？芒乎何之？忽乎何适？万物毕罗，莫足以归：——古之道术有在于是者。庄周闻其风而悦之。以谬悠之说，荒唐之言，无端崖之辞，时恣纵而不傥，不以觭见之也。以天下为沉浊不可与庄语，以卮言为曼衍，以重言为真，以寓言为广。独与天地精神往来，而不敖倪于万物。不谴是非，以与世俗处。……上与造物者游，而下与外死生无终始者为友。其于本也，弘大而辟，深闳而肆。

其于宗也,可谓稠适而上遂矣(《释文》云,稠音调,本亦作调)。虽然,其应于化而解于物也,其理不竭,其来不蜕,芒乎昧乎,未之尽者。

这一段评论庄子的哲学,最为简切精当。庄子的学说,只是一个"出世主义"。他虽与世俗处,却"独与天地精神往来,……上与造物者游,下与外死生无终始者为友"。中国古代的出世派哲学至庄子始完全成立。我们研究他的哲学,且先看他的根据在什么地方。

二、万物变迁的问题　试看上文引的《天下》篇论庄子哲学的第一段便说:"寂漠无形,变化无常;死与生欤?天地并欤?神明往欤?芒乎何之?忽乎何适?万物毕罗,莫足以归:——古之道术有在于是者。庄周闻其风而悦之。"可见庄子哲学的起点,只在一个万物变迁的问题。这个问题,从前的人也曾研究过。老子的"万物生于有,有生于无",便是老子对于这问题的解决。孔子的"易"便是孔子研究这问题的结果。孔子以为万物起于简易而演为天下之至赜,又说刚柔相推而生变化:这便是孔子的进化论。但是老子、孔子都不曾有什么完备周密的进化论,又都不注意生物进化的一方面。到了墨子以后,便有许多人研究"生物进化"一个问题。《天下》篇所记惠施、公孙龙的哲学里面,有"卵有毛"、"犬可以为羊"、"丁子有尾"诸条,都可为证。《墨子·经·上》篇说:"为"有六种,(一)存,(二)亡,(三)易,(四)荡,(五)治,(六)化。《经说·上》解"化"字说:"蛙买,化也。"买有变易之义。《经·上》又:"化,征易也。"《经说》解这条说:"化,若蛙化为鹑。"征字训验,训证,是表面上的征验。"征易"是外面的形状变了。两条所举,都是"蛙化为鹑"一例。此又可见当时有人研究生物变化的问题了。但是关于这问题的学说,最详细最重要的却在《列子》、《庄子》两部书里面。如今且先说《列子》书中的生物进化论。

三、《列子》书中的生物进化论　《列子》这部书本是后人东西杂凑的,所以这里面有许多互相冲突的议论。即如进化论,这书中也有两种。第一种说:

　　夫有形者生于无形,则天地安从生?故曰:有太易,有太初,

> 有太始,有太素。太易者,未见气也。太初者,气之始也。太始者,形之始也。太素者,质之始也。气形质具而未相离,故曰浑沦。浑沦者,言万物相浑沦而未离也。视之不见,听之不闻,循之不得,故曰易也。易无形埒□,易变而为一,一变而为七,七变而为九。九变者,究也。乃复变而为一。一者形变之始也。清轻者,上为天。浊重者,下为地。

这一大段全是《周易·乾凿度》的话(张湛注亦明言此。孔颖达《周易正义》引"夫有形者"至"故曰易也"一段,亦言引《乾凿度》,不言出自《列子》也)。《乾凿度》一书决非秦以前的书,这一段定是后人硬拉到《列子》书中去的。我们且看那第二种进化论如何说法:

> 有生,不生;有化,不化。不生者能生生;不化者能化化。……不生者疑独,不化者往复。往复,其际不可终。疑独,其道不可穷。……故生物者不生,化物者不化。自生,自化,自形,自色,自智,自力,自消,自息,谓之生,化,形,色,智,力,消,息者,非也。……故有生者,有生生者;有形者,有形形者;有声者,有声声者;有色者,有色色者;有味者,有味味者。生之所生者,死矣,而生生者未尝终。形之所形者,实矣,而形形者未尝有。声之所生者,闻矣,而声声者未尝发。色之所色者,彰矣,而色色者未尝显。味之所味者,尝矣,而味味者未尝呈。皆"无"为之职也。能阴能阳,能柔能刚;能短能长,能圆能方;能生能死,能暑能凉;能浮能沉,能宫能商;能出能没,能玄能黄;能甘能苦,能膻能香。无知也,无能也,而无不知也,而无不能也。
>
> (《列子·天瑞》篇)

"疑独"的疑字,前人往往误解了。《说文》有两个疑字:一个作𠤕,训"定也"(从段氏说)。一个作疑,训"惑也"。后人把两字并成一字。这段的疑字,如《诗经》"麋所止疑",及《仪礼》"疑立"的疑字,皆当作"定"解。疑独便是永远单独存在。

这一段说的是有一种"无":无形、无色、无声、无味,却又是形声色味的原因;不生、不化,却又能生生化化。因为他自己不生,所以永久是单独的(疑独)。因为他自己不化,所以化来化去终归不变(往复)。这个"无"可不是老子的"无"了。老子的"无"是虚空的空处。《列子》书的"无",是一种不生、不化,无形色声味的原质。一切天地万物都是这个"无""自生、自化、自形、自色、自智、自力、自消、自息"的结果。

既然说万物"自生、自化、自形、自色、自智、自力、自消、自息",自然不承认一个主宰的"天"了。《列子》书中有一个故事,最足破除这种主宰的天的迷信。

> 齐田氏祖于庭,食客千人,中坐有献鱼雁者。田氏视之,乃叹曰:"天之于民厚矣!殖五谷,生鱼鸟,以为之用。"众客和之如响。鲍氏之子年十二,预于次,进曰:"不如君言。天地万物与我并生,类也。类无贵贱,徒以大小智力而相制,迭相食,非相为而生之。人取可食者而食之,岂天本为人生之?且蚊蚋嘬肤,虎狼食肉,岂天本为蚊蚋生人、虎狼生肉者哉?(《说符》篇)

此即是老子"天地不仁,以万物为刍狗",和邓析"天之于人无厚也"的意思。这几条都不以"天"是有意志的,更不认"天"是有"好生之德"的。《列子》书中这一段更合近世生物学家所说优胜劣败、适者生存的话。

四、《庄子》书中的生物进化论　《庄子·秋水》篇说:

> 物之生也,若骤若驰,无动而不变,无时而不移。何为乎?何不为乎?夫固将自化。

"自化"二字,是《庄子》生物进化论的大旨。《寓言》篇说:

> 万物皆种也,以不同形相禅。始卒若环,莫得其伦。是谓天均。

"万物皆种也,以不同形相禅",这十一个字竟是一篇"物种由来"。他说万物本来同是一类,后来才渐渐的变成各种"不同形"的物类。却又并不是一起首就同时变成了各种物类。这些物类都是一代一代的进化出来的,所以说:"以不同形相禅。"

这条学说可与《至乐》篇的末章参看。《至乐》篇说:

> 种有幾(幾读如字。《释文》读居岂反,非也。郭注亦作幾何之幾解,亦非也),得水则为𢇱。得水土之际,则为蛙蠙之衣。

生于陵屯,则为陵舄。陵舄得郁栖,则为乌足。乌足之根为蛴螬,其叶为胡蝶。胡蝶,胥也,化而为虫,生于灶下,其状若脱,其名为鸲掇。鸲掇千日,为鸟,其名为乾余骨。乾余骨之沫为斯弥,斯弥为食醯。颐辂生乎食醯。黄軦生乎九猷,瞀芮生乎腐蠸。羊奚比乎不箰久竹,生青宁。青宁生程,程生马,马生人,人又反入于機。万物皆出于機,皆入于機。(此一节亦见《列子·天瑞》篇。惟《列子》文有误收后人注语之处,故更不可读。今但引《庄子》书文)

这一节,自古至今,无人能解。我也不敢说我懂得这段文字。但是其中有几个要点,不可轻易放过。(一)"种有幾"的幾字,决不作幾何的幾字解。当作幾微的幾字解。《易·系辞传》说:"幾者,动之微,吉〔凶〕之先见者也。"正是这个幾字。幾字从丝,丝字从 $\mathbf{8}$,本象生物胞胎之形。我以为此处的幾字是指物种最初时代的种子,也可叫做元子。(二)这些种子,得着水,便变成了一种微生物,细如断丝,故名为䌛。到了水土交界之际,便又成了一种下等生物,叫做蛙蠙之衣(司马彪云,"物根在水土际,布在水中。就水上视之不见,按之可得。如张绵在水中。楚人谓之蛙蠙之衣")。到了陆地上,便变成了一种陆生的生物,叫做陵舄。自此以后,一层一层的进化,一直进到最高等的人类。这节文字所举的植物动物的名字,如今虽不可细考了,但是这个中坚理论,是显而易见,毫无可疑的。(三)这一节的末三句所用三个"機"字,皆当作"幾",即上文"种有幾"的幾字。若这字不是承着上文来的,何必说"人又反入于機"呢?用"又"字和"反"字,可见这一句是回照"种有幾"一句的。《易·系辞传》"极深而研幾"一句,据《释文》,一本幾作機。可见幾字误作機,是常有的事。从这个极微细的"幾"一步一步的"以不同形相禅",直到人类;人死了,还腐化成微细的"幾":所以说:"万物皆出于幾,皆入于幾。"这就是《寓言》篇所说"始卒若环,莫得其伦"了。这都是天然的变化,所以叫做"天均"。

这种生物进化论,说万物进化,都是自生自化,并无主宰。所以《齐物论》借影子作比喻。影说:

> 吾有待而然者耶？吾所待又有待而然者耶？

郭象说这一段最痛快。他说：

> 世或谓罔两待景，景待形，形待造物者。请问夫造物者，有耶？无耶？无也，则胡能造物哉？有也，则不足以物众形。故明乎众形之自物，而后始可与言造物耳。……故造物者无主，而物各自造。物各自造而无所待焉，此天地之正也。故彼我相因，形景俱生，虽复玄合，而非待也。明斯理也，将使万物各返所宗于体中，而不待乎外。外无所谢而内无所矜，是以诱焉皆生而不知所以生；同焉皆得而不知所以得也。……

《知北游》篇也说：

> 有先天地生者，物邪？物物者非物，物出不得先物也。犹其有物也。"犹其有物也"无已。（适按，非物下疑脱一耶字）

西方宗教家往往用因果律来证明上帝之说。以为有因必有果，有果必有因。从甲果推到乙因，从乙果又推到丙因，……如此类推，必有一个"最后之因"。那最后之因便是万物主宰的上帝。不信上帝的人，也用这因果律来驳他道：因果律的根本观念是"因必有果，果必有因"一条。如今说上帝是因，请问上帝的因，又是什么呢？若说上帝是"最后之因"，这便等于说上帝是"无因之果"，这便不合因果律了，如何还可用这律来证明有上帝呢？若说上帝也有因，请问"上帝之因"又以什么为因呢？这便是《知北游》篇说的"犹其有物也无已"。正如算学上的无穷级数，终无穷极之时，所以说是"无已"。可见万物有个主宰的天之说是不能成立的了。

五、进化之故　生物进化，都由自化，并无主宰。请问万物何以要变化呢？这话《庄子》书中却不曾明白回答。《齐物论》说："恶识所以然？恶识所以不然？"这竟是承认不能回答这个问题了。但是《庄子》书中却也有许多说话和这问题有关。例如《齐物论》说：

> 民湿寝则腰疾偏死，鳅然乎哉？木处则惴栗恂惧，猿猴然乎哉？三者孰知正处？民食刍豢，麋鹿食荐，蝍且甘带，鸱鸦嗜鼠。四者孰知正味？

又如《秋水》篇说：

> 骐骥骅骝一日而驰千里,捕鼠不如狸狌:言殊技也。鸱鸺夜撮蚤,察毫末;昼出瞋目不见邱山:言殊性也。

这两节似乎都以为万物虽不同形,不同才性,不同技能,却各各适合于自己所处的境遇。但《庄子》书中并不曾明说这种"适合"(Adaptation to environment)果否就是万物变迁进化的缘故。

这一层便是《庄子》生物进化论的大缺点。近世生物学者说生物所以变迁进化,都由于所处境遇(Environment)有种种需要,故不得不变化其形体机能,以求适合于境遇。能适合的,始能生存。不能适合,便须受天然的淘汰,终归于灭亡了。但是这个适合,有两种的分别:一种是自动的,一种是被动的。被动的适合,如鱼能游泳,鸟能飞,猿猴能升木,海狗能游泳,皆是。这种适合,大抵全靠天然的偶合,后来那些不能适合的种类都渐灭了,独有这些偶合的种类能繁殖,这便是"天择"了。自动的适合,是本来不适于所处的境遇,全由自己努力变化,战胜天然的境遇。如人类羽毛不如飞鸟,爪牙不如猛兽,鳞甲不如鱼鳖,却能造出种种器物制度,以求生存,便是自动的适合最明显的一例。《庄子》的进化论只认得被动的适合,却不去理会那更重要的自动的适合。所以说:

> 夫鹄不日浴而白,乌不日黔而黑。(《天运》)

又说:

> 何为乎?何不为乎?夫固将自化。(《秋水》)

又说:

> 化其万化而不知其禅之者,焉知其所终?焉知其所始?正而待之而已耳。

这是完全被动的、天然的生物进化论。

第二章 庄子的名学与人生哲学

上章所述的进化论,散见于《庄子》各篇中。我们虽不能确定这是庄周的学说,却可推知庄周当时大概颇受了这种学说的影响。依我个人看来,庄周的名学和人生哲学都与这种完全天然的进化论很有关系。如今且把这两项分别陈说如下。

一、庄子的名学　庄子曾与惠施往来。惠施曾说："万物毕同毕异：此之谓大同异。"但是惠施虽知道万物毕同毕异，他却最爱和人辩论，"终身无穷"。庄周既和惠施来往，定然知道这种辩论。况且那时儒墨之争正烈，自然有许多激烈的辩论。庄周是一个旁观的人，见了这种争论，觉得两边都有是有非，都是长处，也都有短处。所以他说：

> 道恶乎隐而有真伪？言恶乎隐而有是非？道恶乎往而不存？言恶乎存而不可？道隐于小成，言隐于荣华，故有儒墨之是非，以是其所非而非其所是。（《齐物论》）

"小成"是一部分不完全的；"荣华"是表面上的浮词。因为所见不远，不能见真理的全体；又因为语言往往有许多不能免的障碍陷阱，以致儒墨两家各是其是而非他人所是，各非其非而是他人所非。其实都错了。所以庄子又说：

> 辩也者，有不见也。（同上）

又说：

> 大知闲闲（简文云：广博之貌），小知间间（《释文》云：有所间别也）。大言淡淡（李颐云：同是非也。今本皆作炎炎。《释文》云：李作淡。今从之），小言詹詹（李云：小辩之貌）。（同上）

因为所见有偏，故有争论。争论既起，越争越激烈，偏见便更深了。偏见越争越深了，如何能分得出是非真伪来呢？所以说：

> 既使我与若辩矣。若胜我，我不若胜，若果是也？我果非也耶？我胜若，若不我胜，我果是也？而果非也耶？其或是也，或非也耶？其俱是也，其俱非也耶？我与若不能相知也，则人固受其黮暗，吾谁使正之？使同乎若者正之，既与若同矣，恶能正之？使同乎我者正之，既同乎我矣，恶能正之？使异乎我与若者正之，既异乎我与若矣，恶能正之；使同乎我与若者正之，既同乎我与若矣，恶能正之？然则我与若与人俱不能相知也，而待彼也耶？（同上）

这种完全的怀疑主义，和墨家的名学恰成反对。《墨辩·经·上》

说：

> 辩,争彼也。辩胜,当也。《经说》曰:辩,或谓之牛,[或]谓之非牛。是争彼也。是不俱当。不俱当,必或不当。

《经·下》说：

> 谓辩无胜,必不当,说在辩。《经说》曰:谓,非谓同也,则异也。同则或谓之狗,其或谓之犬也。异则[马]或谓之牛,牛或谓之马也。俱无胜,是不辩也。辩也者,或谓之是,或谓之非。当者胜也。

辩胜便是当,当的终必胜:这是墨家名学的精神。庄子却大不以为然。他说你就胜了我,难道你便真是了,我便真不是了吗?墨家因为深信辩论可以定是非,故造出许多论证的方法,遂为中国古代名学史放一大光彩。庄子因为不信辩论可以定是非,所以他的名学的第一步只是破坏的怀疑主义。

但是庄子的名学,却也有建设的方面。他说因为人有偏蔽不见之处,所以争论不休。若能把事理见得完全透彻了,便不用争论了。但是如何才能见到事理之全呢?庄子说:

> 欲是其所非而非其所是,则莫若以明。(《齐物论》)

"以明",是以彼明此,以此明彼。郭象注说:"欲明无是无非,则莫若还以儒墨反复相明。反复相明,则所是者非是,而所非者非非。非非则无非,非是则无是。"庄子接着说:

> 物无非彼,物无非是。自彼则不见,自知则知之。故曰:彼出于是,是亦因彼。彼是方生之说也。虽然,方生方死,方死方生。方可方不可,方不可方可。因是因非,因非因是。是以圣人不由而照之于天,亦因是也。是亦彼也,彼亦是也。彼亦一是非,此亦一是非。果且有彼是乎哉?果且无彼是乎哉?

这一段文字极为重要。庄子名学的精义全在于此。"彼"即是"非是"。"是"与"非是",表面上是极端相反对的。其实这两项是互相成的。若没有"是",更何处有"非是"?因为有"是",才有"非是"。因为有"非是",所以才有"是"。故说:"彼出于是,是亦因彼。"《秋水》篇说:

> 以差观之,因其所大而大之,则万物莫不大;因其所小而小之,则万物莫不小。知天地之为稊米也,知毫末之为丘山也,则差数睹矣。
>
> 以功观之,因其所有而有之,则万物莫不有;因其所无而无之,则万物莫不无。知东西之相反而不可以相无,则功分定矣。
>
> 以趣观之,因其所然而然之,则万物莫不然;因其所非而非之,则万物莫不非。知尧桀之自然而相非,则趣操睹矣。

东西相反而不可相无,尧桀之自是而相非,即是"彼出于是,是亦因彼"的明例。"东"里面便含有"西","是"里面便含有"非是"。东西相反而不可相无,彼是相反而实相生相成。所以《齐物论》接着说:

> 彼是莫得其偶,谓之道枢(郭注:偶,对也。彼是相对而圣人两顺之。故无心者,与物冥而未尝有对于天下)。枢始得其环中,以应无穷。是亦一无穷,非亦一无穷也。故曰:莫若以明。

这种议论,含有一个真理。天下的是非,本来不是永远不变的。世上无不变之事物,也无不变之是非。古代用人为牺牲,以祭神求福,今人便以为野蛮了。古人用生人殉葬,今人也以为野蛮了。古人以蓄奴婢为常事,如今文明国都废除了。百余年前,中国士夫喜欢男色,如袁枚的《李郎曲》,说来津津有味,毫不以为怪事,如今也废去了。西方古代也尚男色,哲学大家柏拉图于所著《一席话》(Symposium)也畅谈此事,不以为怪。如今西洋久已公认此事为野蛮陋俗了。这都是显而易见之事。又如古人言"君臣之义无所逃于天地之间",又说"不可一日无君"。如今便有大多数人不认这话了。又如古人有的说人性是善的,有的说是恶的,有的说是无善无恶可善可恶的。究竟谁是谁非呢?……举这几条,以表天下的是非也随时势变迁,也有进化退化。这便是庄子"是亦一无穷,非亦一无穷"的真义。《秋水》篇说:

> 昔者尧舜让而帝,之哙让而绝;汤武争而王,白公争而灭。由此观之,争让之礼,尧桀之行,贵贱有时,未可以为常也。……故曰:"盖师是而无非,师治而无乱乎?"是未明天地之理万物之情者也。……帝王殊禅,三代殊继。差其时,逆其俗者,谓之篡

夫。当其时,顺其俗者,谓之义之徒。

这一段说是非善恶随时势变化,说得最明白。如今的人,只是不明此理,所以生在二十世纪,却要去摹仿那四千年前的尧舜;更有些人,教育二十世纪的儿童,却要他们去学做二三千年前的圣贤!

这个变化进化的道德观念和是非观念,有些和德国的海智尔相似。海智尔说人世的真伪是非,有一种一定的进化次序。先有人说"这是甲",后有人说"这是非甲",两人于是争论起来了。到了后来,有人说:"这个也不是甲,也不是非甲。这个是乙。"这乙便是甲与非甲的精华,便是集甲与非甲之大成。过了一个时代,又有人出来说:"这是非乙,"于是乙与非乙又争论起来了。后来又有人采集乙与非乙的精华,说"这是丙"。海智尔以为思想的进化,都是如此。今用图表示如下:

(1)这是"甲"。
(2)这是"非甲"。
(3)这是"乙"。
(4)这是"非乙"。
(5)这是"丙"。
(6)这是"非丙"。
(7)这是"丁"。

这就是庄子说的:"彼出于是,是亦因彼。……是亦彼也,彼亦是也。……彼亦一是非,此亦一是非。……是亦一无穷,非亦一无穷也。"

以上所说,意在指点出庄子名学的一段真理。但是庄子自己把这学说推到极端,便生出不良的效果。他以为是非既由于偏见,我们又如何能知自己所见不偏呢?他说:

> 庸讵知吾所谓知之非不知耶?庸讵知吾所谓不知之非知耶?(《齐物论》)

> 吾生也有涯,而知也无涯。以有涯随无涯,殆已。(《养生主》)

> 计人之所知,不若其所不知;其生之时,不若其未生之时。

以其至小,求穷其至大之域,是故迷乱而不能自得也。(《秋水》)

"是亦一无穷,非亦一无穷"。我们有限的知识,如何能断定是非?倒不如安分守己听其自然罢。所以说:

> 可乎可,不可乎不可。道行之而成,物谓之而然。恶乎然?然于然。恶乎不然?不然于不然。物固有所然,物固有所可。无物不然,无物不可。故为是举莛与楹(司马彪云:莛,屋梁也。楹,屋柱也。故郭注云:夫莛横而楹纵),厉与西施,恢恑憰怪,道通为一。其分也,成也。其成也,毁也。凡物无成与毁,复通为一。唯达者知通为一,为是不用而寓诸庸。庸也者,用也。用也者,通也。通也者,得也。适得而几矣。因是已。(《齐物论》)

这种理想,都由把种种变化都看作天道的运行。所以说:"道行之而成,物谓之而然。"既然都是天道,自然无论善恶好丑,都有一个天道的作用。不过我们知识不够,不能处处都懂得是什么作用罢了。"物固有所然,物固有所可;无物不然,无物不可",四句是说无论什么都有存在的道理,既然如此,世上种种的区别,纵横、善恶、美丑、分合、成毁……都是无用的区别了。既然一切区别都归无用,又何必要改良呢?又何必要维新革命呢?庄子因为能"达观"一切,所以不反对固有社会;所以要"不谴是非,以与世俗处"。他说:"唯达者知通为一,为是不用而寓诸庸。"庸即是庸言庸行之庸,是世俗所通行通用的。所以说:"庸也者,用也。用也者,通也。通也者,得也。"既为世俗所通用,自然与世俗相投相得。所以又说:"适得而几矣,因是已。"因即是"仍旧贯";即是依违混同,不肯出奇立异,正如上篇所引的话,"物之生也,若驰若骤,无动而不变,无时而不移。何为乎?何不为乎?夫固将自化。"万物如此,是非善恶也是如此。何须人力去改革呢?所以说:

> 与其誉尧而非桀也,不如两忘而化其道。(《大宗师》)

这种极端"不谴是非"的达观主义,即是极端的守旧主义。

二、庄子的人生哲学　上文我说庄子的名学的结果,便已侵入人生哲学的范围了。庄子的人生哲学,只是一个达观主义。达观本有多种区别,上文所说,乃是对于是非的达观。庄子对于人生一切寿夭、生死、祸福,也一概达观,一概归到命定。这种达观主义的根据,都在他的天道观念。试看上章所引的话:

> 化其万化而不知其禅之者。焉知其所终?焉知其所始?正而待之而已耳。

因为他把一切变化都看作天道的运行;又把天道看得太神妙不可思议了,所以他觉得这区区的我那有作主的地位。他说:

> 庸讵知吾所谓"天"之非"人"乎?所谓"人"之非"天"乎?

那《大宗师》中说子舆有病,子祀问他,"女恶之乎?"子舆答道:

> 亡。予何恶?浸假而化予之左臂以为鸡,予因以求时夜。浸假而化予之右臂以为弹,予因以求鸮炙。浸假而化予之尻以为轮,以神为马,予因而乘之,岂更驾哉?……且夫物之不胜天,久矣,吾又何恶焉?

后来子来又有病了,子犁去看他,子来说:

> 父母于子,东西南北,唯命是从。阴阳于人,不翅于父母。彼近吾死而我不听,我则悍矣,彼何罪焉?夫大块载我以形,劳我以生,佚我以老,息我以死。故善吾生者,乃所以善吾死也。今大冶铸金,金踊跃曰:"我且必为镆铘?"大冶必以为不祥之金。今一犯人之形而曰:"人耳!人耳!"夫造化者必以为不祥之人。今一以天地为大炉,以造化为大冶,恶乎往而不可哉?

又说子桑临终时说道:

> 吾思夫使我至此极者而弗得也。父母岂欲我贫哉?天无私覆,地无私载,天地岂私贫我哉?求其为之者而不得也。然而至此极者,命也夫!

这几段把"命"写得真是《大宗师》篇所说:"物之所不得遁。"既然不得遁逃,不如还是乐天安命。所以又说:

> 古之真人,不知说生,不知恶死。其出不䜣,其入不距。翛然而往,翛然而来而已矣。不忘其所始,不求其所终。受而喜之,忘而复之。是之谓不以心捐(一本作捐,一本作㨂)道,不以

人助天。是之谓真人。

《养生主》篇说庖丁解牛的秘诀只是"依乎天理,因其固然"八个字。庄子的人生哲学,也只是这八个字。所以《养生主》篇说老聃死时,秦失道:

> 适来,夫子时也。适去,夫子顺也。安时而处顺,哀乐不能入也。

"安时而处顺",即是"依乎天理,因其固然",都是乐天安命的意思。《人间世》篇又说蘧伯玉教人处世之道,说:

> 彼且为婴儿,亦与之为婴儿。彼且为无町畦,亦与之为无町畦。彼且为无崖,亦与之为无崖。达之,入于无疵。

这种话初看去好像是高超得很。其实这种人生哲学的流弊,重的可以养成一种阿谀依违,苟且媚世的无耻小人;轻的也会造成一种不关社会痛痒,不问民生痛苦,乐天安命,听其自然的废物。

三、结论　庄子的哲学,总而言之,只是一个出世主义。因为他虽然与世人往来,却不问世上的是非、善恶、得失、祸福、生死、喜怒、贫富,……一切只是达观,一切只要"正而待之",只要"依乎天理,因其固然"。他虽在人世,却和不在人世一样,眼光见地处处都要超出世俗之上,都要超出"形骸之外"。这便是出世主义。因为他要人超出"形骸之外",故《人间世》和《德充符》两篇所说的那些支离疏,兀者王骀,兀者申徒嘉,兀者叔山无趾,哀骀它,闉跂支离无脤,瓮㼜大瘿,或是天生,或由人刑,都是极其丑恶残废的人,却都能自己不觉得残丑,别人也都不觉得他们的残丑,都和他们往来,爱敬他们。这便是能超出"形骸之外"。《德充符》篇说:

> 自其异者视之,肝胆楚越也。自其同者视之,万物皆一也。……物视其所一,而不见其所丧,视丧其足,犹遗土也。

这是庄子哲学的纲领。他只要人能于是非、得失、善恶、好丑、贫富、贵贱,……种种不同之中,寻出一个同的道理。惠施说过"万物毕同毕异,此之谓大同异"。庄子只是要人懂得这个道理,故说:"自其异者视之,肝胆楚越也。自其同者视之,万物皆一也。"庄子的名学和人生哲学,都只是要人知道"万物皆一"四个大字。他的"不遣是非"、"外死生"、"无终始"、"无成与毁",……都只是说"万物皆一"。《齐物论》说：

> 天下莫大于秋毫之末,而太山为小。莫寿于殇子,而彭祖为夭。天地与我并生,而万物与我为一。

我曾用一个比喻来说庄子的哲学道：譬如我说我比你高半寸,你说你比我高半寸。你我争论不休。庄子走过来排解道："你们二位不用争了罢,我刚才在那爱拂儿塔上(Eiffel Tower 在巴黎,高九百八十四英尺有奇,为世界第一高塔)看下来,觉得你们二位的高低实在没有什么区别,何必多争,不如算作一样高低罢。"他说的"辩也者,有不见也"只是这个道理。庄子这种学说,初听了似乎极有道理。却不知世界上学识的进步只是争这半寸的同异；世界上社会的维新,政治的革命,也只是争这半寸的同异。若依庄子的话,把一切是非同异的区别都看破了,说太山不算大,秋毫之末不算小；尧未必是,舜未必非：这种思想、见地固是"高超",其实可使社会国家世界的制度习惯思想永远没有进步,永远没有革新改良的希望。庄子是知道进化的道理,但他不幸把进化看作天道的自然,以为人力全无助进的效能,因此他虽说天道进化,却实在是守旧党的祖师。他的学说实在是社会进步和学术进步的大阻力。

第十篇　荀子以前的儒家

第一章　《大学》与《中庸》

研究古代儒家的思想,有一层大困难。因为那些儒书,这里也是"子曰",那里也是"子曰"。正如上海的陆稿荐,东也是,西也是,只不知哪一家是真陆稿荐(此不独儒家为然。希腊哲学亦有此弊。柏拉图书中皆以梭格拉底为主人。又披塔格拉(Pythagoras)学派之书,多称"夫子曰")。我们研究这些书,须要特别留神,须要仔细观察书中的学说是否属于某个时代。即如《礼记》中有许多儒书,只有几篇可以代表战国时代的儒家哲学。我们如今只用一部《大学》,一部《中庸》,一部《孟子》,代表西历前第四世纪和第三世纪初年的儒家学说。

《大学》一书,不知何人所作。书中有"曾子曰"三字,后人遂以为是曾子和曾子的门人同作的。这话固不可信。但是这部书在《礼记》内比了那些《仲尼燕居》、《孔子闲居》诸篇,似乎可靠。《中庸》古说是孔子之孙子思所作。大概《大学》和《中庸》两部书都是孟子、荀子以前的儒书。我这句话,并无他种证据,只是细看儒家学说的趋势,似乎孟子、荀子之前总该有几部这样的书,才可使学说变迁有线索可寻。不然,那极端伦常主义的儒家,何以忽然发生一个尊崇个人的孟子?那重君权的儒家,何以忽然生出一个鼓吹民权的孟子?那儒家的极端实际的人生哲学,何以忽然生出孟子和荀子这两派心理的人生哲学?若《大学》《中庸》这两部书是孟子、荀子以前的书,这些疑问便都容易解决了。所以我以为这两部书大概是前四纪的书,但是其中也不能全无后人加入的材料(《中庸》更为驳杂)。

《大学》和《中庸》两部书的要点约有三端,今分别陈说如下。

第一，方法　《大学》《中庸》两部书最重要的在于方法一方面（此两书后来极为宋儒所推尊，也只是为此。程子论《大学》道："于今可见古人为学次第者，独赖此篇之存。"朱子序《中庸》道："历选前圣之书，所以提挈纲维，开示蕴奥，未有若是其明且尽者也。"可证）。《大学》说："大学之道，在明明德，在亲民，在止于至善。……物有本末，事有终始，知所先后，则近道矣。"本末、终始、先后，便是方法问题。《大学》的方法是：

> 古之欲明明德于天下者，先治其国。欲治其国者，先齐其家。欲齐其家者，先修其身。欲修其身者，先正其心。欲正其心者，先诚其意。欲诚其意者，先致其知。致知在格物。
>
> 物格而后知至，知至而后意诚，意诚而后心正，心正而后身修，身修而后家齐，家齐而后国治，国治而后天下平。

《中庸》的方法总纲是：

> 天命之谓性，率性之谓道，修道之谓教。
>
> 诚者，天之道也。诚之者，人之道也（《孟子·离娄》篇也有此语。诚之作思诚）。自诚明，谓之性。自明诚，谓之教。

又说"诚之"之道：

> 博学之，审问之，慎思之，明辨之，笃行之。

"行"的范围，仍只是"君臣也，父子也，夫妇也，昆弟也，朋友之交也"。与《大学》齐家、治国、平天下，略相同。

《大学》《中庸》的长处只在于方法明白，条理清楚。至于那"格物"二字究竟作何解说？"尊德性"与"道问学"究竟谁先谁后？这些问题乃是宋儒发生的问题，在当时都不成问题的。

第二，个人之注重　我从前讲孔门弟子的学说时，曾说孔门有一派把一个"孝"字看得太重了，后来的结果，便把个人埋没在家庭伦理之中。"我"竟不是一个"我"，只是"我的父母的儿子"。例如："战陈无勇"一条，不说我当了兵便不该如此，却说凡是孝子，便不该如此。这种家庭伦理的结果，自然生出两种反动：一种是极端的个人主义，如杨朱的为我主义，不肯"损一毫利天下"；一种是极端的为人主义，如墨家的兼爱主义，要"视人之身若其身，视人之家若其家，视人之国若其国"。有了这两种极端的学说,不由得儒家不变换他们的伦理观念了。所以《大学》的主要方法,如上文所引,把"修身"作一切的根本。格物,致知,正心,诚意,都是修身的工夫。齐家,治国,平天下,都是修身的效果。这个"身",这个"个人",便是一切伦理的中心点。如下图:

《孝经》说:

> 自天子至于庶人,孝无终始,而患不及者,未之有也。

《大学》说:

> 自天子至于庶人,壹是皆以修身为本。

这两句"自天子至于庶人"的不同之处,便是《大学》的儒教和《孝经》的儒教大不相同之处了。

又如《中庸》说:

> 故君子不可以不修身。思修身,不可以不事亲。思事亲,不可以不知人。思知人,不可以不知天。

曾子说的"大孝尊亲,其次弗辱",这是"思事亲不可以不修身"。这和《中庸》说的"思修身不可以不事亲"恰相反。一是"孝"的人生哲学,一是"修身"的人生哲学。

《中庸》最重一个"诚"字。诚即是充分发达个人的本性。所以说:"诚者,天下之道也。诚之者,人之道也。"这一句当与"天命之谓性,率性之谓道,修道之谓教"三句合看。人的天性本来是诚的,若能依着这天性做去,若能充分发达天性的诚,这便是"教",这便是"诚之"的工夫。因为《中庸》把个人看作本来是含有诚的天性的,所以他极看重个人的地位,所以说:"君子素其位而行,不愿乎其外";所以说:"君子无入而不自得焉";所以说:

> 唯天下至诚为能尽其性;能尽其性,则能尽人之性;能尽人之性,则能尽物之性;能尽物之性,则可以赞天地之化育;可以赞

天地之化育,则可以与天地参矣。

《孝经》说:

> 人之行莫大于孝,孝莫大于严父,严父莫大于配天。

《孝经》的最高目的是要把父"配天",像周公把后稷配天,把文王配上帝之类。《中庸》的至高目的是要充分发达个人的天性,使自己可以配天,可与"天地参"。

第三,心理的研究　《大学》和《中庸》的第三个要点是关于心理一方面的研究。换句话说,儒家到了《大学》《中庸》时代,已从外务的儒学进入内观的儒学。那些最早的儒家只注重实际的伦理和政治,只注重礼乐仪节,不讲究心理的内观。即如曾子说"吾日三省吾身",似乎是有点内省的工夫了。及到问他省的什么事,原来只是"为人谋而不忠乎?与朋友交而不信乎?传不习乎?"还只是外面的伦理。那时有一派孔门弟子,却也研究心性的方面。如王充《论衡·本性》篇所说宓子贱、漆雕开、公孙尼子论性情与周人世硕相出入。如今这几个人的书都不传了。《论衡》说:"世硕以为人性有善有恶,……善恶在所养。"据此看来,这些人论性的学说,似乎还只和孔子所说"性相近也,习相远也:惟上智与下愚不移"的话相差不远。若果如此,那一派人论性,还不能算得"心理的内观"。到了《大学》便不同了。《大学》的重要心理学说,在于分别"心"与"意"。孔颖达《大学疏》说:"揔包万虑谓之心,为情所忆念谓之意。"这个界说不甚明白,大概心有所在便是意。今人说某人是何"居心"?也说是何"用意"?两句同意。大概《大学》的"意"字只是"居心"。《大学》说:

> 所谓诚其意者,毋自欺也。如恶恶臭,如好好色,此之谓自谦。故君子必慎其独也。小人闲居为不善,无所不至;见君子而后厌然掩其不善而著其善。人之视己,如见其肺肝然,则何益矣?此谓诚于中,形于外。故君子必慎其独也。

如今人说"居心总要对得住自己",正是此意。这一段所说,最足形容我上文所说的"内观的儒学"。

大凡论是非善恶,有两种观念:一种是从"居心"一方面(Attitude；Motive）立论，一种是从"效果"一方面（Effects；Consequences）立论。例如：秦楚交战，宋牼说是不利，孟轲说是不义。义不义是居心，利不利是效果。《大学》既如此注重诚意，自然偏向居心一方面。所以《大学》的政治哲学说：

> 是故君子先慎乎德。……德者，本也。财者，末也。外本内末，争民施夺。

又说：

> 此谓国不以利为利，以义为利也。长国家而务财用者，必自小人矣。

这种极端非功利派的政治论，根本只在要诚意。

《大学》论正心，与《中庸》大略相同。《大学》说：

> 所谓修身在正其心者；身有所忿懥，则不得其正；有所恐惧，则不得其正；有所好乐，则不得其正；有所忧患，则不得其正。心不在焉，视而不见，听而不闻，食而不知其味。此谓修身在正其心。

《中庸》说：

> 喜怒哀乐之未发，谓之中。发而皆中节，谓之和。中也者，天下之大本也。和也者，天下之达道也。

《大学》说的"正"，就是《中庸》说的"中"。但《中庸》的"和"，却是进一层说了。若如《大学》所说，心要无忿懥、无恐惧、无好乐、无忧患，岂不成了木石了。所以《中庸》只要喜怒哀乐发得"中节"，便算是和。喜怒哀乐本是人情，不能没有。只是平常的人往往太过了，或是太缺乏了，便不是了。所以《中庸》说：

> 道之不明也，我知之矣；知者过之，愚者不及也。道之不行也，我知之矣；贤者过之，不肖者不及也。人莫不饮食也，鲜能知味也。（明行两字，今本皆倒置。今据北宋人引经文改正）

《中庸》的人生哲学只是要人喜怒哀乐皆无过无不及。譬如饮食，只是要学那"知味"的人适可而止，不当吃坏肚子，也不当打饿肚子。

第二章　孟子

一、孟子考　孟轲,邹人,曾受业于子思的门人。孟子的生死年岁,颇不易考定。据明人所纂《孟子谱》,孟子生于周烈王四年四月二日,死于赧王二十六年十一月十五,年八十四。吕元善《圣门志》所纪年与《孟子谱》同。此等书是否有根据,今不可知。但所说孟子生于周烈王四年,颇近理(臧庸作《孟子年表》以己意移前四年,似可不必)。近人考证孟子见梁惠王时当为惠王后元十五年左右。《史记》说在惠王三十五年,是不可信的。若孟子生在烈王四年(西历前372),则见惠王时年已五十余,故惠王称他为"叟"。至于他死的年,便不易定了。《孟子谱》所说,也还有理。若《孟子》书是他自己作的,则书中既称鲁平公的谥法,孟子定死在鲁平公之后。平公死在赧王十九年(《通鉴》作十八年),《孟子谱》说孟子死在赧王二十六年(西历前289),似乎相差不远。但恐《孟子》这书未必是他自己作的。

二、论性　孟子同时有几种论性的学说。《告子》篇说:

> 告子曰:"性无善无不善也。"或曰:"性可以为善,可以为不善。是故文武兴则民好善,幽厉兴则民好暴。"或曰:"有性善,有性不善。是故以尧为君而有象,以瞽瞍为父而有舜。"……今曰性善,然则彼皆非欤?

孟子总答这三[条]说道:

> 乃若其情(翟灏《孟子考异》引《四书辨疑》云:"下文二才字与此情字上下相应,情乃才字之误。"适按:孟子用情字与才字同义。《告子》篇"牛山之木"一章中云:"人见其濯濯也,以为未尝有材焉,此岂山之性也哉。"又云:"人见其禽兽也,而以为未尝有才焉,此岂人之情也哉。"可以为证),则可以为善矣。乃所谓善也。若夫为不善,非才之罪也。恻隐之心,人皆有之。羞恶之心,人皆有之。恭敬之心,人皆有之。是非之心,人皆有之。恻隐之心,仁也。羞恶之心,义也。恭敬之心,礼也。是非之心,智也。仁义礼智非由外铄我也,我固有之也,弗思耳矣。故曰求

则得之,舍则失之。或相倍蓰而无算者,不能尽其才者也。

这一段可算得孟子说性善的总论。《滕文公》篇说:"孟子道性善,言必称尧舜。"此可见性善论在孟子哲学中可算得中心问题。如今且仔细把他说性善的理论分条陈说如下:

(1)人的本质同是善的　上文引《孟子》一段中的"才"便是材料的材。《孟子》叫做"性"的,只是人本来的质料,所以《孟子》书中"性"字、"才"字、"情"字可以互相通用(参看上节情字下的按语。汉儒董仲舒《春秋繁露·深察名号》篇曰:"如其生之自然之资,谓之性。性者,质也。"又曰:"天地之所生,谓之性情。……情亦性也。"可供参证)。孟子的大旨只是说这天生的本质,含有善的"可能性"(可能性说见八篇末章)。如今先看这本质所含是那几项善的可能性。

(甲)人同具官能　第一项便是天生的官能。孟子以为无论何人的官能,都有根本相同的可能性。他说:

> 故凡同类者,举相似也。何独至于人而疑之?圣人与我同类者。故龙子曰:"不知足而为屦,我知其不为蒉也。"屦之相似,天下之足同也。口之于味,有同耆也。易牙先得我口之所耆者也。如使口之于味也,其性与人殊,若犬马之与我不同类也,则天下何耆皆从易牙之于味也?至于味,天下期于易牙,是天下之口相似也。惟耳亦然,至于声,天下期于师旷,是天下之耳相似也。惟目亦然。……故曰口之于味也,有同耆焉。耳之于声也,有同听焉。目之于色也,有同美焉。至于心,独无所同然乎?心之所同然者,何也?谓理也,义也。圣人先得我心之所同然耳。故礼义之悦我心,犹刍豢之悦我口。(《告子》)

(乙)人同具"善端"　董仲舒说(引书同上):"性有善端,动之爱父母。善于禽兽,则谓之善。此孟子之善。"这话说孟子的大旨很切当。孟子说人性本有种种"善端",有触即发,不待教育。他说:

> 人皆有不忍人之心。……今人乍见孺子将入于井,皆有怵惕恻隐之心:非所以内交于孺子之父母也;非所以要誉于乡党朋友也;非恶其声而然也。由是观之,无恻隐之心,非人也;无羞恶

之心,非人也;无辞让之心,非人也;无是非之心,非人也。恻隐之心,仁之端也;羞恶之心,义之端也;辞让之心,礼之端也;是非之心,智之端也。人之有是四端也,犹其有四体也。(《公孙丑》。参看上文所引《告子》篇语。那段中,辞让之心作恭敬之心,余皆同)

(丙)人同具良知良能　孟子的知识论全是"生知"(Knowledge a priori)一派。所以他说四端都是"我固有之也,非由外铄我也"。四端之中,恻隐之心、羞恶之心和恭敬之心,都近于感情的方面。至于是非之心,便近于知识的方面了。孟子自己却不曾有这种分别。他似乎把四端包在"良知良能"之中;而"良知良能"却不止这四端。他说:

人之所不学而能者,其良能也。所不虑而知者,其良知也。孩提之童,无不知爱其亲也。及其长也,无不知敬其兄也。亲亲,仁也。敬长,义也。(《尽心》)

良字有善义。孟子既然把一切不学而能不虑而知的都认为"良",所以他说:

大人者,不失其赤子之心者也。(《离娄》)

以上所说三种(官能、善端及一切良知良能),都包含在孟子叫做"性"的里面。孟子以为这三种都有善的可能性,所以说性是善的。

(2)人的不善,都由于"不能尽其才"　人性既然是善的,一切不善的,自然都不是性的本质。孟子以为人性虽有种种善的可能性,但是人多不能使这些可能性充分发达。正如《中庸》所说:"惟天下至诚为能尽其性。"天下人有几个这样"至诚"的圣人?因此便有许多人渐渐的把本来的善性湮没了,渐渐的变成恶人。并非性有善恶,只是因为人不能充分发达本来的善性,以致如此。所以他说:

若夫为不善,非其才之罪也。……或相倍蓰而无算者,不能尽其才者也。

推原人所以"不能尽其才"的缘故,约有三种:

(甲)由于外力的影响　孟子说:

人性之善也,犹水之就下也。人无有不善,水无有不下。今

> 夫水搏而跃之,可使过颡;激而行之,可使在山。是岂水之性哉?其势则然也。人之可使为不善,其性亦犹是也。(《告子》)
>
> 富岁子弟多赖,凶岁子弟多暴。非天之降才尔殊也,其所以陷溺其心者然也。今夫麰麦,播种而耰之,其地同,树之时又同,浡然而生,至于日至之时皆熟矣。虽有不同,则地有肥硗,雨露之养,人事之不齐也。(同上)

这种议论,认定外界境遇对于个人的影响,和当时的生物进化论(见第九篇)颇相符合。

(乙)由于自暴自弃　外界的势力,还有时可以无害于本性。即举舜的一生为例:

> 舜之居深山之中,与木石居,与鹿豕游,其所以异于深山之野人者,几希。及其闻一善言,见一善行,若决江河,沛然莫之能御也。(《尽心》)

但是人若自己暴弃自己的可能性,不肯向善,那就不可救了。所以他说:

> 自暴者,不可与有言也。自弃者,不可与有为也。言非礼义,谓之自暴也。吾身不能居仁由义,谓之自弃也。(《离娄》)

又说:

> 虽存乎人者,岂无仁义之心哉?其所以放其良心者,亦犹斧斤之于木也。旦旦而伐之,可以为美乎?其日夜之所息,平旦之气,其好恶与人相近也者,几希。则其旦昼之所为,有梏亡之矣。梏之反覆,则其夜气不足以存。夜气不足以存,则其违禽兽不远矣。人见其禽兽也,而以为未尝有才焉者,是岂人之情也哉?(《告子》)

(丙)由于"以小害大以贱害贵"　还有一个"不得尽其才"的原因,是由于"养"得错了。孟子说:

> 体有贵贱,有小大。无以小害大,无以贱害贵。养其小者为小人,养其大者为大人。(《告子》)

哪一体是大的贵的?哪一体是小的贱的呢?孟子说:

> 耳目之官不思,而蔽于物。物交物,则引之而已矣。心之官

> 则思,思则得之,不思则不得也,此天下之所与我者。先立乎其大者,则其小者不能夺也。此为大人而已矣。(《告子》)

其实这种议论,大有流弊。人的心思并不是独立于耳目五官之外的。耳目五官不灵的,还有什么心思可说?中国古来的读书人的大病根正在专用记忆力,却不管别的官能。到后来只变成一班四肢不灵、五官不灵的废物!

以上说孟子论性善完了。

三、个人的位置 上章说,《大学》《中庸》的儒学已把个人位置抬高了,到了孟子更把人看得十分重要。他信人性是善的,又以为人生都有良知良能和种种"善端"。所以他说:

> 万物皆备于我矣。反身而诚,乐莫大焉!(《尽心》)

更看他论"浩然之气":

> 其为气也,至大至刚,以直养而无害,则塞于天地之间。(《公孙丑》)

又看他论"大丈夫":

> 居天下之广居,立天下之正位,行天下之大道;得志与民由之,不得志独行其道;富贵不能淫,贫贱不能移,威武不能屈:此之谓大丈夫。(《滕文公》)

因为他把个人的人格,看得如此之重,因为他以为人性都是善的,所以他有一种平等主义。他说:

> 圣人与我同类者。(《告子》)
>
> 何以异于人哉?尧舜与人同耳。(《离娄》)
>
> 彼丈夫也,我丈夫也。吾何畏彼哉?(《滕文公》)
>
> 舜何人也,予何人也。有为者亦若是。(同上)

但他的平等主义,只是说人格平等,并不是说人的才智德行都平等。孟子很明白经济学上"分功"的道理。即如《滕文公》篇许行一章,说社会中"有大人之事,有小人之事","或劳心,或劳力",说的何等明白!

又如:孟子的政治学说很带有民权的意味。他说:

> 民为贵,社稷次之,君为轻。

> 君之视民如土芥,则臣视君如寇仇。

这种重民轻君的议论,也是从他的性善论上生出来的。

四、教育哲学　孟子的性善论,不但影响到他的人生观,并且大有影响于他的教育哲学。他的教育学说有三大要点,都于后世的教育学说大有关系。

（甲）自动的　孟子深信人性本善,所以不主张被动的和逼迫的教育,只主张各人自动的教育。他说:

> 君子深造之以道,欲其自得之也。自得之,则居之安。居之安,则资之深。资之深,则取之左右逢其原。故君子欲其自得之也。（《离娄》）

《公孙丑》篇论养气的一段,可以与此印证:

> 必有事焉而勿正。心勿忘,勿助长也。无若宋人然,宋人有悯其苗之不长而揠之者,芒芒然归,谓其人曰:"今日病矣！予助苗长矣！"其子趋而往视之,苗则槁矣。天下之不助苗长者,寡矣。以为无益而舍之者,不耘苗者也。助之长者,揠苗者也。非徒无益,而又害之。

孟子说"君子之所以教者五",那第一种是"有如时雨化之者"。不耘苗也不好,揠苗也不好,最好是及时的雨露。

（乙）养性的　人性既本来是善的,教育的宗旨只是要使这本来的善性充分发达。孟子说:

> 人之所以异于禽兽者几希,庶民去之,君子存之。（《离娄》）

教育只是要保存这"人之所以异于禽兽"的人性。《孟子》书中说此点最多,不用细举了。

（丙）标准的　教育虽是自动的,却不可没有标准。孟子说:

> 羿之教人射必至于彀,学者亦必至于彀。大匠诲人必以规矩,学者亦必以规矩。（《告子》）

又说:

> 大匠不为拙工改废绳墨,羿不为拙射废其彀率。君子引而不发,跃如也,中道而立,能者从之。（《尽心》）

这标准的教育法,依孟子说来,是教育的最捷径。他说:

> 圣人既竭目力焉,继之以规矩准绳,以为方圆平直,不可胜用也。既竭耳力焉,继之以六律正五音,不可胜用也。(《离娄》)

前人出了多少力,才造出这种种标准。我们用了这些标准,便可不劳而得前人的益处了。这是标准的教育法的原理。

五、政治哲学　孟子的政治哲学很带有尊重民权的意味,上文已略说过了。孟子的政治哲学与孔子的政治哲学有一个根本不同之处。孔子讲政治的中心学说是"政者,正也",他的目的只要"正名"、"正己"、"正人",以至于"君君、臣臣、父父、子子"的理想的郅治。孟子生在孔子之后一百多年,受了杨墨两家的影响(凡攻击某派最力的人,便是受那派影响最大的人。孟子攻杨墨最力,其实他受杨墨影响最大。荀子攻击辩者,其实他得辩者的影响很大。宋儒攻击佛家,其实若没有佛家,又哪有宋儒),故不但尊重个人,尊重百姓过于君主(这是老子、杨朱一派的影响。有这种无形的影响,故孟子的性善论遂趋于极端,遂成"万物皆备于我"的个人主义);还要使百姓享受乐利(这是墨家的影响,孟子自不觉得)。孟子论政治,不用孔子的"正"字,却用墨子的"利"字。但他又不肯公然用"利"字,故用"仁政"两字。他对当时的君主说道:"你好色也不妨,好货也不妨,好田猎也不妨,好游玩也不妨,好音乐也不妨。但是你好色时,须念国中有怨女旷夫;你好货时,须念国中穷人的饥寒;你出去打猎,作乐游玩时,须念国中的百姓有父子不相见,兄弟妻子离散的痛苦。总而言之,你须要能善推其所为,你须要行仁政。"这是孟子政治学说的中心点。这可不是孔子"正"字的政治哲学了。若用西方政治学的名词,我们可说孔子的是"爸爸政策"(Paternalism 或译父性政策);孟子的是"妈妈政策"(Maternalism 或译母性政策)。爸爸政策要人正经规矩,要人有道德;妈妈政策要人快活安乐,要人享受幸福。故孟子所说如:"五亩之宅,树之以桑,五十者可以衣帛矣。鸡豚狗彘之畜无失其时,七十者可以食肉矣。"这一类"衣帛食肉"的政治,简直是妈妈的政治。这是孔子孟子不同之处(孔子有时也说富民,孟子有时也说格君心。但这都不是他们最注意的)。后人不知道这个区别代表一百多年儒家政治学说的进化,所以爸爸妈妈的分不清楚:一面说仁民爱物,一面又只知道正心诚意。这就是没有历史观念的大害了。

孟子的政治学说含有乐利主义的意味,这是万无可讳的。但他同时又极力把义利两字分得很严。他初见梁惠王,一开口便驳倒他的"利"字;他见宋牼,也劝他莫用"利"字来劝秦楚两国停战。细看这两章,可见孟子所攻击的"利"字只是自私自利的利。大概当时的君主官吏都是营私谋利的居多。这种为利主义,与利民主义绝相反对。故孟子说:

> 今之事君者曰:"我能为君辟土地,充府库。"今之所谓良臣,古之所谓民贼也!(《告子》)

> 庖有肥肉,厩有肥马,民有饥色,野有饿莩:此率兽而食人也!(《梁惠王》)

孟子所攻击的"利",只是这种利。他所主张的"仁义",只是最大多数的最大乐利。他所怕的是言利的结果必至于"上下交征利";必至于"君臣父子兄弟终去仁义,怀利以相接"。到了"上下交征利","怀利以相接"的地步,便要做出"率兽而食人"的政策了。所以孟子反对"利"的理由,还只是因为这种"利"究竟不是真利。

第十一篇　荀子

第一章　荀子

一、荀子略传　荀子名况,字卿,赵人。曾游学于齐国,后来又游秦(《强国篇》应侯问入秦何见。按应侯作相当赵孝成王初年),又游赵(《议兵篇》孙卿议兵于赵孝成王前〔赵孝成王当西历前265至245年〕),末后到楚。那时春申君当国,使荀卿作兰陵令(此事据《史记·年表》在楚考烈王八年〔前255〕)。春申君死后(前238),荀卿遂在兰陵住家,后来遂死在兰陵。

荀卿生死的年代,最难确定。请看王先谦《荀子集解》所录诸家的争论,便可见了。最可笑的是刘向的《孙卿书序》。刘向说荀卿曾与孙膑议兵。孙膑破魏在前341年。到春申君死时,荀卿至少是一百三四十岁了。又刘向与诸家都说荀卿当齐襄王时最为老师。襄王即位在前283年,距春申君死时,还有四十五年。荀卿死在春申君之后,大约在前230年左右。即使他活了八十岁,也不能在齐襄王时便"最为老师"了。我看这种种错误纷争,都由于《史记》的《孟子荀卿列传》。如今且把这一段《史记》抄在下面:

> 荀卿,赵人。年五十,始来游学于齐。驺衍〔之术,迂大而闳辩。奭也文具难施。淳于髡久与处,时有得善言。故齐人颂曰:"谈天衍,雕龙奭,炙毂过髡。"〕田骈之属皆已死齐襄王时,而荀卿最为老师。齐尚修列大夫之缺,而荀卿三为祭酒焉。

这段文字有两个易于误人之处。(一)荀卿"来游学于齐"以下,忽然夹入驺衍、驺奭、淳于髡三个人的事实,以致刘向误会了,以为荀卿五十岁游齐,正在稷下诸先生正盛之时(刘向序上称"方齐宣王、威王之时",下称"是时荀卿年五十始来游学")。不知这一段不相干的事实,乃是上文论"齐有三驺子"一节的错简。本文当作"驺衍、田骈之属……",那些荒谬的古文家,不知这一篇《孟子荀卿列传》最多后人添插的材料(如末段记墨翟的二十四字文理不通,或是后人加入的),却极力夸许这篇文字,文气变化不测,突兀神奇,还把他选来当古文读,说这是太史公的笔法,岂不可笑!(二)本文的"齐襄王时"四个字,当连上文,读"驺衍、田骈之属,皆已死齐襄王时"。那些荒谬的人,不通文法,把这四字连下文,读成"齐襄王时,而荀卿最为老师"。不知这四字在文法上是一个"状时的读";状时的读,与所状的本句,决不可用"而"字隔开,隔开便不通了。古人也知这一段可疑,于是把"年五十"改为"年十五"(谢墉校,依《风俗通》改如此)。不知本文说的"年五十始来游学",这个"始"字含有来迟了的意思。若是"年十五",决不必用"始"字了。

所以依我看来,荀卿游齐,大概在齐襄王之后,所以说他"年五十始来游学于齐,驺衍、田骈之属皆已死齐襄王时,而荀卿最为老师"。这文理很明显,并且与荀卿一生事迹都相合。如今且作一年表如下:

西历前(265 至[前]260)　　荀卿年五十游齐。
同　　(260 至[前]255)　　入秦,见秦昭王及应侯。
同　　(260 至[前]250)　　游赵,见孝成王。
同　　(250 至[前]238)　　游楚,为兰陵令。
同　　(230 左右)　　　　 死于兰陵。

至于《盐铁论》所说,荀卿至李斯作丞相时才死,那更不值得驳了(李斯作丞相在前213年。当齐襄王死后五十二年了)。

我这一段考据,似乎太繁了。我的本意只因为古人对于这个问题,不大讲究,所以不嫌说得详细些(参观第六篇第一章),要望学者读古书总须存个怀疑的念头,不要作古人的奴隶。

二、《荀子》 《汉书·艺文志》,《孙卿子》三十二篇,又有赋十篇。今本《荀子》三十二篇,连赋五篇,诗两篇在内。大概今本乃系后人杂凑成的。其中有许多篇,如《大略》,《宥坐》,《子道》,《法行》等,全是东拉西扯拿来凑数的。还有许多篇的分段全无道理:如《非相》篇的后两章,全与"非相"无干;又如《天论》篇的末段,也和"天论"无干。又有许多篇,如今都在大戴、小戴的书中(如《礼论》、《乐论》、《劝学》诸篇),或在《韩诗外传》之中,究竟不知是谁抄谁。大概《天论》、《解蔽》、《正名》、《性恶》四篇全是荀卿的精华所在。其余的二十余篇,即使真不是他的,也无关紧要了。

三、荀子与诸子的关系　研究荀子学说的人,须要注意荀子和同时代的各家学说都有关系。他的书中,有许多批评各家的话,都很有价值。如《天论》篇说:

> 慎子有见于后,无见于先。老子有见于诎,无见于信(同伸)。墨子有见于齐,无见于畸。宋子有见于少,无见于多(宋子即宋钘。他说:"人之情欲寡,而皆以己之情为欲多。"荀卿似是说他只有见于少数人的情性,却不知多数人的情性。杨倞注似有误解之处)。有后而无先,则群众无门。有诎而无信,则贵贱不分。有齐而无畸,则政令不施。有少而无多,则群众不化。

又如《解蔽》篇说:

> 墨子蔽于用而不知文。宋子蔽于欲而不知得。慎子蔽于法而不知贤。申子蔽于势而不知知。惠子蔽于辞而不知实。庄子蔽于天而不知人。故由用谓之,道尽利矣。由俗(杨云,俗当为欲)谓之,道尽嗛矣(杨云,嗛与慊同,快也)。由法谓之,道尽数矣。由势谓之,道尽便矣。由辞谓之,道尽论矣。由天谓之,道尽因矣。

又《非十二子》篇论它嚣、魏牟"纵情性,安恣睢,禽兽之行,不足以合文通治"。陈仲、史鰌"忍情性,綦溪利跂,苟以分异人为高,不足以合大众,明不分"。墨翟、宋钘"不知壹天下建国家之权称,上功用,大俭约,而僈差等,曾不足以容辨异,县君臣"。慎到、田骈"尚法而无法,下修而好作("下修"王念孙校当作"不循"似是),……不足以经国定分"。惠施、邓析"好治怪说,玩琦辞,甚察而不惠(王校惠当作急),辩而无用,多事而寡功,不可以为治纲纪"。子思、孟子"略法先王而不知其统,……案往旧造说,谓之五行;甚僻违而无类,幽隐而无说,闭约而无解"。(《韩诗外传》无子思、孟子二人)

此外尚有《富国》篇和《乐论》篇驳墨子的节用论和非乐论；又有《正论》篇驳宋子的学说；又有《性恶》篇驳孟子的性善论；又《正名》篇中驳"杀盗非杀人也"诸说。

这可见荀子学问很博，曾研究同时诸家的学说。因为他这样博学，所以他的学说能在儒家中别开生面，独创一种很激烈的学派。

参考书举要：

《荀子》注以王先谦《荀子集解》为最佳。顷见日本久保爱之《荀子增注》，注虽不佳，而所用校勘之宋本元本颇足供参证。

第二章　天与性

一、论天　荀子批评庄子的哲学道："庄子蔽于天而不知人。……由天谓之，道尽因矣。"这两句话不但是庄子哲学的正确评判，并且是荀子自己的哲学的紧要关键。庄子把天道看得太重了，所以生出种种安命主义和守旧主义（说详第九篇）。荀子对于这种学说，遂发生一种激烈的反响。他说：

> 惟圣人为不求知天。（《天论》）

又说：

> 故君子敬其在己者，而不慕其在天者。小人错其在己者，而慕其在天者。君子敬其在己者，而不慕其在天者，是以日进也。小人错其在己者，而慕其在天者，是以日退也。（同）

这是儒家本来的人事主义，和孔子的"未能事人，焉能事鬼"同一精神。即如"道"字，老子、庄子都解作那无往不在、无时不存的天道；荀子却说：

> 道者，非天之道，非地之道，人之所以道也，君子之所道也。（《儒效》。此依宋本）

又说：

> 道者何也？曰：君道也。君者何也？曰：能群也。（《君道》）

所以荀子的哲学全无庄子一派的精神气味。他说：

> 天行有常:不为尧存,不为桀亡。应之以治则吉,应之以乱则凶。强本而节用,则天不能贫;养备而动时,则天不能病;循道而不忒(从王念孙校),则天不能祸。故水旱不能使之饥,寒暑不能使之疾,袄怪不能使之凶。……故明于天人之分,则可谓至人矣。不为而成,不求而得,夫是之为天职。如是者虽深,其人不加虑焉;虽大,不加能焉;虽精,不加察焉。夫是之谓不与天争职。天有其时,地有其财,人有其治。夫是之谓能参。舍其所参,而愿其所参,则惑矣。(《天论》)

荀子在儒家中最为特出,正因为他能用老子一般人的"无意志的天",来改正儒家、墨家的"赏善罚恶"有意志的天;同时却又能免去老子、庄子天道观念的安命守旧种种恶果。

荀子的"天论",不但要人不与天争职,不但要人能与天地参,还要人征服天行以为人用。他说:

> 大天而思之,孰与物畜而制裁之?(王念孙云,依韵,制之当作裁之。适案,依杨注,疑当作"制裁之",涉下误脱耳)从天而颂之,孰与制天命而用之?望时而待之,孰与应时而使之?因物而多之,孰与骋能而化之?思物而物之,孰与理物而勿失之也?愿于物之所以生,孰与有物之所以成?故错人而思天,则失万物之情。(同)

这竟是倍根的"戡天主义"(Conquest of Nature)了。

二、论物类变化　荀卿的"戡天主义",却和近世科学家的"戡天主义"大不相同。荀卿只要裁制已成之物,以为人用却不耐烦作科学家"思物而物之"的工夫(下物字是动词,与《公孙龙子·名实论》"物以物其所物而不过焉"的下两物字同义。皆有"比类"的意思。物字可作"比类"解,说见王引之《经义述闻》卷三十一,物字条)。荀卿对于当时的科学家,很不满意。所以他说:

> 凡事行,有益于理者,立之;无益于理者,废之。夫是之谓中事。凡知说,有益于理者,为之;无益于理者,舍之。夫是之谓中说。……若夫充虚之相施易也,坚白同异之分隔也,是聪耳所不能听也,明目之所不能见也,辩士之所不能言也。虽有圣人之知

> 未能偻指也。不知无害为君子,知之无损为小人。工匠不知,无害为巧;君子不知,无害为治。王公好之则乱法,百姓好之则乱事。(《儒效》)

充虚之相施易(施同移),坚白同异之相分隔,正是当时科学家的话。荀子对于这一派人屡加攻击。这都由于他的极端短见的功用主义,所以有这种反对科学的态度。

他对于当时的生物进化的理论,也不赞成。我们曾说过,当时的生物进化论的大旨是"万物皆种也,以不同形相禅"。荀子所说,恰与此说相反。他说:

> 古今一度也。类不悖,虽久同理。(《非相》。《韩诗外传》无度字,王校从之)

杨倞注此段最妙,他说:

> 类,种类,谓若牛马也。……言种类不乖悖,虽久而理同。今之牛马与古不殊,何至人而独异哉?

这几句话便把古代万物同由种子以不同形递相进化的妙论,轻轻的推翻了。《正名》篇说:

> 物有同状而异所者,有异状而同所者,可别也。状同而为异所者,虽可合,谓之二实。状变而实无别,而为异者,谓之化(为是行为之为)。有化而无别,谓之一实。

荀子所注意的变化,只是个体的变迁,如蚕化为茧,再化为蛾,这种"状变而实无别而为异"的现象,叫做"化"。化来化去,只是一物,故说"有化而无别,谓之一实"。既然只是一物,可见一切变化只限于本身,决无万物"以不同形相禅"的道理。

如此看来,荀子是不主张进化论的。他说:

> 欲观千岁,则数今日。欲知亿万,则审一二。欲知上世,则审周道。(《非相》)

这就是上文所说"古今一度也"之理。他又说:

> 夫妄人曰:"古今异情,其所以治乱者异道。"(今本作"以其治乱者异道"。王校云,《韩诗外传》正作"其所以治乱异道"。今从王校改)而众人惑焉。彼众人者,愚而无说,陋而无度也。

其所见焉,犹可欺也。而况于千世之传也?妄人者,门庭之间,犹可诬欺也,而况于千世之上乎?(同)

这竟是痛骂那些主张历史进化论的人了。

三、法后王　荀卿虽不认历史进化古今治乱异道之说,他却反对儒家"法先王"之说。他说:

> 圣王有百,吾孰法焉?曰(曰字上旧有故字,今依王校删):文久而息,节族久而绝,守法教之有司,极礼而褫。故曰:欲观圣王之迹,则于其粲然者矣,后王是也。……舍后王而道上古,譬之是犹舍己之君而事人之君也。(同)

但是他要"法后王",并不是因为后王胜过先王,不过是因为上古的制度文物都不可考,不如后王的制度文物"粲然"可考。所以说:

> 五帝之外无传人,非无贤人也,久故也。五帝之中无传政,非无善政也,久故也。禹汤有传政,而不若周之察也,久故也(察也下旧有"非无善政也"五字,此盖涉上文而衍,今删去)。传者久,则论略,近则论详。略则举大,详则举小。愚者闻其略而不知详,闻其细(旧作详,今依外传改)而不知其大也,故文久而灭,节族久而绝。(同)

四、论性　荀子论天,极力推开天道,注重人治。荀子论性,也极力压倒天性,注重人为。他的天论是对庄子发的,他的性论是对孟子发的。孟子说人性是善的(说见第十篇),荀子说:

> 人之性恶,其善者伪也。(《性恶》)

这是荀子性恶论的大旨。如今且先看什么叫做"性",什么叫做"伪"。荀子说:

> 不可学,不可事,而在人者,谓之性。可学而能,可事而成之在人者,谓之伪。(同)

又说:

> 生之所以然者,谓之性。性之和所生,精合感应,不事而自然,谓之性。性之好恶喜怒哀乐,谓之情。情然而心为之择,谓之虑。心虑而能为之动,谓之伪("所以能之在人者谓之能")。虑积焉,能习焉,而后成,谓之伪。(《正名》)

依这几条界说看来,性只是天生成的,伪只是人力做的("伪"字本训"人为")。后来的儒者读了"人之性恶,其善者伪也",把"伪"字看做真伪的伪,便大骂荀卿,不肯再往下读了。所以荀卿受了许多冤枉。中国自古以来的哲学家都崇拜"天然"过于"人为"。老子、孔子、墨子、庄子、孟子,都是如此。大家都以为凡是"天然的"都比"人为的"好。后来渐渐的把一切"天然的"都看作"真的",一切"人为的"都看作"假的"。所以后来"真"字竟可代"天"字(例如《庄子·大宗师》:"而已反其真,而我犹为人猗。"以真对人,犹以天对人也。又此篇屡用"真人",皆作"天然的人"解。如曰"不以心捐道,不以人助天,是之谓真人",又"而况其真乎?"郭注曰:"夫真者,不假于物,而自然者也。"此更明显矣。)而"伪"字竟变成"讹"字(《广雅·释诂》二,"伪,为也"。《诗·兔爰》"尚无造"笺云,"造,伪也。"此伪字本义)。独有荀子极力反对这种崇拜天然的学说,以为"人为的"比"天然的"更好。所以他的性论,说性是恶的,一切善都是人为的结果。这样推崇"人为"过于"天然",乃是荀子哲学的一大特色。

如今且看荀子的性恶论有何根据?他说:

今人之性,生而有好利焉。顺是,故争夺生而辞让亡焉。生而有疾恶焉。顺是,故残贼生而忠信亡焉。生而有耳目之欲,有好声色焉。顺是,故淫乱生和礼义文理亡焉。然则从人之性,顺人之情,必出于争夺,合于犯分乱理,而归于暴。是故必将有师法之化,礼义之道,然后出于辞让,合于文理,而归于治。用此观之,则人之性恶明矣,其善者伪也。(《性恶》)

这是说人的天性有种种情欲,若顺着情欲做去,定做出恶事来,可见得人性本恶。因为人性本恶,故必须有礼义法度,"以矫饰人之情性而正之,以扰化人之情性而导之"方才可以为善。可见人的善行,全靠人为。故又说:

故枸木必将待檃栝烝矫然后直;钝金必将待砻厉然后利;今人之性恶,必将待师法然后正,得礼义然后治。……故性善则去圣王息礼义矣,性恶则兴圣王贵礼义矣。故檃栝之生,为枸木也;绳墨之起,为不直也;立君上,明礼义,为性恶也。(同)

这是说人所以必须君上礼义,正是性恶之证。

孟子把"性"字来包含一切"善端",如恻隐之心之类,故说性是善的。荀子把"性"来包含一切"恶端",如好利之心,耳目之欲之类,故说性是恶的。这都是由于根本观点不同之故。孟子又以为人性含有"良知良能",故说性善。荀子又不认此说。他说人人虽有一种"可以知之质,可以能之具"(此即吾所谓"可能性"),但是"可以知"未必就知,"可以能"未必就能。故说:

> 夫工匠农贾未尝不可以相为事也,然而未尝能相为事也。用此观之,然则"可以为"未必为"能"也。虽不"能",无害"可以为",然则"能不能"之与"可不可",其不同远矣。(同)

例如:"目可以见,耳可以听"。但是"可以见"未必就能见得"明","可以听"未必就能听得"聪"。这都是驳孟子"良知良能"之说。依此说来,荀子虽说性恶,其实是说性可善可恶。

五、教育学说　　孟子说性善,故他的教育学说偏重"自得"一方面。荀子说性恶,故他的教育学说趋向"积善"一方面。他说:

> 性也者,吾所不能为也,然而可化也。情也者,非吾所有也,然而可为也。注错习俗,所以化性也;并一而不二,所以成积也。习俗移志,安久移质。……涂之人百姓积善而全尽,谓之圣人。彼求之而后得,为之而后成,积之而后高,尽之而后圣。故圣人也者,人之所积也。人积耨耕而为农夫,积斫削而为工匠,积反货而为商贾,积礼义而为君子。工匠之子莫不继事,而都国之民安习其服。居楚而楚,居越而越,居夏而夏,是非天性也,积靡使然也。(《儒效》)

荀子书中说这"积"字最多。因为人性只有一些"可以知之质,可以能之具",正如一张白纸,本来没有什么东西,所以须要一点一滴的"积"起来,才可以有学问,才可以有道德。所以荀子的教育学说只是要人积善。他说"学不可以已"(《劝学》),又说,"骐骥一跃,不能千步;驽马十驾,功在不舍。锲而舍之,朽木不折;锲而不舍,金石可镂。"(同)

荀子的教育学说以为学问须要变化气质,增益身心。不能如此,不足为学。他说：

> 君子之学也，入乎耳，箸乎心，布乎四体，形乎动静；端而言，蠕而动，一可以为法则。小人之学也，入乎耳，出乎口；口耳之间，则四寸耳，曷足以美七尺之躯哉？（同）

又说：

> 不闻不若闻之，闻之不若见之，见之不若知之，知之不若行之。学至于行之而已矣。行之，明也。明之为圣人。圣人也者，本仁义，当是非，齐言行，不失毫厘。无它道焉，已乎行之矣。（《儒效》）

这是荀子的知行合一说。

六、礼乐　荀子的礼论乐论只是他的广义的教育学说。荀子以为人性恶，故不能不用礼义音乐来涵养节制人的情欲。看他的《礼论》篇道：

> 礼起于何也？曰：人生而有欲，欲而不得则不能无求，求而无度量分界，则不能不争。争则乱，乱则穷。先王恶其乱也，故制礼义以分之，以养人之欲而给人之求。使欲必不穷乎物，物必不屈（杨注，屈，竭也）于欲，两者相持而长：是礼之所起也。故礼者，养也。……君子既得其养，又好其别。曷谓别？曰贵贱有等，长幼有差，贫富轻重皆有称者也。

这和《富国》篇说政治社会的原起，大略相同：

> 人伦并处，同求而异道，同欲而异知，性也。皆有所可也，知愚同。所可异也，知愚分。势同而知异，行私而无祸，纵欲而不穷，则民奋而不可说也。如是，则知者未得治也，……群众未县也。群众未县，则君臣未立也。无君以制臣，无上以制下，天下害生纵欲。欲恶同物，欲多而物寡，寡则必争矣。百技所成，所以养一人也（言人人须百技所成。杨注以一人为君上，大误）。而能不能兼技，人不能兼官。离居不相待，则穷。群而无分，则争。……男女之合，夫妇之分，婚姻聘内，送逆无礼；如是，则人有失合之忧，而有争色之祸矣。故知者为之分也。

礼只是一个"分"字；所以要"分"，只是由于人生有欲，无分必争。

《乐论》篇说：

> 夫乐者，乐也，人情之所不能免也。故人不能无乐。乐则必发于声音，形于动静：人之道也（此四字旧作"而人之道"今依《礼记》改）。故人不能无乐，乐则不能无形。形而不为，道则不能无乱。先王恶其乱也，故制雅颂之声以道之，使其声足以乐而不流；使其文足以纶而不息；使其曲直繁省，廉肉节奏，足以感动人之善心；使夫邪污之气无由得接焉。故乐者，所以道乐也。金石丝竹，所以道德也。……故乐者，治人之盛者也（此节诸道字，除第一道字外，皆通导）。

荀子的意思只为人是生来就有情欲的，故要作为礼制，使情欲有一定的范围，不致有争夺之患；人又是生来爱快乐的，故要作为正当的音乐，使人有正当的娱乐，不致流于淫乱（参看第五篇论礼的一段）。这是儒家所同有的议论。但是荀子是主张性恶的。性恶论的自然结果，当主张用严刑重罚来裁制人的天性。荀子虽自己主张礼义师法，他的弟子韩非、李斯就老老实实的主张用刑法治国了。

第三章　心理学与名学

一、论心　荀子说性恶，单指情欲一方面。但人的情欲之外，还有一个心。心的作用极为重要。荀子说：

> 性之好恶喜怒哀乐谓之情。情然而心为之择，谓之虑。心虑而能为之动，谓之伪。（《正名》）

例如：人见可欲之物，觉得此物可欲，是"情然"；估量此物该不该要，是"心为之择"；估量定了，才去取此物，是"能为之动"。情欲与动作之间，全靠这个"心"作一把天平秤。所以说：

> 心也者，道之工宰也。（《正名》）

> 心者，形之君也，而神明之主也。出令而无所受令。（《解蔽》）

心与情欲的关系，如下：

> 凡语治而待去欲者，无以道欲而困于有欲者也。凡语治而待寡欲者，无以节欲而困于多欲者也。……欲不待可得，而求者

从所可。欲不待可得,所受乎天也。求者从所可,受乎心也。〔天性有欲,心为之制节。〕(此九字,今本缺。今据久保爱所据宋本及韩本增)……故欲过之而动不及,心止之也。心之所可中理,则欲虽多,奚伤于治?欲不及而动过之,心使之也。心之所可失理,则欲虽寡,奚止于乱?故治乱在于心之所可,亡于情之所欲。……以欲为可得而求之,情之所必不免也。以为可而道之,知所必出也。故虽为守门,欲不可去,性之具也。虽为天子,欲不可尽(此下疑脱四字)。欲虽不可尽,求可尽也;欲虽不可去,求可节也。……道者进则近尽,退则节求,天下莫之若也。凡人莫不从其所可而去其所不可。知道之莫之若也,而不从道者,无之有也。……故可道而从之,奚以损之而乱?不可道而离之,奚以益之而治?(《正名》)

这一节说人不必去欲,但求导欲;不必寡欲,但求有节;最要紧的是先须有一个"所可中理"的心作主宰。"心之所可中理,则欲虽多,奚伤于治。"这种议论,极合近世教育心理,真是荀子的特色。大概这里也有"别墨"的乐利主义的影响(看第八篇第二章)。

荀子以为"凡人莫不从其所可而去其所不可"。可是心以为可得。但是要使"心之所可中理"不是容易做到的。正如《中庸》上说的"中庸之道",说来很易,做到却极不易。所以荀子往往把心来比一种权度。他说:

> 凡人之取也,所欲未尝粹而来也;其去也,所恶未尝粹而往也。故人无动而不与权俱。……权不正,则祸托于欲而人以为福;福托于恶,而人以为祸:此亦人所以惑于祸福也。道者,古今之正权也。离道而内自择,则不知祸福之所托。(《正名》)(《解蔽》篇所说与此同)

故《解蔽》篇说:

> 故心不可不知道。心不知道,则不可道而可非道。……心知道然后可道,可道然后能守道以禁非道。

这里的"可"字,与上文所引《正名》篇一长段的"可"字,同是许可之可。要有正确合理的知识,方才可以有正确合理的可与不可。可与不可没有错误，一切好恶去取便也没有过失。这是荀子的人生哲学的根本观念。

古代的人生哲学，独有荀子最注重心理的研究，所以他说心理的状态和作用也最详细。他说：

> 人何以知道？曰，心。心何以知？曰，虚一而静。心未尝不藏也，然而有所谓虚。心未尝不两也，然而有所谓一。心未尝不动也，然而有所谓静（两字旧作满。杨注当作两，是也）。
>
> 人生而有知，知而有志。志也者，藏也（志即是记忆）。然而有所谓虚，不以所已藏害所将受，谓之虚。
>
> 心生而有知，知而有异。异也者，同时兼知之。同时兼知之，两也，然而有所谓一。不以夫一害此一，谓之一。
>
> 心卧则梦，偷则自行，使之则谋（《说文》：虑难曰谋）。故心未尝不动也。然而有所谓静，不以梦剧乱知，谓之静。
>
> 夫得道而求道者，谓之虚一而静，作之则（此处"谓之""作之"都是命令的动词。如今言"教他要虚一而静，还替他立下法式准则"。王引之把"作之"二字作一句，把则字属下文，说"心有动作，则……"这正犯了《经义述闻》所说"增字解经"的毛病。章太炎《明见》篇解此章说："作之，彼意识也。"更讲不通）。将须道者，〔虚〕之，虚则入（旧作人）。将事道者，〔一〕之，一则尽。将思道者，〔静之〕，静则察（此文旧不可通。王引之校改为"则将须道者之虚，〔虚〕则入。将事道者之一，〔一〕则尽。将思道者〔之静〕，静则察"也不成文法。今改校如上，似乎较妥）。……虚一而静，谓之大清明。万物莫形而不见，莫见而不论，莫论而失位。……夫恶有蔽矣哉？（《解蔽》）

这一节本很明白，不须详细解说。章太炎《明见》篇（《国故论衡·下》）用印度哲学来讲这一段，把"藏"解作"阿罗耶识"，把"异"解作"异熟"，把"谋"与"自行"解作"散位独头意识"，便比原文更难懂了。心能收受一切感觉，故说是"藏"。但是心藏感觉，和罐里藏钱不同。罐藏满了，便不能再藏了。心却不然，藏了这个，还可藏那个。这叫做"不以所已藏害所将受"，这便是"虚"。心又能区别比类。如

《正名》篇所说:"形体色理以目异,声音清浊……以耳异,甘苦咸淡……以口异。……"五官感觉的种类极为复杂纷繁,所以说:"同时兼知之,两也。"感觉虽然复杂,心却能"缘耳知声,缘目知形",比类区别,不致混乱。这是"不以夫一害此一"。这便叫做"一"。心能有种种活动,如梦与思虑之类。但是梦时尽梦,思虑时尽思虑,专心接物时,还依旧能有知识。这是"不以梦剧乱知",这便是"静"。心有这三种特性,始能知道。所以那些"未得道而求道"的人,也须做到这三种工夫:第一要虚心,第二要专一,第三要静心。

二、谬误　荀子的知识论的心理根据既如上说,如今且看他论知识谬误的原因和救正的方法。他说:

> 故人心譬如槃水,正错而勿动,则湛浊在下而清明在上,则足以见须眉而察理矣。微风过之,湛浊动乎下,清明乱乎上,则不可以得大形之正也。心亦如是矣。导之以理,养之以清,物莫之倾,则足以定是非决嫌疑矣。小物引之,则其正外易,其心内倾,则不足以决粗理也。(同)

凡一切谬误都由于中心不定,不能静思,不能专一。又说:

> 凡观物有疑(疑,定也。与下文"疑止之"之疑同义。此即《诗》"靡所止疑"之疑)。中心不定则外物不清,吾虑不清则未可定然否也。冥冥而行者,见寝石以为伏虎也,见植林以为后人也:冥冥蔽其明也。醉者越百步之沟,以为蹞步之浍也;俯而出城门,以为小之闺也:酒乱其神也。……故从山上望牛者若羊,……远蔽其大也。从山下望木者,十仞之木若箸,……高蔽其长也。水动而影摇,人不以定美恶,水势玄也。瞽者仰视而不见星,人不以定有无,用精惑也。有人焉以此时定物,则世之愚者也。彼愚者之定物,以疑决疑,决必不当。夫苟不当,安能无过乎。

这一段说一切谬误都由于外物扰乱五官。官能失其作用,故心不能知物,遂生种种谬误(参观《正名》篇论"所缘以同异"一节)。

因为知识易有谬误,故不能不有个可以取法的标准模范。荀子说:

> 凡〔可〕以知,人之性也。可知,物之理也(可字下旧有"以"字。今据久保爱所见元本删之)。以可以知人之性,求可知物之理(人字、物字疑皆是衍文,后人误读上文,又依上文妄改此句而误也),而无所疑止之,则没世穷年不能遍也。其所以贯理焉,虽亿万已,不足以浃万物之变,与愚者若一。学老身长子而与愚者若一,犹不知错,夫是之谓妄人。
>
> 故学也者,固学止之也。恶乎止之? 曰,止诸至足。曷谓至足? 曰,圣〔王〕也。圣也者,尽伦者也。王也者,尽制者也。两尽者,足以为天下法极矣。故学者以圣王为师,案以圣王之制为法。法其法,以求其统,类〔其〕类,以务象效其人。(《解蔽》)

这是"标准的"知识论,与孟子的学说,大概相似。孟子说:"规矩,方圆之至也;圣人,人伦之至也,"正与荀子的"圣也者,尽伦者也;王也者,尽制者也"同意。他两人都把"法圣王"看作一条教育的捷径。譬如古人用了心思目力,造下规矩准绳,后世的人依着做去,便也可做方圆平直。学问知识也是如此。依着好榜样做去,便也可得正确的知识学问,便也可免了许多谬误。这是荀子"止诸至足"的本意。

三、名学　荀卿的名学,完全是演绎法。他承着儒家"春秋派"的正名主义,受了时势的影响,知道单靠着史官的一字褒贬,决不能做到"正名"的目的。所以他的名学,介于儒家与法家之间,是儒法过渡时代的学说。他的名学的大旨是:

> 凡议,必将立隆正,然后可也。无隆正则是非不分,而辨讼不决。故所闻曰:"天下之大隆(下旧有也字。今据久保爱所见宋本删),是非之封界,分职名象之所起,王制是也。"故凡言议期命以圣王为师。(《正论》)
>
> 传曰:"天下有二:非察是,是察非",谓合王制与不合王制也。天下有不以是为隆正也,然而犹有能分是非治曲直者耶?(《解蔽》)

他的大旨只是要先立一个"隆正",做一个标准的大前提。凡是合这隆正的都是"是的",不合的都是"非的"。所以我说他是演绎法的名学。

荀子讲"正名"只是要把社会上已经通行的名,用国家法令制

定;制定之后,不得更改。他说:

> 故王者之制名,名定而实辨,道行而志通,则慎率民而一焉。故析辞擅作名,以乱正名,使民疑惑,人多辨讼,则谓之大奸,其罪犹为符节度量之罪也。故其民莫敢为奇辞以乱正名。故其民悫,悫则易使,易使则功(功旧作公,今依顾千里校改)。其民莫敢为奇辞以乱正名,故一于道法而谨于循令矣。如是,则其迹长矣。迹长功成,治之极也。是谨于守名约之功也。(《正名》)

但是

> 今圣王没,名守慢,奇辞起,名实乱,是非之形不明,则虽守法之吏,诵数之儒,亦皆乱。若有王者起,必将有循于旧名,有作于新名。(同)

"循旧名"的法如下:

> 后王之成名:刑名从商,爵名从周,文名从礼。散名之加于万物者,则从诸夏之成俗。曲期远方异俗之乡,则因之而为通。(同)

荀子论"正名",分三步,如下:

(一)所为有名。

(二)所缘有同异。

(三)制名之枢要。

今分说如下:

(一)为什么要有"名"呢?荀子说:

> 异形离心交喻,异物名实互纽(此十二字,杨注读四字一句。王校仍之。今从郝懿行说读六字为句。互旧作玄,今从王校改)。贵贱不明,同异不别。如是,则志必有不喻之患,而事必有困废之祸。

这是说无名的害处。例如:我见两物,一黑一白,若没有黑白之名,则别人尽可以叫黑的做白的,叫白的做黑的。这是"异形离心交喻,异物名实互纽"。又如《尔雅》说:"犬未成毫曰狗。"《说文》说:"犬,狗之有悬蹄者也。"依《尔雅》说,狗是犬的一种,犬可包狗。依《说文》说,犬是狗的一种,狗可包犬。如下图:

依《尔雅》说"狗,犬也。"　　依《说文》说"犬,狗也。"

这也是"异物名实互纽"之例。荀子接着说:

> 故知者为之分别,制名以指实。上以明贵贱,下以辨同异。贵贱明,同异别,如是,则志无不喻之患,事无困废之祸。此所为有名也。

此处当注意的是荀子说的"制名以指实"有两层用处:第一是"明贵贱",第二是"别同异"。墨家论"名"只有别同异一种用处。儒家却于"别同异"之外添出"明贵贱"一种用处。"明贵贱"即是"寓褒贬,别善恶"之意。荀子受了当时科学家的影响,不能不说名有别同异之用。但他依然把"明贵贱"看得比"别同异"更为重要。所以说"上"以明贵贱,"下"以别同异。

(二)怎样会有同异呢?荀子说这都由于"天官"。天官即是耳、目、鼻、口、心、体之类。他说:

> 凡同类同情者,其天官之意物也同。故比方之,疑似而通,是所以共其约名以相期也。

这是说"同"。因为同种类同情感的人对于外物所起意象大概相同,所以能造名字以为达意的符号。但是天官不但知同,还能别异。上文说过"异也者,同时兼知之"。天官所感觉,有种种不同。故说:

> 形体色理以目异;声音清浊调竽奇声以耳异;甘苦咸淡辛酸奇味以口异;香臭芬郁腥臊洒酸奇臭以鼻异;疾养冷热滑铍轻重以形体异;说故喜怒哀乐爱恶欲以心异。心有征知(有读又。此承上文而言,言心于上所举九事外,又能征知也),征知则缘耳而知声可也。缘目而知形可也。然而征知必将待天官之当簿其类,然后可也。五官簿之而不知,心征之而无说,则人莫不谓之不知。此所缘而以同异也。

这一段不很好懂。第一长句说天官的感觉有种种不同,固可懂得。此下紧接一句"心有征知",杨注云:"征,召也。言心能召万物而知之。"这话不曾说的明白。章太炎《原名》篇说:"接于五官曰受,受者谓之当簿。传于心曰想,想者谓之征知。"又说:"领纳之谓受,受非爱憎不箸;取像之谓想,想非呼召不征。"是章氏也把征字作"呼召"解,但他的"呼召"是"想像"之意,比杨倞进一层说。征字本义有证明之意(《中庸》"杞不足征也"注,"征,犹明也。"《荀子·性恶》篇,"善言天者必有征于人。"《汉书·董仲舒传》有此语,师古曰,征,证也)。这是说五官形体所受的感觉,种类纷繁,没有头绪。幸有一个心除了"说故喜怒哀乐爱恶欲"之外,还有证明知识的作用。证明知识就是使知识有根据。例如:目见一色,心能证明他是白雪的白色;耳听一声,心能证明他是门外庙里的钟声。这就是"征知"。因为心能征知,所以我们可以"缘耳而知声,缘目而知色"。不然,我们但可有无数没有系统,没有意义的感觉,决不能有知识。

但是单有"心",不用"天官",也不能有知识。因为"天官"所受的感觉乃是知识的原料;没有原料,便无所知。不但如此,那"征知"的心,并不是离却一切官能自己独立存在的;其实是和一切官能成为一体,不可分断的。征知的作用,还只是心与官能连合的作用。例如听官必先听过钟声,方可闻声即知为钟声;鼻官必先闻过桂花香,方可闻香即知为桂花香。所以说:"然而征知必将待天官之当簿其类,然后可也。""当簿"如《孟子》"孔子先簿正祭器"的簿字,如今人说"记账"。天官所曾感觉过的,都留下影子,如店家记账一般。账上有过桂花香,所以后来闻一种香,便如翻开老账,查出这是桂花香。初次感觉,有如登账,故名"当簿其类"。后来知物,即根据账簿证明这是什么,故名"征知"。例如画一"T"字,中国人见了说是甲乙丙丁的"丁"字;英国人见了说是英文第二十字母;那没有文字的野蛮人见了便不认得了。所以说:"五官簿之而不知,心征之而无说,则人莫不谓之不知。"

(三)制名的枢要又是什么呢?荀子说,同异既分别了,

然后随而命之,同则同之,异则异之。单足以喻则单,单不足以喻则兼。单与兼无所相避则共,虽共不为害矣。知异实之异名也,故使异实者莫不异名也,不可乱也。犹使同实者莫不同

名也。故万物虽众,有时而欲遍举之,故谓之"物"。物也者,大共名也。推而共之,共则有共,至于无共然后止。有时而欲偏举之,故谓之"鸟兽"。鸟兽也者,大别名也。推而别之,至于无别然后止。名无固宜,约之以命,约定俗成谓之宜,异于约则谓之不宜。名无固实,约之以命实,约定俗成之实名。名有固善,径易而不拂谓之善名。……此制名之枢要也。(以上皆《正名》篇)

制名的枢要只是"同则同之,异则异之"八个字。此处当注意的是荀子知道名有社会的性质,所以说"约定俗成谓之宜"。正名的事业,不过是用法令的权力去维持那些"约定俗成"的名罢了。

以上所说三条,是荀子的正名论的建设一方面。他还有破坏的方面,也分三条。

(一)惑于用名以乱名　荀子举的例是:

(1)"见侮不辱。"(宋子之说)

(2)"圣人不爱己。"(《墨辩·大取》篇云:"爱人不外己,己在所爱之中。己在所爱,爱加于己,伦列之爱己,爱人也。")

(3)"杀盗非杀人也。"(此《墨辩·小取》篇语)

对于这些议论,荀子说:

验之所以为有名,而观其孰行,则能禁之矣。

"所以为有名"即是上文所说"明贵贱、别同异"两件。如说"见侮不辱":"见侮"是可恶的事,故人都以为辱。今不能使人不恶侮,岂能使人不把"见侮"当作可耻的事。若不把可耻的事当作可耻的事,便是"贵贱不明,同异无别"了(说详《正论》篇)。"人"与"己"有别,"盗"是"人"的一种;若说"爱己还只是爱人",又说"杀盗不是杀人",也是同异无别了。这是驳第一类的"邪说"。

(二)惑于用实以乱名　荀子举的例是:

(1)"山渊平。"(杨注:此即庄子云"山与泽平")

(2)"情欲寡。"(欲字是动词。《正论篇》说宋子曰:"人之情欲寡,而皆以己之情为欲多")

(3)"刍豢不加甘,大钟不加乐。"(杨注:此墨子之说)

荀子说：

> 验之所缘而以同异（而旧作无，今依上文改），而观其孰调，则能禁之矣。

同异多"缘天官"，说已见上文，如天官所见，高耸的是山，低下的是渊，便不可说"山渊平"。这便是墨子三表（看第六篇第四章）中的第二表："下原察百姓耳目之实。""情欲寡"一条也是如此。请问：

> 人之情为目不欲綦色，耳不欲綦声，口不欲綦味，鼻不欲綦臭，形不欲綦佚——此五綦者，亦以人之情为不欲乎？曰，人之情欲是已。曰，若是，则说必不行矣。以人之情为欲此五綦者而不欲多，譬之是犹以人之情为欲富贵而不欲货也，好美而恶西施也。（《正论》）

这是用实际的事实来驳那些"用实以乱名"的邪说。

（三）惑于用名以乱实　荀子举的例是"非而谒楹有牛马非马也"。这十个字前人都读两个三字句，一个四字句，以为"马非马也"是公孙龙的"白马非马也"。孙诒让读"有牛马，非马也"六字为句，引以证《墨辩·经·下》："牛马之非牛，与可之同，说在兼"一条。《经说·下》云："'牛马，牛也'，未可。则或可或不可。而曰：'牛马，牛也，未可。'亦不可。且牛不二，马不二，而牛马二。则牛不非牛，马不非马，而牛马非牛非马，无难。"我以为孙说很有理。但上文"非而谒楹"四个字终不可解。

荀子驳他道：

> 验之名约，以其所受，悖其所辞，则能禁之矣。

名约即是"约定俗成谓之宜"。荀子的意思只是要问大家的意见如何。如大家都说"牛马是马"，便可驳倒"牛马非马"的话了。

四、辩　荀子也有论"辩"的话，但说的甚略。他是极不赞成"辩"的，所以说：

> 夫民，易一以道而不可与共故。故明君临之以势，道之以道，申之以命，章之以论，禁之以刑。故其民之化道也如神，辩孰恶用矣哉？

这就是孔子"天下有道则庶人不议"的意思。他接着说：

> 今圣王没,天下乱,奸言起,君子无势以临之,无刑以禁之,故辩说也。

辩说乃是"不得已而为之"的事。荀子论"辩"有几条界说很有价值。他说:

> 名闻而实喻,名之用也。累而成文,名之丽也。用丽俱得,谓之知名。

又说:

> 名也者,所以期累实也(期,会也。会,合也。〔《说文》,累字如累世之累,是形容词〕)。辞也者,兼异实之名以论一意也(王校,论当作谕。我以为不改也可)。辩说也者,不异实名以喻动静之道也。("不异实名",谓辩中所用名,须始终同义,不当前后涵义有广狭之区别。)

荀子说"辩",颇没有什么精采。他说:

> 期命也者,辩说之用也。辩说也者,心之象道也。……心合于道,说合于心,辞合于说;正名而期,质请(同情)而喻,辨异而不过,推类而不悖;听则合文,辩则尽故。正道而辨奸,犹引绳以持曲直。是故邪说不能乱,百家无所窜。

"正道而辨奸,犹引绳以持曲直",即是前文所说的,"凡议,必将立隆正,然后可也。……凡言议期命,以圣王为师。"这种论理,全是演绎法。演绎法的通律是"以类度类"(《非相》),"以浅持博,以一持万"(《儒效》)。说得详细点是:

> 奇物怪变,所未尝闻也,所未尝见也,卒然起一方,则举统类而应之,无所疑怍;张法而度之,则晻然若合符节。(《儒效》)

第十二篇　古代哲学的终局

第一章　前三世纪的思潮

西历前四世纪(前400年至[前]301年。安王二年至赧王十四年)和前三世纪的前七十年(前300年至[前]230年。周赧王十五年至秦始皇十七年),乃是中国古代哲学极盛的时代。我们已讲过"别墨"、惠施、公孙龙、孟子、庄子、荀子的哲学了。但是除了这几个重要学派以外,还有许多小学派发生于前四世纪的下半和前三世纪的上半。因为这几家学派成熟的时期大概多在前三世纪的初年,故统称为"前三世纪的思潮"。这一篇所说,以各家的人生哲学和政治哲学为主脑。

一、慎到、彭蒙、田骈　据《史记》,慎到是赵国人,田骈是齐国人。《史记》又屡说"淳于髡、慎到、环渊、接子、田骈、邹奭之徒"(《孟子荀卿列传》及《田完世家》),似乎慎到、田骈的年代大概相去不远。《庄子·天下》篇说田骈学于彭蒙。《尹文子》下篇记田子、宋子、彭蒙问答一段,又似乎田骈是彭蒙之师。但道藏本的《尹文子》无此段,或是后人加入的。大概我们还应该根据《天下》篇,说慎到稍在前,彭蒙次之,田骈最后。他们的时代大概当前三世纪初年。《汉书·艺文志》有《慎子》四十二篇,《田子》二十五篇,今多不传。《慎子》惟存佚文若干条,后人集成《慎子》五篇(《汉书》云:"慎子先申、韩,申、韩称之。"此言甚谬,慎子在申子后)。

《庄子·天下》篇说:

> 彭蒙、田骈、慎到……齐万物以为首。曰:天能覆之而不能载之;地能载之而不能覆之;大道能包之而不能辩之。知万物皆有所可,有所不可。故曰:选则不遍,教则不至,道则无遗者矣

（道通导字）。

这种根本观念，与庄子《齐物论》相同。"万物皆有所可，有所不可"，象虽大，蚂蚁虽小，各有适宜的境地，故说万物平等。《齐物论》只是证明万物之不齐，方才可说齐。万物既各有个性的不齐，故说选择不能遍及，教育不能周到，只有因万物的自然，或是还可以不致有遗漏。"道"即是因势利导。故下文接着说：

> 是故慎到弃知去己而缘不得已。泠汰于物以为道理（郭注："泠汰犹听放也。"郭说似是。泠汰犹今人说冷淡）。谋髁无任，而笑天下之尚贤也。纵脱无行，而非天下之大圣。椎拍𫐄断，与物宛转。舍是与非，苟可以免；不师知虑，不知前后。魏然而已矣。

"弃知去己而缘不得已"，"椎拍𫐄断，与物宛转"，即是上文"道"字的意思。庄子所说的"因"，也是此理。下文又申说这个道理：

> 推而后行，曳而后往；若飘风之还，若羽之旋，若磨石之隧；全而无非，动静无过，未尝有罪。是何故？夫无知之物，无建己之患，无用知之累，动静不离于理，是以终身无誉。故曰：至于若无知之物而已。无用贤圣，夫块不失道。豪杰相与笑之曰："慎到之道，非生人之行而至死人之理，适得怪焉。"

这一段全是说"弃知去己而缘不得已"的道理。老子说的"圣人之治，虚其心，实其腹；弱其志，强其骨；常使民无知无欲"，即是这个道理。老子要人做一个"顽似鄙"的"愚人"。慎到更进一层，要人做土块一般的"无知之物"。

如今所传的《慎子》五篇，及诸书所引，也有许多议论可说明《天下》篇所说。上文说："夫无知之物，无建己之患，无用知之累，动静不离于理。"反过来说，凡有知之物，不能尽去主观的私见，不能不用一己的小聪明，故动静定不能不离于理。这个观念用于政治哲学上，便主张废去主观的私意，建立物观的标准。《慎子》说：

> 措钧石，使禹察之，不能识也。悬于权衡，则厘发识矣。

权衡、钧石都是"无知之物"，但这种无知的物观标准，辨别轻重的能力，比有知的人还高千百倍。所以说：

> 有权衡者,不可欺以轻重;有尺寸者,不可差以长短;有法度者,不可巧以诈伪。

这是主张"法治"的一种理由。孟子说过:

> 徒善不足以为政,徒法不能以自行。《诗》云:"不愆不忘,率由旧章。"遵先王之法而过者,未之有也。圣人既竭目力焉,继之以规矩准绳,以为方圆平直,不可胜用也。既竭耳力焉,继之以六律,〈以〉正五音,不可胜用也。既竭心思焉,继之以不忍人之政,而仁覆天下矣。

孟子又说:

> 规矩,方员之至也;圣人,人伦之至也。(皆见《离娄》篇)

孟子所说的"法",还只是一种标准模范,还只是"先王之法"。当时的思想界,受了墨家"法"的观念的影响,都承认治国不可不用一种"标准法"。儒家的孟子主张用"先王之法",荀子主张用"圣王为师",这都是"法"字模范的本义。慎子的"法治主义",便比儒家进一层了。慎子所说的"法",不是先王的旧法,乃是"诛赏予夺"的标准法。慎子最明"法"的功用,故上文首先指出"法"的客观性。这种客观的标准,如钧石、权衡,因为是"无知之物",故最正确、最公道、最可靠。不但如此,人治的赏罚,无论如何精明公正,总不能使人无德无怨。这就是"建己之患,用知之累"。若用客观的标准,便可免去这个害处。《慎子》说:

> 君人者,舍法而以身治,则诛赏予夺从君心出。然则受赏者,虽当,望多无穷;受罚者,虽当,望轻无已。君舍法,以心裁轻重,则同功殊赏,同罪殊罚矣。怨之所由生也。

这是说人治"以心裁轻重"的害处。《慎子》又说:

> 法虽不善,犹愈于无法。所以一人心也。夫投钩以分财,投策以分马,非钩策为均也,使得美者不知所以美,得恶者不知所以恶。此所以塞愿望也。

这是说客观的法度可以免"以心裁轻重"的大害。此处慎子用钩策比"法",说法之客观性最明白。此可见中国法治主义第一个目的只要免去专制的人治"诛赏予夺从君心出"的种种祸害。此处慎到虽只为君主设想,其实是为臣民设想,不过他不敢明说罢了。儒家虽也有讲到"法"字的,但总脱不了人治的观念,总以为"惟仁者宜在高位"(孟子语,见《离娄》篇)。慎到的法治主义首先要去掉"建己之患,用知之累":这才是纯粹的法治主义。

慎到的哲学根本观念——"弃知去己而缘不得已"——有两种结果:第一是用无知的法治代有知的人治,这是上文所说过了的。第二是因势主义。《天下》篇说:"选则不遍,教则不至,道则无遗者矣。"《慎子》也说:

> 天道因则大,化则细(因即《天下》篇之"道",化即《天下》篇之"教")。因也者,因人之情也。人莫不自为也。化而使之为我,则莫可得而用。……人人不得其所以自为也,则上不取用焉。故用人之自为,不用人之为我,则莫不可得而用矣。此之谓因。

这是老子、杨朱一支的嫡派。老子说为治须要无为无事。杨朱说人人都有"存我"的天性,但使人人不拔一毛,则天下自然太平了。慎到说的"自为",即是杨朱说的"存我"。此处说的"因",只是要因势利用人人的"自为"心(此说后来《淮南子》发挥得最好,看本书中卷论《淮南子》)。凡根据于天道自然的哲学,多趋于这个观念。欧洲十八世纪的经济学者所说的"自为"观念(参看亚丹斯密《原富》部甲第二篇),便是这个道理。

上文引《天下》篇说慎到的哲学道:"推而后行,曳而后往;若飘风之还,若羽之旋,若磨石之隧。"这也是说顺着自然的趋势。慎到的因势主义,有两种说法:一种是上文说的"因人之情";一种是他的"势位"观念。《韩非子·难势》篇引慎子道:

> 慎子曰:"飞龙乘云,腾蛇游雾。云罢雾霁而龙蛇与螾蚁同矣,则失其所乘也。贤人而诎于不肖者,则权轻位卑也。不肖而能服于贤者(适按,服字下之于字系衍文,后人不通文法,依上句妄加者也),则权重位尊也。尧为匹夫,不能治三人;而桀为天子,能乱天下。吾以此知势位之足恃而贤智之不足慕也。夫弩弱而矢高者,激于风也。身不肖而令行者,得助于众也。尧教

于隶属而民不听,至于南面而王天下,令则行,禁则止。由此观之,贤智未足以服众,而势位足以任贤者也。"

这个观念,在古代政治思想发达史上很是重要的。儒家始终脱不了人治的观念,正因为他们不能把政权与君主分开来,故说:"徒法不能以自行。"又说:"惟仁者宜在高位。"他们不知道法的自身虽不能施行,但行法的并不必是君主,乃是政权,乃是"势位"。知道行政执法所靠的是政权,不是圣君明主,这便是推翻人治主义的第一步。慎子的意思要使政权(势位)全在法度,使君主"弃知去己",做一种"虚君立宪"制度。君主成了"虚君",故不必一定要有贤智的君主。荀子批评慎子的哲学,说他"蔽于法而不知贤",又说"由法谓之,道尽数矣"(《解蔽》篇)。不知这正是慎子的长处。

以上说慎到的哲学。《天下》篇说田骈、彭蒙的哲学与慎到大旨相同,都以为"古之道人,至于莫之是,莫之非而已矣"。这就是上文"齐万物以为首"的意思。

二、宋钘、尹文 宋钘,又作宋轻,大概与孟子同时。尹文曾说齐湣王(见《吕氏春秋·正名》篇,又见《说苑》。《汉书·艺文志》作说齐宣王),大概死在孟子之后,若用西历计算,宋钘是纪元前360至[前]290年,尹文是纪元前350至[前]270年。

《汉书·艺文志》有《宋子》十八篇,列在小说家;《尹文子》一篇,列在名家。今《宋子》已不传了。现行之《尹文子》有上下两篇。

《庄子·天下》篇论宋钘、尹文道:

> 不累于俗,不饰于物,不苟于人,不忮于众;愿天下之安宁,以活民命;人我之养,毕足而止,以此白心(白,《释文》云,或作任)。古之道术有在于是者,宋钘、尹文闻其风而悦之,作为华山之冠以自表。接万物以别宥为始。……见侮不辱,救民之斗;禁攻寝兵,救世之战。以此周行天下,上说下教,虽天下不取,强聒而不舍也。……以禁攻寝兵为外,以情欲寡浅为内。……

这一派人的学说与上文慎到、田骈一派有一个根本的区别。慎到一派"齐万物以为首",宋钘、尹文一派"接万物以别宥为始"。齐万物是要把万物看作平等,无论他"有所可,有所不可",只要听其自然。

"别宥"便不同了。宥与囿通。《吕氏春秋·去宥》篇说:"夫人有所宥者,因以昼为昏,以白为黑。……故凡人必别宥,然后知。别宥则能全其天矣。"别宥只是要把一切蔽囿心思的物事都辨别得分明。故慎到一派主张无知,主张"莫之是,莫之非";宋钘、尹文一派主张心理的研究,主张正名检形,明定名分。

《尹文子》也有"禁暴息兵,救世之斗"的话。《孟子》记宋牼要到楚国去劝秦楚停战。这都与《天下》篇相印证。《孟子》又说宋牼游说劝和的大旨是"将言其不利"。这个正与墨家非攻的议论相同。《天下》篇说宋钘、尹文"其为人太多,其自为太少"(此亦与慎到"自为"主义不同),又说:"先生恐不得饱,弟子虽饥,不忘天下,日夜不休,曰:我必得活哉!"这都是墨家"日夜不休,以自苦为极"的精神。因此我疑心宋钘、尹文一派是墨家的一支,稍偏于"宗教的墨学"一方面,故不与"科学的别墨"同派。若此说是真的,那么今本《尹文子》中"大道治者,则儒墨名法自废;以儒墨名法治者,则不得离道"等句,都是后人加入的了(《荀子·非十二子》篇也以墨翟、宋钘并称)。

"见侮不辱,救民之斗",乃是老子、墨子的遗风。老子的"不争"主义,即含有此意(见第三篇)。墨子也有此意。《耕柱》篇说:

> 子墨子曰:"君子不斗。"子夏之徒曰:"狗豨犹有斗,恶有士而无斗矣。"子墨子曰:"伤矣哉! 言则称于汤文,行则譬于狗豨! 伤矣哉!"

但宋钘的"见侮不辱"说,乃是从心理一方面着想的,比老子、墨子都更进一层。《荀子·正论》篇述宋子的学说道:

> 子宋子曰:明见侮之不辱,使人不斗。人皆以见侮为辱,故斗也。知见侮之为不辱,则不斗矣(《正名》篇亦言"见侮不辱")。

宋子的意思只要人知道"见侮"不是可耻的事,便不至于争斗了(娄师德的"唾面自干"便是这个道理)。譬如人骂你"猪狗",你便大怒;然而你的老子对人称你为"豚儿",为"犬子",何以不生气呢? 你若能把人骂你用的"猪狗"看作"豚儿"之豚,"犬子"之犬,那便是做到

"见侮不辱"的地位了。

宋子还有一个学说,说人的性情是爱少不爱多的,是爱冷淡不爱浓挚的。《庄子·天下》篇称为"情欲寡浅"说(欲是动词,即"要"字)。《荀子·正论》篇说:

> 子宋子曰:"人之情欲(欲是动词)寡,而皆以己之情为欲多,是过也。"故率其群徒,辨其谈说,明其譬称,将使人知情之欲寡也(《正名》篇亦有"情欲寡"句)。

这种学说大概是针对当时的"杨朱主义"(纵欲主义)而发的。宋子要人寡欲,因说人的情欲本来是要"寡浅"的,故节欲与寡欲并不是逆天拂性,乃是顺理复性。这种学说正如儒家的孟子一派要人为善,遂说性本是善的。同是偏执之见(看荀子的驳论)。但宋钘、尹文都是能实行这个主义的,看《天下》篇所说,便可见了。

尹文的学说,据现有的《尹文子》看来,可算得当时一派重要学说。尹文是中国古代一个法理学大家。中国古代的法理学乃是儒墨道三家哲学的结果。老子主张无为,孔子也说无为,但他却先要"正名",等到了"君君、臣臣、父父、子子"的地位,方才可以"无为而治"了。孔子的正名主义已含有后来法理学的种子。看他说不正名之害可使"刑罚不中,……民无所措手足",便可见名与法的关系。后来墨家说"法"的观念,发挥得最明白。墨家说"名"与"实"的关系也说得最详细。尹文的法理学的大旨只在于说明"名"与"法"的关系。《尹文子》说:

> 名者,名形者也。形者,应名者也。……故必有名以检形,形以定名;名以定事,事以检名(疑当作"名以检事,事以正名");……善名命善,恶名命恶。故善有善名,恶有恶名。圣贤仁智,命善者也。玩嚣凶愚,命恶者也。……使善恶尽然有分,虽未能尽物之实,犹不患其差也。……今亲贤而疏不肖,赏善而罚恶。贤,不肖,善,恶之名宜在彼,亲,疏,赏,罚之称宜在我。……名宜属彼,分宜属我。我爱白而憎黑,韵商而舍徵,好膻而恶焦,嗜甘而逆苦:白,黑,商,徵,膻,焦,甘,苦,彼之名也;爱,憎,韵,舍,好,恶,嗜,逆,我之分也。定此名分,则万事不乱

也。

这是尹文的法理学的根本观念。大旨分三层说：一是形，二是名，三是分。形即是"实"，即是一切事物。一切形都有名称，名须与实相应，故说："名者，名形者也；形者，应名者也。"尹文的名学好像最得力于儒家的正名主义，故主张名称中须含有褒贬之意，所以说："善名命善，恶名命恶，……使善恶尽（疑当作画）然有分。"这完全是寓褒贬，别善恶，明贵贱之意。命名既正当了，自然会引起人心对于一切善恶的正当反动。这种心理的反动，这种人心对于事物的态度，便叫做"分"。例如：我好好色而恶恶臭，爱白而憎黑：好色，恶臭，白，黑，是名；好，恶，爱，憎，是分。名是根据于事物的性质而定的，故说"名宜属彼"。分是种种名所引起的态度，故说"分宜属我"。有什么名，就该引起什么分。名不正，则分不正。例如匈奴子娶父妻，不以为怪；中国人称此为"烝"，为"乱伦"，就觉得是一桩大罪恶。这是因为"烝"与"乱伦"二名都能引起一种罪恶的观念。又如中国妇女缠足，从前以为"美"，故父母狠起心肠来替女儿裹足，女儿也忍着痛苦要有这种"美"的小脚。现今的人说小脚是"野蛮"，缠足是"残忍非人道"，于是缠足的都要放了，没有缠的也不再缠了。这都因为"美"的名可引起人的羡慕心，"野蛮"、"残忍"的名可引起人的厌恶心。名一变，分也变了。正名的宗旨只是要"善有善名，恶有恶名"；只是要善名发生羡慕爱做的态度，恶名发生厌恶不肯做的态度。故说"定此名分，则万事不乱也"。

以上所说，尹文的法理学与儒家的正名主义毫无分别（参观第四篇第四章，第十一篇第三章）。但儒家如孔子想用"春秋笔法"来正名，如荀卿想用国家威权来制名，多不主张用法律。尹文便不同了。《尹文子》道：

> 故人以度审长短，以量受多少，以衡平轻重，以律均清浊，以名稽虚实，以法定治乱。以简治烦惑，以易御险难，以万事皆归于一，百度皆准于法。归一者，简之至；准法者，易之极。如此，顽嚣聋瞽可与察慧聪明同其治也。

从纯粹儒家的名学一变遂成纯粹的法治主义，这是中国法理学史的一大进步,又可见学术思想传授沿革的线索最不易寻,决非如刘歆、班固之流划分做六艺九流就可完事了的。

三、许行、陈相、陈仲　当时的政治问题和社会问题最为切要,故当时的学者没有一人不注意这些问题的。内中有一派,可用许行作代表。许行和孟子同时。《孟子·滕文公》篇说:

> 有为神农之言者许行,自楚之滕,踵门而告文公曰:"远方之人,闻君行仁政,愿受一廛而为氓。"文公与之处。其徒数十人,皆衣褐,捆屦,织席以为食。……陈相见孟子,道许行之言曰:"滕君则诚贤君也,虽然,未闻道也。贤者与民并耕而食,饔飧而治。今也滕有仓廪府库,则是厉民而以自养也。恶得贤?"

这是很激烈的无政府主义。《汉书·艺文志》论"农家",也说他们"以为无所事圣王,欲使君臣并耕,诤上下之序"。大概这一派的主张有三端:第一,人人自食其力,无有贵贱上下,人人都该劳动。故许行之徒自己织席子、打草鞋、种田;又主张使君主与百姓"并耕而食,饔飧而治"。第二,他们主张一种互助的社会生活。他们虽以农业为主,但并不要废去他种营业。陈相说"百工之事,固不可耕且为也"。因此,他们只要用自己劳动的出品与他人交易,如用米换衣服、锅、甑、农具之类。因为是大家共同互助的社会,故谁也不想赚谁的钱,都以互相辅助,互相供给为目的。因此他们理想中的社会是:

> 从许子之道,则市价不贰,国中无伪。虽使五尺之童适市,莫之或欺。布帛长短同,则价相若。麻缕丝絮轻重同,则价相若。五谷多寡同,则价相若。屦大小同,则价相若。

因为这是互助的社会,故商业的目的不在赚利益,乃在供社会的需要。孟子不懂这个道理,故所驳全无精采。如陈相明说"屦大小同,则价相若",这是说屦的大小若相同,则价也相同;并不是说大屦与小屦同价。孟子却说"巨屦小屦同价,人岂为之哉",这竟是"无的放矢"的驳论了。第三,因为他们主张互助的社会,故他们主张不用政府。《汉书》所说"无所事圣王,欲使君臣并耕";《孟子》所说"贤者与民并耕而食,饔飧而治",都是主张社会以互助为治,不用政府。若有政府,便有仓廪府库,便是"厉民而以自养",失去了"互助"的原意了(这种主义,与近人托尔斯太(Tolstoy)所主张最近)。

以上三端,可称为互助的无政府主义。只可惜许行、陈相都无书籍传下来,遂使这一学派湮没至今。《汉书·艺文志》记"农家"有《神农》二十篇,《野老》十七篇及他书若干种,序曰:

> 农家者流,盖出于农稷之官,播百谷,劝耕桑,以足衣食,……此其所长也。及鄙者为之,以为无所事圣王,欲使君臣并耕,诪上下之序。

却不知序中所称"鄙者",正是这一派的正宗。这又可见《艺文志》分别九流的荒谬了(参看江瑔《读子卮言》第十六章《论农家》)。

陈仲子(也称田仲,田、陈古同音),也是孟子同时代的人。据《孟子》所说:

> 仲子,齐之世家也。兄戴,盖禄万钟。以兄之禄为不义之禄而不食也;以兄之室为不义之室而不居也。避兄离母,处于於陵。

> 居於陵,三日不食,耳无闻,目无见也。井上有李,螬食实者过半矣,匍匐往将食之,[三咽]然后耳有闻,目有见。

> 仲子所居之室,所食之粟,彼身织屦,妻辟纑以易之。

陈仲这种行为,与许行之徒主张自食其力的,毫无分别。《韩非子》也称田仲"不恃仰人而食"。可与《孟子》所说互相证明。《荀子·非十二子》篇说陈仲一般人"忍情性,綦谿利跂,苟以分异人为高,不足以合大众,明大分"。这一种人是提倡极端的个人主义的,故有这种特立独行的行为。《战国策》论赵威后问齐王的使者道:

> 於陵仲子尚存乎?是其为人也,上不臣于王,下不治其家,中不索交诸侯,此率民而出于无用者。何为至今不杀乎?

这可见陈仲虽不曾明白主张无政府,其实也是一个无政府的人了。

四、驺衍 驺衍,齐人。《史记》说他到梁时,梁惠王郊迎;到赵时,平原君"侧行襒席";到燕时,燕昭王"拥彗先驱"。这几句话很不可靠。平原君死于西历前251年,梁惠王死于前319年(此据《纪年》,若据《史记》,则在前335年),梁惠王死时,平原君还没有生呢。《平原君传》说驺衍过赵在信陵君破秦存赵之后(前257年),那时梁惠王已死六十二年了(若依《史记》,则那时惠王已死了七十八年),燕昭王已死二十二年了。《史记集解》引刘向《别录》也有驺衍过赵见平原君及公孙龙一段,那一段似乎不是假造的。依此看来,驺衍大概与公孙龙同时,在本章所说诸人中,要算最后的了(《史记》亦说衍后孟子)。

《汉书·艺文志》有《驺子》四十九篇,又《驺子终始》五十六篇,如今都不传了。只有《史记·孟荀列传》插入一段,颇有副料的价值。《史记》说:

> 驺衍睹有国者益淫侈不能尚德,……乃深观阴阳消息而作怪迂之变,终始大圣之篇,十余万言。其语闳大不经,必先验小物,推而大之,至于无垠。

这是驺衍的方法。这方法其实只是一种"类推"法。再看这方法的应用:

> 先序今,以上至黄帝,学者所共术。次并世盛衰,因载其禨祥度制。推而远之,至天地未生,窈冥不可考而原也。知列中国名山,大川,通谷,禽兽,水土所殖,物类所珍。因而推之,及海外人之所不能睹。

驺衍这个方法,全是由已知的推想到未知的。用这方法稍不小心便有大害。驺衍用到历史、地理两种科学,更不合宜了。历史全靠事实,地理全靠实际观察调查,驺衍却用"推而远之"的方法,以为"想来大概如此",岂非大错?《史记》又说:

> 称引天地剖判以来,五德转移,治各有宜,而符应若兹。

这是阴阳家的学说。大概当时的历史进化的观念已很通行(看第九篇第一、二章及本篇下章论韩非),但当时的科学根据还不充足,故把历史的进化看作了一种终始循环的变迁。驺衍一派又附会五行之说,以为五行相生相胜,演出"五德转移"的学说。《墨辩·经下》说:

> 五行无常胜说在宜。《说》曰:五合水土火,火离然(五当作互)。火铄金,火多也。金靡炭,金多也。合之府水(道藏本、吴抄本作木),木离木。

此条有脱误,不可全懂。但看那可懂的几句,可知这一条是攻击当时的"五行相胜"说的。五行之说大概起于儒家,《荀子·非十二子》篇说子思"案往旧造说,谓之五行",可以为证。邹衍用历史附会五德,于是阴阳五行之说遂成重要学说。到了汉朝这一派更盛。从此儒学遂成"道士的儒学"了(看中卷第十四篇第五章)。

邹衍的地理学虽是荒诞,却有很大胆的思想。《史记》说他

> 以为儒者所谓"中国"者,于天下乃八十一分居其一分耳。中国名曰赤县神州。……中国外,如赤县神州者九,乃所谓"九州"也。于是有裨海环之。人民禽兽莫能相通者,……乃为一州。如此者九,乃有大瀛海环其外,天地之际焉。

这种地理,虽是悬空理想,但很可表示当时理想的大胆,比那些人认为中国为"天下"的,可算得高十百倍了!

《史记·平原君传》,《集解》引刘向《别录》有邹衍论"辩"一节,似乎不是汉人假造的,今引如下:

> 邹子曰:……辩者,别殊类使不相害,序异端使不相乱;抒意通指,明其所谓;使人与知焉,不务相迷也。故胜者不失其所守,不胜者得其所求。若是,故辩可为也。及至烦文以相假,饰辞以相悖,巧譬以相移,引人声使不得及其意。如此,害大道,不能无害君子。

这全是儒家的口吻,与荀子论"辩"的话相同(看上篇第三章)。

参考书:

马骕《绎史》卷一百十九。

第二章 所谓法家

一、论"法家"之名 　古代本没有什么"法家"。读了上章的人当知道慎到属于老子、杨朱、庄子一系;尹文的人生哲学近于墨家,他的名学纯粹是儒家。又当知道孔子的正名论,老子的天道论,墨家的法的观念,都是中国法理学的基本观念。故我以为中国古代只有法理学,只有法治的学说,并无所谓"法家"。中国法理学当西历前三世纪时,最为发达,故有许多人附会古代有名的政治家如管仲、商鞅、

申不害之流,造出许多讲法治的书。后人没有历史眼光,遂把一切讲法治的书统称为"法家",其实是错的。但法家之名,沿用已久了,故现在也用此名。但本章所讲,注重中国古代法理学说,并不限于《汉书·艺文志》所谓"法家"。

二、所谓"法家"的人物及其书

（一）管仲与《管子》 管仲在老子、孔子之前。他的书大概是前三世纪的人假造的,其后又被人加入许多不相干的材料（说详第一篇）。但此书有许多议论可作前三世纪史料的参考。

（二）申不害与《申子》 申不害曾作韩昭侯的国相。昭侯在位当西历前358至[前]333年,大概申不害在当时是一个大政治家（《韩非子》屡称申子。《荀子·解蔽》篇也说:"申子蔽于势而不知智。由势谓之,道尽便矣。"）《韩非子·定法》篇说:"申不害言术而公孙鞅为法。"又说:"韩者,晋之别国也。晋之故法未息,而韩之新法又生;先君之令未收,而后君之令又下。申不害不擅其法,不一其宪令。……故托万乘之劲韩,七十年（顾千里校疑当作十七年）而不至于霸王者,虽用术于上,法不勤饰于官之患也。"依此看来,申不害虽是一个有手段（所谓术也）的政治家,却不是主张法治主义的人。今《申子》书已不传了。诸书所引佚文,有"圣君任法而不任智,任数而不任说,……置法而不变"等语,似乎不是申不害的原著。

（三）商鞅与《商君书》 卫人公孙鞅于西历前361年入秦,见孝公,劝他变法。孝公用他的话,定变法之令,"设告相坐而责其实,连什伍而同其罪（《史记》云:"令民为什伍而相收司连坐。不告奸者腰斩,告奸者与斩敌同赏,匿奸者与降敌同罚。"与此互相印证）。赏厚而信,刑重而必"（《韩非子·定法》篇）。公孙鞅的政策只是用赏罚来提倡实业,提倡武力（《史记》所谓"变法修刑,内务耕稼,外劝战死之赏罚"是也）。这种政策功效极大,秦国渐渐富强,立下后来吞并六国的基础。公孙鞅后封列侯,号商君,但他变法时结怨甚多,故孝公一死,商君遂遭车裂之刑而死（西历前338年）。商君是一个大政治家,主张用严刑重赏来治国。故他立法:"斩一首者爵一级,欲为官者为五十石之官;斩二首者爵二级,欲为官者为百石之官"（《韩非子·定法》篇)。又"步过六尺者有罚,弃灰于道者被刑"(《新序》)。这不过是注重刑赏的政策,与法理学没有关系。今世所传《商君书》二十四篇(《汉书》作二十九篇),乃是商君死后的人假造的书。如《徕民》篇说:"自魏襄以来,三晋之所以亡于秦者,不可胜数也。"魏襄王死在西历前296年,商君已死四十二年,如何能知他的谥法呢?《徕民》篇又称"长平之胜",此事在前260年,商君已死七十八年了。书中又屡称秦王。秦称王在商君死后十余年。此皆可证《商君书》是假书。商君是一个实行的政治家,没有法理学的书。

以上三种都是假书,况且这三个人都不配称为"法家"。这一流的人物,——管仲、子产、申不害、商君,——都是实行的政治家,不是法理学家,故不该称为"法家"。但申不害与商君同时,皆当前四世纪的中叶。他们的政策,都很有成效,故发生一种思想上的影响。有了他们那种用刑罚的政治,方才有学理的"法家"。正如先有农业,方才有农学;先有文法,方才有文法学;先有种种美术品,方才有美学。这是一定的道理。如今且说那些学理的"法家"和他们的书:

(四)慎到与《慎子》　见上章。

(五)尹文与《尹文子》　见上章。(《汉书·艺文志》尹文在"名家"是错的)

(六)尸佼与《尸子》　尸佼,楚人(据《史记·孟荀列传》及《集解》引刘向《别录》。班固以佼为鲁人,鲁灭于楚,鲁亦楚也。或作晋人,非)。古说相传,尸佼曾为商君之客;商君死,尸佼逃入蜀(《汉书·艺文志》)。《尸子》书二十卷,向来列在"杂家"。今原书已亡,但有从各书里辑成的《尸子》两种(一为孙星衍的,一为汪继培的。汪辑最好)。据这些引语看来,尸佼是一个儒学的后辈,但他也有许多法理的学说,故我把他排在这里。即使这些话不真是尸佼的,也可以代表当时的一派法理学者。

(七)韩非与《韩非子》　韩非是韩国的公子,与李斯同受学于荀卿。当时韩国削弱,韩非发愤著书,攻击当时政府"所养非所用,所用非所养";因主张极端的"功用"主义,要国家变法,重刑罚,去无用的蠹虫,韩王不能用。后来秦始皇见韩非的书,想收用他,遂急攻韩。韩王使韩非入秦说存韩的利益(按《史记》所说。李斯劝秦王急攻韩欲得韩非,似乎不可信。李斯既举荐韩非,何以后来又害杀他。大概韩王遣韩非入秦说秦王存韩,是事实。但秦攻韩未必是李斯的主意)。秦王不能用,后因李斯、姚贾的谗言,遂收韩非下狱。李斯使人送药与韩非,叫他自杀。韩非遂死狱中,时为西历前233年。

《汉书·艺文志》载《韩非子》五十五篇。今本也有五十五篇。但其中很多不可靠的。如《初见秦》篇乃是张仪说秦王的话,所以劝秦王攻韩。韩非是韩国的王族,岂有如此不爱国的道理?况且第二篇是《存韩》。既劝秦王攻韩,又劝他存韩,是决无之事。第六篇《有度》,说荆齐燕魏四国之亡。韩非死时,六国都不曾亡。齐亡最后,那时韩非已死十二年了。可见《韩非子》决非原本,其中定多后人加入的东西。依我看来,《韩非子》十分之中,仅有一二分可靠,其余都是加入的。那可靠的诸篇如下:《显学》、《五蠹》、《定法》、《难势》、《诡使》、《六反》、《问辩》。此外如《孤愤》、《说难》、《说林》、《内外储》,虽是司马迁所举的篇名,但是司马迁的话是不很靠得住的(如所举《庄子·渔父》、《盗跖》诸篇,皆为伪作无疑)。我们所定这几篇,大都以学说内容为根据。大概《解老》、《喻老》诸篇,另是一人所作。《主道》、《扬摧》(今作扬权,此从顾千里校)诸篇,又另是一派"法家"所作。《外储说·左上》似乎还有一部分可取。其余的更不可深信了。

　　三、法　按《说文》,"灋,刑也。平之如水,从水;廌,所以触不直者去之,从廌去(廌,解廌兽也。似牛一角。古者决讼,令触不直者。象形)。法,今文省。佱,古文。"据我个人的意见看来,大概古时有两个法字。一个作"佱",从亼从正,是模范之法。一个作"灋",《说文》云:"平之如水,从水;廌,所以触不直者去之,从廌去",是刑罚之法。这两个意义都很古。比较看来,似乎模范的"佱"更古。《尚书·吕刑》说:"苗民弗用灵,制以刑,惟作五虐之刑,曰法。"如此说可信,是罚刑的"灋"字乃是后来才从苗民输入中国本部的。灋字从廌从去,用廌兽断狱,大似初民状态,或本是苗民的风俗,也未可知。大概古人用法字起初多含模范之义。《易·蒙·初六》云:"发蒙利用刑人,用说。(句)桎梏以往,吝。"《象》曰:"利用刑人,以正法也。"此明说"用刑人"即是"用正法"。"荆"是荆范,"法"是模范,"以"即是用。古人把"用说桎梏以往"六字连读,把言说的说解作脱字,便错了。又《系辞传》:"见乃谓之象,形乃谓之器,制而用之谓之法。"法字正作模范解(孔颖达《正义》:"垂为模范,故云谓之法")。又如《墨子·法仪》篇云:

> 天下从事者,不可以无法仪。……虽至百工从事者亦皆有法。百工为方以矩,为圆以规,直以绳,正以县。无巧工不巧工,皆以此四者为法。

这是标准模范的"法"(参看《天志·上、中、下》及《管子·七法》篇)。到了墨家的后辈,"法"字的意义讲得更明白了。《墨辩·经·上》说:

> 法,所若而然也(看第八篇第二章论"法"的观念)。佴,所然也。《经说》曰:佴所然也者,民若法也。

佴字,《尔雅·释言》云:"贰也。"郭注:"佴次为副贰。"《周礼》:"掌邦之六典八法八则之贰。"郑注:"贰,副也。"我们叫抄本做"副本",即是此意。譬如摹拓碑帖,原碑是"法",拓本是"佴",是"副"。墨家论法,有三种意义。(一)一切模范都是法(如上文所引《法仪篇》)。(二)物事的共相可用物事的类名作代表的,也是法(看第八篇第二、三章)。(三)国家所用来齐一百姓的法度也是法。如上文所引《墨辩》"佴所然也者,民若法也"的话,便是指这一种齐一百姓的法度。荀子说:"墨子有见于齐,无见于畸"(《天论》篇)。墨子的"尚同主义"要"壹同天下之义",使"上之所是,必皆是之;上之所非,必皆非之"。故荀子说他偏重"齐"字,却忘了"畸"字,畸即是不齐。后来"别墨"论"法"字,要使依法做去的人都有一致的行动,如同一块碑上摹下来的拓本一般;要使守法的百姓都如同法的"佴"。这种观念正与墨子的尚同主义相同,不过墨子的尚同主义含有宗教的性质,别墨论法便没有这种迷信了。

上文所引《墨辩》论"法"字,已把"法"的意义推广,把瀍金两个字合成一个字。《易经·噬嗑卦·象传》说:"先王以明罚饬法。"法与刑罚还是两事。大概到了"别墨"时代（四世纪中叶以后），法字方才包括模范标准的意义和刑律的意义。如《尹文子》说：

> 法有四呈：一曰不变之法，君臣上下是也。二曰齐俗之法，能鄙同异是也。三曰治众之法，庆赏刑罚是也。四曰平准之法，律度权衡是也。

《尹文子》的法理学很受儒家的影响（说见上章），故他的第一种"法"，即是不变之法，近于儒家所谓天经地义。第二种"齐俗之法"指一切经验所得或科学研究所得的通则，如"火必热"，"圆无直"（皆见《墨辩》）等等。第三种是刑赏的法律，后人用"法"字单指这第三种（佛家所谓法〔达摩〕不在此例）。第四种"平准之法"乃金字本义，无论儒家、墨家、道家，都早承认这种标准的法（看《孟子·离娄》篇、《荀子·正名》篇、《墨子·法仪》、《天志》等篇及《管子·七法》篇、《慎子》、《尹文子》等书）。当时的法理学家所主张的"法"，乃是第三种"治众之法"。他们的意思只是要使刑赏之法，也要有律度权衡那样的公正无私、明确有效（看上章论慎到、尹文）。故《韩非子·定法》篇说：

> 法者，宪令著于官府，刑罚必于民心；赏存乎慎法，而罚加乎奸令者也。

又《韩非子·难三》篇说：

> 法者，编著之图籍，设之于官府，而布之于百姓者也。

又《慎子》佚文说：

> 法者，所以齐天下之动，至公大定之制也（见马骕《绎史》百十九卷所辑）。

这几条界说，讲"法"字最明白。当时所谓"法"，有这几种性质：（一）是成文的（编著之图籍），（二）是公布的（布之于百姓），（三）是一致的（所以齐天下之动，至公大定），（四）是有刑赏辅助施行的功效的（刑罚必于民心，赏存乎慎法而罚加于奸令）。

四、"法"的哲学　以上述"法"字意义变迁的历史，即是"法"的观念进化的小史。如今且说中国古代法理学（法的哲学）的几个基本观念。

要讲法的哲学,先须要说明几件事。第一,千万不可把"刑罚"和"法"混作一件事。刑罚是从古以来就有了的,"法"的观念是战国末年方才发生的。古人早有刑罚,但刑罚并不能算是法理学家所称的"法"。譬如现在内地乡人捉住了做贼的人便用私刑拷打;又如那些武人随意枪毙人,这都是用刑罚,却不是用"法"。第二,须知中国古代的成文的公布的法令,是经过了许多反对,方才渐渐发生的。春秋时的人不明"成文公布法"的功用,以为刑律是愈秘密愈妙,不该把来宣告国人。这是古代专制政体的遗毒。虽有些出色人才,也不能完全脱离这种遗毒的势力。所以郑国子产铸刑书时(昭六年,西历前536年),晋国叔向写信与子产道:

> 先王议事之制,不为刑辟,惧民之有争心也。……民知有辟,则不忌于上,并有争心,以征于书而徼幸以成之,弗可为矣。……锥刀之末,将尽争之。乱狱滋丰,贿赂并行,终子之世,郑其败乎!

后二十九年(昭二十九年,前513年),叔向自己的母国也作刑鼎,把范宣子所作刑书铸在鼎上。那时孔子也极不赞成,他说:

> 晋其亡乎!失其度矣。……民在鼎矣,何以尊贵?(尊字是动词,贵是名词)贵何业之守?

这两句话很有趣味。就此可见刑律在当时,都在"贵族"的掌握。孔子恐怕有了公布的刑书,贵族便失了他们掌管刑律的"业"了。那时法治主义的幼稚,看此两事,可以想见。后来公布的成文法渐渐增加,如郑国既铸刑书,后来又采用邓析的竹刑。铁铸的刑书是很笨的,到了竹刑更方便了。公布的成文法既多,法理学说遂渐渐发生。这是很长的历史,我们见惯了公布的法令,以为古代自然是有的,那就错了。第三,须知道古代虽然有了刑律,并且有了公布的刑书,但是古代的哲学家对于用刑罚治国,大都有怀疑的心,并且有极力反对的。例如:老子说的"法令滋彰,盗贼多有";"民不畏死,奈何以死惧之。"又如:孔子说的"道之以政,齐之以刑,民免而无耻;道之以德,齐之以礼,有耻且格。"这就可见孔子不重刑罚,老子更反对刑罚了。这也有几层原因:(一)因当时的刑罚本来野蛮得很,又没有限制(如

《诗》:"彼宜无罪,汝反收之,此宜有罪,汝覆脱之。"又如《左传》所记诸虐刑),实在不配作治国的利器。(二)因为儒家大概不能脱离古代阶级社会的成见,以为社会应该有上下等级:刑罚只配用于小百姓们,不配用于上流社会。上流社会只该受"礼"的裁制,不该受"刑"的约束。如《礼记》所说"礼不下庶人,刑不上大夫";《荀子·富国》篇所说"由士以上,则必以礼乐节之;众庶百姓,则必以法数制之",都可为证。近来有人说,儒家的目的要使上等社会的"礼"普及全国,法家要使下级社会的"刑"普及全国(参看梁任公《中国法理学发达史》)。这话不甚的确。其实那种没有限制的刑罚,是儒法两家所同声反对的。法家所主张的,并不是用刑罚治国。他们所说的"法",乃是一种客观的标准法,要"宪令著于官府,刑罚必于民心",百姓依这种标准行动,君主官吏依这种标准赏罚。刑罚不过是执行这种标准法的一种器具。刑罚成了"法"的一部分,便是"法"的刑罚,便是有了限制,不是从前"诛赏予夺从心出"的刑罚了。

懂得上文所说的三件事,然后可讲法理学的几个根本观念。中国的法理学虽到前三世纪方才发达,但他的根本观念来源很早。今分述于下:

第一、无为主义。中国的政治学说,自古代到近世,几乎没有一家能逃得出老子的无为主义。孔子是极力称赞"无为而治"的,后来的儒家多受了孔子"恭己正南面"的话的影响(宋以后更是如此),无论是说"正名"、"仁政"、"王道"、"正心诚意",都只是要归到"无为而治"的理想的目的。平常所说的"道家"一派,更不用说了。法家中如慎到一派便是受了老子一系的无为主义的影响;如《尸子》,如《管子》中《禁藏》、《白心》诸篇,如《韩非子》中《扬榷》、《主道》诸篇,便是受了老子、孔子两系的无为主义的影响。宋朝王安石批评老子的无为主义,说老子"知无之为车用,无之为天下用,然不知其所以为用也。故无之所以为车用者,以有毂辐也;无之所以为天下用者,以有礼乐刑政也。如其废毂辐于车,废礼乐刑政于天下,而坐求其无之为用也,则亦近于愚矣"(王安石《老子论》)。这段话很有道理。法家虽信"无为"的好处,但他们以为必须先有"法"然后可以无为。如《管子·白心》篇说:"名正法备,则圣人无事。"又如《尸子》说:"正名去伪,事成若化。……正名覆实,不罚而威。"这都是说有了"法"便可做到"法立而不用,刑设而不行"(用《管子·禁藏》篇语)的无为之治了。

第二、正名主义。上章论尹文的法理学时,已说过名与法的关系(参看上章)。尹文的大旨是要"善有善名,恶有恶名",使人一见善名便生爱做的心,一见恶名便生痛恶的心。"法"的功用只是要"定此名分",使"万事皆归于一,百度皆准于法"。这可见儒家的正名主义乃是法家哲学的一个根本观念。我且再引《尸子》几条作参证:

> 天下之可治,分成也。是非之可辨,名定也。

> 明王之治民也,……言寡而令行,正名也。君人者苟能正名,愚智尽情;执一以静,令名自正,赏罚随名,民莫不敬。(参看《韩非子·扬搉》篇云:"执一以静,使名自命,令事自定。"又看《主道》篇。)

> 言者,百事之机也。圣王正言于朝,而四方治矣。是故曰,正名去伪,事成若化;以实覆名,百事皆成。……正名覆实,不罚而威。

> 审一之经,百事乃成;审一之纪,百事乃理。名实判为两分为一。是非随名实,赏罚随是非。

这几条说法治主义的逻辑最可玩味。他的大旨是说天下万物都有一定的名分,只看名实是否相合,便知是非:名实合,便是"是";名实不合,便是"非"。是非既定,赏罚跟着来。譬如"儿子"是当孝顺父母的,如今说"此子不子",是名实不合,便是"非",便有罚了。"名"与"法"其实只是同样的物事。两者都是"全称"(Universal),都有驾驭个体事物的效能。"人"是一名,可包无量数的实。"杀人者死"是一法,可包无数杀人事实。所以说"审一之经",又说"执一以静"。正名定法,都只要"控名责实",都只要"以一统万"。——孔子的正名主义的弊病在于太注重"名"的方面,就忘了名是为"实"而设的,故成了一种偏重"虚名"的主张,如《论语》所记"尔爱其羊,我爱其礼",及《春秋》种种正名号的笔法,皆是明例。后来名学受了墨家的影响,趋重"以名举实",故法家的名学,如尹文的"名以检形,形以定名;名以定事,事以检名"(疑当作"名以检事,事以定名");如《尸子》的"以实覆名,……正名覆实";如《韩非子》的"形名参同"(《主道》篇、《扬摧》篇),都是墨家以后改良的正名主义了。

第三、平等主义。儒家不但有"礼不下庶人,刑不上大夫"的成见,还有"亲亲"、"贵贵"种种区别,故孔子有"子为父隐,父为子隐"的议论;孟子有瞽瞍杀人,舜窃负而逃的议论。故我们简直可说儒家没有"法律之下,人人平等"的观念。这个观念得墨家的影响最大。墨子的"兼爱"主义直攻儒家的亲亲主义,这是平等观念的第一步。后来"别墨"论"法"字,说道:

> 一法者之相与也。尽类,若方之相合也。《经说》曰:一方尽类,俱有法而异。或木或石,不害其方之相合也。尽类犹方也,物俱然。

这是说同法的必定同类。无论是科学的通则,是国家的律令,都是如此。这是法律平等的基本观念。所以法家说:"如此,则顽嚚聋瞽可与察慧聪明同其治也"(《尹文子》)。"法"的作用要能"齐天下之动"。儒家所主张的礼义,只可行于少数的"君子",不能遍行全国。韩非子说得最好:

> 夫圣人之治国,不恃人之为吾善也,而用其不得为非也。恃人之为吾善也,境内不什数。用人不得〈为〉非,一国可使齐。为治者用众而舍寡,故不务德而务法。夫恃自直之箭,百世无矢;恃自圜之木,百世无轮矣。自直之箭,自圜之木,百世无有一,然而世皆乘车射禽者,隐栝之道用也。虽有不恃隐栝而自直之箭,自圜之木,良工弗贵也。何则?乘者非一人,射者非一发也。不恃赏罚而自善之民,明主弗贵也。何则?国法不可失,而所治非一人也。(《显学》篇)

第四、客观主义。上章曾说过慎到论"法"的客观性(参看)。慎到的大旨以为人的聪明才智,无论如何高绝,总不能没有偏私错误。即使人没有偏私错误,总不能使人人心服意满。只有那些"无知之物,无建己之患,无用知之累",可以没有一毫私意,又可以不至于陷入偏见的蒙弊。例如：最高明的才智总比不上权衡、斗斛、度量等物的正确无私。又如拈钩分钱，投策分马，即使不如人分的均平，但是人总不怨钩策不公。这都是"不建己，不用知"的好处。不建己，不用知，即是除去一切主观的蔽害，专用客观的标准。法治主义与人治主义不同之处，根本即在此。慎到说得最好：

> 君人者，舍法而以身治，则诛赏予夺从君心出。然则受赏者，虽当，望多无穷；受罚者，虽当，望轻无已。……法虽不善，犹愈于无法。……夫投钩以分财，投策以分马，非钩策为均也，使得美者不知所以美，得恶者不知所以恶，此所以塞愿望也。

这是说用法可以塞怨望。《韩非子》说：

> 释法术而心治，尧不能正一国。去规矩而妄意度，奚仲不能成一轮。……使中主守法术，拙匠守规矩尺寸，则万不失矣。君人者能去贤巧之所不能，守中拙之所万不失，则人力尽而功名立。（《用人》）

> 故设柙非所以备鼠也，所以使怯弱服虎也。立法非所以避曾史也，所以使庸主能止盗跖也。（《守道》）

这是说，若有了标准法，君主的贤不贤都不关紧要。人治主义的缺点在于只能希望"惟仁者宜在高位"，却免不了"不仁而在高位"的危险。法治的目的在于建立标准法，使君主遵守不变。现在所谓"立宪政体"，即是这个道理。但中国古代虽有这种观念，却不曾做到施行的地步。所以秦孝公一死，商君的新法都可推翻；秦始皇一死，中国又大乱了。

第五、责效主义。儒家所说"为政以德"，"保民而王"，"恭己正南面而天下治"等话，说来何尝不好听，只是没有收效的把握。法治的长处在于有收效的把握。如《韩非子》说的：

> 法者，宪令著于官府，刑罚必于民心；赏存乎慎法，而罚加乎奸令者也。

守法便是效（效的本义为"如法"。《说文》"效，象也。"引申为效验，为功效），不守法便是不效。但不守法即有罚，便是用刑罚去维持法令的效能。法律无效，等于无法。法家常说"控名以责实"，这便是我所说的"责效"。名指法("如杀人者死"),实指个体的案情(如"某人杀某人")。凡合于某法的某案情,都该依某法所定的处分:这便是"控名以责实"(如云"凡杀人者死。某人杀人,故某人当死")。这种学说,根本上只是一种演绎的论理,这种论理的根本观念只要"控名责实",要"形名参同",要"以一统万"。这固是法家的长处,但法家的短处也在此。因为"法"的目的在"齐天下之动",却不知道人事非常复杂,有种种个性的区别,决不能全靠一些全称名词便可包括了一切。例如:"杀人"须分故杀与误杀。故杀之中,又可分别出千百种故杀的原因和动机。若单靠"杀人者死"一条法去包括一切杀人的案情,岂不要冤枉杀许多无罪的人吗?中国古代以来的法理学只是一个刑名之学,今世的"刑名师爷",便是这种主义的流毒。"刑名之学"只是一个"控名责实"。正如"刑名师爷"的责任只是要寻出各种案情(实),合于刑律的第几条第几款(名)。

五、韩非 "法家"两个字,不能包括当时一切政治学者。法家之中,韩非最有特别的见地,故我把他单提出来,另列一节。

我上文说过,中国古代的政治学说大都受了老子的"无为"两个字的影响。就是法家也逃不出这两个字。如上文所引《尸子》的话:"君人者苟能正名,愚智尽情;执一以静,令名自正。"又说:"正名去伪,事成若化。……正名覆实,不罚而威。"又如《管子·白心》篇说的:"名正法备,则圣人无事。"这些都是"无为"之治。他们也以为政治的最高目的是"无为而治",有了法律,便可做到"法立而不用,刑设而不行"的无为之治了。这一派的法家,我们可称为保守派。

韩非是一个极信历史进化的人,故不能承认这种保守的法治主义(若《显学》《五蠹》诸篇是韩非的书,则《主道》《扬榷》诸篇决不是韩非的书。两者不可并立)。他的历史进化论,把古史分作上古、中古、近古三个时期;每一时期,有那时期的需要,便有那时期的事业。故说:

> 今有构木钻燧于夏后氏之世者,必为鲧禹笑矣。有决渎于殷周之世者,必为汤武笑矣。然则今有美尧舜禹汤武之道于当今之世者,必为新圣笑矣。是以圣人不务循古,不法常可。论世

> 之事,因为之备。(《五蠹》)

韩非的政治哲学,只是"论世之事,因为之备"八个字。所以说:"事因于世而备适于事。"又说:"世异则事异,事异则备变。"他有一则寓言说的最好:

> 宋人有耕田者,田中有株,兔走触株,折颈而死,因释其耒而守株,冀复得兔。……今欲以先王之政治当世之民,皆守株之类也。(同)

后人多爱用"守株待兔"的典,可惜都把这寓言的本意忘了。韩非既主张进化论,故他的法治观念,也是进化的。他说:

> 故治民无常,惟治为法。法与时转则治,治与世宜则有功。……时移而治不易者乱。(《心度》)

韩非虽是荀卿的弟子,他这种学说却恰和荀卿相反。荀卿骂那些主张"古今异情,其所以治乱者异道"的人都是"妄人"。如此说来,韩非是第一个该骂了!其实荀卿的"法后王"说,虽不根据进化论,却和韩非有点关系。荀卿不要法先王,是因为先王的制度文物太久远了,不可考了,不如后王的详备。韩非说的更畅快:

> 孔子墨子俱道尧舜而取舍不同,皆自谓真尧舜。尧舜不复生,将谁使定儒墨之诚乎?……不能定儒墨之真,今乃欲审尧舜之道于三千岁之前,意者其不可必乎?无参验而必之者,愚也。弗能必而据之者,诬也。故明据先王必定尧舜者,非愚则诬也。(《显学》)

"参验"即是证据。韩非的学说最重实验,他以为一切言行都该用实际的"功用"作试验。他说:

> 夫言行者,以功用为之的彀者也。夫砥砺杀矢,而以妄发,其端未尝不中秋毫也。然而不可谓善射者,无常仪的也。设五寸之的,引十步之远,非羿、逢蒙不能必中者,有常仪的也。故有常仪的,则羿、逢蒙以五寸的为巧。无常仪的,则以妄发中秋毫为拙。今听言观行,不以功用为之的彀,言虽至察,行虽至坚,则妄发之说也。(《问辩》。旧本无后面三个"仪的",今据《外储说·左上》增)

言行若不以"功用"为目的,便是"妄发"的胡说胡为,没有存在的价值。正如《外储说·左上》举的例:

> 郑人有相与争年者,〔其一人曰:"我与尧同年。"〕(旧无此九字,今据马总《意林》增),其一人曰:"我与黄帝之兄同年。"讼此而不决,以后息者为胜耳。

言行既以"功用"为目的,我们便可用"功用"来试验那言行的是非善恶。故说:

> 人皆寐则盲者不知;皆嘿则喑者不知。觉而使之视,问而使之对,则喑盲者穷矣。……明主听其言必责其用,观其行必求其功,然则虚旧之学不谈,矜诬之行不饰矣。(《六反》)

韩非的"功用主义"和墨子的"应用主义"大旨相同,但韩非比墨子还要激烈些。他说:

> 故不相容之事,不两立也。斩敌者受上赏,而高慈惠之行;拔城者受爵禄,而信兼爱之说(兼旧误作廉);坚甲厉兵以备难,而美荐绅之饰;富国以农,距敌恃卒,而贵文学之士,废敬上畏法之民,而养游侠私剑之属:举行如此,治强不可得也。国贫养儒侠,难至用介士:所利非所用,所用非所利。是故服事者简其业而游于学者日众,是世之所以乱也。且世之所谓贤者,贞信之行也。所谓智者,微妙之言也。微妙之言,上智之所难知也。今为众人法而以上智之所难知,则民无从识之矣。……夫治世之事,急者不得,则缓者非所务也。今所治之政,民间之事,夫妇所明知者不用,而慕上知之论,则其于治反矣。故微妙之言,非民务也。……今境内之民皆言治,藏商管之法者家有之,而国愈贫。言耕者众,执耒者寡也。境内皆言兵,藏孙吴之书者家有之,而兵愈弱。言战者多,被甲者少也。故明主用其力,不听其言;赏其功,必禁无用。(《五蠹》)

这种极端的"功用主义",在当时韩非对于垂亡的韩国,固是有为而发的议论。但他把一切"微妙之言"、"商管之法"、"孙吴之书",都看作"无用"的禁品。后来他的同门弟兄李斯把这学说当真实行起来,遂闹成焚书坑儒的大劫。这便是极端狭义的功用主义的大害了

(参看第八篇末章)。

第三章　古代哲学之中绝

本章所述,乃系中国古代哲学忽然中道消灭的历史。平常的人都把古学中绝的罪归到秦始皇焚书坑儒两件事。其实这两件事虽有几分关系,但都不是古代哲学消灭的真原因。现在且先记焚书坑儒两件事:

焚书　秦始皇于西历前230年灭韩,[前]228年灭赵,[前]225年灭魏,[前]223年灭楚,明年灭燕,又明年灭齐。前221年,六国都亡,秦一统中国,始皇称皇帝,用李斯的计策,废封建制度,分中国为三十六郡;又收天下兵器,改铸钟鐻铁人;于是统一法度、衡石、丈尺;车同轨,书同文:为中国有历史以来第一次造成统一的帝国(此语人或不以为然,但古代所谓一统,不是真一统,至秦始真成一统耳。当日李斯等所言"上古以来未尝有,五帝所不及"并非妄言)。李斯曾做荀卿的弟子,荀卿本是主张专制政体的人(看他的《正名》篇),以为国家对于一切奇辞邪说,应该用命令刑罚去禁止他们。李斯与韩非同时,又曾同学于荀卿,故与韩非同有历史进化的观念,又同主张一种狭义的功用主义。故李斯的政策,一是注重功用的,二是主张革新变法的,三是很用专制手段的。后来有一班守旧的博士如淳于越等反对始皇的新政,以为"事不师古而能长久者,非所闻也"。始皇把这议交群臣会议。李斯回奏道:

> 五帝不相复,三代不相袭,各以治。非其相反,时变异也(看上章论韩非一节)。今陛下创大业,建万世之功,固非愚儒所知。且越言乃三代之事,何足法也(此等话全是韩非《显学》《五蠹》两篇的口气,《商君书》论变法也有这等话。但《商君书》是假造的,〔考见上章〕不可深信)。异时诸侯并争,厚招游学。今天下已定,法令出一;百姓当家则力农,士则学习法令,辟禁。今诸生不师今而学古,以非当世,惑乱黔首。丞相臣斯昧死言:古者天下散乱,莫之能一,是以诸侯(侯字当作儒)并作,语皆道古以害今,饰虚言以乱实。人善其所私学,以非上之所建

立。今皇帝并有天下，别黑白而定一尊。而私学相与非法教（而字本在学字下）。人闻令下，则各以其学议之；入则心非，出则巷议；夸主以为名，异取以为高，率群下以造谤。如此弗禁，则主势降于上，党与成乎下。禁之便。臣请史官非秦纪，皆烧之。非博士官所职，天下敢有藏诗书百家语者，悉诣守尉杂烧之。有敢偶语诗书，弃市。以古非今者，族。吏见知不举者，与同罪。令下三十日不烧，黥为城旦。所不去者，医药卜筮种树之书。若有欲学法令（有欲二字原本误倒。今依王念孙校改），以吏为师。（此奏据《史记·秦始皇本纪》及《李斯列传》）

始皇赞成此议，遂实行烧书。近人如康有为（《新学伪经考》卷一）、崔适（《史记探原》卷三）都以为此次烧书，"但烧民间之书，若博士所职，则诗书百家自存"。又以为李斯奏内"若有欲学法令，以吏为师"一句，当依徐广所校及《李斯列传》，删去"法令"二字，"吏"即博士，"欲学诗书六艺者，诣博士受业可矣"（此康有为之言）。康氏、崔氏的目的在于证明六经不曾亡缺。其实这种证据是很薄弱的。法令既说"偶语诗书者弃市"，决不至又许"欲学诗书六艺者，诣博士受业"，这是显然的道理。况且"博士所职"四个字泛得很，从《史记》各处合起来，大概秦时的"博士"多是"儒生"，决不至兼通"文学百家语"。即使如康氏、崔氏所言，"六经"是博士所职，但他们终不能证明"百家"的书都是博士所守。《始皇本纪》记始皇自言："吾前收天下书不中用者，尽去之。"大概烧的书自必很多，博士所保存的不过一些官书，未必肯保存诸子百家之书。但是政府禁书，无论古今中外，是禁不尽绝的。秦始皇那种专制手段，还免不了博浪沙的一次大惊吓；十日的大索也捉不住一个张良。可见当时犯禁的人一定很多，偷藏的书一定不少。试看《汉书·艺文志》所记书目，便知秦始皇烧书的政策，虽不无小小的影响，其实是一场大失败。所以我说烧书一件事不是哲学中绝的一个真原因。

坑儒　坑儒一事，更不重要了。今记这件事的历史于下：

　　侯生卢生相与谋曰："始皇为人，天性刚戾自用。起诸侯，并天下，意得欲从，以为自古莫及己。专任狱吏，狱吏得亲幸。

> 博士虽七十人,特备员弗用。丞相诸大臣皆受成事,倚办于上。上乐以刑杀为威,……下慑伏谩欺以取容。秦法不得兼方不验,辄死。然候星气者至三百人,皆良士,畏忌讳谀,不敢端言其过。天下之事无大小皆决于上。上至以衡石量书,日夜有呈,不中呈不得休息。贪于权势至如此,未可为求仙药。"遂亡去。始皇闻亡,乃大怒曰:"吾前收天下书不中用者尽去之。悉召文学方术士甚众,欲以兴太平;方士欲练以求奇药。今闻韩众去不报,徐市等费以巨万计,终不得药,徒奸利相告日闻。卢生等,吾尊赐之甚厚。今乃诽谤我以重吾不德也(也通耶字)!诸生在咸阳者,吾使人廉问,或为谣言以乱黔首。"于是使御史悉按问诸生,诸生传相告引,乃自除犯禁者四百六十余人,皆坑之咸阳,使天下知之以惩。后益发,谪徙边。(《史记·秦始皇本纪》)

细看这一大段,可知秦始皇所坑杀的四百六十余人,乃是一班望星气、求仙药的方士(《史记·儒林列传》也说,"秦之季世坑术士")。这种方士,多坑杀了几百个,于当时的哲学只该有益处,不该有害处。故我说坑儒一件事也不是哲学中绝的真原因。

现今且问:中国古代哲学的中道断绝究竟是为了什么缘故呢?依我的愚见看来,约有四种真原因:(一)是怀疑主义的名学,(二)是狭义的功用主义,(三)是专制的一尊主义,(四)是方士派的迷信。我且分说这四层如下:

第一,怀疑的名学 在哲学史上,"怀疑主义"乃是指那种不认真理为可知,不认是非为可辩的态度。中国古代的哲学莫盛于"别墨"时代。看《墨辩》诸篇所载的界说,可想见当时科学方法和科学问题的范围。无论当时所造诣的深浅如何,只看那些人所用的方法和所研究的范围,便可推想这一支学派,若继续研究下去,有人继长增高,应该可以发生很高深的科学和一种"科学的哲学"。不料这支学派发达得不多年,便受一次根本的打击。这种根本上的打击就是庄子一派的怀疑主义。因为科学与哲学发达的第一个条件,就是一种信仰知识的精神:认为真理是可知的,是非是可辩的,利害嫌疑治乱都是可以知识解决的。故"别墨"论"辩"认为天下的真理都只有一个是非真伪,故说:"彼,不可两不可也。"又说:"辩也者,或谓之是,或谓之非,当者胜也。"这就是信仰知识的精神(看第八篇第三章)。到了庄子,忽生一种反动。庄子以为天下本没有一定的是非,"彼出于是,是亦因彼";"是亦彼也,彼亦是也"。因此他便走入极端的怀疑主义,以为人生有限而知识无穷,用有限的人生去求无穷的真理,乃是最愚的事。况且万物无时不变,无时不移,此刻的是,停一刻已变为不是;古人的是,今人又以为不是了;今人的是,将来或者又变为不是了。所以庄子说,我又如何知道我所知的当真不是"不知"呢?又如何知道我所不知的或者倒是真"知"呢?这就是怀疑的名学。有了这种态度,便可把那种信仰知识的精神一齐都打消了。再加上老子传下来的"使民无知无欲"的学说,和庄子同时的慎到、田骈一派的"莫之是,莫之非"的学说,自然更容易养成一种对于知识学问的消极态度。因此,庄子以后,中国的名学简直毫无进步。名学便是哲学的方法。方法不进步,哲学科学自然不会有进步了。所以我说中国古代哲学中绝的第一个真原因,就是庄子的《齐物论》。自从这种怀疑主义出世以后,人人以"不谴是非"为高尚,如何还有研究真理的科学与哲学呢?

第二,狭义的功用主义　庄子的怀疑主义出世之后,哲学界又生出两种反动:一是功用主义,一是一尊主义。这两种都带有救正怀疑主义的意味,他们的宗旨都在于寻出一种标准,可作为是非的准则。如今且先说功用主义。

我从前论墨子的应用主义时,曾引墨子自己的话,下应用主义的界说,如下:

> 言足以迁行者,常之。不足以迁行者,勿常。不足以迁行而常之,是荡口也。(《贵义》篇、《耕柱》篇)

这是说,凡理论学说须要能改良人生的行为,始可推尚。这是墨家的应用主义。后来科学渐渐发达,学理的研究越进越高深,于是有坚白同异的研究,有时间空间的研究。这些问题,在平常人眼里,觉得是最没有实用的诡辩。所以后来发生的功用主义,一方面是要挽救怀疑哲学的消极态度,一方面竟是攻击当时的科学家和哲学家。如

《荀子·儒效》篇说：

> 凡事行，有益于理者，立之；无益于理者，废之。……若夫充虚之相施易也（施通移），坚白同异之分隔也，是聪耳之所不能听也，明目之所不能见也，……虽有圣人之知，未能偻指也。不知无害为君子，知之无损为小人。

这种学说，以"有益于理"、"无益于理"作标准。一切科学家的学说如"充虚之相施易"（充是实体，虚是虚空。物动时只是从这个地位，换到那个地位，故说充虚之相移易。《墨辩》释动为"域徙也"，可以参看），如"坚白同异之分隔"，依儒家的眼光看来，都是"无益于理"。《荀子·解蔽》篇也说：

> 若夫非分是非，非治曲直，非辨治乱，非治人道，虽能之，无益于人；不能，无损于人。案（乃也）直将治怪说，玩奇辞，以相挠滑也。……此乱世奸人之说也。

墨家论辩的目的有六种：（一）明是非，（二）审治乱，（三）明同异之处，（四）察名实之理，（五）处利害，（六）决嫌疑（见《小取》篇）。荀子所说只有（一）（二）两种，故把学问知识的范围更狭小了。因此，我们可说荀子这一种学说为"狭义的功用主义"，以别于墨家的应用主义（墨子亦有甚狭处，说见第六篇）。

这种主义到韩非时，更激烈了，更褊狭了。韩非说：

> 夫言行者，以功用为之的彀者也。……今听言观行，不以功用为之彀，言虽至察，行虽至坚，则妄发之说也。是以乱世之听言也，以难知为察，以博文为辩。其观行也，以离群为贤，以犯上为抗。……是以儒服带剑者众，而耕战之士寡；坚白无厚之辞章，而宪令之法息。（《问辩》篇）

这种学说，把"功用"两字解作富国强兵立刻见效的功用。因此，一切"坚白无厚之辞"（此亦指当时的科学家。《墨辩》屡言"无厚"，见《经说上》，惠施也有"无厚不可积也"之语），同一切"上智之论，微妙之言"，都是没有用的，都是该禁止的（参观上章论韩非一段）。后来秦始皇说："吾前收天下书不中用者，尽去之。"便是这种狭义的功用主义的自然结果。其实这种短见的功用主义乃是科学与哲学思想发达的最大阻力。科学与哲学虽然都是应用的,但科学家与哲学家却须要能够超出眼前的速效小利,方才能够从根本上着力,打下高深学问的基础,预备将来更大更广的应用。若哲学界有了一种短见的功用主义,学术思想自然不会有进步,正用不着焚书坑儒的摧残手段了。所以我说古代哲学中绝的第二个真原因,便是荀子、韩非一派的狭义的功用主义。

第三,专制的一尊主义　上文说怀疑主义之后,中国哲学界生出两条挽救的方法:一条是把"功用"定是非,上文已说过了;还有一条是专制的一尊主义。怀疑派的人说道:

> 计人之所知,不若其所不知;其生之时,不若其未生之时。以其至小,求穷其至大之域,是故迷乱而不能自得也。(《庄子·秋水》篇)

这是智识上的悲观主义。当时的哲学家听了这种议论,觉得很有道理。如荀子也说:

> 凡〔可〕以知,人之性也。可知,物之理也。以可以知之性,求可知之理,而无所疑止之(疑,定也。说详第九篇第一章。参看第十一篇第三章引此段下之校语),则没世穷年不能遍也。其所以贯理焉,虽亿万已,不足以浃万物之变,与愚者若一。学老身长子而与愚者若一,犹不知错,夫是之谓妄人。

这种议论同庄子的怀疑主义有何分别?但荀子又转一句,说道:

> 故学也者,固学止之也。

这九个字便是古学灭亡的死刑宣言书!学问无止境,如今说学问的目的在于寻一个止境:从此以后还有学术思想发展的希望吗?荀子接着说道:

> 恶乎止之?曰:止诸至足。曷谓至足?曰:圣王也。圣也者,尽伦者也;王也者,尽制者也。两尽者,足以为天下法极矣。故学者以圣王为师,案(荀子用案字,或作乃解,或作而解。古音案、而、乃等字皆在泥纽,故相通)以圣王之制为法。(《解蔽》篇)

这便是我所说的"专制的一尊主义"。在荀子的心里,这不过是挽救怀疑态度的一个方法,不料这种主张便是科学的封门政策,便是哲学的自杀政策。荀子的正名主义全是这种专制手段。后来他的弟子韩非、李斯,和他的"私淑弟子"董仲舒(董仲舒作书美荀卿,见刘向《荀卿书序》),都是实行这种师训的人。《韩非子·问辩》篇说:

  明主之国,令者,言最贵者也;法者,事最适者也。言无二贵,法不两适。故言行而不轨于法令者,必禁。

这就是李斯后来所实行"别黑白而定一尊"的政策。哲学的发达全靠"异端"群起,百川竞流(端,古训一点。引申为长物的两头。异端不过是一种不同的观点。譬如一根手杖,你拿这端,我拿那端。你未必是,我未必非)。一到了"别黑白而定一尊"的时候,一家专制,罢黜百家;名为"尊"这一家,其实这一家少了四围的敌手与批评家,就如同刀子少了磨刀石,不久就要锈了,不久就要钝了。故我说中国古代哲学灭亡的第三个真原因,就是荀子、韩非、李斯一系的专制的一尊主义。

  第四、方士派迷信的盛行 中国古代哲学的一大特色就是几乎完全没有神话的迷信。当哲学发生之时,中国民族的文化已脱离了幼稚时代,已进入成人时代,故当时的文学(如《国风》《小雅》)、史记(如《春秋》)、哲学,都没有神话性质。老子第一个提出自然无为的天道观念,打破了天帝的迷信,从此以后,这种天道观念遂成中国"自然哲学"(老子、杨朱、庄子、淮南子、王充,以及魏晋时代的哲学家)的中心观念。儒家的孔子、荀子都受了这种观念的影响,故多有破除迷信的精神。但中国古代通行的宗教迷信,有了几千年的根据,究竟不能一齐打破。这种通行的宗教,简单说来,约有几个要点:(一)是一个有意志知觉,能赏善罚恶的天帝(说见第二篇);(二)是崇拜自然界种种质力的迷信,如祭天地日月山川之类;(三)是鬼神的迷信,以为人死有知,能作祸福,故必须祭祀供养他们。这几种迷信,可算得是古中国的国教。这个国教的教主即是"天子"(天子之名,乃是古时有此国教之铁证)。试看古代祭祀颂神的诗歌(如《周颂》及《大、小雅》)及天子祭天地,诸侯祭社稷,大夫祭宗庙等等礼节,可想见当时那种半宗教半政治的社会阶级。更看春秋时人对于一国宗社的重要,也可想见古代的国家组织实含有宗教的性质。周灵王时,因诸侯不来朝,苌弘为那些不来朝的诸侯设位,用箭去射,要想用这个法子使诸侯来朝。这事虽极可笑,但可考见古代天子对于各地诸侯,不单是政治上的统属,还有宗教上的关系。古代又有许多宗教的官,如祝、宗、巫、觋之类。后来诸国渐渐强盛,周天子不能统治诸侯,政治权力与宗教权力都渐渐消灭。政教从此分离,宗祝巫觋之类也渐渐散在民间。哲学发生以后,宗教迷信更受一种打击。老子有"其鬼不神,其神不伤人"的话,儒家有无鬼神之论(见《墨子》)。春秋时人叔孙豹说"死而不朽",以为立德、立功、立言,是三不朽;至于保守宗庙,世不绝祀,不可谓之不朽。这已是根本的推翻祖宗的迷信了。但是后来又发生几种原因,颇为宗教迷信增添一些势焰。一是墨家的明鬼尊天主义。二是儒家的丧礼祭礼。三是战国时代发生的仙人迷信(仙人之说,古文学如《诗》三百篇中皆无之。似是后起的迷信)。四是战国时代发生的阴阳五行之说(看本篇第一章论驺衍一节)。五是战国时代发生的炼仙药求长生之说。——这五种迷信,渐渐混合,遂造成一种方士的宗教。这五项之中,天鬼、丧祭、阴阳五行三件都在别篇说过了。最可怪的是战国时代哲学科学正盛之时,何以竟有仙人的迷信同求长生仙药的迷信?依我个人的意见看来,大概有几层原因:(一)那个时代乃是中国本部已成熟的文明开化四境上各种新民族的时代(试想当日开化中国南部的一段历史)。新民族吸收中原文化,自不必说。但是新民族的许多富于理想的神话也随时输入中国本部。试看屈原、宋玉一辈人的文学中所有的神话,都是北方文学所无,便是一证。或者神仙之说也是从这些新民族输入中国文明的。(二)那时生计发达,航海业也渐渐发达,于是有海上三神山等等神话自海边传来。(三)最要紧的原因是当时的兵祸连年,民不聊生,于是出世的观念也更发达。同时的哲学也有杨朱的厌世思想和庄子一派的出世思想,可见当时的趋势。庄子书中有许多仙人的神话(如列子御风、藐姑射仙人之类),又有"真人"、"神人","大浸稽天而不溺,大旱金石流,土山焦而不热"种种出世的理想。故仙人观念之盛行,其实只是那时代厌世思想流行的表示。

　　以上说"方士的宗教"的小史。当时的君主,很有几人迷信这种说话的。齐威王、宣王与燕昭王都有这种迷信。燕昭王求长生药,反被药毒死。秦始皇一统天下之后,功成意得,一切随心所欲,只有生死不可知,于是极力提倡这种"方士的宗教";到处设祠,封泰山,禅梁父,信用燕齐海上的方士,使徐市带了童男女数千人入海求仙人,使卢生去寻仙人羡门子高,使韩终(又作韩众)、侯生等求不死之药,召集天下"方术士"无数,"候星气者多至三百人"。这十几年的热闹,遂使老子到韩非三百年哲学科学的中国,一变竟成一个方士的中国了。古代的哲学,消极一方面,受了怀疑主义的打击,受了狭义功用主义的摧残,又受了一尊主义的压制;积极一方面,又受了这十几年最时髦的方士宗教的同化,古代哲学从此遂真死了！所以我说,哲学灭亡的第四个真原因,不在焚书,不在坑儒,乃在方士的迷信。

卷上终

中国中古思想史长编

第一章　齐学

一、思想混合的趋势

从老子、孔子到荀卿、韩非，从前六世纪到前三世纪，是中国古代思想的分化时期。这时期里的思想家都敢于创造，勇于立异；他们虽然称道尧舜，称述先王，终究遮不住他们的创造性，终究压不住他们的个性。其实尧舜先王便是他们创作的一部分，所以韩非说："孔子、墨子俱道尧舜，而取舍不同，皆自谓真尧舜"，孔氏有孔氏的尧舜，墨者有墨者的尧舜，其实都是创作的。在这个自由创造的风气里，在这个战国对峙的时势里，中国的思想界确然放了三百多年的异彩，建立了许多独立的学派，遂使中国古代思想成为世界思想史的一个重要时代。

但我们细看这三百多年的古代思想史，已觉得在这极盛的时代便有了一点由分而合的趋势。这三百多年的思想，大致可以分作两个时期，前期趋于分化，而后期便渐渐倾向折衷与混合。前期的三大明星，老子站在极左，孔子代表中派而微倾向左派，墨子代表右派，色彩都很鲜明。老子提出那无为而无不为的天道观念，用那自然主义的宇宙观来破坏古来的宗教信仰，用那无为而治的政治思想来攻击当日的政治制度，用那无名和虚无的思想来抹煞当日的文化：这都是富于革命性的主张，故可以说是极左派。孔子似乎受了左派思想的影响，故也赞叹无为，也信仰定命，也怀疑鬼神，也批评政治。然而孔子毕竟是个富于历史见解的人，不能走这条极端破坏的路，所以他虽怀疑鬼神，而教人"祭如在，祭神如神在"；虽赞叹无为，虽信仰天命，而终身栖栖皇皇，知其不可而为之；虽批评政治，却不根本主张无治，只想改善政治；虽不满意于社会现状，却不根本反对文化，总希望变无道为有道。老子要无名,孔子只想正名;老子要无知无欲,孔子却学而不厌,诲人不倦;老子说:"不出户,知天下:其出弥远,其知弥少";孔子却说:"学而不思则罔,思而不学则殆。"故孔子的思想处处都可以说是微带左倾的中派。墨子的思想从民间的宗教信仰出发,极力拥护那"尊天事鬼"的宗教:一方面想稍稍洗刷那传统的天鬼宗教,用那极能感动人的"兼爱"观念来做这旧宗教的新信条;一方面极力攻击一切带有宗教革命的危险性的左倾思想。他主张兼爱,说兼爱即是天志,这便是给旧宗教加上一个新意义。他要证明鬼的存在,这便是对怀疑鬼神的人作战。他要非命,因为"命"的观念正是左倾的自然主义的重要思想,人若信死生有命,便不必尊天事鬼了,故明鬼的墨教不能不非命。墨子的兼爱主义和乐利主义的人生哲学,和他的三表法的论理,都只是拥护那尊天明鬼的宗教的武器。故墨家的思想在当日是站在右派的立场的。

这是古代思想第一期的分野。后来老子一系的思想走上极端的个人主义,成了杨朱的为我,以至于许行、陈仲的特立独行,都是左派思想的发展。孔子一系的思想演成"孝"的宗教,想用人类的父子天性来做人生行为的制裁,不必尊天明鬼而教人一举足,一出言,都不敢忘父母。同时他们又极力提倡教育,保存历史掌故,提倡礼义治国。这都是中派思想的本色。直到孟轲,还是这样。孟轲说仁义,重教育,都是中派的遗风;而他信命,信性善,讲教育则注重个人的自得,谈政治则提倡人民的尊贵,这又都是左倾的中派的意味。至于右派的墨者,在这发展的时期里,造成"巨子"的领袖制度,继续发展他们的名学,继续发挥兼爱的精神,养成任侠的风尚,并且在实际政治上做偃兵的运动,这都是直接墨子教义的发展。

这三大系思想的产生和发展,都属于我们所谓古代思想史的前期。在这一期里,三系都保存他们的个别精神,各有特异的色彩,故孟轲在前四世纪还能说:

逃墨必归于杨,逃杨必归于儒。

他攻击杨子为我,又反对墨者的爱无差等说,都还可见三系的色彩。

但前四世纪以后,思想便有趋向混合的形势了。这时代的国际局势也渐渐趋向统一,西方的秦国已到最强国的地位,关外的各国都感觉有被吞并的危险。国际上的竞争一天一天更激烈了,人才的需要也就一天一天更迫切了。这时代需要的人才不外三种:军事家,内政人才,外交人才。这是廉颇、李牧、申不害、范雎、张仪、苏秦的时代,国家的需要在实用的人才,思想界的倾向自然也走上功利的一条路上去。苏秦、张仪、范雎、蔡泽诸人造成游说的风气,游说是当时的外交手段的一种,游说的方法是只求达目的,不择手段的。冷眼的哲学家眼见这个"是非无度而可与不可日变"的世界,于是向来的左派的营垒里出来了一些哲人,彭蒙、田骈、庄周等,他们提倡一种"不遣是非"的名学,说"万物皆有所可,有所不可";说"彼出于是,是亦因彼";说"是亦一无穷,非亦一无穷";说"无物不然,无物不可"。庄子这一派的思想指出是非善恶都不是绝对的,都只是相对的,都是时时变迁的。这种名学颇能解放人的心思,破除门户的争执;同时也就供给了思想界大调和混合的基础。《庄子》书中说的:

> 恶乎然?然于然。恶乎不然?不然于不然。物固有所然,物固有所可。无物不然,无物不可。故为是举莛与楹(莛是屋梁,楹是屋柱),厉与西施,恢恑憰怪,道通为一。(《齐物论》)

这种"无物不然,无物不可"的逻辑,便是思想大调和的基础。

这时代不但是游说辩士的时代,又是各国提倡变法的时代。商鞅的变法(前395—[前]338),使秦国成为第一强国。赵武灵王的胡服骑射(前307—[前]295)也收了很大的效果。在变法已有功效的时代,便有一种变法的哲学起来。如韩非说的"圣人不务循古,不法常可,论世之事,因为之备";"世异则事异,事异则备变","法与时转则治,时移而法不易则乱";便是变法的哲学。(《战国策》记赵武灵王变法的议论,——也见于《史记·赵世家》,和《史记·商君列传》里讨论变法的话,太相像了,大概同出于一个来源,都是后人用韩非的变法论来敷演编造的。)这种思想含有两个意义:一是承认历史演变的见解("三代不同服,五帝不同教"),一是用实际上需要和利便来做选择的标准("苟可以利其民,不一其用;苟可以便其事,不同其礼")。这两个意义都可以打破门户的成见和拘守的习惯。历史既是变迁的,那么,一切思想也没有拘守的必要了,我们只须看时势的需要和实际的利便充分采来应时济用便是了。所以前三世纪的变法的思想也是造成古代思想的折衷调和的一个大势力。

当时的法治学说便是这个折衷调和的趋势的一种表示。前四世纪与前三世纪之间的"法家"便是三百年哲学思想的混合产物。"法"的观念,从"模范"的意义演变为齐一人民的法度,这是墨家的贡献。法家注意正名责实,这便和孔门的正名主义和墨家的名学都有关系。法家又以为法治成立之后便可以无为而治,这又是老子以下的无为主义的影响了。法家又有法律平等的观念,所谓"齐天下之动,至公大定之制",所谓"顽嚚聋瞽可与察慧聪明同其治",这里面便有墨家思想的大影响。当时古封建社会的阶级虽然早已崩坏了,但若没有墨家"爱无差等"的精神,恐怕古来的阶级思想还不容易打破。(荀子说,"墨子有见于齐,无见于畸"。可见儒家不赞成平等的思想。)故我们可以说,当时所谓"法家"其实只是古代思想的第一次折衷混合。其中人物,如慎到便是老庄一系的思想家,如尹文的正名便近于儒家,他们非攻偃兵,救世之斗,又近于墨家;又如韩非本是荀卿的弟子,而他的极端注重功用便近于墨子,他的历史进化观念又像曾受庄子的思想影响,他的法治观念也是时代思潮的产儿。故无论从思想方面或从人物方面,当日的法治运动正是古代思想调和折衷的结果。

以上略述古代思想由分而合的趋势。到了前四世纪与前三世纪之间,这个思想大混合的倾向已是很明显的了。在那个时代,东方海上起来了一个更伟大的思想大混合,一面总集合古代民间和智识阶级的思想信仰,一面打开后来二千年中国思想的变局。这个大混合的思想集团,向来叫"阴阳家",我们也可以叫他做"齐学"。

二、齐学的正统

战国的晚期,齐国成为学术思想的一个重镇。《史记》说:

宣王(齐宣王的年代颇有疑问。依《史记·六国表》,当西历纪元前342—[前]324。依《资治通鉴》,当前332—[前]314)

喜文学游说之士,自如驺衍、淳于髡、田骈、接予、慎到、环渊之徒七十六人,皆赐列第,为上大夫,不治而议论。是以齐稷下学士复盛,且数百千人。(《史记》四六)

《史记》的《孟子荀卿列传》里也说:

自驺衍与齐之稷下先生如淳于髡、慎到、环渊、接子、田骈、驺奭之徒,各著书言治乱之事,以干世主,岂可胜道哉?(《史记》七四)

齐有三驺子。其前驺忌,以鼓琴干威王,因及国政,封为成侯,而受相印,先孟子。其次驺衍,后孟子。……驺奭者,齐诸驺子,亦颇采驺衍之术以纪文。于是齐王嘉之,自如淳于髡以下,皆命曰列大夫,为开第康庄之衢,高门大屋,尊宠之,览天下诸侯宾客,言齐能致天下贤士也。(同上)

《史记》记齐国的事,最杂乱无条理,大概是因为史料散失的缘故。《孟子荀卿列传》更杂乱不易读。但"稷下"的先生们,似乎确有这么一回事;虽然不一定有"数百千人"的数目,大概当时曾有一番盛况,故留下"稷下先生"的传说(彭更问孟子:"后车数十乘,从者数百人,以传食于诸侯,不以泰乎?"此可见稷下"数百千人"也不是不可能的事)。我们可以说,前四世纪的晚年,齐国因君主的提倡,招集了许多思想家,"不治而议论",造成了稷下讲学的风气(稷下有种种解说:或说稷是城门,或说是山名)。稷下的先生们不全是齐人,但这种遗风便造成了"齐学"的历史背景。

司马迁说:

齐带山海,膏壤千里,宜桑麻,人民多文彩布帛鱼盐。……其俗宽缓阔达而足智,好议论。(《史记》一二九)

班固引刘向、朱赣诸人之说,也道:

太公以齐地负海舄卤,少五谷而人民寡,乃劝以女工之业,通鱼盐之利,而人物辐凑。……其俗弥侈,织作冰纨绮绣纯丽之物,号为"冠带衣履天下"。……至今其土(士?)多好经术,矜功名,舒缓阔达而足智。其失夸奢朋党,言与行缪,虚诈不情。(《汉书》二八)

这个民族有迂缓阔达而好议论的风气,有足智的长处,又有夸大虚诈的短处。足智而好议论,故其人勇于思想,勇于想像,能发新奇的议论。迂远而夸大,故他们的想像力往往不受理智的制裁,遂容易造成许多怪异而不近情实的议论。《庄子》里说,"齐谐者,志怪者也。"孟子驳咸丘蒙道:"此非君子之言,齐东野人之语也。"可见齐人的夸诞是当时人公认的。这便是"齐学"的民族的背景。

齐民族自古以来有"八神将"的崇拜,《史记·封禅书》说得很详细。八神将是

一、天主　二、地主
三、兵主　四、阴主
五、阳主　六、月主
七、日主　八、四时主

这个宗教本是初民拜物拜自然的迷信,稍稍加上一点组织,便成了天地日月阴阳四时兵的系统了。试看天主祠在"天齐",天齐是临菑的一个泉水,有五泉并出,民间以为这是天的脐眼,故尊为"天脐"。这里还可见初民的迷信状态。拜天的脐眼,和拜"阴主、阳主",同属于初民崇拜生殖器的迷信。由男女而推想到天地日月,以天配地,以日配月,都成了男女夫妇的关系。再进一步,便是从男女的关系上推想出"阴""阳"两种势力来。阴阳的信仰起于齐民族,后来经过齐鲁儒生和燕齐方士的改变和宣传,便成了中国中古思想的一个中心思想。这也是齐学的民族的背景。

梁启超先生曾说:

《仪礼》全书中无阴阳二字,其他三经(《诗》、《书》、《易》之卦辞爻辞)所有……"阴"字……皆用云覆日之义,……或覆蔽之引申义。……其"阳"字皆……以阳为日,……或用向日和暖之引申义。(《阴阳五行说之来历》,《饮冰室文集》卷六十七)

他又指出,《老子》中只有"负阴而抱阳"一句;《彖传》、《象传》里也只有一个阴字,一个阳字。他又说:

至《系辞》、《说卦》、《文言》诸传,则言之较多。诸传……中多有"子曰"字样,论体例应为七十子后学者所记也。(同上)

他的结论是:
> 春秋战国以前所谓"阴阳",所谓"五行",其语甚希见,其义极平淡。且此二事从未尝并为一谈。诸经及孔老墨孟荀韩诸大哲皆未尝齿及。然则造此邪说以惑世诬民者,谁耶? 其始盖起于燕齐方士,而其建设之,传播之,宜负罪责者三人焉……曰驺衍,曰董仲舒,曰刘向。(同上)

梁先生的结论是大致不错的。阴阳的崇拜是齐民族的古宗教的一部分。五行之说大概是古代民间常识里的一个观念。古印度人有地、水、火、风,名为"四大"。古希腊人也认水、火、土、气为四种原质。五行是水火金木土,大概是中国民族所认为五种原质的。《墨子·经下》有"五行毋常胜,说在宜"一条,而《荀子·非十二子》篇批评子思、孟轲道:

> 案往旧造说,谓之五行,甚僻违而无类,幽隐而无说,闭约而无解。案(乃)饰其辞而祇敬之曰,"此真先君子之言也"。子思唱之,孟轲和之。

今所传子思、孟轲的文字中,没有谈五行的话。但当时人既说是"案往旧造说",可见五行之说是民间旧说,初为智识阶级所轻视,后虽偶有驺鲁儒生提出五行之说,终为荀卿所讥弹。但这个观念到了"齐学"大师的手里,和阴阳的观念结合成一个系统,用来解释宇宙,范围历史,整理常识,笼罩人生,从此便成了中古思想的绝大柱石了。

齐学的最伟大的建立者,自然要算驺衍。他的生平事实,古书记载甚少。《史记》所记,多不甚可信。如说"驺衍后孟子",又说他是齐宣王时人,又说:

> 驺子重于齐;适梁,梁惠王郊迎;适赵,平原君侧行襒(拂)席;如燕,昭王拥彗先驱,请列弟子之座而受业,筑碣石宫,身亲往师之。(《史记》七四)

他若是齐宣王、梁惠王同时的人,便不在孟子之后了,况且梁惠王死于前335年(此依《史记》,《通鉴》改为前319年),齐宣王死于前324年(此依《史记》,《通鉴》作[前]314),燕昭王在位年代为前311年至279年,而平原君第一次作相在前298年,死在251年(均依《史记》)。《史记·平原君传》说驺衍过赵在信陵君破秦救赵（前257）之后,那时梁惠王已死七十八年了,齐宣王也已死六十七年了(《史记集解》引刘向《别录》也说驺衍过赵见平原君及公孙龙)。《史记·封禅书》又说：

> 自齐威、宣时,驺子之徒论著终始五德之运。

这便是把他更提到宣王以前的威王时代了。威王死于前333年,与梁惠王同时。驺衍若与梁惠王同时,决不能在前三世纪中叶见平原君。

《史记》所以有这样大矛盾者,一是因为《史记》往往采用战国策士信口开河的议论作史料；二是因为《史记》有后人妄加的部分；三是因为齐国有三个驺子,而驺衍的名声最大,故往往顶替了其余二驺子的事实,驺忌相齐威王,驺衍在其后,大概当齐宣王湣王的时代。湣王(依《史记》,当前323—[前]284。依《通鉴》,当前313—[前]284)与燕昭王同时,驺衍此时去齐往燕(《战国策》二九记燕昭王师事郭隗,而"驺衍自齐往"),也是可能的事。平原君此时已做赵相(前298),故他见平原君也是可能的事,但决不能在信陵君救赵(前257)之后。他和孟子先后同时,而年岁稍晚。他的年代约当前350—[前]280年(此是我修正《古代哲学史》页三○四的旧说)。

《史记》说：

> 驺衍睹有国者益淫侈,不能尚德,若《大雅》整之于身,施及黎庶矣。乃深观阴阳消息,而作怪迂之变,《终始》、《大圣》之篇,十余万言。

这是他著书的动机。他要使有国的人知所警戒,先"大雅整之于身",然后可以恩及百姓。所以《史记》下文又说,"然要《其归》,必止乎仁义节俭,君臣上下六亲之施"。他要达到这个目的,故利用当时民间的种种知识,种种信仰,用他的想像力,组成一个伟大的系统：

> 其语闳大不经,必先验小物,推而大之,至于无垠。

这是他的方法,其实只是一种"类推"法,从小物推到无垠,从今世推到古代：

> 先序今,以上至黄帝,学者所共术。大(大似是张大之意)

并世盛衰,因载其机祥度制,推而远之,至天地未生,窈冥不可考而原也。先列中国名山大川通谷,禽兽,水土所殖,物类所珍,因而推之,及海外人之所不能睹。

这就是"类推"的方法。从"并世"推到天地未生时,是类推的历史;从中国推到海外,是类推的地理。

邹衍的地理颇有惊人的见解。他说:

儒者所谓中国者,于天下乃八十一分居其一分耳。中国名曰赤县神州,赤县神州内自有九州,禹之序九州是也。不得为"州"数。中国外,如赤县神州者九,乃所谓九州也。于是有裨海(小海)环之,人民禽兽莫能相通者(此字衍)如一区中者,乃为一州。如此者九,乃有大瀛海环其外,天地之际焉。(参看桓宽《盐铁论·论邹篇》,及王充《论衡·谈天篇》)

这种伟大的想像,只有齐东海上的人能做。我们看这种议论,不能不敬叹齐学的伟大。

他的历史学其实是一种很"怪迂"的历史哲学。如上文所引,他先张大"并世盛衰,因载其机祥(机祥即是吉凶、祸福)度制"。这里虽不曾明说盛衰和机祥度制有联带关系,但我们可以揣想邹衍本意大概是这样的。因为《史记》下文又说他:

称引天地剖判以来,五德转移,治各有宜,而符应若兹。(以上均见《史记》七四)

这便是他的"五德终始论",又叫做"大圣终始之运"(见《盐铁论》五三)。他的十余万言,现在都不传了。但刘歆《七略》说:

邹子有"终始五德",从所不胜:土德后,木德继之,金德次之,火德次之,水德次之。(引见《文选·魏都赋》注)

《吕氏春秋·应同》篇也有这种学说:

凡帝王之将兴也,天必先见祥乎下民。黄帝之时,天先见大螾(蚯蚓)大蝼(蝼蛄)。黄帝曰,"土气胜"。土气胜,故其色尚黄,其事则土。及禹之时,天先见草木秋冬不杀。禹曰,"木气胜。"木气胜,故其色尚青,其事则木。及汤之时,天先见金刃生于水。汤曰,"金气胜。"金气胜,故其色尚白,其事则金。及文王之时,天先见火赤乌衔丹书,集于周社。文王曰,"火气胜。"火气胜,故其色尚赤,其事则火。代火者,必将水。天且先见水气胜,水气胜,故其色尚黑,其事则水。水气至而不知,数备将徙于土。

这个"土—木—金—火—水"的系统便是驺衍的五德终始论。后来秦始皇统一天下,便采用这种思想。《史记》说:

> 始皇推终始五德之传,以为周得火德,秦代周,德从所不胜。方今水德之始,改年始朝贺皆自十月朔。衣服旄旌节旗皆上黑。数以六为纪,符法冠皆六寸,而舆六尺,六尺为步,乘六马。更名河(黄河)曰德水,以为水德之始。(《史记》六)

《史记》又说:

> 自齐威、宣时,驺子之徒论著终始五德之运,及秦帝,而齐人奏之,故始皇采用之。(《史记》二八)

其实齐学的五德终始论在秦未称帝之前,早已传到西方,早已被吕不韦的宾客收在《吕氏春秋》里了(《吕氏春秋》成于前239年)。到秦始皇称帝(前221)以后,也许又有齐人重提此议,得始皇的采用,于是驺衍的怪迂之论遂成为中国国教的一部分了。

五德终始之运,只是把五德相胜(水胜火,火胜金,金胜木,木胜土,土胜水)的观念适用到历史里去,造成一种历史变迁的公式,故是一种历史哲学。又因为五德的终始都先见于祯祥符应,故这种历史哲学其实又是一种宗教迷信。五德终始与阴阳消息两个观念又可以适用到宇宙间的一切现象,可以支配人生的一切行为,可以解释政治的得失和国家的盛衰,故这种思想竟成了一个无所不包的万宝全书。但我们推想,驺衍立说之初,大概如《史记》所记,注意之点在于政治;他的用意在于教人随着世变做改制的事业。故汉朝严安引驺衍曰:"政教文质,所以云救也,当时则用,过则舍之,有易则易也。"(《汉书》六四下)这可见此种历史哲学在政治上的用意在于改革度制,在于从种种方面证明"五德转移,治各有宜,而符应若兹"。《史记》所说的"祯祥度制",现在虽不传了,但我们可以揣想《吕氏春秋》所收的五德终始论代表驺衍的学说,而《吕氏春秋》所采取的"十二月令"也就代表驺衍的"机祥度制"的纲领。五德终始论是用五行转移的次第来解释古往今来的历史大变迁。《月令》是用五行的原则来安排一年之中的"四时之大顺",来规定"四时,八位,十二度,二十四节,各有教令"(用司马谈语)。这种分月的教令便是"机祥度制"了。

现存的《月令》出于《吕氏春秋》,其中似以十月为岁首(季秋月令,"为来岁受朔日"),又有秦官名,大概其中已有吕不韦的宾客改作的部分了。但其中全用五行来分配四时,十二月,五帝,五虫,五音,五味,五臭,五祀,五脏;每月各有机祥度制,错行了这种教令,便有种种灾害,如孟春月令说:

> 孟春行夏令,则风雨不时,草木早槁,国乃有恐(高注:春,木也,夏,火也。木德用事,法当宽仁,而行夏令,火性炎上,故使草木槁落,不待秋冬,故曰天气不和,国人惶恐也)。行秋令,则民大疫疾,风暴雨数至,藜莠蓬蒿并兴(高注:木仁,金杀,而行其令,气不和,故民疫病也。金生水,与水相干,故风雨数至,荒秽滋生)。行冬令,则水潦为败,霜雪大挚,首种不入(高注:春阳,冬阴也,而行其令,阴乘阳,故水潦为败,雪霜大挚,伤害五谷。郑注:旧说,首种谓稷)。

这正是一年之中的"五德转移,治各有宜,而符应若兹"。故我们用《月令》来代表驺衍的机祥度制,大概是不错的。《吕氏春秋》采驺衍的五德终始论,不提他的姓名;采《月令》全部,也不提及来源,这大概是因为吕氏的宾客曾做过一番删繁摘要的工作。从驺子的十余万言里撷取出一点精华来,也许还稍稍改造过,故不须提出原来的作者了。而驺衍的十余万言的著作,当日曾经震惊一世,使"王公大人初见其术,瞿然顾化",自从被《吕氏春秋》撷取精要之后,那"闳大不经"的原书也渐渐成了可有可无之物,终于失传了。更到后来,这分月的机祥度制竟成了中国思想界的公共产业,《淮南王书》收作《时则训》,《礼记》收入《明堂阴阳记》一类,即名为《月令》,而伪造的《逸周书》又收作《时训解》,于是蔡邕、王肃诸人竟认此书是周公所作了(看孔颖达《礼记疏》卷十四《月令》题下疏,其中列举四证,证明此书不合周制)。从此以后,《月令》便成了中国正统思想的一部分,很少人承认它是秦时作品,更无人敢说它出于"齐学"了。

齐学的成立,必不单靠驺衍一人。《汉书·艺文志》,"阴阳家"有:

《驺子》四十九篇(原注,名衍,齐人)
《驺子终始》五十六篇(师古曰,亦驺衍所说)
《驺奭子》十二篇(原注,齐人,号雕龙奭)
《公梼生终始》十四篇(原注,传驺奭《终始书》)

依《汉书》原注看来,驺奭的书也叫做《终始》,正是驺衍的嫡派。《史记》曾说:

> 驺奭者,齐诸邹子,亦颇采驺衍之术以纪文。

是驺奭在驺衍之后,继续发挥五德终始之说,而公梼生又在驺奭之后,又传驺奭的《终始书》,这都是齐学的开山三祖。《艺文志》又有:

《公孙发》二十二篇(原注,六国时)
《乘丘子》五篇(原注,六国时)
《杜文公》五篇(原注,六国时)
《黄帝泰素》二十篇(刘向《别录》云,或言韩诸公孙之所作也,言阴阳五行,以为黄帝之道也。故曰《泰素》)
《南公》三十一篇(原注,六国时)
《容成子》十四篇
《闾丘子》十三篇(原注,名快,魏人,在南公前)
《冯促》十三篇(原注,郑人)
《将钜子》五篇(原注,六国时,见南公,南公称之)
《周伯》十一篇(原注,齐人,六国时)

这些人大概是齐学的传人,其人其书皆未必全出于六国时代,其中也许有秦汉人假托的。如《宋司星子韦》三篇,假托于春秋时宋景公的司星子韦,列在《艺文志》阴阳家的第一名;但《论衡·变虚》篇引有《子韦书录序奏》,大概即是刘向所假造奏上的。如果《艺文志》所录诸书真是六国时作品,那么,在驺衍、驺奭之后,这个学派已传播很远,怪不得吕不韦的宾客著书之时已大受齐学的影响了。

以上所列,限于"九流"之中的"阴阳家",即是司马谈所论"六家"中的"阴阳家"。司马谈说:

> 阴阳之术大祥而众忌讳(大祥是说此一派注重机祥之应。《汉书》六十二引此文,误作大详),使人拘而多所畏。然其序四时之大顺,不可失也。……
>
> 夫阴阳,四时,八位,十二度,二十四节各有教令,曰"顺之者昌,逆之者不死则亡。"未必然也。故曰"使人拘而多畏"。夫春生夏长,秋收冬藏,此天道之大经也,弗顺则无以为天下纲纪。故曰"四时之大顺不可失也"。(《史记》百三十)

《艺文志》也说:

> 阴阳家者流,盖出于羲和之官(此语是刘歆瞎说)。敬顺昊天,历象日月星辰,敬授民时,此其所长也。及拘者为之,则牵于禁忌,泥于小数,舍人事而任鬼神。

这里所说的阴阳家,是齐学的正统,还是以政治为主体,用阴阳消息与五德转移为根据,教人依着"四时之大顺"设施政教。他们主张"治各有宜",本是一种变法哲学;不幸他们入了迷,发了狂,把四时十二月的政制教令都规定作刻板文章,又造出种种禁忌,便成了"使人拘而多所畏""舍人事而任鬼神"的中古宗教了。

齐学本从民间宗教出来,想在机祥祸福的迷信之上建立一种因时改制的政治思想。结果是灾祥迷信的黑雾终于埋灭了政制变法的本意,只剩下一大堆禁忌,流毒于无穷。这是齐学的命运。

三、阴阳家的支流

驺衍诸人的政治的阴阳家,已是一个很大的思想迷信大组合了。然而这还只是狭义的阴阳家。广义的阴阳家所包更多,更杂。依《艺文志》所记,有兵家阴阳十六家,书二百四十九篇,图十卷,序曰:

> 阴阳者,顺时而发,推刑德,随斗击,因五胜,假鬼神而为助者也。

"顺时而发",是顺着时日干支;"推刑德",是推阴阳,阴是刑,阳是德;"随斗击",是占星斗(《淮南·天文训》:"北斗之神有雌雄,雄左行,雌右行,五月合午,谋刑,十一月合子,谋德");"因五胜",是依着五德相胜之理。这是兵家的阴阳,是阴阳家的一派。

《艺文志》又有术数之五行三十一家,书六百五十二卷,中有《泰一阴阳》《黄帝阴阳》《黄帝诸子论阴阳》……等等书。序曰:

> 五行者,五常之行气也。(以木金火土水配仁义礼智信)《书》(《洪范》)云:"初一曰五行,次二曰羞用五事。言进用五事,以顺五行也,貌,言,视,听,思(是为五事),心失而五行之序乱,五星之变作,皆出于律历之数而分为一者也。其法亦起五德终始,推其极则无不至。而小数家因此以为吉凶,而行于世,浸以相乱。

这里明说五行术数出于五德终始之学。这也是阴阳家的一派。

此外,如天文,历谱,杂占,形法,医经,房中,各家都和阴阳五行有很密切的关系。其中一部分是阴阳家的支流,一部分也许是阴阳家的祖宗。阴阳五行之说都来自民间,阴阳出于民间迷信,五行出于民间常识。那些半迷信半常识的占星,看相,卜筮,医药等等,自然是阴阳五行说最初征服的区域。从这些区域里流传出来,阴阳五行说渐渐影响到上层社会的思想学术。这种思想到了学者的手里,经过他们的思索修改,装点起来,贯串起来,遂成了一种时髦的学说了。这种下层思想受了学者尊信和君主欢迎以后,医卜星相等等更要依托于阴阳五行之说了。故《艺文志》所收医卜星相诸家的书,其中必有一部分代表古代的民间常识和迷信,那是阴阳家的祖宗;也有一部分代表秦汉二百年中新起的民间常识和迷信,那是阴阳家的子孙。这好像《周易》起于卜筮之书,经过学者的提倡,便成为易学;从此以后,卜筮之学便挂上伏羲、文王、周公、孔子的招牌了:故卜筮是易学的祖宗,又是易学的子孙。

四、齐学与神仙家

齐学还有一个很大的支流,就是神仙家,原来叫做"方仙道"。《史记》(卷二八)说:

> 自齐威、宣之时,驺子之徒论著终始五德之运,及秦帝而齐人奏之,故始皇采用之。而宋毋忌,正伯侨,充尚(《汉书》二五作元尚),羡门子高最后,皆燕人,为方仙道,形解销化,依于鬼神之事。驺衍以阴阳主运,显于诸侯。而燕齐海上之方士传其术,不能通,然则怪迂阿谀苟合之徒自此兴,不可胜数也。

> 自威、宣、燕昭使人入海求蓬莱、方丈、瀛洲,此三神山者,其传在勃海中,去人不远。患且至,则风引而去。盖尝有至者,诸仙人及不死之药皆在焉。其物禽兽尽白,而黄金银为宫阙。未至,望之如云;及到,三神山反居水下。临之,风辄引去,终莫能至云。世主莫不甘心焉。

《史记》此节的文理不很清楚,年代先后也不很分明。我们细看此段,可以作这样的说明:三山神仙的传说起于渤海上的民间,燕齐方士于是有方仙道,方仙道即是用"方"(方是术,如今说"药方"之方。古所谓"方",有祠神之方,有炼药之方)来求得仙之道,目的在于"形解销化",即是后世所谓"尸解"。这种流行民间的传说与方术大概在驺衍等人之前。燕齐的君主有信奉此道的,于是有使人入海求蓬莱、方丈、瀛洲的举动。此种事未必与驺衍有关,而驺衍的阴阳五行学风行之后,燕齐的方士遂也用阴阳家的思想来发挥他们的方仙道,于是阴阳家遂与方仙道打通做了一家人。宋毋忌等人都没有驺衍那样的盛名,故燕人的方仙道遂被齐学的阴阳五行所吞并,终于成为齐学的一个支流了。大概早期的方仙道不过是一些神话与方术。后来齐学盛行,阴阳五行之说应用到方仙道上去,于是神话与方术之上便蒙上了一种有系统的理论,便更可以欺骗世人,更可怕了(学者可看后世所出的《参同契》一类的书,更可以明白此理)。

秦始皇时代,神仙之学的主要人物多是燕齐方士,而最伟大的是齐人徐市(市即福字)。始皇二十八年(前219),

> 齐人徐市等上书,言海中有三神山,名曰蓬莱、方丈、瀛州,仙人居之,请得斋戒与童男女求之。于是遣徐市发童男女数千人入海求仙人。

三十七年(前210),

> 方士徐市等入海求神药,数岁不得,费多恐谴,乃诈曰,"蓬莱药可得,然常为大鲛鱼所苦,故不得至。愿请善射与俱,见则以连弩射之。"……乃令入海者赍捕巨鱼具。(《史记》六)

这样大规模的殖民计划,带几千童男女,"费以巨万计",又带武器和善射者同去,——这样大计划却用求神仙做招牌,这可见神仙之说在当日势力之大。

《汉书·艺文志》有神仙十家,书二百五卷。经过秦始皇、汉武帝的提倡,这一部分的齐学遂也成为中国国教的一部分。

五、齐学与黄老之学

古代无"道家"之名,秦以前的古书没有提及"道家"一个名词的。"道家"一个名词专指那战国末年以至秦汉之间新起来的"黄老之学",而黄老之学起于齐学。齐学成了道家,然后能征服全中国的思想信仰至二千多年而势力还不曾消灭。

战国的末年,黄帝忽然成了一个最时髦的人物。什么缘故呢?因为齐学的范围一天一天的扩大,把医卜星相都包括进去了,把道德、政治、宗教、科学,都包括进去了。这一个绝大的思想迷信集团,不能不有一个大教主。孔子的思想太朴素了,够不上做这个大集团的总司令;《周易》可以勉强用来点缀阴阳家的思想,但儒家的经典终嫌太老实了,装不下这一大堆"闳大不经"的杂碎。墨子的宗教也相信祯祥灾异,认作天志的表现;这种尊天事鬼的宗教似乎最合齐学的脾胃了。但墨教虽信天鬼,而根本不信"命";命定之说是自然主义的一种表现,信命定便不能信天鬼能赏善罚恶了。阴阳家虽然迷信,他们的根本学说却颇带有自然主义的色彩。阴阳消息,五行终始,都可以说是自然的现象。一德已终,不得不终;一德将兴,不得不兴。改正朔,易服色,都只是顺着这自然的转移,并不是用人事转移天命。所以说:"水气至而不知,数备将徙于土。"(《吕氏春秋·应同篇》)你若不能顺应天命,天命不能等候你,他到了"数备"的时候自然会依着次第转移下去。这种说法仍是一种自然主义的说法,仍可以挂着"自然主义"的招牌。故这种思想比较接近老子、孔子,而不接近墨子。(《墨子·贵义》篇:墨子北之齐,遇日者,日者曰:"帝以今日杀黑龙于北方,而先生之色黑,不可以北。"墨子曰:"南之人不得北,北之人不得南。其色有黑者,有白者,何故皆不遂也?且帝以甲乙杀青龙于东方,以丙丁杀赤龙于南方,以庚辛杀白龙于西方,以壬癸杀黑龙于北方。若用子之言,则是禁下行者也,是围心而虚天下也。子之言不可用也。"——这个故事最可代表墨教不信命的态度。)

在老子、孔子、墨子之中,老子提倡自然的天道,可以用作阴阳五行的招牌。老子的思想里又颇有一点玄谈的味儿,比较容易穿凿附会。但老子年代太近了,无论怎样把他的年岁拉长,——《史记》里有"百六十余岁"及"二百余岁"等说法,——总还不够"老"。于是齐学有另寻一位古人的必要。这时候,各家学派都不嫌托古改制。儒墨皆称道尧舜,尧舜成了滥调,招牌便不响了。于是燕齐的学者和方士们便抬出一位更渺茫无稽的黄帝出来(孟子时已有"为神农之言者")。《史记》说驺衍"先序今,以上至黄帝"。《吕氏春秋》记五德终始,也从黄帝之时说起。可见驺衍的热心拥戴黄帝。从此以后,老子之上便出了一位黄帝;医卜星相,阴阳五行,都可以依托于黄帝。于是黄帝便成了一个无所不知,无所不能的大发明家,大科学家,大哲学家。于是齐学便成了"黄老之学"。

试看《汉书·艺文志》所收的书,道家有

《黄帝四经》四篇

《黄帝铭》六篇

《黄帝君臣》十篇(原注,起六国时,与《老子》相似)

《杂黄帝》五十八篇(原注,六国时贤者所作)

(附)《力牧》二十二篇(原注,六国时所作,托之力牧。力牧,黄帝相)

阴阳家有

《黄帝泰素》二十篇(刘向《别录》:韩诸公孙之所作,言阴阳五行,以为黄帝之道也)

小说家有

《黄帝说》四十篇

兵家阴阳有

 《黄帝》十六篇,图三卷

 (附)《封胡》五篇(原注,黄帝臣,依托也)

   《风后》十三篇,图二卷(原注,黄帝臣,依托也)

   《力牧》十五篇(原注,黄帝臣,依托也)

   《鬼容区》三篇,图一卷(原注,黄帝臣,依托)

天文有

 《黄帝杂子气》三十三篇

历谱有

 《黄帝五家历》三十三篇

五行有

 《黄帝阴阳》二十五卷

 《黄帝诸子论阴阳》二十五卷

杂占有

 《黄帝长柳占梦》十一卷

医经有

 《黄帝内经》十八卷

 《外经》三十九卷

经方有

 《秦始黄帝扁鹊俞拊方》二十三卷

 《神农黄帝食禁》七卷

房中有

 《黄帝三王养阳方》二十卷

 (附)《容成阴道》二十六卷(《列仙传》,容成公自称黄帝师。)

神仙有

 《黄帝杂子步引》十二卷

 《黄帝岐伯按摩》十卷

 《黄帝杂子芝菌》十八卷

 《黄帝杂子十九家方》二十一卷

以上共计黄帝一个人名下有十二类,四百五十二篇书;又托名他的臣子的书八十七篇。黄帝的君臣共计书五百三十九篇!这位万知万能的黄帝,真可算是"通天教主"了。

此等书的出于六国晚期人的依托,是汉朝学者所承认的,故刘向、刘歆父子的原注往往指出这些书是依托的(其中自然也有一部分是汉朝初期人添造的)。这些书虽不全是齐人做的,然而我们可以概括的说这些书都是齐学的作品。如《黄帝泰素》二十篇,刘向《别录》说:"韩诸公孙之所作,言阴阳五行,以为黄帝之道也。"此书是韩人所作,而宗旨却是阴阳五行的齐学,是要抬出黄帝来尊崇其学。又如医经中的《黄帝内外经》,虽不知是何人所作,但《史记·仓公传》说《黄帝扁鹊之脉书》是临菑元里公乘阳庆所传授,而仓公"不知庆所师受"。扁鹊、阳庆、仓公都是齐人,故此种书也是齐学(参看《史记》一〇五,《仓公传》,可知齐学的医术多用阴阳立论)。

驺衍、驺奭、公梼生以后,齐学的传授和演变都不可考了。《艺文志》所记,有闾丘子、将钜子、南公、周伯、都不可考。但司马迁却在《乐毅传》末给我们保存了战国末年以至汉初的齐学传授的世系,如下:

> 乐氏之族有乐瑕公,乐巨公(今本巨误作臣。依《田叔传》校改)。赵且为秦所灭(在秦始皇十九年以前,约当前236—229),亡之齐高密。乐巨公善修黄帝,老子之言,显闻于齐,称贤师。

> 太史公曰:……乐巨公学黄帝、老子,其本师号曰河上丈人,不知其所出。河上丈人教安期生,安期生教毛翕公,毛翕公教乐瑕公,乐瑕公教乐巨公,乐巨公教盖公。盖公教于齐高密、胶西,为曹相国师。(《史记》八十)

又《史记》(卷一〇四)《田叔传》说:

> 田叔……喜剑,学黄老术于乐巨公所。

司马迁父子都学道家言,故他们记载黄老学的世系应该是有所根据的。但其中也有不可尽信之处。《封禅书》中方士少翁称安期生为"仙者",又齐人公孙卿说申公"与安期生通,受黄帝言"。但《史记·

田儋列传》论又说"蒯通善齐人安期生",那么安期生又是战国最末期的人,至秦时尚存,故蒯通还同他相善。这年代与《乐毅传》所说颇相印证,大概可信。安期生渐渐变成仙者,是汉初几十年中的事。安期生的"本师"河上丈人就不可考了。《老子》古注本有所谓"河上公注",相传是"战国时河上丈人"注的;又说是汉文帝时河上公注的(《隋书·经籍志》有河上公注《老子道德经》二卷;又说,"梁有战国时河上丈人注《老子经》二卷,亡")。大概两种注本同是依托的,未必实有其人,传说既久,一个人便分作两个了。

毛翕公以下的世系,大概都可信。我们可作表如下:

毛翕公——乐瑕公(约前230至齐)——乐巨公(他的弟子田叔当前197年在赵王张叔处,故乐巨公大概至前205尚生存。)

——{——盖公(死约前195)——曹参(死前190)
　　——田叔(死约前145)

我们曾假定驺衍的年代约当前350—[前]280年。从前280年到汉初,这近百年之中,为齐学发展生长的时代,也就是黄帝出世行时的时代。这近百年中,齐学的大师闭门造假书;造出了假书都送给黄帝,力牧、风后、容成、太公、管仲等等人。黄帝一个人受惠最多;百年之中,他便成了全知全能的"通天教主",而黄老之学也便成了一个无所不包的绝大"垃圾马车"。

前三世纪的晚期,秦始皇征服了六国,而齐学征服了秦始皇。五德终始之说做了帝国新度制的基础理论;求神仙,求奇药,封禅祠祀,候星气,都成了新帝国的重大事业。这时候,一些热中的人便都跑出去宣传"方仙道",替秦始皇帝候星气,求神仙去了。一些冷淡的学者,亡国的遗民,如乐瑕公、乐巨公之流,他们不愿向新朝献媚求荣,便在高密、胶西一带闭户造假书,编造黄帝,注释《老子》。

过了不多年,时势又大变了。徐市入海去不回来了,韩终求仙去也没有消息,卢生、侯生又逃走了。秦始皇大怒之下,坑杀了儒生方士四百六十八人(前212)。况且李斯又提出了焚书的政策,焚毁了天下私藏的诗书百家语,只许留下一些医药卜筮种树的书;"以古非今"成了绝大的罪名(前213)。那些兴高采烈,献方术,求仙药,候星气的燕齐方士,到这个时候,不但抹了一鼻子的灰,并且有些人受了活埋的死刑,有些人亡命不敢出头,出头的也不敢乱谈赤县神州以外的九大州了,也无人乱谈"天地未生"以来的古史了。

而秦始皇不久也死了(前210),李斯不久也死了(前208),天下已大乱了,新创的秦帝国已土崩瓦解了。八年的大战祸(前210—[前]202)只落得一班丰、沛无赖做了帝王,屠狗卖缯的都成了开国功臣。

第二章 杂家

一、杂家与道家

杂家是道家的前身,道家是杂家的新名。汉以前的道家可叫做杂家,秦以后的杂家应叫做道家。研究秦汉之间的思想史的人,不可不认清楚这一件重要事实。

司马谈论六家要指,曾这样下道家的界说:

> 道家使人精神专一,动合无形,赡足万物。其为术也,因阴阳之大顺,采儒墨之善,撮名法之要,与时迁移,应物变化,立俗施事,无所不宜。指约而易操,事少而功多。(《史记》百三十)

一百多年之后,《汉书·艺文志》这样下杂家的界说:

> 杂家者流,盖出于议官,兼儒墨,合名法,知国体之有此,见王治之无不贯,此其所长也。及荡者为之,则漫羡而无所归心。(《汉书》三十)

司马谈所谓道家,即是《汉书》所谓杂家。不过《汉书》分类时,把古代思想史里的老子、庄子、田骈、列子等等列为"道家",把道家的范围收小了,故《吕氏春秋》和《淮南王书》都收不进去了。其实老子、庄子一班人都是色彩鲜明的思想家,他们何尝有"道家"之名?"道家"一个名词,不见于秦以前的古书。《庄子·天下篇》(不是庄周所作)所举老聃、关尹、墨翟、禽滑厘、慎到、彭蒙、田骈、宋钘、尹文、庄周等人,都称"道术"。道即是路,术是方法,故不论是老聃,是墨翟,是慎到、尹文,他们求的都是一条道路,一个方法,尽管不同,终究可称为"道术"。故秦以后的思想,凡折衷调和于古代各派思想的,使用这个广泛的道术原意,称为"道家"。道家本有包罗一切道术的意义,所谓"因阴阳之大顺,采儒墨之善,撮名法之要"是也。故司马谈所谓道家,正是《汉书》所谓"兼儒墨,合名法"的杂家。这是"道家"一个名词的广义。

但道家虽然兼收并蓄,毕竟有个中心思想,那便是老子一脉下来所主张的无为而无不为的天道自然变化的观念,即是司马谈所谓"与时迁移,应物变化"的道。因为这个大混合的中心思想在此,所以"道家"之名也可以移到那个中心思想系统的一班老祖宗的身上去,于是老子、庄子一系的思想便也叫做"道家"了。这便是"道家"一个名词的狭义。

道家之名,大概起于秦汉之间,于今不可详考了。汉功臣陈平曾说:

> 我多阴谋,是道家之所禁。吾世即废亦已矣,终不能复起,以吾多阴祸也。

此话见于《史记》(五十六),不知是陈平真有如此先见之明,还是后来道家造出这样的报应故事。若陈平真有此话,则是道家之名在前二世纪时已成立了。以我所知,道家之称,这是最早的一次。以后便要算司马谈论六家要指的话了。依司马谈的话,道家是用老子的"无为"思想作中心的大混合,是一个杂家。《汉书·艺文志》的"杂家"有《吕氏春秋》和《淮南王书》,其实这两部书都可以代表那中心而综合儒墨阴阳名法各家的道家。故我用《吕氏春秋》来代表汉以前的道家,用《淮南王书》来代表秦以后的杂家。其实都是杂家,也都是道家,都代表思想混一的趋势(适按,此节应全删,此章应改题《吕氏春秋》)。

二、《吕氏春秋》的贵生主义

《吕氏春秋》是秦国丞相吕不韦的宾客所作。吕不韦本是阳翟的一个商人,用秦国的一个庶子作奇货,做着了一笔政治上的投机生意,遂做了十几年的丞相(前249—237),封文信侯,食客三千人,家僮万人。《史记》说:

> 是时诸侯多辩士,如荀卿之徒,著书布天下。吕不韦乃使其客人人著所闻,集论以为八览,六论,十二纪,二十余万言,以为

备天地万物古今之事,号曰《吕氏春秋》。(《史记》八十五)
吕不韦死于秦始皇十二年(前235)。此书十二世纪之末有《序意》一篇的残余,首称"维秦八年",当纪元前239年。此可见成书的年代。

《吕氏春秋》虽是宾客合纂的书,然其中颇有特别注重的中心思想。组织虽不严密,条理虽不很分明,然而我们细读此书,不能不承认他代表一个有意综合的思想系统。《序意篇》说:

> 维秦八年,几在涒滩,秋,甲子朔。朔之日,良人请问十二纪。文信侯(吕不韦)曰:"尝得学黄帝之所以诲颛顼矣:'爰有大圜在上,大矩在下。汝能法之,为民父母。'盖闻古之清世,是法天地(大圜即天,大矩即地)。凡十二纪者,所以纪治乱存亡也,所以知寿夭吉凶也。上揆之天,下验之地,中审之人,若此则是非可不可无所遁矣。天曰顺,顺维生。地曰固,固维宁。人曰信,信维听。三者咸当,无为而行。行也者,行其理也。行[其]数,循其理,平其私。夫私视使目盲,私听使耳聋,私虑使心狂。三者皆私设精则智无由公。智不公则福日衰,灾日隆。……"

这是作书的大意。主旨在于"法天地",要上揆度于天,下考验于地,中审察于人,然后是与非,可与不可,都不能逃遁了。分开来说:

> 天曰顺,顺维生。
> 地曰固,固维宁。
> 人曰信,信维听。

第一是顺天,顺天之道在于贵生。第二是固地,固地之道在于安宁。第三是信人,信人之道在于听言。"三者咸当,无为而行。"无为而行,只是依着自然的条理,把私意小智平下去。这便是"行其数,循其理,平其私"。一部《吕氏春秋》只说这三大类的事:贵生之道,安宁之道,听言之道。他用这三大纲来总汇古代的思想。

法天地的观念是黄老一系的自然主义的主要思想(这时代有许多假托古人的书,自然主义一派的人因为儒墨都称道尧舜,尧舜成了滥调了,故他们造出尧舜以前的黄帝的书来。故这一系的思想又称为"黄老之学")。而这个时代的自然主义一派思想,经过杨朱的为我主义,更趋向个人主义的一条路上去,故孟子在前四世纪末年说杨朱、墨翟之言盈天下,又说当时的三大系思想是杨、墨、儒三家。杨朱的书,如《列子》书中所收,虽在可信可疑之间,但当时的"为我主义"的盛行是决无可疑的。我们即使不信《列子》的《杨朱篇》,至少可以从《吕氏春秋》里寻得无数材料来表现那个时代的个人主义的精义,因为这是《吕氏春秋》的中心思想。

《吕氏春秋》的第一纪的第一篇便是《本生》,第二篇便是《重己》;第二纪的第一篇便是《贵生》,第二篇便是《情欲》。这都是开宗明义的文字,提倡的是一种很健全的个人主义,叫做"贵生"主义,大体上即是杨朱的"贵己"主义。(《不二篇》说"阳生贵己",李善注《文选》引作"杨朱贵己"。是古本作"杨朱",或"阳朱")其大旨是:

> 圣人深虑天下,莫贵于生。……尧以天下让于子州支父,子州支父对曰:"以我为天子,犹可也。虽然,我适有幽忧之病,方将治之,未暇在天下也。"天下,重物也,而不以害其生,又况于他物乎?惟不以天下害其生也者,可以托天下。(《贵生》)

> 倕,至巧也;人不爱倕之指而爱己之指,有之利故也。人不爱昆山之玉,江汉之珠,而爱己之一苍璧小玑,有之利故也。今吾生之为我有而利我亦大矣!论其贵贱,爵为天子不足以比焉。论其轻重,富有天下不可以易之。论其安危,一曙失之,终身不复得。此三者,有道者之所慎也。(《重己》)

这就是"拔一毛而利天下,不为也"的本意。本意只是说天下莫贵于吾生,故不以天下害吾生。这是很纯粹的个人主义。《吕氏春秋》说此义最详细,如云:

> 身者,所为也。天下者,所以为也。审〈所为〉所以为,而轻重得矣。今有人于此,断首以易冠,杀身以易衣,世必惑之。是何也?冠所以饰首也,衣所以饰身也。杀所饰,要所饰,则不知所为矣。世之走利,有似于此。危身伤生,刈颈断头以徇利,则亦不知所为也。……不以所以养害所养。……能尊生,虽贵富,不以养伤身;虽贫贱,不以利累形。今受其先人之爵禄,则必重失之。生之所自来者久矣,而轻失之,岂不惑哉?(《审为》)

> 凡圣人之动作也,必察其所以之,与其所以为。今有人于此,以随侯之珠弹千仞之雀,世必笑之。是何也?所用重,所要轻也。夫生岂特随侯珠之重也哉?(《贵生》)

以上都是"贵生"的根本思想。因为吾生比一切都重要,故不可不贵生,不可不贵己。

贵生之道是怎样呢?《重己篇》说:

> 凡生之长也,顺之也。使生不顺者,欲也。故圣人必先适欲。(高诱注,适,节也)

《情欲篇》说:

> 天生人而使有贪有欲。欲有情,情有节。圣人修节以止欲,故不过行其情也。故耳之欲五声,目之欲五色,口之欲五味,情也。此三者,贵贱愚智贤不肖欲之若一。虽神农黄帝,其与桀纣同。圣人之所以异者,得其情也。由"贵生"动,则得其情矣。不由"贵生"动,则失其情矣。此二者,死生存亡之本也。

怎么叫做"由贵生动"呢?

> 夫耳目鼻口,生之役也。耳虽欲声,目虽欲色,鼻虽欲芬香,口虽欲滋味,害于生则止。在四官者不欲,利于生者则弗为〔止〕。由此观之,耳目鼻口不得擅行,必有所制;譬之若官职,不得擅为,必有所制。此贵生之术也。(《贵生》)

这样尊重人生,这样把人生看作行为动作的标准,看作道德的原则,这真是这一派个人主义思想的最大特色。

贵生之术不是教人贪生怕死,也不是教人苟且偷生。《吕氏春秋》在这一点上说的最分明:

> 子华子(据《吕氏春秋·审为篇》,子华子是韩昭侯时人,约当前四世纪的中叶。昭侯在位年代为前 358 到〔前〕333)曰:"全生为上,亏生次之,死次之,迫生为下。"故所谓"尊生"者,全生之谓。所谓全生者,六欲皆得其宜也。所谓亏生者,六欲分得其宜也(分是一部分,故叫做亏。亏是不满)。亏生则于其尊之者薄矣。其亏弥甚者,其尊弥薄。所谓死者,无有所以知,复其未生也。所谓迫生者,六欲莫得其宜也,皆获其所甚恶者,服是

也,辱是也(服字高诱训"行也",是错的。服字如"服牛乘马"的服,在此有受人困辱羁勒之意)。辱莫大于不义,故不义,迫生也。而迫生非独不义也。故曰迫生不若死。奚以知其然也? 耳闻所恶,不若无闻;目见所恶,不若无见。故雷则掩耳,电则掩目,此其比也。凡六欲皆知其所甚恶(《墨经》云,知,接也),而必不得免,不若无有所以知。无有所以知者,死之谓也。故迫生不若死。

> 嗜肉者,非腐鼠之谓也。嗜酒者,非败酒之谓也。尊生者,非迫生之谓也。(《贵生》)

正因为贵生,所以不愿迫生。贵生是因为生之可贵,如果生而不觉其可贵,只得其所甚恶,故不如死,孟轲所谓"所恶有甚于死者"正是此理。贵生之术本在使所欲皆得其宜,如果生而不得所欲,死而得其所安,那自然是生不如死了。《吕氏春秋》说:

> 天下轻于身,而士以身为人。以身为人者如此其重也! (《不侵》)

因为天下轻于一身,故以身为人死,或以身为一个理想死,才是真正看得起那一死,这才叫做一死重于泰山;岂但重于泰山,直是重于天下。故《吕氏春秋》又说:

> 石可破也,而不可夺坚。丹可磨也,而不可夺朱。坚与朱,性之有也。性也者,所受于天也,非择取而为之也。豪士之自好者,其不可漫以污也,亦犹此也。……(此下引伯夷、叔齐饿死的事)……人之情莫不有重,莫不有轻。有所重则欲全之,有所轻则以养所重。伯夷、叔齐此二士者,皆出身弃生以立其意,轻重先定也。(《诚廉》)

全生要在适性,全性即是全生。重在全性,故不惜杀身"以立其意"。老子曾说:

> 故贵以身为天下,若(乃)可寄天下。爱以身为天下,若可托天下。

《吕氏春秋》解释此意道:

> 惟不以天下害其生也者,可以托天下。

又说:
> 天下轻于身,而士以身为人。以身为人者如此其重也!

明白了这种精神,我们才能了解这种贵生重己的个人主义。

儒家的"孝的宗教"虽不是个人主义的思想,但其中也带有一点贵生重己的色彩。孝的宗教教人尊重父母的遗体,要人全受全归,要人不敢毁伤身体发肤,要人不敢以父母之遗体行殆,这里也有一种全生贵己的意思。"大孝尊亲,其次弗辱",这更有贵生的精神。推此精神,也可以养成"不降其志,不辱其身"的人格。所不同者,贵生的个人主义重在我自己,而儒家的孝道重在我身所自生的父母,两种思想的流弊大不同,而在这尊重自身的一点上确有联盟的可能。故《吕氏春秋》也很注重孝的宗教,《孝行览》一篇专论孝道,甚至于说:

> 夫执一术而百善至,百邪去,天下从者,其惟孝也。

这是十分推崇的话了。但他所引儒家论孝的话,都是全生重身的话,如曾子说的:

> 身者,父母之遗体也。行父母之遗体,敢不敬乎?居处不庄,非孝也。事君不忠,非孝也。莅官不敬,非孝也。朋友不笃,非孝也。战陈无勇,非孝也。五行不遂,灾及乎亲,敢不敬乎?

又如曾子"舟而不游,道而不径"的话;又如乐正子春下堂伤足的故事里的"父母全而生之,子全而归之,不亏其身,不损其形,可谓孝矣"的一段话,都可以算作贵生重己之说的别解。《孝行览》又说:

> 身也者,非其私有也,严亲之遗躬也。……父母既没,敬行其身,无遗父母恶名,可谓能终矣。

这正是一种变相的贵生重己主义。

三、《吕氏春秋》的政治思想

《吕氏春秋》的政治思想,根据于"法天地"的自然主义,充分发展贵生的思想,侧重人的情欲,建立一种爱利主义的政治哲学。此书开篇第一句话便是:

> 始生之者,天也。养成之者,人也。能养天之所生而勿撄之,谓之天子。天子之动也,以全天为故者也。此官之所自立

也。立官者,以全生也。今世之惑主多官而反以害生,则失所为立之矣。譬之若修兵者,以备寇也。今修兵而反以自攻,则亦失所为修之矣。(《本生》)

政府的起原在于"全生",在于利群。《恃君》篇说:

> 凡人之性,爪牙不足以自守卫,肌肤不足以扞寒暑,筋骨不足以从利辟害,勇敢不足以却猛禁悍,然且犹栽万物,制禽兽,服狡虫,寒暑燥湿弗能害,不唯先有其备而以群聚耶?群之可聚也,相与利之也。利之出于群也,君道立也。故君道立则利出于群,而人备可完矣。昔太古尝无君矣,其民聚生群处,知母不知父,无亲戚兄弟夫妻男女之别,无上下长幼之道,无进退揖让之礼,无衣服履带宫室畜积之便,无器械舟车城郭险阻之备:此无君之患。……自上世以来,天下亡国多矣,而君道不废者,天下之利也。故废其非君而立其行君道者。

这里可以看出《吕氏春秋》的个人主义在政治上并不主张无政府。政府之设是为一群之利,所以说:

> 置君非以阿君也,置天子非以阿天子也,置官长非以阿官长也。(《恃君》)

所以说:

> 故废其非君而立其行君道者。

所以说:

> 天下非一人之天下也,天下之天下也。(《贵公》)

政府的功用在于全生,故政府的手段在于利用人的情欲。《用民》篇说:

> 民之用也有故。得其故,民无所不用。用民有纪有纲。壹引其纪,万目皆起。壹引其纲,万目皆张。为民纪纲者何也?欲也,恶也。何欲?何恶?欲荣利,恶辱害。辱害所以为罚充也(充,实也)。荣利所以为赏实也。赏罚皆有充实,则民无不用矣。

《为欲》篇说:

> 使民无欲,上虽贤,犹不能用。夫无欲者,其视为天子也,与

> 为舆隶同;其视有天下也,与无立锥之地同;其视为彭祖也,与为殇子同。天子,至贵也;天下,至富也;彭祖,至寿也。诚无欲,则是三者不足以劝。舆隶,至贱也;无立锥之地,至贫也;殇子,至夭也。诚无欲,则是三者不足以禁。……
>
> 故人之欲多者,其可得用亦多。人之欲少者,其得用亦少。无欲者,不可得用也。

从前老子要人"无知无欲",要"我无欲而民自朴",要"不欲以静,天下将自定"。墨者一派提倡刻苦节用,以自苦为极,故其后进如宋钘有"情欲寡浅"(欲字是动词,即"要"字)之说,以为人的情欲本来就是不要多而要少的(《荀子·正论》篇、《正名》篇,《庄子·天下》篇;看我的《古代哲学史》第十一篇第三章三,第十二篇第一章二)。这种思想在前三世纪很受严重的批评了,最有力的批评是荀卿的《正名》和《正论》两篇。荀卿很大胆的说:

> 凡语治而待去欲者,无以道欲而困于有欲者也。凡语治而待寡欲者,无以节欲而困于多欲者也。……治乱在于心之所可,亡于情之所欲。(《正名》)

《吕氏春秋》从贵生重己的立场谈政治,所以说的更彻底了,竟老实承认政治的运用全靠人有欲恶,欲恶是政治的纪纲;欲望越多的人,越可得用;欲望越少的人,越不可得用;无欲的人,谁也不能使用。所以说:

> 善为上者能令人得欲无穷,故人之为得欲无穷也。(《为欲》)

这样尊重人的欲恶,这样认政治的作用要"令人得欲无穷",便是一种乐利主义的政治学说。墨家也讲一种乐利主义,但墨家律己太严,人人"以自苦为极",而对人却要"兼而爱之,兼而利之",这里面究竟有点根本的矛盾。极少数人也许能有这种牺牲自己而乐利天下的精神,但这种违反人情的人生观之上决不能建立真正健全的乐利主义。创始的人可以一面刻苦自己而一面竭力谋乐利天下,但后来的信徒必有用原来律己之道来责人的;原来只求自己刻苦,后来就必到责人刻苦;原来只求自己无欲,后来必至于要人人无欲。如果自苦是不应该的,那么,先生为什么要自苦呢？如果自苦是应该的,那么,人人都应该自苦了。故自苦的宗教决不能有乐利的政治,违反人情的道德观念决不能产生体贴人情的政治思想。《庄子·天下》篇说得最好：

> 其生也勤,其死也薄,其道大觳,使人忧,使人悲,其行难为也。……反天下之心,天下不堪。墨子虽能独任,奈天下何？……将使后世之墨者必自苦,以腓无胈胫无毛相进而已矣。乱之上也,治之下也。

故健全的乐利主义的政治思想必须建筑在健全的贵己贵生的个人主义的基础之上（近世的乐利主义〔Utilitarianism〕的提倡者如边沁,如穆勒,皆从个人的乐利出发）。《吕氏春秋》的政治思想重在使人民得遂其欲,这便是一种乐利主义,故此书中论政治,时时提出"爱利"的目标,如云：

> 若夫舜汤,则苞裹覆容,缘不得已而动,因时而为,以爱利为本,以万民为义。(《离俗》)

如云：

> 古之君民者,仁义以治之,爱利以安之,忠信以导之,务除其灾,思致其福。(《适威》)

如云：

> 圣人南面而立,以爱利民为心,号令未出而天下皆延颈举踵矣。(《精通》)

如云：

> 爱利之为道大矣！夫流于海者,行之旬月,见似人者而喜矣。及其期年也,见其所尝见物于中国者而喜矣。夫去人滋久而思人滋深欤？乱世之民,其去圣王亦久矣,其愿见之,日夜无间。故贤王秀士之欲忧黔首者,不可不务也。(《听言》)

这一派的思想以爱利为政治的纲领,故虽然时时钦敬墨者任侠好义的行为,却终不能赞同墨家的许多极端主张。他们批评墨家,也就是用乐利主义为立论的根据。如他们批评"非乐"的话：

> 始生人者,天也,人无事焉。天使人有欲,人弗得不求。天

> 使人有恶,人弗得不辟。欲与恶,所受于天也,人不得兴焉,不可变,不可易。世之学者有非乐者矣,安由出哉?(《大乐》)

这样承认音乐是根据于"不可变,不可易"的天性,便完全是自然主义者的乐利思想。

他们批评"非攻"、"偃兵"之论,也是从人民的利害上立论。第一,他们认战争为人类天性上不可避免的:

> 古圣王有义兵而无有偃兵,兵之所自来者久矣。与始有民俱。凡兵也者,威也。威也者,力也。民之有威力,性也。性也者,所受于天也,非人之所能为也。武者不能革,而工者不能移。(《荡兵》)

这仍是自然主义者的话,与上文所引承认欲恶为天性是一样的理论。第二,战争虽是不能革,不能移,其中却有巧拙之分,义与不义之别,分别的标准在于人民的利害。他们说:

> 夫有以饐死者,欲禁天下之食,悖。有以乘舟死者,欲禁天下之船,悖。有以用兵丧其国者,欲偃天下之兵,悖。

> 夫兵不可偃也。譬之若水火然,善用之则为福,不能用之则为祸。若用药者然,得良药则活人,得恶药则死人。义兵之为天下良药也亦大矣!

> 兵诚义,以诛暴君而振苦民,民之说也,若孝子之见慈亲也,若饥者之见美食也。民之号呼而走之也,若强弩之射于深谷也,若积大水而失其壅堤也。(《荡兵》)

> 攻无道而伐不义,则福莫大焉,黔首利莫厚焉。禁之者,是息有道而伐有义也,是穷汤武之事而遂桀纣之过也。(《振乱》)

在这些话里,我们可以看出秦始皇的武力统一政策的理论。我们不要忘了吕不韦是秦始皇的丞相,秦始皇是他的儿子,将来帮助始皇做到天下统一的李斯也是吕不韦门下的舍人,也许即是当日著作《吕氏春秋》的一个人。当时秦国的兵力无敌于中国,而武力的背后又有这种自觉的替武力辩护的理论,明白的排斥那些非攻偃兵的思想,明白的承认吊民伐罪是正当的。这是帝国统一的思想背景。看他们说:

> 今周室既灭,而天子已绝(秦灭周室在始皇即位前十年,纪元前 256)。乱莫大于无天子,无天子则强者胜弱,众者暴寡,以兵相残,不得休息。今日世当之矣。(《谨听》)

这完全是当仁不让的口气了。

《吕氏春秋》的政治思想虽然侧重个人的欲恶,却不主张民主的政治。《不二篇》说:

> 听群众人议以治国,国危无日矣。

为什么呢?因为治国是一件很繁难的事,需要很高等的知识和很谨慎的考虑,不是群众人所能为的。《察微》篇说:

> 使治乱存亡若高山之与深溪,若白垩之与黑漆,则无所用智,虽愚犹可矣。

可惜天下没有这样简单容易的事!

> 治乱存亡则不然。如可知,如不可知;如可见,如不可见。故智士贤者相与积心愁忧以求之,犹尚有管叔、蔡叔之事,与东夷八国不听之谋。故治乱存亡,其始若秋毫,察其秋毫则大物不过矣。

因为治乱存亡的枢机不容易辨别,"如可知,如不可知;如可见,如不可见",所以有求贤能政治的必要。"弩机差以米则不发"(《察微》篇语),治国之事也是如此。群众往往是短见的,眼光望不出一身一时的利害之外,故可以坐享成功,而不能深谋远虑。

> 禹之决江水也,民聚瓦砾。事已成,功已立,为万世利。禹之所见者远也,而民莫之知。故民不可与虑化举始,而可以乐成功。(《乐成》)

> 舟车之始见也,三世然后安之。夫开善岂易哉?(同上)

《乐成》一篇中历举孔子治鲁,子产治郑的故事,来说明民众的缺乏远见。最有趣的是魏襄王请史起引漳水灌邺田的故事:

> 史起曰:"臣恐王之不能为也。"
> 王曰:"子诚能为寡人为之,寡人尽听子矣。"
> 史起敬诺,言之于王曰:"臣为之,民必大怨臣,大者死,其次乃

> 籍臣(籍是抄没家产)。臣虽死籍,愿王之使他人遂之也。"
> 王曰:"诺。"使之为邺令。史起因往为之。邺民大怨,欲籍史起,史起不敢出而避之。王乃使他人遂为之。水已行,民大得其利,相与歌之曰:
> 邺有圣令,时为史公;
> 决漳水,灌邺旁。
> 终古斥卤,生之稻粱。
> 使民知可与不可,则无所用贤矣。

治国之道,知虑固不易,施行也不易。不知固不能行,行之而草率苟且也不能有成,行之而畏难中止,或畏非议而中止,也不能有成。计虑固须专家,施行也需要贤者,这是贤能政治的理论。

《吕氏春秋》主张君主政治,其理由如下:

> 军必有将,所以一之也。国必有君,所以一之也。天下必有天子,所以一之也。天子必执一,所以专之也。一则治,两则乱。今御骊马者使四人人操一策,则不可以出于门闾者,不一也。(《执一》)

这是当时政治思想的最普通的主张,无甚深意。墨家的尚同主义不但要一个一尊的天子,还要上同于天。儒家的孟荀都主张君主。孟子虽有民为贵之论,但也不曾主张民权,至多不过说人民可以反抗独夫而已。古代东方思想只有"民为邦本""民为贵"之说,其实并没有什么民主民权的制度。极端左派的思想确有"无君""无所事圣王"之说,但无政府是一件事,民主制度另是一件事。东方古代似乎没有民主的社会背景,即如古传说的尧舜禅让,也仍是一种君主制。因为没有那种历史的背景,故民权的学说无从产生。西洋的政治史上是先有民权制度的背景然后有民权主义的政治学说。

但世袭的君主制究竟和贤能政治的理想不能相容。君主的威权是绝对的,而君主的贤不肖是不能预定的。以无知或不贤的人当绝对的大威权,这是绝大的危险。而名分既定,臣民又无可如何。难道只好听他虐民亡国吗?这是古代政治思想的一个中心问题。这问题便是:怎样可以防止避免世袭君主制的危险?前四世纪到前三世纪之间,政治哲学对于这个问题曾有几种重要的解答。第一是提倡禅国让贤。禅让之说在这时代最风行,造作的让国神话也最多,似乎都有暗示一种新制度的作用。第二是主张人民对于暴君有反抗革命的权利。孟子所谓"君之视民如土芥,则臣视君如寇仇","闻诛独夫纣矣,未闻弑君也",都是很明白的承认人民革命的权利。第三是提倡法治的虚君制度。慎到(《古代哲学史》第十二篇第一章一)、韩非(同书第十二篇第二章四)等人都主张用法治来代替人治。韩非说的最透彻:

> 释法术而以心治,尧不能正一国。去规矩而妄意度,奚仲不能成一轮。……使中主守法术,拙匠守规矩尺寸,则万不失矣。君人者能去贤巧之所不能,守中拙之所万不失,则人力尽而功名立。(《韩非子·用人》篇)

这是说,若能守着标准法,则君主的贤不贤都不关重要了。这是一种立宪政体的哲学,其来源出于慎到的极端自然主义。慎到要人"弃知,去己,而缘不得已",《庄子·天下》篇说此理最妙:

> 推而后行,曳而后往,若飘风之远,若羽之旋,若磨石之隧,全而无非,动静无过,未尝有罪。是何故?夫无知之物,无建己之患,无用知之累,动静不离于理,是以终身无誉。故曰至若无知之物而已,无用贤圣。夫块不失道。

这是当日的法治主义的学理的根据。慎到要人学无知之物,弃知,去己,不用主观的私见,不用一己的小聪明,而完全依着物观的标准,不得已而后动,如飘风之旋,如石头之下坠,动静皆不离于自然之理。这种无知无为的思想应用到政治上便成了法治的哲学。

《吕氏春秋》的政治哲学大概很受了这种思想的影响,故虽不主张纯粹的法治主义,却主张一种无知无为的君道论。《君守》篇说:

> 得道者必静,静者无知。知乃无知,可以言君道也(乃字疑当在可字上)。……天无形而万物以成,至精无象而万物已化,大圣无事而千官尽能。此乃谓不教之教,无言之诏。故有以知君之狂也,以其言之当也。有以知君之惑也,以其言之得也。君也者,以无当为当,以无得为得者也。当与得不在于君而在于

臣。

> 故善为君者无识,其次无事。有识则有不备矣,有事则有不恢矣。

《任数》篇说:

> 君道无知无为,而贤于有知有为,则得之矣。

为什么要无知无为呢?因为:

> 耳目心智其所以知识甚阙,其所以闻见甚浅。以浅阙博居天下,安殊俗,治万民,其说固不行。十里之间而耳不能闻,帷墙之外而目不能见,三亩之宫而心不能知。其以东至开梧,南抚多鹦,西服寿麻,北怀儋耳,若之何哉?(《任数》)

因为:

> 人主好以己为,则守职者舍职而阿主之为矣。阿主之为,有过则主无以责之,则人主日侵而人臣日得。(《君守》)

因为

> 人主自智而愚人,自巧而拙人,若此则……请者愈多,且无不请也。主虽巧智,未无不知也。以"未无不知"应"无不请",其道固穷。为人主而数穷于下,将何以君人乎?(《知度》)

因为这些理由,人主应该无知无事。

> 去听,无以闻,则聪。去视,无以见,则明。去智,无以知,则公。去三者不任则治,三者任则乱。……
> 耳目知巧固不足恃,惟循其数,行其理,为可。(《任数》。循字旧作脩,依《序意》篇改)

这就是上文所引《序意篇》所说"行其数,循其理,平其私。夫私视使目盲,私听使耳聋,私虑使心狂"的意思。用个人的耳目智巧,总不能无私,所以人君之道须学那无知之物,然后可以无建己之患,无用知之累。故说:

> 至智弃智,至仁忘仁,至德不德。无言无思,静以待时。时至而应,心暇者胜。……无唱有和,无先有随。古之王者,其所为少,其所因多。因者,君术也。为者,臣道也。为则扰矣,因则静矣。因冬为寒,因夏为暑,君奚事哉?(《任数》)

无唱有和,无先有随,即是慎到所谓"推而后行,曳而后往",即是"因"。慎到说"因"字最好:

> 因也者,因人之情也。人莫不自为也。……用人之自为,不用人之为我,则莫不可得而用矣。此之谓因。

人皆欲荣利,恶辱害,国家因而立赏罚,这便是因人之情,便是用人之自为(说详上文)。《分职》篇说:

> 先王用非其有,如己有之,通乎君道者也。夫君也者,处虚素服而无智,故能使众智也。智反无能,故能使众能也。能执无为,故能使众为也。无智,无能,无为,此君之所执也。……
>
> 武王之佐五人,武王之于五人者之事无能也,然而世皆曰取天下者武王也。故武王取非其有,如己有之,通乎君道也。……枣,棘之有;裘,狐之有也。食棘之枣,衣狐之皮,先王固用非其有而己有之。

用非其有,如己有之,也是"因"。

> 今召客者,酒酣歌舞,鼓瑟吹竽。明日不拜乐己者,而拜主人,主人使之也。先王之立功名,有似于此。……
>
> 譬之若为宫室必任巧匠。……巧匠之宫室已成,不知巧匠而皆曰"善,此某君某王之宫室也。"此不可不察也。(《分职》)

我们看了这种议论,可以知道《吕氏春秋》虽然采用自然主义者的无知无为论,却仍回到一种虚君的丞相制,也可以说是虚君的责任内阁制。君主无知无事,故不负责任,所谓"块不失道",即是虚君立宪国家所谓"君主不会做错事"。不躬亲政事,故不会做错事。政事的责任全在丞相身上。《君守》篇所谓"当与得不在于君而在于臣"是也。慎到是纯粹法治家,故说"无用圣贤,夫块不失道"。但《吕氏春秋》的作者是代一个丞相立言,故有时虽说"正名",有时虽说"任数",却终不能不归到信任贤相,所谓"为宫室必任巧匠,匠不巧则宫室不善"。君主是世袭的,位固定而人不必皆贤。丞相大臣是选任的,位不固定而可以选贤与能。故说:

> 凡为善难,任善易。奚以知之?人与骥俱走,则人不胜骥矣。居于车上而任骥,则骥不胜人矣。人主好治人官之事,则是

> 与骥俱走也,必多所不及矣。夫人主亦有居车,无去车,则众善皆尽力竭能矣。(《审分》)

> 有司请事于齐桓公,桓公曰:"以告仲父。"有司又请,公曰:"告仲父。"若是三。习者曰:"一则仲父,二则仲父,易哉为君!"桓公曰:"吾未得仲父则难。已得仲父之后,曷为其不易也?"(《任数》)

这是虚君的丞相制。《勿躬》篇又说管仲推荐宁遬为大田,隰朋为大行,东郭牙为大谏臣,王子城为大司马,弦章为大理,

> 桓公曰,善,令五子皆任其事,以受令于管子。十年,九合诸侯,一匡天下,皆夷吾与五子之能也。

这是虚君的责任内阁制。大臣受令于丞相,丞相对君主负责任,这种制度似乎远胜于君主独裁制了。但在事实上,谁也不能叫君主实行无知无为,这是一大困难。丞相受任于君主,谁也不能叫他必任李斯而不任赵高,这是二大困难。一切理想的虚君论终没有法子冲破这两大难关,所以没有显著的成绩可说。猫颈上挂串铃儿,固然于老鼠有大利益。但叫谁去挂这串铃呢?后世的虚君内阁制所以能有成效,都是因为实权早已不在君主手里了。

我在上文曾指出《吕氏春秋》不信任民众的知识能力,故不主张民主政治,而主张虚君之下的贤能政治。但《吕氏春秋》的政治主张根本在于重民之生,达民之欲,要令人得欲无穷,这里确含有民主政治的精神。所以此书中极力提倡直言极谏的重要,认为宣达民人欲望的唯一方法,遂给谏官制度建立一个学理的基础。《达郁》篇说:

> 凡人三百六十节,九窍,五藏,六府,肌肤欲其比(高注,比犹致也。毕沅注,谓致密)也,血脉欲其通也,筋骨欲其固也,心志欲其和也,精气欲其行也。若此,则病无所居,而恶无由生矣。病之留,恶之生也,精气郁也。故水郁则为污,树郁则为蠹,草郁则为蒉(毕沅引梁履绳说,《续汉书·郡国志》三注引《尔雅》"木立死曰蒉",又引此"草郁即为蒉",疑蒉本是蒉字,即蒉也,因形近而讹)。国亦有郁,生德不通,民欲不达,此国之郁也。国郁处久则百恶并起而万灾丛至矣。上下之相忍也,由此出矣。

故圣王之贵豪士与忠臣也,为其敢直言而决郁塞也。

此下引召公谏周厉王的话:

> 防民之口,甚于防川。川壅而溃,败人必多。夫民犹是也。是故治川者决之使导,治民者宣之使言。是故天子听政,使公卿列士正谏,好学博闻献诗,瞍箴,师诵,庶人传语,近臣尽规,亲戚补察,而后王斟酌焉。是以下无遗善,上无过举。(此文又见《国语》,文字稍不同。)

《自知》篇说:

> 欲知平直,则必准绳;欲知方圆,则必规矩。人主欲自知,则必直士。故天子立辅弼,设师保,所以举过也。夫人固不能自知,人主独甚。尧有欲谏之鼓,舜有诽谤之木,汤有司过之士,武王有戒慎之铭,独恐不能自知。今贤非尧舜汤武也,而有掩蔽之道,奚由自知哉?……范氏之亡也,百姓有得钟者,欲负而走,则钟大不可负;以椎毁之,钟况然有音。恐人闻之而夺己也,遽掩其耳。恶人闻之,可也。恶己自闻之,悖矣。为人主而恶闻其过,非犹此耶?

这都是直言极谏的用处:达民欲,决郁塞,闻过失,都可以补救君主政治的缺点。中国古来本有这个直言极谏的风气,史传所记的直谏故事不可胜举,最动人的莫如《吕氏春秋》所记葆申笞责楚文王的故事:

> 荆文王得茹黄之狗,宛路之矰,以畋于云梦,三月不反;得丹之姬,淫期年不听朝。葆申曰:"先王卜以臣为葆,吉(《说苑》引此事,葆作保。保即是保傅,申是人名)。今王得茹黄之狗,宛路之矰,畋三月不反;得丹之姬,淫期年不听朝:王之罪当笞。"
>
> 王曰:"不穀免衣褓襁而齿于诸侯,愿请变更而无笞。"
>
> 葆申曰:"臣承先王之令,不敢废也。王不受笞,是废先王之令也。臣宁抵罪于王,毋抵罪于先王。"
>
> 王曰:"敬诺。"
>
> 引席,王伏,葆申束细荆五十,跪而加之于背,如此者再。谓王"起矣!"王曰:"有笞之名一也;遂致之。"(既然打了,爽性用力打罢!)

  申曰:"臣闻'君子,耻之;小人,痛之'。耻之不变,痛之何益?"葆申趣出,自流于渊,请死罪。

  文王曰:"此不穀之过也,葆申何罪?"王乃变更,召葆申,杀茹黄之狗,折宛路之矰,放丹之姬。(《直谏》)

这一类的故事便是谏诤制度的历史背景。御史之官出于古之"史",而巫祝史卜同是宗教的官,有宗教的尊严。春秋时代,齐之太史直书崔杼弑君,兄弟相继被杀而不肯改变书法;晋之太史董狐直书赵盾弑君,而赵氏不敢得罪他。史官后来分化,一边仍为记事之史,而执掌天文星占之事,仍有一点宗教的权威;一边便成为秦以下的御史,便纯粹是谏官了。葆申故事里说先王卜他为保,故他能代表先王,这里面也含有宗教的权威。古代社会中有了这种历史背景,加上自觉的理论,故谏官制度能逐渐演进,成为裁制君权的最重要制度。

  我在前面曾说《吕氏春秋》也许有李斯的手笔,这虽是一种臆测,然而此书的政治思想有"不法先王"的议论,上承荀卿"法后王"的思想,而下合李斯当国时的政策,李斯与韩非同是荀卿的弟子,而在这一点历史进化的见解上他们的主张完全相同,这大概不是偶然的事吧?试看《吕氏春秋》说:

  上胡不法先王之法?非不贤也,为其不可得而法。先王之法,经乎上世而来者也,人或益之,人或损之,胡可得而法?

  虽人弗损益,犹若不可得而法,东夏之命(东是东部,秦在西部,故自称夏而称余国为东),古今之法,言异而典殊,故古之命多不通乎今之言者,今之法多不合乎古之法者。殊俗之民有似于此。其所为欲同,其所为异。……先王之法胡可得而法?

  虽可得,犹若不可法。凡先王之法,有要于时也。时不与法俱至,法虽今而至,犹若不可法。

  故择(一作释)先王之成法,而法其所以为法。先王之所以为法者,何也?先王之所以为法者,人也。而己亦人也。故察己则可以知人,察今则可以知古。古今一也,人与我同耳。有道之士贵以近知远,以今知古,以所见知所不见。故审堂下之阴而知

日月之行,阴阳之变;见瓶水之冰而知天下之寒,鱼鳖之藏也。(《察今》)

这里的"古今一也"之说最近于荀子的"古今一度也,类不悖,虽久同理"(《古代哲学史》第十一篇第二章二至三)。其实此说不够说明"不法先王"的主张,并且和"时不与法俱至"的话是恰相冲突的。如果真是"古今一也,人与我同耳",先王之法何以不可得而法呢?何以还怕"时不与法俱至"呢?大概"法后王"之说出于荀卿,但荀卿所谓"法后王"并不含有历史演化的意义,只是说"文久而灭",不如后王制度之粲然可考,既然古今同理,何必还谈那"久则论略"的先王制度呢?韩非、李斯一辈人虽然也主张"不法先王",但他们似受了自然演化论的影响,应用到历史上去,成为一种变法的哲学,韩非所谓"世异则事异,事异则备变",即是此书所谓"有要于时,时不与法俱至",这才是此书主张不法先王的真意义(韩非的书流传入秦,史不记何年。《始皇本纪》说用李斯计攻韩在始皇十年,其时始皇已读了韩非的书了,似韩非书传入秦国或在八年吕不韦著书之前)。这里偶然杂入了一句荀卿旧说,其实不是著书者的本意。试看此篇下文云:

> 荆人欲袭宋,使人先表澭水(表是测量)。澭水暴益,荆人弗知,循表而夜涉,溺死者千有余人。……向其先表之时,可导也。今水已变而益多矣,荆人尚犹循表而导之,此所以败也。
>
> 今世之主法先王之法也,有似于此。其时已与先王之法亏矣,而曰此先王之法也,而法之以为治,岂不悲哉?
>
> 故治国无法则乱,守法而弗变则悖。悖乱不可以持国。世易时移,变法宜矣。譬之若良医,病万变,药亦万变。病变而药不变,向之寿民今变为殇子矣。故凡举事必循法以动,变法者因时而化。若此论则无过举矣。
>
> 夫不敢议法者,众庶也。以死守〈法〉者,有司也。因时变法者,贤主也。是故有天下七十一圣,其法皆不同,非务相反也,时势异也。(《察今》)

这种变法的哲学最像韩非的《五蠹》篇,其根据全在一种历史演进的观念。此种观念绝非荀卿一辈主张古今虽久而同理的儒家所能造出,乃是从庄子一派的自然演化论出来的,同时又是那个国际竞争最激烈的时势的产儿。其时已有商鞅、赵武灵王的变法成绩,又恰有自然演变的哲学思想,故有韩非、李斯的变法哲学。《察今》篇中的澭水表的故事,说的何等感慨恳切。此故事和同篇的"刻舟求剑"的寓言,和韩非《五蠹》篇的"守株待兔"的寓言,命意都绝相同,很可以看出他们的思想渊源。韩非不得用于韩国,又不得用于秦国,终于死在李斯、姚贾手里。韩非虽死,他的变法的哲学却在李斯手里发生了绝大的影响。李斯佐秦始皇统一中国之后,废除封建制度,分中国为郡县,统一法度,划一度量衡,同一文字,都是中国有历史以来的绝大改革。后来因为博士淳于越等的反对新政,李斯上焚书的提议,说:

五帝不相复,三代不相袭,各以治,非其相反,时变异也。

此与《察今篇》的"七十一圣"一段相同。议奏中又切责诸生"不师今而学古","语皆道古以害今",又说"三代之事何足法也",又有"以古非今者族"的严刑。这都是《五蠹》篇和《察今》篇的口气。究竟还是《吕氏春秋》采纳了韩非的思想来做《察今篇》呢?还是李斯借了吕不韦来发挥他自己的变法哲学呢?还是李斯不过实行了韩非的哲学呢?还是李斯、韩非同是时代的产儿,同有这种很相同的思想呢?——可惜我们现在无法解答这些疑问了。

然而这种"病万变,药亦万变"的思想,正是司马谈说的"与时迁移,应物变化,立俗施事,无所不宜"的道家的要旨。《吕氏春秋》的十二月令是阴阳家的分月宪法,其书中的五德转移论(看《应同》篇)完全是邹衍的话,其贵生重己是杨朱一派的贵己主义,其孝治之说是儒家的,其无为无知的君道论是慎到等人的思想,其尚贤主义杂采儒墨之说,其反对无欲之说颇近于荀卿,其主张不法先王,因时而化,是根据于庄子一派的自然演变论和韩非的历史演进论的。这便是《汉书》时代所谓"杂家",这便是《史记》时代所谓"道家"。

十九、三、十四——廿初稿
十九、三、廿校改

第三章　秦汉之间的思想状态

一、统一的中国

在纪元前230年到[前]221年之间,秦国的武力平定了六国,建立了第一次的统一帝国。这第一个统一帝国只有十多年(前222—[前]210)的寿命,秦始皇死后(前210),陈胜、吴广便起兵造反了(前209)。从前209到[前]202年,为楚汉之争的时期。从前202年到[前]195年,为叛乱时期。经过这十五年的战祸之后,第二个统一的帝国——汉帝国——方才站得住。从此以后,中国便上了统一帝国的轨道。

这个统一帝国继续了近四百年(约前200—纪元200)之久,中间只有十几年的暂时分裂。这四百年的统一国家的生活,在中国民族史上有莫大的重要。分开来说,至少有这几点可以特别提出:

第一,这四百年的统一生活的训练,养成了一个统一民族的意识。从前只有"齐人"、"秦人"、"楚人"、"晋人"的意识,到这个时期才有"中国人"的意识。我们到现在还自称是"汉人","汉人"已成了"中国人"的同义名词了。这便是那四百年的一统生活的绝大成绩。

第二,在这四百年中,许多重要的政治制度逐渐成立,为后代所取法,故汉帝国不但造成四百年的一统局面,并且建立了两千年统一帝国的基础。最重要的制度如郡县制,如赋税制度,如科举,都成立于这个时代。其中如郡县制虽起于秦帝国,但汉初分封子弟,疆土太大,几乎回到战国的局势。经过了贾谊、晁错、主父偃等人的计虑,才有由诸王分地与子孙的办法,"不行黜陟而藩国自析"。到后来诸侯只能食租税的一部分而已,不能与闻政事。封建的制度到这时候才算废止。又如考试任官的制度,起于汉武帝时,后世逐渐演变,遂成为统一国家的一个最重要的制度。有统一的科举制度才有同一文字的可能。那已死的古文所以能维持两千年的权威,全是这考试任官制度的功效。

第三,秦以前的各国文化虽有渐渐倾向统一的形势,但地方的色彩还是很浓厚的。秦是西戎,楚是南蛮,吴越也是南蛮。孟轲在前四世纪与三世纪之间,还有"用夏变夷,未闻变于夷"的种族成见。秦始皇虽然用武力征服了六国,而种族畛域之见仍未能消灭,故南方民族有"楚虽三户,亡秦必楚"的口号。陈胜、项羽、刘邦都假借"楚"的名号,最后成统一帝业的刘邦便是南方的平民。但汉高祖虽是南方人,而他的眼光是很敏锐的,故能听娄敬、张良的话,定都关中。娄敬说的很露骨:"夫与人斗,不搤其肮,拊其背,未能全其胜也。今陛下入关而都,按秦之故地,此亦搤天下之肮而拊其背也。"南方人立国,而定都北方,这便有统一国家的气象。四百年中,南北的畛域渐渐泯灭,只有对外族的开拓,而没有内国的种族争战。这长期的一统帝国之下,各地的民族宗教在长安都有祠巫,各地的人才都有进用的机会:齐鲁的儒生继续传经,蜀楚的文人宣传楚声的文学,燕齐的方士高谈神仙方术,——都成了帝国文化的一部分,在帝者庇护之下都失去了原来的地方性。故这四百年的统一生活造成了统一的中国文化;有了这个伟大的基础,中国民族才能吸收各外族的文化,才能同化许多外来的民族。

第四,这个统一的局面在思想史上的最大影响便是思想的倾向一尊。秦以前的思想虽有混合的趋势,终究因为在列国分立的局势之下,各种思想仍有自由发展的机会。在这一国不得志的思想家,在那一国也许可以受君主的拥彗先驱。各国的君王公子又争着养士,白马非马之论固有人爱听,鸡鸣狗盗之徒也有人收容。但秦汉一统之后,政治的大权集中了,思想的中心也就跟着政府的趋向改换。李斯很明白地提倡"别黑白而定一尊"的政策,焚烧诗书百家语,禁止私学,禁止以古非今,禁止批评政治。这时候虽然也有私藏的书,但在这统一的专制帝政之下,人人都有"无所逃于天地之间"的感觉(《李斯列传》中记秦二世大杀群公子,公子高欲出奔而恐收族,乃请从葬先帝。这便是"无所逃死"的明例)。藏书的人须把书藏在壁里,传书的人须在夜半鸡鸣之间秘密约会,思想的不自由可以想见了。皇帝今天想求神仙,于是学者都得讲神仙。皇帝明天要封禅了,于是博士先生们又得讲求封禅典礼了。秦法又很严,方术不验的便有死罪。卢生、侯生一案,诸生被坑杀的有四百六十余人。到了后来,秦始皇一死倒,连那位主张焚书的丞相李斯也不能有什么说话的自由了,他十分委曲求全,到头来终不免下在狱里,吃了一千余榜掠,还得"具五刑,腰斩东市,夷三族",临死(前208)时,他回头对他的儿子说:"我要想和你再牵着黄狗,出上蔡(他的故乡)东门去赶兔子,那种乐事如今哪儿去寻呢?"他剥夺了天下人思想言论的自由,等到他自己下在狱里,想上书自辩,只落得赵高一句话:"囚安得上书!"天下人都没有自由,丞相哪能独享自由呢?

司马迁说:

> 秦之季世,焚诗书,坑术士,六艺从此缺焉。陈涉之王也,而鲁诸儒持孔氏之礼器,往归陈王,于是孔甲(孔子八世孙孔鲋)为陈涉博士,卒与涉俱死。陈涉起匹夫,驱瓦合谪戍,旬月以王楚,不满半岁竟灭亡,其事至微浅,然而搢绅先生之徒负孔子礼器,往委质为臣者,何也?以秦焚其业,积怨而发愤于陈王也。(《史记》一二一)

这一件事可以写出当时学者的渴望自由,赞成革命。从前是无所逃于天地之间,现在见有革命军起来了,故他们抱着孔子的礼器,赶去赞助革命,虽与同死而不悔。

但革命成功之后,统一的专制局面又回来了,学术思想的自由仍旧无望。建国的大功臣,如韩信、彭越等皆受极惨酷的刑戮。《汉书·刑法志》说:

> 当三族者,皆先黥劓,斩左右趾,笞杀之,枭其首,菹其骨肉于市。其诽谤詈诅者,又先断舌。故谓之"具五刑"。彭越、韩信之属皆受此诛。……至高后元年(前188),乃除三族罪,祆言令。孝文二年(前178),……尽除收律相坐法。其后(前163)新垣平谋为逆,复行三族之诛。

在这个极惨酷无人理的专制淫威之下,哪有思想言论的自由?怪不得张良要辟谷学导引,弃人间事从赤松子游了。怪不得陆贾晚年要谢病辞官,每日带着歌舞琴瑟侍者十人去寻酒食欢乐了。

新垣平犯了什么罪?他不过造出了一种无稽的望气说,又做了一件假古董,几乎叫孝文帝相信而已。然而他却受了五刑三族之诛!新垣平的思想虽荒诞,然而荒诞的思想要受这样惨酷的刑戮,别人虽有正当的思想也就不敢拿出来了。景帝时,辕固生和黄生在皇帝的面前争论一个问题:

黄生曰:"汤武非受命,乃弑也。"

辕固生曰:"不然。夫桀纣虐乱,天下之心皆归汤武,汤武与天下之心而诛桀纣。桀纣之民不为之使而归汤武,汤武不得已而立,非受命为何?"

黄生曰:"冠虽敝,必加于首。履虽新,必关于足。何者?上下之分也。今桀纣虽失道,然君上也。汤武虽圣,臣下也。夫主有失行,臣下不能正言匡过以尊天子,反因过而诛之,代立践南面,非弑而何也?"

辕固生曰:"必若所云,是高帝代秦即天子之位,非耶?"

于是景帝曰:"食肉不食马肝,不为不知味。言学者无言汤武受命,不为愚。"遂罢。是后学者莫敢明受命放杀者。(《史记》一二一)

这两个学者都是太老实了。一个要正上下之分,故说汤武是造反弑君,却忘了汉朝天下也是从造反得来的。一个要替汉高祖辩护,故赞成革命,却又忘了皇帝在面前,满肚子不愿意有人赞成革命。两个都想巴结皇帝,却都碰了一个大钉子!从此以后,这个问题遂无人敢明白讨论了。这个故事写那思想不自由的空气,写那时代的学者左右做人难的神气,多么可怕!

这一个故事写的便是专制国家里的"忌讳"问题。忌讳是君主或政府不愿意听的话,不愿意人想的思想。凡触犯忌讳的,都不许有自由,都有刑戮的危险。在专制政体之下,一般人的思想都得避免一切犯忌讳的话,还得更进一步去逢迎君主的意志。即如汤武革命的问题,后世也有相仿的例子。北宋史家司马光作《资治通鉴》,认三国时代的魏为正统;南宋史家朱熹作《通鉴纲目》,便认蜀汉为三国正统。为什么呢?北宋赵匡胤因兵士拥戴而做皇帝,很像曹魏的代汉,故宋朝的史家不敢说曹魏是非正统。南宋是偏安的局面,有点像蜀汉的偏安,故南宋的史家不敢不认蜀汉为正统了。到了满清入主中国的时候,这个问题又换了一个新样子。明朝的官吏投降清朝的,在当时都很受欢迎,但等到满洲人基础稳固之后,这班投降的大官都被收在《贰臣传》去了!前日之受降是一种实际的需要;今日之编入《贰臣传》是为清朝臣子不忠者劝。前日行的是辕固生的主张,今日行的是黄生的主义。此亦一是非,彼亦一是非,都依君主的意指为转移。

司马迁又说:

窦太后好老子书,召辕固生问老子书。固曰:"此是家人言耳。"太后怒曰:"安得司空城旦书乎?"(汉以司空主罪人,城旦是罚作苦工的徒刑)乃使固入圈刺豕。景帝知太后怒,而固直言无罪,乃假固利兵,入圈刺豕,正中其心,一刺,豕应手而倒。太后默然,无以复罪。罢之。(《史记》一二一)

把罪人送进兽圈去刺野猪,这很像罗马时代的斗兽,是很野蛮的制度。辕固生不过说了一句轻视老子书的话,窦太后便大怒,罚他去刺野猪,这是何等世界?

晁错为景帝划策,削减诸王国。后来吴楚七国举兵反,以诛晁错为名,景帝慌了,就把晁错斩于东市,以谢七国。董仲舒爱谈灾异,建元六年(前135)辽东高庙灾,董仲舒解释天意,刺讥当日的贵戚外藩。主父偃奏上其书,皇帝把董仲舒交审判,判决他应得死罪。皇帝虽然免了他的死罪,然而从此以后,"董仲舒竟不敢复言灾异!"(《史记》一二一,参看《汉书》二七上)

当汉武帝初年,太皇太后窦氏的势力还很大。当时有几个儒生想拥护新立的少主,推翻太皇太后的专政。领袖的人是御史大夫赵绾和郎中令王臧,他们运动武帝去请一位八十多岁的儒家大师申公来商量怎样立明堂,朝诸侯。他们又提议请一班外戚诸侯各回国,并请群臣不要向太皇太后处奏事。窦太后知道了,很生气,遂寻了赵绾、王臧的许多罪过,把他们下狱,他们都自杀在狱里。(《史记》一二一,参《史记》一〇七,《汉书》八八)

窦太后崇拜黄老书,故她的儿子景帝和诸王诸窦都不得不读黄帝老子的书,不得不尊崇黄老之学(《史记》四九)。她当国二十多年(前156—[前]135),当时的儒生博士"具官待问,未有进者"(《史记》一二一)。批评老子书的,要被罚去兽圈里刺豕;提倡儒术的,如赵绾、王臧等,要下狱自杀。这便是一尊。《史记》又说:

> 及窦太后崩(前135),武安侯田蚡为丞相,绌黄老刑名百家之言,延文学儒者数百人,而公孙弘以《春秋》白衣为天子三公,封以平津侯。天下之学士靡然向风矣。

这又是一尊。

当武帝征召诸儒之时,辕固生和公孙弘都在被征之数。辕固生已九十余岁了,公孙弘也有六十岁了,公孙弘有点怕这位老前辈,不敢正眼看他。辕固生对他说:

> 公孙子,务正学以立言,无曲学以阿世。

然而在这个学术一尊,思想不自由之下,能有几个人不"曲学以阿世"呢?

二、李斯(死于前208)

在秦始皇和李斯的铁手腕之下,学术思想都遭到很严厉的压迫。我们看秦始皇的泰山刻石云:

> ……治道运行,诸产得宜,皆有法式。
> 大义休明,垂于后世,顺承勿革。……

琅邪刻石云:

> ……普天之下,抟心壹志。
> 器械一量,同书文字。
> 日月所照,舟车所载,
> 皆终其命,莫不得意。
> 应时动事,是维皇帝。……

之罘刻石云：

>……普施明法,经纬天下,永为仪则。

>大矣哉！宇县之中,承顺圣意！……

在这些刻石文字里,我们可以看出始皇帝的志得意满的神气。他们第一次做到一统的功业,确有开辟一个新局面的感觉,难怪他们在这时候起一种"一劳永逸"的梦想。普天之下既是"抟心壹志,承顺圣意"了,还有什么思想的必要呢？所以博士七十人,只有歌颂功德,鼓吹升平的用处；儒生术士几百人,也只有议封禅礼仪,求神仙,求不死奇药的用处。此外他们还有什么用处呢？

然而这般书生偏要不安本分,还妄想替始皇出主意。博士淳于越说：

>事不师古而能长久者,非所闻也。

这种口气正触犯了大丞相的忌讳。李斯是荀卿的弟子,韩非的学友,吕不韦的宾客,他的政治哲学正是要人不法先王。于是他提出了他的焚书政策：

>五帝不相复,三代不相袭,各以治。非其相反,时变异也。今陛下创大业,建万世之功,固非愚儒所知。且越言乃三代之事,何足法也？

>异时诸侯并争,厚招游学。今天下已定,法令出一,百姓当家则力农工,士则学[习]法令辟禁。今诸生不师今而学古,以非当世,惑乱黔首。

>丞相臣斯昧死言：古者天下散乱,莫之能一,是以诸侯(当作儒)并作,语皆道古以害今,饰虚言以乱实,人善其所私学,以非上之所建立。今皇帝并有天下,别黑白而定一尊。而私学乃相与非法教之制(此句《始皇本纪》有误,从《李斯列传》改),人闻令下,则各以其私学议之；入则心非,出则巷议；夸主以为名,异趣以为高,率群下以造谤。如此弗禁,则主势降乎上,党与成乎下。禁之便。

>臣请史官非秦纪,皆烧之。非博士官所职,天下敢有藏《诗》、《书》百家语者,悉诣守尉杂烧之。有敢偶语《诗》、《书》,

弃市。以古非今者,族。吏见知不举者,与同罪。令下三十日不烧,黥为城旦。所不去者,医药、卜筮、种树之书。若有欲学法令,以吏为师。(《史记》六,参八七)

这一篇大文章受了两千多年的咒骂,到了今日应该可以得着比较公平冷静的估价了。我们研究中国古代思想史的人,看了这篇宣言,并不觉得有什么可以惊异的论点。古来的思想家,无论是哪一派,都有压迫异己思想的倾向。儒家如孟子、荀子,都有过很明白的表示。"能言拒杨墨者,圣人之徒也",这便是孟轲。"今圣王没,天下乱,奸言起,君子无势以临之,无刑以禁之,故辩说也",这便是荀卿。儒家不曾造出孔子诛少正卯的故事吗?墨家也要"壹同天下之义",他们的理想政治是"上之所是,必皆是之;所非,必皆非之:上同而不下比"。韩非也说:"言行而不轨于法令者,必禁。"所以古代思想派别虽多,在压迫异己的思想和言论一点上,他们是一致的。他们不幸"无势以临之,无刑以禁之",故只能说罢了,都不曾做出秦始皇、李斯的奇迹。李斯是有势有刑的帝国大丞相,故能实行当日儒墨名法所公同主张的压迫政策。这叫做"一朝权在手,便把令来行",孔丘、墨翟、荀卿、李斯,易地则皆然,有什么奇怪?后世儒者对于孔丘杀少正卯的传说都不曾有贬辞,独要极力丑诋李斯的禁书政策,真是知二五而不知一十了。

李斯的建议中的主要思想是根本反对"以古非今""不师今而学古""道古以害今"。这个思想也不足奇怪。我们研究了《庄子》、《荀子》、《韩非子》、《吕氏春秋》的思想,应该可以明白当时思想界的几个重要领袖确是相信历史演化的原则。韩非和《吕氏春秋》讲的最透彻。韩非说:

> 古者丈夫不耕,草木之实足食也。妇人不织,禽兽之皮足衣也。不事力而养足,人民少而财有余,故民不争。是以厚赏不行,重罚不用,而民自治。
>
> 今人有五子不为多,子又有五子,大父未死而有二十五孙。是以人民众而货财寡,事力劳而供养薄,故民争,虽倍赏累罚而不免于乱。……

> 是以古之易财,非仁也,财多也。今之争夺,非鄙也,财寡也。(《五蠹》)

《五蠹》一篇全是这种历史变迁的议论,而结论归到"不期循古,不法常可;论世之事,因为之备"。《吕氏春秋》也说:

> 先王之法胡可得而法?虽可得,犹若不可法。凡先王之法,有要于时也。时不与法俱至,法虽今而至,犹若不可法。……其时已与先王之法亏矣,而曰,此先王之法也,而法之以为治,岂不悲哉?(《察今》)

《吕氏春秋》的结论也归到"时已徙矣,而法不徙,以此为治,岂不悲哉?"这种根据于历史演变的事实而主张变法的哲学,便是李斯的议案的思想背景。

韩非早已说过了:

> 今巫祝之祝人曰:"使若千秋万岁!""千秋万岁"之声括耳,而一日之寿无征于人。此人所以简(轻慢)巫祝也。
> 今世儒者之说人主,不善今之所以为治,而语已治之功;不审官法之事,不察奸邪之情,而皆道上古之传,誉先王之成功。儒者饰辞曰:"听吾言则可以霸王。"此说者之巫祝,有度之主不受也。故明主举实事,去无用,不道仁义,故不听学者之言。(《显学》)

韩非要除去的"五蠹",其中之一便是那"称先王之道以藉仁义,盛容服而饰辩说,以疑当世之法,而贰人主之心"的学者。韩非并且很明白的说:

> 故明主之国,无书简之文,以法为教;无先王之语,以吏为师。(同上)

韩非的书在秦国最流行,秦始皇早已熟读了他的《孤愤》《五蠹》之书(《史记》六三);李斯也是熟读《五蠹》《显学》之书的(《史记》六三,又八七);连那昏庸的胡亥也能整段的征引《五蠹篇》的话(《史记》八七)。故韩非虽死,而韩非的主张却成了秦帝国的政策。李斯焚书令中的话便是《五蠹》、《显学》的主张,而"若有欲学法令,以吏为师"竟是直用《显学篇》的文句了。

平心而论,这种思想可算是中国古代思想中最大胆、最彻底的部分。古代思想家谈政治往往多是内心冥想,而捏造尧舜先王的故事来作证据;内心的冥想无穷,故捏造的尧舜先王故事也无穷。这种风气有种种流弊。名为道古,其实是作伪;闭户造证据,其实全无证据,养成懒惰诈伪的思想习惯,是一弊。什么事总说古昔先王怎样好,"不善今之所以为治,而语已治之功",养成迷古守旧的心理,是二弊。说来头头是道,而全不观察现状,全不研究制度,"不审官法之事,不察奸邪之情,而皆道上古之传,誉先王之成功",养成以耳为目的不晓事习气,是三弊。故满地是"先王之语",其实大都是假历史;遍地是"书简之文",其实大都是成见与瞎说。所以韩非发愤说:

> 无参验而必之者,愚也。弗能必而据之者,诬也。故明据先王,必定尧舜者,非愚即诬也。(《显学》)

愚是不自觉的受欺,诬是有心欺骗。李斯的焚书政策只是要扫除一切"非愚即诬"的书籍,叫人回头研究现代的法律制度,上"以法为教",下"以吏为师"。他不是有意要"愚黔首",只是如始皇说的"收天下书中不用者尽去之"。翻成了今日的语言,这种政策不过等于废除四书五经,禁止人做八股,教人多研究一点现代的法律、经济、政治的知识。这有什么希奇呢?我们至多不过嫌李斯当日稍稍动了一点火气,遂成了一种恐怖政策,不仅是取缔那应该取缔的"以古非今",竟取消一切"私学"的权利,摧残一切批评政治的自由了。但政治的专制固然可怕,崇古思想的专制其实更可怕。秦帝国的专制权威,不久便被陈涉、项羽推翻了。但崇古思想的专制权威复活之后,便没有第二个韩非、李斯敢起来造反了。我们在两千多年之后,看饱了二千年"道古以害今,饰虚言以乱实"的无穷毒害,我们不能不承认韩非、李斯是中国历史上极伟大的政治家。他们采取的手段虽然不能全叫我们赞同,然而他们大胆的反对"不师今而学古"的精神是永永不可埋没的,是应该受我们的敬仰的。

三、陆贾(死时约在前170)①

十年的秦帝国只留得一篇李斯焚书议代表那第一帝国的思想。当李斯腰斩东市之日,革命军已起来一年多了,刘邦、项羽都已成了革命军的领袖了。在刘邦的军中有一个南方辩士陆贾,可以算是楚汉时代的一个思想家。

陆贾是楚人,跟着汉高祖革命,因为他有口才,故常常被派出去当代表;后来天下既平定,他出使南越,代表汉朝去封赵佗为南越王,他的辩才居然能使赵佗称臣奉约。二十年后,孝文帝元年(前179),他又奉使到南越,也很有成绩。《史记》说他以寿终,死时约当前170年。

陆贾在汉高祖面前时时称说诗书,高祖骂道:"乃公居马上而得之,安事诗书?"陆贾回答道:"居马上得之,宁可以马上治之乎?"高祖是个聪明人,懂得这话有道理,便对他说:"试为我著秦所以失天下,吾所以得之者何,及古成败之国。"陆贾便著了十二篇,每奏一篇,高祖总说好,其书便叫做《新语》。

《新语》今本有十二篇,《四库全书提要》颇疑此书是后人所依托,不是陆贾的原本。《提要》举了三条证据:

一、《汉书·司马迁传》说司马迁取《战国策》、《楚汉春秋》、陆贾《新语》作《史记》,而今本《新语》之文悉不见于《史记》。

二、王充《论衡·本性篇》引陆贾曰:"天地生人也,以礼义之性;人能察己所以受命则顺,顺谓之道。"今本亦无其文。

---

① 本节曾以《述陆贾的思想》为题发表于《张菊生先生七十生日纪念论文集》(1937年1月上海商务印书馆出版)。胡适有短序云:"这是民国十九年三月里写的一篇旧稿。那时我住在张菊生先生的对门,时常问他借书,有时候还借到他自己用朱笔细校的史书。我那时初读唐晏刻的陆贾《新语》,写了一篇跋,也曾送给菊生先生,请他指教。今年一班朋友发起印行一本庆祝菊生先生七十岁大寿的论文集,我本想写一篇《古书中的方言》,两度在太平洋船上起稿,都没有写成。现在收稿的期限太近了,我只好检出这篇旧稿寄去凑热闹,心里着实感觉惭愧。我所以挑出这篇,不仅仅是因为这是我和菊生先生做邻居时候写的,是因为陆贾的'圣人不空出,贤者不虚生'的人生观最近于他处世的精神,也最配用来做给他祝寿的颂辞。二十五、十二、十五夜。"

三、《穀梁传》至汉武帝时始出,而《道基》篇末乃引《穀梁传》曰,时代尤相抵牾。

《提要》所疑三点,都不能成立。《汉书·艺文志》有陆贾的书二十七篇,王充所引未必出于《新语》,是第二点不够证明《新语》之为伪书。近人唐晏(原名震钧,瓜尔佳氏,满洲镶黄旗人,革命后改今名,生于咸丰九年,1859,死于民国九年,1920。王重民先生有《唐晏传》)(《龙溪精舍丛书》本,《新语》跋)指出《道基篇》末所引《穀梁传》"仁者以治亲,义者以利尊,万世不乱"之语为今本《穀梁传》所无,可见他所据的《穀梁传》未必是汉武帝时代所出的,是第三点不够证明《新语》之晚出。最荒谬的是《提要》的第一条疑点。《提要》说《汉书·司马迁传》称迁取陆贾《新语》作《史记》,我检《汉书·迁传》原文,并未提及陆贾,也未提及《新语》。原文只说"司马迁据左氏《国语》,采《世本》《战国策》,述(《汉书》引作逮)《楚汉春秋》,接其后事,讫于天汉"。四库馆臣一时误记,又不检查原书,遂据误记之文以定《新语》出于伪托,岂非大谬?我从前也颇疑此书,近年重读唐氏校刻本(《新语》没有好本子。唐氏此本用明人刻《子汇》本,参校范氏天一阁本,改正第六篇"齐夫用人若彼"以下二百二十八字的错简,移在第五篇"邑土单于强"之下,这两篇才可读了。故唐校本是《新语》的最好本子),觉得此书不是伪作之书,其思想近于荀卿、韩非,而鉴于秦帝国的急进政策的恶影响,故改向和缓的一路,遂兼采无为的治道论。此书仍是一种"杂家"之言,虽时时称引儒书,而仍不免带点左倾的色彩,故最应该放在《吕氏春秋》和《淮南王书》之间,决不是后人所能伪造的。

《吕氏春秋》的第一句话便是:

> 始生之者,天也。养成之者,人也。能养天之所生而勿撄之,谓之天子。

陆贾《新语》开卷第一句话便是:

> 天生万物,以地养之,圣人成之。功德参合而道术生焉。

(一)

人功和天地参合,助成天地所生,才有道术可言。故《新语》第一篇

先说天道,次说地道,然后极力演说"圣人成之"的一个主义。天道是:

> 张日月,列星辰,序四时,调阴阳,布气治性,次置五行,春生夏长,秋收冬藏。

地道是:

> 封五岳,画四渎,规洿泽,通水泉,树物养类,苞植万根,暴形养精,以立群生。

但最重要的是"圣人成之"。陆贾似乎受了韩非的历史见解的影响;韩非分古史为上古之世、中古之世、近古之世(《五蠹》篇);陆贾也分古史为"先圣""中圣""后圣"三时期。他说:

> 于是先圣乃仰观天文,俯察地理,图画乾坤,以定人道。民始开悟,知有父子之亲,君臣之谊,夫妇之别,长幼之序。于是百官立,王道乃生。

> 民人食肉饮血,衣皮毛;至于神农,以为行虫走兽难以养民,乃求可食之物,尝百草木之实,察酸苦之味,教民食五谷。

> 天下人民野居穴处,未有室屋,则与禽兽同域;于是黄帝乃伐木构材,筑作宫室,上栋下宇,以避风雨。

> 民知室居食谷而未知功力;于是后稷乃列封疆,划畔界,以分土地之所宜;辟土植谷,以用养民;种桑麻,致丝枲,以蔽形体。

> 当斯之时,四渎未通,洪水为害;禹乃决江疏河,通之四渎,致之于海,大小相引,高下相受,百川顺流,各归其所,然后人民得去高险,处平土。

> 川谷交错,风化未通,九州隔绝,未有舟车之用以济深致远;于是奚仲乃挠曲为轮,因直为辕,驾马服牛,浮舟杖楫,以代人力;铄金镂木,分苞烧殖(埴),以备器械。

> 于是民知轻重,好利恶难,避劳就逸;于是皋陶乃立狱制罪,悬赏设罚,异是非,明好恶,检奸邪,消佚乱。

这都是"先圣"的制作。

> 民知畏法而无礼义,于是中圣乃设辟雍庠序之教,以正上下之仪,明父子之礼,君臣之义,使强不凌弱,众不暴寡,弃贪鄙之

心,兴清洁之行。

礼义教育是"中圣"的制作。

> 礼义不行,纲纪不立,后世衰废;于是后圣乃定五经,明六艺,承天统地,穷事察微,原情立本,以绪人伦;宗诸天地,□修篇章,垂诸来世,被诸鸟兽(?),以匡衰乱。

> 天人合策,原道悉备,智者达其心,百工穷其巧,乃调之以管弦丝竹之音,设钟鼓歌舞之乐,以节奢侈,正风俗,通文雅。后世淫邪,增之以郑卫之音。民弃本趋末,技巧横出,用意各殊,则加雕文刻镂,傅致胶漆,丹青玄黄琦玮之色,以穷耳目之好,极工匠之巧。

> 夫驴骡骆驼犀象,玳瑁琥珀珊瑚翠羽珠玉,山生水藏,择地而居,洁清明朗,润泽而濡,磨而不磷,涅而不缁,天气所生,神灵所治,幽闲清净,与神浮沉,莫之(疑当作不)效力为用,尽情为器。

> 故曰"圣人成之",所以能统物通变,治性情,显仁义也。(一)

美术、音乐、雕刻、工业,都是后世的制作。

这一长段的历史进化论,很可以使我们想到《周易·系辞传》中论古圣人观象制器的一段,文字也很有因袭的痕迹。《系辞传》的一段注重在"制器尚象",却也有"易穷则变,变则通,通则久"的观念,已含有文化演进的思想。庄子、韩非以后,历史演变的思想更流行了,故韩非说古史已不取"观象"之说,只说"圣人不期循古,不法常可,论世之事,因为之备"而已。陆贾此论,更为详细清楚,可算是古人的文化起源论中最有条理的作品。看他把教育放在中世,而美术工业放在后圣之世,而统统认为"统物通变,治性情,显仁义"的事业。这种很平允的文化史观,确是很难能可贵的(陆贾晚年颇能享受一种美术的生活,大概他是一个有审美天才的人,故能欣赏美术音乐在文化史上的地位)。

陆贾的历史见解有点像荀卿,又有点像韩非,大概是调和这两个人之间。如说:

> 善言古者,合之于今;能述远者,考之于近。(参看《荀子·

性恶篇》:"善言古者,必有节于今;善言天者,必有征于人。")……世俗以为自古而传之者为重,以今之作者为轻。淡于所见,甘于所闻。……道近不必出于久远,取其致要而有成。《春秋》上不及五帝,下不至三王,述齐桓、晋文之小善,鲁之十二公,至今之为政,足以知成败之效,何必于三王?故古人之所行者,亦与今世同。立事者不离道德,调弦者不失宫商。……周公与尧舜合符瑞,二世与桀纣同祸殃。文王生于东夷(?),大禹出于西羌,世殊而地绝,法合而度同。……万世不异法,古今同纪纲。(二)

这一段全是荀卿"法后王"之说,含有古今虽久而同理之意。因为古今同理,故不必远法上古,但"取其致要而有成"而已。但陆贾又说:

> 故制事者因其则,服药者因其良。书不必起仲尼之门。药不必出扁鹊之方。合之者善,可以为法,因世而权行。(二)

这里便超出荀卿思想之外,已有韩非的意味了。荀卿与韩非同一不法先王,而根本不大相同。荀卿信古今同理,故法后王即等于法先王。韩非、李斯都信古今时势不同,故先王之法不可得而法。古代学者不曾深切了解历史演变之理,往往不能辨别这两说的根本不同,所以《吕氏春秋·察今篇》明说时代已变换了,故不能法先王之法,但忽然又插入一句"古今一也"的旧说。所以陆贾已很详细的叙说文化演变的程序了,终不能完全丢掉"万世不异法,古今同纪纲"的荀卿思想。此种矛盾的理论多由思想不曾有彻底的自觉。如果万世真不异法,何必又说"因世而权行"呢?

陆贾生当革命之世,人人唾骂秦始皇、李斯的急进政策,故他也不赞成这种政治。他说:

> 秦始皇帝设为车裂之诛以敛奸邪,筑长城于戎境以备胡……蒙恬讨乱于外,李斯治法于内;事愈烦,天下愈乱,法愈滋而奸愈炽,兵马益设而敌人愈多。秦非不欲为治,然失之者,乃举措暴众而用刑太极故也。(四)

所以他主张用柔道治国,主张无为而治。他说:

> 故怀刚者久而缺,恃柔者久而长。(三)

又说:
> 柔懦者制刚强。(三)

又说:
> 道莫大于无为,行莫大于谨敬。何以言之? 昔虞舜治天下,弹五弦之琴,歌南风之诗,寂若无治国之意,漠若无忧民之心,然天下治。……故无为也,乃无〈不〉为也。(四)

无为而治本是先秦思想家公认的一个政治理想。陆贾的无为政治是:
> 虚无寂寞,通动无量,故制事因短,而动益长。以圆制规,以矩立方。(一)

说的详细点,便是:
> 夫形(刑?)重者则身劳,事众者则心烦。心烦者则刑罚纵横而无所立。身劳者则百端回邪而无所就。
>
> 是以君子之为治也,块然若无事,寂然若无声,官府若无吏,亭落若无民。闾里不讼于巷,老幼不愁于庭;近者无所议,远者无所听;邮亭无夜行之吏,乡间无夜召之征。……于是赏善罚恶而润色之,兴辟雍庠序而教诲之。然后贤愚异议,廉鄙异科,长幼异节,上下有差,强弱相扶,大小相怀,尊卑相承,雁行相随,不言而信,不怒而威。岂特坚甲利兵,深刑刻法,朝夕切切而后行哉? (八)

这种无为的、柔道的治道论,固然是先秦思想的混合产物,却也是当时一种应时救急的良方。凡无为的治道论,大都是对于现时政治表示不满意的一种消极的抗议,好像是说:"你们不配有为,不如歇歇罢;少做少错,多做多错,老百姓受不了啦,还是大家休息休息罢!"陆贾生当秦帝国大有为之后,又眼见汉家一般无赖的皇帝,屠狗卖缯的功臣,都不是配有为的人。他的无为哲学似乎不是无所为而发的罢? 他对那位开国皇帝说:"您骑在马上得了天下,难道还可以骑在马上统治天下吗?"所以他盼望那些马上的好汉都下马来歇歇,好让大乱之后的老百姓们也歇歇了。夷三族,具五刑的玩意儿是不好天天玩的,还是歇歇的好。

陆贾不是消极无为的人,他的人生观是主张积极进取的。他说:

> 君子广思而博听,进退循法,动作合度,闻见欲众而采择欲谨,学问欲□□□□欲敦。……语之以晋楚之富而志不回,谈之以乔松之寿而行不易。("晋楚之富"、"乔松之寿"皆是当时成语。前者见于《孟子》,后者见于《史记·李斯传》)……上决是非于天文,其次定狐疑于世务。废兴有所据,转移有所守。……夫舜禹因盛而治世,孔子承衰而作功。圣人不空出,贤者不虚生。……久而不弊,劳而不废。(十二)

这是何等积极的人生观!所以他很沉痛的批评当时人的消极生活:

> 人不能怀仁行义,分别纤微,忖度天地,乃苦身劳形,入深山,求神仙,弃二亲,捐骨肉,绝五谷,废诗书,背天地之宝,求不死之道,非所以通世防非者也。(六)

又说:

> 夫播(弃也)布革,乱毛发,登高山,食木实;视之无优游之容,听之无仁义之辞;忽忽若狂痴,推之不往,引之不来;当世不蒙其功,后代不见其才,君倾而不扶,国危而不持;寂寞而无邻,寥廓而独寐:可谓避世,非谓怀道者也。(六)

陆贾所讥评,很可以供我们作中国思想史的材料。古代思想里本不少消极的思想,本不少出世的人生观。左派的思想家,如老子、杨朱,思想虽然透辟,而生活的态度却趋向消极,故左派的思想的末流容易走上颓废出世的路上去。不过当时国际的竞争激烈,志行坚强的人还不甘颓废,故孔子栖栖皇皇,知其不可而为之,故墨子摩顶放踵以利天下,遗风所被,还能维持一个积极有为的人世界。但战国晚期,颓废的人生观和出世求神仙的生活都成了时髦的风尚了。燕昭王和齐威、宣王都曾奖励求神仙的事(见《史记》二八)。《吕氏春秋》说:

> 当今之世,求有道之士,则于四海之内,山谷之中,僻远幽闲之所。(《谨听》篇)

又说:

> 单豹好术,离俗弃尘,不食谷实,不衣芮(絮)温,身处山林岩堀,以全其身。(《必己》篇)

这都是中国思想逐渐走入中古时期的征象。陆贾所讥评,正是这种出世人生观。他是主张"圣人不空出,贤者不虚生"的,故他很严厉的批评这种懒惰不长进的人生观。他在政治上虽然稍稍倾向无为,但他的人生哲学却要人努力救世,"劳而不废";正如孔子有时也梦想无为而治,他的实际生活却是"知其不可而为之"。

陆贾的思想很可以代表我所谓左倾的中派的遗风:思想尽管透辟,而生活仍要积极,这便是左倾的中派。他又批评当时的另一种风尚,也有史料的价值。他说:

> 夫世人不学诗书,行仁义,……乃论不验之语,学不然之事,图天地之形,说灾异之变,乖先王之法,异圣人之意,惑学者之心,移众人之志,指天画地,是非世事,动人以邪变,惊人以奇怪,听之者若神,观之者如异。……事不生于法度,道不本于天地,可言而不可行也,可听而不可传也,可□玩而不可大用也。(九)

这里形容的是当时谈阴阳灾异图谶的方士儒生。陆贾这样排斥迷信派,还不失为左倾的中派思想家。

陆贾的积极的人生观,到了吕后专政的时期(前194—[前]180),也就无所用之。《史记》说:

> 孝惠帝时,吕太后用事,欲王诸吕,畏大臣有口者。陆生自度不能争之,乃病免家居。以好畤田地善,往家焉。有五男,乃出所使越得橐中装,卖千金,分其子,子二百金,令为生产(汉制,每一金值千贯)。陆生常安车驷马,从歌舞鼓琴瑟侍者十人,宝剑直百金。谓其子曰:"与汝约:过汝,汝给吾人马酒食,极欲十日而更。所死家,得宝剑车骑侍从者。一岁中往来过他客,率不过再三过,数见不鲜,无久溷汝为也。"(《史记》九七,参用《汉书》四三)

这是他自己韬晦的方法。然而他后来替陈平画策,交欢周勃,遂诛诸吕,迎立文帝,使那第二帝国危而复安,这还够得上他的"贤者不虚生"的人生哲学。

四、叔孙通（死约在前 180）

陆贾的同事之中，有一位叔孙通，也可以代表楚汉之间思想状态的一方面。司马迁作叔孙通的传（《史记》九九），完全用小说口吻，处处用尖刻的诙谐笔墨，把这位"汉家儒宗"描写的十分淋漓尽致。虽然历史文学里少见这样绝妙的艺术，我们用这种材料时却不可不稍稍存几分戒心，不可不明白这不过是司马迁心目中的叔孙通。

叔孙通是鲁国薛人，秦始皇时以文学征为博士待诏。后来山东革命军起来了，二世皇帝召问博士儒生，诸生或说是造反，或说是盗匪，只有叔孙通说是一些"鼠窃狗盗，何足置之齿牙间？"二世大喜，特别赏赐他，拜为博士。散出之后，诸生怪他太会巴结了，他说："您不知道，我几乎逃不出虎口了！"于是他逃跑了，先投降项梁，后来跟着楚怀王；怀王倒了，他留在项羽手下，到汉二年（前 205）才投降汉王。他从秦始皇到汉高帝，曾服事过这么多的主子，所以后来鲁国儒生骂他："公所事者且十主，皆面谀以得亲贵！"

司马迁这样形容他的圆滑手段：

> 叔孙通儒服，汉王憎之，乃变其服，服短衣楚制，汉王喜。
>
> 叔孙通之降汉，从儒生弟子百余人（这一点似乎不近事实罢？），然通无所言进，专言诸故群盗壮士进之。弟子皆窃骂。……叔孙通闻之，乃谓曰："……诸生宁能斗乎？……诸生且待我，我不忘矣。"

汉王即皇帝位时（前 202），称号和礼仪都是叔孙通定的。刘邦虽然做了皇帝，他却感觉他那一班屠狗卖缯的老朋友不容易对付。

> 高帝悉去秦苛仪，法为简易。群臣饮酒争功，醉或妄呼，拔剑击柱。高帝患之。叔孙通知上益厌之也，说上曰："夫儒者难与进取，可与守成。臣愿征鲁诸生与臣弟子共起朝仪。"
>
> 高帝曰："得无难乎？"
>
> 叔孙通曰："五帝异乐，三王不同礼。礼者，因时世人情为之节文者也。故夏殷周之礼所因损益可知者，谓不相复也。臣愿颇采古礼与秦仪，杂就之。"

> 上曰:"可试为之,令易知。度吾所能行为之。"

这一段谈话里也可以看出荀卿、韩非、李斯的影响。

> 于是叔孙通使征鲁诸生三十余人。鲁有两生不肯行,曰:"公所事且十主,皆面谀以得亲贵。今天下初定,死者未葬,伤者未起,又欲起礼乐!礼乐所由起,积德百年而后可兴也。吾不忍为公所为,公所为不合古。公往矣,无污我。"
>
> 叔孙通笑曰:"若真鄙儒也,不知时变。"遂与所征三十人西,及上左右为学者,与其弟子百余人,为绵蕞(引绳为绵,立表为蕞,定表位标准),野外习之。
>
> 月余,叔孙通曰:"上可试观。"上即观,使行礼,曰:"吾能为此。"乃今群臣习肄。

《史记》记第一次行新朝仪,最有意味:

> 会十月,汉七年,长乐宫成,诸侯群臣皆朝十月(此时以十月为岁首)。
>
> 仪:先平明,谒者治礼(皆官名)引以次入殿门。廷中陈车骑步卒卫官,设兵(兵是兵器),张旗帜。传曰:"趋!"殿下郎中挟陛,陛数百人。功臣列侯诸将军军吏以次陈西方,东向。文官丞侯以下陈东方,西向。大行(官名)设九宾胪句传(旧说,上传语告下为胪,下传语告上为句)。
>
> 于是皇帝辇出房,百官执职(帜?《汉书》作戟)传警。引诸侯王以下至吏六百石,以次奉贺。自诸侯王以下,莫不振恐肃敬。至礼毕、尽伏(此依《汉书》。《史记》伏作复)。
>
> 置法酒,诸侍坐殿上,皆伏,抑首。以尊卑次起上寿。觞九行,谒者言:"罢酒!"御史执法,举不如仪者,辄引去。竟朝置酒,无敢欢哗失礼者。
>
> 于是高帝曰:"吾乃今日知为皇帝之贵也!"乃拜叔孙通为太常,赐金五百斤。叔孙通因进曰:"诸弟子儒生随臣久矣,与臣共为仪,愿陛下官之。"高帝悉以为郎。叔孙通出,皆以五百斤金赐诸生,诸生乃皆喜曰:"叔孙生诚圣人也,知当世之要务!"

这个定朝仪的故事是很有重大意义的。第一，这是儒生在汉帝国之下开始大批进用的历史。第二，这是那在马上得天下的帝国开始文治化的历史。第三，这是平民革命推翻秦国帝制之后又从头建立专制政体的历史。这三层都有莫大的历史意义。刘邦本是一个无赖，最看不起文士儒生，甚至于"诸客冠儒冠来者，沛公辄解其冠，溲溺其中，与人言常大骂"（《史记》九七）。叔孙通用他的圆滑委曲的手段，居然能巴结上那位无赖的皇帝，叫他心悦诚服的喊出来："吾乃今日知为皇帝之贵也！"五年之后（前195），高帝征英布回来，过鲁，以太牢祠孔子（《汉书》一，《史记》八不记此事）。这个以太牢祠孔子的皇帝，就是当年解儒冠溲溺其中的无赖。他如今明白了儒生的好处，也就彬彬有礼了，也就成了孔子的信徒了。司马迁评论叔孙通道：

> 叔孙通希世度务制礼，进退与时变化，卒为汉家儒宗。大直若诎，道固委蛇，盖谓是乎？

从马上搬到马下，从军政搬到文治，从一个溲溺儒冠的无赖变成一个孔子信徒，这固然是一大进步。然而叔孙通的成绩只够使功臣诸侯王伏席震恐，只够使刘邦知道做皇帝的尊严，这却算不得什么成绩。叔孙通见惯了始皇和二世的殿陛威严，故他的把戏很可以震吓那一群屠狗卖缯的乡下流氓。然而这一群山东儒生眼见韩信、彭越等人具五刑、夷三族，眼见那位穷凶极恶的乡下老太婆——吕雉——把人当猪狗，他们毫不作一声，他们的圣贤教训丢在哪儿去了！所谓"汉家儒宗"，他的绝大贡献不过能教汉高祖学秦始皇学的更像一点而已！

叔孙通做了太子太傅，后来孝惠帝即位，便请他定汉家宗庙仪法。惠帝不久就死了（前188），谥法上加个"孝"字，后来诸帝也都带个"孝"字，表示"以孝治天下"之意。这一个制度，史家虽没有明文，我们很可以归功于那位叔孙太常。这便是儒教成为国教的第一声。儒家讲孝道，本重在尊重先人之遗体，其中含有重视个人的意义，未可厚非。但自从汉朝儒生行出以孝治天下的国教，用来巴结那穷凶极恶的吕雉，叔孙通教惠帝"人主无过举"，惠帝见了那惨无人理的"人彘",也只能说"此非人所为,臣为太后子,终不能治天下"而已。从此以后,专制帝主便成了民之父母,"人主无过举",故后世便有"天下无不是的父母"的荒谬议论,于是双层的专制便永永不能摆脱了。

十九、三、廿六初稿成

第四章　道家

一、道家的来源与宗旨

战国晚年以后，中国思想多倾向于折衷混合，无论什么学派，都可以叫做"杂家"。总括起来，这时候有三个大思想集团都可以称为"杂家"：

一、秦学，可用《吕氏春秋》和李斯作代表。

二、鲁学，即儒家。

三、齐学，即"黄老"之学，又叫做"道家"。

秦学已在前面详细说过了，鲁学在下文另有专篇，在本章里我要讨论齐学的道家。

秦学与齐学同是复合学派，同用自然主义的思想作中心，而其中颇有根本的不同。秦是一个得志的强国，有吞并天下的野心，故凡可以有为的人才，凡可以实行的思想，在秦国都有受欢迎的机会。故吕不韦、李斯的思想里很少玄想的成分，而很多实用的政论。秦学也侧重自然主义，也提倡无知无为的君道，而同时又特别反对偃兵，又特别提倡变法的哲学；他注重个人主义，提倡贵生重己，却还没有出世的意味；燕齐海上的阴阳家言已在混合之中了，但神仙方术之说还不见称述（秦始皇统一之后，大信神仙之事，此是齐学的胜利）。故秦学还不失为一个有为的国家的政术，虽然称道无为，而韩非、李斯的成分很浓厚，故见于政治便成为秦帝国的急进政策。

齐学便不然。燕齐海上之士多空想，故迂怪大胆的议论往往出于其间。司马迁说：

> 齐带山海，膏壤千里，宜桑麻，人民多文采布帛鱼盐。……其俗宽缓阔达而足智，好议论。（《史记》一二九）

齐民族的原始宗教有八神将:天主,地主,兵主,阴主,阳主,月主,日主,四时主(《史记》二八)。阴阳五德之说,神仙之说,都起于这个民族,毫不足奇怪。《封禅书》说:

> 蓬莱,方丈,瀛洲,此三神山者,其传在勃海中,去人不远。患且至,则船风引而去。盖尝有至者,诸仙人及不死之药皆在焉。其物禽兽尽白,而黄金银为宫阙。未至,望之如云;及到,三神山反居水下。临之,风辄引去,终莫能至云。世主莫不甘心焉。(《史记》二八)

《史记》记阴阳家和神仙方术的混合,很值得我们的注意。《封禅书》说:

> 自齐威宣[之]时,驺子之徒论著终始五德之运,……而宋毋忌,正伯侨,充尚(《汉书》二五作元尚),羡门子高最后,皆燕人,为方仙道,形解销化,依于鬼神之事。驺衍以阴阳主运显于诸侯,而燕齐海上之士传其术,不能通,然则(则字疑衍)怪迂阿谀苟合之徒自此兴,不可胜数也。

这个齐系的思想和别的思想一样有"托古改制"的必要。儒墨都称道尧舜,尧舜成了滥套,不足借重了,故后起的齐系思想用老子一系的哲学思想作底子,造出了无数半历史半神话的古人的伪书。其中最古最尊的便是那骑龙上天的仙人黄帝。他们讲神仙,必须归到清静寡欲,适性养神;他们讲治术,必须归到自然无为的天道。阴阳的运行,五行的终始,本是一种自然主义的宇宙论;但他们又注重礼祥灾异,便已染上了墨教的色彩了。大概民间宗教迷信的影响太大,古代不甚自觉的自然主义抵抗不住民间迷信的势力,于是自然主义的阴阳五行遂和礼祥灾异的阴阳五行混在一处了。又如清静适性也本是自然主义的人生观。但他们又去寻种种丹药和方术来求长生不死,形解尸化,这便不是自然主义的本意了。然而当日的学者却没有这种自觉,于是这些思想也就混成一家了。老子太简单了,不能用作混合学派的基础,故不能不抬出黄帝等人来;正如儒家孔子之外不能不有周公、尧、舜等人一样。于是这一个大混合的思想集团就叫做"黄老之学"。因为这一系思想都自附于那个自然变化的天道观念,故后来又叫做"道家"。

秦以前没有"道家"之名,"道家"只是指那战国末年以至秦汉之间新起来的黄老之学。汉朝学者也知道这个学派起来甚晚。《汉书·艺文志》道家有《黄帝四经》四篇,《黄帝铭》六篇,《黄帝君臣》六篇,原注云:

> 起六国时,与《老子》相似也。

又《杂黄帝》五十八篇,原注云:

> 六国时贤者所作。

又《力牧》二十二篇,原注云:

> 六国时所作,托之力牧。力牧,黄帝相。

司马迁也说:

> 百家言黄帝,其文不雅驯,荐绅先生难言之。(《史记》一)

《汉书·艺文志》很明白的说黄帝、力牧之书出于六国时。其实此派起于六国末年,成于秦汉之际。司马迁在《乐毅传》末说的最明白:

> 乐氏之族有乐瑕公、乐巨公(今本作乐臣公,《集解》与《索隐》皆云,臣一作巨。《汉书》三七《田叔传》作乐钜公,可证原本作巨,讹作臣。今改正),赵且为秦所灭(在始皇十八九年,前229—[前]228),亡之齐高密。乐巨公善修黄帝、老子之言,显闻于齐,称贤师。

> 太史公曰……乐巨公学黄帝、老子,其本师号曰河上丈人,不知其所出。河上丈人教安期生,安期生教毛翕公,毛翕公教乐瑕公,乐瑕公教乐巨公,乐巨公教盖公。盖公教于齐高密、胶西,为曹相国师。

安期生《封禅书》里称为"仙者",大概河上丈人也是乌有先生一流的仙人。毛翕公以下,大概是黄老之学的初期大师。他们的地域不出于高密、胶西一带,时代不过秦始皇到汉高祖时,三四十年而已。在这时期里,热中的人便跑出去宣传"方仙道",替秦始皇帝候星气,求神仙去了。一些冷淡的学者,亡国的遗民,如乐瑕、乐巨之流,他们不愿在新朝献媚求荣,便在高密、胶西一带编造古书,讲述黄帝、老子。这便是"黄老之学"的起源。

在秦始皇时代,齐学曾得着皇帝的宠用。齐人徐市(即徐福)说动了始皇,带了童男女数千人入海求仙。卢生、韩终、侯公、石生(皆燕齐之士)等都被派入海求神仙,求不死之药。但这一位皇帝是不容易服事的,他是要求实效的,"不验辄死"。后来徐市入海不返,韩终去不报,卢生、侯生也逃走了。始皇大怒,于是有坑杀术士儒生四百六十人的惨剧。不久,天下又大乱了。大乱之后,直到汉武帝时,七八十年中,求神仙的风气因为没有热心的君主提倡,故稍稍衰歇。而齐学之中的黄老清静无为的思想却因为时势的需要,得着有力的提倡,成为西汉初期的"显学"。韩非在前三世纪中叶说"世之显学",只举儒墨二家,其时齐学还不够为显学。黄老之学成为显学,始于汉初,而第一个黄老学者受尊崇的,便是高密乐巨公的弟子胶西盖公。盖公是汉相国曹参的老师。(详见下节)

这一个学派本来只叫做"黄老之学"。"道家"之名不知起于何时。陈平晚年曾有"我多阴谋,是道家之所禁"的话(《史记》五六)。后来武帝初年有儒道争政权的一案,司马迁记此事,有云:

> 窦太后好黄老之言,而魏其、武安、赵绾、王臧等务隆推儒术,贬道家言。(《史记》一〇七)

这里上文说"黄老之言",而下文说"道家言",可见这两个名词是同义的了。

从秦始皇到汉武帝,这一百多年的道家学者可考见的,略如下表:

毛翕公

乐瑕公

田叔(学黄老术于乐巨公,至景帝时尚生存,见《汉书》三七本传)

盖公(当前200尚生存)

曹参(前190死)

陈平(《史记》传赞说他学黄老)

王生(见《张释之传》,"善为黄老言",至景帝初年尚生存。《驷阳传》有"齐人王先生,年八十余,多奇计",似同是一个人)

黄生（景帝时，约当前二世纪中叶）

邓章（见《晁错传》之末，约当武帝时，"以修黄老言，显诸公间"）

邻氏（有《老子经传》四篇）

傅氏（有《老子经说》三十七篇）

徐氏（字少季，临淮人，有《老子经说》六篇。以上三人时代不明，见《艺文志》）

捷子（齐人，有《捷子》二篇，《艺文志》云，武帝时说）

曹羽（有书二篇，《艺文志》云，"楚人，武帝时说于齐王"）

郎中婴齐（有书十二篇，《艺文志》云，武帝时）

司马谈（前110死；"学道论于黄生"）

汲黯（前112死；《史记》一二〇说他"学黄老之言"）

郑当时（约前100死；《史记》一二〇说他"好黄老之言"）

杨王孙（武帝时人，学黄老之术，家颇富，厚自奉养，实行"养生"的主义。后来他有病，先立遗嘱，说"吾欲裸葬，以反吾真。死则为布囊盛尸，入地七尺，既下，从足引脱其囊，以身亲土。"他的朋友劝沮他，他说："吾裸葬，将以矫世也。"《汉书》六七有传。据《西京杂记》，王孙名贵，京兆人）

在秦始皇坑术士之后，汉武帝大求神仙丹药之前，这七八十年中的道家似乎经过了一番刷清作用，神仙迂怪之说退居不重要的地位，而清静无为的思想特别被尊崇，故这时期的道家思想差不多完全等于清静无为的政术。故曹参师事盖公，治齐治汉，都用黄老术，清静无为，以不扰民为主。故窦太后信黄老之言，而"孝景即位十六年，祠官各以岁时祠如故，无有所兴"（《史记》二八）。故汲黯"学黄老之言，治官理民好清静，择丞史而任之，其治责大指而已，不苛小。黯多病，卧闺阁内不出，岁余，东海大治，称之。上闻，召以为主爵都尉，列于九卿，治务在无为而已，弘大体，不拘文法。天子方招文学儒者，上曰，吾欲云云，黯对曰，'陛下内多欲而外施仁义，奈何欲效唐虞之治乎？'"（《史记》百二十）这都是道家的政治思想，重在清静无为，重在不扰民，与民休息。

司马谈学天文于方士唐都,受《易》于杨何,习道论于黄生,可算是一个杂博的学者。他在建元、元封之间(前140—[前]110)做太史令,也不得不跟着一班方士儒生议祠后土,议泰畤坛(均见《史记》二八)。但他的"论六家之要指"(《史记》百三十)述道家的宗旨仍是这自然无为的治道。他说:

> 《易·大传》曰:"天下一致而百虑,同归而殊途。"夫阴阳儒墨名法道德,此务为治者也,直所从言之异路,有省不省耳。

他把一切学派的思想都看做"务为治"的政术,不过出发点有不同,——"所从言之异路"——有省不省的分别,故主张也有不同。他从这个论点观察各家,指出他们各有长处,也各有短处。只有道家是"无所不宜"的一种治道。他说:

> 道家使人精神专一,动合无形,赡足万物。其为术也,因阴阳之大顺,采儒墨之善,撮名法之要,与时迁移,应物变化,立俗施事,无所不宜。指约而易操,事少而功多。

这是说道家无所不包,无所不宜。他又说:

> 道家无为,又曰无不为。其实易行,其辞难知。其术以虚无为本,以因循为用。无成势,无常形,故能究万物之情。不为物先,不为物后,故能为万物主。有法无法,因时为业。有度无度,因物与合。故曰,圣人不朽,时变是守。

道家承认一个无为而无不为的天道,道是自然流动变迁的,故"无成势,无常形"。一切依着自然变迁的趋势,便是"因循",便是守"时变"。时机未成熟,不能勉强,故"不为物先"。时机已成熟了,便须因时而动,故"不为物后"。在政治上的态度便是既不顽固,也不革命,只顺着时变走。这是道家的无为主义。无为并不是不做事,只是"不为物先",只是"因时为业"。这便是《淮南王》所谓

> 漠然无为而无不为也,澹然无治而无不治也。所谓无为者,不先物为也;所谓无不为者,因物之所为也。所谓无治者,不易自然也;所谓无不治者,因物之相然也。(《原道训》)

大凡无为的政治思想,本意只是说人君的聪明有限,本领有限,容易做错事情,倒不如装呆偷懒,少闹些乱子罢(《吕氏春秋·任数》

篇说:"耳目心智其所以知识甚阙,其所以闻见甚浅。"《君守》篇说:"有识则有不备矣,有事则有不恢矣")。然而直说人君知识能力不够,究竟有点难为情,所以只好说:"您老人家的贵体非同小可,请您保养精神,少操点心罢。"司马谈也有这样一种养神保形的政术,他说:

> 儒者则不然,以为人主天下之仪表也,主倡而臣和,主先而臣随。如此,则主劳而臣逸。至于大道之要,去健羡(健羡似是古时一种成语,有贪欲之意。《荀子·哀公》篇,孔子曰,无取健。杨倞注,"健羡之人。"下文孔子曰,健,贪也。杨注,"健羡之人多贪欲"),黜聪明。释此而任术,夫神大用则竭,形大劳而散。神形早衰,欲与天地长久,非所闻也。

他又说:

> 凡人所生者神也,所托者形也。神大用则竭,形大劳则敝,形神离则死。死者不可复生,离者不可复反,故圣人重之。由是观之,神者生之本也,形者生之具也。不先定其神,而曰,"我有以治天下",何由哉?

他这样反复叮咛,很像嘱咐小孩子一样,在我们今日看了似乎好笑,但在当时为此说者自有一番苦心。道家主张无为,实含有虚君政治之意,慎到所谓"块不失道",《吕氏春秋》所谓"无唱有和,无先有随;其所为少,其所因多;因者,君术也,为者,臣道也",都是这个意思(看第二章)。司马谈也主张"无唱有和,无先有随",故他反对儒家"主倡而臣和,主先而臣随"的治道论,但君主之权既已积重难返了,学者不敢明说限制君权,更不敢明说虚君,故只好说请人君保养精形,贵生而定神。人君能"精神专一",则能"动合无形,赡足万物"了。这是他们不得已的说法。

试看司马迁记汲黯的事:

> 天子方招文学儒者,上曰吾欲云云,黯对曰:"陛下内多欲而外施仁义,奈何欲效唐虞之治乎?"上默然怒,变色而罢朝。公卿皆为黯惧。上退,谓左右曰:"甚矣汲黯之戆也!"(《史记》百二十)

这样一句话便使皇帝气的变色而罢朝,使满朝公卿都震惧。怪不得那些和平的道家学者只好委婉的提出保养精神的论调了。

无为的政治思想是弱者的哲学,是无力的主张。根本的缺陷只在于没有办法,没有制裁的能力。他们说:"你们知识不够,不如无知罢。你们不配有为,不如无为罢。"但是君主愚而偏好自用,他们有什么办法呢?不配有为而偏要有为,他们又有什么办法呢?他们只好说:"您老人家歇歇罢,不要主劳而臣逸。"但是君主偏不肯歇,偏爱骚动形神,他们又有什么办法呢?

汉初七十年的政治,可算是有点无为的意味,也不能说是没有成效。但我们仔细想想,汉初的无为政治都是由君主丞相发动:孝惠的"垂拱"是因为他无权无能;吕后的"政不出房户"是因为她本来没有多大见识,又怕别人有为;曹参、窦太后的行黄老术都是强有力者的自动。等到汉武帝立志要有为,于是七十年的无为政治全推翻了。

二、七十年的道家政治

汉帝国的创立者都是平民。刘邦是个不事生产的无赖,萧何是个刀笔吏,樊哙是屠狗的,夏侯婴是个马夫,灌婴是个卖缯的,周勃是为人吹箫送丧的,彭越是打鱼的,黥布是个黥了面的囚徒,韩信是个"贫无行"的流氓。其中只有极少数的人,如张良、陈平,是受过教育的。这一群人起来参加革命,在几年之中,统一中国,建立了第二次的统一帝国。刘邦做了皇帝,这一群人都做了新朝的王侯将相。他们的妻妾也都成了新朝的贵妇人。刘邦的兄弟子侄也都封王建国。这一班乡下人统治之下的政治,确实有点可怕。彭越、韩信都死在一个残忍的妇人之手。高祖死后,吕后当国,至十五年之久(前194—[前]180),政治的污秽昏乱,人所共知。高帝在日,韩信曾冷笑自己竟同樊哙等为伍;高帝死后,樊哙和他的老婆吕媭便成了最有权势的人。吕后的一班兄弟诸侄都封王封侯。她的嬖幸审食其也封辟阳侯,拜左丞相,住在宫里,百官皆因而决事。右丞相陈平没有事可做,只能"日饮醇酒,戏妇女"。这样的做法,才能得吕后的欢心,才可避免吕媭的谗害(《史记》五六)。吕后的行为是最不人道的,她鸩杀的人,如赵王如意、赵王友、赵王恢等,不可胜计。她吃戚夫人的醋,"遂断戚夫人的手足,去眼、煇耳、饮喑药,使居厕中,命曰'人彘'。"(《史记》九)

在这样的黑暗时代,一班稍有头脑的人都感觉多一事不如少一事,有为不如无为,良法美制都无用处,不如少出主意,少生事端。只要能维持国内的太平,使人民可以休息,可以恢复十几年兵祸毁坏的生产力,这便是大幸事了。《汉书·食货志》说:

> 汉兴,接秦之敝,诸侯并起,民失作业而大饥馑,凡米石五千(《史记·平准书》作"米至石万钱")。人相食,死者过半。高祖乃令民得卖子就食蜀汉。天下既定,民亡盖藏,自天子不能具醇驷(四匹马一色),而将相或乘牛车。

经济的状况如此,也不是可以有为的时势。所以鲁国的儒生对叔孙通说:

> 今天下初定,死者未葬,伤者未起,又欲起礼乐! 礼乐所由起,积德百年而后可兴也。吾不忍为公所为。

所以陆贾也主张无为的政治(见上章)。最奇怪的是当日的武将,"身被七十创,攻城略地功最多"的平阳侯曹参,也极力主张无为的政治。曹参和韩信平定了齐地,高祖把韩信调开了,封他的长子肥为齐王,用曹参做齐相国(前202)。曹参以战功第一的人,做韩信的继任者,他岂不明白高祖的用意? 司马迁说:

> 参之相齐,齐七十城,天下初定,悼惠王富于春秋。参尽召长老诸生,问所以安集百姓如齐故俗。诸儒以百数,言人人殊,参未知所定。闻胶西有盖公,善治黄老言,使人厚币请之。既见盖公,盖公为言治道贵清静而民自定,推此类具言之。

> 参于是避正堂,舍盖公焉。其治要用黄老术,故相齐九年(前202—[前]193),齐国安集,大称贤相。

> 惠帝二年(前193),……参去,嘱其后相曰:"以齐狱市为寄,慎勿扰也。"后相曰:"治无大于此者乎?"参曰:"不然。夫狱市者,所以并容也。今君扰之,奸人安所容也? 吾是以先之。"(《史记》五四)

曹参在齐相国任内,行了九年的清静无为的政治,已有成效了。故他到了中央做相国,也抱定这个无为不扰民的主义。

> 参代萧何为汉相国,举事无所变更,一遵萧何之约束。择郡国吏,木(《汉书》三九木字作"长大"二字,孟康说,年长大者)讷于文辞,谨厚长者,即召除为丞相史;吏言文刻深,欲务声名,辄斥去之。日夜饮醇酒。卿大夫以下吏及宾客,见参不事事,来者皆欲有言。至者,参辄饮以醇酒;间之,欲有所言,复饮之,醉而后去,终莫能开说。
>
> 相舍后园近吏舍,吏舍日饮歌呼,从吏恶之,无如之何,乃请参游园中,闻吏醉歌呼,从吏幸(希冀)相国召按之。乃反取酒张坐饮,亦歌呼与相应和。参见人之有细过,专掩匿覆盖之,府中无事。

惠帝看了曹参的行为,有点奇怪,叫他的儿子曹窋去规谏他。曹窋回去问他父亲为什么"日饮,无所请事"。曹参大怒,打了他二百下,说:"天下事不是你应该说的!"第二天,惠帝只好老实说是他叫曹窋去说的,

> 参免冠谢,曰:"陛下自察圣武孰与高帝?"
>
> 上曰:"朕乃安敢望先帝乎?"
>
> 曰:"陛下观臣能孰与萧何贤?"
>
> 上曰:"君似不及也。"
>
> 参曰:"陛下言之是也。高帝与萧何定天下,法令既明,今陛下垂拱,参等守职,遵而勿失,不亦可乎?"
>
> 惠帝曰:"善,君休矣。"

这里明明说出他的无为政治的意义是:"我们都不配有为,还是安分点,少做点罢。"其实惠帝自己在吕后的淫威之下,也只能"日饮为淫乐,不听政,故有病"(《史记》九),不久即短命而死,只有二十三岁。后来王陵做右丞相,因为反对诸吕封王的事,就做不成丞相了。陈平和审食其做左右丞相,陈平也只能喝酒玩妇人,然而还免不了谗害。

> 吕嬃……数谗曰:"陈平为相,非治事,日饮醇酒,戏妇女。"
>
> 陈平闻,日益甚。吕太后闻之,私独喜,面质吕嬃于陈平曰:

"鄙语曰,'儿妇人口不可用。'顾君与我何如耳。无畏吕嬃之谗也。"(《史记》五六)

吕太后听说陈平喝酒玩妇人不治事,为什么私心独欢喜呢?这就是说,当权的人不但自己不配有为,并且都不愿意谁有为。最庸碌的人如萧何,尚且时时受他的老朋友刘邦的猜忌。故萧何不能不"多买田地,贱贳贷,以自污",高祖知道了便"大悦"。但萧何提议许百姓入上林空地去种田,高祖便大怒,把他"下廷尉,械系之!"(《史记》五三)吕后的喜,和他丈夫的大悦大怒,正是同一种心理作用,都是不愿人做有益的事功。这都是无为政治的背景。

但无为的政治却也有很好的效果。司马迁论曹参道:

> 参为汉相国,清静,极言合道。然百姓离秦之酷后,参与休息无为,故天下俱称其美矣。(《史记》五四)

他在《吕后本纪》的后面也说:

> 孝惠皇帝、高后之时,黎民得离战国之苦,君臣俱欲休息乎无为,故惠帝垂拱,高后女主称制,政不出房户,天下晏然,刑罚罕用,罪人是希,民务稼穑,衣食滋殖。(《史记》九)

班固《汉书·高后纪》的赞(《汉书》三),全抄此段;班固又在《食货志》里说:

> 孝惠、高后之间,衣食滋殖。(《汉书》二四)

可见当时的政治尽管龌龊,而"政不出房户",人民便受惠不少。几十年的无为,有这样大成效:

> 至今上(武帝)即位数岁,汉兴七十余年(前202—[前]130)之间,国家无事,非遇水旱之灾,民则人给家足,都鄙廪庾皆满,而府库余货财。京师之钱累百巨万(万万为巨万),贯朽而不可校。太仓之粟陈陈相因,充溢露积于外,至腐败不可食。众庶街巷有马,阡陌之间成群,而乘字牝者摈而不得聚会。守闾阎者食粱肉,为吏者长子孙(吏不可时时更换,至生长子孙而不转职),居官者以为姓号。故人人自爱而重犯法,先行义而后绌耻辱焉。(《史记》三十)

孝惠、吕后之时的无为政治,如曹参的尊重盖公,实行黄老的思想,便已是有意的试行无为主义了。孝文、孝景二帝的政治也都含有一点自觉的无为政策。史家虽不明说文帝是黄老信徒,但他在位二十三年,所行政策,如除肉刑,除父母妻子同产相坐律,减赋税,劝农桑,以及对南越及匈奴的和平政策,都像是有意的与民休息。他的皇后窦氏便是一个尊信黄老的妇人,她做了二十三年的皇后,十六年的皇太后,六年的太皇太后,先后共四十五年(前179—[前]135)。《史记》(四九)说:

> 窦太后好黄帝、老子言,帝(景帝)及太子(即武帝)诸窦不得不读黄帝、老子,尊其术。

窦太后当文帝时,便因病把眼睛瞎了(《史记》四九)。故她的读老子、黄帝书应该在她早年。我们虽不知道文帝曾否受她影响,也不知道是否因文帝尊崇黄老而影响到她。但我们至少可以说,这位瞎眼睛太后是十分尊崇黄老哲学的,而她的权势足够影响汉家政治至几十年之久。当景帝时代,儒生辕固生说《老子》是"家人言",得罪了窦太后,便被送到兽圈里去刺野猪(《史记》一二一)。武帝初年的赵绾、王臧的大狱,也是一件儒家与道家斗争的案子,值得史家的注意。《史记》说:

> 建元元年(前140),……魏其侯(窦婴)为丞相,武安侯(田蚡)为太尉。……魏其、武安俱好儒术,推毂赵绾为御史大夫,王臧为郎中令,迎鲁申公,欲设明堂,令列侯就国,除关(关门之税),以礼为服制,以兴太平。举谪诸窦宗室无节行者,除其属籍。

这是儒家、赵绾、王臧的变法政纲。

> 时诸外家为列侯,列侯多尚公主,皆不欲就国。以故,毁日至窦太后。太后好黄老之言,而魏其、武安、赵绾、王臧等务隆推儒术,贬道家言,是以窦太后滋不说魏其等。(《史记》一〇七)
>
> 二年(前139),御史大夫赵绾请毋奏事东宫(《汉书·武帝纪》作"请毋奏事太皇太后")。窦太后大怒曰:"此欲复为新垣平耶?"(以上用《汉书》五二)使人微伺得赵绾等奸利事,召案绾、臧,绾、臧自杀,诸所兴为皆废(以上用《史记》二八)。免丞

相婴,太尉蚡。以许昌为丞相,庄青翟为御史大夫。(《汉书》五二)

《史记·万石君列传》也说:
> 建元二年,郎中令王臧以文学获罪。皇太后以为儒者文多质少,今万石君(石奋)家不言而躬行,乃以长子建为郎中令,少子庆为内史。(《史记》一〇三)

这也是有意排斥儒生的一个例子。

但这位瞎眼的太皇太后不久就死了(前135)。七十年与民休息的政治,已造成了一个人给家足的中国,可以大有为了,于是武安侯田蚡为丞相,"绌黄老刑名百家之言,延文学儒者数百人,而公孙弘以《春秋》布衣为天子三公,封以平津侯。天下之学士靡然向风矣。"(《史记》一二一)

十九、三、卅一夜初稿成
十九、四、一——四、四重写定

第五章　淮南王书[①]

一、淮南王和他的著书

淮南王刘安是汉高祖的私生子淮南厉王长的儿子。厉王在文帝时谋反,发觉后定了死罪,文帝不忍杀他,把他流徙到蜀郡严道邛邮安置。厉王坐在槛车里绝食而死。文帝封他的四个儿子为列侯,后来(前164)又封安为淮南王,勃为衡山王,赐为庐江王,分王厉王的旧封地。

刘安为淮南王凡四十二年(前164—[前]122)。他在武帝时,很受朝廷的优礼。但他不忘他父亲迁死的仇恨,群臣宾客又时时用此事激动他,故他时时想要造反。《史记》说:

> 淮南王安为人好读书鼓琴,不喜弋猎狗马驰骋;亦欲以行阴德拊循百姓,流誉天下。(《史记》百十八)

但他没有坚决的意志,不能决心举事,却被人告发了,汉廷穷治此案,

> 所连引与淮南王谋反列侯二千石豪杰数千人,皆以罪轻重受诛。……

> 淮南王安自刭杀(前122),王后荼,太子迁,诸所与谋反者,皆族。……国除为九江郡。

同年,衡山王赐(衡山王勃已死,庐江王赐徙封衡山)也因被人告他谋反,自杀,国除为郡。

《汉书》(卷四四)说淮南王安:

> 招致宾客方术之士数千人,作为《内书》二十一篇,《外书》

[①] 本章1931年由上海新月书店、商务印书馆出版单行本;1962年台湾商务印书馆又将手稿影印出版,胡适在书前新作《商务印书馆影印本〈淮南王书〉序》。

甚众。又有《中篇》八卷，言神仙黄白之术，亦二十余万言。时武帝方好艺文，以安属为诸父，辩博善为文辞，甚尊重之；每为报书及赐，常召司马相如等视草（草稿），乃遣。初安入朝，献所作《内篇》新出，上爱秘之。使为《离骚传》，旦受诏，日食时上。又献颂德，及长安都国颂。每宴见，谈说得失及方技赋颂，昏莫然后罢。

据此可见淮南王是很能作文辞的，故他的书虽有宾客的帮助，我们不能说其书没有他自己的手笔。《汉书》说他入朝献书时，《内篇》新出。他入朝时田蚡方为太尉，则是建元元年至二年之间（前140—[前]139）的事，故《内篇》之著作约在纪元前140年。

《汉书·艺文志》杂家下收

  《淮南·内》二十一篇

  《淮南·外》三十三篇

《易》下收

  《淮南道训》二篇

赋下收

  《淮南王赋》八十二篇

  《淮南王群臣赋》四十四篇

天文下收

  《淮南杂子星》十九篇

现今所传只有《内书》二十一篇，其余各书都失传了。《汉书》（三六）说：

> 淮南有《枕中鸿宝苑秘书》，书言神仙使鬼物为金之术，及邹衍《重道延命方》，世人莫见。而更生（刘向原名）父德，武帝时治淮南狱，得其书。

这大概即是所谓《中篇》的一部分。《苑秘》也写作《万毕》，《史记·龟策传》褚先生说：

> 臣为郎时，见《万毕石朱方》。

葛洪《神仙传》说：

> 汉淮南王……作《内书》二十二（？）篇，又《中篇》八章言神

仙黄白之事，名为《鸿宝万毕》，三章论变化之道，凡十万言。

此处文理不甚明白，似是说八章之中有三章专论变化之道，而《中篇》全书有十万言。这十万言之书，现已失传了，近世有高邮茆泮林从《初学记》、《艺文类聚》、《太平御览》等书辑为《淮南万毕术》一卷，刻在《梅瑞轩十种古逸书》内。又有长沙叶德辉的辑本，刻在《观古堂所著书》内。

当日的淮南是南部的一个文化中心，各种方术之士都聚集在这里。在窦太后、景帝之下不得志的术士都跑来淮南。淮南王是一个多方面的文人，对于神仙变化之说似乎很热心提倡。王充在纪元后第一世纪中曾说：

淮南王……怀反逆之心，招会术人，欲为大事，伍被之属充满殿堂。作道术之书，发怪奇之文，合景乱首（一本作齐首，然仍不可懂，疑有误）八公之传，欲示神奇若得道之状。道终不成，效验不立，乃与伍被谋为反事。（《论衡·道虚》篇）

此说若确，淮南王的提倡神仙方术颇有假借此事号召革命之意。革命虽不成，然淮南王好神仙的名誉却流传很久远。他曾拊循百姓，颇得人心，故民间传说他不曾诛死，乃是得道升天去了。王充记载这传说如下：

儒书言淮南王学道，招会天下有道之人，倾一国之尊下道术之士，是以道术之士并会淮南，奇方异术莫不争出。王遂得道，举家升天，畜产皆仙，犬吠于天上，鸡鸣于云中。（同上）

这种神话的背景，参以《淮南万毕术》的残卷，可以使我们格外明了《淮南王书》的性质。《淮南王书》的《内书》已是洗刷的很干净的了，然而我们不要忘了此书是那《淮南枕中鸿宝苑秘》的伴侣书，不要忘了他是那许多神仙黄白方术之士的集团的产儿，不要忘了此书的总主纂便是民间传说里那得道升天鸡犬皆仙的刘安。

《淮南内书》二十篇，又有《要略》一篇是全书的自序。《要略》中说明各家学术的产生都有他的特殊的地理和时势做背景，例如：

申子者，韩昭釐之佐。韩，晋别国也，地墩民险，而介于大国之间。晋国之故礼未灭，韩国之新法重出；先君之令未收，后君之令又下；新故相反，前后相缪，百官背乱不知所用。故刑名之书生焉。

从太公之阴谋，以至商鞅之法，都是如此的。但

> 若刘氏之书，观天地之象，通古今之事，权事而立制，度形而施宜，原道之心，合三王之风以储与扈冶。玄眇之中，精摇靡览（高诱注：楚人谓精进为精摇。靡小皆览之），弃其畛挈，斟其淑静（高注：楚人谓泽浊为畛挈），以统天下，理万物，应变化，通殊类；非循一迹之路，守一隅之指，拘系牵连于物而不与世推移也。

这是说淮南王之书是一个大混合折衷的思想集团。这就是司马谈说的"道家"。"弃其畛挈，斟其淑静"便是司马谈说的"因阴阳之大顺，采儒墨之善，撮名法之要"。"权事而立制，度形而施宜""理万物，应变化""与世推移"，即是司马谈说的"与时迁移，应物变化，立俗施事，无所不宜"。（参看第四章）

《要略》又解释这大混合的意义如下：

> 夫江河之腐胔不可胜数，然祭者汲焉，大也。一杯白酒，蝇渍其中，匹夫弗尝者，小也。诚通乎二十篇之论，睹凡得要，以通九野（八方加中央为九野），径十门（八方加上下为十门），外天地，挥山川，其于逍遥一世之间，宰匠万物之形，亦优游矣。

所谓"大"，所谓"通"，便是这混合折衷运动的意义。明知道那江河里有不可胜数的腐胔，然而虔诚祭祀的人仍向江河里汲水，岂不是因为那长江大河的伟大水供里有给我们"斟其淑静"的余地吗？

《淮南王书》旧有许慎、高诱两家注本，许注本今已散失，高注本颇流行。通行本有《四部丛刊》影印影写北宋本，浙江书局翻庄逵吉校刊本；近年刘文典的《淮南鸿烈集解》（商务印书馆排印本）收罗清代学者的校注最完备，为最方便适用的本子（我在本章引《淮南》，文字多依刘氏《集解》本；有刘氏所引诸家校勘不能从者，则我另加校注）。

《淮南王书》与《吕氏春秋》性质最相似，取材于吕书之处也最多。但淮南之书编制更精审，文字也更用气力，的确是后来居上了。又有《文子》一书，相传是老子的弟子所作，内容往往与《淮南王书》

相同,故清代学者多用来校正《淮南》。但《文子》实是伪书,只可算是一种《淮南》节本,不过因为节抄还在前汉时代,故往往可供学者校勘之用。

二、论"道"

道家集古代思想的大成,而《淮南王书》又集道家的大成。道家兼收并蓄,但其中心思想终是那自然无为而无不为的"道"。《韩非子》有《解老》、《喻老》两篇(不是韩非所作,大概出于西汉),也是道家的著作,其中《解老》篇说"道"的观念最明白,原文说:

> 道者,万物之所然也,万理之所稽也。理者,成物之文也。道者,万物之所以成也。故曰,道,理之者也。物有理不可以相薄。物有理不可以相薄,故理之为物之制。万物各异理,而道尽稽万物之理,故不得不化。不得不化,故无常操。无常操,故死生气禀焉,万智斟酌焉,万事废兴焉。……以为近乎,游于四极;以为远乎,常在吾侧。以为暗乎,其光昭昭;以为明乎,其物冥冥。而功成天地,和化雷霆。宇内之物,恃之以成。凡道之情,不制不形,柔弱随时,与理相应。

理是条理文理,故说理是"成物之文",即是每一物成形之后的条理特性,即是《解老》篇下文说的"理者,方圆短长粗靡坚脆之分也"。物各有其特别条理,不可以相混乱,故可以求得各物的条理,制为通则,如水之就下,火之炎上,即是"理之为物之制"。但道家哲学假定"万物各异理,而道尽稽万物之理";理是成物之文,而道是万物之所以成;故说,"道,理之者也",这就是说,道即是一切理之理。这是一个极大的假设。《解老》篇也不讳这只是一个假设,故下文说:

> 人希见生象也,而得死象之骨,案其图以想其生也。故诸人之所以意想者皆谓之"象"也。今道虽不可得闻见,圣人执其见功,以处(虚?)见其形,故曰"无状之状,无物之象"。
>
> 凡理者,方圆短长粗靡坚脆之分也。故理定而后可得道也。故定理有存亡,有死生,有盛衰。夫物之一存一亡,乍死乍生,初盛而后衰者,不可谓常。唯夫与天地之剖判也俱生,至天地之消

散也不死不衰者,谓常。而常者无攸易,无定理。无定理,非在于常所,是以不可道也。圣人观其玄虚,用其周行,强字之曰"道"。然而(后?)可论。

这是明白承认"道"的观念不过是一个假设的解释。人见一块死象骨头而案图想象其全形,因为有图可案,故还可靠。地质学者得着古生物的一片骨头,而想象其全形,因为此生物久已绝种,无人曾见其全形,这便不能免错误了。然而这究竟还有块骨头作证据。哲学家见物物各有理,因而悬想一个"与天地俱生,至天地之消散也不死不衰"的道,这便是很大胆的假设,没有法子可以证实的了。至多只可以说,"执其见功,以虚见其形";或者说,"观其玄虚,用其周行,强字之曰道,然后可论。"悬想一切理必有一个不死不衰而无定理的原理,勉强叫他做"道",以便讨论而已。故道的观念只是一个极大胆的悬想,只是一个无从证实的假设(参看《古代哲学史》第三篇四)。

究竟一切物理之上是否必须假定一个道?这个问题,道家学者似乎都不曾细细想过。他们不但认定这个假设是必不可少的,并且相信这个假设是满意的,是真实的,故他们便大胆的咬定那个"无常操"而常存,"不得不化"而自身"无攸易"的道,便是"万物之所以成,万物之所以然,得之以死,得之以生,得之以败,得之以成"。

《淮南王书》的作者便这样默认了那"道"的假设,作为基本思想。全书开篇便武断的说:

夫道者,覆天载地,廓四方,柝八极,高不可际,深不可测,包裹天地,禀授无形;原流泉浡,冲而徐盈;混混滑滑,浊而徐清。故植之而塞于天地,横之而弥于四海,施之无穷而无所朝夕,舒之幎于六合,卷之不盈于一握。约而能张,幽而能明,弱而能强,柔而能刚。横四维而含阴阳,纮宇宙而章三光。甚淖而滒,甚纤而微。山以之高,渊以之深,兽以之走,鸟以之飞,日月以之明,星历以之行(《原道》;参看《庄子·大宗师》篇,"夫道有情有信"一节;又《韩非子·解老》篇也有这样的一段)。

这便不但是把"道"看作实有的存在,并且明白规定了他的特性:一是无往而不在;一是万物所以成的原因;一是纤微至于无形,柔弱至于无为,而无不为,无不成。

道是无法证明的,只可以用比喻来形容他。世间有形象之物,只有水勉强可以比喻。《原道训》说:

> 天下之物,莫柔弱于水,然而大不可极,深不可测,脩(淮南王父名长,故长字皆作脩)极于无穷,远沦于无涯,息耗减益,通于不訾(不訾,无量也)。上天则为雨露,下地则为润泽。万物弗得不生,百事不得不成。大包群生而无好憎,泽及蚑蛲而不求报,富赡天下而不既,德施百姓而不费。行而不可得穷极也,微而不可得把握也。击之无创,刺之不伤,斩之不断,焚之不然。淖溺流遁,错缪相纷,而不可靡散。利贯金石,强济天下。……无所私而无所公,靡滥振荡,与天地鸿洞;无所左而无所右,蟠委错紾,与万物终始,是谓至德。

我们试用此段说"水"的文字和上文说"道"的一段相比较,便可以看出《淮南书》形容"道"的话都是譬喻的,有些话可以形容水,有些可以形容气,有些可以形容光。正如《解老》篇所谓"观其玄虚,用其周行,强字之曰道"。正如老子说的:

> 有物混成,先天地生,寂兮寥兮,独立而不改,周行而不殆,可以为天下母。吾不知其名,字之曰道,强为之名曰大。

老子和后来道家的大贡献在此,他们的大错也在此。他们的大贡献在于超出天地万物之外,别假设一个"独立而不改,周行而不殆"的道,使中国思想从此可以脱离鬼神主宰的迷信思想。然而他们忘了这"道"的观念不过是一个假设,他们把自己的假设认作了有真实的存在,遂以为已寻得了宇宙万物的最后原理,"万物各异理,而道总稽万物之理"有了这总稽万物之理的原理,便可以不必寻求那各个的理了。故道的观念在哲学史上有破除迷信的功用,而其结果也可以阻碍科学的发达。人人自谓知"道",而不用求知物物之"理",这是最大的害处。

况且他们又悬想出这个"道"有某种某种的特别德性,如"清静"、"柔弱"、"无为"、"虚无"等等。这些德性还等不到证实,就被应用到人生观和政治观上去了！这些观念的本身意义还不曾弄清楚，却早已被一种似是而非的逻辑建立为人生哲学和政治思想的基本原则了。这也是早期的道家思想的最大害处。

即如上文说水的"至德"，下文便接着说：

> 夫水所以能成其至德于天下者，以其淖溺润滑也。故老聃之言曰："天下至柔驰骋天下之至坚，出于无有，入于无间，吾是以知无为之有益。"……是故清静者，德之至也，而柔弱者，道之要也。

水所以能"利贯金石，强济天下"，并非因为水的柔弱无为，正因为水是一种勇猛的，继续不断的大力。高诱注说的好：

> 水流缺石，是其利（锋利）也。舟船所载无有重，是其强也。

这是柔弱清静吗？然而道家的哲学家却深信老子的话，以为水的譬喻真可以证明柔弱无为之有益了。

又如"虚无"也只是一种假设的德性，"有生于无"更是一个不曾证明的悬想。然而道家学者却一口咬定"无中生有"为真理了，从这上面想出一种"无中生有"的宇宙观来，又把这宇宙观应用到人生观上去，因而建立一种重虚无而轻实有的人生哲学。这种宇宙观在《淮南书》里说的最详细。《天文训》说：

> 天地未形，冯冯翼翼，洞洞浊浊，故曰太始（今本作太昭，从王念孙校改）。道始于虚廓，虚廓生宇宙（宇是空间，宙是时间），宇宙生气。气有涯垠，清阳者薄靡而为天，重浊者凝滞而为地。清妙之合专（抟）易，重浊之凝竭难，故天先成而地后定。天地之袭精（高注，袭，合也。精，气也）为阴阳，阴阳之专精为四时，四时之散为万物。

《精神训》有一段稍稍不同的说法：

> 古未有天地之时，惟像无形（这是说，那时只有象，而无形。惟字不误。后人不解此意，故高诱说："惟，思也。念天地未成形之时，无有形生。"俞樾又以为惟字是𢡆字之误。这都由于他们不讲"象"字之义。老子明说"无物之象"，是象在形先；有物然后有形，而无物不妨有象也。《易·系辞》说："在天成象，在

> 地成形")。窈窈冥冥,芒芠漠闵,澒濛鸿洞,莫知其门。有二神(阴阳)混生,经天营地,孔乎莫知其所终极,滔乎莫知其所止息。
>
> 于是乃别为阴阳,离为八极,刚柔相成,万物乃形。烦气为虫,精气为人。

但是说的比较最详细而有趣味的,要算《俶真训》:

> 有"始"者,有未始有"有始"者,有未始有夫"未始有有始"者。有"有"者,有"无"者,有未始有"有无"者,有未始有夫"未始有有无"者。(未始即是未尝,即是今日白话的"还没有"。)

这七个层次是原出于《庄子·齐物论》的,但《淮南书》把这七个层次都加上一个内容,作为一个宇宙观的间架。最初的时代是"未始有夫未始有有无"的时代,那时

> 天地未剖,阴阳未判,四时未分,万物未生,汪然平静,寂然清澄,莫见其形。

其次是那"未始有夫未始有有始"的时代,那时代

> 天含和而未降,地怀气而未扬,虚无寂寞,萧条霄窕,无有仿佛,气遂而大通冥冥者也。

这时代已有气了。接着便是那"未始有有无"的时代,那时还只有气:

> 包裹天地,陶冶万物,大通混冥!深闳广大,不可为外;析豪剖芒,不可为内;无环堵之宇,而生有无之根。

其次是那"未始有有始"的时代,那时

> 天气始下,地气始上。阴阳错合,相与优游竞畅于宇宙之间,被德含和,缤纷茏苁,欲与物接而未成兆朕。

这时代天地已判了,阴阳也已分了,而万物还未生。其次是那"有始"的时代,那时

> 繁愤未发,萌兆牙蘖,未有形埒垠堮,无无蠕蠕,将欲生兴而未成物类。

虽未成物类,而已有兆朕了,故说是"有始"。其次便是那"有有无"的时代了,那时

> 万物掺落:根茎枝叶,青葱苓茏,萑蔰炫煌;蠉飞,蠕动,蚑行,哙息:可切循把握而有数量。

这是"有"。有之外,便是"无":

> 视之不见其形,听之不闻其声,扪之不可得也,望之不可极也。储与扈冶,浩浩瀚瀚,不可隐仪揆度,而通光耀者。

"无"即是那浩浩瀚瀚,不可揆度,而可通光耀的空间。

这是道家的宇宙论。这个宇宙论的最大长处在于纯粹用自然演变的见解来说明宇宙万物的起源。一切全是万物的自己逐渐演化,自己如此,故说是"自然"。在这个自然演化的过程里,"莫见其为者而功既成矣",正用不着什么有意志知识的上帝鬼神作主宰。这是中国古代思想的左派的最大特色。

然而这里面也用不着一个先天地生而可以为天下母的"道"。道即是路,古人用这"道"字本取其"周行"之义。严格说来,这个自然演变的历程才是道。道是这演变的历程的总名,而不是一个什么东西。老子以来,这一系的思想多误认"道"是一个什么东西,是《淮南》说的那"覆天载地,高不可际,深不可测,弱而能强,柔而能刚,……"的东西。道既是一个什么,在一般人的心里便和"皇天""上帝"没有多大分别了。道家哲人往往说"造化者",其实严格的自然主义只能认一个"化",而不能认有什么"造化者"。

这个自然演变的历程是个什么样子? 天地万物是怎样自然演变出来的? 这些问题都不容易解答。二千年来的科学家的努力还不曾给我们一个完全的答案。然而二千多年前的道家已断定这历程是"无中生有"的历程,"道始于虚廓,虚廓生宇宙","古未有天地之时,惟像无形"。这都是大胆的假设。其实他们所谓"虚廓"、"无形",在今日看来,不过是两种:一是那浩瀚的空间,一是那"甚淖而滒,甚纤而微"当时人的肉眼所不能见的物质。即使有形之物真是出于那些无形之物,这也不过是一个先后的次序,其中并没有什么优劣高下的分别。然而道家却把先后认作优劣高下的标准:有生于无,故无贵于有;有形生于无形,故无形贵于有形。《原道训》说:

> 夫无形者,物之大祖也。无音者,声之大宗也。其子为光,

其孙为水,皆生于无形乎?夫光可见而不可握,水可循而不可毁,故有像之类,莫尊于水。出生入死,自无蹠有;自无蹠有(此句今本皆作"自有蹠无",高诱所见本已如此,故注云,"自有形适无形,不能复得,道家所弃。"我以为依全文语气,此句当作"自无蹠有",后人不明其义,妄依《精神训》改其文,今校正),而以衰贱矣。

如《俶真训》说:

若光耀之间(陈观楼云,间当依《庄子》作问。适按,在此地不改更通)于无有,退而自失也,曰,予能有无而未能无无也。及其为无无,至妙何从及此哉?(此文又见《庄子·知北游篇》)

无形为太祖,其子为光,其孙为水。光在有无之间,能有而无,不能无而无,已不是"至妙"了。水已有形可循,故又低一代。以下"自无蹠有",一代不如一代,"而以衰贱矣"。这种主观的推论遂造成崇虚无而轻实有的人生观,流毒无穷,其实全没有根据,又不合逻辑。即使无形是太祖而光与水真是子与孙,难道子必不如父吗?孙必不如祖吗?有什么客观的证据可以证明无形贵于有形呢?

三、无为与有为

道家哲学先建立一个"道"是一切理之理,并且明白规定"道"的特性是无形而无不在,无为而无不为。道家的学者从来不问问这些假设是否必要,也不问问这些假设是否可以成立。他们很坚决的认定这些话都是不待证明的原理了。他们就用这些原理作出发点,建设起他们的无为主义的人生观和政治思想来了。

无为主义只是把自然演变的宇宙论应用到人生和政治上去。《原道训》说:

万物固以自然,圣人又何事焉?

上半句是宇宙观,下半句就把这个宇宙自然的原理轻轻的应用到人生和政治上去了。从那"未始有夫未始有有无"的时代起,一直到天地万物的形成,都只是自然的演化,没有安排,也没有主宰。人生和政治又何尝不可听他自然变化呢?

> 是故圣人内修其本而不外饰其末,保其精神,偃其智故;漠然无为而无不为也,淡然无治而无不治也。所谓无为者,不先物为也。所谓无不为者,因物之所为也。所谓无治者,不易自然也。所谓无不治者,因物之相然也。(《原道训》)

道家承认万物都是"无动而不变,无时而不移",守旧固不可能,革新也大可不必,只须跟着时变走就得了。这便是"不为物先"。万物各有自然的适应,尊重这自然的适应,不去勉强变换他,不扰动自然的趋势,便是"不易自然",便是"因"。《原道训》说:

> 九疑之南,陆事寡而水事众,于是民人被发文身以象鳞虫,短绻不绔以便涉游,短袂攘卷以便刺舟,因之也。雁门之北,狄不谷食,贱长贵壮,各尚气力,人不弛弓,马不解勒,便之也。故禹之裸国,解衣而入,衣带而出,因之也。

> 今夫徙树者失其阴阳之性,则莫不枯槁。故橘树之江北则化而为枳,鸲鹆不过济,貈渡汶而死,形性不可易,势居不可移也。

> 是故达于道者反于清静,究于物者终于无为。

无为政治的意义是尊重外境的特殊情形,所谓"形性不可易,胜居不可移"的个别情形,以放任为政策,以"不易自然"为原则。《原道训》又说:

> 故达于道者不以人易天。

不以人易天,便是"不易自然"。

什么叫做"人"呢?什么叫做"天"呢?《原道训》说:

> 所谓"天"者,纯粹朴素,质直皓白,未始有与杂糅者也。所谓"人"者,偶㾗(㾗字今不见于字书,疑与"丛脞"之脞同音义。脞字从目,今从肉,非也。偶㾗即上文杂糅之意)智故,曲巧伪诈,所以俯仰于世人而与俗交者也。故牛歧蹄而戴角,马被髦而全足者,天也。络马之口,穿牛之鼻者,人也。(《庄子·秋水》篇:"牛马四足是谓天,落马首,穿牛鼻,是谓人。")

这是极端的自然主义。如果他们严格的主张这样的天人之别,那么,"不以人易天"竟是要回到最原始的状态,一切人造的文明都应该在

被排斥之列了(《庄子·马蹄》篇便是这样的主张)。他们也知道这种极端的自然主义是不能行的,故让一步说:

> 循天者,与道游者也。随人者,与俗交者也。

他们也知道生在人世不能不"俯仰于世人而与俗交",故不能完全抹杀文化。然而这重天然而轻人功的思想究竟因道家的提倡而成为中古的重要思想,几千年中,工业美术都受其影响。反对"奇技淫巧"的喊声便是道家思想的一种表现。老子早已反对一切文化了,"虽有舟舆,无所用之;使民复结绳而用之",岂但奇技淫巧吗?

《淮南书》承认不能不"与俗交",故有《修务训》一篇,专说有为的必要。如云:

> 或曰,"无为者,寂然无声,漠然不动,引之不来,推之不往,如此者,乃得道之象"。吾以为不然。尝试问之矣。若夫神农尧舜禹汤,可谓圣人乎?……以五圣观之,则莫得无为明矣。……(以下历叙五圣的功业)……此五圣者,天下之盛主,劳形尽虑,为民兴利除害而不懈。……不耻身之贱而愧道之不行,不忧命之短而忧百姓之穷。……圣人忧民如此其明也,而称以无为,岂不悖哉?
>
> 且古之立帝王者,非以奉养其欲也;圣人践位者,非以逸乐其身也。为天下强掩弱,众暴寡,诈欺愚,勇侵怯,怀知而不以相救,积财而不以相分,故立天子以齐一之。为一人聪明不足以遍照海内,故立三公以辅翼之。……盖闻传书曰:"神农憔悴,尧瘦臞,舜霉黑,禹胼胝。"由此观之,则圣人之忧劳百姓甚矣。故自天子以下至于庶人,四肢不动,思虑不用,事治求赡者,未之闻也。

这是很明白的有为主义了。但他们终不肯轻易放弃他们的无为论,故又说:

> 夫地势水东流,人必事焉,然后水潦得谷行。禾稼春生,人必加功焉,故五谷得遂长。听其自流,待其自生,则鲧、禹之功不立,而后稷之智不用。若吾所谓无为者,私志不得入公道,嗜欲不得枉正术,循理而举事,因资而立功,推自然之势,而曲故不得

容者。故事成而身弗伐,功立而名弗有。非谓其"感而不应,攻而不动"者。

若夫以火熯井,以淮灌山。此用己而背自然,故谓之"有为"。若夫水之用舟,沙之用鸠,泥之用辀,山之用蔂,夏渎而冬陂,因高为山,因下为池,此非吾所谓"为之"。(此一节文字依王念孙校改)

依这种说法,《淮南书》所谓"无为",并非"引之不来,推之不往",只是慎到所谓"推而后行,曳而后往";并非"感而不应,攻而不动",只是"感而后应,攻而后动"。这便是司马谈所谓不为物先,又不为物后。《原道训》说:

时之反侧,间不容息,先之则太过,后之则不逮。夫日回而月周,时不与人游,故圣人不贵尺之璧而重寸之阴,时难得而易失也。

然而道家的哲学其实是很情愿落后。凡不为物先,便已是落后了。《原道训》说:

先唱者,穷之路也,后动者,达之原也。……先者难为知,而后者易为攻也。先者上高,则后者攀之。先者逾下,则后者蹳(同躐,履也)之。先者隤陷,则后者以谋。先者败绩,则后者违之。由此观之,先者则后者之弓矢质的也。犹錞之与刃,刃犯难而錞无患者,何也?以其托于后位也。……

是故圣人守清道而抱雌节,因循应变,常后而不先。

这是很老实的自认不敢犯难冒险,情愿"托于后位";前面的人上去了,我可以攀援上去;前面的人跌下坑了,我可以不上当;前面的人失败了,我可以学点乖。这真是"抱雌节"的人生观!老子所谓"守其雌",正是此意。二千五百年的"雌"哲学,养成了一国的"雌"民族,岂是偶然的事吗?

凡"推而后行,曳而后往""感而后应,攻而后动",都是"常后而不先"。然而他们又要特别声明:

所谓"后"者,非谓其底滞而不发,凝竭(竭即结)而不流,贵其周于数而合于时也。(《原道训》)

这就是说,我们也不反对变动,只要等到万不得已的时候方才肯动。"先之则太过,后之则不逮"。虽然落后,只须不太落后,就得了!

这是无为与有为之间的一种调和论调。自然的宇宙论含有两种意义:一是纯粹自然的演变,而一切生物只能随顺自然;一是在自然演进的历程上,生物——尤其是人类——可以自动的适应变迁,甚至于促进变迁。庄子说的"无动而不变,无时而不移,何为乎?何不为乎?夫固将自化",这便是完全崇拜自然的变化,故结论只有随顺自然,只有"因"。慎到等人也有此弊。荀子批评他们道:

> 庄子蔽于天而不知人。慎子蔽于法而不知贤。由天谓之,道尽因矣。由法谓之,道尽数矣。

因即是因任自然;数也是自然之数。荀子自己深信"天行有常,不为尧存,不为桀亡",但他极力主张人治而"不求知天":

> 大天而思之,孰与物畜而制裁之?
> 从天而颂之,孰与制天命而用之?
> 望时而待之,孰与应时而使之?
> 因物而多之,孰与骋能而化之?

这是何等伟大的征服自然的战歌!所以荀子明明是针对那崇拜自然的思想作战,明明的宣言:"错人而思天,则失万物之情。"这个庄、荀之分,最可注意。左系思想到庄子而右倾,中系思想到荀卿而左倾更甚。荀卿门下出了韩非、李斯,充分容纳时代变迁的观念,同时又极力主张用人功变更法制以应付时变,于是向来的中系便成为极左派了。《淮南》颇因袭《吕氏春秋》,两书都显出荀卿、韩非的影响,故尽管高谈无为,而都不能不顾到这种人为主义与变法哲学。但从无为跳到积极有为的变法,这是很不可能的事,故不能不有一种调和的说法,故说不为物先,又不为物后;先之则太过,后之则不逮。变是要变的,但不可不先看看时机是否成熟。时机未成熟,却勉强要改革,便是"先之",先之必须冒险犯难,这是"抱雌节"的哲学所不为的。别人冒了险,犯了难,造成了时势,时机已熟了,我来顺水推船,便"指约而易操,事少而功多"了。

但这种调和论终是很勉强的。他们一面要主张无为,一面又承认人功的必要,故把一切行得通的事都归到"无为",只留那"用己而背自然"的事如"以火燻井"之类叫做"有为"。这不过是在名词上变把戏,终究遮不住两种不同的哲学的相违性。例如老子的理想国里,"虽有舟车,无所用之",这是彻底的不以人易天。《庄子》书里的汉阴丈人反对用桔槔汲水(《天地》篇),《马蹄》篇反对用羁勒驾马,这也是彻底的不以人易天。《淮南书》便不同了。《修务训》里明说,水之用舟,泥之用辀等事,不算是有为,仍算是无为。用心思造舟楫,已是"用己"了;顺水行舟,还算是不易自然;逆水行船,用篙,用纤,这不是"用己而背自然"吗?如果撑船逆流,用篙用纤,都是无为,那么,用蒸汽机行驶轮船,用重于空气的机器行驶飞机,也都是无为了。究竟"自然"与"背自然"的界线画在那一点呢?

须知人类所以能生存,所以能创造文明,全靠能用"智故",改造自然,全靠能"用己而背自然"。"自然"是不容易认识的,只有用最精细的观察和试验,才可以窥见自然的秘密,发现自然的法则。往往有表面上像是"背自然",而其实是"因任自然"。一块木片浮在水上是自然,造一只五百斤重的舢板是因任自然,造一只两万吨的铁汽船也是因任自然。鸟用两翼飞行是自然,儿童放纸鸢是因任自然,轻气球是因任自然,用重于空气的机器驾驶载重万斤的飞船也是因任自然。自然是个最狡猾的妖魔,最不肯轻易现出原形,最不肯轻易吐露真情。人类必须打的她现出原形来,必须拷的她吐出真情来,才可以用她的秘密来驾御她,才可以用她的法则来"因任"她。无为的懒人尽管说因任自然,其实只是崇拜自然,其实只是束手受自然的征服。荀卿高唱着:

> 大天而思之,孰与物畜而制裁之?
> 从天而颂之,孰与制天命而用之?

"大天"便是崇拜自然,"从天"便是不易自然。"物畜而制裁之","制天命而用之",便是用人的智力征服天行,以利人用,以厚人生。中国古代哲人发现自然的宇宙论最早,在思想解放上有绝大的功效。然而二千五百年的自然主义的哲学所以不能产生自然科学者,只因为崇拜自然太过,信"道"太笃,蔽于天而不知人,妄想无为而可以因任自然,排斥智故,不敢用己而背自然,终于不晓得自然是什么。

其实《淮南书》论自然演变很可以得一种积极有为的人生观与政治哲学。如《原道训》说:

> 木处榛巢,水居窟穴,禽兽有芃,人民有室。陆处宜牛马,舟行宜多水。匈奴出秽裘,干、越生葛絺。各生所急,以备燥湿,各因所处,以御寒暑。并得其宜,物便其所。

这是自然的适应环境。《修务训》说的更清楚:

> 夫天之所覆,地之所载,包于六合之内,托于宇宙之间,阴阳之所生,血气之精,含牙戴角,前爪后距,奋翼攫肆,蚑行蛲动之虫,喜而合,怒而斗,见利而就,避害而去,其情一也。虽其所好恶与人无以异,然其爪牙虽利,筋骨虽强,不免制于人者,知不能相通,才力不能相一也。各有其自然之势,无禀受于外,故力竭功沮。夫雁顺风而飞,以爱气力;衔芦而翔,以备矰弋。蚁知为垤,獾貉为曲穴,虎豹有茂草,野彘有艽茞,槎栌堀虚连比以像宫室,阴以防雨,晏(原作景,从王引之校改;《说文》,晏,天清也)以蔽日。此亦鸟兽之所知(原作所以知)求合于其所利。

这两段说的都颇近于近世生物学者所谓适应环境的道理。这里面有三层涵义:第一,各种生物都有"见利而就,避害而去"的天性,生物学者叫做自卫的本能。第二,在种种不同的环境之下,某种生物若不能随外境变化,便不能应付外境的困难。所谓"各有其自然之势,无禀受于外,故力竭功沮"。自然之势是本能,禀受于外是外境影响某种生物而起的变化,即是适应新环境的能力。不能如此适应,便力竭功沮。第三,生物用他的本能,随外境而起形体机能上或生活状态上的变化,便是"以所知求合于其所利"。一切生物进化,都由于此。

这种见解是健全的,可以应用到人类进化的历史上,可以得一种很有现代性的进化论。如《氾论训》说:

> 古者民泽处复穴(《太平御览》一七四引注云:"凿崖岸之腹,以为密室。"据此,似原文"复"本作"腹"),冬日则不胜霜雪雾露,夏日则不胜暑热蚊虻。圣人乃作为之筑土构木,以为室

屋,上栋下宇,以蔽风雨,以避寒暑,而百姓安之。

伯余之初作衣也,緂麻索缕,手经指挂,其成犹网罗。后世为之机杼胜复以便其用,而民得以掩形御寒。

古者剡耜而耕,摩蜃而耨,木钩而樵,抱甄而汲,民劳而利薄。后世为之耒耜耰锄,斧柯而樵,桔槔而汲,民逸而利多焉。

古者大川名谷冲绝道路,不通往来也,乃为窬木方版,以为舟航,故地势有无得相委输。

为靼蹻而超千里,肩负儋之勤也,而作为之棁轮建舆,驾马服牛,民以致远而不劳。为鸷禽猛兽之害伤人而无以禁御也,而作为之铸金锻铁,以为兵刃,猛兽不能为害。

故民迫其难则求其便,困其患则造其备。人各以其所知,去其所害,就其所利。常故不可循,器械不可因也。

这是自动的适应环境,是一种积极有为的人生观。《氾论训》又说:

故忤而后合者,谓之知权。合而后忤者,谓之不知权。不知权者,善反丑矣。

忤是不适合。在新的环境之中,能以所知趋利避害,先忤而后合,这才是知权。本来适合的,环境变了,合的变成不合了,有利的变成有害了,这便是"合而后忤"。先合而后不合,便是不能适应那变迁的环境。必须要跟着外界的需要,自己变化,"各以其所知,去其所害,就其所利",才可以生存,才可以胜利。

这样主张自动的适应环境,便成了一种积极有为的变法论,所以说"常故不可循,器械不可因"。这便不是《原道训》所说"不易自然""因物之所以为"所能包括的了。《原道训》是从庄周、慎到一系的思想出来的,故说的是一个"因"字。《修务》、《氾论》诸篇却受了荀卿、韩非的影响很大,故发挥"常故不可循,器械不可因"的变法论。一切器械、一切法度,都必须跟着时变革新。《氾论训》说的最痛快:

先王之制,不宜则废之。末世之事,善则著之。是故礼乐未始有常也。故圣人制礼乐而不制于礼乐。治国有常,而利民为本;政教有经,而令行为上。苟利于民,不必法古;苟周于事,不必循旧。夫夏商之衰也,不变法而亡;三代之起也,不相袭而王。故圣人法与时变,礼与俗化;衣服器械各便其用,法度制令各因其宜。故变古未足非,而循俗未足多也。……

古者人醇工庞;商朴女重,是以政教易化,风俗易移也。今世德益衰,民俗益薄,欲以朴重之法治既弊之民,是犹无镳衔橛策锱而御駻马也。

昔者神农无制令而民从,……逮至当今之世,忍诃而轻辱,贪得而寡羞,欲以神农之道治之,则其乱必矣。……古之所以为治者,今之所以为乱也。……由此观之,法度者,所以论民俗而节缓急也。器械者,因时变而制宜适也。夫圣人作法而万民制焉,贤者立礼而不肖者拘焉。……

今夫图工好画鬼魅而憎图狗马者,何也?鬼魅不世出,而狗马可日见也。夫存危治乱,非智不能;而道先称古,虽愚有余。故不用之法,圣王弗行,不验之言,圣王弗听。

这全是韩非、李斯的变法哲学。"论民俗而节缓急,因时变而制宜适",这岂是不用"智故"所能辨别的吗?

《修务训》又极力提倡修学,立论最近于荀卿,和老子"绝学无忧"的主张也距离很远了。篇中有云:

世俗废衰而非学者多。〈曰〉,"人性各有所修短,若鱼之跃,若鹊之驳,此自然者,不可损益。"

吾以为不然。夫鱼者跃,鹊者驳也,犹人马之为人马,筋骨形体所受于天不可变。以此论之,则不类矣。夫马之为草驹之时,跳跃扬蹄,翘尾而走,人不能制,齕咋足以噆肌碎骨,蹶蹄足以破颅陷胸。及至圉人扰之,良御教之,掩以衡扼,连以辔衔,则虽历险超堑弗敢辞。故其形之为马,马不可化;其可驾御,教之所为也。马,聋虫也,而可以通气志,犹待教而成,又况人乎?

我们试用此论比较《庄子·马蹄》篇,便知汉代道家所受荀卿一派的影响之大了。《修务训》又说:

夫纯钧(原作钩,从王念孙校)、鱼肠(皆剑名)之始下型,击则不能断,刺则不能入。及加之砥砺,摩其锋锷,则水断龙舟,陆劗犀甲。明镜之始下型,矇然未见形容。及其挋(摩也)以玄锡,摩以白旃,鬓眉微毫可得而察。夫学亦人之砥锡也。而谓学无益者,所以论之过。知者之所短,不若愚者之所修。贤者之所不足,不若众人之有余。何以知其然?夫宋画吴冶,刻刑镂法(刑同型,亦法也),乱修曲出,其为微妙,尧舜之圣不能及。蔡之幼女,卫之稚质,篹组奇彩,抑黑质,扬赤文(此从刘文典据《御览》三八一引之文,较今本可读),禹汤之智不能逮。……

今夫盲者,目不能别昼夜,分白黑,然而搏琴抚弦,参弹复徽,攫援摽拂,手若蔑蒙,不失一弦。使未尝鼓瑟者,虽有离朱之明,攫掇之捷,犹不能屈伸其指。何则?服习积贯之所致。

服习积贯,便是以人功改造自然,便是根本不承认"自然者不可损益"了。荀卿最重"习"与"积"两个观念;《淮南》论习学之益,很接近荀卿,但不明说"性恶",只说服习积贯之能有成。性恶之说本是荀卿的偏见,道家注重自然,不能认人性是恶的。《修务训》说:

夫上不及尧舜,下不若商均,美不及西施,恶不若嫫母,此教训之所谕,而芳泽之所施也。……良马不待策锬而行,驽马虽两锬之不能进,为此不用策锬而御,则愚矣。

这已是承认上智与下愚之不可移,近于后世所谓性有三品之说了。

《要略》篇总论《修务训》云:

"修务"者,所以为人之于道未淹,昧论未深,见其文辞,反之以清静为常,恬淡为本,则懈堕分学,纵欲适情,欲以偷自佚而塞于大道也。今夫狂者无忧,圣人亦无忧。圣人无忧,和以德也。狂者无忧,不知祸福也。故通而无为也,与塞而无为也同,其无为则同,其所以无为则异。故为之浮称流说其所以能听,所以使学者孳孳自几也。

这就是说,清静无为是一种理想的境界,不是人人能到的。聪明睿智的人,天才与学力都到了很高的境界,有聪明而掩其聪明,有智故而不设智故,这样的人,

小大修短各有其具;万物之至,腾踊肴乱,而不失其数。

漠然无为而无不为也。淡然无治而无不治也。(《原道

训》)

这才是"通而无为"。至于一般的人们只可以努力修务,努力有为,方才可望有所成就。若普通的人也妄想无为,也高谈"不设智故""绝学无忧""无为而无不为",那便是懒人的"塞而无为",只成其为不可救药的懒鬼而已。

那么,我们对于道家的无为哲学,也可以用《修务训》的话来下批评:

> 所谓言者,齐于众而同于俗。今不称九天之顶,则言黄泉之底,是两端之末议,何可以公论乎?

理想的无为境界,只等于悬想九天之顶;而"以火熯井"一类的笨例又等于虚设黄泉之底。这都是两个极端的末议,何可以公论乎?

四、政治思想

《淮南书》的政治思想,虽然处处号称"无为",其实很有许多精义,不是"无为"一个名词所能包括。约而言之,此书的政治思想有三个要义:一是虚君的法治,一是充分的用众智众力,一是变法而不拘故常。

虚君的政治是无为主义的意义,我在前几章已屡次说过了。《主术训》说:

> 君人之道,其犹零星之尸也。俨然玄默,而吉祥受福。……是故重为惠,若重为暴,则治道通矣(重为惠,是不轻于施恩惠,要不轻施惠,如不轻为暴一样)。
>
> 为惠者,尚布施也。无功而厚赏,无劳而高爵,则守职者懈于官而游居者亟于进矣。为暴者,妄诛也。无罪而死之,行直而被刑,则修身者不劝善,而为邪者轻犯上矣。故为惠者生奸,而为暴者生乱。奸乱之俗,亡国之风。
>
> 是故明主之治,国有诛者而主无怨(原作怒,依下文改)焉,朝有赏者而君无与焉。诛者不怨君,罪之所当也。赏者不德上,功之所致也。……故太上,下知有之。

"尸"是祭祀时扮作受祭的人。他扮作祖宗的样子,俨然玄默,寂然

无为,而受大众的祭祷。《诠书训》说此意更明白:

> 处尊位者如尸,守官者如祝宰。尸虽能剥狗烧彘,弗为也;弗能,无亏也。俎豆之列次,黍稷之先后,虽知,弗教也;弗能,无害也。不能祝者不可以为祝,无害于为尸。不能御者不可以为仆,无害于为左(古时车上有三人,君在左,仆御在中,勇士在右)。故位愈尊而身愈佚,身愈大而事愈少。

尸的比喻,最可写出虚君的意义。虚君之政治,君主不但不轻于为暴,并且要不轻于施恩惠。必须能"重为惠,若重为暴",然后可以做到慎到所谓"动静无过,未尝有罪",立宪国家所谓君主不会做错事,即是此意。老子所谓"太上,下知有之",也正如那扮作"尸"的祭主,受祭受福而已。

老子说无为,还没有想出一个可以实行的办法。后世始有法治之说起来,主张虚君的法治。《主术训》说:

> 夫权衡规矩,一定而不易,不为秦楚变节,不为胡越改容,常一而不邪,方行而不流,一日刑(型)之,万世传之,而以无为为之。……

> 法者,天下之度量,而人主之准绳也。……法定之后,中程者赏,缺绳者诛;尊贵者不轻其罚,而卑贱者不重其刑;犯法者虽贤必诛,中度者虽不肖必无罪,故公道通而私道塞矣。

> 古之置有司也,所以禁民使不得自恣也。其立君也,所以剬有司使无专行也。法籍礼义者,所以禁君使无擅断也。人莫得自恣则道胜,道胜而理达矣。故反于无为。无为者,非谓其凝滞而不动也,以言其莫从己出也。

有了这样纯粹客观的法制,贵贱贤不肖都受绝对平等的待遇,诛赏予夺皆依客观的标准,皆不从君心出,这才是"莫从己出"。莫从己出,故"诛者不怨君,而赏者不德上",这才是"以无为为之"。

虚君的法治,意义如此。

无为的政治还有一个意义,就是说,君主的知识有限,能力有限,必须靠全国的耳目为耳目,靠全国的手足为手足。这便是"众智众力"的政治,颇含有民治的意味。《主术训》说:

> 汤武,圣主也,而不能与越人乘舲舟而浮于江湖。伊尹,贤相也,而不能与胡人骑骡马而服驹骇。孔墨博通,而不能与山居者入榛薄,出险阻也。因此观之,则人知之于物也浅矣。……故智不足以治天下也。
>
> 桀之力制觡伸钩,……然汤革车三百乘,困之鸣条,擒之焦门。由此观之,勇力不足以持天下矣。……
>
> 积力之所举,则无不胜也。众智之所为,则无不成也。垆井之无鼋鼍,隘也。园中之无修木,小也,夫举重鼎者,力少而不能胜也。及至其移徙之,不待其多力者。故千人之群无绝梁,万人之聚无废功。……
>
> 夫人主之听治也,清明而不暗,虚心而弱志,是故群臣辐凑并进,无愚智贤不肖,莫不尽其能。于是乃始陈其礼,建以为基。是乘众势以为车,御众智以为马,虽幽野险涂,则无由惑矣。……
>
> 乘众人之智,则天下不足有也。专用其心,则独身不能守也。……文王智而好问,故圣。武王勇而好问,故胜。夫乘众人之智则无不任也。用众人之力则无不胜也。千钧之重,乌获不能举也。众人相一,则百人有余力矣。

这些议论里很有民治主义的精神。《吕氏春秋》不主张民主政治的理由是因为治乱存亡"如可知,如不可知;如可见,如不可见",群众人的知识必不如少数贤智之士。《淮南王书》出于百年之后,封建社会已完全崩溃了,屠狗卖缯的无赖都可以建国作将相了,故此书对于群众人的知识能力,比较有进一步的认识。群众人的势力可以推翻秦始皇的帝国,群众人是不可轻侮的。故此书中屡屡指出"积力之所举无不胜也,而众智之所为无不成也"一条很重要的原则。这便是民治主义的基本理论。况且人各有所长,各有所短;圣智之所不知,不如小儿女之所索习。所以说:

> 天下之物莫凶于奚毒(高注,乌头也。许慎注,附子也),然而良医橐而藏之,有所用也。是故林莽之材犹无可弃者,而况人乎?(《主术训》)

故此书又屡屡指出"无愚智贤不肖,莫不尽其能"的原则,这也是民治主义的一个基本理论。《主术训》说:

> 是故贤主之用人也,犹巧工之制木也。大者以为舟航柱梁,小者以为楫楔,修者以为榱榱,短者以为朱儒枅栌。无小大修短,各得其所宜,规矩方圆各有所施。……
>
> 今夫朝廷之所不举,乡曲之所不誉,非其人不肖也,其所以官之者非其职也。鹿之上山,獐不能跂之;及其下,牧竖能追之:才有所修短也。是故有大略者,不可责以捷巧;有小智者,不可任以大功。人有其才,物有其形;有任一而太重,或任百而尚轻。

这都是说明"无愚智贤不肖,莫不尽其能"的原则。民治的精神不在有无君主,而在能否使全国的人有各尽其能的平等机会。

民治的第三个基本要义是要尊重人民的舆论。《主术训》说:

> 人主者,以天下之目视,以天下之耳听,以天下之智虑,以天下之力争。是故号令能下究,而臣情得上闻。……聪明光而不弊,法令察而不苛,耳目达而不暗。善否之情日陈于前而无所逆。是故贤者尽其智而不肖者竭其力。

"善否之情日陈于前而无所逆",便是言论的自由。

民治主义的第四个要义是承认统治者与被统治者是对等的,只有相互的报施,而没有绝对服从的义务。《主术训》说:

> 夫臣主之相与也,非有父子之厚,骨肉之亲也,而竭力殊死不辞其躯者,何也?势有使之然也。昔者豫让,中行文子之臣;智伯伐中行氏,并吞其地;豫让背其主而臣智伯。智伯与赵襄子战于晋阳之下,身死为戮,国分为三。豫让欲报赵襄子,漆身为厉,吞炭变音,擿齿易貌。夫以一人之心而事两主,或背而去,或欲身徇之,岂其趋舍厚薄之势异哉?人之恩泽使之然也。……夫风疾而波兴,木茂而鸟集,相生之气也。是故臣不得其所欲于君者,君亦不能得其所求于臣也。君臣之施者,相报之势也,……是故君不能赏无功之臣,臣亦不能死无德之君。君德不下流于民,而欲用之,如鞭蹄马矣。是犹不待雨而求稼,必不可之数也。

"相报"的关系即是孟轲说的"君之视民如土芥,则臣视君如寇仇"。这就是承认人民有反抗君主的权利,有革命的权利。

这是《淮南王书》的民治主义的思想。

道家承认"无动而不变,无时而不移",故应该有"与时迁移,应物变化"的论调。不幸他们太看重了自然的变化,遂以为可以不用人功的促进,只要能跟上自然变化的趋势,就很够了,故有"常后而不先"的雌性哲学(说详上节论有为与无为)。但《淮南》之书出于韩非、李斯之后,终不能避免战国晚期变法论的影响。故《氾论》、《修务》诸篇多有很明白主张变法的议论(引见上两节)。自然变迁固是事实,但人类的行为最容易习惯化,人类的制作最容易制度化。行为成了习惯,则不喜改革;创作成了制度,则不易变动。外境虽然变迁了,而人类的守旧性往往不能跟着时变走;跟不上时变,便不能适应外境,名为不为物后,其实早已落后了。故"与时推移,应物变化"的一个理想,决不是漠然无为所能做到,必须时时有自觉的改革,自觉的与时推移。故庄子的自然变化论必须有韩非、李斯的变法论相辅而行,方才可以无弊。《淮南·齐俗训》说:

> 夫以一世之变,欲以耦化应时,譬犹冬被葛而夏被裘。夫一仪(仪如今言"瞄准")不可以百发,一衣不可以出岁;仪必应乎高下,衣必适乎寒暑。是故世异则事变,时移则俗异。故圣人论世而立法,随时而举事。尚古之王封于泰山禅于梁父七十余圣,法度不同,非务相反也,时世异也。是故不法其已成之法,而法其所以为法。所以为法者,与化推移者也。夫能与化推移,为人者至贵在焉尔(王念孙不明此文之事,妄以"为人"二字为衍文,大误)。

"与化推移"全靠有"人"能明白时势已变换了,而又能制作以适应那变换的局面,才够得上称为"与化推移"。故下文又说:

> 五帝三王轻天下,细万物,齐死生,同变化,抱大圣之心以镜万物之情。……今欲学其道,不得其清明玄圣,而守其法籍宪令,不能为治,亦明矣。故曰,得十利剑不若得欧冶之巧,得百走马不若得伯乐之数。

这都是说"人"的重要。变化是自然的,而"与时推移,应物变化"却全靠人的努力。

《齐俗训》又说:

> 义者,循理而行宜也。礼者,体情而制文者也。义者,宜也。礼者,体也。昔有扈氏为义而亡,知义而不知宜也。鲁治礼而削,知礼而不知体也。……
>
> 世之明事者,多离道德之本,曰,"礼义足以治天下"。此未可与言术也。所谓礼义者,五帝三王之法籍风俗,一世之迹也。譬若刍狗土龙之始成,文以青黄,绢以绮绣,缠以朱丝。尸祝袀袨(黑色衣),大夫端冕,以送迎之。(刍狗以谢过,土龙以求雨。)及其已用之后,则壤土草芥而已,夫有(又)孰贵之?

礼义法籍,各有当时之用,时过境迁,便如刍狗土龙用过之后,不过是一块土、一束草而已。此即是《氾论训》说的"圣人制礼乐而不制于礼乐。治国有常,而利民为本"。《主术训》也说:

> 法生于义,义生于众适,众适合于人心。此治之要也。

变法的哲学自然反对崇古的迷信。《修务训》说:

> 世俗之人多尊古而贱今,故为道者必托之于神农、黄帝而后能入说。乱世暗主高远其所从来,因而贵之。为学者蔽于论而尊其所闻,相与危坐而称之,正领而诵之。此见是非之分不明。……
>
> 楚人有烹猴而召其邻人,邻人以为狗羹也,而甘之。后闻其猴也,据地而吐之,尽写其所食,此未始知味者也。邯郸师有出新曲者,托之李奇,诸人皆争学之。后知其非也,而皆弃其曲。此未始知音者也。……故有符(符,验也)于中,则贵是而同今古。无以听其说,则所从来者远而贵之耳。

这里讥笑那些假托神农、黄帝的人,和那些迷信假古董的人,最近于韩非、李斯的议论。《氾论训》说:

> 夫存亡治乱(亡者使之存,乱者使之治),非智不能;而道先称古,虽愚有余。故不用之法,圣王弗行;不验之言,圣王弗听。

这完全是韩非的口吻了。

《淮南》之书虽然这样攻击"道先称古"的恶习,却又时时自己犯这种毛病。道家本称"黄老之学",而黄帝便是完全假托的。《修务训》明白嘲笑那些假托神农、黄帝的人,然而《淮南书》里几乎篇篇有太古圣王的奇迹,无一不是信口开河的假造古史。试举《俶真训》作例:

> 至德之世,甘瞑于溷涧之域,而徙倚于汗漫之宇。……当此之时,……浑浑苍苍,纯朴未散,旁薄为一,而万物大优。……
>
> 及世之衰也,至伏羲氏,……而知乃始,昧昧楙楙,皆欲离其童蒙之心,而觉视于天地之间,是故其德烦而不能一。
>
> 乃至神农、黄帝,剖判大宗,……枝解叶贯,万物百族,便各有经纪条贯,于此万民睢睢盱盱然,莫不竦身而载听视,是故治而不能和。
>
> 下栖迟至于昆吾、夏桀之世,嗜欲连于物,聪明诱于外,而性命失其得。……
>
> 夫世之所以丧性命,有衰渐以然,所由来者久矣。是故圣人之学也,欲以返性于初而游心于虚也;达人之学也,欲以通性于辽廓而觉于寂漠也。

这正是"尊古而贱今",正是"道先称古"。道家认定一切有皆生于无,故先造为无中生有的宇宙论,以为无形贵于有形;又造为"有衰(等衰之衰)渐以然"的古史观,以为无知胜于有知,浑沌胜于文明,故今不如古,于是有"返性于初而游心于虚"的人生哲学了。其实是他们先有了这种懒惰消极的人生哲学,然后捏造一种古史观来作根据。这是古代学者文人的普通习惯,风气已成,人人信口开河,全不知道这是可耻的说谎了。

这样假造的上古史观,人名可以随便捏造,时代可以随便倒置,内容也不妨彼此矛盾冲突,决没有人去追求考证。学者试检《览冥训》说女娲、伏羲、黄帝、力牧一段,《本经训》说容成氏、尧、舜一段,《氾论训》说古圣制作的一段,和上文引的《俶真训》的一段,同是说古史,而全不相照应,最可以想见当日假造古事的虚妄风气,司马迁所谓"荐绅先生难言之"者,其实是荐绅先生所乐道而毫不以为耻的呵!

五、出世的思想

道家思想是齐学,受神仙出世之说和阴阳机祥之说的影响都很大。《淮南王书》中,这两种思想都占很重要的地位,我们现在分两节叙述他们。

《汉书·艺文志》有神仙十家,二百五卷:

《宓戏(伏羲)杂子道》二十篇
《上圣杂子道》二十卷
《道要杂子》十八卷
《黄帝杂子步引》十二卷
《黄帝岐伯按摩》十卷
《黄帝杂子芝菌》十八卷
《黄帝杂子十九家方》二十一卷
《泰壹杂子十五家方》二十二卷
《神农杂子技道》二十三卷
《泰壹杂子黄冶》三十一卷

叙曰:

> 神仙者,所以保性命之真,而游求(疑当作求游)于其外者也。聊以荡意平心,同死生之域,而无怵惕于胸中。然而或者专以为务,则诞欺怪迂之文,弥以益多,非圣王之所以教也。孔子曰:"索隐行怪,后世有述焉,吾不为之矣。"

这些书名可表现神仙家的书都是假托于伏羲、神农、黄帝、岐伯等人的;其方术有步引,按摩,服食芝菌,冶炼黄白,以及其他技道;而其要义在于"保性命之真(真即"天",古真天同音同训,真即天然,而伪是人为),而求游于其外"。

淮南王最提倡道术,他的《内书》叫做《鸿烈》,而《中篇》叫做《鸿宝》,两书本是相辅翼的伴侣书,《鸿宝万毕》之书多说神仙黄白变化的方术,而《鸿烈》之书虽包罗天文、地形以及齐俗治国之道,然而主旨所在实是神仙出世的理论。《要略》篇总括《原道训》的主旨云：
> 欲一言而寤,则尊天而保真。欲再言而通,则贱物而贵身。欲参言而究,则外物而反情。

这样特别反复叮咛,可以想见著作的主旨所在。《要略》又总括《精神训》的要义云：

> "精神"者,所以原本人之所由生,而晓寤其形骸九窍取象与天合同,其血气与雷霆风雨比类,其喜怒与昼宵寒暑并明;审死生之分,别同异之迹,节动静之机,以反其性命之宗:所以使人爱养其精神,抚静其魂魄,不以物易己,而坚守虚无之宅者也。

这也正是神仙家的人生观。我们可用《原道》、《精神》等篇作材料,看看那后来风靡中古时代的神仙出世的思想的大致。

《原道训》说：

> 大丈夫恬然无思,淡然无虑;以天为盖,以地为舆,四时为马,阴阳为御,乘云陵霄,与造化者俱。纵志舒节,以驰大区,可以步而行,可以骤而骤;今雨师洒道,使风伯扫尘,电以为鞭策,雷以为车轮;上游于霄霓之野,下出于无垠之门。

这里很明显的提出一个出世的理想。这种理想境界,在《淮南书》中有种种说法。如说：

> 圣人不以人滑(汨乱)天,不以欲乱情;不谋而当,不言而信,不虑而得,不为而成;精通于灵府,与造化者为人(王念孙说:人者,偶也。"与造化者为人",即上文"与造化者俱"之意)。(《原道训》)

如说：

> 得道者穷而不慑,达而不荣;……新而不朗,久而不渝;入火不焦,入水不濡。是故不待势而尊,不待财而富,不待力而强;平虚下流,与化翱翔。……是故不以康为乐,不以慊为悲,不以贵为安,不以贱为危。形神气志各居其宜,以随天地之所为。(《原道训》)

又如说：

> 是故圣人之学也,欲以返性于初而游心于虚也。达人之学

也,欲以通性于辽廓而觉于寂漠也。……是故举世而誉之不加劝,举世而非之不加沮;定于死生之境,而通于荣辱之理;虽有炎火洪水弥靡于天下,神无亏缺于胸臆之中矣。若然者,视天下之间,犹飞羽浮芥也。孰肯分分然以物为事也?(《俶真训》)

又如说:

> 所谓真人者,性合于道也。故有而若无,实而若虚;处其一不知其二,治其内不识其外。明白太素,无为复朴,体本抱神,以游于天地之樊;芒然仿佯于尘垢之外,而消摇于无事之业。浩浩荡荡乎,机械智巧弗载于心。是故死生亦大矣,而不为变;虽天地覆育,亦不与之抮抱矣。……
>
> 若然者,亡肝胆,遗耳目;心志专于内,通达耦于一;居不知所为,行不知所之;浑然而往,逯然而来;形若槁木,心若死灰;忘其五藏,损其形骸。不学而知,不视而见,不为而成,不治而辩。感而应,迫而动,不得已而往;如光之耀;如景之放。……廓惝而虚,清靖而无思虑。大泽焚而不能热,河汉涸而不能寒也。……以死生为一化,以万物为一方,……休息于无委曲之隅,而游遨于无形埒之野。居而无容,处而无所;其动无形,其静无体;存而若亡,生而若死。出入无间,役使鬼神。……以不同形相嬗也,终始若环,莫得其伦(此语出于《庄子》,但在此处似有变化易形之意义)。此精神之所以能登假(至)于道也。——是真人之所游也(此句依俞樾校改)。
>
> 若吹呴呼吸,吐故纳新,熊经鸟伸,凫浴蝯躩,鸱视虎顾(此皆当时神仙家所行导引之术),是养形之人也,不以滑心。(《精神训》)

这都是出世的人生观的理想境界。"入火不焦,入水不濡""出入无间,役使鬼神",更是承认此种真人可以有超自然的神力,并且能役使鬼神了。故此种境界,实是神仙家的理想境界。其中稍稍不同之点,只是神仙方术之士重在服食药物,导引形气,吐故纳新等等方术,期于长生久视,或形解尸化,以成仙人。此种方术皆是外功,所谓"养形之人也"。道家学者受此种思想的影响,而不满意于此种纯用外功的养形方术,故依附老庄的思想,演成一种内功的神仙家言,彼向外而此向内,彼养形而此养神,于是神仙的方术遂一跳而为神仙出世的哲学。

服食养形,冶炼黄金,按摩导引一类的神仙方术,虽然含有不少的幼稚迷信,然而其中事事都含有自然科学的种子,都可说是医学、生理学、物理学、化学、冶金学的祖宗。我们试翻《淮南万毕术》(茆泮林辑本)的残章断句,都可以想见此种方术之士确是在那里寻求自然界的秘密,搜集民间的经验知识,作物理的试探。此种向外的寻求,尽管幼稚荒谬,往往可以走上科学发明的道路。不但阿拉伯与欧洲的学术史可以证明此义,即论中国古来的一点医术药物学冶金的知识,其中大部分何尝不是这班方术之士的遗赐?不幸这种向外的寻求一变而成为向内的冥想,幼稚的物理试探一变而为暮气的出世哲学,这才是走上万劫不复的死路上去了。试问"恬然无思,澹然无虑","不学而知,不为而成","形若槁木,心若死灰,忘其五藏,损其形骸","存而若亡,生而若死",——试问这种理想能带我们走到哪里去?为什么不做活泼泼的人,却要歆羡那"存而若亡,生而若死"的槁木死灰境界?为什么不住这现实的人世界却要梦想"休息于无委曲之隅,而游遨于无形埒之野","上游于霄霓之野,下出于无垠之门"?

故这种暮气的出世哲学的完成,乃是中国民族的思想大踏步走入中古世界的信号。这时候印度的宗教还不曾开始征服中国,然而中国人已自己投入中古的暮气里去了。中国人已表示不愿做人而要做神仙了,不愿生活而愿意"存而若亡,生而若死"了。

这种哲学可叫做精神哲学,其主旨有二:在天地万物之中,则贱物而贵身;在一身之中,则贱形而贵神。凡恶动主静之学,厌世无生之论,都附属于这两点。

贵生重己之论,本是古代思想的一个重要贡献,杨朱之书虽不可考了,但我们在《吕氏春秋》里可以看见古代确曾有一种很健全的贵生重己的思想。神仙家到处访求芝菌丹药,研究导引养生之法,也可以算是贵生重己的一个方面。道家"贱物而贵身"的思想也可以说

是从古代的贵生重己的个人主义变出来的,但越变越远了。《原道训》说:

> 天下之要不在于彼而在于我,不在于人而在于我身,身得则万物备矣。彻于心术之论,则嗜欲好憎外矣。是故无所喜而无所怒,无所乐而无所苦;万物玄同,无非无是;化育玄耀,生而如死。夫天下者亦居吾有也,吾亦天下之有也,天下之与我岂有间哉?
>
> 夫有天下者,岂必摄权持势,操杀生之柄,而以行其号令耶?吾所谓有天下者,非谓此也,自得而已。自得,则天下亦得我矣。吾与天下相得,则常相有已,又焉有不得容其间者乎?所谓自得者,全其身者也。全其身则与道为一矣。
>
> 故虽游于江浔海裔,驰要褭(马名),建翠盖,日观掉羽武象之乐,耳听滔朗奇丽激抮之音,……射沼滨之高鸟,逐苑囿之走兽,此齐民之所以淫泆流湎,圣人处之不足以营其精神,乱其气志,使心怵然失其情性。
>
> 处穷僻之乡,侧溪谷之间,隐于榛薄之中;环堵之室,茨之以生茅;蓬户瓮牖,揉桑为枢;上漏下湿,……雪霜滚灖,……此齐民之所为形植黎黑而不得志也。圣人处之不为愁悴怨怼,而不失其所以自乐也。
>
> 是何也?则内有以通于天机,而不以贵贱贫富劳逸失其志德也。故夫乌之哑哑,鹊之唶唶,岂尝为寒暑燥湿变其声哉?是故夫得道(疑脱"者"字)已定而不待万物之推移也,非以一时之变化而定吾所以自得也。

同篇又说:

> 吾所谓乐者,人得其得者也。夫得其得者,不以奢为乐,不以廉为悲。……圣人不以身役(《御览》引作"徇")物,不以欲滑和,是故其为欢不忻忻,其为悲不惛惛,万方百变消摇而无所定,吾独慷慨遗物而与道同出。
>
> 是故有以自得之也,乔木之下,空穴之中,足以适情。无以自得之也,虽以天下为家,万民为臣妾,不足以养生也。能至于

> 无乐者,则无不乐,无不乐则至乐极矣。

这是"贱物而贵身"的理想。我们试用这种思想和《吕氏春秋》的贵生重己的思想相比较,便可以看出中古所谓"贵身"已不是百年前所谓贵生重己了。《吕氏春秋》的"贵生""尊生""全生",只是要人"六欲各得其宜","虽贵富,不以养伤生;虽贫贱,不以利累形"。故不欲不能全得其宜,便是"亏生";六欲莫得其宜,而反得其所甚恶,便是"迫生",迫生便不如死(看第二章)。这还是近人情的人生观。《淮南王书》的"贵身"却是教人排除"嗜欲好憎",教人"无所喜而无所怒,无所乐而无所苦","能至于无乐者,则无不乐"。这才是"自得"。故《原道训》说:

> 喜怒者,道之邪也。忧乐者,德之失也。好憎者,心之过也。嗜欲者,性之累也。……故心不忧乐,德之至也。性(今本作通,依《御览》改)而不变,静之至也。嗜欲不载,虚之至也。无所好憎,平之至也。不与物散,粹之至也。能此五者,则通于神明。通于神明者,得其内者也。

故他们所谓"自得",只是要"得其内"而不问外境是何等样子。无嗜欲,无好憎,故能"万方百变消摇而无所定,吾独慷慨遗物而与道同出"。他们说:

> 夫乌之哑哑,鹊之唶唶,岂尝为寒暑燥湿变其声哉?

他们所谓"通于神明",原来不过希望"同于乌鹊"而已!其实乌鹊与其他鸟兽也不能没有嗜欲好憎喜怒,也不能不为寒暑燥湿改变其生活状态。《淮南书》不曾说吗?

> 含牙戴角,前爪后距,奋翼攫肆,蚑行蛲动之虫,喜而合,怒而斗,见利而就,避害而去,其情一也。(《修务训》)

故他们那种无所喜怒苦乐的理想境界,其实还够不上说"同于禽兽",只是槁木而已,死灰而已。乌之哑哑,鹊之唶唶,比这强多啦!名为"贵身",乃至不能下比乌鹊,只可自比于槁木死灰,岂非"非生人之行,而至死人之理"(《庄子·天下篇》语)吗?

他们所谓"贵身",其实是"贱身",因为他们所贵的不是身的全体,只是他们所认为"精神"的部分;精神以外的部分都是不重要的。

《精神训》说：
> 精神，天之有也。而骨骸者，地之有也。

又说：
> 精神者，所受于天也。而形体者，所禀于地也。

"精神"是什么呢？是一是二呢？这个问题似乎不曾引起多少人的注意。高诱注《淮南·精神训》说：
> 精者，人之气。神者，人之守也。

又《天文训》"天地之袭精为阴阳"，高注云：
> 精，气也。

又《精神训》云：
> 烦气为虫（高注，烦，乱也），精气为人。

此语是高注"精者人之气"的根据。精有微细之意，《庄子·秋水》篇所谓"精，小之微也"。古人相信人得天地之精气，故说精是人之气，《管子·内业篇》也说"精也者，气之精者也。"班固《白虎通》的《情性章》说：
> 精神者何谓也？精者，静也，太阴施化之气也。象火之化任生也。神者，太阴（今本作阳，此依徐乃昌翻元大德本）之气也。

神也是气。《大戴记·曾子天圆》篇说："阳之精气曰神。"《礼记·聘义》郑玄注："精神，亦谓精气也。"《诗·楚茨》郑笺："言其精气谓之神，神者魂魄之气。"《越绝书·内传》说神是"主生气之精"。精与神同是气；气的精微的，叫做"精"；其中又好像有一种主宰制裁的能力，便叫做"神"。古人对于人身只有模糊混沌的知识，故用名词多不正确，多不耐分析。《淮南书》用"精神"，有时似一物，有时又似二物。如《精神训》首段用"精神"和"形体"对举，则精神似是一物。但《原道训》说：
> 形者，生之舍也；气者，生之充也；神者，生之制也。一失位，则二者伤矣。……故夫形者非其所安也而处之，则废；气不当其所充而用之，则泄；神非其所宜而行之，则昧。此三者不可不慎守也。

据此，则形与神之间还有第三者，叫做"气"。这气是不是"精"呢？

平常说"精神",是不是包括这"气"呢?总观《淮南》全书,"气"似乎可以分作两事:一面是血气之气,近于形体;一面是气志之气,稍近于精神,而不即是精神。试看《原道训》接着又说道:

> 今人之所以眭然能视,䏕然能听,形体能抗,而百节可屈伸,察能分白黑,视丑美,而知能别同异,明是非者,何也?气为之充而神为之使也。何以知其然也?凡人之志各有所在;而神有所系者,其行也足迹趎垎,头抵植木,而不自知也;招之而不能见也,呼之而不能闻也。耳目非去之也,然而不能应者,神失其守也。故在于小则忘于大,在于中则忘于外,在于上则忘于下,在于左则忘于右,无所不充则无所不在。是故贵虚者,以豪末为宅也。

> 今夫狂者,……岂无形神气志哉?然而用之异也,失其所守之位,而离其外内之舍,……虽生与入钧,然而不免为人戮笑者,形神相失也。

气志有所在,即是"神有所系";"神为之使"而必须"气为之充"。"在于小则忘于大,在于中则忘于外,无所不充则无所不在"。《俶真训》也说:

> 夫目察秋毫之末,耳不闻雷霆之音;耳调玉石之声,目不见太山之高。何则?小有所志而大有所忘也。

这样看来,精神虽是主使,而神之所注即是气志之所充。所以我们可以说,当时的人把精神确看作一种精气;因为有主使制裁的作用,故尊为"神";因为无形体,故认为一种精气,故又称"精神";精神之所系,也认作精气之所贯注,故叫做"气志",也可称为"精"。《白虎通》说神是"太阴之气",而精是"太阴施化之气",同是一气,其本体是神,其施化之作用是精,合而言之,叫做"精神"。

因为认精神是一种精气,故神仙家有按摩导引之术,以为养气可以养神。玄学化的道家嫌此等方术为太粗,故说:

> 若吹呴呼吸,吐故纳新,熊经鸟伸,凫浴蝯躩,鸱视虎顾,是养形之人也,不以滑心。

他们不满意于"养形"的神仙家,而主张要养神。养神之道只在排斥嗜欲,无所好憎。他们造出一种很武断的心理学作根据。

> 人生而静,天之性也。感而后动,性之害也。物至而神应,知之动也。知与物接,而好憎生焉。好憎成形,而知诱于外,不能反己,而天理灭矣。(《原道训》)

"人生而静",开口便错。此等论断,全无事实的根据,并且和事实绝对相违反,全是主观成见的武断。然而此语因为混入了《礼记》的《乐记》,成为儒生的经典,二千年来不但无人指斥,并且成为理学的一个基本思想,岂非绝可怪异的事!以静为天性,自然要主静无欲了。《精神训》说的更彻底了:

> 五色乱目,使目不明;五声哗耳,使耳不聪;五味乱口,使口爽伤;趣舍滑心,使行飞扬;此四者,天下之所(以)养性(高注,性,生也)也,然皆人累也。故曰:嗜欲者,使人之气越;而好憎者,使人之心劳。弗疾去则志气日耗。夫人之所以不能终其寿命而中道夭于刑戮者,何也?以其生生之厚。夫惟能无以生为者,则所以得修(长)生也。

一切所以养生之具,都认为"人累"了;并且很明白的说得长生之道在于"无以生为"了。这都是出世的人生观。

他们以为这样排除一切"人累",可以得长生,还可以知道过去未来。《精神训》说:

> 使耳目精明玄达无诱慕,气志虚静恬愉而省嗜欲,五藏定宁充盈而不泄,精神内守形骸而不外越,则望于往世之前,而视于来事之后,犹未足为也,岂直祸福之间哉?

这是妄想作未卜先知的仙人了。此种前知的妄想,与上文所引"入火不焦,入水不濡""出入无间,役使鬼神"的梦想,都是这出世的人生观的理想境界。

这种人生观不想做人而妄想做"真人";名为"贵身",而其实是要谢绝"人累"而做到"无以生为"的境界。《精神训》说的最沉痛:

> 吾处于天下也,亦为一物矣。不识天下之以我备其物欤?且惟(虽)无我而物无不备者乎?……其生我也将以何益?其杀我也将以何损?

这是"贵身"呢？还是"贱身"呢？又说：

> 夫造化者，既以我为坯矣，将无所违之矣。吾安知夫刺灸而欲生者之非惑也？又安知夫绞经而求死者之非福也？或者生乃徭役也，而死乃休息也？……
>
> 吾生也有七尺之形，吾死也有一棺之土。吾生之比于有形之类，犹吾死之沦于无形之中也。然则吾生也，物不以益众；吾死也，土不以加厚。吾又安知所喜憎利害（于）其间者乎？
>
> 夫造化者之攫援物也，譬犹陶人之埏埴也。其取之地而已为盆盎也，与其未离于地也无以异。其已成器而破碎漫澜而复归其故也，与其为盆盎也，亦无以异矣！

这样哀艳的文章，发挥一个最悲观的人生观，而出于一个安富尊荣的王者的书里，这是何等重要的时代象征！我们试回想几百年前的儒者教人"知其不可而为之"，教人"士不可以不弘毅，任重而道远"，教人"舜何人也，予何人也，有为者亦若是"，试回想不过一百年前的《吕氏春秋》"天下莫贵于生"的人生观，——我们试一比较，便不能不感觉这一百年之中世界真大变了，中国真已深入中古时代了。

六、阴阳感应的宗教

《淮南·氾论训》有一段论宗教迷忌的起源，很有趣味，我们全抄在这里，作为本节的引论：

> 天下之怪物，圣人之所独见；利害之反复，知者之所独明达也。同异嫌疑者，世俗之所眩惑也。夫见不可布于海内，闻不可明于百姓，是故因鬼神礼祥而为之立禁，总形推类而为之变象。
>
> 何以知其然也？世俗言曰："飨大高者而彘为上牲"，"葬死人者裘不可以藏"，"相戏以刃者太祖軵（挤也）其肘"，"枕户橉而卧者鬼神蹠其首"。此皆不著于法令，而圣人之所不口传也。
>
> 夫"飨大高（高诱注，大高，祖也。一曰上帝）而彘为上牲"者，非彘能贤于野兽麋鹿也，而神明独飨之，何也？以为彘者家人所常畜而易得之物也，故因其便以尊也。"裘不可以藏"者，……世以为裘者难得贵贾（价）之物也，而可传于后世，无益

> 于死者而足以养生，故因其资（用）以奢之。"相戏以刃，太祖鲉其肘"者，夫以刃相戏，必为过失；过失相伤，其患必大；无涉血之仇争忿斗，而以小事自内于形戮，愚者所不知忌也，故因太祖以累其心。"枕户橉而卧，鬼神蹠其首"者，使鬼神能玄化，则不待户牖而行；若循虚出入，则亦无能履也。夫户牖者，风气之所从来，而风气者阴阳相挢者也，离（罹）者必病，故托鬼神以伸诫之也。
>
> 凡此之属，皆不可胜著于书策竹帛而藏于官府者也（《韩非·难三》："法者，编著之图籍，设之于官府，而布之于百姓者也"）。故以礼祥明之。为愚者之不知其害，乃借鬼神之威以声其教。所由来者远矣。而愚者以为礼祥，而狠者以为非，唯有道者能通其志。

此一段把民间的宗教迷忌都解作有实用的意义，因为这些禁忌都不能成为法律的禁条，故只能"因鬼神礼祥而为之立禁"。高诱注："礼祥，吉凶也。"《史记·五宗世家》集解引服虔云："礼祥，求福也。"《广雅·释天》："礼，祭也。"《汉书·赵王彭祖传》注："礼祥，总谓鬼神之事。"《易·象传》曾有"以神道设教"的话，《氾论》之文便是"以神道设教"的理论。"愚者以为礼祥"，便是迷信宗教；"狠者以为非"，便是反对迷信；"唯有道者能通其志"，便是承认迷忌都有实际的用处，而愿意假借鬼神礼祥来维持此类民间禁忌。

道家自附于老子，老子提出一个自然的天道观念，本可以扫除不少的宗教迷信。但这个自然的天道论是很抽象的，一般人士未必能了解，故自然主义在人生哲学上只有命定论还能引起一部分人的注意，和一部分人的反抗。孔孟都是信命定论的，知"死生有命，富贵在天"，便不肯去求神媚宠了。墨子一派是拥护传统的天鬼宗教的，故极力反对有命之说，非命即是反对自然主义了。古代的宗教有三个主要成分：一是一个鉴临下民而赏善罚恶的天，一是无数能作威福的鬼神，一是天鬼与人之间有感应的关系，故福可求而祸可避，敬有益而暴有灾（用《墨子·非命上》的语意）。这个民间宗教，势力最大，决不是几个自然主义的哲学家所能完全扫灭。何况左倾的中系思想（儒家）从不敢明白反对他呢？何况右派的思想（墨家）又极力替他主持作战呢？何况又有君主的提倡，国家的尊崇呢？所以几百年之间，不但民间宗教迷信渐渐成为国教，并且连那左系的思想家也都不知不觉的宗教化了。老子变到庄子，天道已成了"造化者"了，宗教的意味已很浓厚了。战国晚年，老子之外，又跳出了个黄帝；黄帝是上海话所谓"垃圾马车"，什么荒谬的迷忌都可以向这里装塞进去。试看《汉书·艺文志》所收：

道家有黄帝书七十八篇。

阴阳家有《黄帝泰素》二十篇。

小说家有《黄帝说》四十篇。

兵家的"阴阳"类有《黄帝》十六篇。

天文有《黄帝杂子气》三十三篇。

历谱有《黄帝五家历》三十三卷。

五行有《黄帝阴阳》二十五卷，《黄帝诸子论阴阳》二十五卷。

杂占有《黄帝长柳占梦》十一卷。

医经有《黄帝内经》十八卷，《外经》三十九卷。

经方有《秦始黄帝扁鹊俞拊方》二十三卷。

房中有《黄帝三五养阳方》二十卷。

神仙有黄帝书四种，凡六十一卷。

黄帝一个人名下有十二类，四百二十四卷书，真可算是一部极大的垃圾马车了！这里面什么乌烟瘴气的迷忌都包罗在内，而神仙与阴阳最占大势力。神仙与阴阳都假托于黄帝，于是老子加上黄帝便等于自然主义加上神仙阴阳的宗教，这便是所谓"道家"。道家再一变，便成中古的道教了。

神仙出世的人生观使道家成为"非生人之行而至死人之理"的悲观宗教；阴阳祯祥的迷信使道家放弃传统的自然主义的宇宙观，而成为祯祥感应的迷忌的宗教。驺衍之学虽然上天下地，闳大不经，然而结果总归到"祯祥制度"与"符应"，这便是一种迷忌的宗教。司马谈说"阴阳家之术，大祥而众忌讳，使人拘而多所畏"，也是指出这种宗教的迷忌性质（我用"迷忌"一个名词来翻译近世人类学者所谓

magic；"迷忌"的界说是"用某种物件,或行某种仪式,以图影响(即感应)自然界或超自然界的势力,以为自身或团体求福禳灾")。《汉书·艺文志》也说阴阳家的流弊"牵于禁忌,泥于小数,舍人事而任鬼神",这更明显了。道家出于齐学,齐学之神仙阴阳都挂着黄帝的招牌,故号称黄老的道家吸收了阴阳家的许多禁忌思想,这是不可避免的。

我们须要知道,阴阳家的迷忌所以能在中国哲学思想发达之后风靡一世者,正因为阴阳家的学说颇能利用当日的哲学思想,表面上颇能挂出一面薄薄的自然主义的幌子,用阴阳五行等等自然界的势力来重新说明"感应"的道理。他们并不说那些幼稚的天鬼宗教了；他们竟可以说天是气,地是气,鬼神也是气,这岂不是自然主义的解释吗？《淮南·天文训》说：

> 虚廓生宇宙,宇宙生气,气有涯垠,清阳者薄靡而为天,重浊者凝滞而为地。……天地之袭精为阴阳,阴阳之专精为四时,四时之散精为万物。……

这样的说法,纯是自然主义的,纯是唯物的,岂不能令自然主义者点头赞同吗？好了！阴阳家又说,阴阳之气分为五行,阴阳相推,而五行相生相胜,相为终始。这岂不也是纯粹自然的,唯物的吗？于是五德终始之说可以得哲学家的承认了。如《淮南·地形训》说的,

> 木胜土,土胜水,水胜火,火胜金,金胜木。(参看《吕氏春秋·应同》篇)

这岂不是常识和哲学都可以公认的吗？好了！阴阳家又说："我们现在可以来谈旧宗教里的'感应'了。感应并不是我在地下叩个头,就可以感动天上的上帝老头子。那是迷信,我们不要睬他。我们现在要谈谈科学的感应论！也可以说是哲学的感应论！你爱听吗？"你当然爱听了。这种半科学半哲学的感应论,叫做"气类相感论"。如《吕氏春秋·应同》篇说：

> 类固相召,气同则合,声比则应。鼓宫而宫动,鼓角而角动。平地注水,水流湿；均薪施火,火就燥。

这种新感应论,秦学的《吕氏春秋》已连同五德终始之说接受了。齐

鲁的儒家道家也都接受了。《淮南王书》中的《天文》、《地形》、《时则》(即《月令》)、《览冥》、《人间》、《泰族》诸篇,都充分承认了这种感应论,作为一个基本原则。《天文训》说:

> 物类相动,本标相应,故阳燧见日则燃而为火,方诸见月则津而水(高注:"阳燧,金也。取金杯无缘者,熟摩令热,日中时以当日下,以艾承之,则燃得火也。方诸,阴燧,大蛤也。熟摩令热,月盛时以向月下,以铜盘受之,下水数滴。先师说然也")。虎啸而谷风至,龙举而景云属,麒麟斗而日月食,鲸鱼死而彗星出,蚕咡丝而商弦绝,贲星坠而勃海决。人主之情上通于天,故诛暴则多飘风,法苛则多虫螟,杀不辜则国赤地,令不收则多淫雨。

《览冥训》说:

> 夫物类之相应,玄妙深微,知不能论,辩不能解。故东风至而酒湛溢,蚕咡丝而商弦绝,或感之也。画随灰而月运阙,鲸鱼死而彗星出,或动之也。故……君臣乖心,则背谲见于天,神气相应征矣。……夫燧取火于日,方诸取露于月。天地之间,巧历不能举其数,手征忽怳不能览其光,然以掌握之中,引类于太极之上,而水火可立致者,阴阳同气相动也。

《泰族训》说:

> 夫湿之至也,莫见其形,而炭已重矣。风之至也,莫见其象,而木已动矣。……故天之且风,草木未动,而鸟已翔矣;其且雨也,阴曀未集,而鱼已唸矣。以阴阳之气相动也。故寒暑燥湿,以类相从;声响疾徐,以音相应也。……圣人者,怀天心,声然能动化天下者也。故精诚感于内,形气动于天,则景星见,黄龙下,祥凤至,醴泉出,嘉谷生,河不满溢,海不溶(动)波。故《诗》云:"怀柔百神,及河峤岳。"逆天暴物,则日月薄蚀,五星失行,四时干乖,昼冥宵光,山崩川涸,冬雷夏霜。《诗》曰:"正月繁霜,我心忧伤。"

> 天之与人,有以相通也。故国危亡而天文变,世惑乱而虹蜺见,万物有以相连,精祲有以相荡也。

以上引的都是《淮南书》里的气类相感说。在表面上看去,这种新感应论全是根据在一个自然界的通则之上,与初民迷信的感应论大不相同了。人受天地的精气,人的精神也是一种精气,物类能以阴阳同气相感动,人与天地也能以阴阳同气相感召。在这个"像煞有介事"的通则之上,遂建立起天人感应的宗教。这本是阴阳家的根本理论,却渐渐成为道家与儒教公认的原则,成为中国的中古宗教的基本教条。在这一层薄薄的自然主义的理论幌子之下,古代民间的感应宗教便得着哲学的承认而公然大活动,不久便成为国教了。《览冥训》说:

> 昔者师旷奏"白雪"之音,而神物为之下降,风雨暴至,平公癃病,晋国赤地。庶女(齐国的寡妇)叫天,而雷电下击景公台陨,支体伤折,海水大出。夫瞽师庶女,位贱尚枲,权轻飞羽,然而专精厉意,委务积神,上通九天,激厉至精。由此观之,上天之诛也,虽在圹虚幽闲,辽远隐匿,重袭石室,界障险阻,其无所逃之亦明矣。

> 武王伐纣,渡于孟津,阳侯之波逆流而击,疾风晦冥,人马不相见。于是武王左操黄钺,右秉白旄,瞋目而扬之曰:"余任天下,谁敢害吾意者!"于是风济(霁)而波罢。鲁阳公与韩构难,战酣日暮,援戈而挥之,日为之反三舍。夫全性保真,不亏其身,遭急迫难,精通于天,若乃未始出其宗者,何为而不成?

终日谈"自然",而忽然说鲁阳公援戈挥日,可以使"日为反三舍"!而又相信"全性保真,不亏其身"的真人也可以有超越自然的神通,"何为而不成"! 于是我们可以说,古代左系的思想到此完全右倾了,自然主义的哲学到此完全成了妄想超越自然的道教了。

道家是一个杂家,吸收的成分太多,"因阴阳之大顺,采儒墨之善,撮名法之要",遂成了一部垃圾马车;垃圾堆积的太高了,遂把自己的中心思想自然主义的宇宙观埋没了。直到二百年后伟大的王充出来,自然主义才得从那阴阳灾异符瑞感应的垃圾堆里被爬梳出来,刷清整理,成为中古思想界的唯一炬光。

　　　　十九、四、十六写起,十九、四、三十写完,计费半个月
　　　　廿年、三、十,改定第(二)(三)节

第六章　统一帝国的宗教

一、统一以前的民族宗教

在秦始皇统一中国以前,各国各有他们的宗教习惯,散见于古记载之中。古人所谓"天子祀上帝,诸侯祀先王先公"(《国语》四);所谓"天子祭天下名山大川,诸侯祭其疆内名山大川"(《史记·封禅书》),都暗示那地方性的宗教。战国时代的中国只剩得几个大国了,跨地既大,吸收的人民既难,各地的宗教迷信也渐渐趋于混合杂糅。但各地民族的主要宗教仍有很明显的地方个性,很容易辨别。如西部的秦民族,东部的齐民族,南部的楚吴越诸民族,皆各有特殊的宗教习惯。南部楚民族的宗教习惯,如《楚辞》所记,便与北方民族的宗教大不相同。如《九歌》说:

蕙蒸肴兮兰藉,奠桂酒兮椒浆。
扬枹兮拊鼓,疏缓节兮安歌,陈竽瑟兮浩倡。
灵(灵巫)偃蹇兮姣服,芳菲菲兮满堂。
五音纷兮繁会,君欣欣兮乐康!

又说:

浴兰汤兮沐芳华,采衣兮若英。
灵连蜷兮既留,烂昭昭兮未央。

又说:

成礼兮会鼓,
传芭兮代舞,
姱女倡兮容与。
春兰兮秋菊,长无绝兮终古!

这样的宗教仪节,清洁优美,有美人香草的风趣而无牛羊血腥的牺牲,自是一种特殊的民族宗教。

秦民族本是西戎民族,故他们的宗教也和中国不同。他们来自西方,

> 自以为主少皞之神,作西畤,祠白帝,其牲用骝驹,黄牛,羝羊各一云。(《史记》二八,以下参用《汉书》二五)

沈钦韩说:"《周礼》正祭皆无用马牲之事。……古礼仅用沉辜祈禳,……至匈奴杀马以祭天,戎狄皆然。《魏书·礼志》:'神尊者以马,次以牛。'……然则秦乃循西戎之俗也。"(王先谦《汉书补注》引)秦民族本是游猎的民族,故非子以养马得封地。秦文公徙居非子故地,在汧渭之间。

> 文公梦黄蛇自天下属地,其口止于鄜衍。文公问史敦,敦曰:"此上帝之征,君其祠之。"于是作鄜畤,用三牲,郊祭白帝焉。

这可见他们的上帝观念是很幼稚的。最有趣的是他们的"陈宝"的祭祀:

> 作鄜畤后九年(依《史记·十二诸侯年表》,是前747),文公获若石云(若石是一块像石头的物事,旧注云:"质如石,似肝"),于陈仓北阪城祠之。其神或岁不至,或岁数来,来也常以夜,光辉若流星,从东南来,集于祠城,则若雄鸡,其声殷殷云,野鸡夜雊(《汉书》二五注:"陈宝若来而有声,则野鸡皆鸣以应之")。以一牢祠之,名曰"陈宝",作陈宝祠。

陈宝祠的崇拜,历秦汉而不衰,其来源只是一种很幼稚的拜物教。

> 后七十一年(前676),秦德公立,卜居雍,子孙饮马于河,遂都雍,雍之诸祠自此兴。用三百牢于鄜畤,作伏祠,磔狗邑四门,以御蛊实。
>
> 后四年(前672),秦宣公作密畤于渭南,祭青帝。……
>
> 自秦宣公作密畤后二百五十年(前422),而秦灵公于吴阳作上畤,祭黄帝;作下畤,祭炎帝。

于是"五帝"有了四帝了。又过了二百多年,汉高祖二次入关(前205),

> 问:故秦时上帝祠何帝也?对曰:"四帝,有白、青、黄、赤帝之称。"高祖曰:"吾闻天有五帝,而四何也?"莫知其说。于是高祖曰:"吾知之矣。乃待我而具五也。"乃立黑帝祠,名曰北畤,有司进祠,上不亲往。

五帝之祠,起于秦民族的多神教。起初只有白帝,大概是他们的部落的尊神。青帝之立,大概是为秦民族以外的民族设一尊神,以别于他们自己的白帝。以后同化日久,这个部落尊神的本意渐渐失掉了,又受了那半神话的古史传说的影响,于是添上了黄帝、炎帝两个。到了前三世纪与二世纪之间,东方的五德终始说已很有势力,于是秦始皇自命为"得水德,色尚黑",俨然自居于"黑帝",故不立黑帝之祠(何焯说如此)。但白帝是秦民族的尊神,这是有很长期历史的宗教迷信,故民间仍旧记得秦是"白帝子",而不懂得那新起的"黑帝"说。故刘邦起兵革命之前,造出斩蛇的神话,说他斩蛇之后,

> 人来至蛇所,有老妪夜哭。人问何哭,妪曰:"人杀吾子,故哭之。"人曰:"妪子何为见杀?"妪曰:"吾子,白帝子也,化为蛇当道,今为赤帝子斩之,故哭。"

这个神话里,我们还可以看出西部民族宗教的遗影。秦文公梦见黄蛇,而史敦以为是上帝,故文公作鄜畤郊祭白帝。高祖斩蛇的神话里也含有这个拜蛇的民族迷信的残影。

东部的海上民族,齐民族,本是东夷,也有他们的民族宗教,有所谓"八神将"的崇拜。八神将之中,"天齐"为最尊,是齐民族的最尊神。《封禅书》说:

> 八神将自古而有之。或曰,太公以来作之。齐所以为齐,以天齐也。其祀绝莫知起时。

山东的地质有一种最奇特的现象,就是涌泉之多,至今还是如此。初民的迷信因此以为齐地是天的腹脐,故其大神为"天齐",而民族之名也便叫做"齐"。《史记索隐》引解道彪《齐记》云:

> 临菑城南有天齐泉,五泉并出,有异于常,言如天之腹脐也。

八神将是:

> 一曰天主,祠天齐。天齐渊水,居临菑南郊山下者。

二曰地主,祠太山梁父。盖天好阴,祠之必于高山之下,小山之上,命曰畤。地贵阳,祭之必于泽中圆丘。

三曰兵主,祠蚩尤。蚩尤在东平陆监乡,齐之西境也。

四曰阴主,祠三山。

五曰阳主,祠之罘。

六曰月主,祠莱山:皆在齐北并勃海。

七曰日主,祠成山,成山斗入海,最居齐东北隅,以迎日出云。

八曰四时主,祠琅邪,琅邪在齐东方,盖岁之所始。

皆各用一牢具祠,而巫祝所损益圭币杂异焉。

以上是齐民族的宗教。大概"天齐"起来最早,故说"其祀绝莫知起时"。后来民族进步了,故宗教迷信也经过一种整理,把各地的拜物拜自然的迷信,加上一点统系,便成了天地日月阴阳兵与四时的系统的宗教了。在初期只有拜天脐,拜某山某山而已。八神的系统已属于后期,其中乃有阴阳二主,可见已在理智化的时代了。到了后来,神仙、阴阳之说起于海上的燕齐;大概阴阳家言纯是齐学,而神仙家言起于燕国,故《封禅书》说宋毋忌等"皆燕人,为方仙道,形解销化,依于鬼神之事"。因为燕齐地相近,思想容易互相影响,而齐威王、宣王又都提倡神仙,"使人入海求蓬莱、方丈、瀛洲",故方仙道成为燕齐海上方士的共同信仰。

以上举了南部、西部、东部三个民族的宗教迷信,略示当日的民族宗教或地方宗教的性质。《列子》书中有"楚人鬼而越人礼"的话,这也是地方宗教不同的一例。

二、秦帝国的宗教

在那个游说盛行的时代,在那个贵族卿相争招宾客的时代,学术思想的传播是很快的。在吕不韦的宾客著书时,阴阳家的"月令"已收在《吕氏春秋》里了;"五德终始论"也收进去了(见《应同篇》)。《封禅书》说:

自齐威、宣之时,驺子之徒论著终始五德之运,及秦帝,而齐

> 人奏之,故始皇采用之。

这话是错的。《始皇本纪》说:

> 始皇推终始五德之传,以为周得火德,秦代周,德从所不胜,方今水德之始。

又《封禅书》说:

> 秦始皇既并天下而帝,或曰,"黄帝得土德,黄龙地螾见。夏得木德,青龙止于郊,草木畅茂。殷得金德,银自山溢。周得火德,有赤乌之符。今秦变周,水德之时。昔秦文公出猎,获黑龙,此其水德之瑞。"于是秦更命河曰德水,以冬十月为年首,色尚黑,度以六为名。

或曰以下的话,全是《吕氏春秋·应同》篇之文,不过文字稍有不同罢了。故始皇用五德终始之说,不是齐人所奏,乃是间接采自吕不韦的书。这可见六国晚年思想传播的快捷。到秦并天下之后,这种思想便成为帝国的宗教信仰的一部分了。

齐国北接燕,西接鲁,故齐学一面称"燕齐方士",一面又称"齐鲁儒生"。从前鲁国的圣人曾说:"齐一变至于鲁,鲁一变至于道。"但后来的变化却正和圣人的预料相反。拘迂的鲁国儒生那能不受那时代的"怪迂阿谀苟合之徒"的同化!于是鲁一变至于齐鲁儒生,又一变便至于燕齐方士了。

秦始皇统一中国之后,便巡游四方,西巡陇西,东至于海上,南至于湘江、浙江。他受东部民族迷信和方士思想的影响最大。始皇二十八年(前219),

> 东巡郡县,祠邹峄山,颂秦功业。于是征从齐鲁之儒生博士七十人至于泰山下。诸儒生或议曰:"古者封禅为蒲车,恶伤山之土石草木;扫地而祠,席用葅稭,言其易遵也。"始皇闻此议各乖异,难施用,由此黜儒生,而遂除车道,上自泰山阳,至巅,立石颂秦始皇帝德,明其得封地。从阴道上,禅于梁父。其礼颇采太祝之祀雍上帝所用,而封藏皆秘之,世不得而记也。

封泰山,禅梁父,都是齐鲁民族的宗教的一部分。八神将之地主即祠于泰山、梁父;后人造出古帝王封泰山禅亭亭,或禅梁父的神话,于一个民族的祠祭便变成后世帝王歆羡的宗教仪式了。封是"为坛于泰山以祭天",禅是"为墠于梁父以祭地"。积土为封,阐广土地为墠,墠又改为禅,故称为"封禅"。封禅本是八神之祀的一部分,而帝王封禅则仅有伪造的神话而实无典礼可遵从,故齐鲁的儒生博士只能纷纷捏造典礼,遂各乖异。始皇厌恶他们的争议,故杂采西方民族祀上帝的典礼来行东方封禅的祭祀。从此以后,封禅遂成了帝国宗教的一部分。

同年(前219),始皇在海上时,

> 齐人徐市(即徐福)等上书,言"海上有三神山,名曰蓬莱、方丈、瀛洲,仙人居之。请得斋戒与童男女求之"。于是遣徐市发童男女数千人,入海求仙人。

徐市到海外殖民去了,而始皇求神仙的兴致却有加无减,燕齐的方士也越来越多。始皇派燕人卢生入海求神仙;又派韩终、侯公、石生求仙人不死之药。卢生从海上回来,奏录图书说"亡秦者胡也",始皇便派蒙恬发十万兵往北方去击胡。过了几年,卢生又说:"方中,人主时为微行,以辟恶鬼。恶鬼辟,真人至。……愿上所居宫毋令人知,然后不死之药殆可得也。"始皇也便听他的话,说:"吾慕真人",于是自称真人,又使咸阳之旁二百里内二百七十处宫观,复道甬道相连,不许人说他行幸何处,言者罪死。当时博士七十人,都备员不用,而候星气者多至三百人!于是神仙方术也成了帝国宗教的一部分。(此节用《始皇本纪》)

以上说东部海上民族的宗教成为秦帝国宗教的部分。但秦帝国的宗教的主体究竟还是秦民族从西方带来的遗风,不过统一之后,四方的民族祠祀都被充分保留,充分吸收,故成为规模更大的帝国宗教。《封禅书》总记秦帝国的祠祀如下:

> 秦并天下,令祠官所常奉天地名山大川鬼神可得而序也:
> 自崤以东,名山五,大川祠二:曰太室,恒山,泰山,会稽,湘山;水曰济,曰淮。春以脯酒为岁祷,因泮冻,秋涸冻,冬赛祷祠,其牲用牛犊各一,牢具珪币各异。
> 自华以西,名山七,名川四:曰华山,薄山(襄山),岳山,岐

山,吴山,鸿冢,渎山(岷山)。水曰河,祠临晋;沔,祠汉中;秋渊,祠朝邢;江水,祠蜀。亦春秋泮涸祷塞,如东方山川,而牲亦牛犊,牢具珪币各异。

而四大冢(《尔雅》,山顶曰冢),鸿、岐、吴、岳,皆有尝禾。陈宝节来祠(陈宝来无定时,神来则祭)。其河加有尝醪。此皆在雍州之域,近天子之都,故加车一乘,騮驹四。灞、产、长水、沣、涝、泾、渭,皆非大川,以近咸阳,尽得比山川祠,而无诸加。汧、洛二渊,鸣泽,蒲山,岳婿山之属,为小山川,亦皆岁祷赛泮涸,祠礼不必同。

而雍有日,月,参,辰,南北斗,荧惑,太白,岁星,填星,〔辰星〕,二十八宿,风伯,雨师,四海,九臣,十四臣,诸布(《尔雅》,"祭星曰布"。《淮南·氾论》:"羿除天下之害,死而为宗布。"高注:"祭田为宗布谓出也。一曰,今人室中所祀之宗布是也。或曰,司命傍布也。"高注第一句不可解,但第二说使我们知道当日汉人有宗布之祀),诸严(叶德辉说,严当作庄,汉人避明帝讳改字。《尔雅》,道六达曰庄),诸逐(《史记》作逐,《汉书》作遂。叶德辉说,遂者小沟。此诸严、诸逐谓路神耳)之属,百有余庙。西亦有数十祠。

于湖有周天子祠。于下邽有天神。丰滈有昭明(旧注引《河图》云,荧惑星散为昭明),天子辟池。于杜亳有三社主之祠,寿星祠。而雍、菅庙亦有杜主。杜主,故周之右将军,其在秦中,最小鬼之神者也,各以岁时奉祠。

唯雍四畤上帝为尊,其光景动人民,唯陈宝。故雍四畤,春以为岁祠祷,因泮冻;秋涸冻,冬赛祠,五月尝驹,及四仲之月祠,若月祠,若陈宝节来一祠。春夏用骍,秋冬用騮,時驹四匹,木禺(偶)龙栾车一驷,木禺车马一驷,各如其帝色。黄犊羔各四,圭币各有数,皆生瘗埋,无俎豆之数。

三年一郊。秦以十月为岁首,故常以十月上宿郊见,通权火(张晏说,权火,烽火也,状若井洁皋,其法类称,故谓之权火),拜于咸阳之旁,衣尚白(秦帝国改尚黑,而郊天仍尚白,还是旧日崇拜白帝时的遗风)。

> 诸此祠,皆太祝常主,以岁时奉祠之。至如他名山川诸鬼及八神之属,上过则祠,去则已。郡县远方神祠者,民各自奉祠,不领于天子之祝官。

> 祝官有秘祝,即有灾祥,辄祝祠,移过于下。

这是秦帝国的宗教。其中最尊的大神仍是秦民族的上帝四時,最时髦的仍是秦民族的"陈宝";而地方旧祠祀,如齐之八神,周之杜主,以及各地的名山大川,都成为这国教的一部分。天地,日月,星宿,山川,都是自然界的实物;杜主等是人鬼,陈宝是物神。故秦的国教是一种拜物,拜自然,拜人鬼的宗教。

在这样的宗教之下的人,自然有许多很幼稚的迷信。如祕祝之官遇灾祥则祷祠,想移过于臣下,这便是很可笑的迷信,然而这个制度直到汉文帝十三年(前167)方才除去。又如秦始皇到湘山,遇大风,他便大怒,使刑徒三千人去斫尽湘山的树!这也可代表这时代的迷信心理。他的儿子胡亥

> 梦白虎啮其左骖马,杀之,心不乐,怪问占梦。卜曰:"泾水为祟。"二世乃斋于望夷宫,欲祠泾,沉四白马。

这正是拜物拜自然的宗教心理。秦帝国的大将蒙恬被二世皇帝赐死,

> 蒙恬喟然太息曰:"我何罪于天?无过而死乎?"良久,徐曰:"恬罪固当死矣。起临洮属之辽东,城堑万余里,此其中不能无绝地脉哉?此乃恬之罪也。"乃吞药自杀。(《史记》八八)

这也正是这时代的宗教心理(看司马迁于《蒙恬传》末评论此语,不以绝地脉为罪,却以"轻百姓力"为兄弟遇诛之故。这又可代表司马迁的宗教见解。再看王充《论衡·祸虚篇》论此事,说蒙恬固然错了,太史公也错了。这又可见王充的宗教见解。即此一句话,可以看出三百年的宗教思想的变迁了)。

三、汉帝国初期的宗教

秦帝国的宗教迷信的空气之下,起来革命的也不能不假借迷信的势力。陈涉起兵之前,先有鱼肚里的帛书,后有丛祠里的篝火狐

鸣。刘邦起兵之前,也有醉卧龙观的传说,有所居常有云气的妖言,有赤帝子斩白帝子的神话。刘邦起兵之日,

> 祠黄帝,祭蚩尤于沛庭而衅鼓。旗帜皆赤,由所杀蛇白帝子,杀者赤帝子,故上赤。(《史记》八)

这不是五德终始论的影响,却是民间的一种厌胜思想。在平民的心眼里,秦民族的大神是白帝,东南民族起来和他们对抗,总得抬出黄帝、赤帝来镇压西方的白帝。刘邦第二次入关,方才明白秦帝国祠祭的是四个上帝,他也不懂得为什么不立黑帝,于是添上了黑帝,凑成五帝之数。他起兵时,曾祷于丰县的枌榆社,又曾祠黄帝,祭蚩尤;故他入关时,便令每县作公社,这便是把东南民间的宗教风俗输入关中了。过了几年,

> 天下已定(前202),诏御史令丰谨治枌榆社,常以时,春以羊彘祠之,令祝官立蚩尤祠于长安。(《史记·封禅书》)

这都是一个丰沛无赖带来的宗教。

汉高祖对于秦帝国的宗教,很表示尊重。他回到咸阳,便

> 悉召故秦祝官,复置太祝太宰,如其故仪礼。……下诏曰:"吾甚重祠而敬祭。今上帝之祭及山川诸神当祠者,各以其时礼祠之如故。"

这便是建立帝国的远大政策。项羽入关时,兵威震天下,但他引兵屠咸阳,杀秦降王子婴,烧秦宫室,火三月不灭,收其货宝妇女而东去。有人劝他留都关中,他说:

> 富贵不归故乡,如衣绣夜行,谁知之者?

这便是无远志的强盗行为,所以献策的人说:

> 人言楚人沐猴而冠耳,果然。

刘邦便不然。他知道要得天下,必须得人心;要得人心,必不可扰动人民的宗教习惯。故他第二次入关,战事还正紧急,他便先下诏恢复故秦的宗教,这真是这位无赖皇帝的最扼要手段。

天下既定之后,他更进一步,不但继续保存秦帝国的宗教制度,还要在长安设立帝国之内各种民族的宗教祠祀和女巫,使各地的人民在帝都时都能有个祠祭的所在,都能不觉得他身在异乡异地。

《封禅书》说:

> 后四岁(前202),天下已定,……长安置祠祀官女巫:
> 其梁巫祠天地,天社,天水,房中,堂上之属。
> 晋巫祠五帝,东君,云中,司命,巫社,巫祠,族人先炊之属。
> 秦巫祠社主,巫保,族累之属。
> 荆巫祠堂下,巫先,司命,施糜之属。
> 九天巫祠九天。
> 皆以岁时祠宫中。
> 其河巫祠河于临晋,而南山巫祠南山、秦中,秦中(中同仲)者,二世皇帝。各有时日。
> 其后二岁(前200),或曰:"周兴而邰邑立后稷之祠,至今血食天下。"于是高祖制诏御史:其令郡国县立灵星祠,常以岁时祠以牛。(以上参用《汉书·郊祀志》)

于是各地的祭祀祠巫都聚集在长安,各成为帝国宗教的一部分。这种政策也许不是自觉的怀柔政策,也许是因为跟随高帝转战立功的将领兵士有各地的人民,故不能不这样安顿他们。无论如何,这种办法确有怀柔人心的功效,而帝国的宗教也就因此更吸收了无数的地方祠祀和民族迷忌。

四、汉文帝与景帝

汉文帝和他的窦后都是倾向道家的人。道家的思想虽然也有许多荒谬的成分,但其中有个自然无为的观念,有时也可以排除不少的无意识的动作。但文帝"信道不笃",几乎上了方士的当。当时有个少年人贾谊(前203—前169),以为汉兴已二十余年,应该改正朔,易服色,定官名,兴礼乐。他起草改革的仪法,以为汉家得土德,色尚黄,数用五,应该改定秦朝的制度。这时候,文帝新即位,谦逊不敢大改革,当时有权的大臣周勃、灌婴、冯敬之等都不愿意这个二十几岁的少年人来大出风头,故贾谊不能得志。文帝派他到长沙去作长沙王太傅,他感觉这是迁谪,郁郁不得志。过了几年,文帝叫他回长安,

> 上方受釐(釐是祭祀的胙肉),坐宣室。上因感鬼神事,而

问鬼神之本,谊具道所以然之故。至夜半,文帝前席(移近他,好听他的谈话)。既罢,曰:"吾久不见贾生,自以为过之,今不及也。"

文帝叫他去做他的少子梁王的太傅。梁王坠马跌死,后岁余,贾谊也病死,年三十三。

这时候,天下太平,一班齐鲁儒生都想上封事,出主意,自求进用。贾谊已进汉得土德之说,贾谊死后,又有齐人公孙臣推五德终始之说,以为汉得土德,应有黄龙出现,宜改正朔,改服色上黄。那时丞相张苍也是一个迷信五德终始论的人,他以为秦的水德还未完了,汉仍是水德,有河决金堤的证验(河是德水),故反对公孙臣的建议。但过了一年(前165),成纪地方传说有黄龙出现,文帝以为公孙臣的话灵验了。遂召他来,拜为博士,与诸儒生"申明土德,草改历服色事"。是年四月,文帝亲自到雍去郊祀五畤的上帝。

这个风气既开,便有许多投机的儒生方士来想进用。有赵人新垣平自称能望气,把文帝说动了,文帝遂在渭阳作五帝庙,每一帝居一殿,各如其帝色,祭祀都用雍五畤的仪法,明年(前164),文帝又亲自郊祭渭阳的五帝,拜新垣平为上大夫,赏赐甚多,而使博士诸生采取六经,作"王制",议封禅事。"王制"后来成为《礼记》的一篇,虽有四方封禅的事,其书大体还没有什么很荒谬的议论。这时候,文帝已着了迷,有一次他出长安门,好像看见了五个人,遂在见鬼之地立五帝坛,用五牢来祭祀。

明年(前163),新垣平对文帝说,阙下有宝气。文帝叫人去看,果然有献玉杯的人,杯上刻着"人主延寿"四字。其实玉杯是新垣平叫人来献的。他又说,太阳不久会"再中"。不久果然"日却再中"!于是文帝改十七年为后元年,遂开二千多年皇帝改元的恶习,永为史学上的一个最荒谬的制度。不久,有人控告新垣平,说他所说皆是诈欺。文帝把他交吏审问,果然发觉他的诈欺事实。文帝恨极了,遂把他杀了,使他具五刑,夷三族。从此以后,文帝打定主意不再被诈欺了,改正朔易服色和一切鬼神之事都停止了。

文帝死后,窦后和他们的儿子景帝都很尊重道家思想,一切齐鲁

生和燕齐方士都没有进用的机会。《史记·封禅书》说，

> 孝景即位十六年，祠官各以岁时祠如故，无有所兴。

景帝死(前141)后，武帝即位。儒生方士都希望这位少年皇帝做一番大改革的事业，使他们有饭吃，有官做。但那位瞎眼的太皇太后窦氏还替他把持了六年，不让那班书生得志。直到窦太后死倒(前135)，武帝始大发愤有为，七十年的无为局面于此告终，而四方的方士、术士、儒生、经师都大活动了。

五、汉武帝的宗教

汉武帝(在位当前140—[前]87)的出身是不很高明的。他的母亲姓王，是槐里人王仲的女儿。王仲的妻子名臧儿，是燕王臧荼的孙女。臧荼在汉初败灭，他的子孙沦为贫贱。臧儿嫁与王仲，生一男二女，王仲便死了。臧儿改嫁长陵田氏，生男田蚡、田信。臧儿的长女已嫁与金氏，已生了一女，但臧儿信了卜者的话，以为女儿有大贵之命，遂想把女儿从金家夺回。金家不肯离婚，臧儿遂把女儿送入太子宫中。太子即是景帝，他爱幸这位王小姐金奶奶，生了三女一男。太子做了皇帝，金奶奶做了王夫人，王夫人的儿子做了胶东王。王夫人会运动，不久景帝废了薄皇后，立胶东王彻为太子，王夫人便做了皇后。金奶奶做了皇后九年，景帝死了，太子即位，是为汉武帝。金奶奶做了皇太后，她的母亲田老太太臧儿封为平原君，臧儿的儿子田蚡封武安侯，田胜封周阳侯。不久田蚡便做了丞相。金奶奶当初在金家还有一个女儿，武帝后来知道了，便亲自去看这位同母姊姊，

> 其家在长陵小市。〔皇帝〕直至其门，使左右入求之。家人惊恐，女逃匿。扶将出拜。帝下车泣，曰，"嘻，大姊，何藏之深也！"载至长乐宫，与俱谒太后。太后垂涕，女亦悲泣。帝奉酒前为寿，钱千万，奴婢三百人，公田百顷，甲第，以赐姊。太后谢曰，"为帝费！"因赐汤沐邑，号修成君。

这位少年皇帝很受他的母族的影响。他的外婆平原君(田老太太臧儿)生长民间，深信民间的宗教迷信。长陵民间有一个女子，曾嫁为人妻，生产而死；死后，她的妯娌说她的鬼有灵，能附在人身上说

话。妯娌遂奉她为神,乡下人民多往祠祭求福,号为"神君"。神君能说家人小事,往往有验。田老太太贫贱时,也奉事神君,后来女儿做了皇太后,外孙做了皇帝,儿子封侯拜相了,自然都是神君之赐,于是神君更受人尊崇了。武帝即位之后,把神君请入宫中,请她住在上林中蹄氏馆。"封禅书"说,

> 及今上即位,则厚礼置祠之内中。闻其言,不见其人云。

《史记正义》引《汉武帝故事》(宋本有此段,各本《史记》皆删)云:

> 霍去病微时,自祷神君,及见其形,自修饰,欲与去病交接。去病不肯,谓神君曰,"吾以神君精絜,故斋戒祈福。今欲淫,此非也。"自绝不复往。神君惭之。

此段虽不尽可信,然所谓"闻其言,不见其人",大概不过如此而已。这是武帝从他的外婆家带来的宗教。

武帝是一个最容易相信的人,无论怎样荒谬的迷信,他都能接受,真不愧为田老太太的外孙。长陵神君之外,还有一位寿宫神君,其历史也很有趣:

> 〔元狩五年〕(前118),天子病鼎湖,甚,巫医无所不致,不愈。游水发根言上郡有巫,病而鬼神下之。上召置祠之甘泉。及病,使人问神君,神君言曰:"天子无忧病。病少愈,强与我会甘泉。"于是病愈,遂起,幸甘泉,病良已。大赦,置酒寿宫神君。
>
> 寿宫神君最贵者太一,其佐曰大禁司命(《风俗通》说:"今民间独祀司命,刻木长尺二寸,为人像,行者担箧中,居者别作小屋,齐地大尊重之。"这就是今日的灶君司命,其源在齐地)之属,皆从之。弗可得见,闻其言,言与人音等。时去时来,来则风肃然。居室帷中。时昼言,然常以夜。天子祓,然后入,因巫为主人,关饮食;所欲言,行下。(神君所言,行下于巫。)
>
> 又置寿宫北宫,张羽旗,设供具,以礼神君。神君所言,上使人受,书其言,命之曰"书法"(《郊祀志》作"画法")。其所语,世俗之所知也,无绝殊者,而天子心独喜。其事祕,世莫知也。(《史记》二八)

这真是田老太太的外孙皇帝的宗教。

上文所说寿宫神君所最尊贵的"太一",也有很有趣的历史。《封禅书》说:

> 亳人谬忌奏祠太一方曰:"天神贵者太一,太一佐曰五帝。古者天子以春秋祭太一东南郊,曰一太牢,七日。为坛,开八通之鬼道。"
>
> 于是天子令太祝立其祠长安东南郊,常奉祠,如忌方。

五帝现在不算最尊神了,五帝之上又造出了一个太一,为最尊之神。但谬忌既可以造太一,别人也就不肯落后,于是

> 其后人又上书言:"古者天子三年一用太牢,祠神三[一]:天一,地一,太一。"天子许之,令太祝领祠之于忌太一坛上,如其方。

这种主张似是反对谬忌的主张。五帝皆是天帝,谬忌要抬出太一来统辖五个天帝,而此说则要抬出天一、地一来,和太一并列,而位居太一之前。人人都说"古者天子"如何如何,而武帝都一概接受,"祠之如其方"。这张"封神榜"上的最大神遂越添越多,并且越后出的越高贵。试列为下表:

第一步　秦文公祭白帝。(前751)
第二步　秦德公祭青帝。(前672)
第三步　秦灵公祭黄帝、炎帝。(前422)
第四步　汉高祖立黑帝。(前205)
第五步　谬忌于五帝之上加太一。
第六步　又有人于太一之前加天一、地一。(约在前124)

六百年中,大神演变升沉的历史如此。太一等既得皇帝的承认,于是甘泉宫的壁画便有天一、地一、太一的神像了,于是寿宫神君也会说她最尊贵的神是太一了。但"天一,地一,太一"之说终未能成立,而太一渐成为最高之神。元鼎四年(前113),便有人说:

> 五帝,太一之佐也。宜立太一,而上亲郊之。

这便是要用太一来替代六百年来郊祭的上帝了。武帝颇有点迟疑。恰好那时来了一位最荒诞的方士齐人公孙卿,献上一部《札书》,说黄帝得宝鼎的事。武帝"大悦",请他来谈。公孙卿说:

> ……宝鼎出而与神通,封禅。封禅七十二王,唯黄帝得上泰

山封。〔申公曰〕汉帝亦当上封,封则能仙登天矣。……

黄帝且战且学仙,患百姓非(反对)其道,乃断斩非鬼神者。百余岁,然后得与神通。……黄帝采首山铜,铸鼎于荆山下。鼎既成,有龙垂胡髯下迎黄帝。黄帝上骑,群臣后宫从上龙七十余人,龙乃上去。余小臣不得上,乃悉持龙髯,龙髯拔堕,堕黄帝之弓。百姓仰望,黄帝既上天,乃抱其弓与胡髯号。故后世因名其处曰鼎湖,其弓曰乌号。

这样有声有色的演说,自然把那位田老太太的皇帝外孙哄的滴溜溜转,

于是天子曰:"嗟乎!吾诚得如黄帝,吾视去妻子如脱蹝耳!"乃拜卿为郎,使东候神于太室。

公孙卿的说法,有一点最可注意,就是他把黄帝看作人间帝王,因修仙而登天去的。这不但把秦民族所奉的一个上帝和历史传说的古帝王合作了一人,并且明明说五帝的首席上帝既是人间帝王上升的,自然不能算是最高的神了。于是武帝遂决心把五个上帝降低一格,

令祠官宽舒等具太一祠坛。祠坛仿亳忌太一坛,坛三垓,五帝坛环居其下,各如其方,黄帝西南。除八通鬼道。太一所用如雍一畤物,而加醴枣脯之属。杀一狸牛以为俎豆,牢具。而五帝独有俎豆醴进。其下四方地为醼食群臣从者及北斗去。……

十一月(前112)辛巳朔旦冬至,昧爽,天子始郊拜太一。朝朝日,夕夕月,则揖。而见太一如雍郊礼。其赞飨曰:"天始以宝鼎神策授皇帝,朔而又朔,终而复始,皇帝敬拜见焉。"

其祠列火满坛,坛旁烹炊具,有司云:"祠上有光焉!"公卿言:"皇帝始郊见太一,……是夜有美光;及昼,黄气上属天。"太史公(司马谈)祠官宽舒等曰:"神灵之休,祐福兆祥,宜因此地光域立太畤坛以明应。"(应是感应)

武帝下诏曰:

朕……望见太一,修天文禪。辛卯夜,若景光十有二明。《易》曰:"先甲三日,后甲三日。"朕甚念年岁未咸登,饬躬斋戒。丁酉(辛夜有光,是先甲三日,后甲三日为丁日),拜贶于郊。

(《汉书》六)

司马迁很微婉的记载"其祠列火满坛,坛旁烹炊具",自然祠上应该有光了。阿谀逢迎的人便说这是"美光",皇帝也下诏说这是神贶了。从此以后,太一真成了汉帝国宗教的最尊神了。

汉武帝不但替五帝添上一位老总,还替他们娶了五位太太。他想五位上帝应该有五位后土,后土即是帝后。他说:

> 今上帝朕亲郊,而后土无祀,则礼不答也。

于是太史令司马谈和祠官宽舒等议定后土祠仪如下:

> 天地牲角茧栗(天地牲之角如茧如栗,言其小)。今陛下亲祠后土,后土宜于泽中圆丘,为五坛,坛一黄犊,太牢具。已祠,尽瘗,而从祠衣上黄。

武帝遂立后土,祠于汾阴、脽丘(在前113),皇帝亲望拜,如祭上帝之礼。于是这时国教的大神系统不是"天一、地一、太一",却是"太一,天五,地五",如下表:

太一 { 天帝(五个) / 后土(五个)

这个帝国宗教的最大典礼是封禅。武帝深信封禅是登仙的一条必由之路,故用全副精神经营封禅的大礼。《封禅书》说:

> 自得宝鼎(前116),上与公卿诸生议封禅。封禅用希旷绝,莫知其仪礼。而群儒采封禅(此下疑应有"于"字)《尚书》、《周官》、《王制》之望祀射牛事。

> 齐人丁公,年九十余,曰:"封禅者,古不死之名也。秦皇帝不得上封。陛下必欲上,稍上,即无风雨,遂上封矣。"上于是乃令诸儒习射牛,草封禅仪,数年。至且行,天子既闻公孙卿及方士之言,黄帝以上封禅皆致怪物与神通,欲仿黄帝以上接神仙人蓬莱士,高世比德于九皇,而颇采儒术以文之。群儒既已不能辨明封禅事,又牵拘于《诗》《书》古文而不能骋。上为封禅祠器,示群儒,群儒或曰不与古同。徐偃又曰:"太常诸生行礼不如鲁善。"周霸属图封禅事。于是上绌偃霸,而尽罢诸儒不用。

武帝元封元年(前110)四月,封泰山,禅肃然:

　　　　上念诸儒及方士言封禅人人殊,不经,难施行。天子至梁父,礼祠地主。至乙卯,令侍中儒者皮弁搢绅,射牛行事,封泰山下东方,如郊祠太一之礼。封广丈二尺,高九尺,其下则有玉牒书,书秘。礼毕,天子独与侍中奉车子侯上泰山,亦有封。其事皆禁。明日,下阴道。丙辰,禅泰山下阯东北肃然山,如祭后土礼。天子皆亲拜见,衣上黄,而尽用乐焉。

封泰山之后,武帝下诏曰:

　　　　朕以眇身,承至尊,兢兢焉惟德菲薄,不明于礼乐,故用事八神。遭天地贶施,着见景象,屑然如有闻。震于怪物,欲止不敢,遂登封泰山,至于梁父,然后升禅肃然,自新。嘉与士大夫更始,其以十月为元封元年。(《汉书》六)

此类见神见鬼的诏书,在《封禅书》和《武帝本纪》(《汉书》六)里有许多篇。我只能记下一两篇,略写当时的宗教心理。

　　汉武帝抱着无限的信心,所以天下的方士都争着贡献种种"方",来满足皇帝的信心。司马迁说元封元年武帝东巡海上,行礼祠八神,"齐人之上疏言神怪奇方者以万数"。其中有数千人都说海上神山的事,武帝遂把这几千人都装上船,派他们入海去求神仙。

　　　　公孙卿持节,常先行,候名山,至东莱,言夜见大人,长数丈,就之则不见,其见迹(足印)甚大,类禽兽云。群臣有言,见一老父牵狗,言"吾欲见巨公",已忽不见。上即见大迹,未信,及群臣有言老父,则大以为仙人也。宿留海上,予方士传车,及间使求仙人以千数。

这样大的信心,真不可及!这时候他已是四十六岁的人了,然而他的宗教信心仍旧同他十六岁跟着他外婆拜长陵神君时一样的幼稚。

　　武帝一朝的有名方士,据《封禅书》所记,有这些人:

　　李少君　　自匿所生长,似是齐人。

　　谬　忌　　亳人(亳即薄县,属济阴,也是齐地)

　　少　翁　　齐人

　　栾　大　　齐人

　　公孙卿　　齐人

勇　之　粤人
公玉带　齐人
宽　舒　黄锤之史，当也是齐人。

除了勇之一人，其余多是齐人，可见齐学的势力之大。几十年之中，燕齐方士的神仙祠祀的迷信居然成了帝国的宗教。在这个极盛的迷忌势力之下，无论什么人都不能不同化了。所以学者如司马谈、司马迁也只能跟着这班方士到处跑，只能替皇帝定祠仪，撰祝辞，捏造祥瑞。所以一班鲁国儒生也只能陪着这些方士，草封禅仪，学习射牛，希冀和太常诸生分一碗残饭吃。徐偃博士大胆说了一句"太常诸生行礼不如鲁善"，动了太常诸生的公愤，于是天子尽黜诸儒弗用，可怜鲁国诸儒空费了几年工夫去学射牛，终不得参预那封禅的大典！而自居道家的司马谈因留滞周南，不得跟随封禅，竟致发愤而死，临死时，执着他儿子的手，哭道："今天子接千岁之统，封泰山，而余不得从行，是命也夫！命也夫！"（《史记》百三十）

这些方士之中，栾大的历史最值得注意，故我记他的事以例其余：

〔元鼎四年〕（前113），乐成侯上书言栾大。栾大，胶东宫人，故尝与文成将军（少翁）同师，已而为胶东王尚"方"。

这一段又可见当时的诸侯王也多迷信方士，各有"尚方"的人。李少君是深泽侯的家人，为深泽侯"主方"；栾大为胶东王"尚方"；淮南王的手下方士更多了。这都可证当日确有一种迷漫全国的迷忌空气，汉武帝虽有提倡的大力，但他自己也正是这个方士世界的产儿。——闲话少说，言归栾大的正传：

天子既诛文成（少翁诈为帛书，使牛吞下，武帝认得少翁的手笔，故杀了他），后悔其蚤死，惜其方不尽。及见栾大，大悦。大为人长美言，多方略，而敢为大言，处之不疑。大言曰："臣常往来海中，见安期羡门之属。……臣之师曰，'黄金可成，而河决可塞，不死之药可得，仙人可致也。'然臣恐效文成，则方士皆掩口，恶敢言方哉！"

上曰："文成食马肝死耳。子诚能修其方，我何爱乎？"

大曰:"臣师非有求人,人者求之。陛下必欲致之,则贵其使者,令有亲属,以客礼待之,勿卑。使各佩其信印,乃可使通言于神人。神人尚(倘)肯耶? 不耶? 尊其使,然后可致也。"
　　于是上使验小方,斗棋,棋自相触击(《索隐》引《淮南万毕术》云:"取鸡血杂磨针铁,捣和磁石棋头,置局上,自相抵击。"《太平御览》九八八引作"取鸡血与针磨捣之,以和磁石,用涂棋头,曝干之,置局上,即相拒不休"。此是当日方士所作物理试探之一种)。是时上方忧河决而黄金不就,乃拜大为五利将军。居月余,得四印:佩天士将军,地士将军,大通将军印。制诏御史:"昔禹疏九河,决四渎,间者河溢皋陆,堤繇不息。朕临天下二十有八年,天若遗朕士,而大通焉。……其以二千户封地士将军大为乐通侯。"赐列侯甲第,童千人。乘舆斥车马帷帐器物,以充其家。又以卫长公主妻之,赍金万斤,更名其邑曰当利公主。天子亲如五利之第,使者存问供给,相属于道。自大主(武帝之姑)将相以下,皆置酒其家,献遗之。
　　于是天子又刻玉印曰"天道将军",使使衣羽衣,夜立白茅上,五利将军亦衣羽夜,立白茅上受印,以示不臣也。而佩"天道"者,且为天子异天神也。于是五利常夜祠其家,欲以下神。后装治行,东入海,求其师云。
　　大见数月,佩六印,贵震天下,而海上燕齐之间,莫不扼腕而自言有禁方能神仙矣。……
　　五利将军使不敢入海,之泰山祠。上使人随验,实无所见。五利妄言见其师。其方尽,多不雠。上乃诛五利。(前112)
栾大的故事最可以代表汉武帝的无穷信心,最可以表现当日的宗教心理。栾大封五利将军,什么叫做"五利"呢? 栾大所说"黄金可成,不死之药可得,仙人可致,而河决可塞",只有四利。那第五利是什么呢? 是平定匈奴。河决可以靠方士的方术去塞口,匈奴也可以靠方士去扫平了。太初元年(前104),
　　西伐大宛,蝗大起。丁夫人,雒阳虞初等以"方"祠诅匈奴、大宛焉。

此可以证五利中之第五利了。

以上略记汉武帝的宗教迷忌,都是根据司马迁的记载。司马迁作《封禅书》,自己说:

> 余从巡祭天地诸神名山川而封禅焉,入寿宫,侍祠神语,究观方士祠官之意,于是退而论次自古以来用事于鬼神者,具见其表里。后有君子,得以览焉。

这种同时人的记载,是最可宝贵的史料。我们感谢他给我们留下这许多史料,使我们知道当日帝国宗教的情状。我们必须了解秦始皇到汉武帝的宗教情状,然后可以了解武帝所提倡的儒学是什么,然后可以了解中国的中古时代的思想的背景和性质。

六、巫蛊之狱

我们记汉武帝的宗教,不可不连带叙述"巫蛊"的大案子,因为那件案子最可以描写这个帝国宗教在当时的现实生活上发生怎样重大的影响。

"巫蛊"是初民迷忌的一种。其方式虽有种种不同,原则却很简单。巫蛊的原则是相信神巫能用幻术达到一种愿望。巫者用术咒诅一物,可使男子爱一女子,或使某人得某种病,甚至于使某人病死,这都可叫做巫蛊之术。蛊字有迷惑之义,又有毒害之义。凡用巫术咒诅一种"蛊物",希望使他人受此魔术的控制而达到迷惑或毒害的愿望,都是巫蛊。《封禅书》说:

> 苌弘以"方"事周灵王(灵王年代为前571—[前]545,而苌弘被杀在敬王廿八年,当前492年,见《周语》三。此当作敬王),诸侯莫朝周,苌弘乃明鬼神事,设射狸首。狸首者,诸侯之不来者。依物怪,欲以致诸侯。

《太平御览》七三七引《六韬》云:

> 武王伐殷,丁侯不朝,太公乃画丁侯于策,三箭射之。丁侯病困,卜者占云,祟在周。恐惧,乃请举国为臣。太公使人甲乙日拔丁侯著头箭,丙丁日拔著口箭,戊巳日拔著腹箭,丁侯病稍愈。四夷闻名以来贡。

这都是小说《封神演义》上姜太公请陆压用草人射死赵公明的影子。这便是巫蛊之一种。

秦民族有"磔狗邑四门以御蛊灾"的迷信,这也是同一原理的迷忌。秦帝国有秘祝平官,"即有灾祥,辄祝祠,移过于下"。这也和巫蛊同一原则。秘祝之官到汉文帝十三年(前167)方才废止。文帝诏曰:

> 秘祝之官,移过于下,朕甚弗取。其除之。

秘祝之官虽除,然而"移过于下"的迷信却继续存在。《汉仪注》有这样一条:

> 有天地大变,天下大过,皇帝使侍中持节,乘四白马,赐上尊酒十斛,牛一头,策告殃咎。使者去半道,丞相即上病。使者还,未白事,尚书以丞相不起病闻。(《汉书》八四如湻注引)

成帝绥和二年(纪元前7),荧惑(即火星)守心宿,这是当时占星学认为最大的星变。据当时的占星学说,荧惑所居之宿,其国受殃;荧惑犯心宿,帝王当其殃。故当时的星学专家李寻和贲丽都说大臣宜代皇帝当其灾。其时丞相是翟方进,皇帝便召见他,他退下来,还不曾自杀,于是

> 上赐册曰:"皇帝问丞相:君有孔子之虑,孟贲之勇。朕嘉与君同心一意,庶几有成。惟君登位于今十年,灾害并臻,民被饥饿。……欲退君位,尚未忍。君其熟念详计。……朕既已改,君其自思,强食慎职。使尚书令赐君上尊酒十石,养牛一。君审处焉。"
>
> 方进即日自杀。上秘之,遣九卿册赠以丞相高陵侯印绶,赐乘舆秘器;少府供张,柱槛皆衣素。天子亲临吊者数至,礼赐异于他相故事。

这样"移过于下",虽不用巫蛊咒诅,其用意正是和巫蛊相同。

武帝的宗教包罗一切地方民族的幼稚迷信,各地的祠巫方士会集于长安,其中很多巫蛊祠诅的小术。初太初元年(前104)用丁夫人及雒阳虞初等以"方"祠诅匈奴、大宛,便正是巫蛊之术。皇帝一生所深信敬事,无一不是这一类的迷忌,自然造成一个幼稚迷信的宫

廷和社会。皇帝既相信巫术可以咒诅匈奴、大宛，无怪宫中的妇女相信巫蛊可以度厄邀宠了，无怪市井的小百姓相信巫蛊可以消灾报仇了。黄金可以成，神仙可以致，河决可以塞，何况邀恩幸、消灾厄呢？况且武帝晚年，迷信已深，日日求长生，其实是日日怕老死，时时梦想神仙，其实是时时怕惧鬼祟。人人都在迷忌的空气里过活，故人人有病都疑是鬼祟巫术所致。在这个迷忌的风气之下，遍地都是恐怖，人人都起疑心，妻子骨肉都不能免除疑忌，稍有风吹草动，便可造成惨酷大祸。巫蛊的大祸便是这样造成的。

武帝少年时，和陈皇后不和，爱上了平阳公主家的歌伎卫子夫，陈皇后妒恨极了，时时寻死觅活的吵闹。她遂用女子楚服等，作巫蛊祠祭，希望诅死卫子夫，夺回武帝的恩宠。元光五年（前130，武帝不过二十六岁），武帝穷治此案，

> 女子楚服等坐为皇后巫蛊祠祭祝诅，大逆无道，相连及诛者三百余人。楚服枭首于市。使有司赐皇后策，……罢退居长门宫。（《汉书》九七）

这是巫蛊的第一案。

隔了四十年，又有更惨的巫蛊大案。这时候，武帝年老了，越怕死，越多疑忌。征和元年（前92），长安城中忽然起了一种谣言，说有奸人谋乱，闹的政府大恐慌，

> 发三辅骑士大搜长安、上林中，闭长安城门十一日乃解。（《汉书》六）

这一回的大恐慌，闹的城外待诏北征的官军饿死许多人（臣瓒引"汉帝年纪"说），已可见当时疑忌恐怖的空气了。巫蛊之祸即起于此时。第一个遭祸的便是丞相公孙贺。

公孙贺拜丞相之日（前103），他见前任丞相多坐事死，故顿首涕泣，不受印绶；武帝不许他辞，他才勉强就职。这一件事已可见当日政治场中的恐怖空气。后来公孙贺拘捕了长安的土豪朱安世，安世从狱中上书，告公孙贺的儿子敬声和武帝的女儿阳石公主私通，并使巫者祭祠诅皇帝，并在甘泉宫的驰道上埋木偶人，祝诅有恶言。此案交有司案验，穷治所犯，公孙贺父子俱死在狱中，其家被族灭，阳石公主也

诛死。事在征和二年(前91)(《汉书》六六)。

这时候,武帝已病了,常疑心他的病是他左右的人用巫蛊祝诅所致。这点疑心便使奸人乘机诬告,不但杀了他的丞相,不但杀了他的女儿,后来竟逼他的太子起兵败死,连累死的几万人!

太子据与武帝晚年的宠臣江充有私恨,江充怕武帝死后太子要杀他报怨,故借巫蛊的事来陷害太子。武帝在甘泉养病,江充说他的病是巫蛊作祟,武帝遂派他去穷治巫蛊的事。

> 充将胡巫(胡是泛称外国人),掘地求偶人,捕蛊及夜祠,视鬼,染污令有处,辄收捕验治,烧铁钳灼强服之。民转相诬以巫蛊,史辄劾以大逆无道,坐而死者前后数万人。是时上春秋高,疑左右皆为蛊祝诅。有与无,莫敢讼其冤者。(《汉书》四五)

江充既造成大狱,爽性进一步来逼太子,

> 充典治巫蛊,既知上意,白言宫中有蛊气。入宫至省中,坏御座,掘地。上使按道侯韩说,御史章赣,黄门苏文等助充。充遂至太子宫掘蛊,得桐木人。(《汉书》六三)

这时候,武帝病在甘泉,皇后和太子留守长安。太子无法可以自己辩明,遂矫称皇帝有使者,收捕江充等,奏白皇后,发武库的兵器,武装长乐宫的守卫,布告百官说江充造反。太子自己监斩江充,并且把那诬指巫蛊的胡巫活活的烧死在上林中。

这时候,皇帝以为太子造反,乃赐丞相刘屈氂玺书,令他捕斩反者。皇帝自己从甘泉赶到长安城西建章宫,调兵和太子作战。太子也引兵和市民,凡数万众,与丞相军战,"合战五日,死者数万人,血流入沟中"。太子兵败逃走出城,亡命在民间,后被发觉,自缢死,皇孙二人皆被害。皇后卫氏(即卫子夫)自杀,卫氏悉灭(以上参用《汉书》四五《江充传》,六六《刘屈氂传》,六三《戾太子传》,九七《卫皇后传》)。

> 久之,巫蛊事多不信。上知太子惶恐无他意,而车千秋复讼太子冤,上遂擢千秋为丞相,而族灭江充家。……上怜太子无辜,乃作思子宫,为归来望思之台于湖(湖县是太子亡命被害之地)。天下闻而悲之。(《汉书》六三)

汉武帝毕生尊天事鬼,信用方士,尊重方术,巡礼遍于国中,祠祀不可胜数,到头来,黄金不可成,仙药不可得,神仙不可致,河决不可塞,只造成了一个黑暗迷忌的世界,造成了一种猜疑恐怖的空气,遂断送了两个丞相,两个皇后,一个太子,两个公主,两个皇孙,族灭了许多人家,还害的"京师流血,僵尸数万","血流入沟中"。

　　这件奇惨的案子最可以形容当日中国的智识程度和宗教状态。这时候,中国真已深入中古时代了。幼稚的民族迷忌,一一的受皇帝的提倡,国家的尊崇,遂都成了帝国宗教的部分。这个迷忌的宗教,因为有帝者的崇敬,不但风靡了全国的无识人民,并且腐化了古代留遗下来的一切学术思想。古代中国并非没有幼稚的迷信和禁忌,但因为统治阶级的知识比较高一点,幼稚的民间迷忌不容易得国家的敬礼提倡;又因为列国对峙,思想比较自由一点,一国君主所提倡的礼教不容易风靡别的国家,独立思想的人们还有个去而之他的机会。到了统一帝国时代,君主的暗示力之大,遂没有限制了。卖缯屠狗的人成了帝国统治者,看相术士的女儿,歌伎舞女,也做了皇后、皇太后。他们的迷忌都可以成为国家的祠祀。而在统一专制的帝国之下,人民无所逃死,思想也很难自由独立。田老太太的外孙做了皇帝,金奶奶做了皇太后,他们贫贱时崇信的宗教当然成为汉帝国的宗教了。全国的思想家谁敢反对吗?方士公孙卿不曾说吗?

　　　　黄帝且战且学仙,患百姓非其道,乃断斩非鬼神者。

这是用威吓(《汉书·功臣表》,邟侯、李寿坐使吏谋杀方士,不道,诛。可见方士受特别保护)。栾大之流,几个月之中,可以封侯尚主,挂六印,贵震天下,这是用利诱。威吓利诱双管并下,而又无所逃死,又不能不吃饭做官,故人们都渐渐受同化了,成为清一色的黑暗时代。古代遗留下的一点点自由思想,批评精神,怀疑态度,都抵不住这伟大而威风的帝国宗教。故这个时代和秦以前的时代确有根本不同的特点,而自成一个"中古时代"。

第七章 儒家的有为主义

一、无为与有为

儒家的特别色彩就是想得君行道,想治理国家。孔子的栖栖皇皇,"知其不可而为之",便是这种积极精神。孟子引旧记载,说"孔子三月无君则吊,出疆必载质(贽)"。曾子说:"士不可以不弘毅,任重而道远。"这是何等气象!孟子说大丈夫应该"居天下之广居,立天下之正位,行天下之大道,得志,与民由之;不得志,独行其道。富贵不能淫,贫贱不能移,威武不能屈。"这都是儒家的积极人生观。但儒家在那列国对峙的时代,可以自由往来各国,合则留,不合则去,故他们还可以保存他们的独立精神和高尚人格。所以孟子还能说:

> 古之人未尝不欲仕也,又恶不由其道。不由其道而往者,与钻穴隙之类也。

孟子的弟子陈代劝孟子稍稍降低一点身分,劝他"枉尺而直寻(十丈为寻)"。孟子对他说御者王良的故事(《滕文公》篇下),末了他说:

> 御者且羞与射者比(比是阿合),比而得禽兽,虽若丘陵,弗为也。如枉道而从彼,何也?且子过矣。枉己者,未有能直人者也。

这种不肯枉己而直人,不肯枉尺而直寻的精神,是古儒者留给后世的一种贵重遗风。

但中国一统之后,便没有这种自由选择的机会了。"择主而事"已成了一句空话。叔孙通"事十王",多靠会巴结进身,后来居然制定一朝仪法,成为"汉家儒宗",这便全不是那种不肯枉尺直寻的精神了。在那班屠狗卖缯的公侯将相的手下想做点积极事业,本来不是容易的事。有点骨气的人大概都受不了这种环境的苦痛。少年气

盛的贾谊,过湘水作赋吊屈原,他说:

> 斡弃周鼎,宝康瓠兮!(康瓠是大瓦器)
> 腾驾罢(疲)牛,骖蹇驴兮,
> 骥垂两耳,服盐车兮!

我们可想见他的愤慨。他又说:

> 彼寻常之污渎兮,岂容吞舟之鱼?
> 横江湖之鱣鲸兮,固将制于蝼蚁。

他想冲到哪儿去呢?

> 历九州而相(相度)其君兮,
> 何必怀此都也?

但是在那统一帝国之下,他能飞往那儿去呢?

儒者是想积极有为的,而那个时代却是一个无为的时代(看第四章)。曹参、陈平、汉文帝、窦后都是实行无为主义的。无为之治在当时确也是一种不得已的办法(看第四章第二节),但那种敷衍苟安的政治,在儒家的眼里,自然不能满人意。这两种主张的冲突,在贾谊的《治安策》里最可以看出来。贾谊说:

> 进言者皆曰"天下已安已治矣。"臣独以为未也。曰安且治者,非愚则谀,……夫抱火厝之积薪之下,而寝其上,火未及燃,因谓之安。方今之势何以异此?本末舛逆,首尾冲决,国制抢攘,非甚有纪,胡可谓治?

不承认现状可以满人意,这便是有为主义的立场。天下已安已治,自然可以无为了;正因为天下不安不治,故必须奋发有为。长沮、桀溺讥评孔子说:"滔滔者天下皆是也,而谁以易之?"孔子说:"天下有道,丘不与易也。"正因为天下无道,故有栖栖皇皇奔走号呼的必要。贾谊对于当时的无为论,有这样激烈的批评:

> 国已屈矣,盗贼直须时耳。然而献计者曰:"毋动为大耳。"〔夫无动而可以振天下之败者,何等也!〕(此语据《新书·孽产子篇》补)夫俗至大不敬也,至无等(即上文所谓"上下舛逆")也,至冒上也,进计者犹曰"毋为"!(《新书》"毋动""毋为"两毋字皆作"无")可为长太息者此也。

他攻击当时的大臣道:

> 大臣特以簿书不报,期会之闲,以为大故。至于俗流失,世坏败,因恬而不知怪,虑不动于耳目,以为是适然耳。夫移风易俗,使天下回心而向道,类非俗吏之所能为也。俗吏之所务在于刀笔筐箧,而不知大体。

"是适然耳"是无为论者的自然主义。无为论的真义只是"听其自然",而"不以人易天"。有为之论恰和这相反,恰是要用人力补救天然,处处要尽人事。贾谊说此意最明白:

> 夫立君臣,等上下,使父子有礼,六亲有纪,此非天之所为,人之所设也。夫人之所设,不为(则)不立,不植则僵,不修则坏。

这便是儒家的有为主义的要旨。贾谊之学出于河南守吴公,吴公学事李斯(《汉书》十八),李斯学于荀卿。荀卿曾说:

> 道者,非天之道,非地之道,人之所以道也。(《荀子·儒效》)

又说:

> 天有其时,地有其财,人有其治。夫是之谓能参。(《荀子·天论》)

又说:

> 故错人而思天,则失万物之情。(同)

又说:

> 唯圣人为不求知天。(同)

这正是儒家传统的人事有为主义。陆贾(看第三章,三)、贾谊都代表这种积极态度。这种态度的要义只是认清天下的治乱和生民的安危都不是"天之所为",乃是"人之所设"。既是人之所设,便不许靠天吃饭,必须时时努力尽人事,因为这种事业是"不为则不立,不植则僵,不修则坏"的。

这种有为主义,董仲舒说的也很明白恳切。董仲舒是广川人,治《春秋》公羊氏之学,景帝时为博士。武帝建元元年(前140),举贤良文学之士,他以贤良对策(《汉书》六),此事在元光元年,即西历前

134。《史记》一二二则说是在"今上即位"时。他对策中有"今临政而愿治七十余岁矣"一句,汉初至建元三年才有七十年,故齐召南定为应在建元五年。但依苏舆《春秋繁露》卷首的年表,仲舒对策似应在元光以前,故今从苏氏说,定此事在建元元年)。武帝用他做江都王相。建元六年(前135),辽东的高庙被火烧了,他推说灾异,以为当"视亲戚贵属在诸侯远正最甚者,忍而诛之"。他的意思指淮南王。主父偃取其书,奏上去。这时候,政府不敢得罪淮南王,故把董仲舒下吏,定为死罪。武帝特赦了他。他后来还做过胶西王相,病免家居,不治产业,以著书修学为事。朝廷有大事,时时差人到他家去请问他。他的死年不知在何年,苏舆假定为太初元年(前104)。他的重要思想,散见于《汉书》之中(看严可均《全汉文》卷二三——二四)。他的《春秋繁露》,有近人苏舆的《春秋繁露义证》本最可用。康有为有《春秋董氏学》,也可参考。

董仲舒在他的对策第一篇里,提出"强勉"一个观念,他说:

> 事在强勉而已矣。强勉学问,则闻见博而知益明。强勉行道,则德日起而大有功。此皆可使旋至而立有效者也。

强勉即是努力有为。他又说:

> 道者,所由适于治之路也。仁义礼乐,皆其具也。……夫人君莫不欲安存而恶危亡,然而政乱国危者众,所任者非其人,而所由者非其道,是以政日以仆灭也。……孔子曰:"人能弘道,非道弘人也。"故治乱废兴在于己。

这正是荀卿以来的人事主义。荀卿教人不求知天,而董仲舒却要人明于天人相与的关系,这大概是由于个性的不同和时代环境的不同。他说:

> 臣谨案《春秋》之文,求王道之端,得之于"正"。正次王,王次春(此指《春秋》"春王正月"四字)。春者,天之所为也。正者,王之所为也。其意曰,上承天之所为,而下以正其所为,正王道之端云尔。

这固是穿凿傅会,但也可表现他的主张。他在别处曾说,"王"字是"三画而连其中",三画是天地与人;连其中是通其道:"唯人道为可

以参天"(《繁露》第四十四)。这正是荀子"天有其时,地有其财,人有其治,夫是之谓能参"的意思。他在对策第三篇中说:

> 天令之谓命,命非圣人不行。质朴之谓性,性非教化不成。人欲之谓情,情非度制不节。是故王者上谨于承天意,以顺命也。下务明教化民,以成性也。正法度之宜,别上下之序,以防欲也。

命,性,情,都是自然的,贾谊所谓"天之所为也"。承天意,教化,度制,都是人为的,贾谊所谓"人之所设也"。命待圣人而后行,性待教化而后成,情待度制而后节,都是说人事重于天然。

在对策第二篇里,他很不客气的说:

> 今陛下并有天下,海内莫不率服,……然而功不加于百姓者,殆王心未加焉。曾子曰:"尊其所闻,则高明矣。行其所知,则光大矣。"高明光大不在乎他,在乎加之意而已。

这仍是强勉有为之意。他说:

> 道之大原出于天,天不变,道亦不变。(对策三)

道家学者都深信天道是自然演变的,故不主张"以人易天"。他们说,"胡为乎?胡不为乎?夫固将自化。"董仲舒不信天道的自然变化,只信人事有得失,故主张用人功来补偏救弊。他说:

> 道者万世无弊,弊者道之失也。先王之道必有偏而不起之处,故政有眊而不行。举其偏以补其弊而已矣。三王之道所祖不同,非其相反,将以救溢扶衰,所遭之变然也。……故王者有改制之名,无变道之实。(对策三)

董生所谓"道"本来只是"所由适于治之路",本来只是人事,而非天道。人事有所不到,便有偏有弊,这都是"道之失",即是人事之失。补弊举偏,救溢扶衰,拨乱反正,这是改制,是变法,不是变道。故他很沉痛的主张变法:

> 今汉继秦之后,如朽木粪墙矣。虽欲善治之,无可奈何。法出而奸生,令下而诈起,如以汤止沸,抱薪救火,愈甚,无益也。窃譬之,琴瑟不调甚者,必解而更张之,乃可鼓也。为政而不行甚者,必变而更化之,乃可理也。当更张而不更张,虽有良工,不

能善调也。当更化而不更化,虽有大贤,不能善治也。故汉得天下以来,常欲善治而至今不可善治者,失之于当更化而不更化也。古人有言曰,临渊羡鱼不如归而结网。今临政而愿治,七十余岁矣,不如退而更化。更化则可善治,善治则灾害日去,福禄日来。(对策一)

这便是董生的有为主义。

贾生的有为主义得罪了当时的权臣贵人,终于迁谪而死。晁错的有为主义终于害他自己朝衣斩于东市。董仲舒的有为主义也使他下狱,定死罪,幸而不死,也落得废弃终身。他们都是有为论的牺牲者。然而董生自己不曾说吗?

仁人者,正其谊不谋其利,明其道不计其功。(《汉书》五六。《繁露》三十二作"正其道不谋其利,修其理不急其功")

他们的积极有为的精神,不但建立了汉帝国的一代规模,还影响了中国两千年的政治思想与制度,他们的牺牲是值得我们的同情的。

二、汉初儒生提出的社会政治问题

少年的贾谊要文帝"改正朔,易服色",又要用"三表五饵以系单于",遂为后人所嘲笑(《汉书》四十八传赞)。但他的谏书提出了一些社会政治问题,遂开了后来儒生改革事业的起点。后来的儒生高谈社会问题,主持政治改革,从晁错到王莽,从董仲舒到王安石,都可以说是贾谊开的风气。我们先略述贾谊当日提出的一些重要问题,来表示儒家的有为主义的色彩。

他提出的问题之中,他认为最迫切的,——可为痛哭的,——是怎样解决那汉高帝造成的新封建局面。汉高帝以为秦帝国废除同姓封藩,以致孤立而亡,故汉初分封功臣为诸侯,子弟为诸王,最大者有九国(燕,代,齐,赵,梁,楚,吴,淮南,长沙)。《汉书》(一四)说:

诸侯比境,周匝三垂,外接胡越。天子自有三河,东郡,颍川,南阳,自江陵以西至巴蜀,北自云中至陇西,与京师内史,凡十五郡。公主列侯颇邑其中。而藩国大者跨州兼郡,连城数十,宫室百官同制京师。

天子直辖的地,在故秦三十六郡中只有十五郡,其余尽是大国,这个局面是很难持久的。诸吕乱后,文帝以代王入为天子,不久即有淮南王长谋反(前174)的事。故贾谊说:

> 其异姓负强而动者,汉已幸胜之矣,又不易其所以然。同姓袭是迹而动,既有征矣,其势尽又复然,殃祸之变未知所移。(《汉书》四八)

故他提出救济的原则如下:

> 欲天下之治安,莫若众建诸侯而少其力。力少则易使以义,国小则无邪心。令海内之势如身之使臂,臂之使指,莫不制从。

具体的办法是:

> 割地定制,令齐赵楚各为若干国,使悼惠王(齐)、幽王(赵)、元王(楚)之子孙毕以次各受祖之分地,地尽而止。及燕梁他国皆然。其分地众而子孙少者,建以为国,空而置之,须其子孙生者举使君之。(《汉书》四十八)

这个计划初看似乎很平常,但后来经过几次变通修正,居然解决了这个很危险的局势。《汉书》(一四)说:

> 故文帝采贾生之议,分齐赵;景帝用晁错之计,削吴楚。武帝施主父(主父偃)之策,下推恩之令,使诸侯王得分户邑以封子弟,不行黜陟而藩国自析(这就是贾谊的主张)。自此以来,齐分为七,赵分为六,梁分为五,淮南分为三。皇子始立者,大国不过十余城。长沙、燕、代虽有旧名,皆亡南北边矣。景遭七国之难,抑损诸侯,减黜其官。武有衡山、淮南之谋,作左官之律(旧注,"仕于诸侯为左官",如今人说"左迁"),设附益之法(据旧注,似是禁人阿附王侯之法)。诸侯惟得衣食租税,不与政事。至于哀、平之际,皆继体苗裔,亲属疏远,生于帷墙之中,不为士民所尊,势与富室无异。

这个问题的解决固然远在贾谊死后,但他有创议的功劳,是不可埋没的。

他又提出了君主待遇大臣的问题:

> 廉耻节礼,以治君子,故有赐死而无戮辱。是以黥劓之罪不

及大夫，以其离主上不远也。……所以礼貌大臣而厉其节也。今自王侯三公之贵，……与众庶同黥劓髡刖笞仴（骂）弃市之法。然则堂不无陛乎？被戮辱者不泰迫乎？廉耻不行，大臣无乃握重权大官而有徒隶无耻之心乎？……

　　古者礼不及庶人，刑不至大夫。古者大臣……定有其罪矣，犹未斥然正以呼之也，尚迁就而为之讳也。故其在大谴大何（诃）之域者，闻谴何，则白冠氂缨，盘水加剑，造请室而请罪耳；上不执缚系引而行也。……其有大罪者，闻命则北面再拜，跪而自裁；上不使捽抑而刑之也，曰"子大夫自有过耳，吾遇子有礼矣。"遇之有礼，故群臣自憙。婴以廉耻，故人矜节行。上设廉耻礼义以遇其臣，而臣不以节行报其上者，则非人类也。

这里，我们可以看出两种社会思想的冲突。古代封建社会的阶级早已打破了，屠狗卖缯的都成了王侯将相了，还有什么用礼而不用刑的士大夫阶级？故萧何丞相一旦得罪，便得下廷尉狱，受械系；一旦放出来，便徒跣入谢。故韩信、彭越封王列土，一旦有罪，皆具五刑，夷三族。故淮南王长以帝子而封大国，一旦谋反失败，便用槛车传送，饿死在槛车之内。说的好听点，这便是后世俗话说的"王子犯法，与庶民同罪"；这便是法律之下人人平等。其实这是商鞅、李斯以来专制政体之下的威风。在那种独裁政体之下，旧阶级都消灭了，只剩下一个统治者和其余的被统治者。那独裁的君主有无限的淫威，而一切臣民都毫无保障。所以贾谊和一班书生都忘不了那古代封建阶级社会的几种遗风旧俗，他们自己属于新兴的智识阶级，——新的"士"阶级——故颇追想那"礼不下庶人，刑不上大夫"的制度。试看贾谊说：

　　古者圣王制为等列，内有公卿大夫士，外有公侯伯子男，然后有官师小吏，延及庶人，等级分明，而天子加焉，故其尊不可及也。

他们追念那"等级分明"的社会，而不知道那种社会已一去不复返了。这一点是违反时代性的错误思想，颇影响当时以及后世的儒家社会政治思想。

但那旧阶级社会的追恋，不过是贾谊的思想的一种背景。他所要提出的实际问题不但是主张皇帝应该用礼貌优待大臣，并且是一个更普遍的问题，即是反对严酷刑罚的问题。汉朝的刑法，承秦法之后，有种种残酷之刑。《刑法志》所记"具五刑"之法，至今使我们读了起最不快的感觉。汉以前的儒家当那封建阶级崩坏的时代，本已有以礼让治国的主张。从孔子以至荀卿，都有礼治之论。礼治之论，简单说来，只有两层要义：第一，古来上层社会的良风美俗应该充分保存；第二，用教化的方法，养成道德的习惯，使人不容易陷入刑戮。贾生提倡礼治，其实是反对当时的专任刑罚而不注意教化。他说：

> 礼者禁于将然之前，而法者禁于已然之后。……若夫庆赏以劝善，刑罚以惩恶，先王执此之政，坚如金石；行此之令，信如四时；据此之公，无私如天地耳。岂顾不用哉？然而礼云礼云者，贵绝恶于未萌，而起教于微眇，使民日迁善远罪而不自知也。孔子曰，"听讼吾犹人也，必也使无讼乎。"为人主计者，莫如先审取舍。……安者非一日而安也，危者非一日而危也，皆以积渐然，不可不察也。人主之所积在其取舍中。以礼义治之者积礼义，以刑罚治之者积刑罚。刑罚积而民怨背，礼义积而民和亲。……汤武置天下于仁义礼乐而德泽洽，……累子孙数十世。……秦王置天下于法令刑罚，德泽无一有，而怨毒盈于世，下憎恶之如仇雠，祸几及身，子孙诛绝。……

这并不是根本否认刑罚，只是要政府看看亡秦的往事，不要专任严刑峻法，还得从教育下手，才可以建立长久的治安。

所以他又提出教育太子的问题。他说：

> 天下之命悬于太子，太子之善在于早谕教与选左右。

他提议的教育太子之法，起于襁褓之中，用三公（太保，太傅，太师）、三少（少保，少傅，少师）作保傅，使他"生而见正事，闻正言，行正道"。太子稍长，便入学校，学中有东学，南学，西学，北学，及太学，叫做五学。这种提议便是后来国家立学校的起点。本意是为太子立学，推广到为国子立学，更推广到为国人立学，这是国学制度的演进。

但贾谊还提出一个更大的社会问题，就是怎样对付那新兴的商

人阶级的问题。旧封建社会的阶级崩坏以来,商人渐渐占社会的重要地位。《史记·货殖传》说的最明白:

> 凡编户之民,富相什(十倍),则卑下之;伯,则畏惮之;千则役,万则仆,物之理也。

这便是新兴的私有资产制度的社会阶级的大致。《史记》又说:

> 夫用贫求富,农不如工,工不如商,刺绣文不如倚市门。此言末业,贫者之资也。通邑大都,酤一岁千酿,醯酱千瓨,酱千甔,屠牛羊彘千皮,贩谷粜千钟,薪槁千车,船长千丈(总数长千丈),木千章,竹竿万个,其轺车百乘,牛车千辆,木器髹(漆)者千枚,铜器千钧,素木铁器若卮茜千石(卮茜音支倩,是一种染料。此言素木器或铁器或卮茜千石。百二十斤为石),马蹄躈千,牛千足,羊彘千双,僮手指千(僮是奴婢,千指为百人),筋骨丹沙千斤,其帛絮细布千钧,文采千匹,榻布(粗厚之布)皮革千石,漆千斗,糵麹盐豉千瓵,鲐鮆千斤,鲰千石,鲍千钧,枣栗千石者三之,狐貂裘千皮,羔羊裘千石,旃席千具,他果菜千钟;子贷金钱千贯,节驵侩,贪贾三之,廉贾五之(此十七字是一项,旧注都错了。这是说,息借千贯钱来做买卖,贪贾得利多,廉贾得利少,故三个贪贾或五个廉贾,也可比千乘之家。上文"枣栗千石者三之",也是说,这样的三个人才可比千乘之家):——此亦比千乘之家。其大率也。他杂业不中什二(不够二分利),则非吾财也。

这是当日的所谓资产阶级,其中有工业家(酿酒,做醋,造酱,织布,漆器,铜器等),有大农(种树,种竹,畜牧等),有商贩,有运输业(车,船等)。其生产方法还在手工业时代,故奴婢也是资本的一种。其利益至少在百分之二十以上。《货殖传》(此参用《汉书》本,比《史记》明白)又说:

> 秦汉之制,列侯封君食租税,岁率户二百,千户之君则二十万(此皆以钱计算),朝觐聘享出其中。庶民农工商贾率亦岁万息二千,百万之家则二十万,而更徭租赋出其中,衣食之欲恣所好美矣。

这个新兴的资产阶级的享用奢侈,是当时很惹起注意的一点。当时去古未远,封建阶级社会的遗风习俗远在记忆之中,社会思想还全在封建时代留遗的书籍的势力之下,故这种新的社会状态是一般儒生所不能了解容忍的。故贾谊说:

> 今民卖僮(女奴)者,为之绣衣丝履,偏诸缘(偏诸,即编绪,略如今之花边),内之闲中。是古天子后服,所以庙而不宴者也,而庶人得以衣婢妾。白縠之表,薄纨之里,緁以偏诸,美者黼绣。是古天子之服,今富人大贾嘉会召客者以被墙。古者以奉一帝一后而节适,今庶人屋壁得为帝服,倡优下贱得为后饰。……
>
> 夫百人作之,不能衣一人,欲天下无寒,胡可得也?一人耕之,十人聚而食之,欲天下之无饥,不可得也。饥寒切于民之肌肤,欲其无为奸邪,不可得也。(《汉书》四十八)

他从富人的奢侈,推想到国中财力的消耗。他以为商业的发达可以使人民弃农而就商,弃本而逐末,所以生财者减少而耗财者加多,势必至于国中财力竭蹶。他说:

> 古之人曰,"一夫不耕,或受之饥;一女不织,或受之寒。"生之有时,而用之无度,则物力必屈。……今背本而趋末,食者甚众,是天下之大残也。淫侈之俗日日以长,是天下之大贼也。残贼公行,莫之或止,大命将泛,莫之振救。出之者甚少,而靡之者甚多,天下财产何得不蹶?(《汉书》二十四)

这是他的经济学原理,也便是许多儒者的经济学原理。这种经济观只承认农业和手工为生产的来源,而商业没有生产的功用;只承认农产和手工产物为财富,而货币是不急之物。他们只看见"百人作之,不能衣一人",却没有看见那一人的提倡可以使百人千人得衣食之具。他们只看见"出之者甚少,而靡之者甚多",而没有知道那"靡之者多"正可以使"出之者"得高价,享厚利。

他们这种根据于农业社会的经济成见,遂使他们提出一种重农抑商的经济政策。贾谊说:

> 夫积贮者,天下之大命也。苟粟多而财有余,何为而不成?

> 以攻则取，以守则固，以战则胜。……今驱民而归之农，皆著于本，使天下各食其力，末技游食之民转而缘南亩，则畜积足而人乐其所矣。(《汉书》二四)

这个主张里含有多少传统的经济学原理！第一是粟多则国富，第二是农是财富之"本"，第三是商人是不自食其力的末技游食之民，第四是国家欲谋富足当驱民归农。

这个政策后来便成了西汉儒生的社会政策，在政治上发生了很大的影响。晁错(死于前154)便是主张这政策最有力的一个。晁错的经济思想和贾谊最接近，但他说的更明白痛快。他说：

> 今海内为一，土地人民之众不避汤禹，加以无天灾数年之水旱，而畜积未及者，何也？地有遗利，民有余力，生谷之土未尽垦，山泽之利未尽出也，游食之民未尽归农也。民贫则奸邪生。贫生于不足，不足生于不农。不农则不地著，不地著则离乡轻家，民如鸟兽，虽有高城深池，严法重刑，犹不能禁也。(《汉书》二四)

这里又添了一条原则，就是"不农则不地著"。当时商业渐发达，民间自然有向都市移徙的趋势。这种趋势是很自然而且很有益的，因为这种移民可以救济乡间的人口过多，又可以用在都市工作所得来补助农事的收入。但这班儒者不能了解这趋势的意义，都以为民不归田则田无人耕种了，民不著地便成了鸟兽一样的游民了。晁错因此又得一个经济政策，叫做"贵五谷而贱金玉"。他说：

> 夫珠玉金银，饥不可食，寒不可衣。然而众贵之者，以上用之故也。其为物轻微易藏，在于把握，可以周海内而无饥寒之患。此令臣轻背其主，而民易去其乡，盗贼有所劝，亡逃者得轻资也。粟米布帛生于地，长于时，聚于力，非可一日成也。数石之重，中人弗胜，不为奸邪所利。一日弗得而饥寒至。是故明君贵五谷而贱金玉。

他完全不了解货币的用处，只觉得货币有害而无利。如果没有那"轻微易藏，在于把握可以周海内"的货币，如果只有那笨重的五谷布帛，那么，人民就不会远徙了，盗贼也无所利了，商业也不会发达了。

晁错最诋毁商人,他以为商人是不劳而得利的寄生阶级,他们营利的方法全靠投机操纵市场,又兼并(兼并即现在所谓掠夺)农民,使农民不得不逃亡。他这样描写农民的生活:

> 今农夫五口之家,其服役者不下二人,其能耕者不过百亩,百亩之收不过百石。春耕夏耘,秋获冬藏,伐薪樵,治官府,给徭役,春不得避风尘,夏不得避暑热,秋不得避阴雨,冬不得避寒冻,四时之间,无日休息。又私自送往迎来,吊死问疾,养孤长幼在其中。勤苦如此,尚复被水旱之灾,急政暴虐,赋敛不时,朝令而暮改,当具有者半价而卖,无者取倍称之息,于是有卖田宅,鬻子孙,以偿责者矣。

他又写商人的生活道:

> 而商贾大者积贮倍息,小者坐列贩卖,操奇赢,日游都市;乘上之急,所卖必倍。故其男不耕耘,女不蚕织,衣必文采,食必梁肉;无农夫之苦,有仟伯之得。因其富厚,交通王侯,力过吏势。以利相倾。千里游敖,冠盖相望,乘坚策肥,履丝曳缟。此商人所以兼并农人,农人所以流亡者也。

他很感慨的说:

> 今法律贱商人,商人已富贵矣。尊农夫,农夫已贫贱矣。故俗之所贵,主之所贱也。吏之所卑,法之所尊也。

汉初大乱之后,商人投机弁利,使物价腾贵,米至每石值万钱,马一匹值百金。故高祖"乃令贾人不得衣丝乘车,重租税以困辱之"。这种法令到吕后时才得废弛,然而"市井之子孙亦不得仕宦"(以上见《史记》三十)。这就是晁错所谓"法律贱商人"。

大概商人是新兴阶级,本来常受旧阶级的贱视。社会上越贱视商人,商人越不能不自卫;自卫的武器便是金钱的势力。此如中古欧洲贵族武士贱视犹太商人,而因为金钱都在犹太商人之手,他们终得最后的胜利。试举晁错同时的一件事为例:

> 吴楚七国兵起(前154)时,长安中列侯封君行从军旅,赍贷子钱家(旧注:"行者须赍粮而出,于子钱家贷之也。"列侯封君从军皆须自备资用,这是封建社会的遗制。欧洲封建时代也如

此)。子钱家以为侯邑国在关东,关东成败未决,莫肯与。唯无盐氏出捐千金贷;其息什之(生一得十倍)。三月吴楚平。一岁之中,无盐氏之息什倍,用此富埒关中。(《史记》一二九)

这种高利债便是这班钱鬼子自卫的方法,报复的武器,也便是他们最遭贵族文人仇视的原因。晁错所谓"乘上之急,所卖必倍",正是指此等行为。但在急需的时候,十倍之息还有人抢着要,何况一倍利呢?

晁错等人对于这个新兴而有绝大势力的商人阶级,都认为有实行裁制的必要。贾谊没有提出具体的方案,晁错是个大政治家,便提出了一个方案。晁错的提议是:

> 方今之务,莫若使民务农而已矣。欲民务农,在于贵粟。贵粟之道在于使民以粟为赏罚。今募天下入粟县官,得以拜爵,得以除罪。如此,富人有爵,农民有钱,粟有所渫(渫,散也)。夫能入粟以受爵,皆有余者也。取于有余,以供上用,则贫民之赋可损。所谓损有余,补不足,令出而民利者也。

晁错的本意是重农而抑商,但他这个入粟拜爵策却是于农商两都有利的。他在无意之中发现了一条赋税原则,叫做赋税应"取于有余",他的入粟拜爵其实是一种变相的所得税,使有钱的人拿钱去贾粟来捐爵,一面抬高农产的价格,一面又使国家增加一笔大收入。抽商人的余财以供国用,这是抑商。同时他使商人得贾爵,这便抬高了商人阶级的地位了。

汉文帝和景帝都采用了这个政策。最初只募民"能输粟及转粟于边者拜爵";后来边境的屯粮已够支五年了,又令民入粟于郡县,以备凶灾。晁错后来似乎专注重在那"损有余,补不足"的赋税原则,所以又奏请"郡县足支一岁以上,可时赦,勿收农民租"。文帝听了他的话,遂下诏豁免十二年(前168)的田租之半。明年(前167),遂全免民田的租税。过了十三年,景帝二年(前155),令民出田租之半额,原是十五分之一,半额便成了三十分之一了(《汉书》二四)。

三、《王制》

以上所举,不过是略举当时儒生提出的几个社会问题和政治问题,使我们知道,在那个无为政治之下,这些儒生在那里大声疾呼的指出社会国家的病态,要求作积极的改革。我们也应该知道,那七十年的无为政治之下,所有一点点有为的政治都是几个儒生的计划。如叔孙通的定仪法,如贾谊、晁错的减削诸侯,如晁错的积贮政策,如贾谊的兴学计划,这都是国家的根本大计。他们的功罪和是非,也许都还有讨论的余地,但他们的积极有为的精神,不肯苟且偷安,不肯跟着一般人说"天下已安已治",总想应付问题,总想寻求办法:这种精神是值得史家注意的。

秦始皇、李斯都有点开国气象,魄力很大,想造成一个新局面。但中国第一次有这个统一大帝国,他们初次得了这一份绝大家私,实在有点手忙脚乱,应付不过来。秦始皇妄想长生不死,好让他从容整理那大帝国。不料他骤然死倒,一个偌大帝国落在两个小人之手,李斯的血还不曾干,秦皇的天下已瓦解了。汉高帝也有点魄力,有点气度,但太没有学识了,单靠一点无赖的聪明,造成了第二个统一帝国。统一的事业刚成功,他就死了,这个偌大帝国又落在一个凶顽无识的妇人手里。几十年之中,大家都只是苟且敷衍过日子,从没有一个通盘的计划,也从没有一个长治久安的规模,名为无为而治,其实只是姑息偷安而已。

贾谊、晁错一班儒生的重要只在他们肯把社会国家的问题通盘想过,不肯苟且偷安过日子,却要放手解决一些困难问题。他们的学识比灌婴、周勃高的多,又有那儒家"任天下之重"的遗风,很想得君行道,做一番事业。故帝国的命运到他们手里才有一个大转机,到他们手里才有一点建国规模,才有一点通盘计划。削减封建诸侯,积贮军粟,主张伐匈奴,注意教育事业,国家收回造币权,这些计划都发端于文帝时代,酝酿于景帝时代,而实现于武帝时代。

我在上文已略述贾谊、晁错提出的一些问题和办法了。这个时代有一部《王制》出现,是文帝令博士诸生做的,是一部雏形的《周礼》,很可以代表这时代的儒生想做点通盘打算的建国方略的野心,所以很值得我们的注意。

《王制》是一个理想的帝国计划。这班儒生都是从封建时代晚期的经典里训练出来的,又都有鉴于秦以孤立而亡,故他们的理想国家还是一个新式的封建国家,还是一个"等级分明"的社会。他们分天下为九州,每州方千里。天子之县自为一州,分九十三国。其余八州,每州分二百一十国。九州共分一千七百七十三国,每国大者方百里,小者方五十里。这便是贾谊所谓"众建诸侯而少其力"的意思。

但这个封建国家不是像秦以前那个分争割据的列国,却是一个统一的帝国:

> 五国以为属,属有长。十国以为连,连有帅。三十国以为卒,卒有正。二百一十国以为州,州有伯。八州,八伯,五十六正,百六十八帅,三百三十六长。八伯各以其属属于天子之老二人,分天下以为左右,曰二伯。

> 天子使其大夫为三监,监于方伯之国,国三人。

这种区域,与后世分省,道,府,县,无大分别;方伯等于总督,二伯等于南北洋大臣。所不同者,郡县制的官吏不能世袭,而《王制》的诸侯却是"世子世国",《王制》规定诸侯对天子,每年一小聘,三年一大聘,五年一朝;而天子五年一巡狩,天子对诸侯可以削地,可以绌爵,可以流,可以讨。况且诸侯的食禄都有定额:

> 大国之君食二千八百八十人,次国之君食二千一百六十人,小国之君食千四百四十人。

这种封建诸侯也就和郡县制之下的官吏相去无几了。

《王制》的官制还是很简单的,远不如后出的《周礼》的详密整齐。有一个冢宰,像个财政大臣,有制国用的职务:"用地大小,视年之丰耗,以三十年之通制国用,量入以为出"。有一个大司空,像个农工大臣。有个大司徒,像个教育大臣。有个大乐正,像个国学祭酒。有个大司马,不是兵部大臣,却像个吏部尚书,他的任务是"辨论官材,论进士之贤者以告于王而定其论,论定然后官之,任官然后爵之,位定然后禄之"。有个大司寇,像个司法大臣。还有个太史,

"典礼执简,祀奉讳恶,天子斋戒受谏",这像是个古史官和后世的御史谏官合而为一。

这里面有个很重要的财政预算制度,叫做"以三十年之通制国用,量入以为出"。量入以为出是紧缩的财政预算,和近世国家的"量出以为入"的原则恰恰相反。但这个制度在中国历史上已成为天经地义,古代政治思想中的节俭教训都总括在这一个公式里,直接的范围了中国财政二千年之久,间接的便限制了中国政治制度的性质,使他倾向于消极的节缩,而不能积极的生利。

这里面又有一个很重要的教育选举制度:

> 命乡论秀士,升之司徒,曰选士。司法论选士之秀者而升之学,曰俊士。升于司徒者,不征于乡;升于学者,不征于司徒,曰造士。

> 乐正(国学校长)崇四术,立四教,顺先王诗书礼乐以造士:春秋教以礼乐,冬夏教以诗书。王太子,王子,群后之太子,卿大夫元士之适子,国之俊选,皆造焉。……

> 大乐正论造士之秀者以告于王,而升诸司马,曰进士。司马辨论官材,论进士之贤者以告于王而定其论。论定,然后官之,任官然后爵之,位定然后禄之。

这个制度后来成为中国太学制及选举制的根据。世禄的贵族阶级崩坏以后,公开的学校和选举是必不可少的制度。但汉初的建国者都不曾想到这一着。作吏出身的相国萧何定律令,有一条很重要的律文说:

> 太史试学童能讽书九千字以上,乃得为史。又以六体试之,课最者以为尚书御史史书令史。(《汉书·艺文志》小学序)

许慎《说文解字》叙也说:

> 学僮年十七以上,始试讽籀书九千字,乃得为吏。又以八体试之(八体是大篆,小篆,刻符,虫书,摹印,署书,殳书,隶书)。

这虽是考试取士的起点,但考试的内容偏重认字写字,所取只限于抄胥之才。《王制》的理想制度是第一次提出国家设学校取士任官的制度。

这里也有一个很平恕的司法制度：

> 司寇正刑明辟，以听狱讼。
>
> 凡听五刑之讼，必原父子之亲，立君臣之义，以权之；意论轻重之序，慎测浅深之量，以别之；悉其聪明，致其忠爱，以尽之。疑狱，泛与众共之；众疑，赦之（此句近于一种陪审制度）。必察小大之比以成之。
>
> 成狱辞，史以狱成告于正，正听之。正以狱成告于大司寇，大司寇听之棘木之下。大司寇以狱之成告于王，王命三公参听之。三公以狱之成告于王，王三宥，然后制刑。
>
> 凡作刑罚，轻无赦。刑者侀也，侀者成也。一成而不可变，故君子尽心焉。

当时有伟大的法官如张释之之流主持司法制度，故《王制》说司法最亲切有味。

《王制》有一种均田制度。他们估计四海之内约有田八十万亿亩（亿是十万，此即八十一万亿亩，即 81 000 000 000 亩），其中约有三分之二可以授民耕种。他们主张这样分配：

> 制农田百亩。百亩之分，上农夫食九人，其次食八人，其次食七人，其次食六人，下农夫食五人。庶人在官者，其禄以是为差也。

地有肥瘠，故有五等之别。他们所主张均田之法，原则上认田为公产，不得买卖；又沿袭封建社会的田制，令农民耕公田，以代租税，而自耕之领田则不出租税。

> 古者公田，藉（借民力）而不税，廛而不税（税其店铺，而不税其货物）。关，讥而不征。林麓川泽，以时入而不禁。
>
> 用民之力，岁不过三日。田里不鬻，墓地不请。

这是一种很普遍的均产制度，必须先把一切私有的土地都没收为公有，然后可以分给农民。这是绝大的改革，当时的君主都没有这个魄力，故这个制度只成为一种理想，后来董仲舒主张限田，到哀帝时师丹、孔光、何武要实行限田，皆不曾实行。到王莽时，才决心实行没收私有土地，不得私行买卖，又实行分田。但三年之后，这个政策也不能不废止了。

《王制》是博士诸生所作,其中制度受孟子的影响最大,往往迂阔难以实行。文帝与窦后都是无为主义的信徒,他们虽令博士先生们做此书,也不过当他作一件假骨董看而已。书中又有三年的丧制,说:

> 三年之丧,自天子达庶人。

> 天子七日而殡,七月而葬。诸侯五日而殡,五月而葬。大夫士庶人三日而殡,三月而葬。

> 父母之丧,三年不从政。齐衰大功之丧,三月不从政。

这种制度在实际生活上有很大的困难,故不为一般人所赞成。文帝主张短丧,三十六日而除服,汉朝悬为定制。这也许是《王制》不见采用的一个原因罢?

四、董仲舒与司马迁——干涉论与放任论

董仲舒在对策里曾说:"人欲之谓情,情非度制不节。"《春秋繁露》有《度制》篇(第二七),即申说此意:

> 孔子曰:"不患贫而患不均。"故有所积重,则有所空虚矣。大富则骄,大贫则忧。忧则为盗,骄则为暴。此众人之情也。圣者则于众人之情见乱之所从生,故其制人道而差上下也,使富者足以示贵而不至于骄,贫者足以养生而不至于忧,以此为度而调均之,是以财不匮而上下相安,故易治也。今世弃其度制而各从其欲,欲无所穷而俗得自恣,其势无极,大人病不足于上,而小民羸瘠于下,则富者愈贪利而不肯为义,贫者日犯禁而不可得止,是世之所以难治也。

他的理想的社会是一个重新封建的调均社会。他在《繁露》第二十七八两篇里略说这个理想。这社会是封建的,

> 天子邦圻千里,公侯百里,伯七十里,子男五十里。坿庸,字者方三十里,名者方二十里,人氏者方十五里。

是等级分明的,凡有二十四等,

> 贵贱有等,衣服有制,朝廷有位,乡党有序。

是有均田制度的，

> 方里八家，一家百亩，以食五口（本身与父母妻子为五口）。

上农夫耕百亩，食九口，次八人，次七人，次六人，次五人。

此与《王制》的均田制度相同。他在别处又说：

> 古者税民不过什一，其求易供；使民不过三日，其力易足。

（《汉书》二四）

这也是《王制》的话。

但他也明白这个平均土田的制度是不容易恢复的了，所以他只主张实行两个比较和缓的主张：一个是禁止官府贵族与人民争利，一个是限民名田。他说：

> 身宠而载高位，家温而食厚禄，因乘富贵之资力，以与民争利于下，民安能如之哉？是故众其奴婢，多其牛羊，广其田宅，博其产业，畜其积委，务此而无已，以迫蹴民。民日削月朘，寝以大穷。富者奢侈羡溢，贫者穷急愁苦。（对策三）

故他主张：

> 受禄之家，食禄而已，不与民争业，然后利可均布，而民可家足。……公仪子相鲁，之其家，见织帛，怒而出其妻。食于舍而茹葵，愠而拔其葵，曰："吾已食禄，又夺园夫红女利乎？"

限民名田的主张不是彻底的均田，只是立一个私有田产的限制，每个私人名下的田产不得过这个法定的额数。董仲舒说当时贫富不均的情形是由于井田制度破坏之后田地成为私有财产，可以买卖，故

> 富者田连阡陌，贫者无立锥之地。（富人）又专川泽之利，管山林之饶，荒淫越制，逾侈以相高。邑有人君之尊，里有公侯之富。小民安得不困？又加月为更卒，已复为正，一岁屯戍，一岁力役，三十倍于古（更卒是在郡县给役，一月而更换。正卒是给事于中都官。综计一岁之中，屯戍及力役之事，比那使民一岁不过三日的古制，要多三十倍）。田租口赋盐铁之利，二十倍于古。或耕豪民之田，见税什五（无田者耕地主之田，以十分之五给田主）。故贫民常衣牛马之衣，而食犬彘之食。重以贪暴之吏刑戮妄加，民愁无聊，亡逃山林，转为盗贼。赭衣半道，断狱岁

以千万数(以上说秦时状况)。汉兴,循而未改。(《汉书》二四)

所以他提出限田之法:

> 古井田法虽难猝行,宜少近古,限民名田,以赡不足,塞并兼之路。盐铁皆归于民。去奴婢,除专杀之威。薄赋敛,省徭役,以宽民力。

这是他的"调均"政策的一种。均即是均平,即是均贫富。儒者也知道人的材力不平等,但他们总想用人力去使他们比较平等,总想用"度制"做到"调均"的社会。

在这一点上,我们可以看看董生的朋友司马迁的意见。司马迁是受道家的自然无为主义的影响很深的,故他对于那贫富不均的社会,并不觉得奇怪,也不觉得有干涉的必要。在他的眼里,商人阶级的起来,不过是一种很自然的现象。他很平淡的说:

> 富者,人之情性所不学而俱欲者也。(以下均引《史记》一二九,《货殖传》)

> 天下熙熙,皆为利来;天下攘攘,皆为利往。夫千乘之王,万家之侯,百室之君,尚犹患贫,而况匹夫编户之民乎?

这不但是自然的现象,并且是很有益于社会的。社会国家都少不得商人,商人阶级是供给社会的需要而产生的。他说:

> 夫山西饶材竹谷纑旄玉石,山东多鱼盐漆丝声色,江南出楠梓姜桂金锡连(铅)丹沙犀玳瑁珠玑齿革,龙门、碣石北多马牛羊旃裘筋角,铜铁则千里往往山出棋置。此……皆中国人民所喜好谣俗被服饮食奉生送死之具也。故待农而食之,虞而出之,工而成之,商而通之。此宁有政教发征期会哉?人各任其能,竭其力,以得所欲。故物贱之征贵,贵之征贱,各劝其业,乐其事,若水之趋下,日夜无休时,不召而自来,不求而民出之。岂非道之所符而自然之验耶?《周书》曰:"农不出则乏其食,工不出则乏其事,商不出则三宝绝,虞不出则财匮少,财匮少而山泽不辟矣。"此四者,民所衣食之原也。原大则饶,原小则鲜。上则富国,下则富家。贫富之道,莫之夺予,而巧者有余,拙者不足。

司马迁在这里把农工商虞(虞是经营山泽之利的,盐铁属于此业)四个职业分的最清楚,"商而通之"一语更是明白指出商业的功用。同书里曾说,

> 汉兴,海内为一,开关梁,弛山泽之禁,是以富商大贾周流天下,交易之物莫不通得其所欲。

这几句简单的话,使我们知道资本主义的发达是由于汉帝国初期的开放政策。政府尽管挫辱商人,不准商人乘车衣丝,但只要免除关市的苛捐杂税,只要开放山泽之利,商业自然会发达的。商业的发达能使交易之物各得其所欲,这正是商人流通有无的大功用。

司马迁的卓识能认清贫富不均是由于人的巧拙不齐,是自然现象。他说:

> 贫富之道,莫之夺予,而巧者有余,拙者不足。

又说:

> 无财作力,少有斗智,既饶争时。

又说:

> 纤啬筋力,治生之正道也(此即所谓无财作力)。而富者必用奇胜(此即所谓斗智争时)。田农拙业,而秦阳以盖一州。掘冢,奸事也,而曲叔以起。博戏,恶业也,而桓发用之富。行贾,丈夫贱行也,而雍乐成以饶。贩脂,辱处也,而雍伯千金。卖浆,小业也,而张氏千万。洒削(治刀剑),薄技也,而郅氏鼎食。胃脯(煮羊胃,以末椒姜拌之,晒干作脯),简微耳,浊氏连骑。马医,浅方,张里击钟。此皆诚壹之所致。由是观之,富无经业,则货无常主。能者辐凑,不肖者瓦解。

这都是说工商致富都靠自己的能力智术,不是偶然的,也不是不劳而得的。他引白圭的话道:

> 吾治生产犹伊尹、吕尚之谋,孙吴用兵,商鞅行法是也。是故其智不足与权变,勇不足以决断,仁不能以取予,强不能有所守,虽欲学吾术,终不告之矣。

故他赞白圭道:

> 白圭其有所试矣。能试有所长,非苟而已也。

这都是承认营利致富是智能的报酬,不是傥来之物。这是很替资本制度辩护的理论,在中国史上最是不可多得的。太史公不像董仲舒那样"下帷讲诵,三年不窥园"而偏爱高谈天下经济问题的人,他少年时便出门游历,足迹遍于四方,故能有这种特殊的平恕的见解。他看不起那些迂腐儒生,

> 无岩奇处士之行,而长贫贱,好语仁义,亦足羞也。

司马迁既认那农工虞商的资本主义的社会是"道之所符而自然之验",故他不主张干涉的政策,不主张重农抑商的政策,也不主张均贫富的社会主义。他说:

> 夫神农以前,吾不知已。至若《诗》《书》所述,虞夏以来,耳目欲极声色之好,口欲穷刍豢之味,身安逸乐而心夸矜势能之荣,使俗之渐民久矣。虽户说以眇(妙)论,终不能化。故善者因之,其次利导之,其次教诲之,其次整齐之,最下者与之争。

这种自然主义的放任政策是资本主义初发达时代的政治哲学。欧洲十八世纪的经济学者,大都倾向于这条路。但资本主义的社会自然产生贫富大不均平的现象,董生所谓"富者田连阡陌,而贫者无立锥之地","贫民常衣牛马之衣,而食犬马(彘)之食"。这种现象也自然要引起社会改革家的注意与抗议,故干涉的政策,均贫富的理想,均田限田的计划,都一一的起来。董生和太史公同时相熟,而两人的主张根本不同如此。后来的儒家比较占势力,而后来的道家学者又很少像司马迁那样周知社会经济状况的,故均贫富、抑并兼的均产主义渐渐成为中国的正统思想。师丹限田之制失败之后,王莽还要下决心实行均田之制。王莽失败了,后世儒者尽管骂王莽,而对于社会经济,却大都是王莽的信徒。试看班固的《货殖传》,材料全抄《史记》,而论断完全不同了。我们试一比较这两种《货殖传》,可以看思想的变迁了。

五、儒生的汉家制度

董仲舒提出的问题,除了已见上文的之外,还有许多问题值得我们的注意。一个是反对专用刑罚的问题,贾谊也曾提出这个问题,但

董生加上宗教的色彩，使这个问题成为儒教的一部分。他说：

> 天道之大者在阴阳。阳为德，阴为刑；刑主杀而德主生，是故阳常居大夏而以生育长养为事，阴常居大冬而积于空虚不用之处。以此见天之任德不任刑也。……王者承天意以从事，故任德教而不任刑。刑者，不可任以治世，犹阴之不可任以成岁也。为政而任刑，不顺于天。……今废先王德教之官，而独任执法之吏治民，毋乃任刑之意欤？（对策一）

同这问题相连的，是教化的问题：

> 夫万民之从利也，如水之走下；不以教化堤防之，不能止也。是故教化立而奸邪皆止者，其堤防完也。教化废而奸邪并出，刑罚不能胜者，其堤防坏也。古之王者明于此，是故南面而治天下，莫不以教化为大务，立大学以教于国，设庠序以化于邑，渐民以仁，摩民以谊，节民以礼。故其刑罚甚轻，而禁不犯者，教化行而习俗美也。（对策一）

教化问题的一部分是太学问题：

> 养士之大者，莫大乎太学。太学者，贤士之所关也，教化之本原也。今以一郡一国之众，对无应书者，是王道往往而绝也。臣愿陛下兴太学，置明师，以养天下之士，数考问以尽其材，则英俊宜可得矣。

同教育制度有关的，是选士任官的问题：

> 今之郡守县令……既无教训于下，或不承用主上之法，暴虐百姓，与奸为市，贫穷孤弱冤苦，失职甚不称陛下之意。夫长吏多出于郎中中郎。吏二千石子弟选郎吏，又以富訾，未必贤也（汉初选郎吏多出于"任子"及"算訾"二途。如袁盎因兄哙任为郎中，如霍去病任异母弟霍光为郎，这是任子。如张释之以訾为骑郎，如司马相如以訾为郎，这是算訾。景帝后二年诏曰："今訾算十以上，乃得宦。廉士算不必众。有市籍不得宦，无訾又不得宦。朕甚愍之。訾算四得宦。"十算为十万，四算为四万。汉时每万钱算百二十七文，是为一算，故称訾算。訾算不是捐官，只是要一个身家殷实的资格，方许做官。——其理由有二：应劭

> 曰："古者疾吏之贪，衣食足，知荣辱，限赀十算，乃得为吏。"一也。姚鼐曰："汉初郎须有衣马之饰，乃得侍上，故以赀算。张释之云，久宦灭仲之产，卫青令舍人具鞍马绛衣玉具剑，是也。"二也。《张释之传》注引《汉仪注》说"赀五百万得为常侍郎"。"汉之郎吏最多，有时多至千人）。且古所谓功者，以任官称职为差，非谓积日累久也。故小材虽累日，不离于小官；贤材虽未久，不害为辅佐。是以有司竭力尽知，务治其业，而以赴功。今则不然。累日以取贵，积久以致官。是以廉耻贸乱，贤不肖浑淆，未得其真。臣愚以为使诸列侯郡守二千石各择其吏民之贤者，岁贡各二人，以给宿卫，且以观大臣之能。所贡贤者有赏，所贡不肖者有罚。夫如是，诸侯吏二千石皆尽心求贤，天下之士可得而官使也。……毋以日月为功，实试贤能为上，量材而授官，录德而定位，则廉耻殊路，贤不肖异处矣。（对策二）

他还有一个提议，影响中国教育和学术思想最大的，就是定儒为一尊的政策：

> 《春秋》大一统者，天地之常经，古今之通谊也。今师异道，人异论，百家殊方，指意不同，是以上无以持一统，法制数变，下不知所守。臣愚以为诸不在六艺之科（六艺即六经），孔子之术者，皆绝其道，勿使并进。邪辟之说灭息，然后统纪可一而法度可明，民知所从矣。（对策三）

这个建议的文字和精神都同李斯的焚书议是很相像的。他们的主旨都是要"别黑白而定一尊"，都是要统一学术思想。所不同的，只是李斯自信他的制度远胜古人，故禁止学者"以古非今"，故要用现时的新制来统一学术思想；而董仲舒却不满意于汉家制度，故他实行"以古非今"，而要尊崇儒家的学说来统一现时的学术思想。

董仲舒的许多主张，有一些后来竟成为汉朝的制度。他的限田法，哀帝时师丹、孔光等人当权，想要实行，因贵族外戚反对而止。他的选举任官计划，本和汉文帝以来的举"贤良方正，直言极谏"，及举"贤良文学"的制度无甚冲突，故更容易实行。武帝元封五年（前106）诏令"州郡察吏民有茂材异等，可为将相及使绝域者"，这更近

于董仲舒的主张了。他的太学计划,也在武帝时实行。元朔四年(前121)诏曰:

> 盖闻导民以礼,风之以乐。今礼坏乐崩,朕甚闵焉。故详延天下方闻之士,咸荐诸朝。其令礼官劝学,讲议洽闻,举遗兴礼,以为天下先。太常其议予(予是给与)博士弟子,崇乡党之化,以厉贤材焉。(《汉书》六)

那时的丞相是公孙弘,他和太常孔臧、博士平等议奏道:

> 闻三代之道,乡里有教,夏曰校,殷曰序,周曰庠。其劝善也,显之朝廷;其惩恶也,加之刑罚。故教化之行也,建首善自京师始,由内及外。……古者政教未洽,不备其礼,请因旧官而兴焉:为博士官置弟子五十人,复其身(复是免徭役)。太常择民年十八以上,仪状端正者,补博士弟子。郡国县道邑有好文学,敬长上,肃政教,顺乡里,出入不悖所闻者,令相长丞上所属二千石。二千石谨察可者,当与计(计是上计吏)偕诣太常,得受业如弟子。一岁,皆辄试。能通一艺以上,补文学掌故缺。其高第可以为郎中者,太常籍奏。即有秀才异等,辄以名闻。其不事学,若下材,乃不能通一艺,辄罢之。而请诸不称者,罚(滥举博士弟子者有罚。《汉书·功臣表》,山阳侯张当居坐为太常择博士弟子不以实,完为城旦)。(此奏见《史记》一二一,又《汉书》八八)

这是太学的最初制度。太学本是贾谊、董仲舒等人的理想,于古无所根据。故公孙弘等说古者不备其礼,只好"依旧官而兴焉"。旧时博士本有弟子,如贾山之祖父贾袪便是魏王时的博士弟子(《汉书》五一);如秦时有博士诸生,似即是博士弟子。汉初博士也可以收弟子,故景帝末年,蜀郡守文翁选送小吏张叔等十余人到京师受业于博士(《汉书》八九)。公孙弘因此便想到利用这个旧制度,即把博士弟子作为有定额的太学生。他们定的制度暂定博士弟子为五十人,这是中国的第一个国立大学,卒业年限只定一年!后来昭帝时,增名额为百人,宣帝时由二百人增至一千人,成帝末增至三千人。东汉晚期,太学诸生多至三万余人(王国维《观堂集林》卷四有《汉魏博士考》，最可参考)。贾谊、董生的梦想居然实现了。

公孙弘等的奏议里，还附带提出一个选士任官的制度，也可以说是实行贾、董诸人的主张。

董仲舒曾说：

> 今以一郡一国之众，对无应书者，是王道往往而绝也。

公孙弘等奏道：

> 臣谨案，诏书律令下者，明天人分际，通古今之谊，文章尔雅，训辞深厚，恩施甚美。小吏浅闻，不能究宣，无以明布谕下。

这是说，当时的郡国小吏已不懂得古文的诏书律令了。所以他们提议一个补救的办法：

> 治礼（官名，《汉书·王莽传》有大行治礼，《平常传》有大行治礼丞），次治掌故（官名），以文学礼义为官，迁留滞（这两种官，升迁都缓滞）。请选择其秩比二百石以上，及吏百石，通一艺以上，补左右内史大行（之）卒史；比百石以下，补郡太守（之）卒史：皆各二人，边郡一人。先用诵多者（以上是说用治礼去做卒史）。若不足，乃择掌故补中二千石属，文学掌故补郡属（掌故秩百石，见《史记·晁错传》注引应劭、服虔说。治礼官有"秩比二百石以上"者，其秩高于掌故，故云"次治掌故"。而掌故补卒史也在尽先补用治礼之后。此奏《史记》与《汉书》两本文字稍不同，句读不易定，向来学者颇多异说。参看王先谦《汉书补注》八十八。我现用《史记》原文，定其句读，略加注释，似胜旧说）。

这是替书生谋出路，开后世用经学文学取士的制度的先声。萧何定律令，只考取能认字写字的抄胥之才；公孙弘的制度便进了一步，要"能通一艺（一经）以上"，才可以做中二千石（左右内史，即后来的左冯翊，右扶风；大行即后来的大鸿胪）和郡守的属官。博士弟子（太学生）此时的出路只是作文学掌故，递补作二千石的卒史。但后来太学人数增多，于是考试出身的制度也改了：

> 岁课甲科四十人，为郎中；乙科二十人，为太子舍人；丙科四十人，补文学掌故。（《汉书》八八）

郎吏向来只有"任子"、"算赀"两路,现在加上太学甲科的一途,这也是董仲舒的建议成为制度的一种。

董仲舒同时有一个儒生政治家文翁,在中国教育史上也应该占一个很高的位置。文翁是庐江舒人,名党,字仲翁,通《春秋》。景帝末年他做蜀郡守,见蜀地辟陋,有蛮夷风,他极力提倡教化:

> 乃选郡县小吏开敏有材者张叔等十余人,亲自饬厉,遣诣京师,受业博士,或学律令。减省少府(一郡之财政官)用度,买刀布蜀物,赍计吏以遗博士。数岁,蜀生皆成就,还归,文翁以为右职,用次察举,官有至郡守史者(常璩《蜀志》,张叔官至扬州刺史)。

这是省费派遣留学的政策。

> 又修起学官于成都市中,招下县子弟以为学官弟子,为除更繇(更是更卒,繇是徭役)。高者以补郡县吏,次为孝弟力田。常选学官僮子,使在便坐受事。每出行县,益从学官诸生明经饬行者与俱,使传教令,出入闺阁。县中吏民见而荣之数年,争欲为学官弟子。富人至出钱以求之(情愿自费送子弟入学)。由是大化,蜀地学于京师者,比齐鲁焉。至武帝时,乃令天下郡国皆立学校官,自文翁为之始云。

这是郡国自兴学校的政策。武帝令天下郡国皆立学校官,不见于本纪,不知在何年,大概在公孙弘奏置博士弟子之后。从此中央有太学,州郡有学官,又有以通经取士之法,中国的教育制度的规模才算成立。因为创制之人都是儒生,故教材与考试内容都限于儒家的经籍,故儒家便包办了中国教育与科举制度二千年之久。

武帝元年(前140),董仲舒对策,便建议:

> 诸不在六艺之科、孔子之术者,皆绝其道,勿使并进。

这一年,丞相卫绾便奏道:

> 所举贤良,或治申(申不害)、商(商鞅)、韩非、苏秦、张仪之言,乱国政,请皆罢。

武帝可其奏(《汉书》六)。这是第一次统一思想学术。这时候武帝只有十七岁(生于前156),太皇太后窦氏还很有势力,她是黄老的信徒,故卫绾不敢排斥黄老,只罢黜了刑名、纵横之学。故第一次的统一思想只是尊崇儒道两家而排斥其他学派。

这时候政治大权在两家外戚手里,一家是窦太皇太后的堂侄子窦婴,一家是王太后的同母弟田蚡。这两个人都好儒术,便有许多儒生也想依附他们,做点事业。武帝元年,卫绾因病免相,窦婴为丞相,田蚡为太尉。他们推荐了两个儒生,一个是赵绾,为御史大夫,一个是王臧,为郎中令。这两人都是鲁国经学大师申公的弟子,都想借这机会提倡儒家的政制,遂运动那位少年皇帝把申公请来。武帝便

> 使使束帛加璧,安车,以蒲裹轮,驾驷,迎申公。弟子二人乘轺传从。至,见上,上问治乱之事。申公时已八十余,老,对曰:"为治者不在多言,顾力行何如耳。"是时上方好文辞,见申公对,默然。然已招致,即以为太中大夫,舍鲁邸,议明堂事。(《汉书》八八)

赵绾、王臧的维新事业只有四个月的命运(建元元年七月迎申公,到次年十月他们便倒了)。他们要

> 设明堂,令列侯就国,除关,以礼为服制(叔孙通的丧服制,被文帝的遗诏革除了。他们又要采用儒教的久丧之制),以兴太平。又举谪诸窦宗室无行者,除其属籍。诸外家为列侯,列侯多尚公主,皆不欲就国。以故,毁日至窦太后。太后好黄老言,而婴、蚡、赵绾等务隆推儒术,贬道家言,是以窦太后滋不悦。(《汉书》五二)

变法失败的局势已成了,只待爆发的时机。

> 二年(前139)冬十月,御史大夫赵绾请毋奏事太后(《汉书》六,又五二)。窦太后大怒曰:"此欲复为新垣平耶?"得绾、臧之过,以让上。上因废明堂事,下绾、臧吏,皆自杀。申公亦病免归,数年卒(《汉书》八八,又五二)。丞相婴,太尉蚡,免。(《汉书》六)

儒家的变法事业遂失败了,赵绾、王臧成了贾谊、晁错以后的牺牲者。

但四年之后(建元六年,前135),窦太后死了,田蚡为丞相。田蚡是武帝的外婆田老太太的儿子,出身微贱,但颇有才,"学《盘盂》

诸书"(《汉书·艺文志》有孔甲《盘盂》二十六篇),自附于儒家。他既当权,遂和武帝大兴儒学,

> 绌黄、老、刑名百家之言,延文学儒者数百人。而公孙弘以《春秋》白衣为天子三公,封平津侯。天下之学士靡然向风矣。(《史记》一二一)

这是第二次统一学术思想。这时黄老之学的大护法窦太后已死了,故所罢绌不但是刑名、纵横之学,并且把黄老也包括在内,这才是儒学一尊。董仲舒的建议竟及身成为实际制度了。

十九、八、十八——十九、八、卅,改稿成

附录　台北商务印书馆影印本《淮南王书》序

这本小书是我在民国十九年在上海写的《中古思想史长编》的第五章，专讨论《淮南王书》（通常叫做《淮南子》）里面的几个主要思想。

从民国十六年五月我从欧洲、美国、日本回到上海，直到民国十九年十一月底我全家搬回北平，那三年半的时间，我住在上海。那是我一生最闲暇的时期，也是我最努力写作的时期。在那时期里，我写了约莫有一百万字的稿子。其中有二十一万字的《白话文学史》卷上；有十几万字的中国佛教史研究，包括我校印的《神会和尚遗集》（敦煌出来的四个残写本）和我用新材料特写的两万五千字的《荷泽大师神会传》。

《中古思想史》的《长编》写出的约莫有十七八万字。我那时是吴淞中国公学的校长。中国公学的朋友们很鼓励我写这《长编》，我每次写成了一章，他们就用蜡纸复写了付油印。油印本是送给朋友们看，请他们批评指教的。

写成油印的《中古思想史长编》共有七章，十四万字。其子目如下

　　第一章　齐学
　　第二章　杂家
　　第三章　秦汉之间的思想状态
　　第四章　道家
　　第五章　淮南王书
　　第六章　统一帝国的宗教

第七章　儒家的有为主义

第八章是《董仲舒》，我改写了几次，始终不能满意，后来就搁下了。

《长编》的意思就是放开手去整理原料，放开手去试写专题研究，不受字数的限制，不问篇幅的长短。一切删削，剪裁，都留待将来再说。《长编》是写通史的准备工作；这就是说，通史必须建筑在许多"专题研究"的大基础之上。

我在民国十八年到十九年之间，妄想我一个人去做几十篇"中古思想史"里的专题研究，当然是太大胆的野心，当然是不容易成功的。十九年十一月，我搬家回北平去主持"中华教育文化基金董事会"新成立的"编译委员会"。二十年，蒋梦麟先生回北平做北京大学校长，他要我担任北大的文学院院长，兼中国文学系的主任。这几件事已够我忙了。我回北平的第十个月，就发生了"九一八"的沈阳大事件。在那个时候，我们稍稍懂得世界形势的人就知道我们的国家已面临空前的严重危机了。二十一年春天，几个朋友发起《独立评论》周刊，我是一个主编的人。从此以后，我更忙了。在此后的五六年之中，我虽然还发表了一些有关中国思想史的专题研究，——如《说儒》（二十三年），《楞伽宗考》（二十四年），《颜李学派的程廷祚》（二十五年）诸篇，——我的《中古思想史长编》可就无法继续写下去了。民国十九年我计划的几个专题研究，如《董仲舒》没有完成，如《王充》，如《郑玄》就都没有写了。黄晖先生的《论衡校释》附录的一篇《王充》，是我在民国八年写的《中国哲学史》讲义的一部分，不是我在十九年写的《中古思想史长编》的一部分。

这部未完的《中古思想史长编》的一部分是曾经发表过的。第二章原题《杂家》，其中主要部分是《吕氏春秋》的新研究，应该是古代思想史的补编，所以我把这一章抽出来收在《胡适文存》第三集里，删去了泛论《杂家》的部分，改题《读吕氏春秋》。《文存》三集里的《陆贾新语考》，《文存》四集（原题《胡适论学近著》第一集）里的《司马迁替商人辩护》，也都是《长编》的一部分。

只有第五章《淮南王书》是曾经整篇出版流行了多年的。最初有上海新月书店排印本，大约是民国二十年出版的。后来新月的纸版归了商务印书馆，故又有商务的重印本。

今年台北商务印书馆赵叔诚先生想要重印《淮南王书》，要用我自己藏的一本去影印。我在大病后休养的期中，自己校改了两三个错字，我取出我三十年前的手稿本来校勘，才发见排印本的几个错字在手稿本里都不错。所以我向赵先生提议：何不就用我的原稿本去影印呢？他很赞成我的建议，试验影印也很好，于是我的手稿影印本《淮南王书》就印出来了。

我是最不讲究写字的，所以至今还是个不会写字的人。五十多年前，我学过褚河南，学过颜鲁公，也学过苏东坡，总都学不像。在上海中国公学的时期，我有个同学姓汤，名昭，字保民，安徽怀宁人，他是理化班的学生，但他能作诗，能写很有风格的苏字。他有一天，对我说："适之，你样样事都聪明，只有写字一件事你真笨！"我自己也承认我真笨，所以无论谁家的字我总学不像。后来我出国留学了七年，当然没有学写字的机会了。民国六年，我到北京大学教中国哲学史，需要自己编讲义交给"讲义课"油印，——后来改由"出版部"铅印。同时我又得写文章寄给《新青年》杂志社付印。从民国六年到民国九年，三年之中，我用毛笔写了约莫一百万字的文字。用毛笔是因为北京大学印发的红格讲义稿纸的纸张太坏，我不能用钢笔写讲义，就养成了用毛笔写文字的习惯。后来我自己印的每叶二百字的稿纸也是中国纸，也不能用钢笔写，所以我在民国十八九年写的文稿也还是用毛笔写的。

那十几年写毛笔字的文稿，给了我最好的一种训练，就是：自己时时刻刻警告自己，写字不可潦草，不可苟且，写讲义必须个个字清楚，免得"讲义课"错认错钞；写杂志文章必须字字清楚，免得排字工人认不得，免得排错。所以我写稿子的戒律是要"手民先生"不排错。这一章《淮南王书》的手稿两万四千字，当然不是书家的字，只是实行我自己的戒律"不潦草，不苟且"，个个字清楚，排字工人不会排错的一个样子罢了。

现在我要说几句话，说明《淮南王书》在汉朝，在中古的中国，占一个什么地位。

司马谈（死在武帝元封元年，前110）把先秦思想分为六家：儒，墨，名，法，阴阳家，道家。他给"道家"下了一个定义：

> 道家使人精神专一，动合无形，赡足万物。其为术也，因阴阳之大顺，采儒墨之善，撮名法之要，与时迁移，应物变化，立俗施事，无所不宜。指约而易操，事少而功多。

一百多年后，刘向（死在哀帝建平元年，前6）、刘歆（死在王莽地皇四年，后23）的《七略》里说：

> 凡……诸子十家，其可观者九家而已。

这九家是：儒家，道家，阴阳家，法家，名家，墨家，纵横家，杂家，农家。《汉书·艺文志》保存着《七略》的九家的界说，我们单引"道家""杂家"的界说如下：

> 道家者流盖出于史官，历记成败，存亡，祸福，古今之道，然后知秉要执本，清虚以自守，卑弱以自持：此君人南面之术也。……及放者为之，则欲绝去礼学，兼弃仁义，曰，独任清虚，可以为治。

> 杂家者流盖出于议官：兼儒墨，合名法，知国体之有此，见王治之无不贯。此其所长也。……

《艺文志》依照刘家父子的分类，把《吕氏春秋》，《淮南·内》二十一篇，《淮南·外》三十三篇都归到"杂家"。

其实"道家"也就是一个大混合的思想集团，也就是一个"杂家"。司马谈说的"因阴阳之大顺，采儒墨之善，撮名法之要"的道家，《艺文志》说的"兼儒墨，合名法"的杂家，都是说那个统一帝国的时代的思想学说有互相调和，折衷，混合的趋势，造成了某些个混合调和的思想体系。在秦始皇统一之前，《吕氏春秋》就显然是一部先秦思想的大结集，大丛书，——"组织虽不严密，条理虽不很分明，然而我们不能不承认他代表一个有意综合的思想系统。"（这是我《读吕氏春秋》的一句引论。）凡是有意综合的思想系统，总有一个中心思想。我曾指出《吕氏春秋》的中心思想都在《本生》、《重己》、《贵生》、《情欲》几篇里发挥的一种很健全的个人主义,可以叫做"贵生重己主义"。

《淮南王书》的第二十一篇是一篇总序,在那总序里,我们可以窥见这部书确是一个有意综合的思想系统。这篇序说:

> 若刘氏之书,观天地之象,通古今之事,……弃其畛挈(渣滓),斟其淑静,以统天下,理万物,应变化,通殊类。非循一迹之路,守一隅之指,拘系牵连于物而不与世推移者也。

"弃其畛挈,斟其淑静"八个字最可以形容一个大混合折衷的思想系统。

附录甲

现在我要说几句话,说明《淮南王书》在汉朝,在中古的中国,占一个什么地位。

司马谈(死在武帝元封元年,前110)把先秦思想分为六家:儒,墨,名,法,阴阳家,道家。他给"道家"下了一个定义:

> 道家使人精神专一,动合无形,赡足万物。其为术也,因阴阳之大顺,采儒墨之善,撮名法之要,与时迁移,应物变化,立俗施事,无所不宜。指约而易操,事少而功多。

我在四十多年前就曾指出这"六家"的名称是不合历史事实的:先秦的思想史料里从来没有"名家"、"法家"、"阴阳家"、"道家"的名称。韩非死在秦始皇统一中国之前十二年(前233),他的《显学》篇开卷就说,"世之显学,儒墨也。"这是很明白的告诉我们,在韩非、秦始皇的时期,大家还只公认儒家与墨家是"世之显学"。

秦以前没有"道家"之名,"道家"只是战国末年以至秦汉之间新起来的"黄老之学"。《史记·魏其武安侯列传》写汉武帝初年政治斗争的思想背景,说:

> 窦太后好黄老之言,而魏其(窦婴),武安(田蚡),赵绾,王臧等务隆推儒术,贬道家言。

上文说"黄老之言",而下文说"道家言",可见那两个名词是同义而可以换用的了。

司马迁也知道所谓"黄帝、老子之言"是六国晚年齐国海上起来的一派思想。《史记·乐毅传》末尾有司马迁叙述的这一派"黄老之言"的历史：

> 乐氏之族有乐瑕公，乐巨公，赵且为秦所灭（前229—[前]228），亡之齐高密。乐巨公善修黄帝、老子之言，显闻于齐，称贤师。

> 太史公曰，……乐巨公学黄帝、老子，其本师号曰河上丈人，不知其所出。河上丈人教安期生，安期生教毛翕公，毛翕公教乐瑕公，乐瑕公教乐巨公，乐巨公教盖公。盖公教于齐高密、胶西，为曹相国（曹参）师。

河上丈人与安期生都是"仙者"。（《封禅书》称安期生是"仙者"，河上丈人即注《老子》的"河上公"，在传说里也是仙人。）大概毛翕公与乐瑕公、乐巨公才是"黄老之学"的初期大师，他们地域不出于高密、胶西一带，他们的时代不过是秦始皇到汉惠帝的四五十年而已（前230—[前]185）。在那个时期里，不甘寂寞的燕齐方士就跑出去替始皇帝候星气，求神仙了。亡国的遗民，如乐瑕、乐巨之流，就隐居在高密、胶西一带，编造古书，讲述黄帝、老子。这就是"黄老之言"的起原。

《老子》的五千字太简朴了，不够用来作一个大统一时代的大混合的思想系统的基础，所以有抬出黄帝来的必要。《汉书·艺文志》里"黄帝"名下的伪书总共有十二类，四百二十四卷之多！（详见《淮南王书》一六三——一六四页）汉朝的学人也明知道这些书是很晚出的伪书。司马迁就说过：

> 百家言黄帝，其文不雅驯，荐绅先生难言之。（《史记》一）

《艺文志》有《黄帝四经》四篇，《黄帝铭》六篇，《黄帝君臣》十篇，原注云："起六国时，与《老子》相似也。"又有《杂黄帝》五十八篇，原注云："六国时贤者所作。"又有《力牧》二十二篇，"六国时所作，托之力牧。力牧，黄帝相。"汉朝人说"六国时所作"，就是说近时人假托的了。

这一个东方海上新起来的"黄帝、老子之言"的学派又叫做"道家"。依司马谈的说法,"道家"是"因阴阳之大顺,采儒墨之善,撮名法之要,与时迁移,应物变化,立俗施事,无所不宜"。这分明是说,这个以"黄老之言"为中心的学派是一个很大的统一的,混合的思想系统。这个混合的大系统有个中心思想,就是司马谈说的"道家无为,又曰无不为",这就是《老子》说的"道常无为而无不为"。那许许多多的黄帝伪书都不过是像《汉书·艺文志》说的"起六国时,与《老子》相似也";都不过是晚近的人模仿《老子》造出来"黄帝之言"。

在那个大乱之后的几十年中,天下是统一了,帝国的基础还没有稳定:春天斩韩信,夏天醢彭越,皆"夷三族""具五刑"。(《汉书·刑法志》说,"令曰,当三族者,皆先黥,劓,斩左右趾,笞杀之,枭其首,菹其骨肉于市;其诽谤詈诅者,又先断舌:故谓之具五刑。彭越、韩信之属皆受此诛。")今年陈豨反,明年黥布反;黥布平定之后,创立汉帝国的刘邦(高祖)也就死了。

附录乙

我在《淮南王书》的第一章里曾说:"淮南之书是一个大混合折衷的思想集团。这就是司马谈《论六家要指》说的'道家'。"在第二章里,我开头就说:

> 道家集古代思想的大成,而《淮南王书》又集道家的大成。
> (十六页)

"道家"是什么?是什么时代才起来的?这些问题原来在《长编》的第四章讨论过;现在《淮南王书》一章单独印行,所以我要简单的加几句说明。

先秦的思想史料里从来没有"道家"、"名家"、"法家"、"阴阳家"的名称。(看胡适《中国古代哲学史》台北商务印书馆本二,四十三页;又三,七十八页;又台北版自记,三至五页。)试看韩非的《显学篇》说

> 世之显学,儒墨也。……孔墨之后,儒分为八,墨离为三,取舍相反不同,而皆自谓真孔墨。……

韩非死在秦始皇统一中国之前十二年(前233),他在战国最晚期还只承认当世的"显学"不过儒墨两大学派。

我在民国二十三年发表《说儒》长文(《胡适论学近著》一集,三——八一页;台北版《胡适文存》第四集,一——八二页),在那篇五万字的长文里,我曾详细研究"儒"的来历,我的结论是:

> 儒是殷民族的礼教的教士,他们〔在殷亡之后〕在很困难的政治状态之下,继续保存殷人的宗教典礼,继续穿戴着殷人的衣冠。他们是殷人的教士,在六七百年中渐渐变成了绝大多数人民的教师。他们的职业还是治丧,相礼,教学。……这才是那个广义的"儒"。……

"儒"字的本义是柔懦:《说文》,"儒,柔也;术士之称。"老子也是儒:他的职业正是为人治丧,相礼,教学;所以《礼记·曾子问篇》里,孔子说,"昔者吾从老聃助葬于巷党。"《老子》的教义特别注重"弱之胜强,柔之胜刚";"上善若水,水利万物而不争";"天下柔弱莫过于水,而攻坚强者莫之能胜";"夫唯不争,故天下莫能与之争";"江海所以能为百谷王者,以其善下之,故能为百谷王"。——这都是很极端的柔道的教义。如果"儒,柔也"的古训诂是有历史意义的,那么,老子的教义正代表"儒"的原始意义。

依我们的新看法,古传说里孔子问礼于老聃,孔子"从老聃助葬于巷党",丝毫没有可怪可疑之点。老子是一位为人治丧,相礼的儒;孔子和他的大弟子子张,子游,子夏,公西赤,也都是为人治丧相礼的儒。(《檀弓篇》记载孔子为卫国司徒敬子之丧相礼,此篇记孔门弟子治丧相礼的例子更多。)老子和孔子本是一家,原无可疑。后来老子和孔子的分家,也不足奇怪。

老子的思想——柔弱胜刚强的人生观,无为而无不为的宇宙观和政治观——乃是千百年的世故的结晶,其中含有绝大的宗教信心——"天网恢恢,疏而不失","常有司杀者杀:夫代司杀者杀,是谓代大匠斫",——这不是人人能够完全接受的。孔子从那种近于原始意义的"儒"出来,他的性情人格逼他渐渐的走上刚毅进取的方向,走上"修己以安人"的积极路线,要从"学而不厌,诲人不倦"的教学里造出一种能负荷人类担子——"仁以为己任"——的人格。

孔子和他的大弟子们并不是不赏识"以能问于不能,以多问于寡;有若无,实若虚;犯而不校"的柔道态度;也并不是不了解"无为而治"的政治哲学。但他们的新教义是:"士不可以不弘毅:任重而道远。仁以为己任,不亦重乎?('任'是挑的担子。)死而后已,不亦远乎?"是"修己以敬,修己以安人,修己以安百姓"。是"志士仁人,有杀身以成仁,无求生以害仁"。这就是新的"君子儒"的新精神,这就是老、孔分家的开始了。

但从老子、孔子到孟子、荀子、韩非,——在那二三百年里,我们还可以说老、孔没有分家,直到六国晚期还有人说"世之显学,儒、墨也"。因为在那个"儒分为八,墨离为三"的分化时期,左倾与右倾的儒家尽可以思想"取舍相反不同",还可以自称为"儒",正如同左倾与右倾的墨者尽可以"俱诵墨经而倍谲不同,相谓'别墨'",还可以自称为"墨者"。

（收入《淮南王书》,1962 年 9 月
台北商务印书馆影印出版）

《中古思想史长编》手稿本跋

　　胡先生的《中古思想史长编》手稿七章,是民国十九年写成的。这七章里第二章的一部分、第三章的一部分、第七章的一部分、和第五章的全部,都曾分别印行;其余除每章于写成时在中国公学用油印的本子请求朋友们批评外,一直没有发表过。

　　第五章("淮南王书")大约是在民国二十年由上海新月书店出版的;后归上海商务印书馆发行。民国五十一年台湾商务印书馆又用手稿影印行世。从第二章抽出的"读吕氏春秋"和从第三章抽出的"陆贾新语考",都于民国十九年印在《胡适文存》第三集里。从第七章抽出的"司马迁替商人辩护",则于民国二十四年印在《胡适论学近著》(后改为《胡适文存》第四集)里。

　　现在这个《中古思想史长编》,乃是完全照十九年的七章手稿原本影印的。先生在去世前,曾为台湾商务印书馆影印的手稿本《淮南王书》写一序文。这篇序文,虽不算是完稿,但实在可以当作《中古思想史长编》的序文看。现在亦附印出来,以备读者的参考。

　　这七章思想史长编的写成,到现在已满四十年了。在过去四十年里面,中外学者多有研究中国中古思想史的。但我可以说,得读胡先生这个遗稿的人,定必会有以前初读先生中国上古哲学史时的感觉。凡以"史"为名的文章,体裁上都应当是客观的。但文章是人写的,是写的人用他的心思去选择材料而作论断的。所以我们可以从文章里看出写作人的心情和性格。"贤者识其大者;不贤者识其小者。"从这七章中古思想史长编,我们固然可以看见从战国中期到西汉中期中国哲人思想的流变,但亦可以得到很可喜悦的诠释使我们增加对于胡先生的认识。

胡先生生平以思想史为他做学问的主题。民国三十五年他从美国回到北平时,所携带的书籍大部分是关于哲学史和思想史的。他打算以二十年的工夫专心完成他的中国思想史。谁料这个读书著书的志愿,竟不能达到!但一直到他去世的时候,胡先生对于先民有意义的思想,一丝一毫都不肯轻易放过。他无论在什么书上看到有关人类自由、平等或破除迷信、反抗武断的话,都必用密圈密点记出。我每翻阅先生所读过的书,就会想起先生生平的志愿。

这部《中古思想史长编》出版后,胡先生生平著述的稿子可以说都已印出行世了。在过去几年里,我们一班喜欢胡先生文章的人,对于整理胡先生遗著十集手稿的胡颂平先生和王志维先生夫妇以及筹措遗著印刷费用的李斡先生、沈怡先生、沈宗瀚先生、吴大猷先生,都有很诚挚的感佩;现在则于感佩外,更有看到好事完成的欣慰。商务印书馆的允许《淮南王书》的重印和美亚印刷厂的致意求精、不惮劳费,都是值得感谢的。

1970 年 11 月 1 日　毛子水　谨跋

中国中古思想小史

中国中古思想小史

第一讲　中古时代

一、中古时代。暂定从秦始皇到宋真宗,约计一千二百年(纪元前220—纪元1020),为中国的中古时代。

二、中古时代的特别色彩。(一)统一国家的造成。(二)新民族的侵入与同化。(三)宗教化的普遍。

三、中古思想的两大分段:

第一段,古代思想的混合与演变(纪元前200—纪元300)。

第二段,印度宗教与思想的侵入与演变(纪元300—1000)。

四、中古思想的特别色彩:

(一)思想的宗教化。

(甲)黄老之学　(乙)汉及以后的儒教　(丙)道教　(丁)佛教

(二)人生观的印度化。　由贵生重己变到佛教徒的焚臂遗身;由忠孝变到"出家""出世";由朴实的"皆务为治"变到冥想静观。

(三)中国思想与印度思想的暗斗

1. 印度思想的胜利。

2. 中国思想的反抗。

3. 中国思想从中古佛教下逐渐抬起头来,但带着极大的伤痕。

五、中古思想的重要。文化史是一串不断的演变。古代文化都先经过这一千多年的"中古化",然后传到近世。不懂得"中古化"的历程与方向,我们决不能了解近世七八百年的中国文化,也决不能了解汉以前的文化。宋明的理学固然不是孔孟的思想,清朝的经学也不能完全脱离中古思想的气味。汉学家无论回到东汉,或回到西汉,都只是在中古世界里兜圈子。所以我们必须研究中古思想,方才可望了解古代思想的本来面目,又可望了解近世思想的重要来历。

参考书分见以下各讲。学者应先读:

《汉书·郊祀志》及《五行志》。

《魏书·释老志》。

中古思想史料,除以下各讲所举各书外,有几部绝大的史料丛书,学者当向图书馆中随时翻看,知道这些史料在什么地方,有些什么东西:

1. 严可均辑的《全上古三代两汉三国六朝文》
2. 《全唐文》
3. 《大藏经》(频伽精舍本,日本缩刷本,日本大正新修本)
4. 《续藏经》(日本本,商务印书馆影印本)
5. 《道藏》(影印本)

第二讲 齐学

一、齐学包括阴阳家,神仙家,道家(黄老)。因为这些都是起于齐国,故总名"齐学"。

二、齐学的正统:邹衍的五德终始说,用阴阳消息和五行相胜作根据的一种历史哲学。

看《史记》七四,《吕氏春秋·应同篇》。

参看《月令》(《礼记》本,或《吕氏春秋》本,或《淮南子·时则训》本)。

三、邹衍之后,阴阳五行之学成为伟大的阴阳家。

看《汉书·艺文志》,"阴阳家"及"兵家阴阳","五行","天文","医经","房中"等家。

看《史记》百三十司马谈《论六家要指》。

四、神仙家("为方仙道,形解销化,依于鬼神之事")也是齐学。

看《史记·封禅书》、《秦始皇本纪》。又《汉书·艺文志》神仙家。

五、战国晚期,以至汉初,"黄帝"成为最时髦的人物,出了无数的书都托名为黄帝所作。一切阴阳,五行,神仙,术数,都挂着黄帝的招牌；又采取古代思想的一部分，把老子拉来配合黄帝，遂有"黄老家言"之称。又称为"道家"。秦以前无"道家"之名，道家即是战国晚年新起来的黄老之学的别名。这个大混合的学派的活动中心是在齐国的高密、胶西一带，是道地的齐学。

看《汉书·艺文志》各家假托黄帝的书，凡十二门，四百五十二篇。加上黄帝臣子的书，凡五百三十九篇。

看《史记》（八十）《乐毅传》末及论，可知黄老学初期大师的世系。

六、秦始皇初年，齐学的势力已传播的很远了，吕不韦的《吕氏春秋》把阴阳家的《月令》全采了进去，又全采了五德终始说（《应同篇》）。后来秦始皇统一天下，遂用五德终始说，定秦为水德。始皇东游，又把齐民族的宗教迷信全接受了。燕齐方士争着献"方"，在这新皇帝雇用之下望星气，求神仙。

看《秦始皇本纪》、《封禅书》。

七、楚汉的战争之后，汉帝国成立。战功最高的大将军曹参做了齐国相，把胶西盖公请出来指导他治国。盖公教他清静无为。齐国经过几十年大乱之后，在无为的政治之下人民得着休息回复的机会，故"齐国大治"。曹参后继萧何为帝国的相国，也是无为而治。在那残忍的吕后时代，他"日夜饮醇酒，不事事"。陈平继任为丞相，也是"日饮醇酒，戏妇女"。文帝和他的皇后窦氏也都信仰黄老，实行清静无为的政治。窦后教他的儿子（景帝）和窦家的人"不得不读黄帝、老子，尊其术"。

看《史记·曹参陈平世家》（五四，五六）；《窦后世家》（四九）；又《辕固生传》（百二一）；又《窦婴田蚡传》（一〇七）；又《平准书》（三十）。

第三讲 统一帝国之下的宗教

一、讲思想史必不可离开宗教史，因为古来的哲学思想大都是和各时代的宗教信仰有密切关系的。这个关系在中古时代更明显，更密切。所以我们要时刻留心中古宗教。

二、秦汉统一以前，各民族有民族的宗教。《楚辞·九歌》代表南方民族的宗教。秦的四畤和陈宝祠代表西方民族的宗教。齐的八神将,以及燕齐方士的方仙道,代表东部海上民族的宗教。

看《汉书·郊祀志》前一部分。

三、秦始皇统一帝国之下,各地方的民族宗教都成为帝国祠祀的一部分。

《郊祀志》:"秦并天下,令祠官所常奉天地名山大川鬼神可得而序也。"以下说的最详。

四、汉高祖入关,便恢复了秦帝国的宗教祠祭,他说:"吾甚重祠而敬祭。"天下平定之后,秦帝国宗教继续存在,包括梁巫,晋巫,秦巫,荆巫,河巫,南山巫等等民族祠祀。

看《郊祀志》"后四岁,天下已定"以下。

五、到了汉武帝(纪元前 140—[前]87),这个帝国宗教的范围更扩大了。一切民间迷信,一切方士争奇斗胜的方术,都受他的崇信敬礼。他抱着无限的信心,希冀"黄金可成,河决可塞,不死之药可得,仙人可致。"他受齐学的影响最大,当他东巡海上时,"齐人之上疏言神怪奇方者以万数";他所尊显的方士,如李少君,少翁,公孙卿,栾大,都是齐人。武帝的母家出身微贱,他自己正是民间迷信的产儿,而四方的宗教迷信得了他的提倡,都成了帝国祠祀的一部分。武帝在位五十多年,遂造成了一个幼稚迷信的宫廷和幼稚迷信的社会。

看《郊祀志》记武帝一朝的祠祀,这多是司马谈、司马迁父子亲见亲闻的事实,是最有价值的史料。又看《汉书·武帝纪》。

六、汉武帝晚年的巫蛊事件,最可以表现这个迷忌空气之下的黑暗与恐怖。巫蛊的大狱断送了两个丞相,两个皇后,一个太子,两个公主,两个皇孙,族灭了许多人家,京师流血,僵尸数万!我们细读这案子,可以知道中国这时候真已深入中古时代了。

陈皇后巫蛊案(前 130),看《汉书》九七。

丞相公孙贺父子案(前 91),看《汉书》六六。

江充陷害太子据案(前 91),看《汉书》四五,《江充传》;六三,《戾太子传》;六六,《刘屈氂传》;九七,《卫皇后传》。

第四讲 道家

一、战国晚期以后,思想多倾向于混合。法家是一个大混合,阴阳家也是一个大混合,道家是一个更伟大的混合,汉朝的儒家也是一个伟大的混合。——这些学派,其实都可叫做"杂家"。《汉书·艺文志》说:

> 杂家者流,……兼儒墨,合名法,知国体之有此,见王治之无不贯。此其所长也。

我们试用这个界说来比较司马谈论六家要旨的"道家"界说:

> 道家……因阴阳之大顺,采儒墨之善,撮名法之要,与时迁移,应物变化,立俗施事,无所不宜。

就可以明白道家正是一种杂家。这种统一混合的趋势是统一帝国之下的自然现象。

试看《月令》一书本是阴阳家的话,但《吕氏春秋》收他,《淮南子》也收他,《礼记》也收他,《逸周书》也收他。又如阴阳五行之说,本是阴阳家言,但《吕氏春秋》采他,《淮南子》也采他,董仲舒的《春秋繁露》也采他,汉朝的儒生无人不采他。

比较《吕氏春秋》的《有始篇》《召类篇》《应同篇》;《淮南子》的《览冥训》;《春秋繁露》的《同类相动篇》。

二、同是杂家,但因为中心的立场不同,故仍有学派的分别。道家虽杂采各家的思想,但他的中心思想是:

(一) 自然变化的宇宙观,

(二) 善生保真的人生观,

(三) 放任无为的政治观。

用这几个思想做中心,而杂采儒墨名法阴阳神仙诸家的思想来组成的思想集团,叫做"道家"。

读司马谈论六家(《史记》百三十)。

三、从秦始皇到汉武帝,这一百多年的道家学者可考见的,有这些人:

毛翕公 乐瑕公 乐巨公(《史记·乐毅传》) 田叔(《汉书》

三七）　盖公（《汉书》三九）　曹参（《汉书》三九）　王生（见《汉书》五十《张释之传》）　邓章（见《汉书》四九《晁错传》）　黄生（司马谈之师）　司马谈（《史记》百三十）　曹羽（有书二篇，《艺文志》云，武帝时人）　郎中婴齐（有书十二篇，《艺文志》云，武帝时人）　邻氏，傅氏，徐氏（皆注《老子》，见《艺文志》，时代不明）　汲黯（前112死，《史记》百二十）　郑当时（约前100死，《史记》百二十）　杨王孙（《汉书》六七）

四、淮南王刘安（死在前122）和他的宾客合做的《淮南王书》，《艺文志》列在杂家，但这书实在是西汉的道家思想的绝大代表作品。要研究道家，当用此书做主要材料。

刘文典《淮南鸿烈集解》（商务铅印本）最适用。《四部丛刊》内有影宋本《淮南子》；浙江图书馆刻的《二十二子》内有翻刻庄逵吉校刻本。

五、道家承认"万物各异理"，于是假定一个"尽稽万物之理"的"道"（《韩非子·解老篇》，此篇不是韩非所作，大概是一个道家学者之作）。但他们多数的道家学者都把这个假设认作无疑的真理了，于是他们从不讨论"道"是否实有，却只想像那"道"的种种特性，把世间一切最高最好的形容词都拿来形容这个"道"。依他们的说法，道是万物所以成的原因；是无往而不在的，是纤微至于无形，柔弱至于无为，而无不为，无不成的。世间的事物切有能比"道"的，只有那无穷的"无"（虚空）可以勉强比他；其次是"光"，其次是"水"。

看《淮南·原道训》、《俶真训》。

六、"道"的观念，比古代的天帝主宰的见解，自然是绝大的进步。这个观念的重大意义在于把宇宙万物的发生和演变都看作自然的，自己如此的，用不着主宰，用不着安排。

看《淮南·天文训》首节，及《俶真训》首节。

七、这种宇宙论的最大贡献在于把万物的生成看作自己如此的历程。但因为道家太侧重那"自无蹟有"的次序，遂有"无形贵于有形"的主张；又因为他们爱用水来譬喻道，遂又有"柔弱胜刚强""无为胜有为"的主张。

看《淮南·原道训》。

八、在政治方面,道家主张"无为",主张"不为物先",主张"不以人易天"。天是自然,人是人功。他们反对"用己而背自然",但也不要顽固守旧;只要"循理而举事,因资而立功";不为物先,也不为物后;不革命,却也不反革命!一切"推自然之势"的,都可以叫做"无为"。所以鸟兽"以所知求合于其所利"仍可说是无为。甚至于"民迫其难则求其便,困其患则造其备",也可说是"无为"。总之,凡顺着自然之势的,虽是有为,仍可说是无为。

《淮南·原道训》论无为最详,但太偏于消极。《泛论训》及《修务训》便是很积极的有为论,很显出荀卿、韩非的影响。此三篇当参看。

九、《淮南》的《要略》篇说:

  欲一言而寤,则尊天而保真。
  欲再言而通,则贱物而贵身。
  欲三言而究,则外物而返情。

这三句话可以总括道家的人生观。把自己看的最重,所以说"天下之要不在于彼而在于我,不在于人而在于我身";所以说"举世而誉之不加劝,举世而非之不加沮"。这是那种人生观里自由独立的精神。但道家的"贱物而贵身",把"身"字看的太窄,不是贵那身的全体,只是贵那"精神"的部分。他们要"亡肝胆,遗耳目","忘其五藏,损其形骸;形若槁木,心若死灰",他们要"存而若亡,生而若死;出入无间,役使鬼神"。这便完全是出世的人生观了。神仙是他们的理想境界。名为"贵身",其实是"贱身"。

看《原道训》《精神训》《俶真训》。

十、道家吸收了阴阳家的思想,用"阴阳气类相感"的理论来解释古宗教里的天人感应说。如《天文训》用"物类相动,本标相应"的理论来说"人主之情上通于天,故诛暴则多飘风,法苛则多虫螟,杀不辜则国赤地"。如《泰族训》说"精诚感于内,形气动于天。……天之与人有以相通也"。这是古代的天人感应宗教的新解释,也是中古宗教的一个基本理论。

看《览冥训》《天文训》《泰族训》。

第五讲 儒教

一、汉高祖对陆贾说:"乃公居马上而得天下,安事诗书?"陆贾对他说:"居马上得之,宁可以马上治之乎?"——书生的用处正在此。汉初盖公教曹参治齐国,建立了道家思想的信用;陆贾与叔孙通在高帝惠帝时的成绩,也建立了儒家的信用。叔孙通定朝仪,制定宗庙仪法,当时人称他为"圣人",后世史家称他为"汉家儒宗"。

看陆贾《新语》。又《汉书》四三。(或《史记》九七,九九)

二、汉初之七十年(前200—[前]135)是道家思想比较占优势的时代。无为的政治最适宜于那个时代;当大权的人既不配有为,还是无为最好,让人民休养生息。但儒家的学者往往看不惯这种消极的政治。贾谊(死在前168)的《治安策》便是明白攻击当时的"无动""无为"的政策。同时的晁错(死在前154)也想积极有为一番。但他们都失败了。贾谊死在迁谪,晁错斩于东市。武帝初年赵绾、王臧也想做一番积极的改革,被窦太后反对,都自杀在狱里。

看《汉书》四八及四九。又《胡适文存》三集卷七,页八七九——八八三。

三、窦太后死后,武帝亲政,招集贤良文学之士。公孙弘(齐人)是汉朝第一个儒生丞相。董仲舒(死约在前104)虽不得势位,但他的思想影响了汉朝的制度,比谁都更伟大。儒学成为帝国的儒教,是汉武帝、董仲舒、公孙弘三人的成绩。在制度方面,如立五经博士,为国立太学的基础;如用经学选官,能通一经以上的补官,是科举制度的起原;如罢绌百家言,专崇儒学,是统一思想学术的实行。这些都是在这个时期里开始实行的。

看《史记》《汉书》的《儒林传》。(有些不易句读之处,须参看两书)

四、这个时期是方士最得意的时代,儒生都不免受了方士的大影响。武帝封禅祠祀,都用儒生博士定礼仪,襄祭事。武帝建立的帝国宗教实在是儒生与方士合作的结果。试举郊祭上帝一事为例。汉承秦制,郊见五个上帝。方士谬忌等提议五帝之上还有个太一,被武帝采用了。又有人提议作"明堂";《孝经》本有"宗祀文王于明堂以配上帝"之说,所以儒生也赞成此事。方士公玉带奏上明堂图样,武帝也采用了。元封五年(前106),武帝亲祠太一、五帝于明堂,用汉高祖作配。史臣大书道:"祠高祖于明堂,以配上帝。"这样实行《孝经》的儒教,其实是方士与儒生合作之功。

看《汉书·郊祀志》。看《春秋繁露》的《郊语》以下七篇,可知当日董仲舒等儒生确也极力主张郊天,所以能与方士合作。

五、儒教的大师董仲舒便是富于宗教心的方士,他的思想很像一个墨教信徒,尊信上帝,主张兼爱非攻。他深信天人感应的道理,他说:

> 人之所为,其美恶之极,皆与天地流通而往来相应。

这是天人感应的儒教的根本教义。他在这个根本教义上建立起他的阴阳灾异学:"国家将有失道之败,天乃先出灾害以谴告之。不知自省,又出怪异以警惧之。尚不知变,而伤败乃至。"他自己是个自信能求雨止雨的方士,著有求雨止雨的书(看《繁露》七四,七五)。他用阴阳五行的理论来推求灾难之故。他又是个治《公羊春秋》的学者,所以又用历史比例法(analogy)来推论灾异。他的方法是:"天下有物视《春秋》所举与同比者,精微眇以存其意,通伦类以贯其理。"这个方法分三步:

第一步,先求《春秋》某件灾异之天意。(A 由于 B)

第二步,次求现今某件灾异与《春秋》某件灾异为"同比"。(a 比 A)

第三步,然后比例推求现今此件灾异之天意。(A 由于 B,而 a 比 A,故 a 由于 b)

例如武帝建元六年(前135)辽东高庙灾(a)。董仲舒说此事,先寻出《春秋》哀公三年(491B.C)的桓宫,厘宫灾(A)可与"同比";并先解释桓厘宫灾的天意是要鲁侯"燔贵而去不义"(A 由于 B);然后推定辽东高庙灾的天意是要汉武帝"视亲戚贵属在诸侯远正最甚者,忍而诛之"(a 由于 b)。董仲舒借此暗示武帝应该划除淮南王。他因此下狱,定了死罪,武帝特赦了他。这个方法,虽是荒谬可笑,但在当日却震动一世,成为正统的灾异学方法。一部《五行志》记的汉朝经学大师推论灾异,全用这个方法。二千年来的儒生论灾异,也都用此方法。

看董仲舒的《对策》(《汉书》五六),又《高庙灾议》(《汉书·五行志》上)。《汉书·五行志》不可不读,这是西汉儒教的绝妙写真。

六、董仲舒的阴阳五行之学,本是阴阳家的思想,自从他"始推阴阳,为儒者宗",便成了儒教的正统思想了。他用《尚书》里的一篇《洪范》作底子,把五行分配《洪范》的"五事"(貌木,言金,视火,听水,心土),每一事的失德各有灾异感应。这个架子后来在夏侯始昌和夏侯胜的手里便成为《洪范五行传》。夏侯胜之学在汉朝成为显学,一传而有夏侯建、周堪、孔霸,再传而有许商、孔光等。许商与刘向各有《洪范五行传记》。这是灾异的"尚书学",和上节说的灾异的"春秋学"相辅,合组成一个绝大规模的阴阳五行的儒教系统,笼罩了两千年的儒教思想。

看《汉书·五行志》及《儒林传》。此外应看《汉书》卷七五,七八,八一,八四,八五。

七、汉朝的儒教固然是迷信的,浅陋的,幼稚的。但这背后似乎含有深长的意义。汉帝国的创业者从民间来,知识不高,而专制的淫威却不减于秦始皇、二世。夷三族、具五刑,不但行于高帝吕后之时,并且见于宽仁的文帝时代。儒家学者对于这独裁政体,竟没有抵抗的办法,只有抬有一个天来压住皇帝,希望在那迷信的帝国宗教底下得着一点点制裁皇帝的神权。董仲舒屡说"以人随君,以君随天";"屈民而伸君,屈君而伸天":这正是墨教"上同于天"的意旨,后世儒者都依此说。其实孔孟都无"屈民伸君"之说,汉家建立的儒教乃是墨教的化身。

比较《墨子·尚同篇》及董仲舒的《对策》;《春秋繁露·玉杯》、《阴阳义》、《如天之为》、《天地之行》等篇。

八、关于汉朝儒教的经典,近代学者创为"今文"与"古文"之说,其说起于廖平的《今古学考》(1886)。康有为的《新学伪经考》(1891)与崔适的《史记探源》(1910)更发挥此说,更走极端。诸家所说,并不一致,但总其大意,他们认"今文"的经典先出,"古文"的经典晚出。先出的今文经传是《穀梁春秋》、《公羊春秋》、《仪礼》,齐鲁韩三家《诗》,今文《尚书》。晚出的古文经传是《左氏春秋》、《周礼》、《毛诗》,古文《尚书》(此仅举其大意)。廖平原来不过说:"今经皆孔子所作,古经多学古者润色史册;今学出于春秋时,古学成于战国时,今学西汉皆立博士,古学西汉多行于民间。"到了康有为、崔适,就说古文经传都是王莽时代刘歆伪造的了。

看所举廖、康、崔的三种书。反对此说的书甚多,看钱穆的《刘向刘歆父子年谱》(《燕京学报》第七期)。

九、平心看来,汉朝所出的经传,只有先出后出的次第,其中也有内容优劣的不同,但并没有两个对立的"今文学"和"古文学"的学派。王国维说,战国时,秦用籀文,六国用古文;秦并天下以后,用小篆和隶书统一文字,于是古文籀文并废。此说似甚可信。东方诸国之书都是用古文写的,中间经过焚书禁书之举(前213),又经过长期兵祸,汉初的君臣又都不提倡读古书,挟书之禁虽已解除(前191),求书的人还很少。《史记》说:"孝文帝时求能治《尚书》者,天下无有。"这可见当日读古书者之少。初出的经传都用"今文"重写,有经师教授,次第列在学官。但还有一些用"古文"书写的古书也陆续出现。其时去古稍远,非有特别的古文训练的人,已不能读这些古文书了。司马迁《自序》说他"年十岁则诵古文",所以能参考古文记载,著作《史记》。《史记》采用了许多《春秋左传》的材料,是无可疑的;《史记》又提到《周官》,《封禅书》中有引"周官曰"的话。《史记·儒林传》记孔安国家有古文《尚书》,安国"以今文读之,因以起其家。逸书得十余篇"。这三部书,——《左传》、《周官》,古文《尚书》,——都是后来所谓"古文经",在司马迁时都已出现,但因为他们晚出,虽然受史家的采用,却不曾得当时儒生的看重。当时儒生正走上了阴阳灾异的儒教的一路,他们要的是奇怪的微言大义,用不着那些记载事实掌故的史书。迷信的儒生竟说:"《尚书》二十九篇者,法北斗七宿也。四七二十八篇,其一曰斗矣!"(见《论衡·正说篇》)二十九篇既法天象,自然不许十六篇古文《尚书》加入了。但后出的这些书,经过学者的整理,如《左传》经过翟方进、尹咸、刘歆等人的整理,如《周官》经过王莽的"发得",也许经过王莽的修改增补,——他们的价值就很明显了。到了西汉晚年,刘歆就主张把这些经传——《左氏春秋》、《毛诗》、《逸礼》,古文《尚书》,——都列于学官。"列于学官"就是在国立大学里添设这几科的讲座。当时的博士儒生大反对此事,刘歆失败了。后来王莽虽把这些书列在学官,并添上了《周官》,但王莽败死后,这些经传仍被废黜,古文《尚书》竟完全散失了。但《左传》《周官》《毛诗》,因为他们本身内容的价值,到了三国以后,终被列入学官,渐渐替代了今文经传的地位。

看王国维的《观堂集林》卷七的《战国时秦用籀文六国用古文说》、《史记所谓古文说》、《汉时古文本诸经传者》;又卷五的《史籀篇疏证序》;又卷四的《汉魏博士考》。看《汉书》三六《刘歆传》。又看陆侃如译的 Karlgren《左传真伪考》。

十、从董仲舒到王莽,百余年之间,儒教经历了不少的变化,如

(一)经典的增多,

(二)学派的新起(比较《史记》、《汉书》的《儒林传》),

(三)学术的发达(看《汉书·儒林传》及《王莽传》)。

但最大的变化是政治上的大变动。刘氏后代不振作,政权移归王氏,而王莽最得人民和学者的信仰。王莽要做皇帝,于是奉承他的人都不谈灾异了,大家抢着制造祥瑞符命,于是灾异的儒教遂变成了符谶的儒教。符谶把王莽捧上帝位(适按,武功井中白石丹书:"告安汉公莽为皇帝。"临淄新井,天公使告亭长曰:"摄皇帝当为真"。哀章作为高庙铜匮,高帝玺书:"王莽为真天子"),也把刘秀(光武帝)从民间送上帝座。这时代的迷信黑暗也不下于汉武帝时代。①

看《玉函山房辑佚书》中的《纬书》一门。

---

① 书眉上有胡适批注三条:
武功井中白石丹书:"告安汉公莽为皇帝。"
临淄新井,天公使告亭长曰:"摄皇帝当为真。"
哀章作高庙铜匮,高帝玺书:"王莽为真天子。"

看《汉书·王莽传》，《郊祀志》最后一部分。

看《后汉书·尹敏传》《张衡传》《桓谭传》。

十一、然而在那黑暗的迷雾里，我们仍可以看出一个有力的社会改革运动。晁错、董仲舒以至王莽，这班儒生都抱着改革社会的大志愿。董仲舒主张限制私有田产，又反对奴婢制度。哀帝时，儒生师丹辅政，实行限制私有田产和奴婢，都被贵族大臣反对掉了。王莽建国之后，实行土地国有，禁止私人买卖田地奴婢；又行"六筦"之命，把一切重要的生产事业都归国家管理；又设立种种调均人民经济的机关，平物价，办国家赊贷机关。他的经济政策很含有国家社会主义的意义，其目的在于"均众庶，抑并兼"。他是董仲舒的嫡派，他是汉朝儒教运动的精神的伟大代表。

看《汉书·食货志》《王莽传》。

看《胡适文存》二集卷一《王莽》，又三集卷七《再论王莽》。

廿、五、十六夜

第六讲　王充

一、王充字仲任，会稽上虞人，生于光武帝建武三年（纪元27），死时当和帝永元中（约100）。《后汉书》有传，他的《论衡》的末篇是他的自叙传。他的书现在只存《论衡》一部，凡八十四篇。

《论衡》的最好本子是黄晖的《论衡校释》四册，民国二十七年一月商务版。

二、从董仲舒以下，百余年中，阴阳灾异的儒教造成了一种黑暗的恐怖迷信的空气。但同时也有逐渐积聚起来的科学知识，在那太平的时期中继续发达。其中最有成绩的是医药与天文。这两种学问都是实证的知识，都得注重证验。东汉初年，旧历法已不能适用，于是有"四分历"起来，经过二千多年的讨论与实验，始得正式采用（62至85年）。四分历所以能占胜利，全靠实地测候的效验。谁的效验多，政府就承认谁的法子好。王充生在那个争论历法的年代，似乎很受了这种实证方法的影响。所以他每立一说，必须问"何以验之？""何以效之？"

看《后汉书·律历志》。

三、王充著书的动机只是"疾虚妄"三个字。《论衡》只是"论之平也",只是今人所谓"评论"。他自己说:"《论衡》之造也,起众书并失实,虚妄之言胜真美也。""《论衡》者,所以诠轻重之言,立真伪之平。"《论衡》代表一种批评的精神,对于当时的宗教迷信和世俗流传的书籍,都要"订其真伪,辨其实虚"。

看《论衡》的《佚文》、《自纪》、《对作》等篇。

四、《论衡》现存八十四篇,几乎每篇都是批评的文章。他的批评可分四类:(一)批评当时的书籍(如《书虚》、《道虚》、《语增》、《儒增》、《艺增》等篇)。(二)批评古人的思想(如《问孔》、《非韩》、《刺孟》)。(三)批评当时儒教的天人感应论(如《谴告》、《变动》、《寒湿》、《变虚》、《异虚》、《感应》、《福虚》、《祸虚》等篇)。(四)批评当时的种种宗教迷信(如《论死》、《订鬼》、《卜筮》、《诇时》、《讥日》等篇)。

看上述诸篇。

五、王充说他自己的方法是"考之以心,效之以事。浮虚之事,辄立证验"(《对作篇》)。如说有鬼,他便指出人见鬼何以都穿衣服,何以不是裸裎之形?人死有鬼,难道衣服也有鬼吗?(《论死篇》)这种无鬼论,二千年来没有人能驳他。又如《雷虚篇》说"雷之为火有五验,言雷为天怒无一效"。都可见他的批评方法处处注重证据。

看《论死》、《雷虚》等篇。

六、天人感应的儒教的根本错误是把人看的太重要了,以为人的行为可以感动天地,可以招致灾异,所以说"政失于此则变见于彼"。王充指出人是极微细的,宇宙是无穷广大的,人在这绝大的宇宙之中,决不可妄想感动天地。"人在天地之间,犹蚤虱之在衣裳之内,蝼蚁之在穴隙之中。蚤虱蝼蚁为逆顺横从,能令衣裳穴隙之间气变动乎?……天至高大,人至卑小。……以七尺之细形,感皇天之大气,其无分铢之验,必也。"(《变动篇》)这是他攻击儒教的灾异感应论的根本论点。当时天文学进步了,所以王充能说:"四十二月,日一食。五六月,月亦一食(当时天文家测得五个月又二十三分之二十为一个月食之限)。食有常数,不在政治。百变千灾,皆同一状,未必人君政教所致"(《治期篇》)。这完全是科学的态度。

看《变动》、《治期》、《寒温》、《说日》、《明雩》等篇。

七、王充的思想的建设的方面在于提倡道家的自然的宇宙观,来替代儒教的天人感应论。他说:"夫天道自然也,无为。如谴告人,是有为,非自然也。"(《谴告篇》)古代民间宗教都承认天是有知觉意志的,墨教与西汉的儒教都只是代表这古来的宗教信仰。王充不但恢复道家的自然主义,并且把古代的自然主义详细说明,建立一种唯物的、自然的宇宙论。儒者说"天地故生人","故"即是有意。王充用一个"偶"字来代"故"字,他说:"天地合气,人偶自生也。……人生于天地之间也,犹鱼之于渊,虮虱之于人也。因气而生,种类相产。万物生天地之间,皆一实也。"(《物势篇》)这是用"偶然论"来代替宗教家的"目的论"。从老子以来,自然主义的宇宙论到王充才得着最明白的叙述。

看《物势》、《自然》两篇,这是全书最精彩的部分。参看《幸偶》、《气寿》、《命义》、《逢遇》等篇。

第七讲　中古第一期的终局

一、王充以来,中古思想起了两种变局:第一是批评精神的发达,第二是道家思想的风行。

二、批评的精神在东汉最发达,在种种方面都有表现。在学术的方面,如张衡(78—139)的攻击谶纬,如郑玄(127—200)、何休(129—182)的争论《公羊》《左氏》,以至后来王弼(死约245)的《周易注》的扫空一切旧说,都是这批评精神的表现。

看《后汉书》(八九)《张衡传》;又(六五)《郑玄传》。

看王弼《周易注》(《十三经注疏》本)。何休、郑玄争论的文字已不传了,黄奭辑的《通德堂经解》中有郑玄的《箴左氏膏肓》、《释穀梁废疾》、《发公羊墨守》。

三、在政治方面,批评精神表现在许多评论政治的书里,如王符(死约170)的《潜夫论》,如崔寔(死约170)的《政论》,如仲长统(死

220)的《昌言》,都代表这种精神。太学诸生的危言激论,更是这种政治批评的实例。

看《后汉书》(八二)《崔寔传》;又(七九)《王符仲长统传》。《潜夫论》有汪继培注本。《政论》有严可均辑本(《全后汉文》四六)。《昌言》也有严可均辑本(《全后汉文》八七——八九)。

看《后汉书》(九七)《党锢列传》;又(九六)《陈蕃传》;又(九九)《窦武传》。

四、最奇特的是这种批评精神在那时代造成"人伦"的风气。"人伦"即是品评人物的高下,分为等级伦类,故叫做"人伦"。《后汉书》、《三国志》中常说某人"善人伦",就是说他善于品评人物。最有名的"人伦"大家是郭泰(128—169)和许劭(死194)。当时没有报纸,这种品评就是当时的舆论。这种品评往往做成一种有韵的七言口号,既容易记诵,又容易宣传。例如:

天下模楷李元礼。(楷礼为韵)

不畏强御陈仲举。(御举为韵)

天下俊秀王叔茂。(秀茂为韵)

五经无双许叔重。(双重为韵)

党锢之祸就是批评政治与批评人物两项合并,成为一种伟大的政论运动,用清议来拥护几个负人望的政治领袖。结果就是二十年的党锢大祸(166—184),把全国的清流名士都一网打尽。

看《后汉书》(九八)《郭太符融许劭传》;又《党锢传》。

五、东汉时,道家思想渐渐得士大夫的信仰。恰巧那时佛教已进来了,渐渐行于民间,那时已有人用黄老之说来解释佛教,使人容易了解领受。试看《楚王英传》中两次连举黄老与浮屠;《桓帝纪》论中说史前称桓帝祠浮图、老子;《襄楷传》中说"宫中立黄老浮屠之祠"。襄楷上书在桓帝延熹九年(166),他已说:"或言老子入夷狄为浮屠。"这都可见当时因佛教的推行,道家思想也渐渐行到民间去了。一世纪的楚王英,二世纪的桓帝都把佛与黄老看作同类的物事,大概都是受民间信仰的影响。顺帝时琅邪人宫崇自称师事仙人于吉,作《神书》,即是后来道教的《太平经》。这是太平道教的起源。同时有张陵,创为五斗米道教。太平道里出了张角兄弟,闹出黄巾的大乱(184)。五斗米道传到张修、张鲁,张鲁占领汉中近三十年,其道传播甚远。道教起于民间迷信,但他们硬把《老子》五千言认作他们的经典。

看《后汉书》(七二)《楚王英传》;又(六十)《襄楷传》;又(一〇一)《皇甫嵩传》。

又《三国志》(八)《张鲁传》及注引《典略》记太平道及五斗米道。

六、从民间直到皇宫,都有崇奉黄老的风气了。智识阶级也逃不了这空气的传染。汉魏晋三朝禅代之际,有骨气的人做事也不易,说话也不易,于是多逃到谈玄说妙的一路上去。汉末的仲长统,魏晋的王弼、何晏、阮籍、嵇康、向秀、刘伶等人都崇尚老庄,遂开史家所谓"清谈"时代。他们全盘接受了道家思想,论宇宙则主张自然,崇拜虚无;谈政治则主张放任,反对干涉;论人生则主张适性自由,旷达恣意。阮籍说:"礼岂为我设耶?"这正是那颓废的人生观的意义。他们纵酒狂放,打破一切礼法制度的束缚,其实只是对政治社会的一种抗议。阮籍说:"君子之处域内,何异夫虱之处裈中乎?"这话里含多少哀音?他们对那现实的社会没有勇气革命,只想在精神上得一种慰安,所以他们的下梢都想逃出世外去过那神仙的生活。旷达的人生观和神仙出世的理想是同一条路的。清谈的风气是佛教思想的绝好预备。从虚无到空假,从神仙到罗汉菩萨,那是很容易过渡的了。

看《后汉书》(七九)《仲长统传》;《三国志》(二八)《钟会传》附的《王弼传》及注;《晋书》(四九)阮籍、嵇康等人的传。

看王弼的《老子注》,郭象的《庄子注》,张湛的《列子注》。

看严可均《全三国文》卷四四至五二(阮籍与嵇康的文集)。

神仙家言,可看葛洪《抱朴子·内篇》。

第八讲 佛教

一、在讲中国中古思想史第二期之先,应该先谈谈什么是佛教,并谈谈佛教本身的演变。

看 Farquhar: *Outline of Religious Literature in India*,此书从《吠陀》(Veda)时代叙起,直到近代,包括印度各种宗教运动,各述其沿

革变迁,并略举各教的重要典籍的内容及产生时代。这是一部最方便的参考书。

又 Sir Charles Eliot: *Hinduism and Buddhism*,凡三六册,也把佛教和印度教并举,叙述颇详明。

参看本校钢和泰教授(Baron Stael-Holstein)的《印度古宗教史》讲义(英文)。

二、在太古时代,一支阿利安民族(白人)从印度西北侵入印度,逐渐征服其地的黑色土人,遂建立了阿利安人的印度文化。他们带进来的宗教,都表现在最古一部分的《吠陀》书(Veda)里。他们崇拜许多大神,又有祭司专掌祀礼。最古的《吠陀》都是祠神的颂歌。其后凡祈祷之辞,乐歌之谱,祭祀的节文,迷忌的咒诵,都结成《吠陀》的一部分。祭司成为一种特殊阶级(婆罗门)与统治阶级(刹帝利),商人(吠舍),及农奴(戍陀罗)成为四个阶级。胜利的白人与被征服的土人接触日久,文化杂糅,宗教渐渐混乱堕落,成为诵咒祠祷的繁琐宗教。《吠陀》的最晚的部分,所谓《森林书》(Aranyakas)与《奥义书》(Upanishad),表示当时的宗教引起了一部分人的不满意。遁世苦修,禅定冥想的风气,都在这时候发达起来;宗教的哲学也渐渐起来。这是佛教运动的背景。

看 Farquhar 页一——六二。

三、佛教创始者乔答摩,生于北印度的释迦族。他的生年已不能正确考定,多数学者认为生于纪元前560左右,死于前480左右,则是和孔子同时。但近年又有人说他死于纪元前543左右,那就早的多了。他的早年环境自是很安乐的贵族生活,后来忽受了很深刻的刺激,感觉人生不能避免老病死之苦,他就离开家庭,出来寻师修道。中间经过几年的苦修冥想,他忽然在树下大彻大悟,遂成佛道。佛是"觉"的意思。

看 Eliot, Vol I, pp. 129 – 176.

看《长阿含经》一,《本行集经》七至三十。

四、佛成道后,即宣传他的教义,约八十岁时死。这个时期的佛教义,都很简单切近。其要旨为四谛(人生皆苦为苦谛,爱欲为苦之源为集谛,期于爱欲永尽为灭谛,出苦由正道为道谛),八正道(正见,正治,正语,正行,正命,正方便,正念,正定),五戒(杀生,偷盗,淫,妄语,饮酒)等等。《增壹阿含》(十八)所述四法:(一)诸行无常,(二)诸行苦,(三)诸行无我,(四)涅槃永寂,初期佛教的精义大观不过如此。万物皆由地水火风和合而生,故无常,又无我。推无我之义,在一身应没有持续的灵魂,在宇宙应没有主宰的神。但佛教徒在初期已不能明白这种哲学,故一面充分容纳古印度传下的多神教,一面又容纳轮回与果报的旧说。古印度的瑜伽(Yoga)禅法也收在佛教里,成为八正道之一。四阿含之中,已甚少精到的教义,但见神话连篇。但在字里行间,尚可窥见原始佛教反对咒术,故迦叶兄弟归依之后即将咒术之具尽投水中;又提倡无量的慈爱,打破阶级制度,故初期释众多是平民。此等处尚可想像原始佛教的革命精神。

看《增壹阿含经》的《高幡品》《四意断品》《四谛品》等。参看 *Farquhar*, pp. 62 – 65.

参看梁启超《说四阿含》(《梁任公近著》第一辑中卷)。

五、佛死后约二百年,有阿育王(Asoka)建立大王国,武功甚盛。晚年他归依佛教,佛教遂大兴盛。阿育王(约前273—[前]232)与秦始皇同时,他不但在国内大兴佛法,还派遣僧徒四出传播佛教。佛教从此成为世界的宗教。但传播愈远,流品愈杂,吸收的宗教迷信也愈多,原始佛教的本来面目也就愈难保存了。

看 Eliot I, pp. 254 – 301, Farquhar, pp. 66 – 73.

六、佛教徒在佛死后几百年中,时时起教义上的争论,遂分为许多宗派。最初分为(一)上座部与(二)大众部二部。其后上座部又陆续分八部,大众部又分十部,是为十八部,各部思想不同,经典也多不同。

看吉藏的《三论玄义》及窥基的《异部宗轮论述记》。吉藏早出,其书也比窥基更清楚明白。参看梁启超《读异部宗轮论述记》(《梁任公近著》第一辑中卷),Farquhar, pp. 104 – 110.

七、所谓"小乘"与"大乘"之分,是逐渐起来的,故时代不分明,大致总在西历纪元的前后(Farquhar 以为在纪元一世纪之末至二世纪之初,似乎太后了)。乘是一部车子,大乘只是一部更大的车子。

佛教传播既远,异义增加了,那原来的小车子装不下了,不能不别寻一部更大的垃圾马车。Eliot 说大乘佛教有七种特色:一信仰菩萨,二侧重度人济世,三信佛具神力并有多身,四唯心的哲学,五新出的大乘经典,六释神像及咒术的倾向,七阿弥陀佛的信仰。其实这七项在小乘经典里都已有了种子,无一项不是逐渐演变出来的。Farquhar 说大乘有两大倾向:一者,佛教被印度教同化了,二者,旧日的戒律逐渐人间化了,遂使佛教更适合于上流印度人以及印度以外的各民族。此说较近事实。印度教化的倾向把原来佛教革命的精神完全毁灭了,咒术等等一律回来了,遂成一部无所不容的垃圾马车。但大乘佛教自有他的伟大精神。佛教大行之后,教中吸收了博学高明之士,如马鸣,如龙树等等,把他们的天才和学力贡献给佛教,造作种种伟大的经典,思想与文学天才都远胜于初期佛教徒,所以能为佛教史开一个新时代。

看 Farquhar,pp. 111 – 118,Eliot,Ⅱ,3 – 62.

看《法华经》,晋译《华严经》的《净行品》与《迴向品》。《大般若经》太多了,可看《金刚经》及《般若纲要》)。

看《维摩诘经》,及《中论》《十二门论》《百论》。

第九讲　佛教的输入时期

一、佛教的输入中国,大约在西汉时代,其正确年代已不可考了。我们所知道的有几点:(一)到东汉明帝永平八年(纪元65),楚王英已奉佛教,佛教的名词已有三个(浮屠、伊蒲塞、桑门)见于皇帝的诏书中了。(二)恰恰一百年后(165),桓帝在宫中祠浮屠、老子,佛教已进了皇宫了。(三)次年(166)即有襄楷上疏论宫中祠浮屠、老子之事。襄楷是个儒教方士而信奉琅邪人宫崇的太平道教的,他的疏中两次引用《四十二章经》,可见《四十二章经》在那时已流行了。(四)约当献帝初年(190),丹阳人笮融在广陵、彭城一带割据,大起浮屠寺,以铜为像,有重楼阁道,可容三千余人,"悉课读佛经,令界内及旁郡人有好佛者,听受道,复其他役,以招致之。由此远近前后至者五千余人。"这可证长江流域已有佛教。(五)同时交州有牟子博作《理惑论》，为佛教辩护，屡称引佛经，可证其时极南方与印度交通便利，佛教已大流行。

参看梁启超《佛教之初输入》（《梁任公近著》第一辑中卷），梁先生此文辩《四十二章经》及《牟子理惑论》为伪书，证据殊不足。看周叔迦《牟子丛残》。

看《后汉书》（七二）《楚王英传》；又（六十）《襄楷传》；又（一〇三）《陶谦传》。笮融的事，《三国志》（吴四）《刘繇传》最详，梁先生未考。

二、一二世纪中，佛书译出的都是小品，文字也不高明（《四十二章经》是例外）。到三世纪时，吴有支谦等，晋有竺法护等，译经很多，文字也因中国助手的润色，大致都可读。这时代正是中国士大夫爱谈《老子》《庄子》的时代，佛教的思想说空破有，以寂灭为归宿，正合当时士大夫的风尚。所以在三四两世纪之中，佛教思想渐渐成为上流社会最时髦的思想。

看梁启超《佛典之翻译》。

看《高僧传》卷一及卷四。

三、四五世纪之间，佛教出了三个很伟大的人物，遂在中国建立下了很深厚的基础。这三人是道安（死385），鸠摩罗什（死409），慧远（死416）。道安有三大贡献：第一，他注释旧译诸经，使文理会通，经义明显。第二，他撰佛经的目录，使后世可考据。第三，他制定僧尼轨范，垂为中国佛教的定则。他的高才博学，受当时的学者崇敬，也抬高了佛教的地位。

看僧祐《出三藏记》中所收道安的经序。

看《高僧传》（五）《道安传》。

四、鸠摩罗什是印度种，生于龟兹，少年博学，名满西域。吕光破龟兹（383），同他到凉州，住了十八年，姚兴征服吕氏，请他到长安（401—2）。他在中国先已住了近二十年，已通汉语，到长安后遂大兴译经事业，指挥门下名僧数百人，在八九年中（402—409）译出经论三百余卷。他的最大贡献在于他的译笔明白晓畅，打破当时的骈丽文体，创出一种朴素流利的语体，不加藻饰，自有真美。他译的

《法华经》、《维摩诘经》、《思益所问经》、《般若经》、《金刚经》、《遗教经》、《禅法要解》、《中论》、《百论》、《十二门论》等,至今一千五百多年,还是最可读的名著。他的弟子如僧睿、僧肇等,都成为大师。

看《高僧传》(二)《鸠摩罗什传》,又(六至七)道融、僧睿、僧肇等传。看胡适的《白话文学史》(页一七一——一八七)。

五、慧远本是儒生,通儒书及老庄,二十一岁才出家,师事道安。后来他南游,开辟庐山,成为南方佛教一大中心。他招致外国大师,翻译经论;又与居士多人创立莲社,崇事阿弥陀佛,遂开净土宗派。当时桓玄当国,颇压迫佛教徒,要使沙门敬礼王者。慧远著《沙门不敬王者论》,极力主张沙门遁世变俗,应"高尚其迹"。他的人格与声望为佛教抬高不少的地位。

看《高僧传》(六)《慧远传》。

六、中国佛教到罗什、慧远的时代,根基已立,地位已高,人才已多,经典也已略完备,"输入时期"至此可算完成了。

第十讲 佛教在中国的演变

一、道安、鸠摩罗什与慧远都注重禅法。道安序《道地经》,称为"应真之玄堂,升仙之奥室"。他序《安般经注》,称为"趣道之要经";又说"安般(出息入息)寄息以成守,四禅寓骸以成定。寄息故有六阶之差,寓骸故有四级之别。阶差者,损之又损之,以至于无为;级别者,忘之又忘之,以至于无欲也。……修行经以斯二者而成寂。得斯寂者,举足而大千震,挥手而日月扪,疾吹而铁围飞,微嘘而须弥舞。"读这种说话,可知当时佛教徒中的知识分子所以热心提倡禅法,正是因为印度的瑜伽禅法从静坐调息以至于四禅定六神通,最合那个魏晋时代清谈虚无而梦想神仙的心理。禅的理论最近于无为无欲,而禅的理想境界又最近于神仙。道安倡之,罗什、慧远继续提倡,五世纪初期以后,中国佛教发展的方向遂倾向于禅学的方面。

看胡适《禅学古史考》及《佛教的禅法》(《文存》三集页三九五——四四八)。又僧祐《出三藏记集》六至十诸卷中的道安、慧远、慧观诸人的经序。

二、戒,定,慧,为佛法三门。戒是守律,定是禅定,慧是智慧。倘使在那个旷达颓废的风气之中,忽然产出了严守戒律的佛教,岂不成了世间奇迹?如慧远岂不是守律最严的和尚?(看《高僧传》中慧远及僧彻传)但他议论佛法,终只是侧重禅(定)、智(慧)二途。智慧即是六波罗密中的"般若波罗密"。那个时代(四世纪五世纪之间),印度佛教正盛行龙树(Nagargana)一派的空宗,又称"中道"(madb-gamaka)。他们说一切法都是空的,都是假名。这一派的思想含有绝大的破坏性,有解放的功能。从二世纪之末以来,他们的经论(《般若》一系的经,《大智度论》《中论》《十二门论》等)陆续输入中国。这种极端的假名论(nominalism),和中国魏晋时代反对名教,崇尚虚无的风气也最相投。所以这一派的思想不久便风靡了全中国的思想界。当时所谓"禅智",所谓"定慧双修",其所谓"慧"与"智",大致只是这一派的思想。

看《般若纲要》,及《中论》等。

三、五世纪前半,出了一个革命和尚,名叫道生(死于434)是慧远的弟子,又曾从罗什受业。他是绝顶聪明的世家之弟,又肯作深刻的思想,所以能把当时输入的佛教思想综合起来,细细考校。他说:"夫象以尽意,得意则象忘。言以诠理,入理则言息。自经典东流,译人重阻,多守滞文,鲜见圆义。若忘筌取鱼,始可与言道矣。"这是很重要的宣言。这就是说:"时候到了,我们中国人可以跳过这些拘滞的文字,可以自己创造了。经论文字不过是一些达意的符号(象),意义已得着了,那些符号可以丢掉了。"道生于是创造"顿悟成佛论",说"善不受报",说"佛无净土",说"一阐提人(icchantika,是不信佛法的人)皆得成佛"。这都是革命的教义。一切布施,修功德,念佛求生净土,坐禅入定求得六神通,都禁不起这"顿悟"两个字的大革命。当时的旧学大攻击道生的邪说,把他赶出建业,他遂退居虎丘。后来大本《涅槃经》到南京,果然说一阐提人皆有佛性。于是生公的一个主张有了印证,他的"顿悟成佛"论也就有人信仰了。生公的顿悟论是中国思想对印度宗教的第一声抗议,后来遂开南方"顿宗"的革命宗派。

看《高僧传》(七)《道生传》、《慧观传》,又(八)《昙斌传》、《道猷传》、《法瑗传》。又胡适《神会和尚遗集》(页三七——四一)。

四、但这个时代究竟还是迷信印度的时代,道生的顿悟论的革命成功还得等候三百年。这三百年中,禅学渐渐发达。梁慧皎作《高僧传》,所收"习禅"者只有二十一人;唐道宣在贞观时作《续高僧传》,中间只隔一百多年,"习禅"一门已有一百三十三人。但此中习禅的人仍是修习印度传来的渐修法门。这时代的大师如建立三论宗的吉藏(死于623),如作《大乘义章》的慧远(死于592),虽然能综括佛教的教义,作成比较有系统的叙述,但都没有什么创见新义。又如建立三阶教的信行(540—594),指出人的根机不同,当对根设教,应病下药,其说在当时虽然哄动一时,三阶教流传二百多年,但细考近年出现的三阶教典籍,他们的教义仍只是印度佛教的皮毛,繁琐细碎,没有什么精采的见解。

看《续高僧传》习禅一门。

看吉藏的《三论玄义》;慧远的《大乘义章》。

三阶教久已无闻,近年敦煌出土的三阶典籍散在伦敦、巴黎,日本也发现唐写本多种。矢吹庆辉博士的《三阶教之研究》最详尽。

五、那名誉最大的天台宗,也只是当时许多习禅者的一派。天台宗称龙树为远祖,其实不过是当时中国人整理佛教材料的一种运动,开山祖师是智𫖮,又称智者(538—597)。天台宗的教义有两大端,一是判教,一是止观。"判教"是把那许多佛经依佛的一生分作若干时代,初时说小乘经,中年说《方等》(Vaipulya,即是"方广",即是扩大了的大乘),晚年说《般若》。还有那无处可归的《华严》(Avatamsaka or Buddâvatamsaka sutras),只好说是佛在母胎时上天去说的!这是因为中国人有历史的习惯,所以感觉那一大堆经典内容的矛盾,又不敢说是后人伪造的,只好说是佛在不同时代说的。这是晋宋以下许多人的主张,不过天台宗说的更烦琐,遂成为一种烦琐神学。其次,"止,观"本是印度禅法的两个阶段,天台宗用这两字来包括禅法的全部,"止"是禅定,"观"是理解;用理解来帮助禅定,用禅定来帮助理解,故名止观。天台宗解说"止观"二字便得用几十万字,这也成了中国的烦琐神学。

看智𫖮的《童蒙止观》(又名《小止观》),这是天台典籍中最可读的小册子。

六、当宋齐之际(约470),有个印度和尚菩提达摩到广州,转到北方,在中国约有四五十年。他是南印度人,受空宗的影响最大,所以他在中国教人抛弃一切经典,只读一部南印度的《楞伽经》。他的禅法最简单,说一切有情都有佛性,只为客尘所障,故须面壁坐禅,认得"凡圣第一",便是得道。这条路名为"理入"。又有"行入"四事:一要忍苦,二要苦乐随缘,三要无所求,四要依本性净之理。"行入"的四事都是苦修的"头陀"(dhūta)行。——因为菩提达摩在北方甚久,故传授弟子,成为一个宗派,名为楞伽宗,又名南天竺一乘宗。此宗初期多有刻苦独行的人,但末流也变为讲诵注疏之学,故道宣说他们"诵语难穷,厉精盖少"。

看胡适的《菩提达摩考》(《文存》三集,页四四九——四六六),《楞伽宗考》(《胡适论学近著》第一集)。

看《续高僧传·感通门》、《法冲传》。

看《楞伽会译》。

第十一讲　印度佛教变为中国禅学

一、七世纪中,中国佛教中起了两个大运动,一个可说是古典主义的,一个可说是浪漫主义的。古典主义的代表是玄奘(死于664)。他"既遍谒众师,备飡其说,详考其义,各擅宗途,验诸圣典,亦隐显有异,莫知适从。乃誓游西方,以问所惑。"他的宗旨是回到印度去寻求最后的权威,来做中国佛教的标准,所以我们可以叫他做古典主义的代表。他冒了大险,出游十七年,中间在摩竭陀国的那烂陀寺留学五年。回国之后,在十九年中(645—663)译出经论凡一千三百三十卷。唐太宗高宗都为他作序。不幸那时代的印度佛教已堕落到末期的烦琐哲学与咒术宗教。玄奘带回来的印度最新思想,乃是唯识的心理学与因明的论理学。这种心理学把心的官能和心的对象等分析作六百六十法,可算是烦琐的极致了。中国人的思想习惯吃不下这一帖药,中国的语言文字也不够表现这种牛毛尖上的分析。虽有玄奘一派的提倡,虽有帝王的庇护,这个古典运动终归失败了。在中国思想上,这运动可算是不曾发生什么重大影响。

看慧立的《大慈恩寺三藏法师传》。

看《瑜伽师地论》。看《百法明门论》。看窥基的《因明大疏》。

二、印度的古代咒术宗教本来早已充分吸收到大乘佛教里面了。大乘佛教盛时,咒术只成为佛教的一小部分(看《法华经》的第二十六品)。大乘佛教的末路,秘密的咒术成为正宗,在中国叫做密宗,在日本叫做真言宗。真言即是咒语,即是陀罗尼(Dharani)。他们相信文字声音都有不可思议的神力,一个字或一个字母各有宗教的意义。他们的宗教完全成了咒诵、祈祷、轨议的宗教。八世纪中,三个印度和尚——善无畏、金刚智、不空,——来中国提倡密宗,都得帝王的尊崇。但这个最下流的宗教,在当时虽然也曾盛行几十年,究竟不能得着中国思想界的看重。九世纪以后,密教遂衰歇了。

看蒋维乔译《中国佛教史》卷二,页七四——八八。

三、这两个运动(唯识与密教)其实只是一个运动,密教即是唯识玄学的产儿,唯识只是密教的门面幌子。古典主义的运动要直接回到印度,而印度给了我们这两件最新又最下流的法宝。幸而这个中华民族血管里还有一点抵抗力,这两件法宝都没有发生多大效力。

四、这时候,中国已另起了一个浪漫的大运动,使中国佛教起一个内部大革命,这个革命可叫做禅宗运动。革命的首领是广东一个不识字的慧能和尚。慧能(死于713)的来历和师承世系,我们都不很明白。我们至多可说,当七八世纪之间,他在韶州、广州一带提倡一种很动人的新教义。他说:不用求净土,净土只在你心中。不用坐禅,见你本性即是禅。不用修功德,见性是功,平等是德。他说:向来人劝你归依佛,归依法,归依僧。我劝你归依自性三宝,三宝都在你心里:归依觉(佛),归依正(法),归依净(僧):这是自性的三宝。他又说:向来人说三身佛,我今告诉你,三身佛都在你自身中:见自性净,即是清净法身佛;一念思量化生万法,即是自性化身佛;念念善,即是自性报身佛。他说:我本性元来清净;识心见性,自成佛道。——慧能教人,大旨如此。后人所谓"直指人心,见性成佛",即是此义。在那个玄奘提倡唯识的烦琐玄学的时代,此种顿悟教义自是一大革命势力。

看敦煌写本《坛经》(收在《大正大藏经》第四十八卷)。试比较《坛经》现行本。

参看胡适《神会和尚集》(页七三——九〇);又《坛经考》之一,《坛经考》之二(《论学近著》)。

五、当慧能在南方独唱顿悟教义之时,荆州玉泉寺有个神秀老禅师,被武后迎请到长安(约700),其时他年已九十,备受朝野的尊崇,号称"两京法主,三帝国师"。他自称是菩提达摩建立的楞伽宗的嫡派。他死时(706),当代大手笔张说作碑,叙述他的传法世系如下表:

达摩——惠可——僧璨——道信——弘忍——神秀

这世系与道宣在《法冲传》内所记不同,但因为神秀地位尊崇,人都信此表是正确的了。神秀的弟子义福(死于736)和普寂(死于739),也被皇帝尊为国师,气焰熏天。严挺之作义福碑,李邕作普寂碑,都全载上列的传法世系。

看《全唐文》(二三一)《大通禅师(神秀)碑》,又(二六二)《大照禅师(普寂)碑》,又(二八〇)《大智禅师(义福)碑》。

六、当普寂、义福的气焰最大的时候,忽然开元廿二年(734)滑台大云寺有一个神会和尚,在大会上宣言:弘忍并不曾传法与神秀,真正传法人乃是岭南的慧能。慧能是第六代,有传法袈裟为证。他大胆指斥普寂"妄竖神秀为第六代";他说:"我自料简是非,岂惜身命?"神会这样大胆的挑战,已惹起大众的注意了。到了天宝四年(745),神会到了东京,在荷泽寺又继续"定南宗宗旨",他攻击神秀、普寂一系为"北宗"的伪法统,他称慧能一系为"菩提达摩南宗"的正统。他提倡"顿悟"的教义,指斥北宗为"渐教"。他这时已是八十多岁的老师,他的演说一时轰动了不少的听众。其时普寂、义福都已死了,无人可以对证。普寂门下也有人出来造作楞伽宗的法统史,但总没有神会说的那样奇特动人。于是普寂一系的人只好用势力来压迫神会,遂有御史卢奕奏劾神会"聚徒疑萌不利",遂把他赶出东京,黜居弋阳，又移武当，又移襄州，又移荆州。

看胡适的《神会和尚遗集》（页五——二三；又六一——六六）。

七、神会被贬逐的第三年（755），安禄山造反，两京陷落，皇帝出逃。后来郭子仪收复两京，神会又跑回东京来了。那时大乱之后，军饷困难，神会以九十高年，挺身出来帮助国家筹募军饷，建立大功。肃宗回京，很敬重他。他死（762）后三十四年，朝廷下敕立神会为第七祖。于是神会的北伐成功，慧能的南宗遂成为禅宗的正统了。

看《神会和尚集》（页六六——七二）。

八、神秀一派只造出了菩提达摩以下的世系，神会始造出达摩以前的世系。他先造出八代说，加中土五代为十三代。后来此说修正为二十八代说。同时大家纷纷造出假世系来争法统，于是有二十四代以至五十代等等说法。但二十八代说终占胜利，遂成定论。然而此二十八代之说实在是勉强抄袭捏造的，漏洞甚多，又有几种很不同的说法。到北宋真宗仁宗以后，一部题作《景德传灯录》的禅宗伪史逐渐风行；那部书里的二十八祖才成为中国禅门公认的二十八祖。日本的禅宗却仍用唐朝传过去的二十八祖表。两表相比较，便可知其作伪的痕迹。

看《神会和尚集》（页二四——三三）。又《胡适文存》三集（页四六七——四八〇）。

比较唐宗密的《禅门师资承袭图》（《续藏经》，二编，十五套，五册）及宋契嵩的《传法正宗记》（《缩刷大藏》，云九）。

九、神会北伐成功，于是全国的禅师也都自称出于菩提达摩一派。牛头山一派自称出于第四代道信。两蜀资州智诜派下的净众寺一派，和保唐寺一派，也都自称得着慧能的传法袈裟。于是人人都依草附木，自称正统了。

十、九世纪前半，有一个富于历史态度的和尚，名叫宗密。他死在会昌元年（841），正当会昌大毁灭佛法的前四年。他编了一部大规模的禅门史料，名为《禅源诸全集》，有一百余卷之多。可惜此书不传了，中国日本都没有传本。现在只存他的总序，名为《禅源诸诠集都序》。序里把当时的禅学分为三宗十室，三宗各有概括的叙述。

他又有一部《圆觉经大疏抄》,其中(卷三下)也有叙述禅学宗派之处,把禅学分为七家,各有概括的叙述。这些材料是八九世纪禅学史最可靠的材料。

看《全唐文》(卷七四三)裴休的《圭峰禅师碑》。

看《禅源诸诠集都序》(《大正大藏》卷四八),又《圆觉经大疏抄》(《续藏经》一,十四套,第三册)。

一、宗密分的七家如下。第一家是北宗,大师为神秀、普寂等。他们认众生本有觉性,被烦恼遮盖了,故须勤勤拂拭,息灭妄念,然后本性圆明。他们的禅法是要人"凝心入定,住心看净,起心外照,摄心内证。"北宗与印度禅比较还接近。

看《圆觉大疏钞》(页二七七——二七八)。看我的《神会和尚集》(页一七五)。

二、第二家为成都净众寺的无相一派。弘忍传智诜,智诜传处寂,处寂传无相。此派与北宗接近,以三句为宗。三句是"无忆、无念、莫忘。"就是说:勿追忆已往,勿预念将来,"常与此智相应,不昏不错,名莫忘"。此宗仍要"息念坐禅"。

看《圆觉大疏钞》(页二七八)。

三、第三家是成都保唐寺的无住一派。宗密记此派的世系如下:

弘忍 { 老安——陈楚章—— / 智诜——处寂——无相—— } 无住

无住把净众寺一派的三句改为"无忆、无念、莫妄"。忘字改为妄字,宗旨便大不同。无住主张"起心即妄,不起即真"。此派大有革命意味,"释门事相,一切不行。礼忏,转读,画佛写经,一切毁之。所住之院不置佛事。但贵无心,而为妙极。"此派也想争法统,说慧能的传法袈裟被武则天迎入宫中,转赐与慧诜,又递传到无住手里。

看《圆觉大疏钞》(页二七八)。敦煌有写本《历代法宝记》,是无住一派所作,记叙无相、无住宗旨及袈裟源流(《大正大藏经》卷五一)。

四、第四家是江西的道一,又称马祖。他本是四川人,无相的弟子,出蜀后,到南岳又跟着怀让修行,故史家称为慧能的再传,其实他也是智诜的派下。道一一派的宗旨是"触类是道,任心为修"。他说:"所作所为,皆是佛性。贪嗔烦恼并是佛性。扬眉动睛,笑欠声咳,或动摇等,皆是佛事。"这是"触类是道"。这个本来就是佛,除此别无佛,所以不起心造恶修善,也不修道。"不断不修,任运自在,名为解脱,无法可拘,无佛可作。"他只要人"息业养神",又说"息神养道"。这就是"任心为修"。

看《圆觉大疏钞》(页二七九)。又《禅源都序》。

五、第五家是牛头山一派,出于《般若》一系列的空宗,开山大师为慧融,传第四代智威,智威以下有慧忠,有鹤林寺的马素,有经山的道钦。此派出于空宗,故说"心境本空,非今始寂。了达本来无事,心无所寄,方免颠倒,始名解脱"。此家以忘情为修行,故也说"无法可拘,无佛可作。"

看《圆觉大疏钞》(页二七九),又《禅源都序》。

六、第六家是南山念佛门。念佛本是禅之一法,故列为一家。

看《圆觉大疏钞》(页二七九)。

七、第七家是荷泽寺的神会。宗密自称出于神会一派,故最推尊此派。他说此派以"无念为宗","但无妄念,即是修行。"其实此派在八世纪的大贡献是提出"顿悟"的法门,作革命的武器。同时又说,"知之一字,众妙之门"。神会在禅学革命史上有最重要的功绩,后人把他忘记了。

看《圆觉大疏钞》(页二七九),又《都序》。看《神会集》及我的《神会传》(页一——九十)。

八、以上是会昌毁法(845)以前的禅学状况。这许多宗派之中,最有势力的是江西的道一,所谓马祖一派。马祖门下有个百丈和尚,名叫怀海(死814)。他建立禅院的组织法,世称为"百丈清规"。凡有高超见解的和尚,名为"长老",自居一室;其余僧众同居僧堂。禅居的特点是不立佛殿,唯立法堂。佛教寺院到此为一大革命。后世所谓"禅其律居",只是这种禅院的传播。八世纪以下,"禅学"替代了佛教,禅院替代了律居。诗文中的"禅"字即是"佛教"的代名词。佛教已完全变成禅学了。

看《百丈清规》的《杨忆序》。《百丈清规》经过后世的修改,已不是原本了。《杨忆序》作于景德元年（1004），还可以考见怀海的原意。

第十二讲　禅学的最后期

一、唐武宗会昌五年（845），大毁佛教，凡拆寺四千六百余所，拆招提兰若四万余所，强迫僧尼还俗的凡二十六万余人，收膏腴上田几千万顷，收僧寺的奴婢改为纳税平民的凡十五万人。佛教在从前也曾遭过毁法大劫，但多在南北分裂的时代（北魏太平真君七年，西446年；北周建德三年，西574年），都不曾普及全中国。这一次要算最大劫了（但也有政令不能完全行到的地方，因为其时唐朝的中央威力已稍衰弱了）。这次毁法的动机是：（一）经济的，因为僧寺太富了，引起了教外社会的注意，故会昌毁寺制文说："天下僧尼不可胜数，皆待农而食，待蚕而衣。"（二）宗教的，因为武宗信任道士，排斥佛教。（三）民族的自觉，因为佛教究竟是外国进来的宗教，故当时的诏文有"安有废中夏之人，习外蕃无生之法"的话。毁法之后，诏文规定"隶僧尼属主客司，显明外国之教"；主客司是管外国人的，信外国教就应该算作外国人了。这可以明显当时的态度含有民族自觉的成分。韩愈在前二三十年曾作《原道》一篇攻击佛老，提出"人其人，火其书，庐其居"的口号。韩愈谏宪宗迎佛骨被贬谪，是在819年。二十五年后，这三句口号都实行了。

看《全唐文》卷七六——七八的毁法诏敕。

日本求法僧圆仁在长安亲见毁法事，可看他的《入唐求法巡礼行记》卷三及卷四。

二、但这时候佛教已深入人心，不是短期的摧残所能毁灭的。况且那时佛教有一些宗派，不靠寺院，不靠佛像，不靠经典，不靠一切表面的形式仪节。毁法拆寺，全不能妨害这一宗的存在和发展，只可以使他们更感觉这些外物的不必要。这就是禅宗的各派。所以毁法的风潮过去之后，别的宗派都衰微了，只有禅学反更发达，九世纪的后期成为禅学最发达的时代。并且因为毁法的暗示，这时代的禅学很明显的表示一种破坏偶像的倾向（iconoclasm），成为"呵佛骂祖"的禅学。本来保唐寺一派，和马祖一派（见上章）都已有偶像破坏的趋势了。丹霞的天然(死824)有一次把木雕的佛像拆下来烧火取暖,人怪问他,他说:"我要拆取佛身上的舍利。"人说:"木头里怎么会有舍利!"他答道:"哦,原来我不过是拆木头烧火呵。"这已是开后来的风气了。但这个趋势的重要代表要算九世纪的宣鉴和义玄两个怪杰。

三、宣鉴,剑南人,受法于龙潭的崇信,晚年住在武陵的德山,故人称德山和尚。他八十六岁死在咸通六年(865)。《宋高僧传》说:"天下言激箭之禅道者,有德山门风焉。"他教人"于己无事,则勿妄求,妄求而得,亦非得也。汝但无事于心,无心于事,则虚而灵,空而妙。"他临死时告弟子:"扪空追响,劳汝心神。梦觉觉非,竟有何事?"也是教人不妄求的意思。他示众云:"诸子,老汉此间无一法与你诸子作解会,自己亦不会禅。老汉百无所解,只是个屙屎送尿,乞食乞衣,更有甚么事?德山老汉劝你不如无事去,早休歇去!……诸子,莫向别处求觅。乃至达摩小碧眼胡僧到此来,也只是教你无事去,教你莫造作,着衣吃饭,屙屎送尿。更无生死可怖,亦无涅槃可得,无菩提可证;只是寻常一个无事人。"在这些话里,我们不但看见马祖(道一,见上章)的影响,还可以看见老庄一系的中国思想的复活。"无事去,早休歇去",正是"为道日损,损之又损,以至于无为"的老思想。

四、宣鉴惯用很俚俗而有力的字句来痛骂佛祖菩萨,就开所谓"呵佛骂祖"的风气。他说:"佛是老胡屎橛。""佛是大杀人贼,赚多少人入淫魔坑!""文殊、普贤是田库奴。""达摩是老臊胡,十地菩萨是担屎汉,等妙二觉是破戒凡夫,菩提涅槃是系驴橛,十二分教是鬼神簿,拭疮疣纸,四果三贤初心十地是守古冢鬼!"至于当时的禅学和尚,他骂的更厉害了。他说:"无知老秃奴,取一方处所,说禅说道,……教你礼祖师鬼,佛鬼,菩提涅槃鬼!是小婢女子不会,便问'如何是祖师西来意',这老秃奴便引绳床,作境致,竖起拂子,云'好晴好雨好灯笼'!巧述言辞,强生节目!仁者,彼既丈夫,我亦尔,怯弱于谁?竟日就他诸方老秃奴口嘴接涕唾吃了。无惭无愧!苦哉苦哉!"这种谩骂的口气,向来的笨汉都以为不是真呵骂,只是一种禅机!但我们研究禅学思想的演进,可以断言德山和尚真是苦口婆心的呵佛骂祖,要人知道"佛是老胡屎橛,圣是空名",好替人"解却绳索,脱却笼头,卸却角驮,作个好人去"。

看《景德传灯录》卷十五宣鉴传;又《联灯会要》卷二十(《续藏经》二编乙,九套,第四册,页三七八——三八一)。又忽滑谷快天《禅学思想史》第三编第十九章(页五七二——五七八)。

五、义玄,曹州人,参学诸方,受黄檗山希运(怀海的弟子)的影响最大,北归后在镇州临济禅院作主持,开后来所谓"临济"一宗。他死在咸通八年(867)。《宋高僧传》说他"示人心要,颇与德山相类"。现今所传的《临济语录》有些话语实在太像宣鉴的语录了,几乎使我们疑心他完全因袭德山的思想。《古尊宿语录》(缩《藏经》,腾四,页七九)有"师侍立德山次"一条,我们因此推想义玄曾在宣鉴门下,受他的影响太大了,所以有同样的呵佛骂祖,讥弹禅学的趋势;同样的教人莫向外驰求成佛作祖,"只是平常着衣吃饭,无事过时"。他和德山都有解放当日思想的大功,他说,

> 山僧无一法与人,只是治病解缚。……向里向外,逢著便杀:逢佛杀佛,逢祖杀祖,逢罗汉杀罗汉,逢父母杀父母,逢亲眷杀亲眷,始得解脱,不与物拘,透脱自在。

他要人信仰自己与佛祖无别,不受人惑,要做到"乾坤倒覆,我更不疑;十方诸佛现前,无一念心喜;三涂地狱顿现,无一念心怖"的境界。

六、但义玄的排斥禅学,似乎没有宣鉴那样彻底。他不满意于当时那些"作模作样,指东划西"的禅学,然而他自己因为要"辨魔拣异,知其邪正",却又造出种种料简学人的方法,有"四料简""四照用""三玄三要"等等名目。他又有种种"喝"法,一声喝有死用,有活用。有时宾主相见,你喝一声,我打一棒;有时宾主对喝,或宾主对棒。这种极端主观的方法,最难料简,却又最容易自欺欺人。后来临济一支的学风流行全国,很少人了解当日"治病解缚"的真意义。又都在一棒一喝三玄三要的上面去变把戏了。

看《古尊宿语录》卷四——五(缩《藏经》,腾四);又忽滑谷快天《禅学思想史》第三编第二十章(页五七八——五九三)。义玄的语录中似有后人模仿宣鉴示众的长篇而伪作的;但其中也有不容伪造的部分。

七、中国禅学起于七世纪,发达于八世纪,极盛于九世纪。九世纪以下,临济宗最盛,诸家皆渐衰微。今依向来的传说,表示八世纪至十一世纪的禅学世系如下(见下页)。

看宋僧惠洪的《禅林僧宝传》及宗杲的《宗门武库》(两书皆有单行本)。

八、禅学教人知道佛性本自具足,莫向外驰求;教人知道无佛可作,无法可求,无涅槃菩提可证。这种意思,一经说破,好像太浅近,不能叫人心服。所以禅宗大师不肯轻易替学人解说讲演,只让学者自己去体会领悟。香严和尚上堂请沩山和尚说明,沩山说:

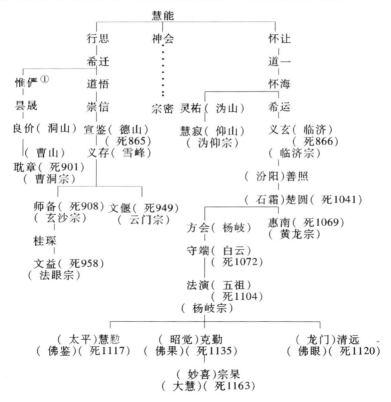

"我说的是我的,终不干汝事。"香严辞去,行脚四方,有一天他

正在除草,因瓦砾敲竹作响,忽然省悟,就焚香沐浴,遥礼沩山,祝云:"和尚大悲,恩逾父母。当时若为我说破,哪有今日?"这是禅学的第一个方法:不说破。

九、因为要不说破,所以道一(马祖)以下想出种种奇怪的教学方法:拍手,把鼻,掀翻禅床,竖起拂子,翘脚,举拳,大笑,吐舌,一棒,一喝,……都是方法。又有所答非所问,驴头不对马嘴,而实含深意,这也是方法的一种。这种方法,叫做"禅机"。试举三条为例:

(一)李渤问一部大藏经说的是什么一回事。智常举起拳头,问道:"还会么?"李说不会。智常说:"这个措大!拳头也不识!"

(二)僧问如何是三宝,总印答:"禾,麦,豆。"僧说:"学人不会。"师说:"大众欣然奉持!"

(三)有老宿见日影透窗,问惟政道:"还是窗就日光呢?还是日光就窗呢?"惟政说:"长老,您房里有客,回去罢。"

这些禅机都是禅学的第二种方法。

十、学人不懂得,只好再问,问了还是不懂,有时挨一顿棒,有时挨一个嘴巴。过了一些时,老师父打发他下山去游方行脚,往别个丛林去碰碰机缘。于是他行脚四方,遍参诸方大师,饱尝风尘行旅之苦,识见日广,经验日深,忽然有一天他听见树上鸟啼,或闻着瓶中花香,或听人念一句情诗,或看见苹果落地,——他忽然大彻大悟了,"桶底脱了!"到此时候,他才相信,拳头原来不过是拳头,三宝原来真是禾麦豆!这叫做踏破铁鞋无觅处,得来全不费工夫。有个五台山和尚在庐山归宗寺有一夜巡堂,忽然大叫:"我大悟也!"次日老师父问他见到了什么道理,他说:"尼姑天然是女人做的!"说破了真不值半文钱。这是禅学的第三种方法:行脚。

看宗杲的《宗门武库》,此书最便初学,文笔也可爱。

十一、但这种方法实在是太偏向主观的了解。你喝一声,我打一棒;你竖起拂子,我掀倒绳床,彼此呵呵大笑,你也不敢说我不懂,我也不敢笑你不会。《传灯录》诸书所记种种禅机,大部分是以讹传讹的,随心捏造的,自欺欺人的。其中自然有几个大师,确然是有自己的见地,有自觉的教育方法。但大多数的和尚不过是做模做样,捕风捉影;他们的禅不过是野狐禅、口头禅而已。禅学的衰歇,最大原因只是自身的腐化,禅太多了,逃不出去,终于死在禅下! 后来理学起来,指斥禅学为"心学",这就是说,禅学太主观了,缺乏客观的是非真伪的标准。

《古尊宿语录》是比较最可信的材料。《景德传灯录》中已多可疑的材料,后出的《联灯会要》《五灯会元》,更多伪造添入的材料了。

廿一、五、十九夜

附录 中古思想史试题

下列七题,任择一题,作论文一篇,于6月22日交到注册部。班上人数太多,论文请以三千字为限。

（一）试证明秦以前无"道家","道家"即是战国末年齐国新起的一个混合学派,又称黄老之学。

参考《史记·乐毅传》及论,又《曹相国世家》,又《太史公自序》。又《汉书·艺文志》。

（二）汉承秦制,祠祀五个上帝,后来到武帝元封五年（前106）始亲祠太一,用高祖配上帝。《汉书·武帝纪》大书曰:"祠高祖于明堂,以配上帝。"这个变迁是否含有恢复上帝一尊的古宗教的意义? 是否还有借此建立儒教为国教的意义?

参考《汉书·郊祀志》,又《孝经》第九章,又《春秋繁露》的《郊语》以下七章。

（三）试述西汉儒生所建立的天人感应的宗教的根本思想。

参考《汉书·董仲舒传》,《五行志》上,及《汉书》卷七五全卷。参看《汉书》八四记翟方进之死。

（四）《汉书》的《货殖传》全采《史记》的《货殖传》的材料,而评论完全不同。司马迁很替商人辩护,而班固大攻击商人阶级。司马迁主张放任,而班固主张法度制裁。试比较这两传,做一个简明的研究。

参考《经济学季刊》二卷一期胡适《司马迁辩护资本主义》。

（五）试述王充的思想及方法。

参考《论衡·变动》、《感应》、《治期》、《变虚》、《异虚》、《谴告》、《物势》、《自然》、《雷虚》、《论死》、《自纪》、《佚文》、《对作》等篇。

（六）试用六祖《坛经》作底本，参考神会的遗集，述南方顿宗一派的根本思想。

参考书：《坛经》、《神会和尚遗集》。参看胡适《坛经考》之一（武汉大学《文哲季刊》第一期）。

（七）试用宗杲的《宗门武库》及《正法眼藏》二书作材料，看看禅宗的和尚是否有过方法？

《宗门武库》有单行本；又《续藏经》二编二，十五套，第五册。《正法眼藏》在《续藏经》二编廿三套，第一册。

（原载1931年6月10日《北京大学日刊》）